"十二五"国家重点图书出版规划
全国优秀博士论文作者基金项目结项成果
司法部优秀科研成果一等奖

◉ 吴汉东 著

无形财产权基本问题研究

（第三版）

中国当代法学家文库
吴汉东法学研究系列

Contemporary Chinese Jurists' Library

中国人民大学出版社
·北京·

总　序

我与知识产权三十年

从读书到从教，我与知识产权结伴同行已有三十余年。读书、教书、写书，一直秉持学者本色，自诩中国知识产权法学的研究者和传播者；学法、讲法、立法①，践行法治理想，是为中国知识产权事业的见证者和推动者（光明日报语）。我是“文化大革命”前的“老三届”毕业生（1967级初中毕业生），亦是恢复高考后的“新三级”学人（1977级本科生），自1982年毕业留校工作以来，教研活动从罗马法到民法均有涉猎，而后转向专治知识产权。从我的第一本教材《知识产权法概论》（1987年）、第一篇文章《试论〈民法通则〉中的知识产权制度》（1986年）乃至新中国第一篇知识产权专题硕士学位论文（1986年）② 开始，我的研究成果多集中于知识产权领域，时至今日已有十多本著作、百余篇论文、近百场讲座。

三十余年来，我致力于知识产权问题研究，专注于两个方面，一是知识产权法律科学的基础理论体系，二是知识产权制度建设的重大现实问题。坚持自由探索与问题导向、坚执学理探究与术用应对、坚守专业研究与学科融通，这是法学

① 笔者曾被选任为湖北省人大常委会委员、湖北省法制委员会副主任委员，参加了一段时间的地方立法工作。

② 参见杜学亮主编：《著作权研究文献目录汇编》，北京，中国政法大学出版社，1995。

工作者应有的学者品格和学术素养。就理论联系实际而言，我认为，知识产权的学术研究，既不能坐而论道，也不能就事论事，而应是学理研究和应用研究两者的结合。著名教育家蔡元培先生将学术解析为“学理”和“术用”。他认为，“学必借术以应用，术必以学为基本”。我的理解是：知识产权学理研究必须以应用为目标，如果纯粹理论探究而失去应用目的，就没有常青的学术生命活力；知识产权术用研究又要以一定的学理为指引，倘若应用研究缺乏深厚的学理，就没有可持续发展的学术生命基础。因此，知识产权学者一定要把学理研究和应用研究紧密地结合起来，既要避免学理研究中的法学浪漫主义、唯美主义和空想主义，也要防止应用研究中的法律机械主义、教条主义和形式主义。

三十余年践行此道，虽谓有果却未有大成。2010年，承蒙中国人民大学出版社不弃，计划将我的著述列入“中国当代法学家文库”。经过两年的整理、加工，计有七部著述将陆续出版，它们是《著作权合理使用制度研究》、《知识产权总论》、《无形财产权基本问题研究》、《知识产权多维度学理解读》（论文集）、《知识产权中国化应用研究》（论文集）、《我为知识产权事业鼓与呼》（演讲、访谈集）、《罗马私法与现代民法》。上述作品涉及知识产权基本理论研究和知识产权主要制度研究，同时包括民法的相关问题；写作的时间跨度从20世纪80年代到21世纪初年，但多为20世纪90年代中期以后的研究成果，反映了我从事知识产权教研工作以及相关法律实务的心路历程。

该系列的出版，得益于各位同行、学生乃至许多读者的帮助和支持。感谢中国人民大学出版社的各位编辑，他们认真细致的工作态度，有时使我这个学术上较真的人也感到汗颜；感谢我的学生熊琦博士、李瑞登博士以及博士生瞿昊晖、锁福涛、张颖和研究生夏壮壮为本套书的打印、校对、查找资料所付出的艰辛劳动；感谢全国法学界特别是知识产权界同行、读者对本人著述给予的厚爱与关注。

三十余年来，我一直在知识产权园地教书、写作，但“教习”不为晋仕途，“学究”并非稻粱谋。微博言：今天做了明天还想做的是事业，今天做了明天还得做的是职业，我以“学术为志业”（马克斯·韦伯语），有幸将自己所追求的事

业与所喜欢的职业合为一体，因而是苦中有乐，乐此不疲。我的学术生涯还在继续，虽已过耳顺之年，但常常以“60后”自居。以书为伴，书伴人生；与法同行，法行天下；释放知识产权制度“正能量”，发出知识产权事业“好声音”，这就是我——一个中国知识产权学人的光荣与梦想。

吴汉东

2013年7月于武昌

第三版前言

我对无形财产权制度的思考与研究，几近二十年。2000 年完成的《无形财产权制度研究》是本人所获“全国优秀博士论文作者基金项目”的结项成果。初版与修订版，系由本人拟纲并修改定稿，并由我与胡开忠博士共同撰写。此次中国人民大学出版社组织的“中国当代法学家文库”，决定收录本人的几本著述，本书即定名为《无形财产权基本问题研究》，其体例与结构、内容与观点均有所调整和更新。为尊重著作权，所有文稿均由本人独立完成，以别于原著的初版与再版。

秉持对读者负责、对学术负责的理念，本人不敢懈怠，虽是旧书新修，但依然费力甚多，2012 年暑假及长假、周末几乎都用于书稿修订。感谢胡开忠博士在原著中所给予的精诚合作，感谢熊琦博士以及张颖、张继文、夏壮壮等同学所付出的劳动，感谢中国人民大学出版社的厚爱与支持。

吴汉东

2013 年 7 月于中南财经政法大学文泓楼

再版前言

自20世纪90年代以来，我一直致力于无形财产权制度体系的研究。最早的一篇文章是《无形财产权的若干理论问题》（载《法学研究》1997年第4期），该文初步提出了建立这一制度的构想；新世纪初年，我与胡开忠博士共同撰写了《无形财产权制度研究》，以基本理论构建与具体制度设计为主要内容，对多年研究的成果进行了总成；近年来又先后有两篇论文问世，即《财产的非物质化革命与革命的非物质财产法》（载《中国社会科学》2003年第4期）与《论财产权体系——兼论民法典中的"财产权总则"》（即将在《中国法学》2004年第6期发表），则是我对这一问题研究的总结与反思。

在我的著述中，《无形财产权制度研究》与我的博士论文《著作权合理使用制度研究》算是得到学术界关注与好评的两部著作（前者获司法部优秀科研成果一等奖，后者先后获首届全国优秀博士论文奖、司法部优秀科研成果一等奖）。必须承认，《无形财产权制度研究》一书虽读者面较广、销售量较大、引注率较高，但招致学者的争鸣、诘问也较多。在众多的同行评论中，有三位青年学者的意见，至今说来仍不敢忘怀。也许正是这种自由而健康的学术讨论，促使我进一步思考，完成了此书的修订本。

中国人民大学博士周佳念以《新经济狂躁后的理性反思与制度建构——读〈无形财产权制度研究〉有感》（载《法制日报》2002年4月14日第三版）为题，

率先对本书写作的意义和价值作了分析与评价。摈却该文对本书的溢美之词不论，笔者特别关注其中的批评性建议，即文章谈及的无形财产权的理论抽象与制度建构实践之间的关系。周文认为本书的出发点不仅在于建立一种的新的概念体系，其价值还在于具有相当的实践意义。最后，他不无担心地写道："毕竟抽象的程度受制于构建特定制度的成本与目的，盲目的抽象将因缺少操作性或成本太高而陷于浪漫或无意义。"诚然，笔者不敢沉浸在法学理论研究的浪漫主义与空想主义之中，虽然提出知识产权的上位概念即"无形财产权"，并主张建立一个大于知识产权范围、以包容一切非物质性财产的无形财产权体系，但这种新的理论构想并未破坏我国民法的概念体系，也未改变物权、债权、知识产权的立法体例。对于新的财产权利，笔者建议采取民事特别法另行规制，并在民法典中作出原则规定。为了进一步阐述上述观点，本书修订本增设一章，专门描述了无形财产权与有形财产权以及其他财产权的关系，并讨论了民法典草案的热点问题——财产权总则。

北京大学博士袁秀挺撰写的长篇书评《正本清源——评〈无形财产权制度研究〉之"基本理论编"》（载易继明主编：《私法》第2辑第1卷，北京大学出版社2002年版），以缜密的思维和流畅的文字对本书作出了评点。十分明显，袁博士感兴趣的是"基本理论编"，他写道："本书可谓近年来对知识产权制度作出全面考察的少数著作之一（普及性的教科书除外）"，"在知识产权具体制度研究相对成熟，而基本理论研究尚很薄弱的学术背景下，本书尤显得难能可贵。可以毫不夸张地说，'基本理论编'正是全书的精华之所在。"当然，袁博士批评最多的也是这一部分。他指出，知识产权基础理论研究现状的虚弱与混乱，已是不容回避。惟其薄弱，方需要有识之士投身其中；惟其混乱，则需正本清源。文章以点睛之笔写道，"本书作者的观点可能被证伪、被推翻，但这也正是人类知识产品得以不断累积的必经之途"。袁文的批评意见在不少方面都很有见地，引起本人的反思。但有两个基本观点，有必要进行回应：一是财产与物。笔者是在客体这一始点范畴来论述两者关系的，同时也是在罗马法、法国法的概念意义上对无体物进行阐释的。因此，知识产权的客体不能视之为无体物，将其称作知识产品较

为适宜。二是无形财产权体系。并不限于袁文，不少学者也在审视无形财产权归类标准的科学性，质问债权、票据权利为何不在无形财产权之列？我的看法是，债权、票据权利可以作为其他权利客体的无体物，但不能视为作为权利本体的无形财产权。关于无形财产权与有形财产权的分类，我是在支配性财产权范畴内进行论述的，债权（票据权利也是一种特殊金钱之债）则不能在此范围内论及。上述观点的诸多论证都写进了增补的第九章。

吉林大学彭诚信博士是本书的另一位热心读者。我们偶遇于日本北海道大学的国际会议。闲暇之中，彭博士谈到他对本书的两点见解：一是无形财产权应改称为无体财产权，“形”与“体”有所区分；二是具体制度编可分为三个部分，以清楚划分创造性成果权、经营性标记权、经营性资信权。对于后者，本人已在修订版中作了重新安排；而对于前者，笔者却维持了原貌。关于无形财产权，英文“Intangible Property”、法文“Propriété Incorporelle”、德文“unverletzliche Eigentumsrechte”等，在本来意义上，都是指非物质性（客体）财产权，即“无形（财产）所有权”，以区别于传统的（有体物）所有权。在中文的法学著述中，非物质性财产权的表述却没有西文那么简单。在罗马法中，无体即为无形；而在近现代法中，无形未必就是无体。我国台湾学者郑玉波先生列举光源、电力、热能等自然力，虽没有物质性的“形”，但有客观实在性之“体”，是为有体物。本人认为，知识产品是精神产物，既无形，又无体，不属于物质性的客体范畴。从这个意义上来说，称相关权利为无形财产权可能更为合适（在美国学者康芒斯所著《制度经济学》一书中，中译本将此类财产译为“无形体的财产”）。考虑到无形财产权中的“形”意指“非物质性”，这一说法已为多数人所理解，日本学者小岛庸和所著一书，就称为《无形财产权》（日本创成社 1998 年版）。基于上述原因，修订版仍采用了原有书名。

本书修订版除在内容上作出上述修改外，还在“基本理论编”增列“无形财产权与反不正当竞争”一章，删除原有的“无形财产权评估”；在“具体制度编”，补写了“资信类财产权”中的“形象权”。

本书的初版与修订版，系由笔者拟纲并修改定稿，其中本人撰写了第一编第

1、2、3、6、9、10 章以及第四编。胡开忠博士撰写了第一编第 4、5、7、8、11 章以及第二编、第三编。此次修订，承蒙我的博士生肖志远、硕士生杨冠锋、肖尤丹协助收集资料、整理文稿、处理文字，在此铭记以为致意。

最后，还要感谢国家司法部科研项目和全国优秀博士论文作者基金项目给予的资助，感谢法律出版社的厚爱与支持，感谢法学界诸位同仁及广大读者的关注与指正。

谨将此书献给中国的知识产权法制建设事业。

吴汉东

2004 年 7 月于武昌南湖

初版前言

当我们站在世纪之交的门槛，回首无形财产权制度的历史轨迹，不难看到20世纪法制成就的辉煌与新的财产权利机制对人类生活的影响。多年前，西方人信奉一句格言："知识就是力量"。如今，国际社会形成一个共识："知识就是财富"。从"Power"（力量）到"Wealth"（财富），反映了人们对知识价值的认知在不断地深化。其实，在现代社会中，时代列车的前进无一不是由高新技术牵引，知识的力量犹在；而且，在现代制度的安排下，知识被直接赋予了财产价值，拥有知识即意味着拥有财富。20世纪初，经济发展的要素主要是资金、资源和劳动力，科学技术对国民经济增长的贡献率只占5%；但进入20世纪80年代以来，不少国家依靠科技进步提高生产力的比率达到了50%～70%，其中，美国、德国经济增长中的知识要素更是达到80%～90%。可以说，在经济发展的诸要素中，有形物质的作用相对降低，知识和智力的作用空前提高。与此同时，社会财富的结构也明显发生变化，无形财产已构成现代社会最重要的财产类型，以技术、信息为表现形式的知识财富成为新一代富豪身价不凡的象征。20世纪80年代初期，世界富豪的前10名，几乎全是石油大王、汽车大王等工业经济时代的骄子，而今天稳坐前排交椅的却是电脑奇才、芯片专家这些"知识新贵"。靠知识致富的比尔·盖茨不仅本人连续5年排名世界首富，而且他的微软

公司造就了超过美国通用汽车公司3倍的市场价值以及2 000多个百万富翁。迎着新世纪的曙光，人们已经看到：知识经济时代的大门已经开启，知识产品的财产价值日益凸显。

知识要成为财富，成为知识创造者个人控制和享有的财富，有赖于国家法律的确认与保护。知识财富的法律化、权利化形态就是知识产权或无形财产权。关于无形财产权保护的法律制度，从其兴起到发展至今只有三四百年的时间，但它却极大地促进了社会经济和科学、文化事业的发展。西方发达国家率先建立和健全了自己的知识产权法律制度，并在世界范围内倡导构建了知识产权国际保护体系。进入20世纪下半叶以来，知识产权领域出现了两个引人注目的变化：一是新技术革命的发展，带来知识产权制度的变革与创新；二是新国际经济秩序的形成，带动各国知识产权立法走上一体化、趋同化的进程。知识产权制度的发展与变革，不仅表现为其保护范围不断扩展、权利内容日益丰富多彩，而且表现为新的权利制度陆续产生、旧的权利体系几近打破。换言之，由于现代商品经济的发展与社会财富形态的变化，财产已越来越多地变为无形的、非物质性的，众多的无形财产已不限于传统的知识产权。鉴于上述情形，作者从90年代中期以来，提议建立一个大于知识产权范围的无形财产权体系，以包容一切基于非物质形态（包括知识经验形态、经营标记形态、商业资信形态）所产生的权利，以回应现代科学技术与商品经济发展所带来的法律需求。新的时代需要新的理念勃兴、需要新的制度安排，对此作出些许探索，即是本书作者写作的初衷所在。

本书尝试构筑无形财产权制度的理论基础（参见上编），建立创造性成果权、经营性标记权、商业性资信权等新的权利体系（参见下编），力图在“历史”与“现实”的交汇点上聚集相关法律的变革与发展，在“理论”与“实际”的结合上设计新的法律制度与规则。

本书系笔者主持的国家司法部科研项目，并得到全国优秀博士论文作者基金的部分资助。全书由本人与胡开忠博士共同完成，杨明硕士撰写了第二十二章的

初稿。本人负责全书框架设计并修改定稿。由于学识所限，书中不妥之处甚多，恳请各位读者多加指正。

吴汉东

2000 年岁末于武汉寓所

目 录

上编 无形财产权基本理论

下编 无形财产权基本制度

细　目

上编　无形财产权基本理论

上编

无形财产权基本理论

第一章

无形财产权的制度沿革

每一种社会形态的存在，都是以首先表现为物质资料的财产作为基础的。社会经济活动中发生的各种经济关系，包括占有关系与流转关系，都直接或间接地与财产有关。就其始点范畴而言，财产是民事权利的重要客体，是社会经济运动的基础。

一、古罗马财产制度的萌生

作为权利对象的财产，在古代罗马法的发展过程中有着不同的制度安排。罗马立国之初，只有动产才可以成为私人财产权的客体。在“克里维特”所有制条件下，尚保留有土地占有的外壳，其所有权的客体仅限于妻子、儿子、奴隶、牲畜以及世袭住宅。这些东西在当时的人们看来是重要的财产，因此才作为个人财产权的客体。[①] 随着奴隶制经济和私有制的发展，不动产诸如土地、森林、牧场等重要的生产资料也逐渐被确认为私权的客体。其中，由于土地在农业社会的重要性以及其具有显而易见性（visibility）、固定性（fixity）、安全性（security），

① 参见周枏等：《罗马法》，155页，北京，群众出版社，1983。

它从古罗马到近代一直是财产权的重要客体。[①]

1. 罗马法上的客体制度

在罗马私法体系中，罗马人以“物”作为客体范畴，在此基础上设计出以所有权形式为核心的“物权”制度，建立了以物权制度、债权制度为主要内容的“物法”体系。概言之，罗马财产法体系的构建，是以“物”（主要是有形的物质客体，也包括无形的制度产物）为基础的。罗马的民事客体物制度有以下几个特点：

（1）将人的本身作为物件纳入客体范畴

罗马法意义上的“物”（res）是指除自由人以外，存在于自然界的一切东西。在奴隶制的罗马国家中，奴隶不享有自由权，被视为“物”，其地位等同于牛马，可以作为一种动产由主人自由处分。“奴隶即为物件”的原则贯穿在罗马的人法、物法（以上为世俗法）和神法（即宗教法）之中。

（2）提出了有体物与无体物的划分

罗马法学家盖尤士认为，有体物（nescorporales）是具有客体存在，并且可以凭借人的感官而触觉的物，如土地、房屋、牛马等；无体物（incorporales），系“法律上拟制之关系”（quae consistunt in jure），是指没有实体，而仅由法律所拟制的物（即权利），如地役权、用益权等。[②] 罗马法所创制的无体物的理论有以下主要特征：第一，权利系抽象物，概为人们主观所拟制的某种利益，因此被视为区别于有体物之无体物。第二，法律上的无体物，能以金钱评价为条件。家长权、夫权、自由权等没有财产内容，所以不能视为无体物。第三，所有权虽然系主观抽象而成，但罗马人认为该项权利与物同在，并且是最完整之物权，应区别于其他一般财产权利。在罗马人看来，“我拥有一块土地”与“我拥有一块土地的所有权”相差无几，因此所有权被划归有体物的范围。

---

① 参见［英］F. H. 劳森、B. 拉登：《财产法》，22页，北京，中国大百科全书出版社，1998；王利明：《民商法研究》（第四辑），169页，北京，法律出版社，1999。

② 参见陈朝璧：《罗马法原理》（上册），84页，北京，商务印书馆，1936；周枏：《罗马法原论》（上册），28页，北京，商务印书馆，1994。

（3）物权客体主要是有体物

在一般意义上，罗马法上的物是以实体性作为要件的。“物，在具体的和特定的意义上（即与物权相联系），是指外部世界的某一有限部分，它在社会意识中是孤立的并被视为一个自在的经济客体。罗马法物权的标的只能是这种意义上的物，即实体的物，罗马法上也称它为‘物体’（corpus）。”[①] 可以说，尽管罗马人提出了有体物与无体物的划分，但物权的客体主要是体现为物质财富的有体物。

（4）有体物仅指可以感觉的有形物

实体性是物的要件，客体物的有体意味着有形。在罗马社会，物权的标的物确实都是可感知的、可触觉的。诸如瓦斯、电力这类物质并不为罗马人所知，至少罗马人不知道它们可以作为经济客体并因而可成为权利的标的。[②] 有基于此，罗马法在划分有体物与无体物时，此种有体物仅指有形物。

综上所述，罗马法将奴隶视为物件，将权利作为制度产物，以有体物作为主要保护对象，物之有体即为有形。客体物制度的上述特点表明，古代罗马法尚未涉及精神产品等非物质财富，即无形财产权的客体。这是由罗马国家所处的“农业社会”或“铁器时代”即统治阶级的物质生活条件所决定的。

2. 罗马法意义上的“无形物”

有学者认为，罗马法本身虽已经成为一种不复存在的古代法律制度，但我们可从中看到无形财产权的雏形。[③] 其理由是，盖尤士在其《法学阶梯》一书中已明确将财产分为“有形财产”与“无形财产”两类，其中前者包括“实在物”如房屋、家具等，后者包括“抽象物”如债权、通行权等。这种看法是难以成立的。现代意义上的无形财产权，有别于传统的财产所有权，其客体应是基于人们知识、经验所创造的精神产品（关于相关概念范畴的讨论，详见第二章）。上述观点所引证的“无形财产”，实际上是专指以某种财产权利为标的的“无形

① ［意］彼德罗·彭梵得：《罗马法教科书》，185页，北京，中国政法大学出版社，1992。

② 参见［意］彼德罗·彭梵得：《罗马法教科书》，185页，北京，中国政法大学出版社，1992。

③ 参见郑成思：《知识产权、财产权与物权》，载《知识产权》，1997（5）。

物”，是作为分配资源的社会工具的一种制度产品。就其不具备外在形体、概为人们主观拟制的非物质性而言，精神产品与制度产品有着共同的特征，但由于两者有着不同的性质和功用，因而只能成为不同权利的客体。概言之，在罗马法时期，尚未存在具有财产意义的精神产品范畴或者产生保护这一精神产品的法律需求，因此在其法律体系中，没有也不可能产生近代意义上的知识产权或无形财产权制度。

诚然，在罗马法时期，人们曾萌生过有关精神产品所有权的观念。这种观念的进化是制度建立的先导，但思想不等于制度本身。据人种学者考证，智力成果所有权这一观念曾在古代社会就得到不同方式的承认，在最早的历史时期，在一定程度上已存在着某种“文学产权”的思想。[①] 相传，在古罗马时期，西塞罗等人都曾从自己的演讲或写作中获取报酬，而剽窃虽无法律予以制裁，但被视为一种可耻的行为受到指责。据英国大不列颠百科全书记载，“剽窃”一词是公元一世纪罗马著名讽刺诗人马歇尔创造的。这一时期，虽然人们已经意识到创作者的权益问题，但文学剽窃行为只是受到道义上的谴责，并不产生法律上的后果。[②]

在罗马法中，有些精神产品也曾受到间接的法律保护，但并未上升为具有法律意义的财产。据英国学者研究，由于古罗马规模宏大的奴隶主庄园以及手工业作坊和宏伟的建筑工程需要大量的奴隶劳动力支撑，因而当时的“雇主”与“雇员”的关系十分复杂，诱使奴隶出卖雇主的商业秘密成为社会的普遍问题。鉴于对奴隶的诉讼毫无意义，罗马法遂发展了对抗诈骗商业秘密第三人的诉讼请求制度。虽然有人将其看做历史上最早关于商业秘密保护的规定，但这仅是从规范商业道德角度所给予的零星规定，大量的商业秘密仍处于无财产意义的自然状态，是当事人持有的一种法外利益。[③]

---

① 参见联合国教科文组织编：《版权基本知识》，2 页，北京，中国对外翻译出版社公司，1984。

② 参见吴汉东：《著作权合理使用制度研究》，北京，中国政法大学出版社，1996。

③ 参见唐昭红：《商业秘密研究》，载梁慧星主编：《民商法论丛》（第 6 卷），72 页，北京，法律出版社，1999。

二、近代社会财产制度的发展

客体物制度在近代社会有着充分的发展和明显的变化。一方面，近代商品经济与科学技术的发展，大大扩张了财产权客体的范围。在资本主义市场中，从股票、债券以及商誉、商业标记到智力创造性成果，同物质产品即有体物一样都成为自由交换的标的，从而使得财产权的内容日益丰富多彩。另一方面，由于法律传统的差异，英美法系国家对财产的基本分类显然有别于大陆法系国家关于物权客体的类型化。即使是接受罗马法传统的法国和德国，在无体物方面也采取了不同的立法态度。因此，物与财产的概念与范畴，在不同国家有着不同的理解。基于此，关于近代社会财产制度，笔者拟作以下几个方面的概述：

1. 近代财产权客体制度的基本特点

（1）有价证券：有形物品抽象化

随着市场经济的繁荣，人们对物的概念有了新的认识。对物的占有不仅是为了使用某物，而且更重要的是将其投入流通领域而获取增值，有价证券由此应运而生而成为一种特殊的动产。正如英国学者詹克斯所说："由于工业的逐渐发展和商业活动的更大发展，终于创造了另外一种和最初的形态完全不同的动产；这种动产的价值并不取决于它的自然性质，而是取决于它的法律性质，如果把一张一百生丁的票据看做是一个自然的对象，那么它可能值不了什么，如果把它看做是某个有钱人的付款保证，那么，它可能值一百法郎。债券、股票、保险证券以及其他许多系争财产和作为债务要求权对象的财产，都和上述情况一样。"① 有价证券的出现概由商品买卖所引起，财产法引进有价证券这一特殊种类物，即是以其取代货币而进行金钱交付。在现实交易中，有价证券已经不再仅仅是一组承诺，而被当作是可以买卖的物。按照英国学者劳森与拉登的描述，有价证券最初是作为货物的象征，这种文书的转让也就是其所代表的货物的转让，即实物抽象

① 转引自王利明：《民商法研究》（第四辑），170页，北京，法律出版社，1999。

化，然后将这种抽象实物化，也就是将书写或印制收据的纸张等同于收据本身。因此，仓单或提单的交付被视为实物的交付。[①]

（2）知识产品：精神产物财产化

知识产权是近代商品经济与科学技术发展的产物。知识产品成为新型财产权利的标的，取决于以下几项条件：第一，社会生产的科学技术化。在从自然经济向商品经济的转化过程中，劳动产品中占主导地位的体力因素逐渐让位于智力因素。资产阶级在它最初100年的统治中创造了巨大的生产力，使科学技术同社会生产紧密地联系在一起。第二，科学技术成果的商品化。商品经济的发展和资本主义经济结构的建立，打破了自然经济中技术部门之间以及技术与社会联系之间的壁关锁垒。商品经济需求的强烈冲击，迫使技术向社会发生大规模移转。资本把技术还原成一般等价物，并驱使其走向市场。第三，知识财产的法律制度化。"每当工业和商业的发展创造出新的交往形式……法便不得不承认它们是获得财产的新方式。"[②] 知识产权是与传统财产制度相区别的崭新的法律制度。在私有制商品经济条件下，资产阶级创制了许多法律方式：在与商品生产直接有关的技术发明领域出现了专利权；在与商品销售活动相关联的商品标记范畴出现了商标权；在文学创作以商品形式进入交换市场的过程中出现了版权。这些法律形式最后又被扩大为知识产权。知识产品作为知识财产权的保护对象，是独立于传统意义上的物的另类客体；而知识产权与其他财产权利一样，又都是一种无体物，其本身亦被作为财产看待（可以进行抵押、转让、许可使用等），但究竟属于何种财产，各国立法规定有所不同（本章下文将作探讨）。

（3）自然力：无形之物客观实在化

随着社会的发展与进步，人们对物质资料的支配、利用能力进一步提高，物的范畴也在不断地扩大。在此情况下，人们对物的认识也在逐步地改变和深化。如上所述，罗马人将有体物仅限于有形物。在他们看来，即使权利虽为抽象之物，但却得以通过权利的行使或支配而感觉它的存在，而光源、电力、

① 参见［英］F. H. 劳森、B. 拉登：《财产法》，17～18页，北京，中国大百科全书出版社，1998。

② 《马克思恩格斯全集》，第3卷，72页，北京，人民出版社，1972。

热能等，既没有具体的物质形态，又不能为感官所感知，因此，罗马法无法将其纳入物的范畴。可以说，由于社会生产力和人的认识能力的局限，有体物之“体”拘泥于外在之“形”。进入近代社会以来，民法理论与民事立法已经摒弃了这种陈旧的观点。诚如郑玉波先生所言：“时至今日，科学发达、物之范围扩张，如自然力（水力、电力），亦应列入物之范畴，因而吾人对于‘有体’二字之解释，固不必再斤斤于‘有形’矣。”[①] 在立法例上，瑞士民法、韩国民法有类似规定。[②] 德国民法虽未明确规定，但对物作了扩张解释，将自然力作为物权客体[③]，根据其“物必有体”的原则，自然力也应视为有体物。将无外在之形的自然力归类于有体物，其理由有两点：第一，有体物之“体”表现为物的客观实在性。有体物独立于民事主体之外，是表现为物的客观实在性。有体物独立于民事主体之外，是民事主体以外的客观事物。它是天然生成的，或是劳动创造的；是已经现实存在的，或是可能现实存在的。总之，它是不依赖于人的感觉而存在的客观实在。[④] 第二，有体物之“体”既能为人所感知又能为人所控制。诸如光线、电力、热能、频道、磁场等自然力，虽不能为人们感官所感知，但可以采用现代技术手段对其进行度、量、衡，如电能的电流、电压，光线的色谱、亮度，频道的波长、频率等。此外，自然力必须符合为人控制的条件。因此，天空中无拘束之大气、火山口散射之热能等，不能视为民法上的物。

2. 大陆法系国家立法例

资产阶级革命以后的大陆法系国家以法典为工具，实现了法律制度的体系化。虽然各国民法典与罗马法之间继受发展的脉络清晰可见，但诸支系在立法技术方面的差异却是十分明显的。

法国民法从体系、规则到术语，承继罗马法传统最多。就其财产权客体制度

① 郑玉波：《民法总则》，186～187页，台北，1959。

② 参见《瑞士民法典》第713条、《韩国民法典》第98条。

③ 参见孙宪忠：《德国当代物权法》，3页，北京，法律出版社，1997。

④ 参见章戈：《小议客体与标的》，载《西北政法学院学报》，1985（1）；吴汉东：《关于无形财产权若干理论问题的研究》，载《法学研究》，1997（3）。

而言，主要有以下几个特点：(1) 物权客体类型化。从罗马法到法国法，法律对于财产分类的原则和立法技术都是相同的。他们根据物的具体特征和不同法律效果对物进行分类。这种分类有助于人们深化对物的认识和了解各种物的特殊规则，但其弊端是，这种分类所涉及的具体事物总是有限的，而且这种分类越精细就越僵化，以至于在一定时期便不能正确反映发生变化的社会经济现实。① (2) 无形财产范围扩大化。罗马法将财产权客体分为有形财产（有体物）与无形财产（无体物）。法国民法继承并发展了罗马法的传统，除继续采用这种分类外，还大大扩展了无形财产的范围。其中，除了为《法国民法典》所明确规定的债权、股东权外，无形财产（即无体物）还包括普遍存在于现实生活并时常更新的知识产权。(3) 无形财产权不动产化。动产与不动产是法国民法对财产的最重要的基本分类。无形财产所有权（Propréte incorporelle），除归属于无体物外，在传统上还具有动产性质。② 由于动产财富的显著增长，无形财产权这些新的财富只能置于动产这一"开放"的体系中。但随着无形财产权的价值逐渐被人们认识，这一新型财产权利又划归为更具社会价值的不动产类别。③

德国民法在继受罗马法传统方面，形成了不同于法国民法的德意志民族风格。其财产权利客体制度的主要特点是：(1) 民法上的物仅仅是有体物。德国民法不承认无体物，所谓物仅涉及有体物的规定。这种规定主要是对物权法具有意义。在德国民事诉讼法中，可以作为民事诉讼执行对象的物，是一切客体或者对象，包括有体物，也包括无体物，甚至包括权利。即使是在民法典的债法编中，物也不仅仅指有体之物，而是包括可以成为民法上财产的无体物。④ 由此可见，"物必有体"的原则主要运用于物权法。(2) 精神产品是知识产权法规范的"无体物"。依德国学者的意见，精神产品也可被视为一种无体物。但物权法上的物不应该包括精神产品这种无体物。根据《德国民法典》确定的原则，精神产品应

---

① 参见尹田：《法国物权法》，88页，北京，法律出版社，1998。

② 1804年《法国民法典》第529条规定："以请求偿还到期款项或动产为目的的债权及诉权……按法律规定均为动产。"因此，无体物（包括无形财产权）在法律上也是动产。

③ 参见尹田：《法国物权法》，71～72页，北京，法律出版社，1998。

④ 参见孙宪忠：《德国当代物权法》，2页，北京，法律出版社，1997。

由知识产权法规范，而不由物权法规范。(3) 知识产权属于一种动产。关于知识产权等无形财产权利的财产意义，《德国民法典》未作明确规定。该法典有着动产与不动产的基本分类，但没有列举动产的范围，且根据物的概念的特定性，动产之中不包括权利。但一般认为，对权利也可以适用动产的有关规则，因此，作为标的的权利具有类似动产的属性。此外，德国民法立法者认为，“物的所有权”与“权利的所有权”有着同样的意义。在德国民法中，权利物权制度包括权利用益权与权利质押权两大部分。因此，在法理上，财产权利（包括无形财产权）本身可以被当做物来看待。

在大陆法系各支系中，日本民法传统更接近德国民法。1898 年施行的《日本民法典》，在民事客体制度方面有两个特点：一是对物只取狭义概念，排斥无体物的说法。这就意味着发明、外观设计、著作权等精神产品（特殊意义上的无体物）不能成为物权特别是所有权的客体。[①] 二是将包括无形财产权在内的民事权利赋予与有体物同等的法律意义。日本民法典依照罗马法创设了准占有制度，将上述财产权利作为准占有的标的；同时，参照德国民法规定了权利质制度，即以上述财产权利作为质权的标的。依日本民法的精神，无形财产权被视为一种特殊的动产。

3. 英美法系国家的立法例

英美法在规范财产权利客体范畴及类别时，没有拘泥于欧洲大陆国家那种严格的抽象概念体系，而是采取了更为务实的态度去界定以至拓展财产法的调控范围。由于法律传统的差异，英美法很少使用物的概念，而普遍采用财产的说法。

动产与不动产是英美法关于物的基本分类。动产（personal property）可以分为两类，即有形动产（tangible personal property）和无形动产（intangible personal property）。所谓有形动产，是指那些实物动产，如汽车、家用电器、马匹等；无形动产则是指非实物动产，如银行账号、有价证券、专利等。[②] 动产还可以分为占有物与诉体物。前者是能够通过占有而享有的物，后者则是通过诉讼

① 参见邓曾甲：《日本民法概论》，46 页，北京，法律出版社，1995。

② 参见李进之等：《美国财产法》，22 页，北京，法律出版社，1999。

而享有的物。诉体物一词最先用于债权，后来又扩展到无形财产权。[①] 诉体物也被称为“诉讼中的动产”（choses in action），其特点表现为：一是这种动产的存在范围，只有通过诉讼才能充分体现出来。不动产土地的疆域界定、有形动产物的利益存在，根据标的物本身即可划定；而无形财产权由于其标的的非物质性，往往需要通过诉讼请求，才能划清“社会财产”与“我的财产”、“合法使用财产”与“非法使用财产”之间的区别。二是这种动产的价值不表现为记载精神产品的物化载体本身的价值，而取决于象征着请求交付有形动产的无形权利的价值。在人们的意识中，那些物化载体，例如，由文字符号组成的书籍，由图案、线条、色彩构成的绘画等，其本身就是一种动产，但该有形动产还附载着含有精神产权属性的无形动产，两者的价值应严格区分而不能混同。

英美法关于物的类型化，主要有以下几种：（1）土地；（2）货物，即金钱以外的有形动产；（3）无形财产；（4）货币；（5）基金。在无形财产中，又可以具体分为：1）债权和其他诉体财产；2）商业证券，包括流通证券和权利证书；3）作为财产的合同权，即在合同不受他人干涉的情况下而享有合同所代表的财产利益[②]；4）商誉；5）知识产权；6）债券和股票。上述财产之所以归类于无形财产，在于其具有以下共同特征：第一，它们都是区别于实物动产的无形动产。对无形动产也可以占有或设定质权，但具体规则与实物动产的相关情形不同。第二，他们都是象征某种财产利益的抽象物，但其财产利益与记载该项权利的文书或载体无关。第三，他们都是通过诉讼而享有的诉体物，主要指债权与知识产权。

三、现代社会财产制度的变革

进入 20 世纪以来，人类的社会生活发生了深刻的变化。影响现代社会财产

① 参见［英］F. H. 劳森、B. 拉登：《财产法》，19 页，北京，中国大百科全书出版社，1998。

② 作为该项无形动产典型事例是：剧院经理与流行歌手签订演出合同。前者不能强迫相对人履约，但可以申请禁止令，以防止表演行业的竞争对手的不正当干涉。在这个意义上，他可以享有对抗不特定多数人的财产利益。参见［英］F. H. 劳森、B. 拉登：《财产法》，30～31 页，北京，中国大百科全书出版社，1998。

制度发展、变革的因素主要有两个方面：一是现代科学技术的发展。自20世纪中叶以来，以电子计算机为代表的微电子技术，以及光导纤维、生物工程、新材料、新能源、空间技术、海洋技术等新的技术群的产生与发展，即将把人类社会推进到一个崭新的经济时代——知识经济（或称智力经济）时代。在当今世界，一个国家知识产品的生产数量和占有容量，往往成为这个国家科技、经济、文化发展水平高低的标志。从社会财富的构成来看，无形财产已构成现代社会最重要的财产类型。在世界富豪的排名榜上，稳坐前10名的石油大王、汽车大王、钢铁大王，如今让位于靠开发软件、芯片、生物制品起家的"知识新贵"。"以微软、英特尔、IBM为代表的知识经济产业，正以它新的观念、新的姿态和巨大的威力冲击着辉煌两百年的工业经济社会。"① 这一现象必然对以有形财产为主的传统财产制度带来巨大的挑战。二是现代商品经济的发展。作为民法主要调整对象的商品经济关系已演变到现代高度发达的程度。从消费品、生产资料、房地产等有形商品市场，到技术、信息、产权等无形商品市场，市场的触角延伸到一切可以作为财产看待的物质与非物质的对象，商品化的结果是财产权利客体的扩充；从一个统一的国内市场到一个以一体化为目标的世界市场，为推进贸易自由化，实现商品、资本和劳动力等生产要素的自由流通，新的国际经济秩序在各国不断地摩擦与斗争、妥协与合作中逐渐形成。经济一体化的最终结果将是各国间与贸易有关的法律制度（特别是知识产权制度）的趋同。② 基于上述因素的影响，我们可以将现代社会的财产制度概述如下：

1. 生物体的客体地位发生动摇

在近代民法体系中，权利主体（人）、权利客体（物）是民法总则的两大基本制度。主体与客体、人与物之间有着严格的区别。法律关心的是人的精神、意思，赋予一切人权利能力和主体资格。人以外的不具有精神、意思的生物归属于

① 赵弘等：《知识经济呼唤中国》，2页，北京，改革出版社，1998。

② 参见吴汉东：《科学技术、国际贸易与著作权保护》，载《黑龙江政法管理干部学院学报》，1999(2)。

物，是权利的客体。主、客体之间这种不可逾越的鸿沟现在正发生动摇。[①] 因为现代分子生物学证明，人的遗传基因与动植物遗传基因没有任何差别，人的生命现象是物质现象的一种。由于人工授精、试管婴儿、子宫代孕等生殖技术改变了人类受孕分娩的传统方式，这不仅使得亲子关系更加复杂，而且提出了如何认定遗传物质法律地位的问题。例如，根据遗嘱将死者的冷冻受精卵培育出生，这在继承法上应如何处理，尚有待进一步研究。但毫无疑问的是，将冷冻受精卵作为物来看待显然是不妥当的。[②] 换言之，对具有遗传基因的生物已很难在传统民法的主、客体框架内作出妥当的规范。

2. 人体组成部分被赋予财产意义

近代民法认为，物必须是人体之外的物，即客体物必须存在于人身之外。人身是指人的思维和肉体的统一，是人格所依附的生命有机体。自废除奴隶制以后，人身在法律上已不作为权利客体。人身不是物，但人体的组成部分与人体分离后能否作为财产权客体，近现代民法对此规定不一。1900 年《德国民法典》将物严格限定在人体之外，无论是完整的人体还是人体的某一部分（包括固定在人体之上的人造物如假肢、人造心脏等），均不是物。能够和人体分离的人体组成部分仅限于毛发和被捐献的血液，才能作为物权客体。[③] 这一原则直至现在依然被保留。随着现代科学技术的发展，活人之身体不属于物的观念受到挑战。例如移植之器官、出让之血液、代孕之子宫等均以人体组成部分（与人体分离或与人体不相分离）为标的物。学者认为，处分人体的某一部分，与处分一般有体物有同等效力，但以不违反法律和公序良俗为限。为了维护人的价值与尊严，不能允许对被移植之活体以强制执行的权利。[④] 多数大陆法系国家的立法例与司法实践采上述主张。而在英美法系国家，人体组成部分在多大程度上可以成为财产，

---

① 参见梁慧星：《从近代民法到现代民法》，载《中外法学》，1997（2）。

② 参见梁慧星：《从近代民法到现代民法》，载《中外法学》，1997（2）；余能斌等：《世纪之交看新中国民商法的发展》，载《法学评论》，1998（5）。

③ 参见孙宪忠：《德国当代物权法》，4～5 页，北京，法律出版社，1997。

④ 参见梁慧星等编著：《物权法》，28 页，北京，法律出版社，1997；王利明等：《民法新论》（下），8 页，北京，中国政法大学出版社，1998。

在各级法院中尚存有争议。在美国最近的判例中，离异的丈夫对其受精卵提出财产主张，以反对前妻将其植入自己体内，这一请求遭到上诉法院的驳回，但却受到下级法院判决的支持；而在另一判例中，病人对被切除的器官提出权利要求，以分享医生将该器官用于制造药品所取得的利益，虽然法院判决该病人败诉，但仍有部分法官对此持肯定意见。①

3. 人格利益从精神价值向财产价值扩充

近代民法强调保护私有财产的绝对无限所有权和契约自由，却没有确认和保护人格权的明确规定。法国法官为弥补立法之不足，对1804年《法国民法典》采取扩张解释，创立了保护人格权的判例。1896年《德国民法典》始在立法中承认人格权，除在总则中规定姓名权外，还在债编侵权行为部分强调了对人的生命、健康、自由的保护。1907年《瑞士民法典》为人格权独设一编，明确了人格的一般规定和人格的保护规范，标志着现代人格权立法已经进入了完善程度。传统理论认为，人格权之客体，概为无形之利益，即没有外在的实在形态，不是以物、行为等方式表现，而是体现与人格有密切联系的利益。诸如身体、健康、生命的安全，精神活动的自由与完整，个人尊严的享有与社会评价的公正获得等，都属于一种无形的利益。② 一般认为，这种无形利益，主要是精神利益。随着现代商品经济的发展和人们权利观念的进化，人格利益中的物质利益因素在社会活动（包括经济活动）中得以凸显，逐渐为人们所认识和重视。在现代民法中，人格利益的财产意义，不仅表现为侵犯人格权所产生的财产后果，更重要的是部分人格权在客观上有可能转化为物质利益。③ 具体而言，主要有以下几种情形：（1）姓名使用权与名称使用权。即公民或法人对自己的姓名或名称的专用权，该项权利的设定使得权利人对其姓名或名称享有精神利益和财产利益。其中，名称中的企业法人名称，即是作为工业产权保护对象的商号，是企业法人的一项重要无形资产。

① 参见［美］罗纳德·波斯顿：《美国财产法的当前发展趋势》，载《外国法译评》，1994（3）。

② 参见王利明主编：《人格权法新论》，24页，长春，吉林人民出版社，1994。

③ 参见杨立新：《人身权法论》，44页，北京，中国检察出版社，1996。

（2）肖像权。该项权利所具有的物质利益，是肖像权所体现的一项重要内容。[①] 它所包含的肖像制作权与使用权，通过公民自己行使或转让他人行使，使得肖像这一人格利益具有物质利用价值。（3）法人的名誉权与荣誉权，对于法人而言，前者涉及法人就其自身属性和价值所获得的社会评价而享有某种利益，而后者涉及法人对社会组织所赋予的积极社会评价而享有某种利益。该类利益主要是非物质利益，但在市场经济条件下通过具体的经济活动能够转化为财产利益，诸如作为无形财产的商誉，就包含有特定主体的名誉、荣誉所形成的人格利益。

4. 作为公共利益的环境要素成为私权客体

在近代法律中，私法权利体系和公法权利体系有着严格的划分。权利属性不同，其权利的行使主体和权利的保护对象也不相同。在现代社会，权利体系的安排有着明显的进步与变化，“民主、自由、平等一类的原则已居于核心的位置，社会权利体系在传统的私法权利体系和公法权利体系中间崛起”[②]。这一情形在很大程度上要归因于人权概念的扩张和能够接纳人权观念的立法机制。关于权利的进化，西方学者把人权的发展分为三代：第一代为个人自由和公民权、参政权；第二代为社会、经济、文化权利，兼具个人权利和集体权利的性质；第三代为和平、发展、洁净的环境和分享人类共同遗产的权利。环境权利是所谓的第三代权利。该项权利的私权化趋势，使得被视为公共利益的环境要素在一定的条件下也成为私权客体。

环境权的核心是法律所保护的公民对于环境资源的利用所取得的物质上和精神上的利益。[③] 环境权经历了从社会权利到个人私权的演变和发展过程。由于环境的公共资源性质，对环境资源保护的利益及于当代人和后代人，因而是典型的公共利益。但是，从“公共利益是私人利益的集合”的立场出发，保护个人利益就是对公共利益的保护，反之亦然。有学者认为，在资源公有的情况下，“每个

① 参见杨立新：《人身权法论》，465页，北京，中国检察出版社，1996。

② 夏勇主编：《走向权利的时代》，7页，北京，中国政法大学出版社，1995。

③ 参见吕忠梅：《论环境权》，载《法学研究》，1995（6）。

人都是万物之主，那么，实际上人们将陷入一无所有的境地”①。因此，有必要通过法律解决权利主体真空的问题，在社会公共利益的整体需要的范围内以权利法定的形式确立个人权利，使对社会利益的保护落到实处。换言之，在将环境权确立为一项宪法权利的同时，肯定它的私权性质，即保护以个体利益形式出现的对环境的物质性权利（环境使用权）和精神性权利（环境人格权），并将侵犯上述权利的行为确认为一种专门的侵权行为，提供救济。② 从保护环境这一公共利益的目标出发，对环境权进行新的制度安排，是现代社会公法私法化和私法公法化的结果，也是对传统概念法学的突破。

四、当代无形财产制度的发展与变化

进入 21 世纪以来，知识经济已见端倪。如前所述，现代科学技术的飞跃发展，使人类社会的知识生活与文化生活发生空前巨大的变化；现代商品经济的高度发达，推动着新的国际经济秩序与世界市场的形成。为了回应这一情势的发展，各国立法者不得不“修纲变法”，着力于本国法律的现代化。其中无形财产权制度受到影响最大，发生变革最烈。

1. 传统知识产权保护范围不断扩大

著作权、专利权、商标权是传统知识产权法的三大基本制度。在保护对象方面，三大知识产权制度都发生了引人注目的变化。

早期著作权的保护领域，拘泥于书籍、地图等狭小的客体范围。正是在这个意义上，有人将著作权称为“印刷出版之子”③。至 19 世纪末，各国著作权法才先后在保护对象范畴增加了音乐作品、戏剧作品、摄影作品等，延伸了“印刷作品”的含义。进入 20 世纪后，特别是 20 世纪下半叶以来，“电子版权”取代了

① ［美］迈克尔·D·贝勒斯：《法律的原则——一个规范的分析》，90 页，北京，中国大百科全书出版社，1996。

② 参见吕忠梅：《论环境权》，载《法学研究》，1995（6）。

③ 段瑞林：《知识产权法概论》，28 页，北京，光明日报出版社，1988。

“印刷版权”，各种“电子作品”进入传统著作权的保护范围。其主要表现是：一是将包括电影、电视、录像在内的“视听作品”视同一般作品而给予著作权保护；二是将通过同步卫星传播载有节目的信号以供地面广播组织接收并转播的“卫星广播节目”，视为一般广播节目而给予邻接权保护；三是对通过同轴电缆接收和传播的“电缆电视节目”，根据其所含对象的差异而分别给予著作权或邻接权的保护；四是将计算机软件视作一般文字作品，作为著作权的特殊保护对象。① 此外，民间文学表现形式作为著作权的另类客体，也是现代著作权法发展的一个重要表现。

专利权的客体范围，是随着科学技术的进步和经济发展的需要而不断扩大和逐渐明确的。早期的专利制度，从 1474 年威尼斯共和国专利法到 1623 年英国《垄断法规》，其保护对象都是表现为技术解决方案的发明。到 19 世纪，法国于 1803 年颁布了世界上第一部保护外观设计的地方性单行法规；英国于 1843 年制定《实用设计法》开始对实用新型给予保护。1883 年《保护工业产权巴黎公约》（以下简称《巴黎公约》）规定，工业产权的客体为发明、实用新型和外观设计。根据对 149 个国家和地区的统计，法律规定有发明和外观设计两种专利的，计 97 个国家；规定有发明、实用新型、外观设计三种专利的，计 14 个国家；仅规定发明专利的，计 38 个国家。② 到目前为止，各国法律以专利形式保护的对象主要是上述三类。除此之外，有些国家还规定保护植物品种、微生物等。在不适用于专利保护的发明创造中，一类是不具备技术方案特征的智力成果，如自然规则（laws of Nature）、科学原理（Scientific Principles）、自然现象（Natural Phenomena）以及经济方法（Method of doing business）等。③ 该类客体不能作为专利保护，概为各国立法之通例。另一类是基于国家技术、经济发展水平限制而不予以保护的智力成果。对此，各国立法差异较大，但随着形势的发展，该类非专利客体的范围大大缩小。其中，保护化学物质和药品已成为现代各国专利立法的

① 参见吴汉东等：《西方诸国著作权制度研究》，19 页，北京，中国政法大学出版社，1998。

② 参见刘春茂主编：《中国民法学·知识产权》，428 页，北京，中国人民公安大学出版社，1997。

③ 参见曾陈明汝：《专利商标法选论》，33 页，台北，自版，1977。

一种趋势。

商标法所保护的对象，是知识产权诸客体中变动最少的一个范围。由于商标是为买主识别商品而使用的，立法者首先关注的是标记的“可识别性”。从近代法到现代法，关于商标的构成要素的立法规定往往不尽相同。文字、图形或其组合可以作为商标，概为各国立法之通例，除此之外，诸如颜色、声音、形状、地名、数字等能否构成商标要素，国际间尚未形成统一的立法例。但就商标权客体的范围而言，有两个动向值得注意：一是为了推动第三产业的发展，通过商标立法保护服务性行业的区别标记，世界各国大多对服务商标与商品商标给予同等保护；二是对在公众中享有声誉、具有较高知名度的驰名商标，不管其是否注册，许多国家对其给予特殊保护。1993 年关贸总协定缔约方通过的《知识产权协定》，在《巴黎公约》建立的商标保护国际协调的基础上，进一步强调了对驰名商标的保护，并将对驰名商标的保护范围扩大到服务商标。① 可以说，这是现代商标法发展的一个重要方面。

2. 新型知识财产陆续出现

自新技术革命从 20 世纪中叶兴起，知识经济不仅培育了新一代巨富，而且孕育了“知识＝财富”的新的财产观。它表明知识是创造财富、赢得财富的基础，知识财产是当今社会一种新型的、重要的财产类型。随着新技术的应用，特别是微电子技术与生物工程技术的应用，知识产权的客体向新技术范畴扩展，出现了与传统知识产品有别的新作品、新专利与“准专利”类别。

集成电路是微电子技术的核心，是现代电子信息技术的基础。它具有体积小、速度快、能耗低的特点，被广泛应用于各种电子产品之中。集成电路是一种综合性技术成果，它包括布图设计和工艺技术。所谓布图设计，又称掩模作品或拓扑图，是附着于各种载体上的元件和连接这些元件的连线的有关布图设计。集成电路布图设计实质上是一种图形设计，但不是工业品外观设计，不能适用专利法的保护范围；同时，这种图形设计虽是一种三维配置形态，但又不属于著作权

① 参见张乃根：《国际贸易的知识产权法》，128 页，上海，复旦大学出版社，1999。

法意义上的图形作品或造型艺术作品。[①] 有鉴于此，世界许多国家采取单行立法，并通过相关国际公约（如《关于集成电路的知识产权条约》），确认对集成电路布图设计以独立知识产权或“准专利”的保护。

数字化技术是微电子技术发展的产物，是利用计算机技术和数字通讯技术对信息进行储存、加工、合成以及传送的现代新技术。数字化技术包括两大部分：一是多媒体技术，即“对多种形式媒体（文字、数值、图形、图像、声音等）的信息进行统一处理和应用的成套技术”；二是超文本技术，即“将一些信息块（例如文字信息段、图形、图像、乐曲），按照它们之间的逻辑联系组织成网状结构，供人们存储、检索和视听的信息管理技术”[②]。数字化技术的出现，改变了知识财产的存在方式。传统的作品主要以书籍、报纸、杂志、录音、绘画和电影等形式出现，而现在则载入到计算机软件、CD-Rom 以及 Internet，成为以二进制数字编码为表现形式的信息。加拿大著名版权学家 Lesley 将该类权利客体称为“数字化财产”（Digital Property），即存在于计算机或 Internet 上的内容。换言之，“能够被数字化，或以数字化形式存在的，或用数字化方式创作的（如通过计算机软件）的知识财产就是数字化财产”[③]。对原创作品进行数字化表达的结果，是基于同一思想内容而产生了原作品形式与数字化形式两种不同的表达。对这两种表达形式是何关系，各国著作权法尚有争议。但立法者的普遍共识是，一项作品的二进制数字编码形式应该受到著作权法保护。[④]

作为新技术重要组成部分的生物工程技术，可以作为专利客体或“准专利”客体，这是现代知识产权法发展的一个趋势。生物工程涉及的对象基本上可分为动物、植物、微生物三类。对动物新品种提供专利或“准专利”的保护，在 20 世纪还鲜有立法例（美国在 20 世纪 90 年代曾有授予“哈佛鼠”以专利的判例）。[⑤] 而微生物，包括物品本身及其新制法，在许多国家都是作为发明专利而

① 参见吴汉东主编：《知识产权法》，344 页，北京，北京大学出版社，1998。

② 应明：《数字化技术的发展对著作权制度带来的新问题》，载《知识产权》，1994（6）。

③ Lesley Ellen Harris, *Digital Property*, The Megrau-Hill Companies, 1997, pp. 4 - 6.

④ 参见孙铁成：《计算机与法律》，19 页，北京，法律出版社，1998。

⑤ 参见郑成思：《知识产权法》，156 页，北京，法律出版社，1998。

受到保护的。此外，植物新品种作为生物工程技术在植物品种改良方面的重大成就，日益受到各国立法者的重视。目前，对植物新品种的知识产权保护，主要有两种方式：多数国家通过制定特别法来保护植物新品种，也有一些国家在专利法的范围内保护植物新品种。1961年的《保护植物新品种国际公约》与1993年的《知识产权协定》强调对植物新品种给予知识产权保护，但允许缔约方自由选择专利法或知识产权法或二者并用。

3. 经营标记的财产价值日益受到重视

在现代商品经济与国际贸易高度发展的条件下，以商标为中心的经营标记具有特别重要的意义。它不仅担负着识别功能，标示着商品的不同厂家、不同产地、不同质量的差异性；而且成为特定产品在观念上的替代物，换言之，即是“将该产品的特殊商誉化身于所使用的经营标记上”①，从而为经营标记的所有者带来附加利益。

在整个知识产权法律制度体系中，经营标记的法律保护起始最早。② 其发展变革虽不及著作权法、专利法那样迅速、剧烈，但在现代社会中也出现了若干重大的变化：第一，经营标记的范畴形成了以商标为中心的标记族群。除传统的商标外，诸如商号、行业标记、产地标记、质量等级标记（如纯羊毛标记）、质量表彰标记（如“国优”、“部优”奖励标记）等都成为具有财产意义且受法律保护的客体。第二，商业名称权（即企业法人的名称权）在商号权的名义下，实现了人身权与财产权的分离。“商号权的无体财产权属性，不仅表现在一个著名的商号可以为商事主体带来商业利益，而且表现在其他商事主体愿意付出对价受让这一权利。”③ 第三，域名作为接入互联网的用户在网络上的名称，是信息市场、信息网站中出现的新标记。关于域名的属性，学者间尚有争议。有学者认为，域名是一个独立的标记范畴，不同于互联网用户原有的商号或商标；也有学者认为，域名只是原有标记在网络上的数字化表现，是标记载体的一种互换。摒弃其

① 夏先良等：《论贸易标志》，载《知识产权》，1996（3）。

② 相传古罗马法就已出现保护商标的规定，准许买主向伪造商标出售货物的卖主提出控告。

③ 聂卫东：《商业名称的法律保护》，载《法律科学》，1999（3）。

争议不言，域名日益受到人们的重视并在一些国家谋求取得法律保护，却是一个不争的事实。第四，经营标记与商业信誉共同构成企业的无形财产。经营标记往往与特定企业的商誉联系在一起。商誉是关于企业的积极社会评价，它源于多种因素，包括企业的品质、经营人员的素质、与用户的关系等。在诸项经营标记中，商号是商誉附着的载体，商标及其他标记则是商誉形成的因素。第五，对经营标记的保护，涉及多个法律部门，一般以专门法（如商标法）为主，由反不正当竞争法以及行政法辅之。在无形财产权体系中，有关标记的的权利主要是一种工业产权。

4. 商业秘密与反不正当竞争纳入知识产权体系

与近代法相比，现代知识产权体系是一个十分庞大的法律体系。在传统上，商业秘密与反不正当竞争法是知识产权保护的例外或补充，而现在却“登堂入室”，成为知识产权体系中的新成员。

商业秘密是一种无形的信息财产，它与专利技术不同，其权利不具有严格意义上的独占性，也不受地域和时间的限制，权利的效力完全取决于商业秘密的保密程度。正是由于这一特性，商业秘密不包括在传统知识产权体系之中。大陆法系国家曾长期根据合同法或侵权法保护商业秘密，不承认其产权性质；而英美国家一般将商业秘密视为无形财产权，专门立法予以保护。20 世纪 60 年代，国际商会（ICC）率先赋予商业秘密以知识产权属性，世界知识产权组织在其成立公约中亦暗示商业秘密可以包括在知识产权之中；至 20 世纪 90 年代，《知识产权协定》专门规定了“未公开信息”的保护问题，确认商业秘密属于知识产权范畴。

反不正当竞争法与知识产权保护有密切关系。在一国法律体系中，反不正当竞争法一般归类于知识产权法领域。在国际公约中，《巴黎公约》1967 年斯德哥尔摩文本将专利技术、经营标记与制止不正当竞争列为工业产权的保护对象，1967 年《成立世界知识产权组织公约》将反不正当竞争的权利纳入知识产权的范围，1993 年《知识产权协定》强调缔约方应遵守《巴黎公约》的有关条款，即确认该公约关于反不正当竞争作为知识产权组成部分的规定。反不正当竞争之

所以归属于现代知识产权法律体系，有以下原因：第一，反不正当竞争法以其他知识产权法的调整对象作为自己的保护对象，即对于侵犯著作权、专利权、商标权的行为予以制裁。因此，在某些情况下会出现法条竞合及优先适用何种法律的问题。第二，反不正当竞争法对与各类知识产权有关而相关法律不能管辖的客体给予保护，以此弥补单一法律制度产生的“真空地带”。第三，反不正当竞争法对各类知识产权客体的交叉部分给予“兜底保护”，使知识产权的保护对象联结成一个整体。可以说，该法是知识产权法领域所涉内容最为广泛的一种法律制度。尽管在当前立法例中，反不正当竞争所涉范围越来越广，扩大到许多与知识产权无关的其他领域，但是以保护知识产权为重点仍是反不正当竞争法的主要任务。

第二章

无形财产权的基本理论范畴

物、财产以至于无形财产在我国法学及经济学著述中被经常使用，且多在转换意义中使用，因此，学者们对其使用多存歧义。同时，作为经济学命题的无形资产范畴，已经成为社会的热点问题，但却未得到法学界的足够重视。此外，无形财产权与知识产权在传统理论中曾被赋予相同含义，而现在却需要对前者进行意义扩张的新的解释。笔者拟就上述基本理论问题进行分析。

一、财产与物

1. 财产与物的语义分析

从过去到现在，财产这个术语被人们经常在不同意义上使用，它有时指财产所有权本身，有时也指所有权客体（即所有物）。[①] 根据《牛津英语大辞典》的解释，“property”即“财产”主要有三种含义：（1）被拥有或可能被拥有的事物，如财富、财物、土地等；（2）所有权，即唯一拥有、享用和使用某物的权

① 参见［英］戴维·M·沃克主编：《牛津法律大辞典》，北京社会与科技发展研究所组织编译，880页，北京，光明日报出版社，1989。

利；(3) 归某人合法所有之物，包括受法律保护而私人享有的有形财产权（如土地、货物、金钱）和无形财产权（如著作权、专利权）。就“property”（财产、财产权）的原意而言，第（1）项与第（3）项概指客体物，包括有体物与无体物，第2项是指财产所有权本身。早期资产阶级思想家、法学家洛克在其《政府论》一书中，曾在多种含义上表达“财产”概念。在洛克那里，狭义的财产指的是个人所拥有的物质财产，一般用“possessions”、“estates”、“fortunes”和“goods”来表述；而广义的财产，则是前述“property”所包括的内容。它不仅指物质财产，或者说一般意义上的财物和地产，也包括人的身心、生命和自由，甚至包括了人的劳动及行为规范。它是个人拥有的总和，包括身心和物质两方面的内容，以及有形和无形的两种形态。① 最早的法律经济学家康芒斯从经济学和法学的角度阐述了“财产”这个名词的双重意义：一方面是经济上的稀少意义，经济学家称为“经济数量”，法律学家则称为“实体”或“财产—物体”；另一方面是法律上或伦理上的财产权意义，包括权利、义务、权力、责任等。② 康芒斯在《制度经济学》一书中写道：“财产是有权控制稀少的或者预期会稀少的自然物资，归自己使用或是给别人使用，如果别人付出代价。可是，财产的权利是政府或其他机构的集体活动，给予一个人一种专享的权利，可以不让别人使用那种预期稀少、对于专用会造成冲突的东西。”③ 上述学说表明，财产的意义主要有产权（所有权）与财物（包括有体物与无体物）两个方面。为了探讨财产与物的关系，在此我们有必要将财产的始点范畴界定在权利客体的基础上。

2. 两大法系的权利客体观

从罗马法到法国民法，财产与物的概念在权利客体的意义上是重叠的。英国法学家梅因在分析罗马法的要式移转物即土地、奴隶及负重牲畜时，猜想出该类商品最初即称为“物件”（res）或“财产”（proprietas）④。法国法学家在述及权

---

① 参见梅雪芹：《关于约翰·洛克“财产”概念的一点看法》，载《世界历史》，1994 (6)。

② 参见高德步：《产权与增长：论法律制度的效率》，68～69页，北京，中国人民大学出版社，1999。

③ ［美］R. 康芒斯：《制度经济学》（上），357页，北京，商务印书馆，1962。

④ ［英］梅因：《古代法》，沈景一译，157页，北京，商务印书馆，1984。

利客体时，往往将财产分为动产、不动产和知识财产，并将它们统一概括到“物”的概念之中。法国《拉鲁斯大百科全书》认为：凡能构成财产的一部分并可占为己有的财富即为物。这种物既可以是有体物，即具有实体存在，可以被人们感知的物，包括一切动产与不动产；也可以是无体物，即没有实体存在，而由人们主观拟制的物，包括与物有关的各种权利（如用益权、债权）和与物无关的其他权利（如著作权、工业产权）。①

德国民法否认罗马法以来的物的分类方法，提出了“物必有体”的观念，在学理上，物权法中的物（德文 Sache），即为狭义的具体的可见物品。② 德国民法不仅不承认以特定财产权利为指向的无体物，而且没有像法国民法那样在客体类别中采取财产与物通用的说法。所谓“不动产”与“动产”，依德文原意只能称为“不可动之物”（Unbeweglichesache）与“可动之物”（Beweglichesache）③。按照德国学者的解释，财产与物的意义是不能等同的。

在英美法中，由于法律传统的差异，极少使用客体物的概念，而普遍采用财产的说法。与立法文件不同，法学研究已论及财产与物的关系。当代英国学者编纂的《牛津法律大辞典》在表述权利客体的物（things）与财产（property）时，作出了不动产（real property）与动产（personal property）的相同分类，前者即是可请求返还特定物的财产，后者则是可请求给予损害赔偿的财产。这表明物与财产两者的概念、内涵是一样的。④

3．中国法语境中的财产与物

在我国的法律用语中，物是指占有一定空间，能够为人力所支配并能满足人们需要的物体。这一观点同于德国民法关于物的含义。我国民法也在不同意义上使用财产这一概念，例如，《民法通则》第 5 章第 1 节标题为“财产所有权和与

---

① 参见法国《拉鲁斯大百科全书》（第 3 卷），载“国外法学”译丛《民法》，168 页，北京，知识出版社，1981。

② 参见孙宪忠：《德国当代物权法》，5 页，北京，法律出版社，1997。

③ 孙宪忠：《德国当代物权法》，7 页，北京，法律出版社，1997。

④ 参见［英］戴维·M·沃克主编：《牛津法律大辞典》，北京社会与科技发展研究所组织编译，880 页，北京，光明日报出版社，1989。

财产所有权有关的财产权”，此处的“财产”显然指的是有体物；《继承法》第3条规定，“遗产是公民死亡时遗留的个人合法财产”，其“财产”则泛指有体物和财产权利（无体物）。[①] 可以说，关于财产概念的使用，我国民法又同于法国民法。在法学研究中，我国学者论及物与财产关系的著述不多。20世纪80年代末曾有著作将财产作出类似物的定义，并认为“财产指的是物”[②]。某些《民法学》教材也明确指出民法上的物，就是“财产”[③]。知识产权学者郑成思先生也有类似的表述：“财产（无论动产还是不动产）一般会首先表现为某种‘物’.”[④] 此外，还有一些学者从制度创新的角度，在倡导无形财产理论时对物与财产的关系进行过分析。[⑤]

归纳上述各种立法与学说的观点，笔者试就财产与物的关系提出如下看法：(1) 就其客体意义而言，财产的外延从宽到窄依次有三种含义：一是指具有经济内容的民事权利、义务的总体。其中表现权利的财产为积极财产，表现义务的财产为消极财产。二是指广义上的物（积极财产），不仅指有体物，而且包括专指特定财产权利的无体物。法国民法即持此观点。三是指狭义上的物，以有体物为限。德国民法即持此观点。由此可见，在概念的内涵（即权利的对象性）上，财产与物具有客体的同样意义；而在外延（即客体的指向范围）上，财产与物所包容的要素并不是等同的。(2) 由于现代社会经济和科学技术的发展，狭义概念的物已不符实际生活的需要。即使是主张“物必有体”的德、日等国，亦在立法文件中有灵活规定。它们虽明文确认物仅为有体物，但在担保物权制度中则规定权利可以为其客体。甚至有些日本学者主张，通过

① 《中华人民共和国继承法》第3条列举的遗产包括：(1) 公民的收入；(2) 公民的房屋、储蓄和生活用品；(3) 公民的林木、牲畜和家禽；(4) 公民的文物、图书资料；(5) 法律允许公民所有的生产资料；(6) 公民的著作权、专利权中的财产权利；(7) 公民的其他合法财产。

② 王晓进：《社会主义财产制度分析》，7页，北京，北京工业大学出版社，1989。

③ 彭万林主编：《民法学》，49页，北京，中国政法大学出版社，1996。

④ 郑成思：《知识产权论》，36页，北京，法律出版社，1998。

⑤ 参见吴汉东：《关于无形财产权若干理论的研究》，载《法学研究》，1997 (3)；杨紫烜：《财产所有权客体新论》，载《中外法学》，1996 (3)。

对民法关于物的概念的扩张解释，使无体物能够被承认为所有权的客体。[①] 笔者以为，物为一切财产关系最基本的要素，不仅为所有权之客体，且应为其他物权之客体，因此对物的概念不宜作过于狭义的解释。但是，我们应将所有权的客体与他物权以及其他财产权的客体作出明确区分，即像一些学者所强调的那样：所有权的客体原则上应为有体物，而无体物（即权利）只能作为其他财产权利之客体。[②]（3）从罗马法到法国民法都是将具有一定财产内容的权利视为无体物，在采取物之广义说的国家，对无体物即权利的这一认识似已约定俗成。在持物之狭义说的国家，有些学者也采用无体物的说法，但其指向与传统理论多有不符。德国学者认为，精神产品也是财产法上的物，即狭义的无体物。但依德国民法的原则，对此类客体应由知识产权法规范，而不由物权法规范。[③] 日本学者也认为，现行法将物的范围限定为有体物，就意味着发明、外观设计等精神产品即无体物，不能成为物权，特别是所有权的客体。[④]在我国，有学者主张财产所有权的客体，不仅限于有体物（有形财产），而且应包括无体物（无形财产）。所谓“无体物是指具有金钱价值而没有实体存在的财富”，“智力成果属于所有权客体的范围，发明创造、注册商标也属于所有权客体的范围”[⑤]。上述观点是值得商榷的。笔者不同意将智力创造性成果概称为无体物，这是因为作为客体的财产权利是一种制度产品，而作为客体的智力成果是一种精神产品。后者是一种非物质财富，但它具有价值和使用价值，能够为社会生产和生活提供必不可少的服务，有的还能转化为生产力，创造出物质财富。所以说，精神产品是社会财富的表现形式。而对于制度产品而言，尽管当代法律经济学家将权利作为财富的存在形式予以肯定，并将其作为一种稀缺的资源加以分配，但权利毕竟不等于社会财富或自然资源本身。笔者认为，民法上无体物的本来意蕴已为多数学者所接受，我们需要对物的观念作扩张解释，

①④ 参见邓曾甲：《日本民法概论》，46页，北京，法律出版社，1995。

② 参见梁慧星：《民法总论》，80页，北京，法律出版社，1996；钱明星：《物权法原理》，26页，北京，北京大学出版社，1994。

③ 参见孙宪忠：《德国当代物权法》，3页，北京，法律出版社，1997。

⑤ 杨紫烜：《财产所有权客体新论》，载《中外法学》，1996（3）。

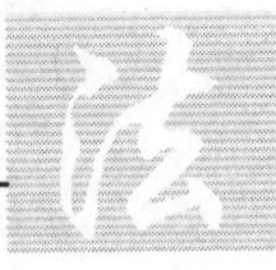

但没有必要将无体物的范围延及智力成果。关于无形财产权客体的称谓，以及该类客体与无体物的区别，我们将在下文论述。

二、知识财产、无形财产与知识产品

1. 黑格尔对精神产物的“困惑”

对于知识产权的客体，是无法简单采用罗马法以来客体物的理论作出诠释的。近代德国法哲学家黑格尔曾对物与精神的关系作过精辟的分析。他认为，物是与精神相分离的外在的东西，属于客观的自然界的概念。为此，物就成了意志的定在的外部领域，从而也就是实现作为主体权利的领域。除此之外，还有一种“通过精神的中介而变成的物”，诸如精神技能、科学知识、艺术以及发明等，都可以成为契约的对象，而与买卖中所承认的物同一视之，其理由是：这些固然是精神所特有的、精神内在的东西，但主体可以通过“表达”而给它们以外部的“定在”，这样就能把它们归在物的范畴之内了。[①] 但是，诸如技能、知识等是否都可以称为物，却使黑格尔感到踌躇。他承认，此类智力成果虽然可像物那样进行交易并缔结契约，但它又是内部的精神的东西，所以，理智上对于它的法律性质感到“困惑”[②]。黑格尔的理论“困惑”给我们以下启示：第一，知识形态的精神产品不同于一般意义上的物，但同物一样可以成为交换的标的；第二，精神产品是精神内在的东西，但可以通过一定形式的“表达”而取得外部的“定在”，即精神产品可以有“直接性”和“外在性”的载体；第三，依照物与精神相分离的理论，精神产品属于内部的精神的东西，不能简单地归类于属于“定在”的外部领域的物。

2. 域外理论：从知识财产到无形财产

原苏联民法学者曾试图将精神产品作为区别于物的另类客体。他们根据本国民事立法的精神，把这类权利的客体统称为“创作活动的成果”。这种创作活动

---

① 参见［德］黑格尔：《法哲学原理》，范扬、张企泰译，43节附译，北京，商务印书馆，1982。

② 吕世伦：《黑格尔法律思想研究》，32页，北京，中国人民公安大学出版社，1989。

的成果分为两类：一类是科学、文学和艺术作品；另一类是发现、发明和合理化建议，包括使工业产品得到技术和美的统一的艺术新处理的工业实用新型技术。[①] 原苏联学者所拟制的“创作活动的成果”的概念有两大缺陷：一是未能抽象概括出知识领域中各种权利所指向的共同对象，其分类明显不包括专利、商标等工业产权客体；二是强调客体的智力创造属性，但讳言其财产价值。该种分类将不具有产权属性的发明权、发现权的客体也归入其中，即说明这一学说忽视了精神产品的本质特征。

当代西方学者根据“知识产权”（Intellectual Property）的财产意蕴，将该项权利的客体称为“知识财产”，是法学理论上的一大进步。他们通常将财产分为“由可移动物所构成的财产”（动产）、“不可移动的财产”（不动产）与“知识财产”。“知识财产”理论认为，智力劳动的创造物之所以被称为“知识财产”，在于该项财产与各种信息有关。人们将这些信息与有形载体相结合，并同时在不同地方进行大量复制。知识财产并不包含在上述复制品中，而是体现在复制品所反映出的信息之中。[②] 著名法学家北川善太郎是日本推行“知识财产”概念的始作俑者。在传统上，学者们曾用“无形财产权”与“无形财产”的说法来表述相关权利与权利客体。但北川善太郎认为，与《日本民法典》第 85 条所限定的有体物相比较而言，“无形物”在语感上似乎有些问题，因而不能被普遍接受。为此，他于 1988 年在《半导体集成电路的法律保护——新的知识所有权的诞生》一文中提出了“知识财产”的术语。[③] 几乎与此同时，其他学者也竞相使用，于是这一概念在日本得以广泛推行。

与知识财产相类似的说法是无形财产。在 20 世纪 60 年代以前，知识产权尚未成为国际上广泛使用的法律概念，人们一般将基于创造性智力成果所获取的民事权利称为“无形财产权”（Intangible Property），因此，许多学者将作品、商

---

① 参见［苏］格里巴诺夫等主编：《苏联民法》（上），177、178 页，北京，法律出版社，1984。

② 参见世界知识产权组织编：《知识产权纵横谈》，4 页，北京，世界知识出版社，1992。

③ 参见［日］北川善太郎：《技术革新与知识产权法制》，3 页，北京，国家科委政策法规与体制司等译，1998。

标、实用新型等权利客体视为"无形财产"。上述认识在日本法学界似无异议。日本知识产权法学者小岛庸和在其著述《无形财产权》一书中将知识财产与无形财产作为同等概念看待，并将它们指称为知识产权法的对象。他认为，"无形财产本是随着时代的进步而不断产生、发展起来的，即使是现在也还在不断出现的各种新的知识形态产品"（原文为知识产物）[①]。小岛庸和强调无形财产为无形财产法之客体，并将其分为创作（creation）和标记（mark）两类。该类"无形财产与有形财产以及其他的无形财产（如日光、电等）相比具有自身的特性"[②]。日本民法奉行"物必有体"的原则，所谓无形财产概指知识产物或智力成果，它们与物（有体物）相对应而存在，分别成为无形财产权（或知识产权）与一般财产所有权的客体。但是，无形财产在法国与英国却有着完全不同的理解。"对于无形财产这一概念本身的科学性问题，法国学者展开过认真的讨论。"[③] 我们知道，法国民法继承了罗马法关于物的分类理论，无体物即无形财产，特指除所有权以外的财产权利。所不同的是，古代罗马法的无体物，特指以有体物为对象的财产权利；而现代法国法的无体物，除上述权利外，还包括不以物为指向的知识产权。法国学者认为，"无形财产是一种非物质财富。例如，知识产权为无形财产，而知识产权不是直接针对物质资料，故其属于非物质财富"[④]。法国民法意义上的无形财产，具体包括权利人就营业资产、顾客、营业所、作品、发明专利、工业设计、商标、商业名称以及现代社会的商业信息等所享有的权利。英国法上没有物的概念，不存在有体物与无体物的分类，其无形财产的归类标准，一是须为区别于实物动产的无体物，二是须为象征财产利益的抽象物。在其无形财产所包括的范围中，既有债权、知识产权等权利（法国民法意义上的无体物），又有债券、股票等有价证券（现代民法理论将其称为特殊种类物[⑤]），还有兼具人身与财产内容的商誉（有学者认为商誉是归属于无形财产权的资信权之客

①② ［日］小岛庸和：《无形财产权》，序言，2页，东京，创成社，1998。

③ 伊田：《法国物权法》，54页，北京，法律出版社，1998。

④ 伊田：《法国物权法》，51～53页，北京，法律出版社，1998。

⑤ 参见佟柔主编：《民法总则》，3203页，北京，中国人民公安大学出版社，1990。

体[1]）。上述情况表明，无形财产在不同国家有着不同的理解，或指智力创造性成果（如日本），或指特定财产权利（如法国），或泛指一切具有财产意义之抽象物（如英国）。因此，将无形财产概括为知识产权的客体，尚未在世界范围内形成共识。

3. 中国解读：从智力成果到知识产品

20 世纪 80 年代初期，我国许多学者将关于精神财富所享有的权利称为“智力成果权”，因而相应地将这种权利客体归结为“智力成果”，并且强调其价值不能用货币衡量。[2] 关于这种说法，与其说是理论的缺陷，不如归之于历史的局限性。在商品经济特别是技术商品化尚未建立或形成的情况下，法学理论偏重于这类客体的精神属性是不难理解的。但是，智力成果的传统说法，未能突出其本来具有的商品属性和财产价值，没有反映出知识产权客体的本质特征，是应予以检讨与反思的。

笔者与其他一些学者曾极力主张建立“知识产品”的理论范畴，即把知识产权的客体概括为“知识产品”[3]。所谓知识产品，是人们在科学、技术、文化等精神领域所创造的产品，具有发明创造、文学艺术创作等各种表现形式，它是与物质产品（有体物）相区别而独立存在的客体范畴。上述建议及理论是有现实社会基础的。1987 年中共中央《关于经济体制改革的决定》与 1984 年《关于科学技术管理体制改革的决定》，不仅对我国现阶段存在着的商品经济作出了正确的说明，而且第一次明确承认“技术在社会商品价值中所起的作用越来越大，越来越多的技术已经成为独立存在的知识形态的商品”（注：着重号系笔者所加）。1986 年我国《民法通则》颁布，正式使用“知识产权”这一概念，以取代“智力成果权”的传统说法。以上论断和规定为知识产品范畴的建立提供了理论基础和法律根据。其实，关于知识产品这一专门术语已有国外学者作出类似表述，

① 参见吴汉东：《关于无形财产权若干理论的研究》，载《法学研究》，1997（3）。

② 参见佟柔主编：《民法原理》，383 页，北京，法律出版社，1983。

③ 吴汉东、闵锋编著：《知识产权法概论》，34 页，北京，中国政法大学出版社，1987；钱明星：《物权法原理》，26 页，北京，北京大学出版社，1994；张和生：《知识经济学》，294 页，沈阳，辽宁人民出版社，1992。

“知识产权”概念的倡导者、比利时法学家皮卡第曾将知识产权称为“使用知识产品的权利”[①]（注：着重号系笔者所加）。

笔者认为，知识产品较之物和智力成果来说，更能概括知识产权客体的本质特征。物的概念突出的是人身以外的物质对象，它可能是未经加工的自然物，也可能是人类物质劳动的创造物，明显地表现出客体的物质性；而知识产品概括了知识形态产品的本质含义，强调这类客体产生于科学、技术、文化等精神领域，是人类知识的创造物，明显地表现出客体的非物质性。同时，知识产品的内涵突出了它在商品生产条件下的商品属性和财产性质，反映了著作权、商标权、专利权中的财产权利内容，而智力成果作为权利对象的含义，难以明确指向“知识产权”（Intellectual Property）中包含的“知识所有权”的原意，无法揭示非物质财富具有价值和使用价值的商品形态。因此，我们应将知识产权的客体表述为知识产品，而不是物或智力成果。

知识产品作为知识产权的客体，与民法传统意义上的无体物也并非同类事项。两者虽同为人们主观所创制，且具有稀缺性及效用性，但其根本区别在于：第一，客体性质不同。无体物所涉及的权利，是一种制度产品，是“能够帮助人们形成在他与他人进行交易时的合理预期的一种社会工具”。知识产品则是一种创造性思想及其表达方式以及识别性标记的精神产物，是社会财富的组成部分，包括“已经取得权利和尚未取得或不能取得权利的智慧性成果”。第二，客体对象不同。客体的对象性表明，一定类型的客体总是同一定类型的权利联系在一起的，或者说成为某类权利所指向的目标。当无体物（即权利，包括知识产权）作为客体时，主体对此所享有的是财产权，包括物权、债权、继承权等。该项权利往往通过法律行为才能取得（如设定、转让等）；而作为知识产权客体的知识产品，主体对此所享有的权利可能包括人身权与财产权的双重内容。[②] 该项权利的

① ［苏］E. A. 鲍加特赫等：《资本主义国家和发展中国家的专利法》，载《国外专利法介绍》，12页，北京，知识出版社，1980。

② 关于知识产权的双重内容，已有学者提出质疑，认为除著作权外，其他权利仅限于财产权。亦有学者提出，即使是商标权也含有人身权内容。笔者认为除著作权、商号权、商誉权等少数情形外，绝大多数权利仅有财产权内容。

取得条件有二：一是凭借主体智力创造性活动的事实行为；二是依赖国家主管机关依法确认或授予的特别途径。

三、知识产权、无形财产权与无形资产

1. 知识产权的语义

在民事权利制度体系中，知识产权或无形财产权是与传统意义上的财产所有权相区别而存在的。知识产权，即英文“Intellectual Property”、法文“Propriete Intellectualle”、德文“geistiges Eigentum”，如果不失原意翻译的话，应为“知识（财产）所有权”。而无形财产权，即英文“Intangible Property”、法文“Propriete Incorporelle”、德文“unverletzliche Eigentumsrechte”，循上述规则，似可译为“无形（财产）所有权”。

知识产权是人们对自己智力创造活动中的成果和经营管理活动中的标记、信誉所依法享有的权利。将一切来自知识活动领域的权利概括为“知识产权”，最早见之于17世纪中叶的法国学者卡普佐夫，后为比利时著名法学家皮卡第所发展。皮卡第认为，知识产权是一种特殊的权利范畴，它根本不同于对物的所有权。“所有权原则上是永恒的，随着物的产生与毁灭而产生与终止；但知识产权却有时间限制。一定对象的产权在每一瞬息时间内只能属于一个人（或一定范围的人——共有财产），使用知识产品的权利则不限人数，因为它可以无限地再生。”① 知识产权学说以后在国际上广泛传播，得到世界上多数国家和众多国际组织的承认。在我国，法学界曾长期采用“智力成果权”的说法。1986年我国《民法通则》颁布后，开始正式通行“知识产权”的称谓。我国台湾地区则把知识产权称为“智慧财产权”。

知识产权有广义和狭义之分。

广义的知识产权包括著作权、邻接权、商标权、商号权、商业秘密权、产地

① ［苏］B. A. 鲍加特赫等：《资本主义国家和发展中国家的专利法》，载《国外专利法介绍》，12页，北京，知识出版社，1980。

标记权、专利权、集成电路布图设计权、植物新品种权等各种权利。广义的知识产权范围，目前已为两个主要的知识产权国际公约所认可。1967 年签订的《成立世界知识产权组织公约》将知识产权的范围界定为以下类别：关于文学、艺术和科学作品的权利（即著作权）；关于人类的一切领域的发明的权利（即发明专利权及科技奖励制度意义上的发明权）；关于科学发现的权利（即科技奖励制度意义上的发现权）；关于工业品外观设计的权利（即外观设计专利权或外观设计权）；关于商标、服务标志、厂商名称和标记的权利（即商标权、商号权）；关于制止不正当竞争的权利（即反不正当竞争权）；以及一切在工业、科学、文学或艺术领域由于智力活动产生的其他权利。1993 年关贸总协定缔约方通过的《知识产权协定》划定的知识产权范围包括：著作权及其相关权利（即邻接权）；商标权；地理标记权；工业品外观设计权；专利权；集成电路布图设计权；未公开信息专有权（即商业秘密权）。

我国 1986 年通过的《民法通则》第 5 章“民事权利”，分列“财产所有权和与财产所有权有关的财产权”、“债权”、“知识产权”、“人身权”四节，其中第 3 节“知识产权”第 94 至 97 条明文规定了著作权、专利权、商标权、发现权、发明权以及其他科技成果权。

从上述规定可以看出，《知识产权协定》关于知识产权的范围，大抵与 1886 年《保护文学艺术作品伯尔尼公约》（以下简称《伯尔尼公约》）及 1883 年《巴黎公约》总括的类别相当，而《成立世界知识产权组织公约》所规定的知识产权范围较为宽泛，特别是包括了科技奖励制度中的发明权、发现权。我国《民法通则》所规定的知识产权基本类别同于《成立世界知识产权组织公约》。对于科技成果权的性质，我国学者存有异议。一种观点认为，上述发明权、发现权已为国际公约所承认，且我国立法专门对上述权利给予保护，因此，将一切智力创造活动所产生的权利列入知识产权并无不当。[①] 另一种观点认为，科学发现不宜作为知识产权的保护对象，世界上绝大多数国家的法律及国际公约都没有对科学发现

① 参见刘春茂主编：《中国民法学·知识产权》，3～4 页，北京，中国人民公安大学出版社，1997。

授予财产权利。[①] 还有一种观点认为，该类发明权、发现权以及其他科技成果权并非对智力成果的专有使用权，而是一种取得荣誉及获取奖励的权利，该项制度应归类于科技法。笔者认为，考虑到知识产权的专有财产权性质，其保护范围以不包括上述意义的发明权、发现权等科技成果权为宜。

狭义的知识产权，即传统意义上的知识产权，包括著作权（含邻接权）、专利权、商标权三个主要组成部分。一般来说，狭义的知识产权可以分为两个类别：一类是文学产权（Literature property），包括著作权及与著作权有关的邻接权；另一类是工业产权（Industrial property），主要是专利权和商标权。文学产权是关于文学、艺术、科学作品的创作者和传播者所享有的权利，它将具有原创性的作品及传播这种作品的媒介纳入其保护范围，从而在创造者“思想表达形式”的领域内构造了知识产权保护的独特领域；工业产权则是指工业、商业、农业、林业和其他产业中具有实用经济意义的一种无形财产权，确切地说，工业产权应称为“产业产权”。以工业产权一词来概括产业领域的智力成果专有权，最初始于法国，即法文中的“propriete industrielle”。1789 年的法国《人权宣言》将思想作为精神财产，视为“自然和不可废除的人权”，并确认“自由表达思想和意见是人的最高的权利之一”。根据《人权宣言》的精神，法国国民议会于 1791 年通过了该国第一部专利法。在此以前，英国和法国都称专利权为“特权”或“垄断权”。当时法国专利法的起草人德布孚拉认为，“特权”或“垄断权”的提法可能会遭到资产阶级革命时期立法会和反封建特权人民的反对，因而提出了“工业产权”的概念。德布孚拉的工业产权理论在 1791 年的法国专利法中得到了充分的反映，“工业产权”一词后来为世界各国所接受，并以此作为专利、商标等各种专有权的统称。

文学产权（或说是著作权）与工业产权区分是知识产权传统的基本分类。自 20 世纪 60 年代起，由于工业产权与著作权（版权）长期渗透和交叉，又出现了给予工业产品以类似著作权保护的新型知识产权，即工业版权。[②] 工业版权的立法动因，始于纠正工业品外观设计享有专利法和著作权法重叠保护的弊端。以后，

---

① 参见刘春田主编：《知识产权法教程》，3 页，北京，中国人民公安大学出版社，1995。

② 参见郑成思：《版权法》，北京，中国人民大学出版社，1990。

一些国家为了填补某些工业产品无法保护的空白和弥补单一著作权保护的不足，遂将集成电路布图设计等纳入工业版权客体的范畴。工业版权突破了以往关于著作权与工业产权的传统分类，吸收了两者部分内容，形成了亦此亦彼的"交叉权利"。这种权利的主要特点是：受保护对象必须具有新颖性（专利法要求）和独创性（著作权法要求）；实行工业产权法中的注册保护制和较短保护期；专有权人主要享有著作权法中的复制权和发行权，但没有著作权主体拥有的那种广泛权利。

上述文学产权、工业产权以及工业版权都可以归类于知识产权范围。

2. 无形财产权的意蕴

在精神领域的民事权利范畴里，无形财产权（或称无体财产权）是与知识产权相当的另一称谓。不过，两者所涵盖的范围并非完全相同。在日本学者小岛庸和的著述《无形财产权》中，作者认为"知识产权"一词来自英美法系，在日本法中"尚是一个不太成熟的词汇"，因此，应以无形财产权代替知识产权来表述精神领域的权利。[①] 尽管如此，该书所列举的无形财产权权项，似乎大于传统知识产权所涉及的类别。例如，"商品的形态"、"经营上的信用"[②]，都可以适用反不正当竞争法来给予保护，统归于无形财产权范畴。法国民法关于无形财产权的界定范围则更为宽泛，在习惯上该权利分为两类：一类是经营垄断权，包括有关智力创造成果的权利和有关区别标记的权利，即典型的知识产权范畴；另一类是顾客权利，即以顾客为标的的权利，或说是关于"营业资产"（利用商品、工具及商业名称、租赁权、招牌等吸引顾客的综合体）的权利。[③] 此外，还有许多国家在传统知识产权领域之外又创制了所谓"商品化（形象）权"。按照郑成思先生的说法，这是一种关于人及动物形象被付诸商业性使用（或称营业性使用）所产生的权利。在一般人身权与著作权之间，以及标记权、商誉权与著作权之间，存在着一个边缘领域，相关权利不宜归属原有的任何一个范畴，有必要赋予其一种新的权利[④]，这即是具有无形财

---

① 参见［日］小岛庸和：《无形财产权》，序言，47页，东京，创成社，1998。

② ［日］小岛庸和：《无形财产权》，序言，49页，东京，创成社，1998。

③ 参见尹田：《法国物权法》，59～65页，北京，法律出版社，1998。

④ 参见郑成思：《世界贸易组织与贸易有关的知识产权》，44～45页，北京，中国人民大学出版社，1996。

产权属性又不能归类于知识产权领域的“商品化（形象）权”。以上情况表明，无形财产权与知识产权作为精神领域的民事权利范畴，具有同等内涵，但外延却有明显区别，前者较后者具有更大的包容性。

知识产权现已成为国际上通行的法律用语。但是，学者对这一权利的体系范围并非没有歧见。狭义上的知识产权，主要包括著作权、专利权、商标权，对此法学界意见尚属一致。而广义上的知识产权，除上述权利类别外，还涵盖有发明权、发现权、商业秘密权、商号权、产地标记权、植物新品种权、集成电路布图设计权以及反不正当竞争权等。对于这一范围的概括，学术界颇有争议。至于信用权、“顾客权”、“商品化权”等，更是不能“入流”知识产权体系。笔者认为，以知识产权名义统领下的各项权利，并非都来自知识领域，亦非均基于智力成果而产生，“知识”一词似乎名不符实。从权利本源来看，主要发生于智力创造活动与工商经营活动；从权利对象来看，则由创造性知识及商业性标记、信誉所构成。因此，“知识产权”一词在众多无形财产面前已显得力不从心。由于现代商品经济的发展与社会财富形态的变化，“财产越来越多地变为无形的和非物质的”[①]，“我们有理由对传统上并不被认为是财产或财产权利的权利给予越来越多的关注和保护”[②]。有鉴于此，笔者主张，在民法学研究中，建立一个大于知识产权范围的无形财产权体系，以包容一切基于非物质形态（包括知识经验形态、经营标记形态、商业资信形态）所产生的权利。[③]

知识产权与无形财产权都具有“产权”意蕴，但与西方法律经济学家所倡导的“产权”概念却不尽相同。在法律经济学著作中，产权被视为一组权利，包括“占有、使用、改变、馈赠、转让或阻止他人侵犯其财产”的权利[④]；或者指“一个社会所强制实施的选择一种经济品的使用的权利”[⑤]。仅就上述简要的定义，尚难以把握其确切的法律含义。不过，从科斯描述的产权界定，我们不难看

① 尹田：《法国物权法》，19页，北京，法律出版社，1998。
② ［美］罗纳德·波斯顿：《美国财产法的当前发展趋势》，载《外国法译评》，1994（3）。
③ 关于无形财产权的体系，参见本书第七章。
④ 参见［美］罗伯特·考特、托马斯·尤伦：《法和经济学》，125页，上海，上海三联书店，1994。
⑤ ［美］R. 科斯等：《财产权利与制度变迁》，166页，上海，上海三联书店，1994。

出，产权已不仅仅是不同主体对财产的排他性归属问题，而且包括侵权损害责任由何方承担的问题。采用法律语言表述的话，法律经济学家所称的产权，涉及独立支配的所有权、分享利益的他物权以及获得赔偿的救济权。依照我国法律传统，知识产权或无形财产权所指向的"产权"是无法涵盖上述全部内容的。此外，知识产权或无形财产权，也不能简单沿用传统民法的财产权理论进行解释。在大陆法系国家，财产权也是一个内容十分丰富的概念，它既包括自物权，也包括他物权，亦涉及债权以至继承权。显然，知识产权或无形财产权是主体对其创造的知识产品所依法享有的专有权利，与所有权一样，是一种具有绝对性、排他性特征的财产权利。

3. 经济学意义上的无形资产

无形财产权也不能等同于经济学定义上的无形资产。无形资产是我国经济学界的热点问题，其资产项目多涉及各类知识产权或无形财产权。从法律学的角度特别是运用无形财产权理论，研究无形资产问题，对于实现相关学科的沟通与对话是大有裨益的。关于财产与资产的关系，康芒斯曾有过精辟的论断："财产的经济的意义就是'资产'，而资产的法律的意义就是'财产'。"[①] 关于财产权与资产的关系，古典经济学家隐蔽了"财富"和"资产"的区别，他们把财富解释为物资和所有权。康芒斯认为，"所有权不是财富——而是资产"[②]。资产是经济学特别是会计学的基本概念，法学则将资产表述为财产权。[③] 我国曾长期实行产品经济，在传统上会计学将资产作为负债的对称，即是指具有一定交换价值的物和权利，包括资金的实物形态及其他形态。这种把资产视为"资金运用"的同义语定义，具有明显的局限性。因此经济学家认为，资产应该是指企业或个人拥有或控制的，能以货币计量，能为企业或个人获得效益的经济资源，包括实物资产、无形资产、债权及其他经济资源。[④] 上述观点表明，在经济学家那里，财产权可以被视为资产。其中，无形财产权与无形资产属于同一类型，具有非实物形态的相同属性。关于无形资产的概念，经济学界尚无统一的定义，一般多用指定

①② ［美］康芒斯：《制度经济学》（上），93页，北京，商务印书馆，1962。

③④ 参见陈仲主编：《无形资产评估导论》，4页，北京，经济科学出版社，1995。

无形资产的范围来表述无形资产的概念，不过，就无形资产的非实物形态的认定而言，各国大体相同。美国会计界认为，无形资产是非实物的经济资源，其价值是依据被授予的权益和其他将要得到的预期收益来确定的（《美国会计手册》第23章）。[①] 日本会计界认为，无形固定资产是同有形固定资产相对立的概念，其定义不太明确，但强调该类资产是虚拟资产，是没有实体的资产（日本《新版会计大辞典》）。[②] 我国经济界学者在描述无形资产的非实物形态时，有的表述为某种"法定权利、知识产权、优先权、垄断权，或者企业所具有的非凡盈利能力"[③]，有的则概括为"某种特殊权利和技术知识"[④]。就对象的非物质性来讲，法学上的无形财产权与经济学上的无形资产有着共同的认定标准，但在构成范围方面，无形资产的划定却难以在无形财产权理论上得到认同。一般认为，无形资产包括：专利权、商标权、著作权、技术秘密、特许经营权、租赁权、土地使用权、商誉等。[⑤] 上述无形资产的类别主要涉及知识产权，但并未涵盖知识产权类别的全部。同时，无形资产的范围也不能等同于无形财产的权利体系。不宜作为无形财产权的主要有：一是租赁权。虽然其权益是无形的，但其对象的表现形式是有形的。举凡金融租赁、使用租赁、维修租赁，其经营对象一般是生产工具，换言之，租赁权的客体为有形物。二是土地使用权。土地资源不同于智力资源，在企业资产中类似于有形固定资产，该项权利不能被视为非物质形态的财产权。正是基于上述理由，有些经济学者也主张将该类权利从无形资产中分离出去。[⑥]

---

①② 转引自蔡吉祥：《无形资产学》，1页，深圳，海天出版社，1996。

③ 吕劲松编著：《无形资产会计》，1～2页，北京，中国审计出版社，1998。

④ 何清政等：《国有资产评估》，102页，北京，中国标准出版社，1993。

⑤ 参见何盛明主编：《财经大辞典》，1431页，北京，中国财经出版社，1990。

⑥ 参见蔡吉祥：《无形资产学》，99页，深圳，海天出版社，1996。

第三章

无形财产权的本体、主体与客体

无形财产权是有别于传统财产所有权的一项新型民事权利，是近代商品经济和科学技术发展的产物。对于该项权利，是难以采用罗马法以来的物权理论加以阐释的。本章以民法学理论为基础，试对无形财产权的本体、主体、客体制度等基本问题进行探讨，以期描述该类权利的本质特征，概括其与财产所有权的基本区别。

一、无形财产权的性质

1. “精神所有权”假说

传统的财产所有权制度，其调整对象不涉及知识产品或智力成果。在德国民法的概念体系上，一般认为物的外延只及于物质实体和自然力。[①] 法国民法理论虽对物作广义理解，但其无体物专指具有财产内容的权利。[②] 这表明，大陆法系国家的民法都未将知识产品作为所有权制度的直接调整对象。

---

① 参见刘心稳主编：《中国民法学研究述评》，295页，北京，中国政法大学出版社，1996。

② 参见法国《拉鲁斯大百科全书》第3卷，载“国外法学”译丛《民法》，168页，北京，知识出版社，1981。

其实，以传统所有权制度涵盖非物质形态的精神产品，法学家与立法者都曾做过不懈的努力。18世纪的欧洲大陆国家曾流行保护文学、艺术作品的“精神所有权”学说。早在封建时期，出版特权授之于封建君主的有限地域，且往往有一定期限，因而酿成出版商排他的出版意识，这即是早期的“出版所有权”论。尔后，由于封建王朝的衰落与市民阶级权利观念的进化，出版商开始主张出版物的垄断性保护不应由国王授予特权才产生，而应基于作者精神所有权的转让而取得。他们试图以自然法思想为基础，为自己的垄断权利赋予新的理论光环，即用“精神所有权”学说代替以往的“出版所有权”主张。“精神所有权”说认为，作者对其作品以及将该作品物化的书籍均享有所有权，因而将这种权利视为所有权的一种。[①] 在法国，所有权的绝对概念自1789年大革命时期得以确认后，其定义一直有扩大的趋势。其中，所有权定义的扩展首先表现在知识产权领域，用以“适应其标的和其表现的法律关系及各种各样彼此间完全不同的大量的支配权类别”。在法国法理论上，精神所有权被理解为一种排他的、可对抗一切人的权利，是所有权的一种。[②] 但这种理论上的概括是有缺陷的。对于权利制度建设而言，所有权广义说不是一种制度创新，而是一种简单的概念模仿。其弊端是：第一，将所有权的概念应用在对非物质财富的权利上，“使它远远超出在技术上对它作准确理解的内容的范围”[③]。尽管所有权与有关精神产品的权利具有某些共同特征，但后者具有不同的性质，并服从于不同于所有权的规定。第二，“从所有权的原来含义来讲，上述权利并非真正的所有权”[④]。它们未设定于物质产品（有体物）之上，而是系于智力创造性的知识产品，后者是非物质性的特殊客体。因此，为了适应社会科技、文化与经济发展的需要，填补法律调整的空白区域，我

---

① See L. Ray Pattterson、Stanley W. Lindberg，*The Nature of Copyright：A Law of User's Right*，The University of Georgia Press，1991；吴汉东：《著作权合理使用制度研究》，4页，北京，中国政法大学出版社，1996。

② 参见尹田：《法国物权法》，122页，北京，法律出版社，1998。

③ ［法］茄利欧—莫兰杰尔：《法国民法教程》，载《外国民法资料选编》，231页，北京，法律出版社，1983。

④ 尹田：《法国物权法》，122页，北京，法律出版社，1998。

们有必要“从单个人的简单物品所有权的财产权概念的束缚中解放出来”，“产生出与有形对象十分疏远的权利形式”[①]。这一权利形式就是知识产权或无形财产权。

2. “财产所有权客体新论”

在我国，有学者鉴于无形财产的大量出现并广泛进入生产流通领域，提出了“财产所有权客体新论”。该学说认为，作为所有权客体的“财产”，不仅包括有形财产，而且包括无形财产。按照其逻辑表述是：无形财产属于所有权客体的范围，智力成果属于无形财产的范围，发明创造、注册商标属于智力成果的范围。因此，智力成果属于所有权客体的范围，发明创造、注册商标也属于所有权客体的范围。[②] 这种将知识产品与物质产品即无形财产与有形财产一起划归所有权客体范畴的设想，在理论与实践上都是难以自圆其说的。依现有民事立法体系和民法基础理论，所有权客体是无法将非物质形态的知识产品囊括于其内的。这是因为，一旦价值形态的财产或无形财产成为所有权客体，传统的所有权制度及其理论就难免捉襟见肘，“最直观的事实是：所有权的权能及其行使方式无法圆满地用于价值形态的财产或无形财产”[③]。这即是说，关于占有、使用、收益、处分的“四权能”理论，完全是以实物形态的客体为基础的，显然不适用非实物形态的精神产品（具体情形将在下文分析）。

3. 新型民事权利：无形财产权

精神领域里的智力成果不能成为传统所有权制度的调整对象，而只能归属于新型财产权利客体范畴。无形财产权的客体，是一种没有形体的知识财富。客体的非物质性是无形财产权的本质属性所在，也是该项权利与传统意义上的所有权最根本的区别。有的学者认为，知识产权与其他财产权利的根本区别在于其本身的无形性，而其他法律特征即专有性、时间性、地域性等皆由此派生而成。[④] 也

① ［美］格雷：《论财产权的解体》，载《经济社会体制比较》，1994（5）。

② 参见杨紫煊：《财产所有权客体新论》，载《中国法学》，1996（3）。

③ 顾培东：《法学与经济学的探索》，104页，北京，中国人民公安大学出版社，1994。

④ 参见郑成思主编：《知识产权法教程》，45页，北京，法律出版社，1993。

有学者持不同看法，如曾世雄先生认为，财产权之有形或无形，并非指权利而言，系指权利控有之生活资源，即客体究竟有无外形。例如，房屋所有权，其权利本身并无有形无形之说，问题在于房屋系有体物；作为著作权，亦不产生有形无形问题，关键在于作品系智能产物，为非物质形态。[①] 严格地讲，权利作为主体凭借法律实现某种利益所可以实施行为的界限和范围，概为无外在实体之主观拟制。正是在这个意义上，从罗马法学家到现代民法学家都将具有财产内容的权利（除所有权以外）称为无体物。因此，知识产权或无形财产权与传统所有权的本质区别，不是所谓的该项权利本体的无形性，而是由其权利客体即知识产品的非物质性特征所决定的。

知识产品是一项无形财产，是独立于传统意义上的物的另类客体。无形财产之无形是相对于动产、不动产之有形而言的。在人类的生产活动中，作为商品的劳动产品[②]可以分为两类：一类是人类在物质生产过程中创造出来的物质产品，不仅有外在的形体，而且具有价值与使用价值；另一类是人们在精神生产过程中创造出来的知识产品，它没有外在的形体，但具有内在的价值与使用价值，这类产品具有非物质性。非物质性的特征表明了它与物质产品具有不同的存在、利用与处分形态：第一，不发生有形控制的占有。由于知识产品不具有物质形态、不占有一定空间[③]，故人们对它的占有不是一种实在而具体的占据，而是表现为认识与感受。质言之，权利主体无法像管领有形财产那样有效地控制自己的精神产物。第二，不发生有形损耗的使用。由于知识产品必须向社会公示、公布，人们从中得到有关知识即可使用，而且在一定时空条件下，可以被若干主体共同使用。上述使用不会像有体物使用那样发生有形损耗。知识技术、信息是不能恢复的，无权使用人利用了他人的知识产品，亦无法承担恢复原状的责任。第三，不

---

① 参见曾世雄：《民法总则之现在与未来》，151页，台北，三民书局，1983。

② 知识产权是精神产物，是智力创造性劳动的成果。为了叙述的方便，此处仅对知识形态的产品与物质形态的产品作一比较。有形财产所有权的客体除生产劳动创造的有体物外，尚应包括天然形成的有体物。

③ 知识产品虽具有非物质性特点，但它总要通过一定的客体形式表现出来，这种表现形式通常被称为“载体”。知识产权的物化载体体现的是有形财产所有权而不是知识产权。

发生消灭知识产品的事实处分与有形交付的法律处分。知识产品不可能有实物形态消费而导致其本身消灭之情形，它的存在仅会因期间过程产生专有财产与社会公共财富的区别。同时，有形交付与法律处分并无必然联系，换言之，他人有可能不通过法律途径去“处分”自己并未实际“占有”的知识产品。

二、无形财产权的基本特征

关于知识产权的基本特征，教科书通常都有阐述。这些特征的概括在各种版本的著述中多少不等，但其基本特征主要是“专有性”、“地域性”和“时间性”。同时，这些特征的描述，是与其他财产权利特别是所有权相对而言的，并非知识产权所独有的。下面，借用知识产权法的一般理论，对无形财产权的特征进行分析：

1. 专有性

无形财产权是一种专有性的民事权利。相对债权而言，它同所有权一样，具有排他性和绝对性的特点。关于无形财产权的这一属性，法国学者曾展开过纯学术性的近乎刻板的“学究似的讨论”[①]。有的学者认为，无形财产权是一种“产权”（所有权）。这种权利所拥有的另一专用术语“知识产权”，意即“知识所有权”。但多数学者怀疑无形财产权是否为真正的所有权。他们根据该项权利标的及内容的特点，将无形财产权概称为一种垄断权或独占权。日本学者与多数法国学者的见解是一致的。小岛庸和认为，无形财产权与所有权不同，是一种“全新的特殊权利”，它可以分为“独占权”和禁止权。前者是指排他地、独占地支配其客体的权利，该类权利主要有著作权、专利权、商标权、商号权、电路布图设计权、植物新品种权等；后者是指对违反不正当竞争义务进行制裁的禁止权，该类权利主要涉及商业秘密权、商品形象权、商誉权等。[②] 其实，专有性即排他性和绝对性，是无形财产权与所有权的共同特征。两者的区别并不在于前者为“垄

① 尹田：《法国物权法》，86 页，北京，法律出版社，1998。

② 参见［日］小岛庸和：《无形财产权》，5～9 页，东京，创成社，1998。

断权”，后者为“产权”，其关键性差异应是：前者是“无形财产的所有权”，后者是有形财产的所有权。

无形财产权的专有性主要表现在两个方面：第一，无形财产为权利人所独占，权利人垄断这种专有权利并受到严格保护，没有法律规定或未经权利人许可，任何人不得使用权利人的知识产品。第二，对同一项知识产品，不允许有两个或两个以上同一属性的无形财产权并存。例如，两个相同的发明物，根据法律程序只能将专利权授予其中的一个，而以后的发明与已有的技术相比，如无突出的实质性特点和显著的进步，也不能取得相应的权利。

无形财产权与所有权在专有性效力方面也是有区别的：首先，所有权的排他性表现为所有人排斥非所有人对其所有物进行不法侵占、妨害或毁损，而无形财产权的排他性则主要是排斥非专有人对知识产品进行不法仿制、假冒或剽窃。其次，所有权的独占性是绝对的，即所有人行使对物的权利，既不允许他人干涉，也不需要他人积极协助，在所有物为所有人控制的情况下，无地域和时间的限制；而无形财产权的独占性则是相对的，这种垄断性权利往往要受到权能方面的限制（如著作权中的合理使用、专利权中的临时过境使用、商标权中的先用权人使用等），同时，该项权利的独占性只有在一定空间、地域和有效期限内才发生效力。

专有性是无形财产权的法律特征，但就各类知识产权来说，其表现的形式和内容未尽相同。著作权的专有性表现为权利人对其作品的专有使用权，包括采用复制、发行、展览、上演、广播、摄制、演绎等各种形式独占使用作品的权利。联合国教科文组织编写的教科书对著作权的专有性表述为：“除了某些例外情况，作品的再次使用，都只能由作者授权。作者可以分别拥有每一项权利并分别使用每一项权利。每次使用作品，都要根据相应权利取得作者的同意。”[①] 专利权从其字义上说就是权利人对“利”的独占权，即发明创造的专有实施权，包括使用、制造、销售、进口专利产品的权利。专利权的专有性在世界知识产权组编写

① 联合国教科文组织编：《版权基本知识》，19页，北京，中国对外翻译出版公司，1984。

的教材中是这样描写的："发明专利权使其所有者处于这样一种法律地位，即只有经过她或他允许，专利发明才可被利用。不经这种许可，利用则是非法的。这样，发明专利所有者就可以阻止他人利用专利发明。这种阻止并不需要专利所有者采取什么行动，只要他不给予许可，利用就是非法的。发明专利所有者阻止他人利用专利发明的权利叫做'专有'权。"[①] 商标权亦称为商标专用权，其权利人的独占使用权和排除他人使用的禁止权构成该类专有权的完整内容。保护知识产权联合国际局起草的《发展中国家商标、商号和不正当竞争行为示范法》将注册商标所取得的权利称为商标专用权（第 4 条），并规定了注册商标所有人享有阻止第三人实施下列行为的权利：一是在有关商品或服务上使用与注册商标相同或近似的标记，而使公众误解的行为；二是无正当理由而对类似注册商标进行其他使用，并造成注册商标所有人利益损害的行为（第 18 条）。[②]

2. 地域性

无形财产权作为一种专有权，在空间上的效力并不是无限的。它受到地域的限制，即具有严格的领土性，其效力只限于本国境内。无形财产权的这一特点有别于有形财产所有权。一般来说，对所有权的保护原则上没有地域性的限制，无论是公民从一国移居另一国的财产，还是法人因投资、贸易从一国转入另一国的财产，都照样归权利人所有，不会发生所有权失去法律效力的问题。这是因为在有形财产权领域，国际上奉行"涉外物权平权原则"，即通过"权利推定"，使在一国取得的动产进入另一国后，只要主体仍对其有效占有，动产进入国可依本国占有制度推定其为合法所有人并加以保护。而无形财产权则不同，按照一国法律获得承认和保护的相关权利，只能在该国范围内发生法律效力。由于知识产品的非物质性，权利人无法进行实质性占有，因而无法像有形财产那样因占有而适用"权利推定"，从而使无形财产权在域外得到保护。因此，除签有国际公约或双边互惠协定的以外，无形财产权没有域外效力，其他国家对这种权利没有保护的义务，任何人均可在自己的国家内自由使用该知识产品，既无须取得权利人的同

① 世界知识产权组织编：《知识产权纵横谈》，93 页，北京，世界知识出版社，1992。

② 参见国家工商行政管理总局商标局等编：《外国商标法》，北京，中国社会科学出版社，1984。

意，也不必向权利人支付报酬。

一般认为，地域性是无形财产权或知识产权独有的特性，其实在历史上，民事权利的许多领域都存在过地域性。据国际私法学者的研究，在侵权之债领域，侵权诉讼多由侵权行为地法院管辖，适用侵权行为地法；在合同之债领域，也曾因法律的地域性造成法律适用的僵化和判决难以在域外执行。产生这一现象的原因是：这些权利产生之初，各国大都处于封建闭锁状态，对外经贸往来稀少，偶尔发生的涉外纠纷可以通过其国内法解决，因此没有必要诉诸权利的域外效力。[①] 在这种情况下，上述民事权利不可能不具有一定的地域性。

无形财产权的产生与上述制度有着相同的历史背景。在欧洲封建国家末期，原始著作权与专利权都是君主恩赐并作为特许权出现的，因此，这种权利只可能在君主管辖的地域内行使。这种原始无形财产权的地域性乃是封建法的地域性。随着近代资产阶级法的发展，无形财产权才最终脱离了封建特许权的形式，成为一种法定的精神产权。但是，资本主义国家依照其国家主权原则[②]，只对依本国法取得的无形财产权利加以保护，因此地域性作为无形财产权的特点保留了下来。在一国获得无形财产权的权利人，如果要在他国受到法律保护，就必须按照该国法律规定登记注册或经审查批准。

从19世纪末起，随着科学技术的发展以及国际贸易的扩大，有关知识产权交易的国际市场也开始形成和发展起来。这样，知识产品的国际性需求与无形财产权的地域性限制之间出现了巨大的矛盾。为了解决这一矛盾，各国先后签订了一些保护无形财产权的国际公约，成立了一些全球性或区域性的国际组织，在世界范围内建立了一整套无形财产权国际保护制度。关于无形财产权的国际保护有三个重要的原则：第一，最低限度保护原则。即通过各国政府之间全球性或区域性的多边协商，达成某些无形财产权保护的实体性国际标准，然后由各国国内法

---

① 参见刘家瑞等：《知识产权地域性冲突法评述》，载《中央政法管理干部学院学报》，1998（6）。

② 无形财产权保护的地域性，不仅源于各国主权的地域限制，而且在于无形财产权授权的地域限制（如经过国家审查、国家注册方能授权）。参见张乃根：《国际贸易中的知识产权法》，52页，上海，复旦大学出版社，1999。

采纳，从而在国际上形成相对统一的无形财产权保护制度。在最低限度保护原则的要求下，缔约国关于无形财产权的保护在客体范围、权项内容、保护期限方面，不得低于国际公约规定的水平。第二，独立性原则。即缔约国国民就同一知识产品在数国取得的权利，相互独立、互不相涉。在符合国际公约最低保护要求的前提下，该知识产品所有人的权利的保护水平、司法救济方式等适用于提供保护的相关缔约国的法律。在国际私法理论上，著作权保护适用的是“权利要求地法”，工业产权保护适用的是“权利登记地法”①。独立性原则表明，相关国际公约并没有突破无形财产权的地域性。第三，国民待遇原则。即各缔约国之间在无形财产权的国际保护上，相互给予对方国民以平等待遇，使缔约国国民在所有缔约国内享受与其本国国民同等的待遇。国际公约关于国民待遇原则的规定，是对无形财产权地域性限制的重要补充和协调。由于这一原则，使得一国承认或授予的无形财产权，根据国际公约在缔约国发生城外效力成为可能。但是，无形财产权的地域性特点没有动摇，是否授予权利、如何保护权利，仍须由各缔约国按照其国内法来决定。

到20世纪下半叶，由于地区经济一体化与现代科学技术的发展，无形财产权立法呈现出现代化、一体化的趋势，由此，无形财产权的严格地域性也受到了挑战。这主要表现在两个方面：（1）跨国无形财产权的出现。地区经济一体化，使得一组一组的国家联合起来，实现了商品、资本、人员和劳务在统一大市场内的自由流通，从而推动相关国家在无形财产权保护方面走向统一。例如，1968年比荷卢经济联盟制定的《比荷卢统一商标法》、1977年非洲知识产权组织通过的《班吉协定》等，使得在一国申请或注册的专利或商标，同时在所有缔约国内享有专有权。不过，最有代表性的莫过于欧洲联盟成员国于1992年签署的《马斯特里赫特条约》。为了实现经济一体化目标，欧洲联盟采取的重要行动之一，就是在工业产权与著作权领域建立一个广泛的欧洲保护制度，即在地区经济一体化的推动下正努力实现着“欧洲共同知识产权的幻想”②。欧洲法院在某一案件

① 郑成思：《世界贸易组织与贸易有关的知识产权》，16页，北京，中国人民大学出版社，1996。
② ［德］阿道夫·迪茨：《欧洲共同版权是幻想吗》，载《法学译丛》，1986（4）。

中声称，权利穷竭原则①的地域限制必须在共同市场范围内作出解释，即在一个缔约国内首次销售的商品在整个共同体构成权利穷竭。② 这说明，无形财产权跨出了一国地域限制，已在多国同时发生效力。这在一定程度上动摇了该项权利的地域性特性。(2) 涉外无形财产权管辖权与法律适用的发展。长期以来，涉外无形财产权纠纷一般由权利要求地法院专属管辖。由于卫星技术、网络技术、录制技术的发展，涉及现代技术的侵权行为可能在几个甚至十几个国家发生，权利要求地也会相应增加，如果权利人依此在这些地方一一提起诉讼将会带来极大不便。于是一种全新的管辖权理论应运而生，即一国法院不仅有权管辖其地域内的无形财产权纠纷，而且有权管辖在其他地域发生的相关纠纷。与此相联系，以权利要求地作为无形财产权的准据法也相应发生变革。在一个侵犯无形财产权的行为在几个或十几个国家同时发生的情况下，恪守权利要求地法，将会造成同一案件适用几个或十几个准据法的不合理现象。③ 因此，适用最密切联系地法这种新准据法原则也许是最好的选择。④ 涉外无形财产权纠纷的非专属管辖与无形财产权法律适用的多元化，都会对这一权利的地域性特点带来重大影响。总之，在当今社会，无形财产权的地域性特点依然存在，但已受到巨大的挑战，这一自封建法到现代法固有的法律特征能否被完全打破，尚有待继续观察与研究。

3. 时间性

无形财产权既不是无限空间的绝对垄断权利，也不是没有时间限制的永恒权利。无形财产权时间性的特点表明，这种权利仅在法律规定的期限内受到保护，一旦超过法律规定的有效期限，这一权利就自行消灭，相关知识产品即成为整个社会的共同财富，为全人类所共同使用。

---

① 权利穷竭原则意味着经权利人同意而进入市场的作品原件或复制件，权利人无权控制该作品原件或复制件的二次使用或销售；同理，专利权人制造或经专利权人许可制造的专利产品售出后，权利人无权控制该专利产品的二次使用或销售。

② 参见吴汉东等：《西方诸国家著作权制度研究》，20页，北京，中国政法大学出版社，1998。

③ 参见刘家瑞等：《知识产权地域性冲突法评述》，载《中央政法管理干部学院学报》，1998 (6)。

④ 20世纪初，国际法学者皮耶（Pillet）、尼波埃（Niboyet）曾主张在知识产权保护上应适用权利要求地法，而权利的产生和存续应受到原始国法（即权利的最初授予国法）的支配。参见李双元等：《中国国际私法》，281页，北京，海洋出版社，1991。

时间性特点是无形财产权与所有权的主要区别之一。众所周知，所有权不受时间限制，只要其客体物没有灭失，权利即受到法律保护。依消灭时效或取得时效所产生的法律后果，也只涉及财产权利主体的变更，而财产（有体物）本身作为权利客体的地位并不会发生变化。所有权的这一特征，罗马法学家将其概括为“永续性”，即“所有权之命运与其标的物之命运相终始”。它既不像有设定期限的他物权（如抵押权、地役权），也不像具有消灭命运之本质的债权（如合同债权）。[①]“永续性”与绝对性、排他性共同构成所有权的三大特征。其实，所有权的永续性在许多情况下存在着事实不能，这是因为该项权利的永续状态是以其标的物的存在为前提的，倘若该物发生灭失、毁损，原所有权人就可能“无所有”了。恰恰相反，无形财产权的标的即知识产品，作为一种非物质形态的智力产物则不可能发生毁损、灭失，即具有事实意义上的“永续性”，但法律却断然限定该类权利只在一定期间内有效。[②]

无形财产权的时间性与他物权、债权的“时间性”也有着完全不同的意义。他物权的设定发生在特定主体之间，如地役权中的供役地所有人与需役地所有人之间，质权中的担保物权人与出质人之间；此外，他物权的设定以所有权的存在为前提，它无法脱离所有权而单独存在。至于债权则涉及债权人与债务人之相对人的利益。债以履行、清偿为目的，法律当然不承认债权的永久性。而无形财产权的时间性不同，按照西方学者的解释，知识产品所有人有权在一定时期享有垄断使用的利益，但有义务将其智力性成果向公众公开。这是一种社会契约，即以国家面貌出现的社会同知识产品所有人签订的特殊契约。[③]

无形财产权在时间上的有限性，是世界各国为了促进科学文化发展、鼓励智力成果公开所普遍采用的原则。建立无形财产权制度的目的在于，采取特别的法律手段调整因知识产品创造或使用而产生的社会关系。这一制度既要促进科学、

① 参见周枏等：《罗马法原论》（上册），北京，商务印书馆，1994；陈允、应时：《罗马法》，上海，商务印书馆，1931。

② 参见郑成思：《知识产权论》，88页，北京，法律出版社，1998。

③ 参见《国外专利法介绍》（第1册），12页，北京，知识出版社，1981。

技术、文化的广泛传播，又要注重保护知识产品创造者的合法利益，协调无形财产权专有性与知识产品社会性之间的矛盾。有基于此，无形财产权制度在实现其促进社会进步、保障权利人利益、实现社会公平等多重价值目标的过程中，必须统筹兼顾，平衡协调各种可能相互冲突的因素，才能真正实现其立法目标。从这个意义上说，平衡原则是无形财产权制度自近代法到现代法的基本精神之一。以著作权法为例，早期的《安娜法令》在保护作者权利的同时，也注重维护其他主体的利益和社会公共利益。该法设定了一个所谓的“文学艺术的公共领域”（the public Domain for Literature），它来自于三个方面的规则：（1）规定创作新作品是取得著作权的必备条件（以保护现存作品不被出版商收回）；（2）规定著作权保护期限（以对抗出版商永久著作权的主张）；（3）规定著作权所有人在印刷、出版和出售方面享有有限的权利（即作品二次使用时权利穷竭）。[①] 在《安娜法令》颁布后，出版商不满意这种有限制的版权，曾掀起长达 40 年的“书商运动”，企图在法定著作权期间届满之后，寻找普通法上的作者的“永久版权”，然后通过转让再一次获得权利，以防止作品进入公有领域。这场漫长的斗争，最后以撤销“普通法版权”的永久禁止令而告终（英国于 1911 年正式取消这种版权）。[②] 与英国不同，美国关于无形财产权的时间限制是通过宪法条款规定的。美国宪法规定：“国会有权……对作者或发明人就其个人作品或发明的专有权利，赋予一定期限的保护，以促进科学和艺术的发展。”上述宪法条款被美国学者概括为三 P 政策，即“促进知识的政策”（the promotion of learning）、“公共领域保留的政策”（the preservation of the public domain）与“保护创作者的政策”（the protection of the author）[③]。其中，“公共领域保留”即意味着对著作权和专利权在时间与范围方面的限制。

无形财产权的时间限制性规定，反映了建立这一新兴民事权利制度的社会需要和公众利益。根据各类无形财产权的性质、特征及本国实际情况，各国法律对

①③ See L. Ray Pattterson、Stanley W. Lindberg：*The Nature of Copyright*：*A Law of User's Right*，The University of Georgia Press，pp. 49－55，1991.

② 参见吴汉东：《著作权合理使用制度研究》，12 页，北京，中国政法大学出版社，1996。

著作权、专利权、商标权都规定了长短不一的保护期。著作权的保护期限，主要是对著作财产权而言的，即著作权人只能在一定期限内享有对作品的专有使用权和获得报酬权。在历史上，葡萄牙和尼加拉瓜曾有无限期的“永久版权”的规定，但目前除了未发表作品的著作权不受时间限制外，各国著作权法都规定了已发表作品的有限保护期。著作权保护期一般采取作者有生之年加死后若干年的计算方法。之所以如此规定，盖以作者终身与作者子女的平均寿命之相加的时间为基础。关于著作人身权，即作者独享的非财产权利，有的国家规定为无限期永远存在（如法国），有的国家则规定其人身权与财产权保护期相同（如德国）。关于专利权的保护期限，各国专利法都作了长短不一的具体规定，其规定依据主要有二：一是社会利益与权利人利益的协调；二是发明技术值的寿命。专利权期限的长短，直接涉及当事人及社会公众等各方面的利益。保护期间长，有利于鼓励和吸引长远技术和重大发明的投资，但限制了公众尽早地自由使用发明。相反，保护期间短，公众可以较早地自由使用发明，但不利于鼓励发明创造和吸收耗资巨大的复杂先进技术。关于商标权的保护期，各国也规定有不同的有效期间。其中，采取“注册在先原则”的国家，商标权有效期自注册之日起算；采取“使用在先原则”的国家，只有在商标使用后才能产生专用权，因此其有效期自使用之日起算。在无形财产权的时间性特点中，商标权与著作权、专利权有所不同，它在有效期届满后可以续展，通过不断的续展，商标权可以延长实际有效期。法律之所以这样规定，就在于文学艺术作品和发明创造对于社会科学文化事业的发展有着更加重要的意义，因此必须规定一定的保护期限，使知识产品从个人的专有财产适时地变为人类公有的精神财富。

无形财产权的上述特征，是与其他财产权利特别是所有权相比较而言的，是具有相对意义的概括和描述。这并不意味着各类无形财产权都具备以上全部特征，或者可以说每一项基本特征都存在着若干“例外”，例如：产地标记权不具有完整意义的专有性，商号权的地域性具有自己的特殊规定，商业秘密权不受时间性限制，等等。从本质上说，只有客体的非物质性才是无形财产权所属权项的共同法律特征。

三、无形财产权的主体

从权利的角度来看，无形财产权的主体即为权利所有人，包括著作权人、专利权人、商标权人等；从法律关系的角度来看，无形财产权关系的主体则为权利人及除权利人以外的义务人。本书所称的权利主体，即是各类无形财产权的所有人。这里所说的人，既可以是自然人，也可以是法人，在一定条件下还包括非法人单位以及国家。与一般民事主体不同，无形财产权制度中关于“人”的用语，都是自然人和法人的统称。所谓“著作权人”、“专利申请人”、“商标注册人”等，实际上都是指享有此类权利的自然人和法人。

无形财产权的主体需具备何种资格，他们享有何种权利，这是由国家法律直接规定的。主体资格是民事主体在民法上（包括无形财产权制度）的法律人格，是自然人及其组织成为民事主体的法律前提。[①] 法律地位平等与主体人格独立是确认民事主体资格的基本原则。其中，地位平等是人格独立的必要前提，而人格独立则是地位平等的具体表现。下面着重论及平等原则在无形财产权主体制度中的意义。

在私法关系中，平等原则具体表述为：公民的民事权利能力一律平等；民事主体在民事法律关系中既享有权利，又依法承担义务；民事主体平等地受到法律保护。[②] 无形财产权制度的平等精神，既在本质上同于一般意义上的私法平等原则，但又有自身的法律品性。这主要表现在两个方面：首先，无形财产权制度中的平等，是一种主体从事创造性活动的自由选择，是一种取得创造者权利的机会均等。现代民法奉行的是一种程序意义上的平等观，即只要社会向人们提供了平等的机会，便做到了平等。换言之，平等是机会的平等，至于人们从事民事活动的结果如何，那是由人们的天赋、才能、机遇去决定的事情，应该允许存在差

① 参见李开国：《民法基本问题研究》，54 页，北京，法律出版社，1997。
② 参见佟柔主编：《民法总则》，16 页，北京，中国人民公安大学出版社，1990。

别。[①] 无形财产权的原始取得主要来源于主体的创造性行为（包括创作、发明等）。创造性行为属于事实行为，而不是一般的民事法律行为，它不受民事法律行为能力的限制，主体只要以自己的创造性行为完成知识产品，即可以创造者的身份依法取得权利。其次，无形财产权制度中的平等，是一种当事人权利义务关系的协调，是对社会精神财富的合理分享。无形财产权制度的历史发展，经历了从单一权利主体扩充为多元权利主体的过程。在著作权领域，在保护作者权利的基础上权衡公益与私权的关系，在促进科学、文化传播的目标下协调各方主体的关系，是著作权立法的基本考量。就社会精神财富的创造、传播与利用而言，著作权制度设定了创作者、传播者、使用者等多重主体，并规定了他们对作品权益的分享，以至于美国学者将一部现代著作权法描述为协调各方主体权利关系的平衡法。[②] 在专利权领域，由于专有使用、法定许可使用、强制许可使用或自由使用等制度的存在，从而出现两个或两个以上的主体对同一发明创造分别使用而享有利益的情形。知识产品的社会性和非物质性特征，使得多数主体利用这种智力性成果成为可能。无形财产权制度保障和促进社会分配的正义，并把这种分配原则上升为法律上的权利、义务，从而对精神资源进行权威性的公正分配。正是基于上述两点原因，形成了无形财产权主体制度区别于一般财产权主体制度的重要特征：

1. 无形财产权原始主体

原始取得，是指财产权的第一次产生或者不依靠原所有人的权利而取得财产权。一般财产所有权的原始取得，有生产、孳息、先占等方式，其原始取得概无主体的特定身份要求，除不动产及个别动产外，亦无须国家机关的特别授权。

无形财产权的原始取得则不同，其权利产生的法律事实包括两个方面，即创

---

① 参见彭万林主编：《民法学》，34 页，北京，中国政法大学出版社，1996。

② See L. Ray Pattterson、Stanley W. Lindberg，*The Nature of Copyright*：*A Law of User's Right*，The University of Georgia Press，p. 2，1991.

造者的创造性行为和国家机关的授权行为。[①] 在知识产品的生产、开发活动中，创作行为或发明创造行为在本质上属于事实行为，任何人都可以通过自己的智力劳动取得知识产品创造者的身份。在私法关系中，身份曾是特权的依托，是平等的对立物。在古代社会的宗法制度下，各个家庭之间的联系多于单个人之间的交往，家庭是法律调整的基本单位。罗马法赋予家长完全独立的人格，家长所享有的一切公权和私权都是基于特定的身份而产生的。[②] 无形财产权主体制度的身份原则与此不同，它具有两个特点：第一，创造者的身份一般属于从事创造性智力劳动的自然人，但在有的情况下也可能归属于组织、主持创造活动并体现其意志或承担相应责任的法人。与古代社会的家长身份以至现代社会的消费者身份、雇佣劳动者身份不同，自然生命体与社会组织体都有可能取得创造者的身份。第二，创造者的身份与一般身份所依存的血缘关系、婚姻关系或其他社会关系无涉，它既是智力创造性活动这一事实行为的结果，又是行为人取得无形财产权的前提。在有关权益纠纷中，创造者身份的确认对判定权源、划分权属有着重要的意义。

此外，在无形财产权的原始取得中，国家机关的授权行为是权利主体资格最终得以确认的必经程序。授权行为从性质上而言是一项行政法律行为。它与创造性行为一样，对权利的原始取得具有重要意义。借用美国学者的说法：创造性活动是权利产生的“源泉”（source），而法律（国家机关授权活动）是权利产生的“根据”（origin）[③]。无形财产权需要由主管机关依法授予或确认而产生，是由其客体的非物质性所决定的。由于知识产品不同于传统的客体物，不可能进行有形的控制或占有，容易逸出创造者的手中而为他人利用。换言之，只要知识产品公布于世，其他人易于通过非法处分途径而获取利益。因而，知识产品的所有人不可能仅凭创造性活动的事实行为而当然、有效、充分地取得、享有或行使其权

① 并非所有的无形财产权都具有国家授予性的特点。诸如著作权、商业秘密权等不需要经过国家机关的审查与批准。

② 参见［英］梅因：《古代法》，沈景一译，第5章，北京，商务印书馆，1984。

③ L. Ray Pattterson、Stanley W. Lindberg，*The Nature of Copyright：A Law of User's Right*，The University of Georgia Press，1991.

益，其必须依靠国家法律的特别保护，即通过主管机关审查批准后授予专有权或专用权。

2. 无形财产权继受主体

在民法学理论上，继受取得区别于原始取得有两个标准：一是意志特征，即继受取得须根据物（或知识产品）的原所有人的意志才能发生；二是权利来源，即继受取得是以原所有人的权利为根据并通过权利移转方式才能发生。在财产所有权制度中，根据一物一权主义的原则，不能在一个物件上设立两个或数个内容相同的所有权。就继受取得的情形而言，一方让渡了权利，即意味着丧失了权利主体资格；另一方继受了权利，则标志着其成为新的财产所有权主人。此外，根据这一原则，一物之上虽可以存在数个物权（如用益物权或担保物权），但各个物权之间不得相互矛盾。换言之，就一个物件或该物件的某一部分而言，不能设定数个性质相同且彼此独立的物权。①

在无形财产权领域，基于继受取得的原因，同一知识产品之上拥有若干权利主体的情形却普遍存在，我们可以将其大致分为三类：第一，某类权利主体对其知识产品既享有财产权利又享有人身权利时，发生继受取得的权利只能是其中的财产权，即继受主体不能取得专属于创造者的人身权利。这样，就同一知识产品所产生的人身权和财产权就会为不同的主体所分享。② 第二，某类无形财产权仅是不完全转让的，继受主体只能在约定的财产权项上享有利益。如同所有权与其权能分离一样，在原始主体依然存在的情况下，还会产生一个或数个拥有部分权利的不完全主体，即财产权的诸项权能为不同主体所分享。当然，这种权利与权能的分离，对无形财产权与所有权来说有着完全不同的内容和意义。所有权的标的物，既为独立的特定物，在一定时空条件下只能为某一特定主体所控制利用。所有权与其权能的分离，意味着占有人即非所有人是物件的实际支配者，而原所有人只能是不直接控制物件的“空虚权利主体”。但无形财产权的标的，是非物

① 参见王利明：《民商法研究》（第三辑），191～192页，北京，法律出版社，1999。

② 在知识产权体系中，著作权为典型的一体两权。将著作权归类于无形财产权，主要是出于著作财产权的考虑。在现实生活中，存在着作者保留有著作人身权，而将著作财产权转让他人的实例。

质形态的精神产物，在一定时空条件下可能被多数主体利用，包括原始主体自己使用与授权继受主体共同使用。第三，某类无形财产权的转让同时在不同地域范围进行。例如，著作权人分别在数国转让其版权、专利权人在不同国家出卖其专利，就会出现两个或两个以上独立的权利主体。但是，若干受让人只能在各自的有效区域内行使权利，即主体地位独立，权利互不相涉。在这种情况下，原无形财产权所有人虽丧失了主体资格，但在不同的地域却可能产生若干相同的新的无形财产权所有人，即各个继受主体彼此独立地对同一知识产品享有同一性质的权利。

对无形财产权来讲，继受取得有着比原始取得更为重要的意义。在商品经济日益发达与财产权逐渐社会化的今天，所有权的行使和实现，往往要通过非所有权途径如他物权的设定和债权的发生而进行。正如有的学者所言，社会经济生活的财产关系由静态的所有权中心转化为动态的债权中心，所有权发生各种权利转换而丧失原有的地位。[①] 无形财产权更是如此，其权利价值的实现，并非为创造者对知识产品的直接支配，而表现为一个“创造—传播—使用”的过程。在现代信息化社会，社会分工细密，一件作品或发明由创造者本人进行各种形式的使用几乎是不可能的，因此，知识产品所有人往往要借助他人的意思和行为来实现自己的利益。这正是无形财产权继受取得区别于所有权相关制度的社会意义所在。

3. 外国人主体资格

民事主体依国籍情况可以分为本国人和外国人。关于外国人的民事地位，古代国家采取不承认主义，即不认为他们享有本国人的权利能力。古罗马法认为，凡未沦为奴隶的外国人，虽然有自由人的身份，但不能享有市民法规定的各种权利。自资本主义时期以来，随着国际贸易的发展，各国逐渐采取“相互主义”原则，即根据两国间的条约或法律，彼此相互承认对方的公民享有本国公民在对方所享有的权利。[②] 最早以国内法形式确定外国人享有平等民事地位的是 1804 年《法国民法典》，它规定：“外国人，如其本国和法国订有条约允许法国人在其国

① 参见董开军：《所有权转换现象研究》，载《法律科学》，1991（1）。

② 参见《中国大百科全书》（法学卷），830 页，北京，中国大百科全书出版社，1984。

内享有某些民事权利者，在法国亦得享有同样的民事权利。”在古典自然法学派的影响下，1829 年《荷兰民法典》也转而采用平等主义，即对外国人原则上给予本国人同等的待遇。此后，各国法相继确认了国民待遇原则，但对外国人所享有的权利则有所限制，例如，外国人不准取得土地权、采矿权、捕鱼权、不准从事只有本国公民才能从事的某种职业等，这即是有限制的国民待遇原则。

无形财产权制度关于外国人的主体资格有不同的规定。著作权法的通行规定是：外国人创作的作品在一国境内首先发表的，应当享受与该国国民作品同等的保护；不在该国境内首先发表的，则根据相关国家之间的双边条约或共同参加的国际公约或在互惠基础上给予保护。工业产权法的通行规定是：在本国境内有经常居所或营业所的外国人享有与本国人同等的待遇；在境外的外国人，依照其所属国与本国缔结的双边条约或共同参加的国际公约，或按照互惠原则办理。这些规定说明，无形财产权制度主要采取有条件的国民待遇原则，即只要符合上述规定的情形之一，外国人就可以与本国人享有同等的权利，而在权利的范围和内容上不加限制。

国民待遇原则是国际无形财产权制度的基本原则。这一原则包括两方面的含义：一是在无形财产权的保护上，国际公约的成员国必须在法律上给予其他成员国的国民以本国国民所享有的同样待遇；二是对非成员国国民，只要其作品在国际公约的成员国境内首先发表（著作权法），或在该国有经常居所，或有实际从事工商业活动的营业场所（工业产权法），也应当享有同该成员国国民相同的待遇。国民待遇原则打破了无形财产权地域性效力的限制，使一国授予的权利在其他国家也得到保护。允许外国人与本国人享有同等的民事地位，旨在保护本国人在国外的无形财产权利益不受侵犯，同时也是为了吸引外国先进技术和优秀文化。因此，这一原则得到世界各国的确认。

由相关国际公约确认的国民待遇原则，是“法律面前人人平等”思想在国际法上的体现，它将外国人与本国人都同化为国民，使前者在其选择保护的国家享有与该国国民同等的权利。这即是说，每一合格主体不仅在其本国享有无形财产权，而且在任何一个公约成员国也享有相应权利。国民待遇原则自 19 世纪以来

逐渐为各国所接受，时至今日已有诸多变化：一是国民待遇原则的延伸。由于某一公约成员国的国民在其他成员国享有的权利与在本国享有的权利不尽一致，从而产生权利享有的不平衡，因而，国际公约要求各成员国相关立法必须达到公约要求的最低标准。这即是国民待遇原则在有关国际公约的扩展。二是国民待遇原则的限制。首先，这种限制来自于互惠原则，即针对成员国之间保护水平的悬殊，实行“利益均衡对等”，从而在某些方面不再适用国民待遇原则；其次，由于成员国加入国际公约时有“保留”条款，即对某项权利或几项权利予以保留，从而影响国民待遇原则的适用。这些情况表明，国民待遇原则在一定程度上面临着挑战。[①]

四、无形财产权的客体

无形财产权的客体，是人们在科学、技术、文化等知识形态领域中所创造的精神产品。这是与物质产品（即民法意义上的有体物）相并存的一种民事权利客体。

1. 无形财产权客体的类别

知识产品是概括无形财产权各种客体的集合概念。传统教科书曾笼统地将知识产权的保护对象说成是智力创造性成果。已有许多学者指出这一表述的不足，他们认为，知识产权的客体应分为两类：一类是智力成果，另一类是经营标记。[②] 不限于此，如前所述，笔者建议建立一个大于知识产权范围的无形财产权体系，以包容一切基于非物质形态的精神产物所产生的权利。与这一权利体系相适应，我们将知识产品具体地分为三类：一是创造性成果，包括作品及其传播媒介、工业技术；二是经营性标记；三是经营性资信。第一类发生于科学技术及文化领域，第二、三类产生于工商业经营领域。

---

① 关于国民待遇原则的演变，可参见 S. M. Stewart，*International Copyright and Neighbouring Rights*，Butterworth and Copublishers Ltd.，1983；曹新明：《试析国际著作权公约中的国民待遇原则》，载《法商研究》，1995（1）。

② 参见刘春田主编：《知识产权法教程》，1页，北京，中国人民公安大学出版社，1995；吴汉东主编：《知识产权法》，1页，北京，北京大学出版社，1998。

作品及其传播媒介，泛指文学艺术领域中以不同表现形式出现并且具有原创性的智力成果（著作权客体），以及在传播作品过程中产生的与原创作品有关联的各种产品、物品或其他传播媒介（邻接权客体）。作为著作权客体的作品，可以概括地分为文学作品、艺术作品和科学作品；作为邻接权客体的传播媒介，主要包括艺术表演、音像录制品、广播节目。这类知识产品的共同特点是：它们都是文化领域中的知识创造性成果，其成果与作品创造者的创作活动和传播活动有关；它们都是创造者思想结晶的客观表现形式，包括文字或符号形式、形象形式、音像形式以及有关的思想表现形式。

工业技术，一般是指在工业、农业、商业等产业领域中能够物化在物质载体上的知识和技能。它是根据科学原理和生产实践经验而发展形成的工艺操作方法与技能，以及与这些方法和技能相适应的生产工具和其他物质设施。工业技术与科学成果不同。科学成果是对人类实践经验和认识的概括与总结，是关于自然、社会和思维的各种理论知识和研究成果。科学和技术都表现为知识形态，属于社会的精神财富。科学的职能在于对自然界（社会或思维）和技术可能性的理解，更具有预见性和深远性；而技术则直接联系生产过程，其职能在于对自然界的控制和利用，更具有实践性和应用性。在法律上，工业技术可以表现为取得工业产权的各类专利技术，也可以表现为取得其他知识产权的技术秘密以及受到新型知识产权即工业版权保护的工业产品。

工业标志，一般是指在工业、农业、商业等产业领域中能够标示产品来源和厂家特定人格的区别标记。包括商标、商号、产地名称等在内的工业标记，是人们生活中所见最多的标志。它具有标志艺术的一般特点：（1）标记性。工业标志的主要职能在于区别商品和生产商品的厂家，使人们易于识别，防止误认。（2）宣传性。工业标志主要作用于工商业活动中，以实现其对特定商品、厂家或产地的宣传效果。（3）适应性。工业标志能在多种场合使用，不但可以注明在商品或有关材料上，还能使用于多种宣传媒介的制作。① 工业标志作为工业产权和其他知识

① 参见吴汉东主编：《工业产权法的理论与实践》，6页，北京，中国政法大学出版社，1989。

产权的客体，是企业重要的无形财产。

经营性资信，泛指工商企业在经营活动中所具有的经营资格、经营优势以及在社会上所获得的商业信誉，包括特许专营资格、特许交易资格、信用以及商誉等。从经营性资信的构成来讲，其内在因素是主体的经营能力。经营能力是一个很广泛的概念，包括经济状况、生产能力、产品质量、市场占有份额等[①]，这种经营能力形成了特定主体高于同行业一般企业获利水平的超额盈利能力；其外在因素表现在两个方面，或是来自于某一组织或机关授予的资格，或是来自于社会公众给予的评价和信赖。该类权利客体所涉及的资格、能力或信誉，包含明显的财产利益因素，但也有精神利益的内容。与文学艺术作品、工业技术、工业标记不同，经营性资信的财产价值尚未完全为人们所认识，相关立法保护显见不足。正因为如此，有学者将此类客体称为正在开发中的无形财产。[②]

2. 无形财产权客体的特征

知识产品具有创造性成果、经营性标记、经营性资信等多种表现形式，但它们都具有以下基本特点：

（1）创造性。知识产品与物质产品不同，它不可能是现有产品的简单重复，而必须有所创新、有所突破。创造性是知识产品取得法律保护的条件，而一般财产法并不要求这样。在这里，强调知识产品具有创造性的特点，并不是说物质产品没有创造性。问题的关键在于，创造性是知识产品构成无形财产权客体的条件，而物质产品构成（有形财产）所有权客体时并没有创造性的一般要求。就某类具体的知识产品来说，其创造性程度的要求是各不相同的。一般来说，专利发明所要求的创造性最高，它必须是该项技术领域中先进的科学技术成就，它所体现的技术思想、技术方案必须使某一领域的技术发生质的飞跃。著作权作品所要求的创造性次之，它要求作品必须是作者创造性劳动的成果，但任何作品只要是独立构思和创作的，不问其思想内容是否与他人作品相同或类似，均可取得独立

① 参见杨立新：《人身权法论》，638页，北京，中国检察出版社，1996。

② 参见曾世雄：《民法总则之现在与未来》，137页，台北，三民书局，1993。

的著作权。而商标所要求的创造性仅达到易于区别的程度即可，即商标应当具有显著特征，便于识别，其文字、图形或文字与图形的组合应避免与他人的商标构成混同。可见，受保护的对象不同，其要求的创造性也有所不同。依照西方学者的说法，专利权要求发明具有“技术先进性”（或称为“非显而易见性”），著作权要求作品具有“独创性”（或称为“原创性”），而商标权则要求商标具有“可识别性”（或称为“易于区别性”）。

（2）非物质性。知识产品与物质产品不同，它是知识形态的精神产品，虽具有内在的价值和使用价值，但没有外在的形体。非物质性是知识产品区别于有形财产所有权客体的主要特征。所谓非物质性，即是知识产品的存在不具有一定的形态（如固态、液态、气态等），不占有一定的空间。人们对它的“占有”不是一种实在而具体的控制，而表现为认识和利用。某一物质产品，在一定的时空条件下，只能由某一个人或社会组织来实际占有或使用，所有人能够有效地管领自己的有形财产，以排除他人的不法侵占。而一项知识产品则不同，它可以为若干主体同时占有，被他们共同使用。知识产品一旦传播，即可能为第三人通过非法途径所“占有”。知识产品虽然具有非物质性特点，但总要通过一定的客观形式表现出来，使知识产品创造者以外的人能够了解，这种客观表现形式是对其进行知识产权保护的条件之一。例如，作品表现为文字著述、舞台表演、绘画、雕塑、音像制品等；发明创造表现为文字叙述、设计图表、形状构造等；商标表现为图案、色彩、符号、文字等。这些客观形式的载体，是知识产品的物化。必须明确，作为知识产品表现形式的载体，绝不是知识产品本身。知识产品是精神产品，它的效能和价值是其载体所难以全部包括和体现的。

（3）公开性。知识产品与物质产品不同，它必须向社会公示、公布，使公众知悉，公开性是知识产品所有人取得无形财产权的前提，而依民事法律的一般规定，有形财产所有人并无将其财产公开的义务。在各项无形财产权中，其客体都表现了公开性特征。作者创造作品的目的之一，就是使之传播，并在传播中得以行使权利、取得利益。发明创造者要划定自己的权利范围，就必须公布专利的技

术内容。“专利”（patent）的拉丁文“patere”原意，就有“公开”或“打开”的意思，这个语源表明专利的技术内容必须是公开的。商标所有人为了将自己的商品同他人的商品区别开来，就要使用自己的商标标志。无论是在实行“使用在先原则”的国家，还是在实行“注册在先原则”的国家，要取得商标权，或是首先使用商标，或是首先申请商标注册，这些行为无一不同公开性相联系。一般认为，无形财产权的产生条件是：知识产品所有人将自己的作品、发明创造等公布出来，使公众看到，得到其中的专门知识；而公众承认他们在一定时期内有使用、制造其知识产品的专有权利。知识产品是公开的，但任何人都无权任意加以使用，否则即构成侵权，“知识是公开的，但权利是垄断的”，这即是对知识产品公开性与知识产权独占性的形象描述。西方法学家将这一现象解释为契约关系，即以国家面貌出现的社会同知识产品创造者之间签订的一项特殊契约：创造者有义务将知识产品加以公开，而代之取得一定时期的独占使用权。[①] 需要指出的是，属于知识产品形态的技术秘密并不具有公开性，它是依靠保密来维持其专有权利的。在西方民法理论中，专利技术是一种法定专有权，在保护期内一直发生效力；而技术秘密是一种自然专有权，视权利人保密时间的长短来决定其权利效力。在大陆法系国家的法律制度中，技术秘密本不受传统知识产权的保护，仅由合同法或侵权法调整。但技术秘密权具有无形财产权的本质特征，现代立法趋势表明，技术秘密现已成为无形财产权的保护对象。

（4）社会性。知识产品的社会属性表现在它的产生、使用和归属等各个方面。从它的产生来看，任何一项知识产品，特别是创造性成果，都是人类智力劳动的结晶。与物质生产那种重复再现型劳动不同，精神生产是以前人积累的知识为劳动资料，以抽象的知识产品为劳动对象的生产活动，劳动者的知识拥有量与创造性思维在劳动过程中紧密结合。[②] 从它的使用来看，一项知识产品可以同时为若干主体所“占有”，为许多人所利用。在人类创造性劳动的动态流程中，每一个人将会因吸取前人的知识信息而“收益”，也会因为后人提供知识营养而

① 参见《国外专利法介绍》（第一册），12页，北京，知识出版社，1981。

② 参见张和生：《知识经济学》，69～71页，沈阳，辽宁人民出版社，1992。

"支出"。从它的归属来看，知识产品既是创造者个人的精神财富，同时又是社会财富的一部分。因此，法律总是在一定时期内赋予创造者个人以垄断权利，而一旦保护条件和期限失效，知识产品即成为整个社会的共同财富，为全人类所共同使用。

第四章

无形财产权的利用

无形财产权立法的首要目的是界定知识产品的权利归属，保护知识产品所有者的合法权利；同时又要规范权利利用，促进知识产品的价值实现和充分利用。无形财产权利用制度是连接知识产品创造者、传播者和使用者之间的法律纽带，涉及非权利人基于法律规定或合同约定对他人无形财产权进行利用的多种情形。通过这一制度，规制不同主体的产权交易行为，促进知识产品的动态利用和社会财富的流动增值。

一、无形财产权利用的意义

无形财产权的立法宗旨，可以概括为二元价值目标，即保护权利人的合法利益，促进知识财产的充分利用。无形财产权的制度规范，主要涉及两个组成部分，即无形财产的静态支配和动态利用。可以认为，无形财产权的利用，是整个非物质财产领域最为活跃、最具影响的一项制度。

效率是无形财产权利用制度构建的基础，也是无形财产权立法追求的价值目标。在法律价值体系中，效率与正义一样可以作为分析和评价法律的准则。质言之，法律制度的宗旨之一就是以效率为价值取向，使法律朝着促进社会经济效益

最大化的方向发展。一切法律制度和法律活动，都应以有效分配和使用资源，最大限度地增加社会财富为目的。在财产制度安排中，如何实现效率最大化原则，美国学者波斯纳提出了三个条件：一是财产权的普遍性，二是财产权的排他性，三是财产权的可转让性。[①] 在波斯纳的“成本—收益”分析框架中，无形财产权如同一般财产权那样，包括两方面的内容，即排除他人使用的权利和将财产转让给他人的权利。具言之，相关制度安排为无形财产权设置了排他性，但这一排他性只是无形财产权有效率使用的必要条件而非充分条件；在排他性基础上实现无形财产权的自由转让，才构成无形财产资源分配效率最大化的充分条件。无形财产权排他性对交易而言是必要的、基础性的，但不应当是绝对的。当交易成本过大并抑制交易发生时，就需要法律对权利进行强制性的配置，限制财产权的排他性，将该部分权利强制性地配置给使用人，从而促进效益最大化。综上所述，我们可以认为，效率是无形财产权制度的重要价值，其权利利用应以促进无形财产价值实现和财富增加为目标，以无形财产权利人、使用人的权利配置为重点，以财产权利的保护与限制、救济与责任为基本规则。基于此，无形财产权利用的意义表现在以下几个方面：

1. 无形财产权价值实现的途径

传统理论偏重于所有权内部的自我满足、自我实现。罗马法将所有权看作是“对所有物的完全支配权”[②]，强调和突出人对物的完全的支配、管领和控制。但在商品经济日益发达和所有权逐渐社会化的今天，所有权关系已由人对物的简单支配关系外化为所有权人与非所有人的权利义务关系。所有权的行使和利益实现，往往通过非所有权途径如他物权的设定和债权的发生而进行。这即是说，社会经济生活的财产关系由静态的所有权中心转化为动态的债权中心，所有权发生各种权利转换而丧失原有的地位。[③]

---

① 参见［美］波斯纳：《法律的经济分析》（上），蒋兆康译，22～27页，北京，中国大百科全书出版社，1999。

② 周枏：《罗马法原论》，299页，北京，商务印书馆，1994。

③ 参见董开军：《所有权转换现象研究》，载《法律科学》，1991（1）。

与上述变革相适应，无形财产权制度从建立之时就植根于知识商品化的基础之上，其财产利益与社会价值的实现，并非简单地表现为权利人对无形财产资源的支配，而是一个个人创造—他人传播—社会利用的过程。在现代信息化社会，分工细密明确，一项作品或技术由同一主体以所有权的支配方式自行传播或使用几乎是不可能的。因此，无形财产权人往往要借助他人的传播或使用来实现自己的利益，只有这样，才能使得无形财产权不仅具有法律意义，而且具有实际价值。这即是说，无形财产权利益的实现，有赖于他人合法利用这一权利的事实发生。

无形财产权利用的法律规则，其目的在于规范产权交易，促进知识、技术的充分利用和广泛传播，依照经济学的供给与需求理论，精神生产或者说知识形态资源开发的目的是交换，只有经过交换，个人才能获得各类物品的最佳组合，达到效用或利益的最大化。就科技创新活动而言，新科技的商品化和市场化是一个关键环节，也是其根本目的。如果一项发明创造完成后不尽快付诸实施，就有可能被新的技术取代，从而变成无经济效益的技术。对于专利权所有人而言，科技创新的“关键一跳”是将专利技术成果转化为现实的生产力，其考量的指标即是专利技术的有效应用率和专利技术对经济增长的贡献率。而在文化创新领域，作品的利用涉及复制、表演、播放、展览、出版、摄制、演绎等各种方式，著作权所有人的利益实现，即是依赖于作品的众多使用者的传播活动。著作权利用的经济意义，就在于考量版权作品在文化市场的占有率和版权产业对经济发展的影响力。总之，无形财产的动态利用和价值实现，是无形财产权制度创设的重要目标。

2. 无形财产权交易活动的工具

传统理论偏爱于所有权静态的归属性和本体的完整性。罗马法“基本的出发点是解决财产归属的问题”①。支配权被视为所有权的核心和灵魂，其他各项权能的分离都只是暂时的分离，最后都会在支配权的呼唤下重新回归所有权；同

① 孟勤国：《中国物权制度的基本构思》，载杨振山主编：《罗马法·中国法与民法法典化》，北京，中国政法大学出版社，1995。

时，遵从“一物一权”的古训，同一物上只能存在一个所有权，这一规则保证了财产权利的相对确定性，但未能顾及财产动态利用的态势。[①] 在罗马法之后兴起的日耳曼法中，所有权并未被看作是抽象的支配权，日耳曼人基于团体本位的思想，根据各种物的利用形态来分别认可各种权利，即以利用为中心建立了物权体系。[②] 在资产阶级革命胜利后，“因罗马法的个人本位及绝对的所有权观念适合于自由资本主义发展的要求，大陆法系国家逐渐采纳了罗马法的所有权观念”[③]。在英美法系国家，日耳曼法对其财产制度则产生着深远的影响。进入 19 世纪下半期以后，所有权的绝对性、无限制性导致个人利益与社会利益之间的冲突日益加剧，因此，个人的所有权观念日渐式微，产生了社会的所有权观念和个人与社会调和的所有权思想，强调所有权的行使应顾及社会公共利益，要求充分发挥物的效用以增进社会福利。现代财产权制度的立法目的，不仅在于确认权利主体对财产的占有、支配，而且意在促进财产的动态利用，通过所有权的动态运行，可以摆脱一物一权的限制，实现不同主体对同一财产各自享有特定内容权利的情况。

在无形财产权领域，基于客体“虚拟占有”和权能多样化的特点，往往出现“一物多权”、“一物多主”的情形，无形财产权的利用较之有形财产的利用在主体及权能方面更为丰富多彩。首先，由于知识形态产品具有非物质性的特点，无形财产权人对知识产品的占有只能是“虚拟占有”而非“实际控制”，对知识产品的利用必须通过载体这一媒介来实现。同一知识产品可以物化在多个相同或不同载体之上，从而出现多数主体同时使用同一知识产品的状态。其次，各类无形财产权的权能具有多样性。有学者根据各种权利蕴涵的权能特点，将其内容作了十分详细的划分，如将专利权划分为专利实施权、许可权、转让权、标记权和其他权利，将商标权划分为商标专有权、转让权、许可权及

---

① 参见吕来明：《从归属到利用》，载《法学研究》，1991 (6)。

② 参见［日］我妻荣：《物权法》，3 页，东京，岩波书店，1995。

③ 王利明：《物权法论》，217 页，北京，中国政法大学出版社，1998。

续展权，将著作权划分为著作人身权、著作财产权和其他权利，等等。[①] 这样，每一权利的每一权能都可以由相同主体或不同主体利用。总之，客体“虚拟占有”与权能多样性的特点在客观上要求弱化无形财产权的支配功能而强化其利用功能。因此，立法的重心在于规范无形财产权人与各类财产权利用人之间的关系，并强调“为智力发明提供动因的效用与允许他人利用新的有益的智力产品的社会效用应相互平衡”[②]。

在无形财产权领域，调整所有人与利用人之间的利益关系，以达到无形财产资源有效利用的目的，关键在于界定所有人与使用人各自的权利范围，消除无形财产权利配置过程中的障碍，使产权交换代价的效应减至最低。有关无形财产权利的交易活动，其主要制度是授权许可使用、法定许可使用、强制许可使用和合理使用。其中，授权许可使用制度的功能是：总结人们的交易习惯，规定统一的交易规范和术语，避免当事人每每就交易问题订立烦琐的合同条款，从而减少交易成本，便于当事人达成合意。法定许可使用和强制许可使用的制度功能是依照法律的规定而直接进行交易，实际上是国家安排下的“合作博弈”，其目的在于减少产权交易的信息成本（发现与谁进行交易，进行什么交易和怎么样进行交易）和谈判成本，使当事人合作成功进行交易的可能性大为增加。[③] 合理使用与上述制度有别，是一种自由而无偿使用他人知识产品的情形，在无形财产资源中，所占比例很小，概言之，合理使用中使用人与权利人的产权交易不是“一对一”的对手交易，而是社会制度安排下的特定权利人与不特定使用人之间就知识形态产品分配所进行的交换。总之，无形财产权的利用，为调整多方主体利益关系和规制产权交易活动提供了制度平台。

3. 无形财产权效力限制的方式

传统理论偏好于所有权的绝对性、排他性、永续性等效力特征的概括与抽

---

① 参见蒋言斌、蒋美仕：《论知识产权的权利体系》，载《知识产权》，1997 (4)。

② ［美］迈克尔・D・贝勒斯：《法律的原则——一个规范的分析》，113 页，北京，中国大百科全书出版社，1996。

③ 参见［美］罗伯特・考特，托马斯・尤伦：《法和经济学》，张军等译，185 页，上海，上海三联书店，1994。

象。罗马法对所有权没有明文的法律定义，但法学家认为所有权是物权中至高无上的权利。[①] 1804年《法国民法典》规定："所有权是对物有绝对无限制地使用、收益及处分的权利，但法律所禁止的使用不在此限"，从而确立了所有权绝对无限制原则。1896年《德国民法典》规定，所有权的权能"以不违反法律和第三人的权利为限，物的所有人得随意处分其物，并排除他人的任何干涉"。这说明它虽然坚持私有财产不可侵犯的原则，但摒弃了"神圣不可侵犯"以及"绝对"、"无限制"的说法。现代各国民法接受了所有权的观念，但未像罗马法和《法国民法典》那样将所有权作为一项绝对的权利，而是根据社会发展的需要给予适当的限制，包括所有权空间效力的限制、相邻关系的限制、所有权行使方式的限制等。上述限制多表现为对所有权效力的消极限制。

无形财产权在创始之初，尽管被作为一项自然权利看待，但其从来都不是无限制的权利，以至于有些学者将该项权利称为"有限的独占权利"。无形财产权最初受到时间和地域的限制，后来又在权利的行使上受到种种限制。但是这种限制明显不同于所有权的限制。禁止所有权滥用，表现为所有权的行使不得妨害他人的合法利益；而禁止无形财产权的滥用，往往意味着允许他人以合法方式"适度"进入无形财产权人的合法利益中。所以，对有形财产权的利用仅能以约定方式出现，而对无形财产权的利用除约定使用方式外，还存在法定使用方式，如强制许可使用、合理使用、法定许可使用等。

无形财产权的限制，是对权利人的专有权利行使的限制，其功能在于通过产权的适度限制，平衡权利人与社会公众（包括无形财产使用人和一般消费者）之间的利益，确保社会公众接触和利用知识形态资源的机会。基于无形财产权的特征，经济学家曾经提出一个悖论：信息产权的垄断性，一方面会刺激信息的生产者去开发新信息，另一方面也会出现垄断信息的生产者索取高价使信息无法利用。[②] 解决这一信息经济困境的法律途径，就是在保护无形财产权的基础上对该

---

① 参见丘汉平：《罗马法》，36页，上海，上海会文堂新记书局，1935。

② 参见［美］罗伯特·考特，托马斯·尤伦：《法和经济学》，张军等译，185页，上海，上海三联书店，1994。

项垄断权利实行必要限制。具言之，即在无形财产权的界定和分配上实行“独占区域”（exclusive zones）与“自由区域”（free zones）的划分。[①]“独占区域”在无形财产中涵盖面极广，所有者是这一领地的“独占人”，他人使用其无形财产既要征得其同意，又要向其支付报酬（如授权许可使用）。“自由区域”在无形财产中所占比例较小，使用者是这一范围的“自由人”。在法律规定的条件下，使用他人的无形财产，或无须征得同意，但必须支付报酬（如法定许可使用）；或既无须征得同意，又不必支付报酬（如合理使用）。总之，无形财产权的利用，对使用者来说，是一项权利取得，而对所有者来说是一种权利限制。

二、无形财产权利用的法理基础

无形财产的价值实现，是一个创造—传播—使用的过程，由无形财产权转换为权能的分离或权能的利用，是权利人实现财产利益的基本途径。这一过程，不可能拘泥为权利人对无形财产的直接享用关系，而可能表现为若干主体对无形财产的共同利用关系。现代财产权制度的立法目的，不仅在于确认权利主体对无形财产的占有、支配，而且在于促进无形财产的动态利用，以最大限度地发挥资源效用。

1. 大陆法系的“权能分离”说

“权能分离”说是大陆法系传统理论对无形财产权利用的民法解读。在民法理论中，“权能分离”说最初用来解释所有权与他物权的关系：即所有权由占有、使用、收益及处分等权能所构成；这些权能可能基于一定的法律事实发生分离；在他人的物上形成的利用人的权利即是他物权；所有权是产生他物权的“母权”，他物权为所有权产生出来的“子权”[②]。他物权是指权利的标的物属于他人所有的物权，它派生和依附于自物权即所有权。他物权又称为限制物权，即所有人将

① See Edward w. Ploman、L. Clark Homilton, *Copyright Intellectual Property In the Information Aage*, p. 197, Rowtledge and Kegan Pawl Ltd., 1980.

② 崔建远：《论他物权的母权》，载《河南省政法管理干部学院学报》，2006（1）。

所有权的部分权能移转给相关权利人；相关权利人在从所有权分离的权能范围内享有利益并在权能分离的法律事实消灭时使所有权恢复原有状况。[①] 在物权法领域，相邻关系是关于所有权权能分离的典型情形。所谓相邻关系，是指两个或两个以上财产相互毗邻的所有人或使用人，基于不动产的占有、使用、收益和处分所发生的权利义务关系。相邻权的权源，既是对不动产所有权的限制，也是不动产利用权的延伸。后者可以由法律规定明示或暗示的授权创设，也可以由基于长期使用或默认的授权而产生。[②] 相邻关系的法律规定，意在不动产"利用"关系的协调，而不在不动产"所有"的归属认定。

"权能分离"说是人们认识所有权内部结构以及解释所有权与他物权关系的基本分析工具，同时也为我们分析无形财产权利用的学理基础提供了一个重要的视角。"权能分离"说适用于一般财产权情形而不限于所有权领域。德国学者拉伦茨认为："一个简单的权利可以包含有不同的权能。但是权能如果还没有从权利中分离出来，还不能独立地被转让时，它们本身还不能被作为'权利'。"[③] 我国台湾地区学者谢铭祥主张，在知识产权许可中，"由于授权人并未将其权利地位全部转移让与人，而只是将自己权利中之使用权交由他人行使，自己仍保有智慧财产权人地位，日后仍有回复成为完整权利人之可能性，因此授权人所享有者，一般即成为'母权'，而被授权人经由授权所取得之使用权，一般即为'子权'"[④]。依"权能分离"说，无形财产权如同有形财产所有权一样，具有使用、收益和处分的基本权能。由于其客体即无形财产的非物质性，其权能状况具有自己的特征：(1) 不发生有形控制的占有。由于无形财产不具有物质形态，不占有一定的空间，人们对它的占有不是一种实在而具体的占据，而是表现为对某种知识、经验的认识与感知。(2) 不发生有形损耗的使用。由于无形财产的知识形态特征，可以在一定时空条件下被若干主体共同使

① 参见［德］沃尔夫：《物权法》，吴越、李大雪译，7页，北京，法律出版社，2002。

② 参见［英］戴维·M·沃克主编：《牛津法律大辞典》，278页，北京，光明日报出版社，1989。

③ 拉伦茨教授运用"权能分离"学说分析了所有权、债权中若干权能转让他人行使的情形。参见［德］卡尔·拉伦茨：《德国民法通论》(上)，王晓晔译，263～264页，北京，法律出版社，2003。

④ 谢铭祥：《智慧财产权之基础理论》，67页，台北，翰庐图书出版社有限公司，2004。

用，且不会发生有形财产的使用损耗。(3) 不发生消灭无形财产的事实处分。无形财产不可能有实物灭失、毁损的情形，仅会因法定保护期届满产生专有财产与社会公共财富的区别。无形财产权的权能存在虽然有异，但权能分离是该项权利利用的常态。一般认为，无形财产权的使用、收益和处分权能可以基于合同约定或法律规定从无形财产权中分离出来。具体而言，无形财产权人可以以合同方式有期限地或在整个权利存续期间内将其所有财产权能分离出去，交由他人行使，这即构成无形财产的转让；此外，无形财产权人可以根据合同约定或法律规定将有关权能分离出去，交由他人利用，由此构成无形财产权的授权许可使用、法定许可使用和合理使用等。从权能分离的角度而言，无形财产权转让与约定使用、法定使用的最大区别，在于处分权能的分离与保留。

2. 普通法系的“权利束”理论

“权利束”理论是普通法系传统关于权利内部构造的财产法分析，它不仅用于解读有形财产的基本构成，更以此说明无形财产权的内部构造和外部利用。有关财产的“权利束”模型是建立在美国法学家霍菲尔德的权利分析理论的基础之上的。权利分析理论认为：权利最终都体现为人与人之间的法律关系。法律关系的内容，包含着两组概念：一是相互关联的概念即权利（狭义）、特权、权力、豁免与义务（狭义）、无权力、责任、无能力；二是相互对立的概念，即权利（狭义）、特权、权力、豁免与无权利、义务（狭义）、无能力、责任。在霍菲尔德看来，权利涉及的都是人与人之间的法律关系。所有权之类的权利对物权实质上是由一批狭义的权利、特权、权力及豁免等组成。[①] 权利、特权、权力及豁免可统称为“法律利益”（Legal interest）[②] 或者说由这一系列法律利益构成类似一束枝条（bundle of sticks）的“权利束”（bundle of rights）[③]。“权利束”分析理

① 参见沈宗灵：《对霍菲尔德法律概念学说的比较研究》，载《中国社会科学》，1990 (1)。

② ［美］肯尼斯·万德维尔德：《19世界的新财产：现代财产权概念的发展》，载《社会经济体制比较》，1995 (1)。

③ Doenise R. Johnson, “Reflections on the Bundle of Rights”, *Vermont Law Review*, Vol. 32.

论对普通法系中财产概念作出了新的解释。与传统的财产观不同，在许多案例中，法律所宣称的财产并不包含“物”，或者所有人对物的支配并不是绝对的。这即是财产的非物化现象。[①] 霍菲尔德对新的财产概念给出了确切的定义，或者说霍菲尔德的学说为非物质化的和受到限制的财产的讨论提供了重要的用语。[②]“权利束”理论适用于无形财产的权利结构分解和权利变动剖析。首先，无形财产权是由诸多法律利益构成的“权利束”。这是各种关系组成的“法律复合体”(Legal complex)，而不是单纯的权利。[③] 其次，无形财产权的利用（包括转让和使用）不过是“权利束”的变动。这种“权利束”不是固定的、静止不变的；而是可以被不断地“分离”（unbundle）或“解散”（disaggregated）的。[④] 从上述权利分析理论出发，对无形财产权的利用可以作出以下说明：权利人对无形财产的权利，即意味着对他人的权利，非经本人许可，任何人不得利用其无形财产；权利人有在无形财产上从事诸如使用和处分的特权；权利人有将无形财产转让给他人而改变其法律关系的权力；权利人还有不许他人转让无形财产而改变这一法律关系的豁免。

3. “权能分离”说与“权利束”理论的比较

“权能分离”说和“权利束”理论，是两大法系传统对财产权运动的不同解读，但其本旨及原理并无多少歧义。上述学说、理论并不安于财产权内部的自我满足、自我实现，并不限于财产权的静态归属和主体完整，而是从经济运行的法律调整需要出发，着力考查财产权的运动状态，对无形财产的动态利用作出了各自的诠释。应该指出的是，“权能分离”说比较重视财产权内部的权能类型化，无论何种财产权利，都是以其占有、使用、收益和处分来说明的；而“权利束”理论比较强调法益多元化，即不同的财产权类型，有着不同的法律利益内容。

---

①② 参见［美］肯尼斯·万德维尔德：《19世界的新财产：现代财产权概念的发展》，载《社会经济体制比较》，1995（1）。

③ See J. E. Penner, “The Bundle of Rights Picture of Property”, *Ucla L . Rev .*; Vol. 43 (1996) .

④ 参见［美］约瑟夫·威廉·辛格：《财产法概论》（英文版），2页，北京，中信出版社，2003。

三、无形财产权利用的对象

无形财产权利用的对象是知识形态产品抑或权利本身，一直是无形财产权利用制度中的一个令人困惑的问题。目前的无形财产权法律通常以直观的具体的规则形式，规定了他人对知识形态产品的利用问题，即采取了主体支配客体的立法语言。这一立法技术也广泛波及理论界，在目前出版的绝大多数教科书和专著之中，无形财产权的利用均表述为作品的利用、专利技术的利用、商标的利用、商业秘密的利用，等等。诚然，立法者采取知识产品的利用这一表达方式具有直观性、易操作性的特点，但当我们以无形财产权法律制度的调整对象为起始考察点时，不难发现，知识形态产品的利用与无形财产权的利用有着明显差异，绝不可将二者混为一谈，互相代替。这一问题的研究，不仅涉及法学理论的科学表述，而且事关法律规范的正确适用，因而是有意义的。

1. 人与人的关系 vs 人与物的关系

基于知识产品而产生的无形财产权利用关系，是人与人之间的关系而非人与物之间的关系。马克思在论及蒲鲁东的财产权社会观时曾指出："实物是为人的存在，是人的实物存在，同时也就是人为他人的定在，是他对他人的人的关系，是人对人的社会关系。"[①] 马克思的这段话揭示了所有权的本质并非人对物的关系，而是人与人之间的社会关系。日本学者我妻荣在考察了各项财产在资本主义社会中的功用后指出，在资本主义的经济组织中，所有权的作用已不是利用物质客体，而是将其作为资本，利用资本获得利益。也即"所有权的作用不是对物的支配，而是对人的支配"[②]。因此，所有权必须与各种债权契约相结合，从而形成人与人之间的支配关系。无形财产权的利用关系也具有同等品性，人与知识产品之间的利用关系仅是一种表象，其背后隐藏着知识形态产品的创造者与传播者及使用者之间的社会关系。所以，我们不应简单地将无形财产权

---

① 《马克思恩格斯全集》，第2卷，52页，北京，人民出版社，1957。

② ［日］我妻荣：《债权在近代法中的优越地位》，8页，北京，中国政法大学出版社，1999。

制度表述为“人—知识产品”的关系予以考察，而应正确把握无形财产权制度的本质。

2. 知识产品的利用与财产权利的利用

知识产品的利用与无形财产权的利用存在着天然的不可分割的联系。知识形态产品属于一项无形资产，人们对于知识产品同有形财产一样可以进行“功能性使用”，如阅读散文、吟唱诗歌、在商品上粘贴商标、用专利技术制造机器等。在上述使用过程中，财产权所有人根据知识产品自身的特点和使用价值加以利用，往往不需要他人的配合，为此我们可以认为这是一种无形财产权的自我实现、自我满足的过程。在这一过程中，我们不得不正视这样一个事实：知识形态产品通常必须物化在一定的载体上才能被利用。但是，将知识产品物化在载体之上的过程是一次“惊险的跳跃”，因为他人可能通过对载体的掠夺而攫取智力成果，使知识产品创造者一无所有。而在传统民法中，作为物的对象必须具有人力可支配性①，但凡人力不能支配之物，仅为物理上之物，而非法律上之物。知识形态产品亦不例外，知识产品的载体具有可控制性故能成为所有权的客体，但知识产品的非物质性决定了其不可控性，因而知识产品不能直接成为交易的对象。

由于知识形态产品创造的目的同样在于服务于社会，造福于人类，因而必须从法律上寻找促成知识产品交易的桥梁，由此便产生了“无形财产权”这一制度产品。早在中世纪的欧洲，封建君主就已通过封建特许的方式对知识产品的创造者授予专有性权利，后经资本主义社会的演变，这些专有性特许权渐次上升为受法律保护的专利权、著作权、商标权等无形财产权。无形财产权制度的确立，使得知识产品的创造者得以通过对无形财产权的控制来利用知识产品，并排斥他人对知识产品的非法使用，由此无形财产权最终演化为交易的对象，因而笔者认为，无形财产权才具交易的价值。

无形财产权演变为交易的对象具有十分重要的意义。知识产品载体的交易

① 参见梁慧星：《民法总论》，81 页，北京，法律出版社，1996。

与无形财产权的交易迥然不同。知识产品载体的交易涉及动产所有权的转移，无形财产权的交易涉及无形财产权诸项权能的利用。例如，专利产品的销售意味着产品所有权的转移，如果该专利产品系首次销售，则将涉及专利权中的销售权的移转。无形财产权人尽管在控制知识产品的传播时会遇到困难，但可通过无形财产权的行使来控制知识产品的载体，如在上例中，无形财产权人可通过行使专利权中的“首次销售权”来控制专利产品的销售。就此意义而言，当购买人在享用专利产品中的技术成果时，即涉及对专利技术成果的利用，而这一利用又与专利权的行使密不可分。所以，知识产品的利用实际上与无形财产权的行使存在千丝万缕的联系。此外，知识产品的利用与无形财产权的利用并非同义。使用人根据知识产品的性质和用途对其进行“功能性使用”（如使用商号于招牌上、演唱歌曲、利用专利技术生产产品等），可能会引起某种法律后果的发生，也可能不引起法律后果的发生。至于当事人如何利用知识产品，法律一般不予考虑。相反，无形财产权的利用往往涉及无形财产权人与社会公众之间的关系，上述主体之间产生的权利义务关系，自然应属于法律所调整的范围。

3. 无形财产权利用的对象：权利本身

知识产品并非全部具有财产意义，只有无形财产权才具有财产意义。受历史传统和经济、文化诸因素的影响，知识产品存在着“公有领域”、“排除领域”、“专有领域”的诸多划分，前两者已成为全社会的公共财富，任何人都可以自由使用；而作为“专有领域”的知识产品的使用才与无形财产权人的权利相联系，其使用才具有法律意义。所以，并非一切知识产品都具有财产意义，只有在受到法律保护的知识产品之上所设定的无形财产权才能成为他人利用的对象，才具有财产意义。

综上所述，无形财产权利用的对象是财产权利本身而非知识形态产品。当权利人通过许可使用、转让或质押等方式将全部或部分无形财产权移转于受让人时，受让人取得无形财产权的全部或部分权能，受让人即可根据知识产品的特点进行“功能性使用”。

四、无形财产权利用的类型

1. 约定利用与法定利用的区别

无形财产权的利用分为两类：一是基于合同约定而产生的利用，二是基于法律规定而产生的利用。约定使用与法定使用都是财产权利用的一种方式，但两者之间存在着显著的差别：

（1）适用范围不同。约定使用是财产权利用的普遍方式，而法定使用是财产权利用的特殊方式。有形财产所有权与无形财产所有权均为绝对权，除非法律规定，任何人不得擅自使用他人财产；权利人对其财产有自主支配权，亦可通过约定允许他人使用其财产。在意思自治的原则下，财产自主即意味着契约自由，以约定方式利用财产，可以充分尊重财产所有人与使用人的意志自由，保护财产权人的正当权益，促进财产的有效而合理利用。因此，无论是有形财产所有权还是无形财产所有权，约定使用均为一项普遍适用的制度。相反，法定使用仅为财产权利用的一种例外。对于所有权而言，法律极少规定法定使用的情形。尽管所有权的行使受到一定的限制，如相邻关系的限制、国家征收的限制、环境保护的限制等，但这些限制通常表现为所有人不作为的状态，而未上升为使用人的某种物权。我国部分学者认为，相邻权属于不动产物权，依法律规定而直接产生。① 但多数学者认为，地役权系相邻所有人与使用人经约定而产生的一项独立物权，而相邻权则是由法律直接规定的。后者是对所有权的限制和延伸，因此相邻权不是一项独立物权，而是所有权的内容。② 可见，有形财产权的法定使用情形极为有限，而且不一定产生相应的物权形态。而无形财产权则不同，法定使用既是对无形财产权行使效力的限制，也是对约定使用方式的必要补充，通过这种方式，产生了社会公众对无形财产权的利用。这种利用基本具备权利的三要素，即利益、

① 参见张俊浩主编：《民法学原理》，476页，北京，中国政法大学出版社，1991。

② 参见余能斌、马俊驹主编：《现代民法学》，645页，武汉，武汉大学出版社，1995；王利明：《物权法论》，420页，北京，中国政法大学出版社，1998。

自由和意志三种原素，我们可以将使用者依法使用他人知识形态产品而享有的利益称为“使用者权”[①]。虽然无形财产权法定使用的情形较为有限，但其范围较所有权的法定使用要宽泛得多。

（2）意思自治程度不同。在约定使用中，使用对象、范围、期限、地点等条件皆由当事人自由约定，法律不予干涉。而在法定使用中，意思表示对当事人仅在有限的范围内产生影响。例如，法定许可使用中的“授权”，虽由法律直接规定，但使用人仍须支付报酬，其付酬的数额、方式、时间等仍需“意定”。强制许可使用的“授权”则来自于主管部门的批准，而支付报酬的有关条款亦可由当事人约定。另外，在合理使用中，意思表示仅在个别的情形中具有效力。[②] 这是因为，法定使用是国家主管机关对无形财产权的一种限制，限制得当与否往往关系着无形财产所有人的切身利益。为此，法律必须详细规定法定使用的情形、方式、地域和期限，以免对无形财产权人造成不应有的损害。

（3）主体不同。在约定使用中，授权方为无形财产所有权人，使用方为经无形财产权人同意的人。而在法定使用中，不存在无形财产权人的授权，使用者为符合法律规定条件的一切不特定人。例如，合理使用及法定许可使用的主体都是不特定的多数人，强制许可使用的主体为向无形财产权主管机关提出申请并取得强制许可证的任何人，范围稍窄。由此可见，有形财产权往往事关特定的少数人的利益，故以约定使用为主；无形财产权往往与社会公众利益休戚相关，故应施以特定限制，因而在立法上约定使用与法定使用并存。此外，知识形态产品的非物质性又使其能够同时为不特定的多数人所共享，因而这一品性使法定使用成为现实。

2. 约定使用的主要类型

基于合同约定而产生的利用，主要有：

（1）转让。即无形财产所有人将其财产权的全部或部分转让给受让人，从而

---

① 吴汉东：《著作权合理使用制度研究》，135页，北京，中国政法大学出版社，1996。

② 例外情形有，著作权人得以事先声明的方式禁止他人转载或重播其关于政治、经济、宗教问题的时事性文章；禁止他人刊登或播放其在公众集会上的演讲。

使受让人成为全部或部分财产权的新的所有人的法律行为。承认无形财产权的可转让性，是各国相关立法的通行做法，仅在著作权转让的立法例上存有例外。[①] 无形财产权的转让，从内容上说，可以分为全部转让和部分转让。所谓全部转让，即无形财产权人将其财产权全部转让给受让人，使受让人取代原权利人行使对无形财产利用的各种专有权利；部分转让，即无形财产权人将其财产权部分转让给受让人，而自己同时保留其他使用无形财产的权利。从时间上说，无形财产权的转让可以分为无期限转让和有期限转让。所谓无期限转让，即在整个无形财产权有效期内将无形财产的财产权转让给他人，受让人行使这些权利直到无形财产权保护期终止；有期限转让，即在无形财产权保护期内的约定期间转让财产权，受让人的使用专有权可因约定期间届满而终止，该权利到期后仍回归原无形财产权人。

在允许无形财产权转让的国家里，一般都奉行自由转让原则，无形财产权既可以全部转让，也可以部分转让。无形财产权一般都能作为转让的对象，但也有部分权利不宜作为转让客体或在转让时应受到限制，具体如下：1）商标权的转让。各国商标法一般都规定，凡类似商品使用同一商标的须将该注册商标在这些商品上的专用权全部转让而不得分别转让，联合商标不得分开转让。至于商标转让是否需与使用该商标的企业一并转让，各国立法尚存在分歧。一是采连同转让的原则，即商标权不能单独转让，必须连同企业一起转让。持此种观点的有美国、瑞典、德国等国家。采取该做法，意在杜绝因转让商标而可能造成的商品出处混淆和消费者的误认。二是采自由转让的原则。该原则主张商标权既可以连同企业一起转让，也可单独转让。当今世界多数国家持该观点。主张商标权自由转让是以保证使用商标的商品质量为中心来考虑的，只要商品质量与商标一致，即使该商标与企业分开转让，也不会损害消费者的利益。采取该做法的国家强调商标权的受让人应保证商品质量与商标相吻合，我国在实践中也采取了该原则。至于集体商标和证明商标，考虑到其主体和性质的特殊性，通常不允许转让。

① 德国著作权法从“一元论”的观点出发，主张著作人身权与著作财产权不可分离，由于著作人身权不可转让，因而著作财产权也无法单独转让。

2）地理标志权的转让。地理标志与某一特定地域相联系，是本地某一特定商品质量的象征，因此地理标志权只能由该地域生产经营该商品的居民所共有，而不能向他人转让。3）企业名称权和商誉权的转让。企业名称与特定的企业人格相连，因此企业名称权既具有人身权内容又具有财产权内容。[①] 在企业名称权的让与上存在两种观点。绝对让与主义认为名称应与企业一同转让或在企业终止时转让，而相对转让主义认为名称可与企业分离而单独转让。[②] 笔者认为，绝对转让主义有利于维护社会经济秩序，保护消费者的合法利益，避免引起市场混乱，所以我国应采纳绝对转让主义。至于商誉权，由于它与企业人格密不可分，故只能与企业一并转让。4）著作权的转让。关于著作权能否转让，各国立法与实践差异较大。原苏联和东欧国家的著作权法认为只有当作者掌握作品著作权时才能充分维护其利益，因而不允许转让著作权。后俄罗斯联邦 1993 年修订的著作权法则未作出禁止转让的规定。世界上绝大部分国家如英、法、日、美等国的著作权法允许著作权人自由转让著作权，但也有些国家如突尼斯只允许部分转让而不能全部转让。目前我国在实践中允许进行著作权转让，但为保护作者利益不提倡“卖绝版权”。

（2）授权使用。亦称许可使用，即无形财产权人将其财产权中的全部或部分权能许可他人利用的法律行为。从性质上看，授权使用是一种具有设定权利意图的表意行为，授权使用行为依当事人的意思表示内容而发生效力。这即是说，法律承认授权使用行为之效力，乃在于许可人与被许可人之间形成的效力意思。授权使用这一法律行为通常表现为许可使用合同，无形财产权人通过许可使用合同可以将财产权中的一项或多项内容许可他人使用，同时，向被许可人收取一定数额的无形财产权使用费，这种情况被称为许可证贸易。授权使用是无形财产权利用的常见方式，是无形财产权人实现其财产利益的主要途径。

无形财产权的权能十分丰富，因而无形财产权的许可使用方式极为丰富多彩。以著作财产权为例，复制权、出版权、表演权、改编权等权能构成传统著作

① 参见王利明主编：《人格权法新论》，346 页，长春，吉林人民出版社，1994。

② 参见杨立新：《人身权法论》，452 页，北京，中国检察出版社，1996。

权的内容，而且，在新技术革命的推动下，著作财产权的内容日益丰富，播放权、录制权、出租权、连载权等新的权项不断涌现，每一利益或权利又都引起教育和娱乐产业的扩大。[①] 所以，无形财产权人可根据其主观意志自由选择将某一部分权能或全部的权能许可给他人使用，并且可约定许可使用的地域和期限。

由于无形财产权可由不同的主体同时利用，因而无形财产权的许可使用又可从使用的主体上将其分为独占许可使用、独家许可使用和普通许可使用。所谓独占许可使用是指无形财产权人授权他人在一定期限和范围内以特定方式独占使用；独家许可使用是指除被许可使用人可以在约定的期间和范围内使用知识产品外，无形财产权人本人也可以使用。普通许可使用是指无形财产权人可以许可两个以上的主体使用知识产品且其本人也可使用。所以，从效力强弱而言，独占许可使用合同又称为专有许可使用合同，后两者又称为非专有许可使用合同。非专有许可使用合同与专有许可使用合同效力上存在显著差异。非专有许可使用合同具有一般债权合同的特征，被许可方从许可方那里取得的使用权仅仅是相对权，仅能在合同当事人之间发生法律效力而无法对抗第三人。在就同一知识产品设定多个使用权的情况下，各使用权相互之间无排他性。如遇第三人侵犯使用权时，被许可人无权单独提起诉讼，只能配合无形财产权人追究第三人的法律责任。[②] 独占许可使用的效力与之显然不同，被许可方不仅能排斥其他人在约定期限和约定地域内对同一知识产品的使用，而且能排斥许可方的使用，成为唯一的使用主体，因而被许可方所享有的该权利就在约定期限和地域内产生了排他的效力。于是，本来作为债权内容的使用收益权转化成为一种特别债权，即获得只有物权才具有的效力。民法学者通常将有形财产领域发生的这种变化称为“债权的物权化”，所以有些研究知识产权的学者也将此种现象类比为“准用益权设定合同”[③]。随着独占使用权的物权化，其效力表现也具有若干物权的特征：一是优先权效力，即当同一知识产品上并存有若干权益互相矛盾、互相冲突的权利时，

---

① 参见段瑞林：《知识产权法概论》，28页，北京，光明日报出版社，1988。

② 参见刘春茂主编：《中国民法学·知识产权》，478页，北京，中国人民公安大学出版社，1997。

③ 刘波林：《作品使用授权合同刍议》，载《著作权》，1995（1）。

具有较强效力的权利排斥或先于具有较弱效力的权利的实现。这意味着独占使用权不仅可以排斥一般的许可使用权，而且可以排斥设定在后的具有相同内容的权利，并排斥无形财产权人的利用。二是类似物上请求权的效力。所谓物上请求权，是指“物权的圆满状态受到妨碍或有被妨害之虞时，物权人为回复其物权的圆满状态，得请求妨害人为一定行为或不为一定行为的权利”①。独占使用权亦具有类似效力，当第三人侵害有关的使用权时，我国多数学者认为，被许可使用人有权根据许可使用合同以自己的名义向侵权行为人提起诉讼。② 此外，当许可使用合同签订后，无形财产权人亦不得随意放弃专有权或任意处分专有权，以免损害被许可使用人的利益。上述种种情形均表明：被许可使用人所获得的这一权利已有近乎物权的效力，可在一定程度上排斥无形财产权人及第三人的非法干涉。独占许可使用权虽具有某些排他效力，但仍有别于无形财产权的转让，获得专有许可的使用权人无权将该权利再许可给第三人行使，因为该权利的最终处分权仍掌握在无形财产权人手中，所以，如果使用人意图许可第三人行使同一权利，必须征得无形财产权人的同意。

被许可方无论是取得一般债权的相对权，还是取得特别债权的“准物权”，在特定的情况下都可能对抗作为绝对权的无形财产权。在实践中常遇到这样的问题：当无形财产权已许可给他人使用，而后无形财产权人欲将其转让，被许可方是否有权阻止？对此，我国现行立法未作明确规定，理论界的多数学者在论及商标权的转让时曾指出，转让方应征求被许可方的同意，或者先解除与被许可方之间的合同，或者经协商仍允许被许可方继续使用③，即被许可方有否认转让合同效力的权利。有学者作了如下解释：商标权人在未取得被许可方同意的情况下，擅自转让注册商标构成违约，商标局从保护被许可方合法的权益的角度出发，对

① 梁慧星、陈华彬编著：《物权法》，63页，北京，法律出版社，1997。

② 参见郑成思主编：《知识产权法教程》，73页，北京，法律出版社，1993；刘春田主编：《知识产权法教程》，93页，北京，法律出版社，1995。

③ 参见刘春茂主编：《中国民法学·知识产权》，655页，北京，中国人民公安大学出版社，1997；吴汉东主编：《知识产权法》，340页，北京，中国政法大学出版社，1999。

转让申请不应予以核准。[①] 可见，许可使用权在某种程度上具有对抗许可方无形财产权的效力，这体现了法律对在先权利的保护。

(3) 设定质权。质权是指债权人因债权担保而占有债务人或第三人移交的财产并就该财产优先受偿的权利。一般来说，质权主要是一种动产担保物权。《法国民法典》将质权分为动产质权和不动产质权，没有权利质权之说，这是因为法国民法将债权、知识产权、股权等视为动产或无形动产。所以，动产质权中已含有权利质权。《德国民法典》中的质权则分为动产质权与权利质权。包括知识产权在内的权利，都可以作为质权标的，但学说上多称权利质权为准质权。凡质权以订立合同而产生[②]，设定以后，如合同无特别规定，质权人不得行使或处分该项知识产权，如债权消灭则知识产权回归出质人。

以无形财产权为质权标的，权利的可转让性自不必说，但如何看待权利占有的转移，理论上不无疑问。一般而言，占有原本是对自己抑或他人有体物的占有，如我国台湾地区“民法”第 940 条规定，“对于物有事实上管领之力者，为占有人”，因此有学者认为：“查民律草案第一千二百四十三条理由谓动产质权之设定，也须移转占有，而此项权利，于设定权利质不得准用。”[③] 也即，移转占有的义务在设定权利质押时不得适用。我们认为，从理论上讲，占有的实质是对物的支配管领，对于无形财产权而言，只要能将其从一方的控制力之下移转至另一方的控制力之下，同样可视为一种“管领”，并无必要对管领的对象硬作区分。所以，我们可将对无形财产权的占有视为一种法律上的“拟制占有”。在立法例中，德国、瑞士、奥地利、日本等国的民法典均对权利占有的保护准用一般占有的规定。那么，如何在实践中把握无形财产权占有的移转呢？我国《担保法》第 75 条第 1～3 款规定，以商标专有权、专利权、著作权中的财产权出质的，当事人应订立书面合同并进行出质登记，且出质人不得对上述权利转让或许可他人使

① 参见张序九主编：《商标法教程》，110 页，北京，法律出版社，1994。

② 《德国民法典》将权利质押分为约定方式和法定方式，但后者“在当代德国民法实践中基本不起作用”。参见孙宪忠：《德国当代物权法》，351 页，北京，法律出版社，1997。

③ 王泽鉴：《最新综合六法全书》，361 页，台北，三民书局，1994。

用，从而保护了质权人的利益，实现了其对无形财产权的“管领之力”。所以，有些学者认为质押登记即意味着权利的占有。①

以无形财产权设定质权具有重要的意义：这种质押大大拓宽了物权担保的范围。以物化财产为担保的标的，其范围受到客观资源数量的制约，而财产的非物质化大量涌现，使得无形财产权的类型和规模日益丰富，必将推动权利质权制度的发展和完善。同时，这种质押不以移转知识产品为限，在质押时，人们不必将知识产品进行移转，只需进行权利质押登记即可。所以，出质人无须进行大规模的物质移转，从而省却了运送之苦；质权人也无须腾出大量空间保存物质，从而省却了贮存之累。此外，这种质押具有安全性和效益性的特点。无形财产权一经质押，出质人在登记后即不得擅自转让和利用无形财产权，因而这项质押制度具有约束出质人的法定效力，迫使债务人尽早偿还债务，所以该制度能实现债权担保的安全价值。对质权人而言，他还有权与出质人约定以使用无形财产权的收益偿还债务，从而既有利于充分发挥出质押标的的经济效用又有利于实现债权，因而该项制度也具有效益价值。

（4）设定信托。信托本是普通法系的特有制度，即受托人接受委托人交付的信托财产，按照约定的目的进行管理或其他处分的法律行为。在此项法律关系中，受托人实际控制财产，但同时负有义务为委托人的利益运用此项财产。作为信托标的的财产，包括动产与不动产、有形财产与无形财产。信托的作用在于使财产的经营管理与财产的收益享有相分离，从而满足当事人的特殊需要。在信托关系中，无形财产权属于受信托人，但受信托人必须按照信托目的行使权利。目前，设定信托多见于著作权利用的情形，德国、美国、英国、日本等国的著作权集体管理组织即采用这种利用方式。

3. 法定利用的主要类型

基于法律规定而产生的利用，主要有：

（1）合理使用。即在特定的条件下，法律允许他人自由使用知识产品而不必

① 参见梁慧星等：《物权法》，365页，北京，法律出版社，1997。

征得无形财产权人的同意，也不必向其支付报酬的制度。知识形态产品是一种特殊的商品，它不仅关系着个人合法财产利益的满足问题，而且与社会科学文化事业的进步息息相关，因此，各国对无形财产权的行使有着严格的限制。在使用他人知识产品时既不征得对方同意也不支付报酬，是对知识产权的一种最为严苛的限制。例如，著作权领域中的适当引用，专利权领域中为科学研究和实验而使用、临时过境使用，植物品种权领域中农民自繁自用繁殖材料，集成电路布图设计权领域中为个人学习的使用等，都属于此类限制。关于合理使用的法律属性，目前有三种学说：一是“权利限制说”，即将合理使用看作是对无形财产权的限制。这一观点是从行为对象而不是行为主体自身的角度来阐述的，其视角涉及的是无形财产的所有人而不是使用人，描述的是无形财产权行使的消极内容而不是知识产品使用行为的积极内容。国内外学者多数持此种看法。[①] 二是“侵权阻却说”，即认为合理使用是无形财产权侵害的违法阻却事由。这一观点首先假定合理使用是侵权行为，但由于法律的规定，推定其违法失效，而不以侵害他人知识产权论。美、日及我国台湾地区一些学者有此论述。[②] 三是“使用者权利说”，即认为合理使用乃是使用者依法享有利用他人知识产品的一种权益。这一观点从合理使用行为主体的角度出发，立足于合理使用即是合法行为的认识，将主体这种法定“利益”称为“特权”、“权利”。美国学者提出这一理论。[③] 有中国学者进一步认为，合理使用既是对他人财产享有的利益，是为使用者权；也是对他人财产设定的负担，是为无形财产权的限制。[④]

（2）法定许可使用。即根据法律的直接规定，以特定的方式使用他人的知识

---

① 代表性著述有：John S. Lawrence，*Fair Use And Free Inquiry*：*Copyright And The New Media*，p. 271，Ablex Publishing Co.，1980；郑成思主编：《知识产权法教程》，124页，北京，法律出版社，1986；杨崇森：《著作权法论丛》，177页，台北，华欣文化事业中心，1983。

② 代表性著述有：［日］胜本正晃：《权利的合理使用》，载日本《独协法学》，1977（10）；张静：《著作权法评析》，241页，台北，水牛出版社，1983。

③ 代表性著述有：Paul Goldstein，*Copyright principles*：*Law And Practice*，p. 182，Little，Broun And Company（Canada）Limited，1989；L. Ray Paterson、Stanley W. Lindberg，*The Nature of Copyright*：*A Law of Users' Right*，p. 2. 4. 193，The University of Georgia Press，1991.

④ 参见吴汉东：《著作权合理使用制度研究》，131～135页，北京，中国政法大学出版社，1996。

产品，可以不经权利人的许可，但应向权利人支付使用费，并尊重权利人的其他权益的制度，仅存在于著作权领域。法定许可使用较之合理使用而言，对财产权的限制稍为宽松。这是因为，法定许可使用中的使用者多以营利为目的，使用知识产品的数量较大，在市场上与著作权的授权使用构成了竞争，因此，在法定许可使用中应当维护著作权人的获益权。从行为主体来看，法定许可的情形除部分涉及原创作者与一般使用者的关系外，其使用者多为表演者、唱片制作者、广播组织者等，即该种许可使用主要涉及著作权人（作品创作者）与邻接权人（作品传播者）的关系。这一制度设定的目的就是简化著作权手续，促进作品广泛、迅速地传播。从行为对象来看，法定许可使用实际上是对作品的“二次使用”，这种使用未损害著作权人的发表权。如果著作权人事先声明不许使用的，所谓法定许可使用亦不能成立。该种声明是一种对法定许可的“保留权”。从行为性质来看，法定许可使用是一种准法律行为。这是一种虽无严格意义的意思表示，但又有向相对人表意之行为，因而发生与法律行为相同后果的一种法律关系。① 许可使用的“授权”意思虽由法律直接规定，但法律对此类行为并未像事实行为规定的那样对其法律后果作出具体描述。换言之，法律规定必须支付报酬，但付费的数额、方式、时间仍需“意定”；被许可人只要有表意行为，即可认定法定许可使用成立。可见，表意在法定许可使用中是具有法律意义的，因而能产生与许可使用类似的法律效力。

（3）强制许可使用。即在特定的条件下，由无形财产权主管机关根据情况，将对知识产品进行特殊使用的权利授予申请获得此项权利的使用人的制度。在国际公约中，又被称为“强制许可证”，属于“非自愿许可”的情形。在著作权领域和专利权领域及植物新品种保护领域，目前均存在强制许可使用制度。最初，它仅适用于对音乐作品录制唱片之情形，即唱片制作人经主管部门的批准，以支付使用费为代价，得以录制他人的音乐作品而该著作权人不得拒绝。以后才渐次延及其他领域。② 在立法例上，美国1909年著作权法率先以成文法的形式规定这

① 参见史尚宽：《民法总论》，台北，正大印书馆，1979。

② 参见张静：《著作权法评析》，230页，台北，水牛出版社，1983。

一制度。强制许可使用制度现为世界各国普遍采用，《伯尔尼公约》与《世界版权公约》都含有该制度的相关条款。同样，国际公约及多数国家的专利法中也规定了强制许可制度。《知识产权协定》第31条也允许缔约方的法律规定强制许可制度。强制许可使用的功能在于借助强制许可证的方式限制知识产权人的专有权利，确保公众接触、使用知识产品的可能性，以促进整个社会政治、经济、科学与文化的进步。在无形财产权制度中，合理使用对知识产品的使用人规定有严格的限制条件，使用人能够利用知识产品的数量极为有限，且无形财产权所有人无法从这种传播中收取任何利益。而强制许可使用虽与合理使用同为非自愿许可，但有自己特殊的功用，它在维系无形财产权人的获酬权的条件下，保证了使用人对知识产品利用的数量与方式需要。同时，在一些国家，创造者的专有使用权与公众利用作品的需求之间的矛盾往往是通过法定许可制来缓解的，但对于未实行法定许可制的国家（如美国、日本等），解决这一问题则是借助于强制许可使用方式。换言之，强制许可使用具有法定许可使用的替代功能，它均衡了无形财产权人与使用人两者的利益，实现了保证创造者权利与促进科学文化事业发展的立法目的。

第五章

无形财产权的限制

无形财产权制度的基本功能，是调整权利人行使“专有权利”与促进知识、技术广泛传播的矛盾，协调无形财产的所有人、传播人与使用人各方利益的关系。就制度规范而言，这些直接关系着无形财产权的保护与限制。所谓无形财产权的限制，通常是指对无形财产所有人行使其“专有权利”的限制。一般而言，无形财产权的地域性、时间性，可以理解为对有关权利的存在空间效力、存续期间效力的一种限制。本章述及的限制，专指权能效力的限制，即对无形财产权的行使进行限制，对“专有权利”内容的限制。无形财产权制度对“专有权利”进行保护并对其设定必要的限制，体现了法律对涉及知识产品的各种利益予以认识并加以协调，即对社会关系的各种客观利益现象进行有目的、有方向的调控，以促进利益的形成和发展。①

一、无形财产权限制的法理基础

利益平衡是我们构建无形财产权限制制度的基本法律观。法理学家博登海默

① 参加孙国华：《论法律上的利益选择》，载《法律科学》，1995（4）。

认为，“法律的目的是在个人原则与社会原则之间形成一种平衡”[①]。正是在同样的意义上，Patterson 教授将一部著作权法称为协调创造者、传播者、使用者之间利益关系的“平衡法”[②]。利益平衡是民法精神和社会公德的要求，也是“人权思想和公共利益原则的反应”[③]。无形财产制度所强调的利益平衡精神，主要是通过权利配置与权利限制的规则来体现的。

1. 无形财产权法律关系中的利益构成

无形财产权限制的实质，归根到底就是如何认识基于知识产品所产生的各种利益并加以合理分配的问题。因此，研究无形财产权的限制，当以权利的利益评价为起点。利益是权利的基本要求，它既是权利的基础和根本内容，又是权利的目标指向，是人们设定该项法律制度所要达到的目的（起始动机）之所在。所谓利益，是一个客观范畴，它是人们受社会物质生活条件所制约的需要和满足需要的手段和措施。“利益决定着法的产生、发展和运作；法律影响着（促进或阻碍）利益的实现程度和发展方向。”[④]

在无形财产法律关系中，通常会涉及多种主体的利益。学者们对主体利益曾作过不同的区分。以著作权法律关系为例，有的学者将其分为作者的利益和社会的利益[⑤]；有的学者将其分为作品创作者、作品传播者与作品使用者的利益[⑥]；也有的学者将其分为作者的利益，出版者、销售者和作品的其他使用者的利益，

---

① ［美］E. 博登海默：《法理学——法律哲学与法律方法》，邓正来译，115 页，北京，中国政法大学出版社，2004。

② L. Ray Patterson、Stanley W. Lindberg，*The Nature of Copyright*：*A Law of Users' Right*，The University of Georgia Press，p. 12，1991.

③ ［美］奥德丽・R・查普曼：《将知识产权视为人权：与第 15 条第 1 款第 3 项有关的义务》，载国家版权局主办：《版权公报》，2001（3）。

④ 孙国华：《论法与利益之关系》，载《中国法学》，1994（4）。

⑤ 参见郑成思：《知识产权教程》，106 页，北京，法律出版社，1990。

⑥ See L. Ray Patterson、Stanley W. Lindberg，*The Nature of Copyright*：*A Law of Users' Right*，The University of Georgia Press，p. 12，1991；吴汉东、王毅：《中国传统文化与著作权制度略论》，载《法学研究》，1994（1）。

最终消费者（即一般公众）的利益及社会的利益。[①] 各主体利益关系的调整，涉及对知识资源的社会分配，这在法律上表现为权利配置，即通过设定无形财产所有人与其他主体的权利、义务来实现。概括起来，各类主体的相互利益关系，在权利配置上可以分为以下两个方面：第一，本权与他权。无形财产所有人的权利即无形财产权应为本权，是对知识财产依法进行全面支配的权利；其他主体如传播者、使用者的权利则为他权，是根据法律规定或本权人的意思对他人的知识财产进行有限支配的权利。根据利益衡平原则，本权与他权的关系表现为：主体之间公平相待，交换应该是有偿互利的，但合理使用除外；知识财产利益合理分享，在法定范围内应该兼顾各方当事人的利益，这具象为无形财产所有人权利、传播人权利、使用人权利三者之间的协调。第二，私益与公益。出于公共利益目标，对无形财产所有人的专有权利进行必要的限制，以保证社会公众对知识产品的合理利用。利用他人知识产品，或是基于表现自由的目的，或是基于公共教育的需求，或是基于社会公共卫生与生活的必要，这些都是正当的、合理的，其本身都是人权公约所要求的。按照国际知识产权组织的一位高级官员的解释是："公共利益这种良好愿望本身包含着这样一种含义，多数人的利益高于个人的利益，任何一个公民都应该为了全社会的共同利益而放弃个人私利。"[②]

2. 无形财产基本属性的"法律悖论"

无形财产是与有形动产、不动产相互区别的"新的动产"，是一种"非物质化的和受到限制的财产"[③]。与传统财产所有权的绝对性、排他性、永久性三大基本特征不同，无形财产权表现了有条件的独占性、有限制的排他性和有限定的时间性。就权能效力而论，无形财产权具有独占性与有限性的"二律背反"特

① 参见［美］E. W. 鲍曼、L. 克拉克·汉密尔顿：《现代版权概念和版权制度的比较分析》，载《外国法学研究》，1998 (3)。

② ［美］杰利恩·达维斯：《权利集体管理中的公共利益》，载《版权参考资料》，1990 (2)。

③ ［美］肯尼斯·万德威尔德：《19 世纪的新财产：现代财产权概念的发展》，载《社会经济体制比较研究》，1995 (1)。

点[①]，即权利主体对其知识财产是“独占的”，但是这种独占又是受到限制的，这与信息产权设定的“经济学悖论”有着惊人的一致。经济学家认为：“没有合理的垄断就不会有足够的信息生成出来，但是有了合法的垄断又不会有太多的信息被使用。”[②] 解决这一信息经济困境的法律途径，就是在保护无形财产权的基础上对该项权利实行必要的限制，由此产生了无形财产独占性与有限性的“法律悖论”。

无形财产权的独占性，在英文中通常表示为“exclusive”或“monopoly”，我国的知识产权著作中通常将其译为“专有性”或“垄断性”，其含义是无形财产权人对其创造的知识产品或在经营管理活动中取得的知识经验或标记根据法律的规定享有排他的使用权，任何人未经权利人允许，都不得使用权利人的知识产品（法律另有规定的除外）；对同一项知识产品，不允许有两个以上的同种权利并存。详而言之，无形财产权的专有性体现在以下两方面：一是权利主体的唯一性，同一项知识产品上不允许同时存在两个以上不相容的权利；二是权利行使的排他性，非经权利人允许，他人不得非法使用知识产品。

无形财产权的独占性来源于法律的直接规定或国家的授予，这是无形财产权人利用知识产品的法律前提，独占性的重心在于权利人对知识产品利用的控制上。而在有形财产权制度中，权利人往往可以凭借自身对物品的实际占有而进行利用，无须通过法律的授予。因此，对于有形财产的利用方式，法律往往不作事前引导而听凭权利人根据意思自治原则进行约定；而对于知识产品的利用，法律常常划分一定的界限要求权利人在特定的范围内行使权利、承担义务。总之，通过这种独占权的授予，极大地补偿了知识产品创造人的劳动消耗，激发了其创造热情，从而促进了整个社会精神文明和物质文明的发展。因此，在无形财产权制度中，知识产品创造者的利益是知识产品传播者、利用者利益存在的前提，如果

---

① “二律背反”(antinomies)，是18世纪德国古典哲学家康德提出来的哲学基本概念，意指双方各自依据普遍承认的原则建立起来的，公认为正确的两个命题之间的矛盾冲突。

② ［美］罗伯特·考特、托罗斯·尤伦：《法和经济学》，张军译，185页，上海，上海三联书店，1994 。

不保护创造者的利益，则其他人的利益将成为无源之水、无本之木。

无形财产权的独占性，在很多著述中被表述为一种垄断，但这种垄断不受反垄断法的制约，这是由无形财产权本身所具有的独占性、排他性所决定的，除非行使权利的行为超出了权利效力的范围，构成了权利的滥用。[①] 无形财产权是一种受保护的合法垄断，并不同于反垄断法所规制的垄断。反垄断法所指的“垄断”意为“企业利用自己的优势地位以排挤竞争者，限制竞争者生产同种产品或提供同种服务”[②]，而无形财产权的独占性是指权利人不允许他人非法使用其知识产品，这种独占性显然不同于反垄断法意义上的垄断性。当然，如果无形财产权人在行使自己的权利时采取搭售、强制性一揽子许可、价格竞争等方式不合理地损害竞争对手的利益时，则这种独占可能构成反垄断法所制裁的垄断。

无形财产权的有限性，或者说对无形财产权效力的限制表现在以下三个方面：一是公共领域保留。无形财产权制度设立了知识形态资源的专有领域和公共领域，前者是权利人控制他人使用而行使独占权利所及的范围，后者是非权利人因限制前者所述独占权利而得以自由使用的空间。英国《安娜法令》作为世界上第一部著作权法，即设定了“文学艺术领域的公共领域”（the public domain for literature）。其要义是：规定著作权保护期限（以对抗出版商永久著作权的主张，保证作品在一定期限后得自由使用）；规定著作权人在印刷、出版和出售方面享有有限的权利（即著作权人对作品的再次出售时权利的穷竭）。[③] 美国宪法的知识产权条款，通过赋予作者和发明者对他们的创造物的有限的专有权来促进科学和有用艺术的进步。[④] 其规定的“公共领域保留”（the preservation of the public domain），将创造者的专有权利限制在一定时间和范围之内；此外，隐含的“进入权”或是说“接触权”（the right of access）政策，还赋予非权利人在一定条

① 参见曹士兵：《反垄断法研究》，80 页，北京，法律出版社，1996。

② 梁慧星：《电视节目预告表的法律保护与利益衡量》，载梁慧星主编：《民商法论丛》，第 3 卷，北京，法律出版社，1995。

③ See L. Ray Patterson、Stanley W. Lindberg，*The Nature of Copyright：A Law of Users' Right*，The University of Georgia Press，pp. 49 - 55，1991.

④ 参见冯晓青：《知识产权利益衡平理论》，85 页，北京，中国政法大学出版社，2006。

件下使用他人知识产品的权利。[①] 在精神生产领域，任何知识产品的创造，无一不是来自对已有知识形态资源的借鉴和利用，因此对这种创造成果不能给予其无限期的独占权利，以阻碍他人进行新的创造。这种对公共领域资源的利用和对专有权利的“进入”或“接触”是符合民法对价原则的。二是权利行使限制。无形财产权的行使，涉及权利人控制和利用其知识产品的行为自由，包括行为方式、程度、范围、界限和标准。权利的行使，或者说使用知识产品的行为自由是一种有限度的自由，“自由是做法律许可的一切事情的权利，如果一个公民能够做法律所禁止的事情，他就不再自由了，因为其他人也同样有这个权利”[②]。同时，行为自由附有相应的责任，“自由是制度的某种结构，是规定对权利和义务的某种公开的规范体系”[③]。这即是说，权利人行使权利的自由，包括使用知识产品的自由和控制知识产品而不使用的自由，并不是绝对的、任意的、无约束的。行为自由与自由行为边界的问题，在无形财产权制度内部，即是权利的保护与限制；在社会权利体系中，即涉及本权与他权的冲突和协调。例如，在保护数据库著作权的同时，必须充分考量数据主体即隐私权主体的合法权益；因维护公共健康权的需要，对药品专利实施强制许可使用；授予基因技术以专利但须以正当使用为前提，不得损害人们的环境权利。根据“法益优先保护”原则，诸如隐私权、健康权、环境权等应当居于优越地位而予以特别保护；而对于其他一般权利，也应予以尊重，不能因无形财产权的行使致人损害。三是禁止权利滥用。权利人行使权利本应受法律保护，罗马法上就有“行使自己的权利，无论对于任何人，皆非不法”的观念。法国大革命后强调“权利绝对”。社会实践的发展证明，在这种思想指导下，权利人不正当地行使权利，会给他人造成损害，这会对社会带来不利，于是产生了“禁止权利滥用”的原则。[④] 私法原则当然应适用于无形

---

① See L. Ray Patterson、Stanley W. Lindberg, *The Nature of Copyright*: *A Law of Users' Right*, The University of Georgia Press, pp. 49－55, 1991.

② ［法］孟德斯鸠：《论法的精神》（上册），张雁译，192 页，北京，商务印书馆，1982。

③ ［美］罗尔斯：《正义论》，何怀宏、何包钢、廖申白译，192 页，北京，中国社会科学出版社，1998。

④ 参见魏振瀛主编：《民法》，29 页，北京，北京大学出版社，2004。

财产权领域，尽管无形财产权是一种合法的垄断，但权利人行使权利却可能产生一些市场垄断的行为，即构成无形财产权滥用。无形财产权滥用，是相对于无形财产权的正当行使而言的，意指权利人在行使其无形财产权时超出了法律所允许的范围或正当的界限，损害他人利益和社会公共利益的情形。滥用无形财产权的行为并不导致无形财产权本身的无效。这是因为，权利滥用中的权利本身，即是得到法律肯定和保障实现的利益，不应包括不合法的“权利”或不正当获得的“权利”。虽然权利本身并不因滥用而导致无效，但因其滥用却可能导致两种法律后果：一是违反无形财产权制度规范，产生私法规制的结果。在私法领域里，无形财产权滥用行为本身并非可以起诉的侵权行为，但权利人由此丧失了请求救济的可能，包括获得权利使用费或金钱赔偿等。二是违反反垄断法规范，产生公法规制的结果。该类权利滥用属于滥用其市场支配力，限制市场竞争的行为，涉及市场竞争的公共政策，因此有必要以反垄断法加以规制。上述情况表明，无形财产权滥用行为可能在私法与公法领域发生，权利滥用行为并不必然违反反垄断法而受其规制，而违反反垄断法行使权利的行为肯定是滥用无形财产权的行为。[①]在这里，判断标准是以反垄断法中的市场结构性要素作为基础的，包括市场支配力、市场份额、市场进入难易度等。无论是美国法还是欧盟法，大抵是结合市场结构来规范无形财产权滥用的问题，即滥用无形财产权应具备以下要件：与无形财产权相关的相关市场的界定；在相关市场中具有市场支配地位；采取了反竞争的方法维持或强化这一地位（滥用行为），具有消除竞争的效果或危险；不能根据其他正当理由获得正当性。[②]

3. 无形财产权立法的“利益平衡”目标

无形财产权制度的宗旨，在于保护创造者的合法权益，促进知识产品的广泛传播。这种二元价值目标，是以权利保障的激励机制为基础，以利益平衡的调节

① 参见许春明：《阻止专利大棒——浅谈专利权滥用的法律规制》，载《中国发明与专利》，2007（8）。

② 参见韩立余：《反垄断法规范知识产权滥用的特点和局限——以欧美微软案为视角》，载《暨南学报（哲学社会科学版）》，2007（2）。

机制为手段来实现的。无形财产权与思想、信息、知识的表述和传播有着密切的关系。在保障创造者权益的同时，必须考虑促进知识广泛传播和推动社会文明进步的公益目标。正如美国学者在评价著作权法时所说的那样，著作权法涉及社会的、政治的、经济的、教育的和艺术的各个方面。它不能专注于作者的权利的保护，而应顾及广大使用者的利益。① 可以认为，无形财产制度不仅应将目光投向作者利益，还应同时关注社会利益。具体而言，无形财产权限制制度的平衡、协调功能主要表现在以下几个方面：

一是独占权利与后续创造自由。无形财产权人对知识产品的独占权不应成为再创造的障碍。知识产品的创造活动是一个绵延不绝的历史过程，现实的知识产品往往是对前人成果兼收并蓄的结果。因此，知识产品的创造人以自己的独占权排斥他人对其知识产品的再创造并不恰当。为此，各国法律中设定了多项制度来保护后人的再创造权利。例如，著作权法认为后人对前一作品进行适当引用属于“合理使用”，专利法认为“为科学研究或实验目的而使用”他人的专利技术不为侵权，植物新品种保护法允许“为了科研或实验而繁衍”受保护的植物新品种，等等。

二是个人权利与公共教育政策。发展教育事业，为公民提供充分的、完善的教育机会，是各国普遍推行的公共政策，受教育权也是宪法规定的公民的一项基本权利。因此，在保护无形财产权人的个人权利的同时，不应使这种专有权利成为妨碍公民受教育的屏障。如果在著作权领域不加以限制，则作者及其子孙在受益的同时，社会公众的权利就受到了无期限的限制，“这实际上是一种权利冲突——作者或所有者及其子孙后代的权利与社会公众获取人类文明的权利之间的冲突”②。所以，各国在著作权立法中一般允许为教学目的而自由使用有著作权的作品，但不得用于商业目的。

三是私人权利与经济发展。利用科学技术的最新成果促进一国的经济发展，

① See Edward W. Ploma、L. Clark Hamilton，*Copyright* ：*Intellectual Property in the Information Age*，Routledge and Kegan Paul ltd，1980.

② 曹新民：《试论“均衡原理”对著作权法律制度的作用》，载《著作权》，1996（2）。

不仅是该国人民的共同愿望，而且是发展权这一基本人权的集中体现。为了发展本国的经济，社会总是希望能应用当代最为先进的技术，而这些技术通常都取得了专利权，如果专利权人不愿授权，则社会公众往往难以应用。为了解决这一冲突，各国法律及国际公约规定了对无形财产权权利行使的限制。例如，各国在专利法中一般规定了强制许可、国家在紧急状态下的使用等制度来促进专利技术的应用，在植物新品种保护法中允许农民自繁自用繁殖材料，以发展农业生产。通过上述限制，确保了一国对最新科技成果的吸收和应用，促进了国家的经济发展。

四是专有权利与贸易自由。无形财产权是一项排他性专有权利，权利人可以控制知识产品的应用，但这种控制的范围大小、力度如何，直接影响着知识产品流通的环节与区域。在专利制度创立之初，在西欧曾爆发了一场有关专利制度的大论战，推迟了专利制度的传播。在 1850 年前后，自由贸易的拥护者以反垄断的名义攻击专利制度，认为专利权在国内影响了经济活动，在国与国之间起到了类似关税壁垒的作用，阻碍了国际贸易的发展并掀起了取消专利制度的运动。[①]由此可见，如果无限制地允许无形财产权人自由行使其权利，则权利人有可能滥用其权利，在知识产品流通的各个环节及各个地域设立重重障碍，阻滞知识产品的流通与传播。为此各国立法者采取了包括“权利穷竭”（The exhaustion of exclusive rights）制度在内的各种限制措施。由于“权利穷竭”制度仅允许权利人在商品首次销售时有权控制，因而该理论又被称为“首次销售”理论。有关权利穷竭的规定散见于各国著作权法、商标法和专利法等法律之中。该制度的确立，大大削弱了无形财产权人对知识产品再次流通的控制，有利于贸易的自由往来。

二、无形财产权限制的制度构成

无形财产权的限制，专指对其权能效力的限制。现行法律关于著作权限制、

① 参见汤宗舜：《专利法教程》，10 页，北京，法律出版社，1996。

专利权限制、植物新品种权限制的规定，都属于限制专有权利行使的范畴。在这里，作为限制对象的“专有权利”，仅为财产权利的内容，不涉及具有“终身的、不可转让、不可剥夺”的人身权利；同时，“专有权利”是一种法定利益，在无形财产权制度中，对于所有者来说是一种权利限制，而对于使用者来说是一项权利取得。

各国有关无形财产权限制的规定，散见于各类具体制度之中，例如著作权的限制有合理使用、法定许可使用、强制许可使用、法定免费使用、权利穷竭等；专利权的限制有强制许可使用、专利权穷竭、为科学研究而使用、先用权人的使用、临时过境等；商标权的限制有权利穷竭、在先使用、平行进口等；植物新品种权的限制有为科学实验而使用、农民自繁自用繁殖材料等；集成电路布图设计权的限制有强制许可、善意使用等。在这里，我们不必拘泥于各类具体制度的具体规定，而要进行必要的抽象归纳，将无形财产权限制的制度构成作出如下分类：

1. 基于知识产品权利利用的限制

一般而言，所有人对于自己的财产可以根据自己的意愿在法律规定的范围内自由使用，也可以根据法律规定或合同约定交由他人使用，后者即为专有权利的利用。在无形财产权限制的情形中，不以所有人授权为据，无须征得其同意即可使用知识产品，是专有权利利用的限制，主要制度有合理使用和非自愿许可使用。

合理使用是对无形财产权最严格的限制。所谓合理使用，是指在法律规定的条件下，不必征得权利人同意，也不必向其支付报酬，基于正当目的而使用他人知识产品的行为。一般而言，使用他人财产需取得所有权人同意并支付报酬，这是有形财产和无形财产使用的通行规则，也是商品等价交换原则在法律上的体现。但是，知识产品是一种特殊的商品，它不仅关系着个人合法财产利益的满足，而且涉及知识传播和科学文化事业的进步，因此，各国对无形财产权的行使有着严格的限制。在使用他人知识产品时既无须取得对方同意也不必支付报酬，是对无形财产权的一种最为严苛的限制。例如，著作权领域和集成电路布图设计

领域中的合理使用、专利权领域中为科学研究和实验而使用、临时过境使用及农民自繁自用授权植物新品种的繁殖材料等，都属于此类限制。

由于合理使用对无形财产权限制甚多，稍有不当，即会给无形财产权人造成重大损失，使知识产品创造者与社会公众之间的利益失去均衡。为此，法律对合理使用规定了严格的适用条件：(1) 使用需有法律依据。合理使用来自法律的直接规定，而非无形财产权人的授权。因此我们可以这样认为，使用者权利的授予直接来自法律的规定。(2) 使用需出于正当目的。对于合理使用，使用的目的是营利还是非营利，是解决问题的要害。[①] 如果使用者是出于营利目的而使用知识产品，那么这种使用目的就有悖于设定无形财产权限制制度的初衷。反之，如果使用者是出于“学习与研究”、“教育”、“科学实验”、“评论”等非营利目的，则此类使用属于正当使用。(3) 使用应有一定的数量限制。由于此类限制剥夺了无形财产权人的获益权，如果使用的数量过多，势必会对知识产品的市场销售形成一定的冲击。为此，各国法律都规定了一定的数量限制。例如，在引用他人作品时不得超过一定的数量，为教育目的复制的图书不应超过一定的份数，等等。(4) 使用不应对知识产品的市场销售造成潜在的威胁。出于保护无形财产权人的利益考虑，法律不允许使用者通过此类限制损害无形财产权人的经济利益，为此，各国法律从使用的后果上对此进行了限制。诸如，农民自繁自用授权植物新品种的繁殖材料可以不经允许且无须付酬，但是，农民仅能自用繁殖材料而不得通过销售与植物新品种权人竞争，也不得将繁殖材料无偿送于他人而损害植物新品种的销售。(5) 使用时不应损害无形财产权人的其他合法利益。在此类限制中，法律仅授予使用者一定范围的使用权，使用者应尊重无形财产权人的其他合法权利，如引用他人作品时应指明出处，免费表演有著作权作品时应以适当方式表明作者的身份等。

非自愿许可使用是无形财产权限制的重要制度。所谓非自愿许可使用，是指根据法律的规定，无须经无形财产权人授权，使用人可以利用其知识产品但应向

---

① See Leval、Piere N.，“Toward a Fair Use Standard”，*Harward Law Review*，Vol. 103：1105，1990.

权利人支付适当报酬的行为。在无形财产权领域，非自愿许可使用与自愿许可使用是相对应的两种行为，其区别的关键在于是否需要经过权利人同意。非自愿许可使用具有以下几个特点：(1) 非自愿许可使用须有法律规定的根据。这种许可使用与授权许可使用不同，其使用依据是对无形财产权行使的干涉和限制，不是“意定”而是“法定”。如果没有法律的直接规定，非自愿许可使用不得成立。(2) 非自愿许可使用不具有独占实施或使用的性质，它只对权利人的权利行使构成有限的约束，即在非自愿许可使用存在的情形下，权利人仍可就知识产品自己使用或对其他人许可使用。(3) 非自愿许可使用人应向权利人支付适当的报酬。使用需要对价，这是非自愿许可使用与合理使用的重要区别所在。

非自愿许可使用，以是否经过行政批准程序为依据，可以分为需要批准的非自愿许可使用和不需要批准的非自愿许可使用。[①] 前者是强制许可使用、后者是法定许可使用，诸如著作权的强制许可使用、专利权的强制许可使用、专利权的指定许可使用、集成电路布图设计的非自愿许可使用、植物新品种权的强制许可使用等，都需要经过行政机关的批准才能取得。其中，有的是行政机关根据使用人的申请而被动作出的批准，例如为防止专利权滥用而批准的专利强制许可使用(参见《专利法》第48条)；有的是行政机关根据法律规定的情形而主动作出的批准，例如专利权的指定许可(参见《专利法》第49条)。法定许可使用仅适用于著作权领域，是一种不需批准的非自愿许可使用，即使用人根据著作权法的规定，即可直接使用著作权人的作品，不以行政机关批准为必要(参见《著作权法》第23条)。

2. 基于知识产品物化载体流通的限制

无形财产权是一种合法的独占性权利。在法律允许的范围内，权利人可以决定知识产品的使用，包括使用的方式、地点、时间等，此即专有权利的效力所在。但是，当非物质性的知识产品以物化载体形式出现之后，无形财产专有权能否对抗物化商品的所有权，这是立法者必须解决的权利冲突问题。一般而言，无

① 参见陶鑫良、袁真富：《知识产权总论》，231页，北京，知识产权出版社，2005。

形财产权人对于其创造的知识产品享有专有权，他可以自主决定知识产品的使用与销售，但是，当知识产品附着于物质载体上作为商品出售时，无形财产权主体往往希望将权利的垄断效力扩及出售后的商品上，而商品的购买人则凭借其对有形商品的所有权予以抗辩，从而产生了无形财产权主体对知识产品享有的专有权与有形财产权主体对知识产品物化载体享有的所有权之间的冲突。解决上述权利冲突的法律之道，就是限制无形财产权的垄断效力，维系知识产品物化载体的商品流通，这项制度就是“权利穷竭”。

所谓权利穷竭，是指含有知识产品的商品以合法方式销售或分发出去后，无论该商品再辗转到何人之手，无形财产权人均无权再控制该商品的流转，即权利人行使一次即用尽了有关权利，不能再次行使。[①] 由于“权利穷竭”制度仅允许无形财产权人在商品首次销售时有权控制，因而该理论又被称为“首次销售”理论。

有关权利穷竭的规定散见于各国著作权法、商标法和专利法等法律之中。例如，《德国著作权法》第 17 条第 2 款规定：“一旦作品的原件或复制件，经有权在本法律适用地域内销售该物品之人的同意，通过转让所有权的方式进入了流通领域，则该物品的进一步销售为法律所认可。”可见，只要著作权人曾同意在德国销售其作品，则当作品原件或复制件进入流通领域后，他无权再控制其他人进一步销售其作品。我国《专利法》第 69 条第 1 项规定，专利权人制造或者经专利权人许可制造的专利产品售出后，使用或者销售该产品的，不视为侵犯专利权。也即我国专利法承认专利产品合法投入市场后，专利产品的销售权和使用权在我国“穷竭”。此外，多数国家的法律中也承认了商标权的穷竭问题。

综上所述，我们可对无形财产权的“权利穷竭”制度作以下总结：(1) 设立“权利穷竭”制度的目的，在于消除无形财产权的专有性对于商品自由流通所产生的负面影响，以促进贸易的发展。“权利穷竭”制度将无形财产权的效力限制于商品的首次销售，当附有知识产品的商品再次销售或以其他方式分发时，则无

① 参见郑成思：《版权法》，272 页，北京，中国人民大学出版社，1990。

形财产权人无权控制。通过这一制度设计，既维护了无形财产权人对知识产品的收益权，又维护了附有知识产品的商品购买人的利益，使无形财产权与有形财产所有权处于平衡状态，避免了贸易中的“不公平竞争”，为商品的自由流通扫清了障碍。(2)“权利穷竭”产生的前提，在于进入流通领域内含有知识产品的商品必须是经无形财产权人或授权的人同意而合法进入流通领域的商品。例如，由专利权人投放市场的专利产品，由被许可实施人投入市场的专利产品，等等。如果该类商品进入流通领域不合法，则不会导致无形财产权的“权利穷竭”。(3)含有知识产品的商品可因合法销售导致“权利穷竭”，也可因合法赠予、分发等方式引起“权利穷竭”。不过，“权利穷竭”仅指附有知识产品商品的销售权、赠予权的终结，而非其他权利的终结。当“权利穷竭”后，社会公众可自由销售、使用或赠予此类商品，但对是否允许对“权利穷竭”后的商品进出口及出租的问题，各国法律规定尚存在差异。(4)无形财产权“权利穷竭”的范围，是及于一国之内还是及于其他国家，各国对此看法有别。多数国家认为，著作权和专利权的穷竭效力限于发生权利穷竭的该国境内，在其他国家并无效力，权利人仍有权控制含有知识产品的商品的进出口，即专利权或著作权的穷竭设有地域限制。但是，对于商标权，绝大多数国家认为附有商标的商品一旦售出，商标权人即无权控制该商品的再次销售或进出口，即商标权的穷竭效力不受地域限制，其效力及于其他国家。考虑到该问题的复杂性，《知识产权协定》第 6 条不允许缔约方在解决它们之间的争端时，以该协议的条款去支持或否定权利穷竭问题，以免本来就差距很大的各成员国立法，在有关争端中产生更多的矛盾。①

3. 基于在先使用权利、在先权利的限制

在先使用权利，或称为“先用权”，是指某项知识产品的在先使用人，可以对抗就同一知识产品在后取得的无形财产权，此时的在先使用对于在后取得的无形财产权构成了权利限制。

在专利制度中，在先使用权利被用来保护在专利权授予前在先使用该项技术

① 参见郑成思：《知识产权论》，342 页，北京，法律出版社，1998。

的人的利益。我国《专利法》第69条第2项规定，在专利申请日以前已经制造相同产品、使用相同方法或者已经做好制造、使用的必要准备，并且仅在原有范围内继续制造、使用的，不视为侵权。在先使用权作为对专利权的一种限制，不仅有利于保护在先发明人或者设计人的利益，而且能够消除因“先申请原则”所产生的某些弊端。如果没有此项制度，只要某个单位或个人就某项发明创造取得了专利权，其他单位或个人即使投入了大量人力、物力、财力或智力完成发明创造，并且在申请日前已开始制造相同产品、使用相同方法或者已经做好了制造、使用的必要准备，也不得继续进行制造或者使用。这既不利于科技进步，也不利于经济发展。所以，专利法通过规定在先使用权利制度而使专利人的利益和先用权人的利益均得到了合理的保护。需要指出的是，在先使用权是法律特别授予先发明人的一项权利，先发明人在行使此权利时具有严格的限制，即只能在原有范围内继续制造、使用该产品。

在先权利，是指在某一无形财产权取得之前即已存在或取得的权利。有学者严格划分了在先权利与在先使用权利，这一区分在理论上是有益的。但是同时有学者认为，在先权利的存在，可能导致在后取得无形财产权的撤销或无效，而不宜视为对在后无形财产权的权利限制[①]，这一判断却是值得商榷的。一般而言，在后取得的权利与他人的在先权利发生冲突，可能依法被撤销或宣告无效。例如，专利权人取得的实用新型专利与他人在先取得的实用新型专利属于重复授权，商标权人申请注册的商标标识侵犯他人在先的美术作品著作权，都不是对在后取得的无形财产权的限制，而可能直接导致该项权利的消灭。但是也有例外：同样一个标识，某一主体将其作为企业名称在先注册，从而以商号权作为在先权利；而另一主体将其作为商标标识在后注册，并依法取得商标权。在这种情况下，商号权得以在注册登记的行政区域内依原已核定的使用范围内继续享有权利，而不受在后取得的商标权禁止效力的影响。质言之，该在先权利构成了对无形财产权的限制。

① 参加陶鑫良、袁真富：《知识产权总论》，231页，北京，知识产权出版社，2005。

三、无形财产权限制的法律变革

无形财产权各方当事人的利益平衡，是通过无形财产权保护与限制的制度设计来实现的。或者说，无形财产权的限制，是私人利益与公共利益平衡的结果。当然，利益平衡本身是一个动态的过程，总体上处于一种不确定的状态。① 因此，当客观条件的变化导致利益平衡的格局发生改变时，无形财产权限制制度也会发生相应变革。

1. 无形财产权限制制度变革的社会动因

(1) 新技术革命的影响。无形财产权制度在其不太长的历史中，历经了从工业革命到信息革命的不同时期，可以说是基于科技革命而生，基于科技革命而变。我们看到，当代新技术、新知识对现行无形财产权限制制度带来新的挑战。在著作权领域，新的传播技术引发了著作权限制与反限制的不断变革。20 世纪 60 年代以来，人类社会进入了“电子版权”时代，静电复印机和音像录制设备不仅进入了图书馆、文献资料中心、政府部门，而且进入了“寻常百姓家”，社会上也专门出现了以复印、录制为业的商店，数以万计的作品被个人、家庭或社会无偿复制。据世界知识产权组织统计，每年各国对作品复印的数量约有25 000亿张，非法复制的唱片的价值每年超过 10 亿美元。而且，新的复制技术的诞生使复制他人的作品变得“轻而易举”，多媒体技术的发展大大削弱了原件与复制件在音质上的差异，使“过去在复制方面存在的专职者和非专职者的‘分工关系’崩溃了”②。著作权人和使用者之间本因一个作品发生关系，但他们之间并无链条相连。所以，“从一条信息开始，像网眼一样出现了无数根‘绳子’，权利人无法知道‘绳子’的另端系向何方。在权利人那里，即使想主张某种权利，但对‘绳子’另端的真实情况却无法支配”③。从 20 世纪以来一直到今天，在席卷全球的信息革命中我们步入了“网络版权”时代。网络技术的出现，不仅改变了

---

① 参见陶鑫良：《网络时代知识产权保护的利益平衡思考》，载《知识产权》，1999 (6)。

②③ ［日］中山信弘：《数字时代著作权法的变化》，载《外国法译评》，1995 (2)。

人们的生活、工作方式，而且为经济、科技、文化交往提供了技术保证。互联网的广泛应用与普及，拓展了获取信息的途径，使得信息的传播在全球范围内变得迅速而方便。正是在这个意义上，世界变成了迷你型的“地球村”。与此同时，网络版权的法律难题也开始出现：电子数据库对作品的利用产生了海量需求，使得传统的著作权许可制度不敷使用。例如，期刊全文电子数据库依托于传统纸质期刊，其收录的期刊成千上万种，涉及的文献资料数以百万计。若要数据库的制作者去取得许可，尤其是取得期刊文章作者许可，无疑成本高昂且难以实现。在此情况下，要求扩大非自愿许可范围的呼声日益高涨。

除了电子与网络复制对无形财产权人带来威胁外，有线电视转播、卫星传播、专利强制许可、集成电路反向工程、权利穷竭制度等在新技术面前都表现得捉襟见肘，不敷使用。可以说，新技术革命的出现，一方面拓展了社会公众利用知识产品的机会，使知识传播变得便捷而成本低廉；但另一方面也削弱了无形财产权人对知识产品的控制能力，造成其财产利益的流失。因此，人们在新时期不得不对原有的无形财产权限制制度提出质疑。

（2）新国际贸易体制的影响。世界贸易组织的成立（1994 年）和《知识产权协定》的生效（1995 年），强化了全球性的无形财产权保护机制。在世界贸易组织的制度框架下，各国立法者不得不按照《知识产权协定》的标准修改本国法，由此无形财产权保护融入到新的国际贸易体制之中。《知识产权协定》给发展中国家与最不发达国家提供了协议遵守的宽限期，一定程度上满足了这些国家的有关诉求，但协定对发达国家的好处是显而易见的。可以认为，该协定的形成，实现了发达国家在发起“乌拉圭回合谈判”时意图保护制药业、电影业、通信业的战略目标，在全球范围内建立了一个较高标准与有力保障体系的无形财产权制度，从而使得发达国家在国际贸易中继续保持了技术优势，保持了一个以无形财产权为后盾的技术优势。据统计，在全球经济中，工业化国家拥有全部专利的 97%，另外 70%的版权和许可费收入则为发达国家的跨国公司所获得。① 国际

① 参见联合国开发计划署：《1999 年人类发展报告》，转引自［美］奥德丽·R·查普曼：《将知识产权视为人权：与第 15 条第 1 款第 3 项有关的义务》，载国家版权局主办：《版权公报》，2001（3）。

文化市场依然是欧美文化产品一统天下。在全球文化市场份额中，美国占到43%，欧洲国家占到34%。[①] 无形财产私权化的扩张，在国际层面导致了发展中国家与发达国家之间的利益失衡，在社会层面上引发了权利人与其他人之间的利益冲突。从制度层面而言，在无形财产权领域产生了权利的保护与限制之间的协调问题。自进入后《知识产权协定》时代以来，国际社会关于无形财产权利益协调的努力从来未停止过，从多哈会议通过的《〈知识产权协定〉与公共健康宣言》，到坎昆会议前达成关于该宣言第6段的实施决定，通过阐释该协定的"公共利益"条款，赋予缔约方为保护公共健康的需要，有权实施"强制许可"并决定"强制许可"的理由，有权认定何种情况下构成"国家处于紧急状态或其他极端紧急的情况"，有权构建自己的"权利穷竭"制度。上述情况表明，从乌拉圭回合谈判到后《知识产权协定》时代，无形财产权限制制度一直处于"限制—反限制—再限制"的法律变革之中。

2. 无形财产权限制制度变革的主要表现

无形财产权限制制度的变化主要表现在以下几个方面：

(1) 国际公约对权利限制的适用原则作出明确规定。国际公约的修改文本以及新缔结的国际公约都规定，对无形财产权的限制，不应损害无形财产权人的正当利益。《伯尔尼公约》在1967年修订前仅对著作权限制作出了总的限定，即该限制"必须符合公平惯例"。1967年斯德哥尔摩修文本则明确指出："如果认为复制损害了作品的正常使用，绝不允许复制。如果认为复制无损于作品的正常使用，接着应当考察复制是否侵害作者的合法利益。只有在无损于作者的合法利益时，才可能在一定的特殊情况下使用强制许可证或规定无偿使用。可列举出为各种目的而用的照相复制为例，如果复印出大量的份数，那是不允许的，因为有损于作品的正常使用。如果复印相当多的份数用于工业企业，并根据国家的法律支付合理的报酬，那就可以不致无故侵害作者的合法利益。如果复印的份数很少，特别是在个人使用或科学研究使用的情况下，可以允许，并不付报酬。"修改文

① 参见新华网：《文化软实力：我国文化产业占世界文化市场不足4%》，见 http://news.xinhuanet.com/2011-02/20/c_121101442.htm。

本强调："本同盟成员国法律得允许在特殊情况下复制上述作品，只要这种复制不损害作品的正常使用也不致无故侵害作者的合法利益。"1994年生效的《知识产权协定》对无形财产权的限制提出了总括的适用原则，即这种限制不应与知识产品的正常利用相冲突，也不应不合理地损害权利持有人的合法利益。可见，该协定要求在尊重知识产品的正常利用、维护权利持有人的合法利益的前提下才能对无形财产权给予限制，反之，当现有的限制措施损及无形财产权人的合法利益时，则应予以制止。为落实该原则，《知识产权协定》规定了许多具体条款来规范知识产品的使用。

（2）合理使用制度适用受到限制。西方国家积极采取措施以遏制合理使用规则的滥用，它们修改或限制了原有的合理使用规范，甚至取消了某些领域的合理使用。例如，荷兰1972年颁布复印法，删除了"某些为私人使用而自由复制"的条款，德国1985年修订著作权法，规定"复制一本书或者一份期刊，如果基本上全部复制的话，只要不是抄写下来的，始终须先征得权利人的同意"。此外，奥地利、法国、匈牙利、葡萄牙、俄罗斯等国也先后修改了本国的著作权法，对限制合理使用作了类似规定。

伴随着合理使用的立法变革，各国加强了对复制权的保护与救济。现代传播技术使得复制作品具有隐蔽性的特点，导致复制权更易受到侵害，也难以采取传统的诉讼保护办法。有鉴于此，西方国家转而求助于其他救济方法。其中主要是征收复印版税与录制版税。所谓征收复印版税，是指由一定的机构向从事复印的单位和个人征收版税。在美国、荷兰、瑞典等国，有专门的机构向复印者收取使用费。所谓征收录制版税，是指由一定的机构向从事录制的单位和个人征收版税。在德国，对于以私人使用或其他自用为目的进行的复制，著作权人有权向上述设备和音像载体的制造商主张报酬。该规定也适用于从事商业进口或再进口上述设备和音像载体的经销商。尽管目前各国在规范合理使用制度上的做法上存在一定缺陷，未能充分满足著作权人的要求，但限制合理使用、建立版税征收制度已成为西方国家著作权立法的一个趋势。

在专利权、植物新品种保护权及其他领域，合理使用规则也受到了同样的限

制，如根据临时过境原则所使用的专利产品不得用于出售，为科学研究而使用的植物新品种不得予以扩散，等等。

（3）法定许可使用范围有所扩大。在新技术革命的冲击下，传统合理使用中的某些类型也转变为法定许可使用。自 20 世纪 70 年代以来，德国、英国、瑞典、荷兰、澳大利亚等国，创立了一种公共借阅权，即规定图书馆在出租有著作权的图书时，应向作者支付借阅版税。至于个人复制与家庭录制，不少西方国家都采用了版税制。关于录制版税，德国、奥地利、瑞典等国的规定不仅适用于录音、录像设备，而且延及音像空白载体；征收对象除录制设备及其空白载体的制造商外，还包括进口上述录制设备及其空白载体的经销商；版税受益人则为全体权利人，包括作者及其他著作权人、表演者、音像制作者以及广播组织。关于复制版税，日本、英国、法国、德国、意大利等国都规定，为个人使用目的复制他人作品，应向著作权人支付法定的报酬。上述新版税的征收，已在部分复制、录制领域内，使合理使用变成一种法定许可使用。

（4）法定免费使用制度予以取消。所谓法定免费使用，是指法律允许特定机构非营利性地使用他人作品，可以不经权利人许可，不向其支付报酬的一种制度。实行法定免费使用制度的，主要是几个前东欧公有制国家。当时在这些国家里，广播电台、电视台等都属于非营利性组织，因而要它们向著作权人支付使用费存在一定的困难；同时，使用作品如需事先征得作者同意又有可能妨碍宣传教育的及时性。在这种情况下，这些国家的著作权法规定，凡是以广播、电视等途径传播已经发表的作品，均无须取得权利人许可，也不必向其支付报酬。法定免费使用实际在上述国家构成合理使用的内容，但其他多数国家未作出这种规定。两个著作权国际公约的最新文本甚至暗示这种使用是不合理的。由于 1971 年修订的《世界版权公约》已最终杜绝了法定免费使用制度，因而其成员国自此不再可能采用这种作品使用方式，或是只能对本国国民的作品实行免费使用制。[①]

（5）对国家计划专利许可规定了限制条件。一些国家的专利法为促进专利技

① 参见郑成思：《版权法》，269 页，北京，中国人民大学出版社，1990。

术的推广运用，规定了“国家计划许可使用”制度。我国原《专利法》第14条规定，国务院有关主管部门和省、自治区、直辖市人民政府根据国家计划，有权决定本系统或者所管辖的全民所有制单位持有的重要发明创造专利允许指定的单位实施，由实施单位按照国家规定向持有专利权的单位支付使用费。由于这一规定明显带有计划经济的痕迹并违反了意思自治原则，不利于保护无形财产权人的合法利益，因而我国新修订的《专利法》第14条作了如下限制：“国有企业事业单位的发明专利，对国家利益或者公共利益具有重大意义的，国务院有关主管部门和省、自治区、直辖市人民政府报经国务院批准，可以决定在批准的范围内推广应用，允许指定的单位实施，由实施单位按照国家规定向专利权人支付使用费。”可见，这种国家计划许可的适用，有条件的限制，即限于是对国家利益或公共利益有重大意义的专利技术；也有程序的限制，即报经国务院批准。

（6）强制许可使用条件受到约束。《伯尔尼公约》和《世界版权公约》严格规定了发放强制许可证的基本条件：如果某成员国依照联合国大会确认的惯例被视为发展中国家，而该国又是两公约的成员国，那么该国就有权利用翻译和复制许可证制度中的权利，且这些国家必须是“由于其经济情况及社会或文化需要，自认为不能在当前作出安排以确保对此公约文本规定的全部权利进行保护”的国家，符合上述标准又希望享受优惠待遇的成员国，必须在参加两公约之时或参加后，通知两公约各自的受托人本国将援用规定的部分或全部权利，必须交存请求文件，注明自己希望援用哪种权利。根据公约有关规定，为了翻译权或复制权所有者的利益，发放许可证时，应付给上述版权所有者一笔公平合理的报酬，各成员国应制定条例，保证将报酬传递给著作权人。按照著作权国际公约，发展中国家可以以所谓优惠条款获得翻译权和复制权的强制许可证。但是，由于申请周期长，且手续复杂，加之以“国际可兑换”货币的支付要求，发展中国家实际上难以享受这种“优惠”待遇。此外，《知识产权协定》第31条详细列举了对专利强制许可的限制，这些限制包括：强制许可证须一事一议；在合理期间内未能取得专利权人授权；强制许可使用范围、期限仅限于被授权日的；该强制许可使用是非专有的；该使用应是不可转让的；此使用应支付适当报酬；如导致此类使用的

情况已不复存在且不可能再现，该类强制许可应终止，此类限制条款高达 14 条，以致有的学者认为："对于强制使用，与其说是协定规定了权利限制，不如说是规定了对权利限制的限制。"①

(7) 权利穷竭制度面临重大变革。权利穷竭制度消除了无形财产权专有性对于商品自由流通所产生的负面影响，促进了贸易的发展。但是，权利穷竭制度的滥用，也可能对无形财产权人的利益带来损害。为了弥补这一缺憾，有关国家在著作权法中规定了出租权，在专利法中设定了进口权，同时对知识产品平行进口也提出了新的法律思考。

一是出租权问题。

在出版业刚刚兴起之时，作品的出租数量不大，对著作权人的利益尚不构成威胁，此时出租业的举办与权利穷竭原则不相冲突。随着新技术革命的发展，作品出租大有取代作品出售之趋势，以至危及著作权人的财产利益，从而引起各国立法者对权利穷竭原则的反思与审视。为此，联合国教科文组织于 1984 年公布了两条建议性原则及补充意见，供各国在修订关于录制品的专门法律时参考。其主要内容是：著作权人不仅对其原作作品享有著作权，而且对被录制的音像制品中所含有的自己的作品亦享有著作权。这表明著作权人始终有权决定是否允许他人出租这种含有自己作品的录制品，如果录制品不含有著作权的原作，那么第一录制者即对该录制品享有邻接权。这表明邻接权人有权禁止他人转录、复制以至出租其录制品。上述权利应由代表著作权人或音像制作者的特定组织代为行使。② 联合国教科文组织的建议，其主旨在于确认出租权，维护作品创造者与传播者的利益平衡，对社会采用传播技术而造成著作权人的损害进行补偿。

近年来，出租权作为一项新型权利规定在各国著作权法之中，关于出租权的立法模式主要有两种：一种是将出租视为作品发行的一种方式，将出租权包含于发行权之中。例如，《美国著作权法》第 106 条对发行权作了如下解释："通过出售或所有权转移的其他方式，或通过出租或出借，向公众发行有著作权作品的复

① 郑成思：《世界贸易组织与贸易有关的知识产权》，200 页，北京，中国人民大学出版社，1996。

② 参见郑成思：《信息、新型技术与知识产权》，97～98 页，北京，中国人民大学出版社，1986。

制件或录音制品。”可见，该条所规定的发行权涵盖了出租权。另一种是将出租视为独立的作品使用方式，因而出租权与发行权各自分列。例如，《德国著作权法》第27条规定了“复制物的出租或出借”的权利，而第17条规定的传播权主要指发行权。可见，两种权利互不干涉。俄罗斯等国的著作权法也作了类似规定。

出租权的出现，从某种程度上削弱了权利穷竭原则，即对著作权限制原则进行了反限制。根据权利穷竭原则，作品首次销售后，对于该作品的再次出售、散发或其他方式的使用，著作权人无权控制。该原则可促进商品的自由流通。但是，作品的出租并不会引起作品复制件的转移，与商品的自由流通无关。立法者通过设定出租权，使著作权人能在作品出售后的一定范围内控制其出租，从而最大限制地保护了著作权人的利益，减少了著作权限制的负面影响。有的学者将该现象看作是“著作权对于所有权限制作用的扩大”，其理由是：“由于科技发达的结果，使得著作权所包含的权利和利用的形态大幅度增加，相对的对作品所附着之有体物之所有权的权能或作用加以重大的限制。”[①]也就是说，由于著作权内涵的增加，在著作权与作品原件或其复制件的所有权发生冲突时，所有权的作用受到著作权的重重限制。出租权的设定即属于这一情形。[②] 从立法者原意而言，建立出租权制度，在于从经济上给予著作权人补偿以求社会之公正，并非当然就是著作权效力无限制的扩充。事实上，著作权法在设定这一新型权能时就已经为它规定了某种限制，这主要表现在两个方面：一是适用范围的限制。出租权主要限于法律特别规定的作品类型，未延及所有作品。《知识产权协定》第11条要求缔约方承认出租权，但将其限定在计算机软件、摄影作品及音像制品的范围内。二是法定许可使用的限制。出租权与著作权的其他权能一样，应准予适用法定许可使用制度，如英国《著作权法》第66条规定，“出租人可依国务大臣的命令出租作品而不必取得著作权人授权，但应向其支付合理的报酬”。

---

① 杨崇森：《著作权法论丛》，207页，台北，华欣文化事业中心，1983。

② 参见吴汉东等：《西方诸国著作权制度研究》，204页，北京，中国政法大学出版社，1998。

在专利法和商标法领域，专利产品的出租和附有商标的商品的出租对知识产权人利益的影响尚不突出，因而绝大多数国家未规定这些方面的出租权。

二是平行进口与进口权问题。

所谓商品的平行进口，是指未经无形财产权人的同意，第三者进口并销售含有无形财产权的商品。例如，甲在中国和美国均享有专利权，乙未经甲的允许，将在中国购买的专利复制件进口到美国销售；或者，甲授权丙在美国享有其专利权，乙未经甲或丙的同意将在中国购买的专利产品进口到美国销售。

平行进口所引起的争议焦点在于：平行进口的商品是否构成对无形财产权的侵犯。目前，多数国家的专家在解决平行进口是否合法这一问题时是从“权利穷竭”原则入手的。赞同平行进口的理由是：当权利人首次销售或分发了含有知识产品的商品后，无形财产权人的权利即告穷竭，即不得对于他人处分该商品的行为进行过分控制。对平行进口持反对观点的理由是：无形财产权有地域性，因而无形财产权的“权利穷竭”也有地域限制。[①] 因此，当含有无形财产权的商品在一国销售或分发后，并不导致该权利在他国的丧失，权利人在他国仍有控制权，因此平行进口同样构成对知识产权的侵犯。

笔者认为，解决该问题的关键是确定“权利穷竭”的效力范围。如果“权利穷竭”的效力仅限于国内，则平行进口会构成对无形财产权的侵犯；如果“权利穷竭”的效力延及国外，则平行进口不会侵犯无形财产权。从国内外的立法实践来看，就专利权和著作权而言，多数国家认为权利在一国的穷竭，并不导致其在国际市场上的穷竭。例如，根据中美之间达成的知识产权保护谅解备忘录，中国修订了专利法，规定了专利权人的“进口权”，美国专利法中也有“进口权”的规定。近年来，许多国家在专利法和著作权法中所规定的“进口权”，实际上是以立法形式确认了权利穷竭的地域性。“进口权”制度的出现，从一定程度上削弱了“权利穷竭”原则的效力，也是对无形财产权限制的反限制。如果对“权利穷竭”无地域限制，则无形财产权人即使取得了在某国的专利权和著作权，也会

---

① 参见郑成思：《世界贸易组织与贸易有关的知识产权》，85 页，北京，中国人民大学出版社，1996；吴汉东主编：《知识产权法》，206 页，北京，北京大学出版社，1998。

受到来自于另一国家的合法专利产品或作品复制件的冲击，损害其经济利益。反之，立法者通过设定“进口权”，明确承认了“权利穷竭”的地域性，使无形财产权人得以控制一国的知识产品交易市场，从而保护了权利人的垄断利益，使其权利成为真正的“专有权”。不过，这对跨国贸易还是有一定的阻碍作用。在近年来颁布的国际公约中，《知识产权协定》第28条明确规定专利权人的“进口权”，实际上是确认了专利权穷竭的地域性；而1996年世界知识产权组织的《WIPO版权条约》与《WIPO表演及录音制品条约》都并未就争议较大的著作权地域性问题达成协议。

与上述情形不同，各国关于商标权穷竭的问题争议颇大。墨西哥1991年《工业产权法》第92条规定了“权利穷竭”原则，该国法院在判例中也认为商品的“平行进口”不会侵犯商标权。澳大利亚法院在1986年的判例中裁决“平行进口”可能构成侵犯专利权或版权，但不可能构成侵犯商标权。与之相反，美国的判例历来认为这种“平行进口”侵犯了商标权，其商标法也不承认商标权在一次使用后会穷竭。对此，我国学者认为，商标是一企业的产品与其他企业的产品与其他企业区别开来的标志。无论将其用在哪个国家，均不应改变，否则会使消费者对同一来源的商品产生“不同来源”的误解，不利于市场稳定，也不利于商标权人自己。这与商标权的地域性并不冲突。[①] 但是，这种解释只是讲明了商标的识别作用，并不能完满地解释商标权与平行进口之间的关系问题。笔者认为，无论是专利权、著作权领域的平行进口问题，还是商标权领域中的平行进口问题，其实质是确定“权利穷竭”的效力范围问题。在解决该问题时，立法者需要综合考虑无形财产权人对知识财产的垄断利益、经销商对于所购商品所有权的支配利益以及国家在促进商品自由流通上的社会利益等因素。就专利权和著作权而言，知识创造劳动在专利产品和作品的价值中占据十分重要的地位，专利权人和著作权人所投入的创造成本必须通过市场销售才能得到回报。如果承认“平行进口”的合法性，则专利权人和著作权人会丧失产品进口国的市场份额，严重损害

① 参见郑成思：《知识产权论》，343页，北京，法律出版社，1998。

其利益。为此，许多国家陆续承认了专利权人和著作权人的进口权。而在商标权领域，虽然平行进口也会对商标权人的利益造成一定程度的损害，但这种损害较之专利产品和作品的平行进口所产生的损害要小得多，如果附有合法商标的商品在进口到一国时被裁定为侵权，不免过于苛刻。许多国家从鼓励商品自由流通的立场出发，尚未认定这种平行进口的违法。不过，今后国际社会是否会采取更严格的措施保护商标权，是否会制止该领域中的平行进口问题，尚有待观察。

第六章

无形财产权的保护

无形财产权一经国家机关授予，即受法律保护。由于无形财产权及其保护对象的特殊性，传统的财产权保护制度已不能完全适用，因而，无形财产权制度必须另辟蹊径，采取特殊的手段，才能对知识财产予以有效的保护。

一、无形财产权的保护范围

1. 无形财产权效力范围概说

保护无形财产权，首先要明确各类权利的效力范围。知识产品是非物质形态的特殊财产，同时又具有公开性、社会性的特点，其所有人无法凭借传统民法上的占有方法来控制。第三人对知识产品的利用，是合法还是非法，是否构成侵权，全由法律加以规定。因此，无形财产权的有效范围，是确认侵权行为的法律责任和国家机关采取保护措施的依据，对此，法律作出了有别于传统所有权制度的规定。

对于财产所有权来说，其客体为有形的动产或不动产。该类客体本身即可设定权利的保护范围，法律对此无特殊规定。一般而言，有形财产之大小、形状，有形不动产之位置、外观，即可标明此物与彼物的区别，展示本权与他权的界

限。法律保护所有权人对其有形财产进行占有、使用、收益和处分的权能，不问客体物的内容、性能、用途、价值如何，所有权人对各个客体物所享有的基本权能是一样的，所有权制度没有所谓的界定保护范围的特别条款。

作为无形财产权客体的精神产品是一种无形财产，它的保护范围无法依其本身来确定，而要求相关法律给予特别的规定。在限定的保护范围内，权利人对自己的知识产品可以行使各种专有权利；超出这个范围，权利人的权利便失去了效力，即不得排斥第三人对知识产品的合法使用。

2. 著作权的保护范围

著作权的保护范围与创作者的思想表现形式相联系而存在。“思想表现形式”，也称为“表现形式”（expression），是著作权理论中最基本的逻辑概念，它在文学艺术和科学创作领域具象为作品。根据现有的学说理论，作者的创作活动被明确地分为两个部分：一部分是存在于作者大脑中的思想，而另一部分是作者的思想表现形式。[①] 这种思想表现形式是作品完成的最终形态，其基本构成要素是以文字、语言、色彩、线条、韵律、舞谱等为表现形式的符号，但它成为法律保护的作品尚须具备两个条件：一是独创性（或称原创性），二是可复制性。这即是作品的“版权性”要求。在这里，一定的表现形式就是著作权法特定的保护对象。关于著作权的保护范围，我们可以从以下几个方面来理解：第一，表现形式与思想内容无涉。各国著作权法均遵循一条基本原则，即保护思想表现形式，而不保护思想内容本身。尽管目前理论界对思想内容与表现形式的构成尚有争议，但可以肯定的是，对作品保护不扩大到任何思想、程序、方法、体系、操作方法、概念、原理或发现，而不论上述内容在作品中以什么形式描述和说明。[②] 美国学者 Patterson 教授在论及著作权保护的排除领域时，强调作品中有三类资料属于公共领域的资料，它们是：政府公务性资料、社会信息性资料以及历史上

① 参见金渝林：《论“同一作品的两种不同表现形式”》，载《中国版权研究会学术年会论文选编》，22 页，西安，西北大学出版社，1993。

② 参见《美国版权法》第 102 条（b）款。

的创作作品。上述资料或作品均不受著作权法保护。[①] 日本学者古泽博有类似观点，他认为，作品中含有的“素材”，即自然界或社会、历史所赋予的创作资料，是人类文化的共同财富，也是自由使用的对象。[②] 第二，表现形式的类型与保护范围相关。著作权法为作者设定了丰富多彩的财产权项，计有复制权、表演权、播放权、展览权、影视摄制权、演绎权等。但作品的类型不同，或说表现形式存有差异，其作者享有的财产权项则未必相同。根据多数国家的法律规定，作品的类别有文字的、口头的、音乐的、美术的、图形的甚至是电子的。作者对上述作品的使用方式以致享有的权益受制于作品的类型，例如，口头作品不涉及展览权，图形作品与表演权无关，对美术作品则无法行使演绎权。第三，表现形式不涵盖法律限制的作品。一般意义上的作品在外延上极为宽广，它涵盖了各种各样的作品，甚至包括侵权作品、进入公有领域的作品和不受著作权法保护的作品，其中，后者包括两类：一类是依法禁止出版、传播的作品，如反动、淫秽、违反公序良俗的作品；另一类是不适用著作权法的对象，如法律、法规及其官方正式译文、时事新闻、通用表格及公式等。

3. 专利权的保护范围

专利权的保护范围以专利申请中权利要求的内容为准。专利权客体，乃是发明创造思想具体化之物或方法。其保护范围，应以专利主管机关对于发明创造思想的范围所赋予的意思解释而定。换言之，以权利要求书为具体解释标准。[③] 权利要求书是专利申请的重要文件。在授权前，它是申请人意欲获取专利保护的权项请求；在授权后，它是专利局确定专利权范围的保护依据。可以说，专利权人的专有实施权范围，就是根据专利权所覆盖的发明创造的技术特征和技术幅度来确定的。各国立法在确定专利权的保护范围时，有三种原则：第一，周边限定原则。根据这一原则，权利要求书即是专利保护的范围，应当根据权利要求书的文

---

① See L Ray Patterson、Stanley W. Lindberg，*The Nature of Copyright*：*A Law of Users'Right*，p. 202，The University of Georgia Press，1991.

② 参见［日］古泽博：《关于利用他人作品的著作权问题》，载《独协法学》，1997－10－22。

③ 参见何孝元：《工业所有权之研究》，224 页，台北，三民书局，1977。

字严格、忠实地进行解释。美国采此立法例。第二，中心限定原则。根据这一原则，解释权利要求时不必拘泥于权利要求书的文字记载，而应以权利要求书为中心，全面考虑发明的目的、性质以及说明书和图纸，将中心四周一定范围内的技术也包括在专利保护范围之内。德国曾采此立法例。第三，折中原则，即上述两种原则的折中。根据这一原则，专利权的保护范围根据权利要求书的内容确定，说明书和附图可用作解释权利要求。这一原则考虑到专利权人的利益，也照顾了第三人的利益，克服了上述两种原则的不足。我国采此立法例。

4. 商标权的保护范围

商标权的保护范围与核准注册的商标和核定使用的商品有关，其效力在法律中有着明确的规定。一般认为，商标权包括使用权与禁止权两个方面。[①] 前者是指商标权人对其注册商标享有充分支配和完全使用的权利，后者是指商标权人禁止他人未经许可擅自使用其注册商标的权利。在法律上区别使用权与禁止权，在于两者有着不同的效力范围。使用权涉及的是注册人使用注册商标的问题，禁止权涉及的是对抗他人非法使用注册商标的问题。按照立法通例，注册人的专有使用权以核准的注册商标和核定使用的商品为限。这就是说，注册人行使专有使用权受到两方面的限制：第一，只限于商标主管机关核定使用的商品，而不能扩大使用于其他类似的商品；第二，只限于商标主管机关核准使用的文字、图形，而不能超出核准范围使用与其相近似的文字、图形。但是，禁止权的效力范围则不同，注册人对他人未经许可在同一种商品或类似商品上使用与其注册商标相同或近似的商标，均享有禁止权。这就是说，禁止权的效力涉及以下四种情形：第一，在同一种商品上使用相同商标；第二，在同一种商品上使用近似商标；第三，在类似商品上使用相同商标；第四，在类似商品上使用近似商标。应该指出的是，注册商标专有权以核准的文字、图形和核定使用的商品为限，此种限定应

① 我国有些学者对此分类存有异议。有的认为，未注册商标与注册商标一样，也具有使用权；还有的认为，商标权就其本质而言是一专有使用权，排他权是其当然内容。我们认为，未注册商标的“使用权”是不完全的、不充分的，它的使用只是一种自然的事实，而非法定的权利。当未注册商标与注册商标发生冲突时，前者的继续使用即告非法；同时，注册商标的使用权与禁止权的区别，有助于判明其效力的差异。商标法对此有明确的规定。

是商标权人行使专用权的范围，而不是商标权的保护范围。[①]

关于无形财产权保护范围的规定，其特点不仅表现为一种权项范围的“界定”，而且表现为效力范围的“限制”。为了防止作者、创造者的专有权利成为公众获取知识和整个社会发展、科学文化事业发展的障碍，无形财产权制度还允许权利人以外的其他人在一定的条件下自由使用受保护的知识产品。例如，著作权法中的“合理使用原则”、“法定许可使用原则”，专利法中的“专利权用尽原则”、“临时过境使用原则”，商标法中的“先用权人使用原则”等，都是在知识产品的使用中对专有权利行使的限制，即法律对无形财产权保护范围的限定。

二、侵犯无形财产权行为的概念与特征

1. 侵犯无形财产权行为的概念

关于侵犯无形财产权的行为，目前的著作很少从总体方面进行研究，而对各类具体侵权行为的描述散见于诸法论述之中。对于侵权行为的指向，或者说侵害对象，学者们有不同观点。有的学者强调，侵权行为表现为擅自使用他人的知识产品。根据这一主张，侵犯著作权的行为，是指“未经作者或其他著作权人许可，又不符合法律规定的条件，擅自利用受著作权法保护的作品的行为”[②]；侵犯注册商标专用权，即是未经权利人许可擅自使用其注册商标或将该商标的主要部分用作自己的商标，从而造成商标混同，欺骗消费者的行为。[③] 有的学者则强调，侵权行为本质上是擅自利用他人的专有权利。他们认为，侵犯著作权，是指“未经著作权人许可，在法律允许的范围之外，擅自使用其著作权的行为”[④]；侵犯专利权，即是“未经专利权人许可，实施其专利的行为”[⑤]。侵犯商标权，是

---

① 参见何孝元：《工业所有权之研究》，224 页，台北，三民书局，1977。

② 黄勤南主编：《新编知识产权法教程》，448 页，北京，中国政法大学出版社，1995。

③ 参见夏淑华：《商标法要论》，246～247 页，北京，中国政法大学出版社，1989。

④ 郑成思主编：《知识产权法教程》，112 页，北京，法律出版社，1993。

⑤ 刘春田主编：《知识产权法教程》，250 页，北京，中国人民大学出版社，1995。

指“不法侵害他人注册商标权”的行为。[①] 笔者认为，凡违反法律规定而损害知识产品所有人专有权利的行为，均为侵犯无形财产权。在这里需要说明的是，侵权行为主要表现为对享有专有权利的知识产品的擅自使用，但对该知识产品的擅自使用并不包容所有的侵权行为。例如，在著作权领域，制作、出售假冒他人署名的美术作品的行为，依法构成对著作权的侵犯。由此可见，侵权行为并非都是直接作用于他人的著作权作品，即是说，它是擅自行使他人的“权利”，而不是使用他人的“作品”。又如，在专利权领域，专利权共有人未经其他共有人同意而许可他人实施该专利技术的行为；在商标权领域，经销明知或者应知是侵犯他人注册商标专用权的商品的行为等。该类行为属于间接侵权行为，虽不因使用知识产品而直接侵权，但因积极诱导或促使他人实施直接侵权，而损害了他人的专有权利。因此，就侵害对象而言，将侵权行为表述为“擅自行使或利用知识产品所有人专有权利”，较之“擅自使用受法律保护的知识产品”这一说法更为确切。

侵犯无形财产权行为属于非法事实行为。在现代民法学说中，学者们主张依事实行为理解侵权行为的性质，认为禁止性规范应“着重违反行为之事实行为价值，以禁止其行为为目的”[②]；甚至主张一切违法行为“恒为特定事实行为”[③]。依笔者之见，侵犯无形财产权行为与知识产品创造行为同为事实行为，但其性质不同，前者为非法事实行为，后者为合法事实行为。[④] 在此，笔者拟就侵权行为具有事实行为的一般特征作如下概括：第一，侵权行为不以意思表示为构成要件，是一种客观行为，即业已实施并在客观上对外界造成影响与后果的行为；第二，侵权行为的法律后果依法律的直接规定而发生，不反映行为人追求之直接目的，不存在行为人所预期之意思效力；第三，侵权行为因符合法定事实要件而成立，所谓“未经授权，又无法律许可，擅自行使或利用他人专有权利”，即是侵

① 参见刘剑文主编：《现代中国知识产权法》，289页，北京，中国政法大学出版社，1993。

② 史尚宽：《民法总论》，296页，台北，正大印书馆，1980。

③ 董安生：《民事法律行为》，117页，北京，中国人民大学出版社，1994。

④ 有学者曾撰文说明反动淫秽的作品不为法律肯定和保护，其理由在于创作内容违法的作品，即属于无效的民事行为。这一观点有失精当，创作行为与侵权行为一样，不以意思表示为要素，皆为一种法律构成行为。

权法规定的构成要件。因此，该行为在本质上是一种法律构成行为。由于其行为内容非法，该行为在法律事实类别中又属于一种非法事实行为。

2. 侵犯无形财产权行为的特征

侵犯无形财产权行为，与一般侵权行为有着相同的法律性质，又有着相似的法律后果。但由于其侵害对象不同，侵犯无形财产权行为表现出自己独有的基本特征：

（1）侵害形式的特殊性。在侵权行为中，对于财产所有权的侵犯主要表现为侵占（即非法占有他人所有物的行为）、妨害（致使所有人无法充分行使权利的行为）和毁损（侵犯他人所有物使其遭受灭失或损坏的行为）。这些行为往往直接作用于客体物本身（如将他人的财物毁坏、对他人财物强占），与客体物之间的联系是直接的、紧密的；侵权行为的具体表现内容，涉及占有、使用、收益和处分各个方面。对于无形财产权的侵犯则主要表现为剽窃、篡改和仿制。这种侵权行为作用于知识产品的思想内容或思想表现形式，与知识产品的物化载体无关。例如，非法将他人创作的字画攫为己有，它涉及的是物体本身，即创作的物化载体，该行为应视为侵犯财产所有权的行为；如果行为人虽未占有这一字画，但擅自将其翻印出售，则该行为涉及的是无形财产，即作者的思想表现形式，应以侵犯无形财产权认定。与有形财产的侵权行为不同，对无形财产的侵权行为在形式上似乎并不影响作者的权利行使。例如，他人对作品的非法“占有”，并不意味着权利人同时失去这种“占有”；对作品的非法使用，也不排斥权利人对自己的知识产品继续使用。这种行为之所以构成侵权，主要在于它是对知识产品所有人“专有”、“专用”权利的侵犯，是对无形财产权绝对性和排他性的违反。

（2）侵权行为的高度技术性。由于科学技术的不断发展，生产方式的不断革新，使公众消费能力大大提高，社会生活内容呈现出科技化、现代化的趋势。在这种情况下，出现了一些新型的侵权行为。① 这些新型侵权行为，大多应归属于侵犯无形财产权的行为。侵害无形财产权的行为与具有智力创造性特征的知识产

① 参见张新宝：《中国侵权行为法》，13页，北京，中国社会科学出版社，1998。

品的利用相联系，往往有相当程度的技术含量，因而在侵权行为之防范、侵权责任构成之认定、侵害后果之避免等方面带来相当的困难。首先，新信息技术、新传播媒介的发展，对著作权、专利权等带来直接的威胁。运用电子新技术，印刷品、音像制品和图表资料等可以进行无数次扫描、取样、复制。“不正当地使用这些技术，等于盗取版权所有者的版税和收入。”① 随着信息高速公路的兴起，互联网络与电脑黑客相伴而生，借助于电脑和高新技术工具的侵权者，将会轻而易举地将他人的专利技术和经营秘密送上“高速公路”。其次，涉及知识产品的侵权行为大都技术手段高明，较之一般财产权侵害有着更大的隐蔽性和欺骗性。当前，因特网的迅猛发展，使人类信息一体化成为现实，其社会效益与经济效益不言而喻。但是，“网络是一个虚拟的社会，网络犯罪应是高科技给人类带来的一个新的烦恼”②，网络侵权、网络窃密、网络破坏等造成知识产权的流失，使人们措手不及，防不胜防。最后，侵犯无形财产权行为，其因果关系十分复杂。由于知识产品的非物质性特点，权利人无法控制他人的非法使用。本来在传统环境中，无形的精神创造尚可“固化”为商标标识、专利产品、图书资料、唱片乐谱等物质载体，侵权责任的举证就有相当难度；而在网络空间中，一切知识产品都表现为数字化的电子信息，人们感知的只是计算机终端屏幕上瞬时生灭的数据和影像，从而给侵害行为的认定带来更多疑难。③ 上述情形直接危及无形财产权的保护，以至于有人愤而疾呼：“当我查不出是否有人，以及在什么时间、什么地点制造复制品时，阻止他人复制我的作品的法律权利还有何用!”④

（3）侵害范围的广泛性。由于知识产品的非物质性和公开性特征，对同一知识产品的合法使用与侵权使用通常会在同一时空条件下发生，数个甚至数十个侵权使用可能会在不同地域同时发生。在知识产品利用极为便利的条件下，使用行为极有可能构成侵权行为，且受侵害的对象往往不是某一单项权利。由于现代信

① 明安香主编：《信息高速公路与大众传播》，159页，北京，华夏出版社，1999。

② 侯晓霞等：《迎接知识经济时代，加强知识产权保护》，载《知识产权》，1999（2）。

③ 参见吴永臻：《网络信息环境的知识产权保护问题》，载《河北大学学报》（哲学社会科学版），1998（2）。

④ ［英］R.F.沃尔等：《版权与现代技术》，载《国外法学》，1984（6）。

息技术、传播技术的出现，侵犯无形财产权的行为出现两个重要的趋势：一是个体侵权行为“普及化”。静电复印技术的推行，使得大规模复印文字作品变得极为便利，并对社会公众购买复印作品的习惯产生了巨大影响。据有关国际组织的调查，每年各国静电复印的数量约为25 000亿张。而电子录制技术的普及，使得私人复制音乐和电视节目成为亿万家庭的嗜好。据英国政府 20 世纪 80 年代公布的绿皮书，在英国仅因家庭录制一项就使著作权人损失约 5 000 万英镑。[①] 二是高科技侵权行为“国际化”。在国际互联网络广泛应用的空间中，知识产品可以以极快的速度、极方便地在全球范围传播，从而为不同国家的不同主体所接收和使用（包括合法使用与非法使用）；由于信息流跨空间、跨区域的大规模、高速度地运动，跨国侵权也就成为一件容易的事情。侵权人足不出户，即可能充当“网络黑客”进入他国国民的数据库，以获取所需要的经营信息和技术秘密，或是在计算机上输入、储存、显示他人的网络作品。即使是针对本国国民的侵权，也可以利用网络从国外迂回以其他身份进入本国。在上述情况下，每一项知识产品都可能处于“国际化”侵权的威胁之中。[②]

（4）侵害类型的多样性。在立法例上，侵害无形财产权有直接侵权行为与间接侵权行为之分，法律对此规定了不同的过错条件及处罚标准。所谓间接侵权行为有两种含义：一是指行为人的行为本身并不构成侵权，但其行为帮助和导致了直接侵权行为人的发生，因而对权利人造成了损害，亦被称为“二次侵权”。例如，在著作权领域，故意出售、出租、进口侵权复制品的行为；在专利权领域，故意制造、销售只能用于专利产品的关键部件的行为；在商标权领域，故意为他人侵犯商标权的活动提供仓储、运输、邮寄、隐匿等便利条件的行为。二是指“行为人”并没有从事任何侵权行为，但由于特定社会关系的存在，依法须对他人的侵权行为承担一定的责任。例如，法定代理人对无行为能力人实施的侵权行为、雇主对雇员因完成本职工作而实施的侵权行为、委托人对受托人因履行委托

① 参见吴汉东：《著作权合理使用制度研究》，206 页，北京，中国政法大学出版社，1996。

② 参见孙铁成：《计算机与法律》，63 页，北京，法律出版社，1998。

合同而实施的侵权行为等，均为间接侵权行为。[①] 上述间接侵权行为人与直接侵权行为人应承担共同侵权责任。在我国相关法律及审判中，对间接侵犯商标权行为均有所涉及。例如，在著作权领域，故意制造、进口或者向他人提供主要用于避开、破坏技术措施的装置或者部件，或者故意为他人避开或者破坏技术措施提供服务的行为（参见《信息网络传播权保护条例》第 19 条第 1 项）。著作权间接侵权行为可以分为帮助侵权、替代侵权和辅助侵权等。在专利权领域，法律虽未对间接侵权行为的制裁作出明确规定，但在司法实践中，凡未经专利权人许可，以生产经营为目的制造、出售专门用于专利产品的关键部件或者专门用于实施专利方法的设备或者材料；未经专利权人授权或者委托，擅自许可或者委托他人实施专利等行为，与直接侵权构成共同侵权；在商标权领域，故意为侵犯他人注册商标专用权行为提供仓储、运输、邮寄、隐匿等便利条件的（参见《商标法实施条例》第 50 条第 2 项），与直接侵害商标权的行为构成共同侵权。从立法现状看，将间接侵权行为纳入侵权责任法范围之中，这不仅是提高无形财产权国际保护水准的要求，而且是协调国内无形财产权制度的需要。

三、侵犯无形财产权行为的归责原则

1. 侵权行为归责原则概说

侵权行为有一般侵权行为与特殊侵权行为之分。前者是指具有过错、损害事实、因果关系的基本构成要件，适用民法上的一般责任条款的侵害行为；后者是指欠缺一般侵权行为构成要件，适用民法上特别规定或特别法规定的责任条款的侵害行为。侵权行为的性质不同，其适用的归责原则也不相同。

归责原则是确认不同种类侵权行为所应承担民事责任的标准和原则，它决定着一定侵权行为的责任构成要件、举证责任的负担、免责条件、损害赔偿的原则和方法等。关于侵犯无形财产权行为的归责原则，我国相关法律未作明确规定，

① 参见郑成思：《版权法》，212 页，北京，中国人民大学出版社，1997。

因此，学术界对此主张不一。有的学者认为，侵犯无形财产权行为乃是一般侵权行为，主张适用过错责任原则[①]；有的学者认为，该类侵权行为具有多种属性，主张同时适用过错责任原则与无过错责任原则[②]；还有的学者认为，侵犯无形财产权行为中含有特殊侵权行为类型，主张在适用过错责任原则的基础上补充适用过错推定责任原则。[③]

2. 对过错责任原则的评价

过错责任原则以有无过错或过错大小作为确认是否承担责任或承担何种责任的依据，并在一般侵权行为中实行“谁主张，谁举证”的原则。过错责任原则是自然法则，一个人就自己过失行为所造成的损害，应当负赔偿责任，这是当然自明的道理。正如19世纪德国法学家耶林所说：“使人负损害赔偿的，不是因为有损害，而是因为有过失。其道理就如同化学上之原则，使蜡烛燃烧的，不是光，而是氧，一般的浅显明白。”[④] 侵犯无形财产权虽然有其特殊性，但在一般情况下仍然不能排除过错责任原则的适用。只有这样，才能体现出侵权责任法之真正价值判断标准之所在。行为人只要已尽适当注意义务，即可不必负责；倘若一有损害即要赔偿，就会使行为人在创造活动中瞻前顾后，动辄受咎。这与无形财产权制度的保护创造者专有权利与促进科学文化事业发展的二元立法目标是相违背的。

在侵犯无形财产权领域，适用过错责任原则有其国内法与国际法依据。我国《民法通则》对侵权行为采取二元归责原则体系：一般侵权行为适用过错责任原则，法律有特别规定的情形方适用无过错责任原则。一般认为，侵害知识产权不属于法律规定的特别情形，因此应适用过错责任原则。对各国相关立法具有普遍指导意义的《知识产权协定》第45条第1款规定：“司法机构应有权命令侵权者

① 参见刘波林等：《侵害著作权的过错责任》，载《著作权》，1996（4）。

② 参见郑成思：《知识产权论》，271～274页，北京，法律出版社，1998。

③ 有学者认为，侵犯无形财产权行为适用过错责任原则。但在该原则的适用上，可以考虑采用过错推定的方法予以解决。这与美国在这一领域所适用的严格责任原则已经比较接近。参见张新宝：《中国侵权行为法》，237页，北京，中国社会科学出版社，1998。

④ 转引自王泽鉴：《民法学说与判例研究》（2），144页，北京，中国政法大学出版社，1997。

向权利所有人支付足够的损害赔偿，来补偿由侵权者侵犯其知识产权所造成的损失，且侵权者知道或有充足理由知道他正在从事侵权活动。”[①] 上述规定表明，无形财产权的损害赔偿，其适用条件是侵权人知道或应该知道他从事了侵权活动。换言之，过错责任原则是侵犯无形财产权的一般归责原则。

但是，全面适用过错责任原则也有值得检讨之处，其原因就在于举证责任的分配问题。由于过错责任原则采取“谁主张，谁举证”原则，对原告即权利人多有不便。无形财产权所有人在一定期间内享有专有权利，但须将其知识产品公开。这样，权利人既难以控制他人对知识产品的利用，也难以对他人这种使用的过错状况进行举证。一些学者对此持批评态度，认为全面适用过错责任原则，是为未经许可的使用人着想过多，而为权利人着想过少。因此，学术界主张对过错责任原则进行修正和补充，即采用二元归责原则。其中有代表性的观点主要有两种：一是以无过错责任为补充原则，二是以过错推定责任为补充原则。

3. 对无过错责任原则的质疑

无过错责任原则不考虑行为人的过错与否，在法律明文规定应承担责任的情况下，仅根据损害事实本身即可确认责任。基于这一认识，权利人无须就侵权人的过错进行举证，侵权人也不得以其无过错为由进行抗辩。有学者主张在侵犯无形财产权领域引进无过错责任原则，即对未经许可复制或作为直接传播的第一步如表演等利用作品的行为，以及未经许可制作、使用发明创造专利的行为，适用无过错责任原则；对于其他行为以及对一切间接侵犯知识产权行为，采取过错责任原则。[②] 其理由是，适用无过错责任原则有助于解决权利人举证之困难，与国际上相关立法趋势保持一致。

笔者对上述主张持有疑虑：第一，现代无过错责任原则是随着工业革命的完成应运而生的，它的重要使命即在于处理现代社会化大生产中诸如高度危险作业、环境污染等致人损害的赔偿责任问题。我国台湾地区学者王泽鉴先生指出：

---

① 《中国科学技术蓝皮书》第 7 号。转引自陈昌柏编著：《国际知识产权贸易》，485 页，南京，东南大学出版社，1994。

② 参见郑成思：《侵害知识产权的无过错责任》，载《中国法学》，1998 (1)。

“无过失责任制度的基本思想，不是在于对具有‘反社会性’行为之制裁。盖企业之经营、汽车之使用、商品之产销、原子能装置之持有，系现代社会必要经济活动，实无不法性之可言。无过失责任之基本思想乃是在于对不幸损害之合理分配，亦即 Esser 教授特别强调之分配‘正义’。”① 可见，无过错责任原则主要适用于社会必要经济活动所致之损害，与具有“反社会性”的侵犯他人无形财产权行为性质不符。第二，《知识产权协定》第 45 条第 2 款规定：“司法机构也应有权命令侵权者向权利所有人支付全部费用，可以包含合理的律师费用。在适当的时候，即使侵权者不知道或无合理理由知道其正在从事侵权活动，缔约方也可授权司法机关发布收回其利润的命令，补偿自己的损失。”② 该项条款是否可以作为国际上确认无过错责任原则的准据法，有值得斟酌之处。这里的“适当的时候”，主要是指侵权损害特别严重的某些情形：侵权人通过侵权活动获得巨大利润，或者侵权的情节相当恶劣，损害了权利人的名誉，或者法院诉讼费时过长，以致权利人开支很大。③ 特别应当指出的是，《知识产权协定》关于“损害赔偿”有两项条款，第 45 条第 1 款规定的是过错责任原则，以侵权人主观上“知道”或“应该知道”为条件，该条款是强制性条款，缔约方“应以”国内法加以确认。第 45 条第 2 款则不同，在某些“适当的时候”，侵权人返还所得利润或支付法定赔偿费用不以主观上是否知情为条件。但这一原则是一个选择性条款，“缔约方不采取这一归责原则，也不能认为违反协定”④。在法理上，第 45 条第 2 款的规定有何意义，学术界存有歧见。有的学者认为上述情形属于同样不以过错为条件的严格责任，也有学者认为可归类于不考虑行为人过错情况的不当得利。总之，并非当然就是无过错责任。⑤ 第三，关于国外立法是否确认无过错责任

---

① 王泽鉴：《民法学说与判例研究》(2)，162 页，北京，中国政法大学出版社，1997。

② 《中国科学技术蓝皮书》，第 7 号。转引自陈昌柏编著：《国际知识产权贸易》，485 页，南京，东南大学出版社，1994。

③ 参见汤宗舜：《知识产权的国际保护》，222 页，北京，人民法院出版社，1999。

④ 汤宗舜：《知识产权的国际保护》，223 页，北京，人民法院出版社，1999。

⑤ 在归责原则体系中，大陆法系侵权法分为过错责任、无过错责任和公平责任。英美法系侵权法分为过错责任、严格责任和绝对责任。严格责任并非等同于无过错责任。参见王利明编著：《侵权行为法》，北京，法律出版社，1996；张新宝：《中国侵权行为法》，北京，中国社会科学出版社，1998。

原则，尚需作具体分析。在大陆法系国家，如法国、德国、日本等国民法典及其特别法所规定的无过错责任原则，主要适用于“工作物所有人”的责任，包括动物持有人责任、铁路持有人责任、航空器持有人责任、能源设备持有人责任等。可见，作为基本法的民法典并未涉及侵犯无形财产权的情形。知识产权法有否规定无过错责任呢？有学者引用《德国著作权法》第 97 条、《德国商标法》第 14 条规定：“受侵害人可诉请对于有再次复发危险的侵权行为，现在就采取下达禁令的救济，如果侵权系出于故意或出于过失，则还可同时诉请获得损害赔偿”，认为这一条款即是对无过错责任的确认。其实不然。无形财产权与所有权一样，都是对世权、绝对权，可以适用多种法定方式予以保护。其中，请求排除妨碍、请求恢复原状和请求返还原物，是为物权之诉；请求损害赔偿，是为债权之诉。德国著作权法、商标法上所谓请求排除妨害、停止侵权之诉，概为物权保护方法，其物上请求权当然不以行为人有无过错为条件。这种“无过错”并非同时适用于侵权损害赔偿的债权主张。在英美法系国家，主要是通过判例的方法确认了严格责任原则。所谓严格责任是一种较之一般责任标准更加严格的归责原则，但这种责任标准区别于绝对责任。在后者，如果应该避免的伤害事件发生，则当事人必须负责，而不论其如何尽到注意义务；在前者，行为人对于所负责任，则仍有一些有限的抗辩事由可以援引，但不能以当事人已尽到合理注意为由进行抗辩。[①] 大陆法系国家的侵权法并不直接采用严格责任的说法。我国有的学者认为，严格责任与无过错责任的含义基本相同[②]；也有的学者认为，严格责任更接近于过错推定。[③] 这是因为，严格责任“虽然严格，但非绝对”。在严格责任下，并非表示行为人就其行为所生之损害在任何情况下均应负责，各国立法例多承认行为人可以提出特定之抗辩或免责事由。严格责任表面上不考虑行为人的过错即可以确定其责任，但实际上采取一种过

① 参见［英］戴维·M·沃克主编：《牛津法律大辞典》，北京社会与科技发展研究所组织编译，863 页，北京，光明日报出版社，1989。

② 参见孔祥俊：《论侵权行为的归责原则》，载《中国法学》1992（5）。

③ 参见王利明：《民商法研究》（第一辑），664 页，北京，法律出版社，1998。

错推定方法，即从损害事实中推定行为人有过错，但允许其通过举证证明损害是由于受害人的过错、第三人的过错和自然原因所造成的，减轻或免除责任。可见，美国等国在这一领域所采用的严格责任原则并非无过错责任原则，而更接近于过错推定责任原则。①

4. 对过错推定责任原则的主张

过错推定责任原则是对过错责任原则的补充和发展，是后者的特殊表现形式。过错推定责任较一般过错责任严格，但不及无过错责任那么绝对。根据这一原则，一旦损害发生，法律推定行为人有过错并要求其提出无过错抗辩，若无反驳事由，或反驳事由不成立，即确认行为人有过错并应承担责任。根据有的学者的分类，过错推定责任分为一般过错推定和特殊过错推定。前者是指法律规定行为人侵害他人人身、财产并造成损害的，应负民事责任，但如果行为人证明其没有过错的，就可推翻对其过错的推定并免除责任；后者是指在某些侵权行为中，法律规定行为人必须证明有法定抗辩事由的存在，以表明自己的无过错，才能对损害不承担责任。② 依侵犯无形财产权行为的性质而言，似应适用特殊过错推定。在各国相关立法文件中，有关“权利的限制”、“不视为侵犯专有权的行为”、“有关知识产品允许实施的行为”等，概为针对侵犯无形财产权诉讼的法定抗辩事由。上述抗辩事由既是过错不存在的理由，也是免除或减轻责任的理由。

过错推定责任是介于过错责任与无过错责任之间的责任归责方式。就其以过错作为确定责任的最终依据而言，过错推定责任保持了传统过错责任所具有的价值和功能；就其虽无过错但可能也要承担责任而言，又具有无过错责任的若干特征。可以说，过错推定责任原则的这种平衡、协调作用，能够纠正过错责任原则对权利人举证要求过苛而对无形财产侵权人失之过宽，与无过错责任原则对权利人保护比较充分而对知识产品使用人失之过严这两者的偏差。当侵权损害结果发

① 参见王利明：《民商法研究》（第一辑），664页，北京，法律出版社，1998；张新宝：《中国侵权行为法》，298页，北京，中国社会科学出版社，1998。

② 参见王利明等编著：《侵权行为法》，35～36页，北京，法律出版社，1996。

生时，法律责令知识产品使用人举出自己“无过错”的证明，从而免除作为原告的权利人的举证困难；同时，也使得作为被告的知识产品使用人有抗辩的机会，不至于无辜受罚，动辄受咎。由此可见，过错推定责任的基点依然是知识产品使用人有过错即有责任，而不是仅有行为后果就要承担责任。在无形财产权实务中，让行为人对他不能预见、并不希望发生的损害事实承担责任，在大多数情况下是有失公允的，也是违背自然法则的。当然法律上的过错推定，“实为保护被害人之技术运用，旨在保护被害人之利益”[①]。实行这一归责原则，可以使无形财产权所有人免除举证责任而处于有利地位，有利于制裁那些虽无主观过错但缺乏反驳事由的侵权行为。

在侵犯无形财产权诉讼中，过错责任与过错推定责任应为二元归责原则，两者共同行使认定侵权责任的使命。这种归责体系的具体运行模式是：法律授予作为原告的权利人一种选择权，即假定权利人是自己利益的最佳判断者，他“有权”选择自己举证，以便有力地、有针对性地向侵权人追偿损失。在这种情况下，即适用过错责任原则。同时，权利人也可以放弃这种举证的“权利”，法院即责令侵权人举证，举证不能或举证证明不成立的，推定侵权人有过错。在这种情况下，即适用过错推定责任。

四、侵犯无形财产权的法律救济

“有权利，必有救济”，是一个自罗马法流传至今的法谚，也是现代权利救济思想的集中表述。20 世纪以来，世界各国及国际间的无形财产权保护制度就是在“权利的获得—权利的侵犯—权利的救济”的循环往复中逐渐完善起来的。[②]由于现代科学技术的发展，不但知识产品的商业价值显著提高，而且相关的权利受侵害的方式日趋多样，后果日趋严重。因此，寻求权利救济是现代法治国家普

① 王泽鉴：《民法学说与判例研究》(2)，198 页，北京，中国政法大学出版社，1997。

② 参见沈晓雷：《音乐作品著作权若干问题研究》，载梁慧星主编：《民商法论丛》，第 12 卷，30 页，北京，法律出版社，1999。

遍关注的问题。权利救济理论认为："有权利必有救济，没有救济就没有权利；立法机关在授予权利的同时，应设置各种救济手段，使权利在受到侵犯时能凭借这些手段消除侵害，获得赔偿或补偿。"①

法律对于无形财产权的保护是多层次、多角度的。1994 年达成的《知识产权协定》要求各缔约方应保证此协定所规定的执法程序能依照缔约方国内法得到有效贯彻，以便能行之有效地制止任何侵犯此协定所保护的知识产权的行为。为确保这一目标的实现，该协定详细地规定了侵权救济措施及防止侵权的措施。依各国相关立法通例，从权利救济的途径来讲，受侵害人可采取以下权利保护方法：

1. 民事救济措施

与刑事、行政救济措施相比较而言，民法对无形财产权的保护更为直接，具有维护权利状态或对权利人所受损害给予经济补偿之作用。一般来说，民法对所有权的保护是通过赋予权利人以请求确认所有权、请求排除妨碍、请求恢复原状、请求返还原物、请求赔偿损失等请求权的方法来实现的。这些请求除请求确认所有权必须以诉讼方式向法院提出外，其余请求既可由权利人向侵权人提出，也可由物权人以诉讼方式向法院提出。② 对于无形财产权的民事救济，权利人当然可以提起上述确认之诉、物权之诉与债权之诉，以维系其受到侵害的权利。但与一般财产所有权不同，在物权之诉中，无形财产权所有人并不能援用请求恢复原状、返还原物之传统民事救济措施。请求恢复原状以保护财产不受他人非法损坏为目的。其适用的一般条件是：权利标的须为有体物；该项财产有物质上或价值上损坏事实存在；损害之物件有修复的可能。但知识产品系非物质形态之精神产物，对其非法使用并不导致对知识产品本身的"损耗"，该种权利侵害无法通过有形的"修复"而恢复原状。而请求返还原物是保护物之占有权能的方法。其适用条件是：请求返还的原物须为特定物，该特定物为不法占有人所控制。由于知识产品具有不同于有体物的特性，侵权人无须有形控制而

① 林莉红：《论行政救济的原则》，载《法制与社会发展》，1999（4）。

② 参见彭万林主编：《民法学》，210 页，北京，中国政法大学出版社，1994。

仅凭“认知”即构成“占有”，这种知识或经验的“占有”无法通过“返还”而恢复原有权利状态。因此，无形财产权的民事救济不适用请求恢复原状与请求返还原物。

在各国无形财产权制度中，民事救济措施最重要的是请求停止侵害与请求赔偿损失。请求停止侵害是一种物权之诉。无形财产权受到损害时，权利人可以请求侵权人停止侵害，也可以请求法院责令侵权人停止侵害。请求停止侵害，既包括请求除去已经产生之侵害，也包括请求除去可能出现之侵害。请求停止侵害与传统民事救济措施之请求排除妨碍相当。需要说明的是，由知识产品的特性所决定，请求停止侵害是排除对权利人行使专有权利之“妨碍”，而不可能是制止对权利客体即知识产品之“侵害”。所谓请求赔偿损失，是一种“债权之诉”。当无形财产权受到损害时，权利人可以请求侵权人支付一定数额的金钱予以赔偿。权利人的赔偿损失请求既可以单独提出，也可以在行使“物上请求权”时同时提出。无形财产权与传统所有权在损害赔偿方面有着共同的理论与原则，即填补损害，“旨在使受害人能够再处于如同损害行为未曾发生时之情况”。这一思想在《德国民法典》第249条有明确规定，法国判例及学说和英国法、美国法也有此类规定。[①] 但如何填补损害，两种财产权制度似有不同：在侵犯所有权诉讼中，除法律另有规定或合同另有规定以外，损害赔偿应以“恢复原状”为依归。例如，甲损害乙玻璃窗，为恢复原状，甲应修理或购置同样的玻璃窗，恢复原来面貌。此即以赔偿损害之原物，以达填补损害之目的。当此种损害填补不能时，代之以金钱赔偿。[②] 而在侵犯无形财产权之诉中，损害赔偿不存在购置同样知识产品，以恢复损害事故未曾发生原状之可能。换言之，填补损害即意味着金钱赔偿。关于无形财产的损害赔偿额，有两种计算方法：一种是按侵权人在侵权期间因侵权行为所获得的利润计算，另一种是按权利人在侵权期间因被侵权所受到的损失计算。如果权利人的实际损失和侵权人的非法所得不能确定，一些国家的相关制度还规定了法定赔偿数额，即由法官根据侵权行为的社会影响、侵权手段和

①② 参见曾世雄：《损害赔偿法原理》，16页，台北，三民书局，1996。

情节、侵权时间和范围以及侵权人的主观过错程度，判决给予一定数额金钱的赔偿。

2. 刑事救济措施

针对一些严重的侵犯无形财产权的行为，许多国家的相关立法都规定了刑事诉讼程序及刑事制裁措施。关于侵犯无形财产权罪的类型，《知识产权协定》第6条对各缔约方作了最低要求的规定，即缔约各国或地区至少应制裁假冒商标或剽窃版权作品的犯罪。但其适用条件有二：一是侵权使用达到一定的商业规模，二是非法使用人主观上出于故意。实际上，各国立法关于侵犯无形财产权罪名的规定，一般都超出了《知识产权协定》的最低要求。我国新刑法在“侵犯知识产权罪”与“扰乱市场秩序罪”的章节中，规定了侵犯商标权罪、侵犯专利权罪、侵犯商业秘密权罪、侵犯商誉权罪等各项犯罪行为。其罪名涉及侵犯无形财产权的主要领域。①

关于侵犯无形财产权罪的种类，各国立法例有较大差异。有的国家采取概括式，仅对构成犯罪的侵权行为作原则规定，其具体类型往往借助于立法或司法解释。② 有的则采取列举式，重点排列各类犯罪行为。以著作权法为例，美国、俄罗斯等国仅原则上规定，侵犯著作权构成犯罪的行为应受到刑事处罚，而意大利、德国、英国等国则详细列举了各类应承担刑事责任的犯罪行为。概括式立法体例优点在于包容性强，可适用于各种具体情形；但其不足是弹性过大，有时难以划清罪与非罪的界线。列举式立法体例则清楚明了，易于确定何为罪何为非罪，但其缺点是难免挂一漏万，使有些未能列举的犯罪行为逃脱刑事制裁。

侵犯无形财产权罪与侵犯财产罪在犯罪构成方面略有差别：在主观方面，两者大抵强调只有在故意的情况下才构成犯罪。但个别国家的某些法律规定，侵犯

---

① 参见赵秉志主编：《新刑法教程》，470页，北京，中国人民大学出版社，1998。

② 德国、日本等国的刑法理论及司法实践，注重在保持法典稳定性的基础上对相关罪名作扩大解释，以制裁新型犯罪行为。例如，日本刑法没有规定盗窃商业秘密罪，但通过对刑法的解释将这种行为认定为盗窃罪。参见张明楷：《市场经济下的经济犯罪与对策》，17页，北京，中国检察出版社，1995。

无形财产权的过失犯罪人在一定的条件下也要受到刑事处罚。[①] 在主体方面，侵犯财产罪既有一般主体又有特殊主体，但都属于自然人犯罪。所谓单位犯罪，广泛存在于危害公共安全罪，破坏社会主义市场秩序罪，侵犯公民人身权利、民主权利罪，妨害社会管理秩序罪，危害国防利益罪和贪污贿赂罪等罪类中，与侵犯财产罪无涉。[②] 而侵犯无形财产权罪不同，除实施具体犯罪行为的人要承担刑事责任外，行为人的雇主（包括法人或非法人团体）也要受到处罚。

对于严重侵犯无形财产权的行为，《知识产权协定》第 61 条规定，缔约方应提供刑事诉讼程序和刑事处罚。可采用的法律补救措施应包括足以起到威慑作用的监禁和/或罚款，其处罚程序应与对具有相应严重性的罪行的处罚程序相一致。在适当的案件中，可采用的措施还应包括充公、没收或销毁侵权物品以及任何其主要用途是用来进行上述犯罪行为的材料和设备。[③] 多数国家的相关立法与该协定所规定的刑事措施基本一致。一般而言，有期徒刑与罚金是两类最基本的刑事救济手段。除此之外，有些国家还规定了扣押、没收和销毁侵权复制物及制作设备等。我国新刑法对侵犯无形财产权罪规定了有期徒刑、拘役、管制、罚金等各种刑事处罚。随着现代科学技术带来知识产品广泛、便捷的使用，侵犯无形财产权的行为日趋严重，各国刑事立法表现出加大处罚力度的趋势，如对严重的犯罪行为人增加徒刑期、加大罚金数额等。

3. 行政救济措施

无形财产权是民事主体依法所享有的一项重要民事权利。基于此，对该项财产权利的保护主要是采取民法保护的方法。但是，某些侵犯无形财产权的行为不仅损害了私人权益，而且扰乱了正常的社会秩序，侵害了国家与社会公众的利益。因此，这种行为已不仅是对私权领域的侵犯，而且是对国家公权领域的侵犯，即构成违反行政法律规范的行为。在这种情况下，行为人不但要对侵权行为承担民事责任，同时也要对自己违反行政法律义务所造成的后果承担行

① 参见《意大利著作权法》第 172 条。

② 参见赵秉志主编：《新刑法教程》，121、622 页，北京，中国人民大学出版社，1998。

③ 转引自《中国科学技术蓝皮书》，第 7 号。

政责任。

各国一般设有专门的行政管理机关，如版权局、专利局、商标局、工商行政管理局等，或是成立统一的管理无形财产权事务的行政部门，如工业产权局、知识产权局等。上述行政管理机关通过相关无形财产权利审查登记、相关知识产品使用管理、相关知识产品复制品进出境管理等，采取各种行政措施保护当事人的合法权益。

关于行政救济措施，《知识产权协定》要求各缔约方加强各国司法机关的权力，以建立一种对侵权行为的有效威慑。其内容包括：在不给任何补偿的情况下，司法机关有权命令对侵权的商品进行处理，禁止其进入商业渠道，或者将上述侵权商品予以销毁；此外，司法机关还有权命令，将主要用于制作商品的材料和工具进行处理，禁止其进入商业渠道，以尽可能地减少进一步侵权的危险。[①]除上述规定外，《知识产权协定》还规定了海关中止放行制度，当受害人发现有侵权复制品经由海关进口或出口，则可向有关行政或司法机关提供书面申请和担保，由海关扣押侵权复制品，中止该类商品的放行。如果海关查实被扣商品系侵权复制品，则予以没收；如果扣押错误，则申请人应赔偿被申请人的合理损失。[②] 各国相关立法所采取的行政救济措施大致与《知识产权协定》相当，具体说来，有训诫（或警告）、责令停止制作和发行侵权复制品、没收非法所得、没收侵权复制品和制作侵权品设备、罚款等。

除上述公力救济措施外，对某些无形财产权在习惯上还可借助私力救济手段，如通过民间无形财产权利组织、相关行业公会或商业行会等调处权利纠纷和争议。

综上所述，从权利救济的立法例来讲，无形财产权制度有其自身的特点。一般而言，对财产所有权的保护，是各个法律部门的共同任务，但不同的保护方法不是一并规定在民法典或相关特别法中。与上述情况不同，无形财产权的立法保护有其特别之处：第一，无形财产权制度概为保护创造者、经营者合法权利之实

①② 参见《知识产权协定》第三节、第四节，引自《中国科学技术蓝皮书》，第7号。

体法，但现代法律制度（如著作权法、专利法、商标法等）一般都规定有侵权诉讼程序，含有司法救济的诸多条款，即在实体法之中规定有程序法内容；第二，无形财产权制度应为规范有关知识产品权益之私法，但现代法律制度多设有行政管理及处罚与刑事制裁的罚则，即具有公法与私法相结合的特点。当然，以上概括只是说明无形财产权保护与财产所有权保护之区别，上述特点并不影响无形财产权制度作为保护私权之民事特别法的地位。

第七章

无形财产权的制度体系

一般而言，体系是指“若干事物或某些意识相互联系而构成的一个整体”[①]。无形财产权体系，即可称为“无形财产权”的各项制度及其理论所构成的有机整体。无形财产权体系可以分为形式上的无形财产权体系和理念中的无形财产权体系。前者主要指知识产权的制度体系，后者主要指知识产权的理论体系；前者是后者的现实基础，后者是前者的抽象反思，两者相互影响、相互促进。本章主要述及无形财产权的制度体系，既分析法律构造意义上的无形财产权类型化与整体化，同时也涉及无形财产权的学说思想，以此作为无形财产权法律化、体系化的理论基础。

一、财产非物质化的制度创新

1. 财产的非物质化革命与非物质性财产类别

近代知识产权制度的建立是财产非物质化革命的结果，但不是无形财产权体系化的终结。自罗马法以来，私权领域所发生的制度创新与变革从来就没有停息

① 中国社会科学院语言研究所：《现代汉语词典》（修订版），1214 页，北京，商务印书馆，1996。

过。随着新科学技术与现代商品经济的发展，各种抽象化、非物质化的财产不断涌现，社会财富形态发生了很大的变化，在很多情况下，法律保护的对象不是有形的物件，而是无形的利益，财产遂被定义为“对价值的权利而非对物的权利”①。

非物质性财产，主要是知识财产，但不限于知识财产。对此，近现代学者都给予了充分的关注。早期资产阶级思想家、法学家洛克在其《政府论》一书中，曾在多种含义上表达了“财产”概念。在洛克那里，狭义的财产指的是个人所拥有的物质财产，一般用“possessions”、“estates”、“fortunes”和“goods”来表述；而广义的财产则为“property”，它不仅指物质财产，或者说一般意义上的财产和地产，也包括人的身心、生命和自由，甚至包括了人的劳动及行为规范。它是个人拥有的总和，包括身心和物质两个方面的内容以及有形和无形的两种形态。② 20世纪初，美国学者施瓦茨曾列举了“具有重大价值的新型财产”，“这些财产包括商业信誉、商标、商业秘密、著作权、经营利益、特许权以及公平的便利权”。阿切森也作出了自己的判断：“在19世纪的法学概念中最核心的就是财产权，任何事物都被认为是财产，如名誉、隐私、家庭关系等。”③ 另一美国学者弗里德曼认为，20世纪已经出现了“新财产”（new property）的概念，因此应当将就业机会、养老金、政府特许作为新财产看待。④ 与此同时，美国法院还将下列权利视为非物质化财产：使用邮政的权利、雇主自由地增减劳工的权利、雇佣者自由就业的权利、股东选举公司董事的权利、免税的权利、禁止他人出卖自己采制的新闻的权利、成为证券交易所会员的权利等。⑤ 应该指出，将一切利益、机会、资格等财产化、商品化，将政治权利、人身权利等同于私人财产权

① ［美］肯尼斯·万德威尔德：《19世纪的新财产：现代财产权概念的发展》，载《社会经济体制比较》，1995（1）。

② 参见梅雪芹：《关于约翰·洛克“财产”概念的一点看法》，载《世界历史》，1994（6）。

③ 转引自［美］肯尼斯·万德威尔德：《19世纪的新财产：现代财产权概念的发展》，载《社会经济体制比较研究》，1995（1）。

④ 转引自马俊驹、梅夏英：《无形财产的理论与立法问题》，载《中国法学》，2001（2）。

⑤ 参见［美］肯尼斯·万德威尔德：《19世纪的新财产：现代财产权概念的发展》，载《社会经济体制比较研究》，1995（1）。

利，似有值得斟酌之处。过于宽泛的财产观，有可能动摇现代财产权概念的科学基础，也有悖于财产非物质化革命的本意。但是必须承认，继知识财产出现以后，新的非物质性财产不断产生，从而构成了一种新的无形财产体系。从私权的角度，笔者拟将非物质性财产分为以下几类。

一是知识类财产。该类财产主要由知识、技术、信息等无形财产利益所构成，可以进一步分为创造性成果与经营性标记两类形态，前者包括作品及其媒介和工业技术。作品及其传播媒介是文化领域中的创造性成果，与创造者的创作活动及传播活动有关，其客观表现形式有文字、符号、图形、形象、音像等。工业技术是指工业、农业、商业等产业领域中能够物化在物质载体上的创造性成果，它通常表现为工艺操作方法与技能，以及与这些方法和技能相适应的生产工具和其他物质设施。后者是指在生产流通领域中能够标示产品来源和厂家特定人格的区别标记，包括商标、商号、地理标记等。上述知识财产是现代社会中最重要的非物质财富。

二是资信类财产。该类财产是经营领域中诸如商誉、信用、形象等财产化的商业人格利益。从商业信誉、商业形象的构成来讲，其内在因素是主体的经营能力，包括经济状况、生产能力、产品质量、市场占有份额等①；其外在因素来自社会因受主体信誉、形象的影响而给予的评价和信赖。此类商业人格利益，包含明显的财产利益的内容，但也有精神利益的因素。资信类财产的价值尚未完全为人们所认识，以至于我国台湾学者曾世雄将此类财产称为正在开发中的无形财产。②

三是特许类财产。该类财产由主管机关或社会组织所特别授予的资格、优惠、特权等法律利益所构成。美国分析法学派代表人物霍菲尔德在权利形式分析理论的基础上，对财产概念作出了新的阐释。他认为，权利、特权、权力和豁免可统称为“法律利益”（legal interest）。一个人拥有财产，就是说实际上此人拥

① 参见杨立新：《人身权法论》，638页，北京，中国检察出版社，1996。

② 参见曾世雄：《民法总则之现在与未来》，137页，台北，三民书局，1983。

有一系列的权利、特权、权力及豁免。① 财产是否都可以归结为由上述要素组合而成的"法律利益"，尚值得进一步探讨。但是，似可借用霍菲尔德的理论，在非物质性财产中单列一种由"法律利益"所构成的特许类财产。该类财产与前述知识类财产、资信类财产不同，它不是基于所有人自己的创造性行为或经营性资信所形成，而是由某一机关或组织的特别授权所产生。主体享有的某种特别资格、优惠或利益，可以形成特殊的经济能力或经济利益，从而构成主体的一项财产。

2. 非物质性财产权制度的历史变迁

知识类财产、资信类财产与特许类财产构成了现代非物质性财产的完整体系。这一体系的形成，从其社会动因来说，是科学技术与商品经济发展的结果；从法律层面而言，则是制度嬗变与创新的产物。在历史上，非物质性财产的权利制度，经历了以下变迁过程：

第一，从特许权到一般财产权。知识财产的权利形态就是知识产权。近代知识产权制度的诞生，经历了封建特许权制度近三百年的长期阵痛。封建特许权包括印刷专有权和产品专营权，它以敕令或令状的形式，授予印刷商以出版独占许可证或赋予经营者专门制造、销售某种产品的权利。尔后，由于封建王朝的衰落与私权观念的进化，市民阶级主张对印刷品、专营品应产生一种新的所有权，而不是行政庇护的特权，这即"精神所有权"②。"精神所有权"的理论认为，创造者对其思想以及基于思想所产生的物化产品都享有所有权。这种精神产品的权利也是所有权的一种。十分明显，"精神所有权"已具有近代知识产权的基本含义了。知识产权作为一种私人享有的无形财产权，是为法定之权而不是特许之权，直至资产阶级革命时期才得以实现。可以说，在历史上，知识产权是从特许权到一般财产权变迁的产物。

第二，从人格权到特别财产权。资信财产的权利形态，包括商誉权、信用

① 参见［美］肯尼斯·万德威尔德：《19世纪的新财产：现代财产权概念的发展》，载《社会经济体制比较研究》，1995（1）。

② 吴汉东：《著作权合理使用制度研究》，4页，北京，中国政法大学出版社，1996。

权、商品化（形象）权等。在民事客体范畴中，诸如姓名、肖像、名誉、荣誉等精神利益，在传统上属于人格权的保护范围，一般认为不具有直接的财产内容。[①] 虽然上述精神利益与财产具有一定的联系，如主体行使相关权利可获得一定的经济利益，或主体因上述权利受到侵害而获得一定财产补偿，但这里的财产后果不是名誉权、肖像权等人格权利的内容本身。由于商品经济的发展，一般人格利益逐渐演变为商业人格利益，即在现代法的框架下，基于商业上的名誉、荣誉产生了商誉权与信用权，由于对姓名、肖像、形体的商业利用出现了（商品化）形象权。换言之，在人格利益的权利形态方面，传统的人格权依然存在，但同时又新出现了资信类的特别财产权。

第三，从行政权到私人财产权。特许类财产的权利形态主要是特许经营权。特许类财产本为一种“法律利益”，即是某种资格、优惠或利益，它们是受到法律保护的利益，但并非都能上升为法定的财产权利。特许经营权是该类财产所采取的唯一法权形式。从特许权的产生来看，它是一种行政权的延伸。在古代中国，即存在着政府特许的盐、铁专营；在中世纪英国，也有王室授权的土地专营。在这里，特许经营人获得的是一项行政特权，即主体具有一种特殊的身份、地位，并由此获取特殊的利益。到了近代社会，特许经营的对象有相当部分依然属于国家的行政特许，如特种行业的经营、许可证制度等。但随着商品经济的发展，出现了许多与行政权无关的特许经营业务，形成了企业之间发生的纯商业性的特许经营业务（如旅店业、零售业等）。[②] 政府特许经营与商业特许经营的并存，彰显了特许经营方式的扩展，同时也表明特许经营权完成了从行政权到私人财产权的嬗变。这即是说，专营资格、优惠或利益可以来自政府特许或商业特许，其权利取得方式如何在所不问，它丝毫不会影响该项权利的基本属性。质言之，特许经营权是一项以专营资格为客体的非物质性财产权。

非物质性财产体系的形成，是由国家公权向私人财产权、由封建特许权向资本主义财产权、由人格权向特殊财产权转变的历史。这一历史变迁表明：非物质

---

① 参见王利明等：《人格权法》，北京，法律出版社，1997。

② 参见陈仲主编：《无形资产评估导论》，227页，北京，经济科学出版社，1995。

性财产法是一个开放的、动态的、不断发展的制度体系。

二、无形财产权一体化的法律基础

财产是构建财产权体系乃至无形财产权体系的始点范畴。“财产利益”是一切财产权的共同指向，它包括了不同的财产形态，并由此产生了不同的财产权利类型。概言之，财产概念的整合是财产权制度一体化的基础。

1. 从财产权到无形财产权

在私权制度的发展过程中，有两个最重要的权利分类：

（1）财产权与非财产权（或人身非财产权）。[①] 在罗马法时期，非财产权仅限于与身份有关的家长权、亲权、夫权等。至近代法时期，出现了与人格有关的姓名权、肖像权、名誉权等，始归于非财产权范畴。在制度史上，长期以来，私权体系由财产权与非财产权构成，这是一种理论概括，也是一种立法规则。但时至今日，财产权与非财产权的分类已从绝对趋于相对，并出现交叉与融合。一是在传统的人格权上衍生出新的财产权。诸如姓名、肖像、名誉等人格利益，一般认为不具有直接的财产内容，但在商品经济的条件下，这些人格利益转变成商业人格利益。我国商法学者多将该类权利概称为“商事人格权”、“经济人格权”。而在国外学者看来，该类权利应为独立的财产权或无形财产权。[②] 二是人格权与财产权融合而产生新的财产权。例如，在我国知识产权学者包括笔者的早期著作中，知识产权被视为“一体两权”。但今天学者的共同看法是，知识产权（除著作权等个别权利外）从总体上应被视为一种财产权，而不是什么两类权利的结合；有的商法学者将股权等同于具有人合性质的社员权，如今更多学者从股权基本属性和主要内容出发，将其归类于财产权。应该承认，在私权体系中，财产权

① 参见谢怀栻：《论民事权利体系》，载《法学研究》，1996（2）。

② 参见［英］劳森·拉登：《财产法》，施天涛等译，北京，中国大百科全书出版社，1998；［日］小岛庸和：《无形财产权》，东京，创成社，1998；*Black's Law Dictionary*（15Edition），West Publishing Co.，1979。

与非财产权的区分是非常必要的，但有时也是困难的。例如，社员权已非单一的财产权或非财产权所能包容，而所谓的形成权、期待权也不是简单以财产人格“利益”为标准来划分的，正因为如此，一些学者并不采用财产权与非财产权的分类，而直接将私权进行类型化。例如日本学者穗积重远将私权分为人格权、物权、能权（得有权）、债权、亲属权、继承权、无形财产权、社员权等。[①] 德国学者列举了“私权的各种类型，包括人格权、具有人身性的亲属权、对物支配权（物权）、无形财产权、债权、共同实施权（社员权）、形成权、无主物取得权、期待权、权利上的权利、反对权等”[②]。我们必须承认，财产权与非财产权是私权的最一般、最基本的分类，但这种划分并不是绝对的，私权体系中确实存在着一些混合型或边缘性的权利。

（2）所有权与无形财产权。罗马法建构的是以所有权为绝对中心的财产法。罗马人以“物”作为客体范畴，在此基础上建立了以物权制度、债权制度为主要内容的“物法”即财产权体系。[③] 近代社会，知识产品财产化与知识财产法律化带来了财产的“非物质化革命”，这是罗马法以来私权领域中的一场深刻的制度创新与变革。知识财产是一种新的财产，它不是以往对物进行绝对支配的财产，而是“非物质化的和受到限制的财产”[④]。“非物质化”的结果，极大地拓宽了财产法适用的范围，权利客体涵盖一切可以作为财产看待的物质与非物质对象；“受到限制”的意义在于对新财产权利在地域效力、时间效力和权能效力方面的适当限制，其目的是防止权利过于垄断，以保障知识的正当传播。时至当今，财产的“非物质化革命”并没有停止，社会财富的结构发生了很大的变化，“财产越来越多地变成无形财产的非物质”[⑤]，“我们有理由对传统上并不被认为是财产

---

① 转引自谢怀栻：《论民事权利体系》，载《法学研究》，1996（2）。

② ［德］拉伦茨：《德国民法通论》，王晓晔等译，北京，法律出版社，2003。

③ 参见［意］彼德罗·彭梵得：《罗马法教科书》，黄风译，北京，中国政法大学出版社，1992。

④ ［美］肯尼斯·万德威尔德：《19世纪的新财产：现代财产权概念的发展》，载《社会经济体制比较》，1995（1）。

⑤ 尹田：《法国物权法》，19页，北京，法律出版社，1998。

或财产权利的权利给予越来越多的关注和保护”[①]。这些非物质性的财产权利，主要是知识产权，但又不限于知识产权。随着社会生活的日益发展，还可能出现一些更新的无形财产权。因此可以考虑，以客体的物质性与非物质性为分类标准，在支配性财产权领域概括出有形财产权（即所有权）与无形财产权（主要是知识产权）。

2. 无形财产利益的客体特征

有形财产权与无形财产权有着共同的保护对象，即财产利益，但这种财产利益有着不同的表现形态，即前者是有形动产和不动产，民法客体理论将其概括为物，而后者是非物质性化的特殊财产，知识产权理论将其指称为知识产品。无形财产利益具有以下特征：

一是客观性。客体是主体的对称，有主必有客；同时也是权利义务共同指向的对象，即为体现利益之标的。物的客观性表现为客观化的物质实体，知识产品的客观性则应理解为客观化的知识体系，即可认知性、可复制性。珀普将世界分为三部分：第一世界是物质世界；第二世界是意识经验的世界；第三世界是客观知识的世界，后者相当于书本、图书馆、电脑存储等。就珀普而言，客观知识表明关于世界的真理独立于人们的主观世界。到目前为止，知识财产被描绘为一种全球性的资源，是由人类的集体劳动在整个过去的时间内完成的。[②] 知识产品作为权利标的客观性特征与其非物质性的本质属性并不是矛盾的。所谓非物质性，即知识产品的存在不具有一定的物质形态，不占有一定的空间，这是知识产品区别于物质产品（有体物）的根本特性。但是知识的财产化，要求知识产品在作为权利客体时，必须通过一定的客观形式表现出来，使智力创造者以外的人能够了解和认识，这种客观表现形式是法律对其实现知识产权保护的条件之一。

二是有用性。客体应为主体所利用的物质利益或精神利益之事物。就财产权客体而言，无论其形态如何，都有一定的价值和使用价值。物即是天然存在的和

---

① ［美］罗纳德·波斯顿：《美国财产法的当前发展趋势》，载《外国法译评》，1994（3）。

② See K. R. Popper，*Objective Knowledge*. Oxford，1972，Chapter Ⅲ. 转引自曲三强：《传统财产权理论与知识产权观念》，载《知识产权研究》，126 页，西安，西安交通大学出版社，2001。

人工制造的物质财富，而知识产品则是智力劳动创造的非物质财富。在科学技术商品化的条件下，知识信息已成为社会中最为有用的资源之一，是社会财富的重要组成部分。知识产品能作用于人们的精神生活，满足人们精神生活的需要，产生一定的社会效益；也能投入生产领域转化为有形的物质产品，满足人们物质生活的需要，产生一定的经济效益。其具体表现是：科学思想和科学理论可以通过技术转化为生产力，提高生产的产出率和减少生产成本；作品和设计等能够满足人们的生产和生活需要，代表人类的精神和文化财富；商标和服务标志的作用在于减少市场的搜寻成本。① 这就是说，知识产品作为非物质财富，其本身即是社会财富的重要形态；掌握和利用知识产品可以为社会创造更多的财富。换言之，知识产品的有用性是它成为财产的基本原因。

三是稀缺性。财产权客体是可以为人们控制和利用的资源，这种资源无论是物质形态还是知识形态，都不是取之不尽、用之不竭的。资源有限与供给不足，是物或知识产品作为财产权客体的经济动因所在。尽管在罗马法的历史上，诸如阳光、空气、海洋等也曾被视为物，但这类物为万民共享之物，不具有私权客体的意义。除此之外，天然存在之物与人工制造之物都是有限的资源。知识产品与有体物一样，也存在着稀缺性的问题，但其表现形式不同。所谓稀缺性，首先表现为知识产品生产的长期性、复杂性和高成本化。整个生产过程需要社会以至个人的大量投入，并需要长时期的探索性、创造性、连续性的劳动才能实现。其次表现为知识产品创造者的数量稀缺和价值珍贵。创造性人才是知识的生命载体，他们以依靠前人积累的知识为劳动资料，以抽象的知识产品为劳动对象进行精神生产劳动。知识产品的生产过程对生产者的智力投入有特殊要求：其一，生产者智商高于一般人，能胜任高智力投入的劳动；其二，通过文献储存和大脑储存，有相当的知识储备，具备高智力投入的基本条件。② 对于社会而言，此类人才及其生产的知识产品常常存在不足，解决供给不足的有效办法，就是知识产品的有

① 参见高德步：《产权与增长：论法律制度的效率》，119页，北京，中国人民大学出版社，1999。

② 关于知识生产与知识劳动价值的有关理论，可参见张和生：《知识经济学》，沈阳，辽宁人民出版社，1992；袁志刚：《论知识的生产与消费》，载《经济研究》，1999（6）。

偿使用。知识产权法即是解决这一问题的制度安排。

3. 无形财产权的制度创新意义

无形财产权的出现，是财产运动的非物质化，是私权领域最具革命意义的制度创新。其革命意义可以从以下几个方面来说明：

（1）改变了传统的单一物化财产权结构。法律对知识财产的确认，标志着财产观从具体到抽象的转变。人们不再将财产的范围局限于有体物，而扩大到为数众多的不具备外在形体的财产，这即是财产的抽象化与非物质化。由于罗马法“无体物”的新诠释与英国法“诉体物”[①] 的新创见，财产概念具有不确定性和灵活性，从而将各种形态的资源包容到财产权体系之中。美国学者肯尼斯·万德威尔德描述了财产非物质化的革命过程：在19世纪初，财产权被理想化地定义为对物的绝对的支配，但在许多案件中，法律所宣称的财产并不包含“物”。到19世纪中后期，法院的判决越来越倾向于把有价值的利益当做财产来看待，甚至在没有“物”的时候也是如此。这一做法极大地拓宽了财产适用的范围。到19世纪末，一种新的财产出现了，它是非物质的，不是由支配物的权利所组成，而是由有价值的权利所组成。[②] 另一美国学者格雷则列举了非物质化财产的各种形态。他认为无形财产的产生，消除了财产与实物之间的联系。[③] 可以说，知识财产冲破了罗马法以来的单一财产权结构，非物质性财产与物质性财产共同构成了近现代社会财富的完整内容。

（2）建立财产利益组合的“权利束”。在传统的私法理论中，所有权被描绘成私人对所有物绝对支配与排他独占的权利。这种权利的性质是单一的，即是单纯的财产性权利。在动产或不动产上，概为一个有形财产所有权，没有复合性的

---

① 在英国法中，诉体物也被称为“诉讼中的动产”（choses in action）。其特点是：这种动产的存在范围，只有通过诉讼才能充分体现出来。知识产权由于其客体的非物质性，往往需要通过诉讼请求，才能划清“社会财产”与“我的财产”、“合法使用财产”与“非法使用财产”的界限；这种动产的价值不表现为记载知识产品的物化载体本身的价值，而取决于象征着请求支付有形动产的无形权利的价值。

② 参见［美］肯尼斯·万德威尔德：《19世纪的新财产：现代财产权概念的发展》，载《社会经济体制比较》，1995（1）。

③ 参见［美］托马斯·C·格雷：《论财产权的解体》，高新军译，载《社会经济体制比较》，1995（2）。

权利形态存在；这种权利的设定也是单一的，即在一个物件上只能设定一个所有权。按照一物一权主义的原则，不允许有两个或两个以上内容相同的所有权存在。无形财产权则是一种新型的民事权利。首先，它不是单一形式的权利，而是组合形式的“权利束”（a boundle of rights）。即是说，它不是单一的、整块的现象概念，而是一系列独立和特殊利益的组合。[①] 在某项无形财产权的概括名义下，各种权项相互独立、内容各异，该权利极具包容性而显见其丰富多彩。其次，它也不是单一设定的权利。由于知识产品的非物质性特征，一项知识产品可以在一定时空条件下为若干主体共同利用。在权项分割的情况下，若干主体可能对同一知识产品享有不同的权利；在不同地域的情况下，若干主体则可能在各自范围内对同一知识产品享有相同的权利。无形财产之上的多种权利形态与多重主体设定，使得传统的财产权理论与规则捉襟见肘，在私法领域中，无形财产理应建构与有形财产不同的理论基础和制度体系。

（3）动摇了物化财产权的传统统治地位。罗马法以来的物与物权制度，是以保护有形财产为中心的。土地、牧场、机器、厂房是当时社会最重要的财富，物质财富的显赫身价决定了有形财产所有权制度在财产权体系里的中心地位。自进入工业经济时代以来，这一状况发生了变化。美国学者康芒斯在其名著《制度经济学》一书中叙述了这一演变过程：“在封建和农业时代，财产是有形体的。在重商主义时代（在英国是 17 世纪），财产成为可以转让的债务那种无形体财产。在资本主义阶段最近的这 40 年中，财产又成为卖者或买者可以自己规定价格的自由那种无形的财产。”[②] 另一美国学者马克·第亚尼则描述了知识产品与知识社会的关系。他认为，“非物质性”是知识社会的典型特征。知识社会的“非物质性”，就是人们常说的数字化社会、信息社会或服务型社会，在这个社会中，信息工人比例大大增加。与原始社会和工业社会不同，后者的产品价值包含原材料价值和体力劳动的价值，而“非物质社会”的经济价值和社会价值主要以先进

---

① See Sigmund Timberg, *A Modernized Fair Use Code For Visual Auditory, And Audiovisual Copyrights*, Ablex Publishing Company, 1980.

② ［美］康芒斯：《制度经济学》（上册），95 页，北京，商务印书馆，1962。

知识在消费产品和新型服务中体现出来。[①] 由于现代商品经济发展与社会财产形态的变化，财产的范围已延伸到一切可以利用的物质与非物质对象。与此同时，社会财富的比重结构也相应发生变化，有形财产的作用相对下降，无形财产的地位空前提高，知识财产已构成现代社会最重要的财产类型。正如加拿大学者尼科·斯特尔所指出的那样："传统的财产实际上是与实物的所有相同一的思想开始被淡化，或者，与之相类似的是，传统意义上的财产的相对重要性开始大大地降低了。"[②] 在这里，知识财产化的革命性意义不仅在于打破了物化实体的传统财产观，而且极大地冲击了有形财产权的传统地位。

三、无形财产的权利形态及其立法选择

确立无形财产的权利形态并对其进行合理分类，是无形财产权制度体系建构的基础。换言之，权利形态的类型化，不仅是一种理论分析工具，而且是制度体系的构造方法。

1. 无形财产权的类型化选择

在学理上，有些著述涉及无形财产权的类型化问题，法国学者马洛里等人依标的之不同，将无形财产权从总体上分为两类：一类是以区分标记和智力成果作为标的，其主要表现为经营垄断权；另一类是以顾客为标的，表现为一种顾客权利。[③] 经营垄断权分为智力创造成果的权利和区别标记的权利。前者包括文学艺术产权（即著作权和邻接权）、发明专利权和工业外观设计权。其中，计算机软件在 1985 年 7 月 3 日公布的法律中是作为智力创造成果而受到著作权法的保护。技术秘密和技术辅助成果作为发明专利的补充而受到民法和反不正当竞争法的保护。后者包括商标权、商业广告权、商业名称权和招牌权。广告受著作权法保护

---

① 参见［美］马克·第亚尼：《非物质社会——后工业世界的设计·文化与技术》，藤守尧译，2 页，成都，四川人民出版社，1998。

② ［加］尼科·斯特尔：《知识社会》，127 页，上海，上海译文出版社，1998。

③ Malaurie et Aynès, Les biens, p. 63 ets. 转引自尹田：《法国物权法》，59 页，北京，法律出版社，1998。

的条件是须有独创性，商业名称在1924年7月18日的法律中作为一项无形资产而受到保护，而招牌须具有显著特征方能与商标一样受到保护。所谓顾客权利，是以顾客为营业资产的标的的权利，营业资产的价值取决于顾客的“忠诚”，而顾客的忠诚常常发生变化，从而影响到营业资产价值的大小。笔者以为，上述分类能够针对权利客体的特征，具有一定的系统性。但是，这种分类存在的问题也很明显：一是未穷尽各类中的权利。例如，植物新品种权、集成电路布图设计权等权利未囊括在智力创造成果权中，地理标志权、特殊标志权等权利未包含于识别性标记权中。二是某些权利分类不明。例如，商业广告权既然采用著作权法保护，理应纳入智力创造成果权之中。三是“顾客权利”定性不明。“顾客权利”实质上是顾客对企业的“忠诚”，也即企业对顾客的吸引力，换言之，“顾客权利”即企业的商誉权，它同样只能为特定的企业所拥有，故有专有性的特点。从类别上讲，商誉权应与特许经营权、信用权一并作为资信权而受到法律的保护。英国学者F. H. 劳森与B. 拉登在其所著的《财产法》一书中将财产分为五类：(1) 土地。这里的“土地”一词采广义概念，还包括各种不能移动的财产——田地、农场、房屋、商店、工厂，等等。(2) 货物。即金钱以外的有形动产。(3) 无形动产，即债务、专利和版权之类的无形动产。(4) 货币。(5) 基金。英国法之所以将无形动产视为财产，其原因在于这些权利和利益“具有价值，人们愿意购买它们……它们是人的意志的创造物，可以根据用途任意选择其类型，其功能也可以相互结合”。所以，无形动产可以产生经济价值满足人们的需要，故能列入财产之中。[①] 在性质上，无形动产往往又被称为“诉讼中的动产”，因为其存在往往只能通过诉讼表现出来。在类别上，英国财产法律将其细分为以下几类：(1) 债务和其他诉体财产；(2) 商业证券，包括票据等流通证券及提单、交货单等权利证书；(3) 作为财产的合同权；(4) 工业及知识产权，包括专利、经注册的设计、商标、商号和版权；(5) 债券和股票。后来，该立法方式也为美国法所

① 参见［英］F. H. 劳森、B. 拉登：《财产法》，施天涛等译，北京，中国大百科全书出版社，1998。

吸取。[①] 在学理上，美国学者迈克尔·D·贝勒斯先生认为，无形动产的形态表现为债权、商业票据（流通票据和物权证书）、股票、金钱、信托基金、知识产权、信誉和肖像。肖像之所以能作为无形动产乃是因为人人皆可利用肖像获益，故肖像乃为有价之物，完全可将其视为一种财产形态。在英美法系中，有形动产与无形动产的区分标准是看对象有无形体，从而较好地把握了无形财产权的本质。但在传统民法的语境中，英美学者所给出的无形财产权或说无形动产权利范围过于宽泛，有失精当。例如，债权不具有支配权意义，不宜与所有权、知识产权并称；商业证券、股票、基金等财产形态，本质上是有形财产的权利证书，并非严格意义上的无形财产权；至于肖像权，即使在一定条件下有经济利用的价值，但原则上应归属人身权之列。

2. 无形财产权的体系化构造

关于无形财产权的制度体系构造，最初是在知识产权的名义下进行的。诸如，著作权、专利权和商标权是知识产权传统经典类型，知识产权理论界一般以这些原始类型为模板来界定知识产权所应当具有的特性，即专有性、地域性和时间性。随着科技和社会的不断发展，一些新兴的非物质性利益需要获得法律保护，例如计算机软件、集成电路布图设计、植物新品种等。这些新兴的非物质性利益与传统的知识产品都具有客体的非物质性这一根本属性，因此立法者在借鉴传统知识产权法保护模式和方法的基础上创制了一些新的知识产权类型。知识产权所保护的法益都具有客体的非物质性这一根本属性，但知识产权的诸多类型并不一定全部具备传统知识产权所具有的基本特征。我们将著作权、专利权、商标权等类型化为知识产权的基本依据，是这些权利的客体都具有非物质性这一本质属性，而不是专有性、地域性和时间性的基本特征。换言之，只要某一权利的客体具有非物质性这一根本属性，我们就可以将其归类于知识产权体系。另外，在知识产权体系中有一种比较特殊的类型，就是反不正当竞争权。因为一般的知识产权法同竞争法（包括反不正当竞争法和反垄断法）似乎存在着冲突，前者意在

① 参见［美］彼得·哈依：《美国法律概论》，沈宗灵译，84 页，北京，北京大学出版社，1997。

维护权利人的合法垄断地位，而后者意在限制或破除垄断。而事实上两者有着共同的立法目的，即保护创造者权利，促进知识技术进步。不过，两者达到这一目的的路径不同，知识产权法通过保护权利人的合法权益、鼓励技术创新来实现这一目的；而竞争法则是通过维护正当竞争秩序、制止非法竞争行为来实现这一目的的。正确地处理好知识产权这种独占性的权利和反不正当竞争之间的关系，有利于实现知识产权制度所要达到的利益平衡。由于知识产权的客体具有无形性的特点，权利人很难对其加以控制，因而各国立法例通常是通过授予权利人专有权的方式来对其进行保护。这种专有权的授予使得知识产权人获得了一种垄断地位，当知识产权人在法定范围之内行使这种权利时，法律要维护权利人的合法权益；而如果权利人滥用其知识产权，破坏正常的竞争秩序，竞争法应当对这种行为作出限制。由此，知识产权保护与竞争法保护之间的关系具有两面性：一方面，法律明确规定知识产权的合法或正当行使，应当属于竞争法的例外或豁免行为；另一方面，法律又专门规定某些应予禁止的、与知识产权有关的反竞争行为，并纳入竞争法加以规制。申言之，知识产权本来就是一种垄断权，但由于其具有激励科技进步和社会经济发展的积极功能，这种垄断获得竞争法的豁免。知识产权人一旦获得某项知识产权，便在相关领域具有垄断地位，并由此给企业带来高额的垄断利润，知识产权人作为“理性的经济人”具有限制和封闭市场的倾向。被限制和被封闭的市场必然妨碍自由竞争，导致正常市场秩序的破坏。欲以激励经济发展和维护市场经济秩序，必须承认知识产权人“合法的垄断”，但又否定“不合理的垄断”，前者是知识产权法的任务，后者是竞争法的任务。事实上，知识产权制度与反不正当竞争法的目标相同，路径相异；而且只有两者能够相互协调，才能够实现促进社会技术进步和财富增加的目标。知识产权法关注的是私有领域，竞争法则着力于公共领域。科技和社会经济的发展使得私人领域不断压缩公共领域，竞争法应当充当公共领域的守护神。总之，在解决这些新出现的知识产权问题的时候，竞争法和知识产权法可以协调发挥作用。一方面，我们可以通过扩张解释现行的知识产权法律规范来应对新出现的问题，另一方面，也可以充分发挥竞争法（主要是反不正当竞争法）的兜底保护功能，对传统知识产

权法所未能涉及的领域进行补充和完善。

无形财产的法律制度安排，最终应回到无形财产权体系上来。现代社会经济的发展使得无形财产的地位日益彰显，这些无形财产的共同特点就是其客体的非物质性，由此产生了将这些新的财产权整合到知识产权制度体系之中的可能性。问题在于，一些无形财产权虽然具有客体非物质性的特征，但未必与知识形态、智力创造有关。质言之，知识产权制度体系已难以涵盖众多新的无形财产。法律制度体系也和一般制度体系一样，存在着发展的可能性和可行性，知识产权制度也是如此。当知识产权这一概念不再符合日益发展的社会实践，我们就不能再拘泥于现有的体系而裹足不前。正确的做法是因应现实需要，创造更高位阶的概念统合无形财产权规范体系的构成，这样既可以对社会实践的发展作出适当的回应，也能够追求更为完美的理论上的自足。

3. 无形财产权的基本类型

在民法领域内，应建立一个大于知识产权范围的无形财产权体系，以包括一切非物质形态财产的各类权利，它包括知识产权和其他无形财产权。主要有以下三种：

（1）创造性成果权，包括著作权、专利权、商业秘密权、集成电路布图设计权、植物新品种权等。所谓创造性成果权，是指民事主体基于自己的智力创造成果而依法享有的权利。该类权利包括的对象都是人们智力创造活动的成果，一般产生于科学技术、文化等知识领域。从知识产权制度的发展历史来看，其最初的权利类型即是专利权和著作权，它们的客体都是创造性成果；从知识产权的用语来看，“Intellectual property”意味着此类权利与智力创造有关。正是上述原因，我国民法学者在 20 世纪 80 年代初期将“Intellectual property”称为“智力成果权”，我国台湾地区则将该类权利谓为“智慧产权”。时至今日，一些学者坚持认为，知识产权的保护对象是智力成果，“知识产权是以创新性智力成果为客体的私权”[①]，“即使是识别性标记也在一定程度上显现出一

① 朱谢群：《创新性智力成果与知识产权》，89 页，北京，法律出版社，2004。

定的智力创造性”，所以能够作为知识产权受到保护。[①] 笔者认为，创造性智力成果是知识产权的最初客体和主要保护对象，但将知识产权理解为智力成果权是不合时宜的，知识产权体系内部应该有着更为科学的分类。1992 年，国际保护知识产权协会（International Association for the Protection Intellectual Property，简称 AIPPI）在东京大会上将知识产权分为“创造性成果权利”和“识别性标记权利”，前者包括发明专利权、集成电路权、植物新品种权、技术秘密（Know-How）权、工业品外观设计权、著作权、软件权；后者包括商标权、商号权和其他与制止不正当竞争有关的识别性标记权。[②] AIPPI 对于知识产权的类型划分有着指导意义，这亦是我们区别“创造性成果权”与“经营性标记权”的理由所在。

创造性智力成果权的客体，必须具备一定程度的创造性。所谓创造性，其实是一个十分模糊的术语，它一般是指客体来源于主体的脑力劳动不是简单复制、抄袭的属性。在不同的权利客体中，法律对创造性的要求并不一致。作品的创造性是指作品必须是作者的原始创作且反映作者的个性，至于一件作品是否与他人的已有作品相似，法律并不考虑，只要其是自己创作的。当然，在大陆法系国家和英美法系国家，由于受不同法哲学观的影响，对这一含义的理解也各异其趣。大陆法系国家往往强调活动主体的创造力运行和表现形式的创新，而英美法系国家仅要求作品“独立完成”即可，并不要求其有太多的艺术高度。[③] 就专利权的客体而言，这种创造性表现为客体的首创性，即申请专利的客体必须具有新颖性，不能落入已公开的现有技术的范围。其中，申请发明专利的对象与现有技术相比应有“突出的实质性特点和显著的技术进步”，申请实用新型专利的对象应具有“实质性特点和技术进步”，申请外观设计专利的对象只要具有新颖性和实用性即可。就集成电路布图设计权而言，“布图设计只是在某一特定电路上的排列或布局，这种在已知电路范围内的排列或布局具有的只是一般版权法意义上的原创性或类似于专利法创造性的非常规的组合原创性，但并不具备或未达到一般

---

①② 参见郑成思：《知识产权论》，6～7 页，北京，法律出版社，2003。

③ 参见曹世华：《版权理论中的创作概念》，载《法学研究》，1997（6）。

专利法意义上的具有实质性特点或非显而易见的创造性”[①]。这也就决定了集成电路布图设计的保护方式既有别于版权法又区别于专利法，故采取“工业版权”的保护方式。就商业秘密权而言，作为商业秘密的技术信息和经营信息必须具有“不为公众所知悉性”，即商业秘密应有一定的新颖性。这种新颖性与专利技术的创造性存在“天壤之别”，有的仅属通过简单劳动整理的资料但他人不占有这些资料，则该资料具有“新颖性”；而其他一些信息可能创造性极高达到了专利法上的创造性要求而未申请专利。所以，国外对于专利和商业秘密保护的关系曾作过形象的比喻，即将专利保护比喻成置于高处漏孔极小的筛子，商业秘密保护则是置于低处的网孔很大的网，前者保护水平高但范围狭窄，后者保护范围宽泛但保护水平低。就植物新品种权而言，植物新品种的创造性是指申请品种权的植物新品种在申请保护前没有商业化或没有推广使用且明显区别于递交申请以前已知的植物品种，即新颖性和特异性。

由上可知，创造性一方面体现在智力成果的产生来源于主体自身的劳动，另一方面还体现了该智力成果与其他智力成果的区别性。至于各种对象的创造性程度高低，则视具体情况而定。因此法律在对各类客体予以保护时必须具体分析，确立适当的创造性标准，使各类客体受保护的条件与受保护程度相适应。

(2) 经营性标记权，包括商标权（含服务商标权）、商号权、产地标记权、域名权、其他与制止不正当竞争有关的识别性标记权等。所谓经营性标记权，是指人们对其经营管理活动中的标记依法享有的专用权。该类权利保护的对象概为标示产品来源和厂家特定人格的区别标记，主要作用于工商经营活动之中。可区别性是该类客体的主要特征。

经营性标记具有标示来源、彰显客体特定化或主体人格化的可区别性特征。所谓可区别性，是指各类标志所具有的区别产品来源和厂家特定人格的性质。就商标权而言，可申请注册的商标须具有显著性和可识别性，即商标具有明显特

---

① 乔德喜：《试论集成电路的知识产权保护》，载中国专利局条法部编：《集成电路与植物品种知识产权保护专辑》，北京，专利文献出版社，1996。

征，能与其他商标相区别。因此，一些诸如地名、商品的通用名称、质量、原料、功能、用途、数量等不具有显著性的文字、图形不得作为商标。就商号而言，商号是经营者在经营活动中用于表彰自己的营业或者企业的名称，是经营者人格化、特定化的标志。商号的识别性表现在同一行政区域、同一行业内具有排他性。就产地标记权而言，产地标记是一个国家、地区或地方的地名，用于指示一项产品来源于该地，其质量或特征完全或主要取决于地理环境，包括自然和人为的因素。产地标记的识别性表现在它的指示地名的功能性，法律上禁止他人冒用产地标志。就知识商品特有的名称、包装、装潢而言，知名商品特有的名称、包装和装潢的区别性表现在它与一般商品的名称、包装和装潢的差异性。就域名权而言，域名是指计算机在因特网上的代号，域名的区别表现在一域名与他域名代号的差异性。

经营性标记，特别是有一定知名度的商业标记，往往是企业重要的无形资产，可以为企业营销带来可观的附加值。与一些创造性成果权（如著作权）不同，经营性标记权的价值主要存在于其竞争性的财产权中，尽管“经济补偿不是鼓励创造性行为的唯一动力，但是在商标权领域，却是这种知识产权形式存在的唯一理由”①。因此，经营性标记权更类似于一般的财产权，不过，是无形财产的专有权。

（3）经营性资信权，包括形象权、商誉权、信用权、特许经营权等。所谓经营性资信权，是指人们对经营活动中的资格、信誉所享有的专有权利。这是基于特殊人格所产生的无形财产，其权利形态不同于传统的知识产权。我国商法学者将其称作“商事人格权”，德国法学者则谓之为“作为财产权的人身权”。英美法学者则将这类权利列入“正在出现的财产权”②。该类权利所保护的对象系工商企业所获得的优势或信誉，这种专营优势与商业信誉形成了特定主体高于一般企业获利水平的超额盈利能力。权利客体所涉及的资格和能力，包括明显的财产利

---

① Anthony D. Amato、Doris Estelle Long，*International Intellectual Property Law*，Kluwer Law International，1997. 转引自王莲峰：《商业标记立法体系化研究》，26页，北京，北京大学出版社，2009。

② 程合红：《商事人格权论》，北京，中国人民大学出版社，2002。

益因素，但也有精神利益的内容。

经营性资信权的保护对象涉及个人或企业的信誉、资格，资信力是其客体具备的共同特征。所谓资信力是基于特定主体的资格、信誉所产生的经营上的影响力、可信赖力和控制力。例如，商誉是经营主体商业文化的一种特殊价值形态，英国判例将其称为“企业的良好名声、信誉和往来关系带来的惠益和优势”[①]；信用则是当事人特殊经济能力（即偿付债务的能力）的表现，来源于社会对特定主体的评价和信赖[②]；商品化的形象，通过“第二次开发应用”，为形象的利用者带来一定的经营优势[③]；特许经营是主管机关或社会组织所授予的从事特种行业、生产或经营特定商品的资格，这是一种非实物的经济资源。[④] 总的说来，资信力是姓名、名誉、荣誉、资信等人格类无形财产的价值表现，不同于知识类无形财产。

关于无形财产权的立法模式，主要是知识产权法与其他专门法。知识产权法是非物质性财产的主要制度构成，也是世界各国通行的法律制度。现代知识产权法是一个开放式、动态发展的制度规范体系。随着知识经济的发展，新的知识财产制度会相继产生。立法者或采取“边缘保护法”，即采用不同于知识产权保护的若干规则以创设一种新制度；或实行“单独保护法”，即设定类似某种知识产权的独立专门制度，以保护新的知识财产权利。可以预见，现代知识产权法将是一个十分庞大的非物质性财产的法律体系。

其他无形财产权的立法模式，目前国际上尚不一致。概括说来，主要有两种：一是间接保护方式，即虽不明确某种法益为权利，但通过规制某种侵权行为，对受侵害的无形财产利益提供法律保护。该类法律主要是反不正当竞争法、侵权法。二是直接保护方式，即通过民事立法直接规定非物质性财产的权利形态，并确认侵犯这一权利的民事责任，该类法律可以是民法典，亦可是民事特别

① 转引自关今华：《精神损害的认定和赔偿》，173页，北京，人民法院出版社，1996。

② See *Black's Law Dictionary* (15Edition), West Publishing Co., 1979, p. 331.

③ 参见董炳和：《论形象权》，载《法律科学》，1998 (4)。

④ 参见吕劲松：《无形资产会计》，北京，中国审计出版社，1998。

法。总的来说，民事基本法概括性强，能最大限度地包容各种无形财产；而民事特别法较为灵活，可以成熟一个，制定一个。德国法采取两种模式相结合的方法，在其民法典“侵权法”一节与反不正当竞争法中分别规定了商誉权、信用权的保护，其立法例可资借鉴。

第八章

无形财产权的相关权利关系

财产权与人身权的两分法，是私权体系构建的基本方法。从这一私权结构出发，私权领域的财产法应包括以所有权为核心的有形财产权，以知识产权为主体的无形财产权，以债权、继承权等为内容的其他财产权。本章以无形财产权为中心，述及其体系内部的诸项权利之关联，并涉及体系外部与其他权利之联系。

一、无形财产权体系外部相关私权间的关系

在私权领域，与无形财产权相涉的，有同为绝对权的人格权、所有权、继承权，以及具有相对权属性的债权。现分述如下：

1. 无形财产权与人格权

财产权与人格权是民事权利的基本分类。在大陆法系传统的概念体系下，民事客体即法律所保护的特定利益被概括地分为财产利益和人格利益，并归类到不同的权利范畴。在社会生活中，财产权与人格权具有极密切的联系。一方面，人格权的享有和保障是财产权行使的重要前提；另一方面，财产权的保护有利于维护民事主体独立人格的实现。但是，人格权作为“人之作为人所应有”的权利，

其本身并不是财产权，更不是从属于财产权的权利。[①] 诸如生命健康权、肖像权、姓名权等，表现出财产权所不具备的专属性、普遍性和与生俱来的特性。

关于人格权与财产权的相互关系，德国哲学家黑格尔有两个重要判断：一是"人格权"本质上就是"物权"，其本意是指基于人格（或说是人格权保护的生命、自由、尊严等）才能产生对物（泛指对于人的自由来说一切外在的东西）的权利；二是"物权是人格本身的权利"，其意思表明财产是维系人格所必需的，是一种实现人的自由的手段。[②] 在这里，黑格尔强调了财产权利对于人格权的依存关系和实现意义。由此可见，人格与财产之间有着千丝万缕的联系，并非泾渭分明。在私权制度的发展过程中，人格权与财产权的区分已从绝对趋向相对，并出现交叉和融合。由于商品经济的发展，某些人格利益演变成商业人格利益，即在现代法律框架上，基于商业上的名誉产生了商誉权，对姓名、肖像、形体的商业利用产生了形象权。这些权利是与一般人格权有别的特殊财产权。在国外学者的著述中，该类权利多被视为独立的财产权或无形财产权。[③]

在这里，人格利益可以概括地分为两类：一是作为任何民事主体都具有的人格利益，这是一种不具有直接财产内容的人格利益；二是作为企业法人和从事商业活动的机关、企业、单位法人才享有的人格利益，这是一种相对独立的特殊的人格利益，是普通的人格权概念难以彻底揭示和充分保护的。[④] 根据传统理论，人格权客体概为无形之利益，主要是精神利益。随着现代商品经济的发展和人们权利观念的进化，人格利益中的财产因素在社会活动中得以凸显，并逐渐取得了独立存在的权利形态。企业法人人格利益的财产化，既保留了无形利益的基本品性，同时又具有区别于有形财产的一般特点：第一，无形财产利益与主体人格有着密切联系的利益，具有专属性特点。第二，无形财产利益是基于主体经营能力

① 参见王利明等编著：《人格权法》，12 页，北京，法律出版社，1997。

② 参见［德］黑格尔：《法哲学原理》，范扬、张企泰译，48～49、201 页，北京，商务印书馆，2010。

③ 参见［英］劳森、拉登：《财产法》，施天涛、梅慎实、孔祥俊译，110～113 页，北京，中国大百科全书出版社，1998；［日］小岛庸和：《无形财产权》，7～11 页，东京，创成社，1998。

④ 参见程合红：《商事人格权刍译》，载《中国法学》，2000（5）。

而在社会评价中产生的利益。这种财产价值产生于经营领域，来源于社会因受主体信誉、形象的影响而给予的评价和信赖，即具有资信性的特点。第三，无形财产利益是企业资信中难以确定且不具稳定性的利益。这种财产价值虽然能提供未来经济利益，但其利益预期具有不确定性，其收益额及收益期会基于各种原因产生波动，即具有变动性的特点。

自罗马法以来，私法领域发生了一系列制度创新和法律变革，其中之一即是财产的非物质化革命。[①] 财产"非物质化"的结果在于极大地拓宽了财产法的适用范围，其权利建构涉及多个方面，主要是但不限于知识产权。可以认为，人格利益的财产化正向两个方向发展：一是知识类财产，如商号归于传统知识产权；二是资信类财产，如商誉、形象、信用等归于资信类无形财产权。[②]

2. 无形财产权与所有权

在财产权体系中，无形财产权与有形财产权同属依法产生的绝对权，其义务主体是除权利人以外的不特定的多数人，这与基于给付行为而产生、义务主体是特定人的相对权即债权是不相同的。在无形财产权的利用中，通过作品、专利或商标使用而获取经济报酬的权利，通常是所有权取得的一种方式。早期的知识产权制度经历了一个从封建特许权向资本主义财产权嬗变的历史过程，当时的市民阶级主张对印刷品、专著品应产生一种新的权利，即"精神所有权"，为所有权的一种。[③] 尽管如此，由于无形财产权与所有权分属财产权体系中的不同领域，因而其区别是主要的。

在财产权内部，因具体实现利益或标的的不同，该类权利又有更为具体的划分：财产权的指向是某一"物件"[④]，这种权利被称为对物的权利，即物权；财产权的指向是特定人的"给付"（即履行特定的行为），这种权利被称为对人的权

---

① 参见吴汉东：《财产的非物质化革命与革命的非物质财产法》，载《中国社会科学》，2003（4）。

② 参见吴汉东：《论财产权体系——兼论民法典中的"财产权总则"》，载《中国法学》，2005（2）。

③ See L. Ray Patterson、Stanley W. Lindberg，*The Nature of Copyright*：*A Law of Users Right*，The University of Georgia Press，1991.

④ 广义的物，包括有体物与无体物，后者指某些具有财产内容的权利；狭义的物，以有体物为限。罗马法及法国法采广义说，德国法采狭义说。

利，即债权。在传统上，财产权包括物权与债权两大类。[①] 知识产权是后世出现的新型财产权，由于其标的是无形体的精神产品，因而亦称为无形财产权。其中，以财产利益的物质性与非物质性为标准，支配性财产权可以分为对动产、不动产之所有权和对精神财产之知识产权或无形财产权。对于此类财产，德国学者拉伦茨将其称为第一顺位的权利客体，即支配权或利用权的标的。在拉伦茨看来，第一顺位的权利客体是不依法律规定而事实存在的标的物，包括有体物与无体的精神产品，前者如动产和不动产，后者如作品和发明。[②]

无形财产权与所有权虽同为支配性财产权，具有绝对性和排他性的特点，但其权能内容有所不同。所有权表现为所有人对所有物进行占有、使用、处分或收益的权利，而无形财产权则表现为权利人对精神财产独占使用和禁止妨害的权利。日本学者小岛庸和认为无形财产权与所有权不同，是一种“全新的特殊权利”。它可以分为“独占权”和“禁止权”，前者是指独占的支配其客体的权利，后者是指对违反不正当竞争义务进行制裁的禁止权。[③]

基于无形财产与有形财产之上所产生的两种财产权，由于其标的不同，可以相存。例如，在一幅油画上可以同时存在美术作品著作权与油画载体所有权。在一件三维标志上可以同时存在作为标记的商标权和作为标识实物的所有权。上述两种不同的权利可能由一个主体享有，也可能由不同的主体控制。其中，任何一种权利的转移对另一种权利归属并不产生影响。就前例而言，作者将美术作品的原件转让他人，表明受让人取得该原件的所有权，但并不意味着受让人同时取得著作权，反之亦然。

3. 无形财产权与其他财产权

无形财产权与债权、继承权等其他财产权的根本区别在于标的，客体差异性是财产权分类的基础。所谓其他财产权，或为请求权之财产权，或为期待权之财

---

① 有学者将以无形资格为标的的权利，如渔业权、矿业权；以权利总和之遗产为标的的权利，即继承权，都归类于准物权。

② 参见［德］卡尔．拉伦茨：《德国民法通论》，377～378页，北京，法律出版社，2003。

③ 参见［日］小岛庸和：《无形财产权》，5页，东京，创成社，1998。

产权，其客体除一般意义的标的物以外，还涉及依法律规定而作为客体看待的权利，即无体物。拉伦茨认为，“债务人给付的标的（客体）”，即是“债务人应该通过他的给付行为提供给债权人的一种‘事物’，例如，使债权人占有某物、取得某物的所有权或取得其他权利，或取得一笔款项及其他由债务人实施的某种‘成果’”[①]。谢怀栻认为，继承权所指向的遗产，即是取得遗产上的各种权利，包括各种物权、债权等权利的集合。[②] 而无形财产权的客体则不同，无论是知识类财产（著作权、专利权等的客体）还是资信类财产（商誉权、信用权等的客体），概为体现一定利益之标的，即是客体化的知识体系。其虽不具备有体物之客观实在性，但都是不依法律规定而事实存在的事物，表现出与有体物有别的可认知性、可再观性。在这里存有例外的是特许经营权，该项客体由政府机关或公司企业所特别授予的资格、优惠或特权等法律利益所构成。在商业特许经营中，其权利客体往往是以知识产权为主要内容的特许利益。

无形财产权与其他财产权的客体差异，决定了两者权利不同的法律属性。就无形财产权与债权来说，前者反映的是无形财产的归属与利用关系，是直接支配客体的权利，是对抗一切人的权利；而后者反映的是一般财产（包括有形财产和无形财产）的流转关系，是请求特定给付的权利，是对特定人行使的权利。简言之，两者具有直接支配性与请求履行性的不同权利属性。就无形财产权与继承权而言，前者是对知识、资信等非物质利益所享有的所有权，具有绝对权性质，其客体是人们生产活动（主要是智力生产活动）所制造的知识产品；而后者是私有财产所有权（包括动产、不动产所有权和无形财产所有权）的合法延伸，其权利指向的遗产是各种财产权利（包括所有权和无形财产权）的集合，是一种具有专属性的“特殊财产权”[③]。

无形财产权与其他财产权存在着属性差别，但又有着密切关联。在无形财产权的利用与移转中，诸如债权、继承权是前者权利变动的重要方式。无形财产权

---

① ［德］卡尔·拉伦茨：《德国民法通论》，379页，北京，法律出版社，2003。

② 参见谢怀栻：《论民事权利体系》，载《法学研究》，1996（2）。

③ 房绍坤等：《民商法原理》（三），577页，北京，中国人民大学出版社，1999。

的利用，是整个非物质财产领域最活跃、最具影响力的一种制度，涉及非权利人基于法律规定或合同约定对他人无形财产进行利用的多种情形。无形财产权的价值实现，是一个制造—传播—使用的过程，由无形财产权转换为权能的分离或权能的利用，是权利人实现财产利益的基本途径。这一过程，主要不是权利人对无形财产的直接控制和支配关系，而表现为其他主体对无形财产的分别利用或共同利用关系。在这里，债权是无形财产交易活动的法律工具，诸如授权许可使用、法定许可使用、强制许可使用等，无一不是以合同债的形式进行的。无形财产权的继承，是继受主体产生的一种方式。无形财产权的取得方式，分为原始取得和继受取得。继受取得是依据无形财产所有权人的意志，并以无形财产权的存在为前提所发生的权利主体变更，这种权利的取得往往是不完全取得或有限制取得。其中，继承权的行使，即使得继承人成为无形财产权的新的所有人。例如，著作权法规定，一般作品的著作权为作者有生之年加死后 50 年。在作者即著作权原始主体去世之后，其继承人即可成为有效期内著作权的继受主体。其他诸如专利权、商标权等权利存续期间，都存在着继承转让的情形。但是，法人专有的知识产权以及商誉权、特许经营权，或自然人专属的信用权等，则不发生继承转让问题。

4. 无形财产权与反不正当竞争

在私法领域探究无形财产权制度与反不正当竞争法的关系，意在说明反不正当竞争法对前者权利行使的保护和权利滥用的规制。从法律形式来看，无形财产权与反不正当竞争似乎是两种相互冲突的制度设计，前者意在维持无形财产所有人的一种垄断地位，而后者则意在限制或破除垄断。[①] 其实两者有着共同的立法目的，即保护合法权利、促进社会进步。所不同的是，无形财产权制度是通过保护权利人的合法权益、鼓励知识创新来实现这一目标；而反不正当竞争法则是通过维护正当竞争秩序、制止非法竞争行为来实现目的。所以，我们应当处理好无

① 日本学者富田彻男对此作出分析："知识产权是保护技术开发或制造、经营等正常进行的一种权利制度，它是和技术开发—产业—消费者组成的市场结构相对应的一种权利"。［日］富田彻男：《市场竞争中的知识产权》，廖正衡等译，1 页，北京，商务印书馆，2000。

形财产权这种独占性权利与反不正当竞争之间的关系，或者说应协调无形财产权制度与反不正当竞争法的关系，以确定无形财产权保护在反不正当竞争法体系中的地位。

反不正当竞争法是调整市场交易活动中经营者之间竞争关系的法律规范的总称。在狭义上，它仅涉及反对不正当竞争的内容；在广义上，则包括狭义的反不正当竞争以及反垄断和限制竞争的内容。由于各国政治状况、经济发展水平以及法律传统的不同，其相关立法的法律名称与法律内容等方面存在较大差异。归纳起来主要有两种立法例：一是分立式，即采取分别立法的模式，制定反垄断法、防止限制竞争法和反不正当竞争法，如德国和日本；二是合并式，即采取统一立法的模式，将反垄断、禁止限制竞争和反不正当竞争合并立法，如美国等。在西方发达国家，包括反垄断内容在内的反不正当竞争法具有十分重要的地位，以致成为一国经济法律体系的核心，从而享有“经济宪法”、“市场经济大宪章”之誉。此处述及的反不正当竞争法只在限定范围内规制部分不正当竞争行为，不涉及反垄断与禁止限制竞争问题。我国在反不正当竞争法中规制了两类对象：一类是传统的违背诚信、公平原则的不正当竞争行为；一类是影响市场机能正当发挥的限制竞争行为。

在一国法律体系中，反不正当竞争法一般归类于知识产权领域。在国际公约中，《巴黎公约》1967 年斯德哥尔摩文本将专利、实用新型、外观设计、商标、服务标记、厂商名称、货源标记或原产地名称与制止不正当竞争列为工业产权的保护对象。1967 年签订的《成立世界知识产权组织公约》将反不正当竞争的权利纳入知识产权的范围。世界贸易组织《知识产权协定》强调缔约方应该遵守《巴黎公约》的有关条款，即认可《巴黎公约》将反不正当竞争法作为知识产权法律制度组成部分的规定。

反不正当竞争法之所以归属于知识产权法律体系，其理由是：第一，反不正当竞争法以其他知识产权法的调整对象作为自己的保护对象，即对于侵犯著作权、专利权、商标权的行为予以法律制裁。因此，在某些情况下会出现法条竞合及优先适用何种法律的问题。第二，反不正当竞争法对与各类知识产权有关而相

关法律不能管辖的客体给予保护，以此弥补单一法律制度产生的“真空地带”。第三，反不正当竞争法对各类知识产权客体的交叉部分给予“兜底保护”，使知识产权的保护对象联结起来形成一个整体。可以说，该法是知识产权领域所涉内容更为广泛的一种法律制度。尽管在当前的立法例中，反不正当竞争法的调整范围已越来越广，扩大到许多其他领域。但是，以保护知识产权或说无形财产权为重点仍是反不正当竞争法的主要任务。

在一国竞争法中，与知识产权或说无形财产权保护有关的不正当竞争行为往往是相关立法的重点。在我国反不正当竞争法中所引举的 11 种非法行为中，下列情形可归属于无形财产权保护领域：（1）商品假冒行为。商品假冒行为包括商品主体混同行为与商品虚假标示行为。前者指不正当地利用他人的商业信誉或商品声誉，致使其他商品与他人的商品发生混淆的行为。后者是指在表示商品的质量及荣誉、产地或来源以及商品的其他成分上作不真实的标注，致使其他经营者或消费者发生误认的行为。（2）虚假宣传行为。虚假宣传行为是指经营者利用广告或其他方法对商品作与实际情况不符的虚假宣传，导致用户和消费者误认的行为。虚假宣传的内容涉及商品的质量、制作成分、性能、用途、生产者、有效期、产地等。其表现形式有两类：一种是与实际情况不符的虚假宣传，例如，将一般产品宣传为名牌产品，将国产商品宣传为进口商品，将人为合成材料宣传为天然材料等；另一种是引人误解的宣传，即通过宣传上的渲染手段导致用户和消费者对商品的真实情况产生错误的联想，从而影响其对商品的选择。（3）侵犯商业秘密的行为。侵犯商业秘密的法律保护，各国采取不同的立法例，有的制定单行法，有的规定在反不正当竞争法中，有的适用一般侵权行为法。我国反不正当竞争法规定了商业秘密的保护问题。在该法中，竞争行为主体一般为经营者，而商业秘密的侵权人却可能涉及经营者以外的其他人。鉴于上述缺憾及商业秘密保护的重要性，一些学者建议制定单行的专门法律（本书对商业秘密权另有专章论述）。（4）商业诽谤行为。商业诽谤行为是指经营者采取捏造、散布虚假事实等不正当手段，对竞争对手的商业信誉、商品声誉进行诋毁、贬低，以削弱其竞争实力的行为。商业诽谤行为表现为捏造、散布虚假事实。所谓虚假事实，是指行

为人描述竞争对手的情况与客观事实是不符的。散布虚假事实既包括向不特定的人散布，也包括向特定的用户或同行业经营者散布。捏造、散布虚假事实的常见手法有：刊登对比性广告或声明性广告，贬低竞争对手声誉；唆使或收买某些人，以客户或消费者名义进行投诉，对竞争对手的商品质量进行诋毁等。上述不正当竞争行为所侵害的对象，属于无形财产权中的商号权、商誉权、商业秘密权等。

二、无形财产权体系内部各类权利间的关系

在财产权利制度中，无形财产权是与传统意义上的财产所有权相区别而存在的，这是基于非物质利益形态（包括知识经验形态、经营标记形态、商业资信形态）所产生的各种权利，是一个包含知识产权但又不限于知识产权的非物质性的财产权利体系。它包括三类权利，即创造性成果权、经营性标记权、经营性资信权，前两者是知识产权，后者则是与其有别的其他无形财产权。现分述如下：

1. 创造性成果权与经营性标记权

在立法与学说研究中，文学产权（或说是著作权）与工业产权的区分，是知识产权传统的基本分类。自 20 世纪 60 年代以来，由于工业产权与著作权（版权）长期渗透与交叉，出现了给予工业产品以类似著作权保护的新型权利即“工业版权”[①]。随着知识产权的新成员不断增加，诸多权利无法简单归类于文学产权或工业产权。1992 年，国际保护知识产权协会东京大会将知识产权分为创造性成果权利与识别性标记性权利，前者包括著作权、专利权、商业秘密权、集成电路布图设计权、植物新品种权，后者包括商标权、商号权、地理标志权、域名权。

AIPPI 的分类是对知识产权类型化的有益探索，对我们正确认识知识产权本质以至发展知识产权体系有指导意义。20 世纪 90 年代中期以前，我国学者包括

① 郑成思：《版权法》，北京，中国人民大学出版社，1990。

笔者基于知识产权客体即为智力创造成果的抽象认识，多将知识产权定义为人们对其创造性的智力成果所依法享有的专有权利。[①] 自90年代中期以来，许多学者认为，以知识产权名义所统领的各项权利，并不都是基于智力创造成果产生的，因而对知识产权作了新的定义说明，即将其概称为基于智力成果、经营标记或知识信息所产生的权利。[②] 可见，当下我国多数学者是认可智力成果权利与识别标记权利这一基本分类的。

创造性成果权与经营性标记权是知识产权体系中两类不同的权利。前者保护的对象概为人们智力活动创造的成果，一般产生于科学技术、文化等知识领域，权利客体具有一定程度的创造性是其取得法律保护的必要条件；后者保护的对象则为标示产品来源的主体特定人格的区别标记，主要作用于工商经营活动之中，可区别性是该类客体的基本特征。基于客体的差异性，决定了两类权利的不同法律特征。在知识产权研究中，一些学者所描述的独占性、时间性和地域性，并不是上述权利类型的一般特征。例如，商标权不具有完整意义的独占性（非类似商品可以使用同一或近似商标），商号权的地域性有着自己的特殊规定（企业名称仅在其登记注册的行政区域内享有排他效力），地理标志权没有时间性的限制（经营性标记权的保护期间都不同于创造性成果权的相关规定）。从权利本质上讲，只有客体的非物质性才是知识产权各类权利的共同法律特征。

2. 经营性标记权与经营性资信权

经营性标记权与经营性资信权都是工商领域的无形财产权，是企业法人从事工商活动所必需的无形资产。经营性标记权所保护的特定利益，是以区别标记为载体，以商品、服务或主体本身的声誉为内容的财产利益。其中，区别标记由标识（标记构成要素的文字、图形等）、对象（标示的商品或企业）、来源（表彰商品出处或主体人格）所构成，是经营标记利益的外在形式；而商业声誉是经营标

---

① 参见吴汉东、闵锋编著：《知识产权概论》，北京，中国政法大学出版社，1987；郑成思主编：《知识产权法教程》，北京，法律出版社，1993；黄勤南主编：《新编知识产权法教程》，北京，中国政法大学出版社，1995。

② 参见吴汉东主编：《知识产权法学》，北京，北京大学出版社，2000；刘春田主编：《知识产权法》，北京，高等教育出版社，2000；张玉敏主编：《知识产权法教程》，北京，法律出版社，2005。

记利益的内在基础。其实，标记权所保护的特定利益，是“商业符号的吸引力”、“商品标识的影响力”，以及由此为主体带来的法益。[①] 经营性资信权包括形象权、商誉权、信用权、特许经营权，其保护的对象系工商企业所获得的资格、优势及信誉，这种专营优势和商业信誉形成了特定主体高于同行业其他一般企业获利水平的超额盈利能力。该类权利客体所涉及的资格、信誉、形象等，是一种财产化的人格利益，它具有明显的财产利益内容，但也有一些精神利益因素。

经营性资信权的出现，是对传统知识产权的制度补充，是构建无形财产权的制度基础。非物质性财产权利的形成，有两次重要的制度变革：一是从特许权到知识财产权。包括经营性标记权在内的知识产权，经历了从封建特许权到近代资本主义财产权的演变。知识产权作为一种私人享有的无形财产权是法定之权而不是特定之权，是罗马法以来私权领域制度创新的结果。二是从人格权到特别财产权，诸如姓名、肖像、名誉、荣誉等精神利益，在传统上属于人格权的保护范围，一般认为不具有直接的财产内容。在现代商品经济的条件下，一般人格利益逐渐演变为商业人格利益，即在现代法的框架上产生了资信类的特别财产权。这是财产非物质化革命在当代的继续，是“正在开发中的无形财产”[②]。以上说明，无形财产权是一个开放的、动态的、不断发展的制度体系。

三、无形财产权体系内部各项权利间的关系

无形财产权是一个十分庞杂的体系，各种权利既有区别也有联系。探讨诸项权利之关系，不仅是理论研究所必要，更在实务处理中有着重要意义。下面分述之：

1. 著作权与专利权

著作权与专利权同属于创造性成果权，是传统知识产权类型。两者的区别主要表现在：(1) 保护对象不同。著作权的保护范围与创作者的思想表现形式相联

① 参见关令华：《精神损害的认定和赔偿》，173 页，北京，人民法院出版社，1996。

② 曾世雄：《民法总则之现在与未来》，173 页，台北，三民书局，1993。

系而存在。这种思想表现形式是作品完成的最终形态，其基本构成要素即是以文字、语言、色彩、线条、韵律、舞谱等为表现形式的符号。思想表现形式与思想内容无涉，对作品的保护不延及任何思想、程序、方法、体系、操作方法、概念、原理等。专利权的客体，概为工业、农业、商业等产业领域能够物化在载体上的创造性成果，通常表现为工艺操作与技能，以及与这些方法和技能相适应的生产工作和其他物质设置。其保护范围以专利管理机关对发明创造思想的范围所赋予的意思解释而定。这即是两者保护对象在“思想表现形式”与“思想内容”方面的区别。(2) 保护条件不同。版权作品与专利技术都要求具备一定程度的创造性，创造性是它们取得法律保护的条件。但就两者而言，其创造性程度要求有别。版权作品表现为“独创性”或“原创性”，即作品必须是作者独立构思和创作的，并不问其思想内容是否与他人作品相同或类似。质言之，两人或两人以上独立创作的相同或类似作品，均可获得独立的著作权。而专利技术所要求的创造性程度较高，其发明必须具有“技术先进性”或“非显而易见性”，它所能体现的技术思想往往使得某一领域的技术发生质的飞跃。专利权的本质在于合理的技术垄断，且垄断实施限于新发明。因此，两人或两人以上作出同一内容的发明，专利权只授予先申请人。这即是两者保护条件在“独创性”与“首创性”方面的差异。

著作权与专利权在保护智力创造成果方面既有着不同分工，也会产生一定的联系：一是提供补充保护。诸如权利要求书、专利说明书等专利申请文件，是专利主管机关确定专利范围的依据，同时也可以作为一件文字作品受到著作权保护。二是产生交叉保护。对于图案设计，可以视为实用美术作品和工业外观设计。德国、法国、瑞士等国对此适用著作权和外观设计（专利）权的重复保护，而日本则根据是否用于工业批量生产作为划归著作权或专利权保护的依据。

2. 著作权与商标权

著作权与商标权分属于创造性成果权与经营性标记权。前者作用于文学、艺术和科学领域，后者服务于工商贸易领域。两者主要区别是：(1) 保护条件不

同。如前所述，著作权要求作品具有独创性，而商标权标记达到“可识别性”程度即可。这是因为，商标作为表彰商品来源的区别标记，其文字、图形或其组合应避免与他人商标构成混同。(2) 权利效力不同。著作权人对作品的使用与排除他人非法使用，在效力范围方面是一致的，即基于版权作品产生的支配权与排他权并无差别。而商标权不同，其使用权涉及的是权利人使用其注册商标的问题，禁止权产生是对抗他人非法使用注册商标的问题。按照立法惯例，前者以核准注册商标和核定使用的商品为限，后者则扩大到在同一商品或类似商品上使用相同或近似商标，均在禁止之列。(3) 存续期间不同。著作权规定有明确保护期，即著作权人只能在一定期限内享有对作品的专有使用权和获得报酬权。权利存续的时间性，使得作品适时地由个人专有财产成为社会公有精神财富，这是立法者为促进科学文化发展、鼓励智力成果研究所普遍采用的规则。而商标权虽也有保护期的规定，但在其有效期届满之时可以续展，这就意味着注册人可以通过不断的续展，延长商标权的实际有效期间。

著作权与商标权在一定情况下也可能发生交叉关系，即设计的商标图案，可以作为图形商标或组合商标受到商标法保护，也可以构成一件美术作品受到著作权法保护。日本学者认为，将有创造性的广告用语、漫画中心人物形象作为商标的使用者，同时享有著作权和商标权。当然，两种权利也可能发生冲突，即未经他人同意以其美术作品作为商标使用时，则可能构成著作权侵权。

3. 著作权与形象权

著作权与商品化形象权归属于创造性成果权与经营性资信权的不同领域。形象权是一种新型无形财产权，与保护虚构形象的著作权关联性极大。世界知识产权组织的有关文件将形象分为“虚构角色”形象和“真实人物”形象两种类型。① 虚构角色形象的相关权利被称为“角色权”(rights in characters)，其权利指向涉及作品中的“艺术形象”，包括“在电影、电视、动画等作品中出现的人

① See WIPO, *Character Merchandising*, WC/INF/10847998/IPLD, p. 9.

物、动物或机器人等，也包括用语言表现的作品中的虚拟形象”①。这种虚拟的作品角色具有“第二次开发利用”的价值：著作权人可以利用其创作作品虚拟形象，或他人以合理的对价受让或许可使用该形象，由此与特定商品结合起来而对消费者产生良好的影响力和吸引力。所谓“第二次开发利用”意味着虚拟形象走出传统的文学艺术领域，而在工商活动中带来所负载商品的广泛认知度。这种权利不再是原来意义上的著作权，而是具有财产价值的商品化形象权。

关于著作权与形象权的关系，我们可以从以下两个方面来认识：第一，形象权可以对作品角色提供补充保护。在著作权法中，一般将可视角色形象作为美术作品，而将文学角色作为作品组成部分。上述角色只有在形成特定表述时，才能脱离“思想内容”的范围，受到著作权法保护。但是，特定角色拥有的形象因素，有的并非特定表述（如角色姓名），有的不具备独创性条件（如角色口音），对此著作权无力提供保护。在这种情况下，上述形象因素却成为商品化的对象，即成为引起消费者联想的角色特征。简言之，它们可以成为形象权的保护对象。第二，著作权是形象权得以产生的在先权利。所谓形象权是指主体对其知名形象进行商品化利用并享有利益的权利。在虚拟形象的商品化过程中，形象权的行使是以作品角色著作权的存在为基础的。具言之，著作权主体对其作品中虚拟形象的使用，可以是在商品经营活动中自己使用而直接获取利益，也可以是转让或许可他人用于其相关商品之中而从中收取费用。我们可以认为，形象权是著作权的有益补充和合理延伸。

4. 专利权与商标权

区分专利权与商标权是非常容易的。在专利权中，无论是产品发明还是方法发明，都是一种应用技术；而在商标权中，无论是服务商标还是商品商标，都是一种表彰不同来源的区别特征。同为知识产权所保护的知识产品，前者为知识经验，后者则为识别信息。这就决定了两种权利的不同属性。

在现实生活中，专利权与商标权的关联，主要涉及外观设计与图形商标和三

① 林雅娜等：《美国保护虚拟角色的法律模式及其借鉴》，载《广西政法管理干部学院学报》，2003(5)。

维标志商标。在专利法中，外观设计是关于产品形状、图案和色彩或其结合的新设计。这是一种新的设计方案，在现有技术中找不到与之相同或相近似的外观设计；同时，它是一种产品构成，虽为产品外表之设计，但与产品相结合。这就决定了授予外观设计专利的条件，必须具备新颖性以及适于工业生产的应用性。在商标法中，图形商标是指由平面图形构成的商标，无论是具体形象图形（如人物画、风景画）还是抽象造型构图（如记号、符号）在所不论。三维商标是指以产品外形或产品实体包装构成而具有三维标志特征的商标。上述两类商标申请注册保护，须在同一种商品或类似商品上不得与他人注册商标构成混同，换言之，非类似商品上可以使用同一商标或近似商标；此外，商标是经过人的设计、有意识地附置于商品或商品包装之上的标记（如使用商标标签、印制商标标识等）。质言之，它是作为区别标记使用并成为特定产品的附着物。因此，授予该类商标以专有权，主要是判断其是否构成混同，即应具备可区别性。在工商领域，有的产品外形或实体包装，可以选择外观设计或图形商标、立体商标保护。美国“可口可乐”公司以其饮料瓶的形状作为商标注册，该瓶型原系工业品外观设计，但其保护期只有 5 年，到期只能续展一次，而作为商标注册，按期续展，则可以得到长期有效的保护。①

5. 专利权与商业秘密权

专利权与商业秘密权的关系，实质上是专利技术与技术秘密（Know-How）的关联性。一般而言，商业秘密作为“未公开信息”，可以概况地分为技术信息和经营信息。前者包括技术设计、工艺流程、产品配方、制作方法、工程图版等。在专利技术与技术秘密之上所设定的“产权”为技术信息领域内的无形财产权。

技术秘密是一种无形的信息财产。在商业秘密的国际保护领域，目前主要是给予其以产权法律保护。20 世纪 60 年代，国际商会（ICC）率先将商业秘密纳入知识产权中；至 90 年代，《知识产权协定》专门规定“未公开信息”的保护，

① 参见孙笑侠等编著：《中国商标事务》，6 页，北京，中国法制出版社，1991。

确认其属于知识产权范围。英美法系国家一般将商业秘密视为知识产权或无形产权，其立法例以英国1981年《保护秘密权利法草案》与美国1978年《统一商业秘密法》为代表。大陆法系国家曾长期依据合同法或侵权责任法保护商业秘密，现在通过立法承认商业秘密的产权性质。例如，日本新商业秘密保护制度，即依照民法物权救济方法，给予商业秘密的合法控制人以排除妨害的请求权。这意味着上述国家从产权理论出发，承认商业秘密的财产属性，给予其类似无形财产权的保护。

与有形财产不同，技术秘密不占据空间，不易为权利人所控制，不发生有形损耗，因此其权利是一种无形财产权。就无形财产权的各项权能来说，技术秘密的权利人与有形财产所有权人一样，依法享有占有、使用、收益和处分的权利，即有权对技术秘密进行控制与管理，防止他人采取不正当手段获取与使用；有权依法使用自己的技术秘密，而不受他人干涉；有权通过自己使用或者许可他人使用以至于转让所有权，从而取得相应的经济利益；有权处分自己的商业秘密，包括放弃占有、无偿公开、赠与或转让等。

与专利技术不同，技术秘密是“不为公众所知悉”的秘密信息，且是权利人采取必要保护措施的保密信息，这与具有公开性的一般知识信息（包括专利技术）具有明显的区别。因此，技术秘密的权利形态与专利权、著作权、商标权等具有无形财产权的相同本质属性，但前者却并不具备传统知识产权类型的主要特征。商业秘密权不受地域和时间限制，商业秘密的保密状态决定其权利的覆盖地域和存续期间。但是，商业秘密主要是一种智力创造成果，其权利形态与著作权、专利权、商标权一样都具有客体非物质性的本质属性，因此，相关国际公约将商业秘密权视为一种知识产权是有理由的。

6. 专利权与布图设计权

集成电路布图设计是一定技术思想的表现形式，由附属于特定载体之上的电子元件和连接这些元件的连线所构成，简言之，布图设计是一种具有技术功能的图形设计。同为工业产品设计，但集成电路布图设计不同于工业品外观设计，因此不适用于专利权保护。其理由是：布图设计并不取决于集成电路的外观，而决

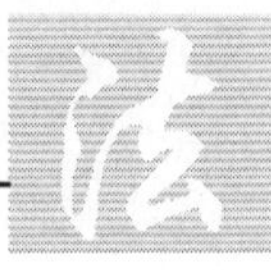

定于集成电路中具有电子功能的每一元件的实际位置；布图设计尽管需要专家的大量劳动，但设计方案不会有多大改变，其设计的主旨在于提高集成程度、节约材料、降低能耗，因此不具备创造性的专门要求；集成电路技术发展迅速，产品更新换代很快，其布图设计不适宜采用耗费较多的专利审批程序。

集成电路布图设计的专有权，是一种新型知识产权类型，这即是有的学者所称的“工业版权”。工业版权突破了以往著作权与专利权的传统分类，吸收了两者的部分内容，形成了亦此亦彼的“交叉权利”。正是在这个意义上，布图设计权被视为一种专门权利或“准专利”。其中，与专利权有关的制度设计包括：(1) 受保护的对象必须具有新颖性。即布图设计为设计人独立制作，其构思有独特之处，不能是以往布图设计的简单重复。新颖性彰显了布图设计与专利技术相同的技术进步性要求。(2) 专有权包含商业使用权内容。该项权能是一种“收益权”，即权利人为商业目的而使用布图设计或含有布图设计的集成电路的权利，其商业利用行为包括出售、出租、进口等，具有与专利权相同的授权内容。(3) 注册制的权利取得方式和较短的权利保护期。布图设计一般采取注册取得方式，即经历申请、审查、登记和公告等法定程序。同时，大抵规定 10 年的专有权有效期。这些规则无疑是采用了专利权保护的做法。

7. 商标权与商号权

商号是企业在工商经营活动中用于标示自己并区别于他人的标志。在一些著述中，商号与厂商名称、企业名称混用。严格说来，厂商名称、企业名称并非知识产权意义上的商号。依据我国 1999 年颁布的《企业名称登记管理规定》，企业名称应由行政区划名称、字号、所属行业、组织形式四部分构成。例如，北京（行政区划名称）“易拜天地”（字号）网络技术（所属行业）有限公司（组织形式）。在这里，具有区别标志意义并受到法律保护的应是“易拜天地”这一字号。

企业使用其名称，具有两个方面的意义：一是表示其人格属性，即表明企业是由特定的生产经营者开办的；二是表示其行为属性，即表明企业的行业性质或经营范围。但是，在企业名称中产生独占使用效力的是商号。在企业经营

活动中，商号与商标同为区别标志，但其功能不同。前者是区别生产经营者即企业的标志，后者是区别商品来源的标志，具有表示“何人”与“何物”的不同作用。两种标志附着于不同的物化载体，具有不同的区别功能。在有的情况下，两者可以合二为一，例如，“同仁堂”、“盛锡福”、“王麻子”等既是商号，又是商标。

在商号之上所设定的商号权，是企业依法对其营业区别标志的专用权，具有知识产权的某些共同特征，例如客体的非物质性、效力的专有性、地域性等。但是，与商标权相比较而言，该项权利还具有自身一些特点：一是相对的排他效力。商号权虽为产权之一种，具有绝对性的特点，但仅在其有效登记的范围内有排他效力，即在其所属的同一行政区域、同一行业内享有排他性的专有权。较之商标权在同一国范围内的效力，商号权是一种相对的绝对权。[①] 二是无期限的存续效力。商号权具有一般人格权的某种属性，即无法定的保护期限。商号与企业共存亡，只要企业存在，其商号权就得以继续存在。

8. 商标权与商品特有名称专有权

商品名称是用以区别其他商品而使用在本商品上的称谓。商品名称分为通用名称和特有名称两种。前者是对同一类商品的一般性称呼，如汽车、冰箱、电视等；后者是表明某种商品属性的特定性称号，如“痰咳净”（呼吸道药品）、“山海丹”（心血管药品）等。

商品名称，尤其是特有名称与商标都有区别标志的功能。其区别在于商标一经注册，即取得独占使用权，受到商标法保护。而就商品名称而言，只有知名商品的特有名称，才能受到反不正当竞争法的保护。严格说来，在知名商品的特有名称之上所生之利益，不是归类于知识产权的“权利”，而是受到反不正当竞争法保护的“法益”[②]。

---

① 参见张国键：《商事法论》，102页，台北，三民书局，1980。

② 我国《反不正当竞争法》第5条规定了三种商业主体混同行为，其中“擅自使用知名商品特有的名称、包装、装潢，或者使用与知名商品近似的名称、包装、装潢，造成和他人的知名商品相混淆，使购买者误认为是该知名商品”的行为，是不正当竞争行为。

在经营活动中，注册商标与商品特有名词的使用是有联系的。对于注册商标所有人来说，要避免本人不当使用、防止他人侵权使用所造成的“商标淡化”，即将其注册商标作为商品的通用名称使用。在商标历史上，诸如“阿司匹林”、“凡士林”、“氟利昂”等商标，都因使用不当而淡化为商品名称，导致权利人丧失商标权；对于商品特有名称所有人来说，如果该标志符合商标法规定的条件，可作为商标申请注册。商品特有名称一般由叙述性的文字构成，使得购买者联想或识别到商品的某种特征或整体特性。倘若获准注册，是为暗示性商标或描述性商标。在商标注册实务中，暗示性商标（如“娃哈哈”牌儿童食品），其显著性不及臆造商标（如“海尔”牌电器）、任意商标（如“苹果”牌电脑），但可能取得注册保护；而描述性商标（如“五粮液”牌白酒）显著性不尽明显，只有经过长期使用而获得第二含义后才能获得注册。①

9. 商标权与地理标志权

商标与地理标志都是表示商品来源的专用标记，其目的在于帮助消费者认牌购物，防止消费者误认。但是，就其基本功能来说，商标表明商品出自于何“人”，它与特定的个体生产经营者相联系；而地理标志表明商品出自于何“地”，它与特定的某类生产经营者相联系。

商标与地理标志同属于工业产权的保护对象。盗用、假冒上述标志，造成商品来源的混淆，不仅损害权利人的产品声誉，而且欺骗消费者，因此为国际公约和各国法律所禁止。

商标权和地理标志权都归属于经营性标志权，但两者存在权利一般特征的差异：（1）主体的单一性与群体性。一般而言，商标权主体为特定化的个体（自然人或法人），但证明商标、集体商标的权利主体为例外；而地理标志权为集体产权，由特定地域内该产品的所有生产经营者共同行使。（2）保护期的有限性与无限性。商标权有明确的保护期限，有效期届满而未续展的，该项权利即终止；而地理标志权无时间性限制，是一项永久性的财产权利。（3）权利的可转让性与非

① 参见张玉敏主编：《知识产权与市场竞争》，149页，北京，法律出版社，2005。

转让性。商标权可以转让或许可使用，而地理标志权不允许由使用该标志的任何生产经营者进行转让或许可使用，这是由权利客体即地理标志的本源性所决定的。

在经营性标志权体系中，证明商标、集体商标与地理标志有相通之处。地理标志权为专门法保护模式，证明商标、集体商标权为商标法保护模式。后者即是将地理标志作为特别商标纳入商标体系中。在证明商标、集体商标之上创设一种集体所有权，可以满足特定群体的权利要求，符合地理标志对产品品质的证明功能。在一些国家的无形财产权制度中，上述两种权利保护模式可以并存。

10. 商标权、商号权与域名权

在经营性标记权领域，域名不同于商标、商号等区别标志。有的学者将域名视为一种企业名称，或称其为“电子商标”，或是将域名与商标、商号并列归类于商业标志权。[①] 其实域名是一个独立的标记类型，不同于互联网用户原有的商标或商号，进言之，域名并不是原有标记在网络空间的数字化表现，而应有独立的法律地位和权利形态。

域名作为互联网上的区别标记，与商标、商号一样具有表彰主体人格、标示商品来源的功能，因而被人们称为“电子商标”或“网络商号”。但是，与传统区别标记不同，域名的构成有两大特点：一是供识别的字符标识无显著性要求，能达到计算机可以识别的细微程度即可。因此，行业名称或商品通用名称也可用作域名。例如 VCD 产品，在人们不知道特定商标、商号的情况下，在互联网上直接输入 vcd. com 进行搜索，即可找到生产该产品且使用该域名的企业。二是字符标识在整体上且在全球范围内具有唯一性。这是由网络覆盖范围和计算机技术保障所决定的，即每一域名都是独一无二的。这有别于商标、商号在非类似领域共同存在的情形。

基于客体的差异，域名权在效力方面与商标权、商号权有所不同：域名权没有地域限制。由于互联网是覆盖全球的，域名经有效注册即产生绝对的排他性效

① 参见应明：《因特网域名使用中的知识产权问题》，载《电子知识产权》，1998（3）；李朝应：《域名的知识产权分析》，载《电子知识产权》，1998（8）。

力，可以对抗此后任何地方的任何人以此域名相同的注册申请。

在电子商务中，域名与商标、商号也有着密切的联系。对于经营性标志所有权人来说，将自己拥有的业已产生一定知名度的商标、商号，适时地注册为域名，从而形成商业标志的一体化注册使用，这既是其扩大商业信誉影响的经营之道，也是防止抢注、维系权利的法律之举。

11. 商标权、商号权与商誉权

商标权、商号权与商誉权归属于无形财产权的不同领域。前者保护的特定利益是以区别标志为载体，以商业声誉（商品声誉或企业声誉）为内容的财产利益；后者保护的特定利益，是以良好的社会评价为表现形式，以区别于其他企业的经营优势为内容的资信利益，是一种财产化的人格利益。就权利特征而言，商誉权不具备商标权这一传统知识产权的基本特征，因而表现出非确定的专有性、非严格的地域性和非法定的时间性；就权利利用而言，商标权、商号权等在管理学那里被称为“可确指的无形资产”①，即具有名称可以辨认、可以单独取得、可以转让或许可使用。而商誉权属于“不可确指的无形资产”②，即不可辨认、不能单独取得、不能经常发生转让或使用许可。③

商誉权虽为“不可确指的无形财产”，但其价值总是体现在与企业经营活动有关的载体之中，或者说，其利益是特定企业标志和形象价值的总和。例如，商号是生产经营者的营业标志，声誉良好的企业，其名称或标记对消费者和用户产生巨大的影响力。可以说，商号是商誉的特定化主体与有形化载体。又如商标是区别企业产品来源的标记，商标信誉即是企业商誉内容的组成部分，是商誉这种无形财产的一种硬件。④

12. 商誉权与信用权

商誉权与信用权同属于资信类的无形财产权。该类权利客体是一种已经财产

①② 蔡吉祥：《无形资产学》，73页，深圳，海天出版社，2002。

③ 管理学认为，商誉不能脱离企业而独立存在，因此不允许上述利益分别转让。参见杨时展主编：《中华会计思想宝库》（第1辑），北京，中国财政经济出版社，1992。

④ 参见高涤陈等：《商誉：商业文化功能的综合释放》，载《财贸经济》，1995（1）。

化的人格利益，或者说是含有人格因素的资信财产。

从广义上的商誉来说，信用是商誉的组成部分，没有良好资信的企业不会树立良好的商誉。两者的联系表现在以下方面：(1) 具有相同的人格属性。在人格利益范畴中，诸如名誉、信用是民事主体具有完全人格的重要方面。人格利益既包括与身体、健康、生命有关的器官性人格利益，也涉及名誉、信用等评价性人格性利益。在现代法框架下，一般民事主体的信用和企业法人商誉已逐渐由人格利益转化为财产利益。(2) 同为主体获得的社会评价。商誉是一种积极的社会评价，而信用则可能是特定性的社会评价。无论是商誉还是信用的价值，都涉及状态或类别的评估问题。在立法例上，一些国家对商誉与信用作了明确的区分，并采取了不同的权利保护形式。两者的区别表现在以下方面：(1) 权利主体不同。商誉从企业法人的名誉、荣誉演变而来，商誉权主体限于企业法人；而信用权的主体不限于商法人，它包括自然人、法人乃至国家在内的一切主体。(2) 权利客体载体不同。虽然两者都是关于主体形象或能力的一种社会评价，但商誉的载体往往与商标、商号、商品等有关；而信用主要以汇票、信用证、资信文件为载体和财产利益。(3) 权利本体归类不同。一般认为，商誉权具人身权和财产权双重属性，商誉既是企业整体形象的人格表现，也是涉及企业收益能力的资信利益。该项权利与知识产权有关，许多国家通过反不正当竞争法对其提供间接保护。而信用权却是一种与知识产权相区别的新型无形财产权，多数国家在法典或侵权责任法中将其视为独立的民事权利，并规定侵犯这一权利的法律后果。

第九章

无形财产权的民法理论分析

财产权、人身权的两分法以及物权、债权的二元结构，是传统财产权制度体系构建的基本范畴。随着现代科学技术和商品经济的发展，新的财产权类型不断涌现，旧的财产权制度渐次嬗变。以财产概念的创新与整合作为财产权制度一体化的基础，现代财产权利在制度类型与体系范围方面发生了极大变化，私权领域的财产法应包括：以所有权为核心的有形财产权，以知识产权为主体的无形财产权，以债权、继承权等为内容的其他财产权。我国未来民法典宜专编规定财产权总则，以整合财产权体系，并对各类财产权制度作出一般规定。

一、财产权利形态及其分类标准

1. 财产权体系构造的外部问题

财产权是民事权利体系中的基本类别，它是“以财产为标的，以经济利益为内容的权利”①，包括物权、知识产权、债权和继承权等。财产权与人身权是民事权利的基本分类，其分类是以民事权利的内容，即民事权利所体现利益的不同

① 江平主编：《民法学》，82页，北京，中国政法大学出版社，1999。

作为标准的。

财产权与人身权的区别涉及财产权体系构造的外部问题。在传统民法理论中，权利标的所指向的利益是划分两类权利的基本标准。换言之，基于财产利益与人身利益的差异，我们可以将民事权利概括地分为财产权与人身权。在民事权利体系中采取财产权与非财产权的两分法，是一种传统的分类方法，但这种技术方法的困难之处在于如何进行权利的“两分”。进言之，财产利益或经济利益的有无虽是上述利益“两分”的标准，但并非绝对。一般认为，以主体自身的人身利益为标的的权利，当为人身权；但不可断言，财产权一定就是以经济利益为内容的权利。谢怀栻先生认为，没有金钱价值的给付也可以成为债权的内容。《德国民法典》第 241 条规定债权人可以向债务人请求给付，但德国法对给付的解释，已不以金钱价值为必要。《日本民法典》第 399 条更是明确规定“虽不能以金钱估算者，也可以作为债权的标的”①。胡长清先生认为，不能简单地将“经济利益”作为财产权的定义标准。诸如一些无直接经济利益的标的，如好友之书简、爱妻之遗发等，不纳入财产权显然不合逻辑。② 除此之外，笔者认为，主体的人格、身份，在一般情况下作为人身利益而成为人身权的标的，但在有的情况下因具有经济内容而可归类于财产权的对象。企业法人的名称、名誉、荣誉，在人身权范畴内可构成名称权、名誉权、荣誉权之权利形态；但在财产权的视野中，又可表现为商号权、商誉权等知识产权。上述情况表明了财产权与人身权两分法的困境：一是权利的分类标准尚存有疑义，二是某些权利的基本属性不易简单确认。关于财产权的定义标准，在世界范围内都未形成统一的认识。法国学者将法律意义上的财产描述为一种“利益”，它能满足人类的物质需要。③ 德国学者认为只有具有“金钱价值”的权利才属于财产。④ 由此可见，在多数学者的看法中，权利的两分法是以有无经济利益为评价标准的。但有的日本学者则采取不

---

① 谢怀栻：《论民事权利体系》，载《法学研究》，1996（2）。

② 参见胡长清：《中国民法总论》，40 页，北京，中国政法大学出版社，1999。

③ 参见尹田：《法国物权法》，12～13 页，北京，法律出版社，1998。

④ 参见［德］卡尔·拉伦茨：《德国民法通论》，410 页，北京，法律出版社，2003。

直接定义的归类法，即对人格权和身份权进行定义，然后将“其他一切权利”归类为财产权。[①] 笔者认为，无论采取什么方法，它们都是学理上对于民事权利的利益内容和实质意义进行的主观评价。此外，这种分类技术，有助于权利制度设计和权利体系构建，在法律规范方面也具有可适用性。总之，两分法虽不是一个完善无缺的分类理论，但却是我们构建财产权体系的学理基础。

2. 财产权体系构造的内部问题

在财产权体系内部，因具体实现利益或标的的不同，该类权利又有更为具体的划分：（1）财产权的指向是某一“物件”[②]，这种权利被称为对物的权利，即物权；（2）财产权的指向是特定人的“给付”（即履行特定的行为），这种权利被称为对人的权利，即债权。在传统上，财产权包括物权与债权两大类。[③] 知识产权是后世出现的新型财产权，由于其标的是无形体的精神产品，亦称为无形财产权。上述三类财产权的划分，有着明确的界限：以财产利益的物质性与非物质性为标准，支配性财产权可以分为对物之物权与对知识产品之知识产权。以财产利益的直接支配性与请求履行性为标准，前者产生具支配权属性的物权与知识产权，后者产生具请求权特性的债权。在这里，客体的差异性依然是财产权分类的基础。德国学者拉伦茨将权利客体分为两种：一种是指支配权或利用权的标的，又称第一顺位的权利客体；另一种是指主体可以通过法律行为予以处分的标的，亦称第二顺位的权利客体。[④] 在拉伦茨看来，第一顺位的权利主体，是不依法律规定而事实存在的标的物，包括有体物与无体的精神产品，前者如动产和不动产，后者如作品和发明；第二顺位的权利客体，则是依法律规定而作为客体看待的权利，即是将某种财产权利作为一个整体看待的处分标的。[⑤] 拉伦茨的客体分

---

① 参见日本《民事法学辞典》，［日］岩井万龟：《财产权》条，转引自谢怀栻：《论民事权利体系》，载《法学研究》，1996（2）。

② 广义的物，包括有体物与无体物，后者指某些具有财产内容的权利；狭义的物，以有体物为限。罗马法及法国法采广义说，德国法采狭义说。

③ 有学者将以无形资格为标的的权利，如渔业权、矿业权；以权利总和之遗产为标的的权利，即继承权，都归类于准物权。

④⑤ 参见［德］卡尔·拉伦茨：《德国民法通论》，377～378、404页，北京，法律出版社，2003。

类理论对于财产权类型的划分不无意义：所有权与知识产权为支配性财产权，其客体无论是否具有物质属性，概为体现一定物质利益或精神利益之事物，有体物表现为客观实在性，知识产品表现为可认知性、可再现性。[①] 借用拉伦茨的说法，该类权利的客体，只能是第一顺位的事实存在之标的。至于债权、继承权以及其他物权，或为请求权之财产权，或为期待权之财产权，或为在他人所有物上设定之财产权，其客体除一般意义的标的物外，还涉及依法律规定而作为客体看待的权利（无体物）。拉伦茨认为，“债务人给付的标的（客体）”，即是“债务人应该通过他的给付行为提供给债权人的一种‘事物’，例如，使债权人占有某物、取得某物的所有权或取得其他权利、或取得一笔款项及其他由债务人实施的某种‘成果’”[②]。谢怀栻认为，继承权所指向的遗产，即是取得遗产上的各种权利，包括各种物权、债权等权利的集合。[③] 梁慧星等人认为，所有权的客体，只能是有体之物；但他物权则可能以某些财产权作为其客体，如权利用益物权、权利质押物权等。[④] 上述观点说明，与所有权、知识产权不同，此类财产权可以以其他财产权即无体物作为其客体。

从罗马法到近代法，财产权的基本分类与体系构建的一般理论有其合理性意义，但是我们并不能将其看作是僵化的分析模式。在现代民事权利体系中，一些具有双重属性的权利，并不能简单地适用财产权与人身权的两分法；物权与债权的二元体系，说到底是一种物质化的财产权结构，尚缺乏接纳非物质性权利形态的制度空间。面对新的财产现象与新的财产形态，当代财产权体系需要作出新的安排。

二、财产权类型扩张与制度变革

自罗马法以来，财产权领域所发生的制度创新与变革，从来就没有停息过。

① 参见吴汉东：《财产的非物质化革命与革命的非物质财产法》，载《中国社会科学》，2003（4）。

② ［德］卡尔·拉伦茨：《德国民法通论》，379页，北京，法律出版社，2003。

③ 参见谢怀栻：《论民事权利体系》，载《法学研究》，1996（2）。

④ 参见梁慧星：《民法总论》，80页，北京，法律出版社，1996；钱明星：《物权法原理》，26页，北京，北京大学出版社，1994。

随着现代科学技术与商品经济的发展，社会财富形态发生很大的变化，新的财产权类型不断涌现，从而对传统的私法制度带来重大的冲击。关于财产权的新制度安排，立法者一般采取两种做法：一是对现存财产权作出扩张解释，以原有的权利类型包容新的财产现象；二是打破传统的财产权固有模式，以新的权利类型创设出新的财产制度。这种制度创新与变革表现在财产权各个领域，例如，由于所有权各项权能的分离，形成多重主体对同一标的物的利用，产生了与所有权迥异的财产权；在客体物利用途径不断扩展的情况下，他物权制度得以重新规制，出现了诸多新型用益物权；债权的"物权化"与"证券化"的结果，使得物权与债权的界限日益模糊，某些"债权"由此具有新的法律属性；知识产权日益丰富多彩，新的权利形态陆续产生，从而导致现代知识产权体系不断扩充；一般人格利益逐渐演变成商业人格利益，在现代法的框架下，构建了与传统人格权有别的商事人格权。现对上述情形分别述之：

1. 所有权权能分离与股权

股权，又称股东权。在股份公司中，股东将其出资财产的支配权，转化为以仅对出资财产价值形态享有收益权为主的股权。关于股权的性质，我国理论界有所有权说、债权说和社员权说三大流派。上述理论不无缺漏之处。"所有权说"有股东"共有权"和股东、公司"双重所有权"之分。这种理论无法解释股东对公司财产最终处分权的丧失，进言之，股东的利润分配权、剩余财产分配请求权等，都不是对物的支配权。① "债权说"主张出资财产的所有权发生移转，股东仅有请求返还剩余财产、分配利润之债权。这种理论无法说明股东的表决权、新股认购优先权和股份处置权的基本属性，无法区别股东对公司的投资行为与债权人购买公司债券的行为的差异。② "社员权说"强调股东以出资大小为代价获得相应社员资格，并基于该资格享有社员权利。这种权利兼有财产权与非财产权的

① 参见葛云松：《股权、公司财产权性质问题研究》，载梁慧星主编：《民商法论丛》，第11卷，北京，法律出版社，1999。

② 参见漆多俊：《论股权》，载《现代法学》，1993（4）；康德瑄：《股权性质论辩》，载《政法论坛》，1994（1）。

双重属性。“社员权说”破坏了人们对社员权的一般认识，将人合性质的社团之社员权，简单套用于以出资为条件的公司股东，其推论容易引起争论；同时，该理论将以间接管理公司财产、保证实现股东利益为目的的表决权，归类为非财产权，其理由并不充分。[①] 上述情况表明，股权从整体上看既不是所有权也不是债权：其一，它突破了所有权静态的归属性和本体的完整性，实现了所有权及其权能的最大分离，将人们利用财产的方式由实物形态财产的绝对排他支配，转化为证券形态财产的利益分享；其二，它突破了所有权的单一形式与固有结构，形成了具有“权利束”特征的财产权。这一权利的实质是所有权中的支配、处分与收益三项权能以及债权的请求权能组合而成的新权利。相对于物权与债权来说，股权是一项独立性的财产权，也是一种集合的财产权。

2. 所有权权能分离与信托权

信托作为一种转移与管理财产的制度，起源于中世纪的英国，后为大陆法系国家所接受。在信托关系中，信托人将信托财产交给受托人管理，受托人取得该项财产的处分权，受益人则享有信托利益的收益权。信托权是为何物？具言之，受托人和受益人享有的权利具有什么性质？这些显然不能沿用传统的所有权理论来解释。英美法系学者从分割财产权的立场出发，主张以“双重所有权”来阐释信托关系的本质，即受托人是普通法上的所有人或名义所有人，而受益人则为衡平法上的所有人或事实所有人。[②] 大陆法系学者则借用传统民法的理论与概念范畴，对信托制度作出了各种各样的说明。主要观点有：一是“物权—债权说”，即受托人对信托财产的所有权与受益人对受托人的债权；二是“物权—代理权（管理权）”说，即受益人对信托财产的所有权与受托人为受益人的代理权（管理权）。[③] 信托制度的法律构造对传统上具有绝对主义与单一形式特点的所有权是一种挑战：首先，它意味着信托财产之上“权”与“利”的分离。在大陆法系的

① 参见程晓峰：《关于股权性质的法律思考》，载《山东法学》，1998（6）。

② 参见周小明：《信托制度比较研究》，30页，北京，法律出版社，1995。

③ 参见何孝元：《信托法之研究》，载（台湾）《中兴研究》，1987（1）；赵许明等：《信托财产权属本质探究》，载《华侨大学学报》，2002年（3）。

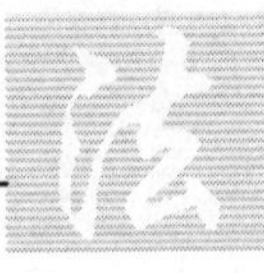

理论看来，是所有权权能的分离，即处分（管理）权归于受托人，收益（利益支配）权属于受益人；而就英美法系的学说看来，是“权利束”的组合形式，即受托人的权利与受益人的权利共同构成信托财产上权利的完整内容。其次，它突破了传统民法所构建的物权与债权的二元体系。在信托关系中，受托人享有名义上的所有权和完整的管理权，该项权利具有物权性质；而受益人的权利，既有请求受托人给付利益之债权，也有行使撤销与追及之物权。受托人的权利与受益人的权利组合构成信托关系中的财产权。这种权利的法律性质有待进一步研究，但毫无疑问的是，它与传统的所有权有别，不能简单地归类于物权抑或债权。

3. 物的观念更新与新的用益物权

现代科学技术在社会生活的广泛运用，使得原来不为人们认识和控制的事物变成了权利设定的对象。物的概念扩张与物的利用途径扩展，直接影响着传统的物权法体系，诸如相邻权、地上权、地役权制度面临着扩充解释或重新规制的必要。一是环境物权。环境作为人类生存和发展的必不可少的条件和基础，表现为一种自然资源的基本属性。工业的发展造成了自然环境的恶化，使人们的生存受到威胁。为此，一些环境法学者提出，环境资源具有经济价值和生态价值的双重内容，环境资源就其整体而言不能为人力所控制，但其局部和部分功能却能为人类所控制和利用。[①] 因此，环境资源的利用和保护。涉及在新的客体物上创设新的物权问题。蔡守秋教授认为环境资源是一种无形物，可以在理论上创设以此为客体的“无体物权或无形物权”[②]。尽管“无形（体）物权”的说法有失精当，但在传统的用益物权之外建立一个包括环境使用权、环境保护相邻权在内的环境物权体系，是“绿色民法”观所必须考虑的。二是区分地上权。传统民法的地上权是指在他人土地上为建筑物或其他工作物而利用他人土地的权利。此处的“土地”权利不包括土地上空和地下的使用权。随着科学技术的发展与土地开发能力的提高，土地利用由平面利用转变为空中利用，即出现土地在地面、空中、地下甚至水中的分层利用。土地的这种立体利用已经不能为以往的地上权理论所包

① 参见吕忠梅：《关于物权法的“绿色”思考》，载《中国法学》，2000（1）。

② 蔡守秋主编：《环境资源法论》，277～279页，武汉，武汉大学出版社，1996。

容。为此，一些国家或地区通过正式立法或司法解释、判例，创设了所谓的区分地上权[①]，即在土地上的空间上下范围进行区别，并因其有工作物而分别设定地上权。三是空间役权。民法上的地役权，本是为自己土地的便利而利用他人土地的权利。这里的土地，包括附属于土地的建筑物。在罗马法中，地役权类型分为田野地役和都市地役，前者包括通行地役、取水地役、采掘地役等，后者包括采光地役、瞭望地役、支撑地役等。[②] 在现代城市生活条件下，由于高层建筑物的增多，产生了空间利用的问题，这即是说，地役权的设定不仅产生于地表之毗邻的建筑物，而且也涉及地上空间的利用。后者被称为空间役权，即基于需役空间的使用利益而对他人的空间享有的权利。在现代民法的用益物权体系中，上述各种权利有着特殊的地位。它们的存在，不能拘泥于已有的理论范畴，而需要进行新的制度设计，或是作为现存物权中新的形态来认识，或是作为一种新的物权类别来看待。

4. 债权的物权化与租赁权

租赁权，即对他人不动产租赁使用的权利，本身基于租赁合同设定的债权，没有对抗第三人的效力。自罗马法以来所确立的“买卖打破租赁”的规则，是所有权优于债权这一原理的经典表现。在资本主义初期，所有人取得所有权的目的，主要在于对所有物的使用。换言之，不动产所有权的价值，主要是通过所有人自己占有、使用而实现。而在商品经济日益发达与所有权逐渐社会化的今天，所有权关系已经由人对物的简单支配关系外化为所有人与非所有人之间的权利义务关系。所有权的行使和实现，往往通过非所有权途径如他物权的设定和债权的发生而进行。由所有权转换为其他权利形式，是实现财产利益的基本途径，而不可能只是表现为所有人对客体物的内部享有关系。[③] 这一现象在土地、房屋资本化的条件下表现得特别明显，所有人重视的是不动产的交换价值而不是它的使用价值，也就是说，所有人不在意谁在使用所有物，而是关心这种使用能带来收

① 参见谢在全：《民法物权论》（上），346页，北京，中国政法大学出版社，1999。

② 参见周枏：《罗马法原论》（上册），北京，商务印书馆，1994。

③ 参见董开军：《所有权转换现象研究》，载《法律科学》，1991（1）。

益。租赁权正是在这种情况下发生了质的变化。现代各国民法，为了保护不动产承租人的利益，承认该项租赁权具有物权得效力，即出现了“租赁权物权化”的趋势：一方面，确立“买卖不能打破租赁”的原则，即租赁物在租赁期间内发生所有权变动的，不影响租赁合同的效力；另一方面，确立不动产承租人的“优先购买权”，即出租人出卖其租赁不动产时，应当在出卖之前的合理期限内通知承租人，承租人享有以同等条件优先购买的权利。① “租赁权的物权化”使得租赁权演变成一种特殊的财产权，有的学者认为不能绝对地称其为“债权”或“物权”，而是一种混合性的新型权利。② 笔者认为，租赁权并没有外化成物权，也不同于一般债权，而应视为一种特别债权，这种特别债权的效力在一定条件下优于所有权，是对所有权的限制。

5. 债权的证券化与票据权利

票据权利是民事权利的一种，属于金钱债权的范畴，即请求他人支付一定金钱的权利。一般而言，金钱债权的主张并不以票据的存在为必要，如有相关证据证明当事人之间债的关系的，债权人即有权要求债务人清偿。与上述情形不同，票据权利是一种特殊的金钱债权，它以票据的存在为必要。换言之，离开了票据，权利人不能主张自己的权利，票据权利与票据合二为一，这就是所谓的“权利与证券相结合”、“债权的证券化”③。票据权利是证券性权利，即表现在证券上的权利，它由两种权利组成：“一种是持有证券的人对构成证券的物质（即一张纸）的所有权，这是证券所有权。另一种是构成证券的内容的权利，即证券所表示的权利，也就是证券持有人凭证券上的记载得享有或行使的权利，这是证券权利。”④ 关于证券所有权与证券权利的关系，可以这样表述：首先，证券权利的存在以证券所有权的存在为前提，具言之，证券不存在，即丧失证券所有权，证券权利也就无法主张；其次，证券权利的实现是持券人享有证券所有权的最终

① 参见江平主编：《民法学》，680页，北京，中国政法大学出版社，1999。

② 参见梅夏英：《财产权构造的基础分析》，81页，北京，人民法院出版社，2002。

③ 谢怀栻：《票据法概论》，6页，北京，法律出版社，1990。

④ 赵威：《票据权利研究》，53页，北京，法律出版社，1997。

目的，正如英国学者詹克斯所言，“如果把一张一百生丁的票据看作是一个自然的现象，那么它可能值不了什么，如果把它看作是某个有钱人的付款保证，那么，它可能值一百法郎”[①]。票据权利的法律构造，不仅使得权利具有形式所有权（证券所有权）与实体债权（证券权利）的双重内容，而且使得给付一定金额的请求权不同于民法上的债权。“后者通常只有一次请求权，比如合同债权或侵权债权，债权人只能向特定的债务人请求一定的行为或不为一定的行为”；“而在票据权利方面，因票据的流通性法律需要特别保护最后持票人，所以规定了两次请求权，即付款请求权和追索权”[②]。总之，依票据所创设的权利，是一种新型的财产权，或说是具有特别清偿效力的特殊债权。

6. 新型知识财产与知识产权体系化

知识产权是当今社会一种新型、重要的财产类型。以知识产权名义统领的非物质性财产权利，不限于传统著作权、专利权、商标权三大领域，由于各种新型权利制度的出现，现代知识产权成为一个十分庞大的法律体系。其变化主要表现在两个方面：第一，随着新技术的应用，知识产权客体向新技术范畴扩展，出现了一些交叉保护或独立保护的新型知识产权，例如集成电路布图设计专有权、植物新品种权等；第二，伴随着新型财产观念的产生，一些权利制度本是作为知识产权保护的例外或补充，现在却成为知识产权体系的新成员，例如商业秘密与反不正当竞争。[③] 必须看到，知识的财产化，或就是知识产权制度的建立，是财产非物质化革命的结果，但不是知识产权制度体系化的终结。这场自罗马法以来私权领域里所发生的制度创新与变革，从来就没有停息过。随着新的科学技术和现代商品经济的发展，知识形态的各种新财产不断出现，知识产权法不再拘泥于传统著作权、专利权、商标权三大领域，而是走向扩充、拓展的新的体系化阶段。

7. 商业人格利益与资信类权利

商业人格利益泛指经营领域中诸如商誉、信用、形象等各种资信。从商业信

① 转引自王利明：《民商法研究》（第四辑），170页，北京，法律出版社，1999。

② 王小能：《论票据权利义务》，载《中外法学》，1999（6）。

③ 有关内容可参见本书第一章四。

誉、商业形象的构成来看，其内在因素是主体的经营能力，包括经济状况、生产能力、产品质量、市场占有份额等[①]，这种经营能力形成了特定主体高于同行业一般企业获利水平的超额盈利能力；其外在因素表现在两个方面，或是来自于某一组织或机关授予的资格，或是来自于社会公众给予的评价和信赖。这种资信利益包括有明显的财产内容，但也有一定的人格因素。我国台湾地区学者曾世雄将此类资信财产称为正在开发中的无形财产。[②] 该类权利主要有形象权、商誉权、信用权、特许经营权等。[③] 有必要指出，资信类财产也是现代社会中重要的非物质财富。从某种意义上讲，该类权利的出现，是财产非物质化革命的继续。资信类财产本身不具有外在的形体，其无体性指向的是一种商业人格利益。这种商业人格利益在产权制度创新的过程中，被赋予无形财产权的基本品格。资信财产权有别于知识产权，但两者可以归类于无形财产权范畴。

三、财产权体系：有形财产权、无形财产权、其他财产权

财产权体系表现了私的财产制度的内部结构，无论其外部形式多么零乱、繁杂，都是分成不同部分而又相互联系的一个统一的系统或整体。这即是说，不应把财产权理解为各式各样财产权的简单总和。必须看到，财产利益基本属性的同一性决定了各种财产权的共同指向，它既是财产制度之间联系的纽带，也是财产法一体化构建的基础；同时，财产利益表现形态的差异性，则是我们划分不同财产权类型的标准，也是新的财产制度赖以建立的依据。

财产权体系是历史地形成的，诸如政治、科技、文化、社会等各种因素都会在其间发生影响，但是它最终决定于一国的经济制度。财产权制度的构建，虽然不是立法者或法学家的主观任意，而是社会物质生活条件的客观反映，但在这里，客观规律总是要通过人的活动实现的，一定的法学理论、法律观念、立法技

① 参见杨立新：《人身权法论》，638页，北京，中国检察出版社，1996。

② 参见曾世雄：《民法总则之现在与未来》，137页，台北，三民书局，1993。

③ 有关内容参见本书第二十一章、第二十二章、第二十三章和第二十四章。

术，对财产权体系的建立也有相当的影响。因此，我们在进行财产权体系的法律构造时，既要遵循历史发展的客观规律，又要注重内在逻辑的联结关系，即实现历史与逻辑的统一。

1. 财产权制度一体化的基础

财产是构建财产权体系的始点范畴。自罗马法以来，人们基于财产的主要构成限于有体物的认识，设定了物质化的财产权制度。在客体物的分类中，有体物固然是有形之动产与不动产，无体物亦是以实在之物为对象的财产权利，可以说，传统的财产权制度即是物质化的财产结构。随着科学技术和商品经济的发展，各种抽象化、非物质化的财产不断涌现，人们对财产的概念有了新的认识。美国学者写道：19 世纪时法院开始认识到，一些无形财产的价值并不一定能与商业场所或有形的商业附属物相联系。在多数案件中，保护当事人无形财产比保护有形物更为重要，换言之，在许多场合中，要保护的根本不是“物”而是“价值”[①]。20 世纪初，施瓦茨曾列举了“具有重大价值的新型财产”，“这些财产包括商业信誉、商标、商业秘密、著作权、经营利益、特许权以及公平的便利权”[②]。在这里，财产权指向的对象，已不限于有形的物件，而且包括无形的事物。无论它们是否具有外在形体，都是具有经济利用价值的利益。正如有的学者所言，我们可以将财产或说是财产利益区分为不同形态的事物，即物质实体、知识本体及其他价值实体。[③] “财产利益”是一切财产权的共同指向，它包含了不同的财产形态，并由此产生了不同的财产类型。概言之，财产概念的整合是财产权制度一体化的基础。

2. 人格权与财产权的关系

人格权与财产权是民事权利的最一般分类，这种分类直至今天仍有意义。在私权制度的发展过程中，人格权与财产权的区分已从绝对趋于相对，并出现交叉与融合。这一现象表现在两个方面：一是在传统的人格权之上衍生出新的财产

①② ［美］肯尼斯·万德威尔德：《19 世纪的新财产：现代财产权概念的发展》，载《社会经济体制比较研究》，1995（1）。

③ 参见徐瑄：《知识产权与财产法一体化构建》，载《暨南学报》（哲学社会科学），2002（6）。

权。在民事客体范畴中，诸如姓名、肖像、名誉、荣誉等人格利益，在传统上属于人格权的保护范围，一般认为不具有直接的财产内容。[①] 虽然上述人格利益与财产具有一定的联系，如主体行使相关权利可获得一定的经济利益，或主体因上述权利受到侵害而获得一定的财产补偿，但这里的财产后果不是名誉权、肖像权等人格权利的内容本身。由于商品经济的发展，某些人格利益演变成商业人格利益，即在现代法律框架上，基于商业上的名誉、荣誉产生了商誉权、信用权；由于对姓名、肖像、形体的商业利用产生了形象权。这些权利是与一般人格权有别的特殊财产权，是无形财产权。[②] 二是人格权与财产权的融合产生新的复合性权利。一些学者认为，知识产权、股权等不能单纯归于人格权或财产权之中，而是"这两类权利结合的产物"，是一种"混合型权利"[③]。笔者在 20 世纪 80 年代末、90 年代初的一些著述中也持这一观点。此类说法现在有必要予以修正。在国际上，知识产权多作为财产权看待。从词源学上来说，英文 intellectual property 和 intellectual property right 分别指称"知识财产"与"知识产权"。在有些国家的语境中，"知识产权"还是"无形财产权"的同义语。世界知识产权组织编写的专门读物，亦是将"知识财产"与知识产权联系在一起的。[④]《知识产权协定》承认"知识产权为私权"，即是从保护私有财产的原则出发，将知识产权与所有权作为私人财产权同等看待。[⑤] 因此可以认为，知识产权（除著作权等个别权利外）从总体上看，应为一种财产权，而不是什么混合型权利。至于股权，通常是指股份有限公司与有限责任公司的股东权，如前所述，它与具有人合性质的一般

---

① 参见王利明等：《人格权法》，北京，法律出版社，1997。

② 有学者将该类权利概称为"商事人格权"、"经济人格权"或"作为财产权的人格权"。这些说法依然是从人格属性的立场出发来描述此类财产权的。在国外学者的著述中，该类权利多视为独立的财产权或无形财产权。参见［英］劳森·拉登：《财产法》，北京，中国大百科全书出版社，1998；［日］小岛庸和：《无形财产权》，东京，创成社，1998；*Black's Law Dictionary*（15 Edition），West Publishing Co.，1979。

③ 王利明等：《人格权法》，12 页，北京，法律出版社，1997；龙卫球：《民法总论》，124 页，北京，中国法制出版社，2002。

④ 参见世界知识产权组织编：《知识产权纵横谈》，4 页，北京，世界知识出版社，1992。

⑤ 参见孔祥俊：《WTO 知识产权协定及其国内适用》，72 页，北京，法律出版社，2002。

社团中的社员权是有区别的。股权之中的所谓表决权，往往是一些学者将股权视为社员权，并作出混合型权利理解的主要依据。其实，表决权并不具备一般人格权的性质，它“基于转让财产而产生，其目的是行使对财产的间接管理以保护股东利益之实现、分红之可能，其基础和目的皆在于财产利益，是所有权中的支配权能、处分权能的变形”[①]。因此，股权从其基本属性和主要内容来看，也可以视为一项财产权。总之，基于人格权关系的嬗变，产生的是新型的财产权（或为非物质性财产权，或为独立的财产权），而不是亦此亦彼的混合型权利。

3. 知识产权与无形财产权的关系

知识产权是近代商品经济和科学技术发展的产物。知识产品财产化与知识财产法律化带来了财产的“非物质化革命”，这是罗马法以来私权领域中的一场深刻的制度创新与变革。知识财产是一种新的财产，它不是以往对物进行绝对支配的财产，而是“非物质化的和受到限制的财产”[②]。“非物质化”的结果，极大地拓宽了财产法适用的范围，使权利的客体涵盖了一切可以作为财产看待物质与非物质对象；“受限制性”的意义在于对新财产权利的适当限制（包括空间、时间与权能效力的限制），其目的是防止权利过于垄断，以保障知识的正当传播。时至当代，财产的“非物质化革命”并没有停止，社会财富的结构发生很大的变化，“财产越来越多地变成无形的和非物质的”[③]，“我们有理由对传统上并不被认为是财产或财产权利的权利给予越来越多的关注和保护”[④]。这些非物质性的财产权利，主要是知识产权，但又不限于知识产权。有鉴于此，笔者自 20 世纪 90 年代以来即主张建立一个大于知识产权范围的无形财产权体系，以包容一切基于非物质形态所产生的权利。[⑤]“无形财产权”的概念系德国学者科拉于 1875

---

① 程晓峰：《关于股权性质的法律思考》，载《山东法学》，1998（6）。

② ［美］肯尼斯·万德威尔德：《19 世纪的新财产：现代财产权概念的发展》，载《社会经济体制比较研究》，1995（1）。

③ 尹田：《法国物权法》，19 页，北京，法律出版社，1998。

④ ［美］罗纳德·波斯顿：《美国财产法的当前发展趋势》，载《外国法译评》，1994（3）。

⑤ 参见笔者的相关著述：《无形财产权的若干理论问题》，载《法学研究》，1997（4）；《无形财产权制度研究》，北京，法律出版社，2001；《财产的非物质化革命与革命的非物质财产法》，载《中国社会科学》，2003（4）。

年提出。在相当一段时期，一些西方国家的立法与学说曾以无形财产权来概括有关智力成果的专有权利。至20世纪90年代，知识产权成为国际通行用语，仍有学者继续采用无形财产权的说法。笔者认为，诸如商誉权、信用权、形象权、特许经营权等，都是一种具有非物质属性但又不能归类于知识产权范畴的财产权；随着社会生活的日益发展，还可能出现一些更新的无形财产权。因此可以考虑，以客体的物质性与非物质性为分类标准，在支配性财产权领域概括出有形财产权与无形财产权。在这里还有必要论述的是财产权的“无形”问题，即“无形”指的是作为客体看待的“权利”（无体物），还是作为客体看待的“精神产品”。青年学者袁秀挺博士曾撰文评述笔者的无形财产权理论，其中的许多评点都颇有见地，但是他将无形财产权的范围扩充到债权、票据权利的看法[①]，笔者不能苟同。其理由是：其一，有形财产权与无形财产权的分野，是在支配性财产权利范畴内进行的。按照前文所述拉伦茨的观点，该类权利的客体是第一顺位的权利客体，包括有体物与无体的精神产品。而债权、票据权利（特别债权）等概为请求性财产权利，另一德国学者梅迪库斯认为债权与请求权无实质区别。[②] 因此，将债权作为无形财产权看待，实际上是将支配权与请求权混为一谈。其二，债权、票据权利本身在作为权利客体时，可以视为无体物。有体物与无体物是罗马法、法国法关于客体物的分类，无体物特指除所有权以外的财产权利；德国法规定的物仅为有体物，该国学者有时将精神产品也称为无体物，但强调此类客体应由知识产权法规范，而不由物权法规范。[③]

由此可以认为，在罗马法、法国法那里，债权等可以以无体物名义作为另类权利（如继承权、股权）的客体，但这种无体物（即权利客体）不能得出是无形财产权（即权利本体）的结论；在德国法那里，债权等则不能视为无体物，因为无体物特指无体的精神产品。总之，对知识产权与无形财产权进行划分，并对无

① 参见袁秀挺：《正本清源——评〈无形财产权制度研究〉之“基本理论编”》，载《私法》第2辑第1卷，北京，北京大学出版社2002；《知识产权在财产权体系中的定位》，载《华中科技大学学报》(社会科学版)，2003 (2)。

② 参见［德］迪特尔·梅迪库斯：《德国民法总论》，68页，北京，法律出版社，2000。

③ 参见孙宪忠：《德国当代物权法》，3页，北京，法律出版社，1997。

形财产权作出界定，对于构建财产权体系是非常必要的。

4. 财产权体系的中心制度与内部结构

财产权与人身权的分立以及财产权利的基本分类，是自罗马法以来的民法传统。在不同的历史时期，财产法的重心及其制度安排具有不同的特点。古代罗马法建构的是以所有权为绝对中心的财产法。罗马人以“物”作为客体范畴，在此基础上设计了以所有权形式为核心的“物权”制度，建立了以物权制度、债权制度为主要内容的“物法”即财产权体系。[①] 罗马法的财产权体系，构筑在宽泛概念的客体“物”基础之上，此处的物主要是客观实在之物，也包括主观拟制之物（即权利）。同时，整个财产权体系是由宽泛意义的所有权来统领的，即债权和他物权作为无体物，属于所有人拥有的财产。这是一种所有权绝对中心的财产制度。法国民法继承了罗马法的传统，它保留了有体物与无体物的区分，并沿用各种财产权的基本分类。重要的是，法国民法的财产制度的中心仍是所有权。在三分法的体例中，一编称为所有权及其变形，另一编是为财产（所有权）的取得。可见，在所有权中心的框架中，债权、继承权都是作为财产的取得方法来规定的。近代德国创立了物权、债权二元结构的财产法。[②] 该国民法典关于财产权的制度安排有三个特点：一是债权的独立化。德国法将债权视为区别于物权的对人权而独立存在，并作出专章规定，这与法国法不同。法国法将继承、合同、侵权行为与担保等同置一编，债权并未体系化，也无自己的独立地位。二是债权的优位化。德国法不再恪守所有权中心的立法体例，将债权编置于物权编之前。在德国法那里，“物的利用”的理念优先于“物的归属”的理念，即将债权看作是所有权成立之前提，而不是规定为所有权取得之方法。三是物权债权二元结构的体系化。罗马法将各项财产制度安排在“物法”之中，法国法亦是围绕着所有权来设计财产制度体系，而德国法正式确立了物权和债权两大部分。依此模式，任何具体财产权利均可纳入上述权利范畴。德国法建立的二元结构的财产法对后世立法影响很大。现代民法应该构建一个什么样的财产权体系，是各国立法者与法学

---

① 参见［意］彼德罗·彭梵得：《罗马法教科书》，北京，中国政法大学出版社，1992。

② 参见［德］卡尔·拉伦茨：《德国民法通论》，北京，法律出版社，2003。

家为之努力探求但尚未形成共识的问题。笔者认为，我们可以遵循大陆法系的传统，继续采用物权、债权的称谓，但不必坚执所有权绝对中心的理念，也无须恪守物权、债权的二元结构。这即是说，现代的财产权体系，应是一个开放的制度体系、多元的权利范畴。

基于上述分析，笔者主张我国的财产权体系包括以下三个部分，即以所有权为核心的有形财产权制度，以知识产权为主体的无形财产权制度，以债权、继承权等为内容的其他财产权制度。在有形财产权范畴中，除所有权外，还应包括土地使用权、农村土地承包经营权、宅基地使用权、地役权、空间利用权、典权、居住权、相邻权以及抵押权、质权、留置权等担保物权；在无形财产权范畴中，除著作权、专利权、商标权、商号权、地理标记权、植物新品种权、集成电路布图设计权、商业秘密权等知识产权外，还应包括商誉权、信用权、形象权、特许经营权等非物质性权利。其他财产权包括债权、继承权以及一些具有独立意义的财产权，如股权、信托权、票据权利等。该类权利有些是请求性财产权，有些则是兼具物权、债权属性的特别财产权。

四、财产权立法与民法典编纂

自罗马法以来，经过众多立法者和法学家的培育，财产权制度已经形成了成熟的概念构成，并产生了具有不同风格的制度体系。我国的财产权立法，必须采取融经验与理论于一体的建构方法，遵循严格的逻辑概念与体系要求，将各类财产权制度整合于民法典的框架中。

1. 两大法系关于财产权的定义

财产权的“法典”化，首先涉及的是财产权定义问题。对此英美法系与大陆法系有不同理解。英美法系中的财产权，指的是以有体物为客体的支配权。在《牛津法律大辞典》中，“严格地讲，这个术语用来指财产所有权”。“财产权是指存在于任何客体之中或之上的完全的权利”，这种权利既可以存在于有形财产之

中，也可以存在于无形财产之中。[①] 加拿大魁北克民法典即是采取上述财产权概念的立法例。该法典第三、四、五编分别为“继承法”、“财产权”和“债法”。其财产法规定的内容主要有：“财产的种类”、“所有权”、“所有权的特殊形式”、“所有权的权利分割”等。正如梁慧星教授所言，魁北克民法典采用的是狭义的英美法系的财产权概念，并在立法体例上采取“财产法”与“债法”分立的称谓。[②] 大陆法系中的财产权，泛指一切以经济利益为内容的权利，包括财产的支配权与请求权。关于财产支配权，是主体对客体“物”直接享有的权利。法国《拉鲁斯大百科全书》认为凡能构成财产的一部分并可占为己有的财富即为物，它分为两种，一是有体物，包括动产和不动产；二是无体物，包括与物有关的权利，如用益权，以及与物无关的权利，如著作权。[③] 这种在物之上直接设定的权利，被称为“对物权”(rights in rem)。法国法意义上的“对物权”，后来被德国法理论进一步发展，“该概念已成为处理物权、知识产权和准物权关系的联结点”[④]。在“对物权”这一上位概念之下，以有体物为客体的支配权称为物权，以精神产品为客体的支配权称为知识产权，设于财产性权利之上的支配权为准物权。关于请求权，是请求他人为一定给付的权利。债权是典型的请求权，包括基础权利的请求权（如合同之债）和救济权利的请求权（如侵权之债）。大陆法系的财产权范围大抵包括上述各类财产权制度。1992 年荷兰民法典为其典型的立法例。其一，对财产、财产权概念作了宽泛定义，即“财产，包括一切物和一切财产性权利”；“财产性权利是指：可单独转让或与其他权利一道转让的权利；能使持有者获得物质利益的权利；可用于交换现实物质利益或可期待的物质利益的权利”[⑤]。其二，设计了财产法总则（第三编）。在此之后规定了继承法（第四

① 参见［英］戴维·M·沃克主编：《牛津法律大辞典》，729 页，北京，光明日报出版社，1989。

② 参见梁慧星：《是制定“物权法”还是制定“财产法”?》，载《私法》第 2 辑第 2 卷，北京，北京大学出版社，2003。

③ 参见法国《拉鲁斯大百科全书》第 3 卷，载“国外法学译丛”《民法》，168 页，北京，知识出版社，1981。

④ 徐涤宇：《历史地、体系地认识物权法》，载《法学》，2002 (4)。

⑤ 引自徐涤宇博士提供的中南财经政法大学民法典研究所所藏民法典资料。

编)、物权法（第五编)、债权法（第六、七、八编）和智力成果法（第九编，该编后放弃)。从我国民事立法的传统出发，未来民法典所构建的财产权体系，当然应采用广义的财产权概念，即包括物权（含准物权)、知识产权、债权、继承权以及其他财产权。

2. 大陆法系对财产权的法典化

财产权的法典化，在大陆法系国家还有一个编纂模式问题，即法学阶梯式与潘德克吞式的立法选择。法国民法典是法学阶梯式的典范，该法典有着对《优士丁尼法学阶梯》的革命性改造。出于对概念的逻辑体系的追求，法国民法典打破了将物权与债权置于“物法”的同一性结构，分编规定了财产与财产的取得；但该法典同时存在着财产权分类不尽科学的问题，其第三编成为财产问题的“兜底”和“囊括”，各种一时难以在逻辑上分门别类的问题都充斥其间。澳大利亚学者瑞安对此提出批评，“任何科学的安排方法都不会在一编之中把继承和赠与、契约和侵权行为、婚姻财产、抵押和时效等这些毫不相干的内容都放在‘取得财产的不同方法’之下”①。就财产权立法而言，其弊端表现在两个方面：一是债权未能取得独立地位，仅是财产所有权取得的一种方法；二是财产权制度未能形成逻辑体系，导致不同类型权利同置一处的体系混乱。法国民法典采取“财产”与“财产取得方法”的二编法，对其他国家民法典的财产权体系构建产生了很大的影响。欧洲的比利时、摩纳哥、罗马尼亚等国，美洲的海地、多米尼加、委内瑞拉等国，非洲的几内亚、尼日尔、刚果、乍得等国都沿用了这一编纂模式。②与上述情形不同，德国民法典以其深邃、精确和抽象，构建了潘德克吞式的财产权体例。法典依编章按演绎式排列：其中总则含有关于财产的抽象的原则性的规定，然后分债权、物权、继承三编对具体的财产关系进行规定。德国民法典在精准界定物权与债权两个概念的基础上，依逻辑位阶关系构建了自己的财产权制度，从而避免了法国民法典在财产权立法方面的逻辑混乱，应该说是一

① ［澳］瑞安：《民法导论》，楚建译。转引自《民法的体系与发展（民法学原理论文选辑)》，35页，北京，中国政法大学出版社，1991。

② 参见徐国栋：《法国民法典模式的传播与变形小史》，载中国民商法律网。

种历史的进步。但是，德国民法典的物权、债权二元结构也有不足：一是过于僵化。依其严谨的概念逻辑，任何具体财产权利都可以纳入上述范畴，在权利分类上非此即彼。随着近世权利形态的变化，面对一些亦此亦彼的财产权，这种物权、债权的二元结构显然是无能为力的。二是过于封闭。这种财产权体系未能完全摆脱罗马法以来的物化财产结构的阴影，它是一个严谨的体系，但却不是一个开放的体系。质言之，物权、债权的二元结构未能考虑知识产权以及其他财产权的制度空间。应该承认，德国民法典所采取的财产权分类方法及其制度安排模式，在大陆法系国家的影响是广泛而深刻的。现行的意大利民法、葡萄牙民法、俄罗斯民法、日本民法、巴西民法、泰国民法等基本上沿用了这一体例。

法学阶梯式与潘德克吞式关于财产权体系的构建，在 19 世纪的范式民法典中作了十分经典式的表现，但无须讳言的是，它们各有其弊端。有基于此，荷兰新民法典作为 20 世纪的范式民法典，对财产权制度进行了新的设计。它一改法学阶梯式之遗风，别具一格地创立了一种多编制的财产权立法体例，其 9 编有 7 编涉及财产权的内容；同时，它并未拘泥于潘德克吞式的民法“总则—分则”的叙述模式，独辟蹊径地设计了“财产法总则”，而未采用适用各分则但又有逻辑障碍的一般性“总则”，即在财产权制度中创建了一种多层次、复合式的“总则—分则”模式，确实有可取之处。

3. 我国未来民法典对知识产权的制度安排

我国未来的民法典可以考虑设置一个财产法或财产权总则，马俊驹教授、徐涤宇博士等均提出过此类构想，可惜未见其具体设计。笔者以为，在不改变物权、知识产权、债权、继承权等概念构成及制度分类的前提下，设定一个财产权总则是很有意义的。这个总则可望解决以下问题：(1) 对财产进行定义，为建构开放的财产权体系提供基本的概念构成。参照荷兰民法典，财产应包括一切物和一切财产性权利。前者是广泛意义的物，意指物质实体的“有体物”、知识本体的“精神产物”以及其他价值实体的“抽象物”；后者是确定意义的权利，即须为各种类型的财产权利，须为具有金钱价值的权利，须为不含消极

债务的权利。[①]（2）规定“物权一般规则”，以抽象、概括不动产物权和动产物权、所有权与用益物权、担保物权共同适用的总则规范。德国民法典未设定物权总则，但其物权法著述有此类内容；而日本及我国台湾地区的民法物权编均有总则[②]，因此作出这一安排是适宜的。物权一般规则，可考虑规定物权的定义、物权法的基本原则、物权的效力与变动等。（3）规定“债权一般规则”，以统领单独设编的合同法和侵权法，并涵盖不能另行归类的不当得利和无因管理。关于是否规定债权总则，学者们见解不一。有的主张不设，建议将债法总则的内容置入合同法总则；有的主张设定，但建议重点突出合同法总则的内容，并力主侵权法独立成编。[③] 笔者认为，如果有了一个各类财产权共同适用的财产权总则，债法总则可以不予规定，而以“债权一般规则”代替之，其内容包括债的定义、债的类型、债的履行、债的移转、违反债务的责任等。（4）规定“知识产权一般规则”，既解决知识产权制度“入典”的问题，又能保留其民事特别法的单行体例。知识产权是现代财产权体系的重要组成部分，但知识产权法不宜平行移植到民法典。笔者认为，在立法史上，凡是范式民法典都没有知识产权编，凡是规定知识产权编的民法典都不是范式。到目前为止，民法典不专编系统规定知识产权，已成为多数学者的共识。[④] 知识产权制度虽不平行移植入民法典，但在民法典中作出一般规定依然是有必要的，换言之，不能局限于民法典草案的单个条文而一言以蔽之。“知识产权一般规则”不同于民法典所规定的基本原则与一般制度，后者具有普遍适用性，此处不另作规定；同时，这里所规定的一般性条款，应是从各项知识产权制度抽象出来且共同适用的；此外，本章的一般规则着力描述的应是该类制度与其他财产权制度的不同之处。具体说来，可包括知识产权的性质、范围、效力、利用、保护、限制，以及与民事特别法的关系等。（5）规定其他财产权，以包容物权、知识产权、债权、继承权等未能涉及的其他财产权利。财产

① 参见［德］卡尔·拉伦茨：《德国民法通论》，410～411页，北京，法律出版社，2003。

② 参见梁慧星主编：《中国物权法草案建议编》，北京，社会科学文献出版社，2000。

③ 有关债法总则的争鸣可参见马俊驹：《对我国民法典制定中几个焦点问题的粗浅看法》，载中国民商法律网。

④ 参见吴汉东：《知识产权立法体例与民法典编纂》，载《中国法学》，2003（1）。

权的类型化是私权体系的逻辑性要求，也是立法活动的经验性总结。在私权体系的框架中，财产权的分类是必要的，但这种分类所涉及的具体事物也是有限的。在传统的财产权各编之外，实际上还游离着一些难以准确归类的其他财产权：一是所谓商事人格权。在民商分立的国家，商事人格权自可在商法中予以规定，不足为虑。我国奉行民商合一的传统，诸如公司法、票据法、海商法、保险法等概以特别法的形式存在，其商事活动中产生的与商人格有关但又具有财产属性的权利，包括商誉权、信用权、特许经营权、形象（商品化）权等，则有赖于基本法即民法典予以确认。二是所谓复合性财产权。由于所有权权能分离与债权物权化的影响，一些财产权很难简单定性并准确归类，例如股权、信托权、票据权利等，不宜在物权编与合同（债权）编规定，置于"其他财产权"一章则是可行的。

基于上述分析，笔者主张未来民法典可设"财产权总则"专编，下设各章包括：

第一章　一般规定（财产定义、分类、保护、限制等）；

第二章　物权一般规定；

第三章　债权一般规定；

第四章　知识产权一般规定。

第十章

无形财产权的经济理论分析

追溯法律制度发展的历史，我们不难发现，正义一直是法律的基本价值目标。如同真理相对于思想体系而言，正义是社会制度的首要价值。[①] 然而，正义并不能完全涵盖法律的全部价值。法律的经济分析结果表明，植根于经济生活之中的法律不仅应具备维系社会正义的职能，还应负担起实现资源有效配置、促进社会财富增加的使命。质言之，正义与效益构成了当代法律的双重价值目标。本章试以经济学的理论和方法研究无形财产权制度的创设、结构和效益等问题，其分析工具主要为微观经济学、知识经济学与产权经济学。通过对无形财产权经济问题的探讨，以揭示这一法律制度的经济本质，从而为我们认识、评价无形财产权的功能提供新的思维方式。

一、产权界定与无形财产权的制度选择

财产法的经济目标在于最合理地利用有限资源和最大限度地扩大产出，即实现效益的最大化。这里最关键的问题是产权的界定，产权描述的是一个人对某一

① 参见乔克裕等：《法律价值论》，160页，北京，中国政法大学出版社，1991。

资源可以做些什么，不可以做些什么，包括“占有、使用、改变、馈赠、转让或阻止他人侵犯其财产”的权利。[①]

1. 公共产品理论与无形资源产权界定

在知识、信息、（包括作品、发明、标记等在内的精神产品）这一无形资源上界定产权，导源于经济学家关于公共产品与私人产品的理论。经济学家对产品的分类是依据其消费形态和使用状况进行的。最早对私人产品和公共产品的区别作出明确说明的是美国著名经济学家保罗· A ·萨缪尔森（1955 年）。他以苹果（私人产品）和路灯（公共产品）为例描述了两者的经济含义。所谓私人产品是指在使用和消费上具有个人排他性的物品。该类物品在特定的时空条件下只能为某一特定的主体所使用，学者形象地描写道，“一条裤子在某个时间只能为一个人穿着”，“一辆汽车不能同时朝两个不同的方向行驶”。这即是说明，“在私人产品的消费上具有对抗性”[②]。所谓公共产品是指在使用和消费上不具有个人排他性的物品，该类物品“一旦生产出来，生产者就无法决定谁得到它”[③]。公共产品可以在某一时空条件下为不同的主体同时使用，例如，公共汽车为每个乘客提供服务、路灯为不同的人提供便利，即说明公共产品在消费上无对抗性。

信息经济学理论认为，知识、信息是一种特殊商品，具有公共产品的某种属性。早在 1959 年，尼尔逊（Nelson）就讨论了知识的公共产品性质，而阿罗（Arrow）在 1962 年论及信息经济时也谈到知识的公共性问题。综合起来说，知识产品作为公共产品具有以下基本特征：第一，知识产品的生产者很难控制知识创新成果。如果创造者将其知识产品隐藏起来，那么，他的创新活动就不会被承认，从而失去社会意义。如果创造者将知识产品公之于众，他对信息这一无形资源事实上又难以有效控制。第二，知识产品的个人消费并不影响其他个人的消

---

① 参见［美］罗伯特·考特、托罗斯·尤伦：《法和经济学》，张军译，166 页，上海，上海三联书店，1994。

② ［美］罗伯特·考特、托罗斯·尤伦：《法和经济学》，张军译，147 页，上海，上海三联书店，1994。

③ D. Friedman，*Price Theory*，South-Western Publishing Co.，1986. 转引自谭忠东等：《知识产权保护的经济学分析》，载《知识产权》，1994（4）。

费，无数个人可以共享某一公开的信息资源。无形的知识产品以有形的载体形式公开，即可构成经济学意义上的“公用性”。第三，知识产品是一种易逝性资产。信息的生产是有代价的，而信息的传递费用相对较小。一旦生产者将其信息出售给某一消费者，那个消费者就会变为原生产者的潜在竞争对手，或是其他消费者成为该信息的“搭便车者”。后者在无形财产权领域中即是无偿仿制或复制他人知识产品的情形。第四，知识产品的消费与其他公共产品不同，它的使用不仅不会产生有形损耗，从而使知识产品减少，反而可能扩张社会的无形类资源总量。但是，由于“外部性”原因，生产者提供的信息往往被消费者自由使用，其结果虽然是知识产品带来的社会效益大大高于创造者个人取得的效益，但同时却会导致知识产品生产者难以通过出售信息来收回成本。① 知识产品的上述经济品格与其作为无形财产权客体的法律属性以及非物质性、公开性、社会性等法律特征是一致的（参见本书第三章）。

2. 知识财产制度产生的经济动因

知识产品在经济学上是资源，在法律上则可视为一种财产。知识产品之所以能够成为知识财产，成为财产法的保护对象，从经济动因来说主要有两点：(1) 知识产品的有用性。知识信息是社会中最为有用的资源之一，是社会财富的重要组成部分。首先，知识产品能作用于人们的精神生活，满足人们精神生活的需要，产生一定的社会效益；其次，它也能投入生产领域转化无形的物质产品，满足人们物质生活的需要，产生一定的经济效益。在商品经济的条件下，知识产品具备了商品的基本属性，或说是商品化了。它们同物质产品一样，既有使用价值，又有价值，是人类辛勤劳动的结果，所不同的是，它的智力消耗大于体力消耗，并作为人类的抽象劳动凝结在知识产品之中。(2) 知识产品的稀缺性。资源作为财产的另一原因是它的稀缺性。知识信息不是一种天然生成并取之不尽的资源，其稀缺性首先表现为知识产品生产的长期性、复杂性和高成本化。知识经济学理论认为，知识信息的生产过程包括知识输入、知识加工、知识产品输出三大

---

① 关于知识信息的经济学特征的描述，还可参见刘茂林：《知识产权法的经济分析》，北京，法律出版社，1996；袁志刚：《论知识的生产与消费》，载《经济研究》，1999（6）。

环节：1）知识输入是指知识教育和培训、信息的收集等过程；2）知识加工是指通过智力投入而进行创造性劳动，从而生产出新的智力成果的过程；3）知识产品输出，是指信息、技术、艺术产品等知识劳动成果应用的过程。整个过程需要社会乃至个人的大量投入，并需要长时期的探索性、创造性、连续性劳动才能实现。知识产品的稀缺性还表现为知识产品创造者的数量稀缺和价值珍贵。创造性人才是知识的生命载体，他们的劳动与物质性生产那种重复性劳动不同，它是以依靠前人积累的知识为劳动资料，以抽象的知识产品为劳动对象的精神生产劳动。知识产品的生产过程对生产者的智力投入有特殊要求：一是生产者智商高于一般人，能胜任高智力投入的劳动；二是通过文献储存和大脑储存，有相当的知识储备，具备高智力投入的基本条件。对于社会需求而言，此类人才常常存在着供给不足。[①] 基于知识、信息的有用性和稀缺性原因，社会有必要建立相应的无形财产权制度，调整知识产品生产的成本与收益关系，防止知识产品的无偿使用或消费的情形发生。

知识产品要成为知识财产，其产权界定就成为必须解决的问题，产权界定的实质是回答知识财产应为私有还是公有？在经济学家看来，选择何种产权，必须考虑公共性资源的外部性和搭便车问题，并以效益最优为原则。外部性是一种外部的影响或效应，它可以是正外部效应，如某人植树，使他人免费享受环境；也可能是负外部效应，如某单位排污，使他人受到环境损害。在精神领域，外部性问题将导致消费者的效用最大化和生产者的利润最大化行为的无效益。信息的生产者拥有天然优良资源（创造能力），在精神产品紧缺的条件下，可能运用精神产权的垄断性而获取各种“经济学租金”（economic rent，即垄断利润）。他们力图使自己的私人利益达到最大化，却可能忽视整个社会文化繁荣和科技进步的需求；而信息的消费者基于使用与消费信息的需求，可能利用信息的公共产品属性，去追逐效用的最大化，从而损害信息生产者的利益。总之，外部负效应即采用损害他人利益的方法来增加自己的利益，是不符合经济学的效益原则的。对外

① 关于知识劳动、知识劳动价值的有关理论，可参见张和生：《知识经济学》，沈阳，辽宁人民出版社，1992。

部性问题采取什么对策，这是知识产品产权界定所要回答的问题。“搭便车”（free rider）是指不支付任何成本而从他人或社会获得利益的行为。例如，公共汽车公司必须为每个人提供便利，出资者与未出资者都在乘车，那些没有为公共产品消费而出资的人，即为经济学家所称的“搭便车者”。搭便车现象的普遍存在将会导致社会生活的低效率。就精神领域而言，知识产品一旦公开，则信息生产者很难对付不付费的“揩油者”。后者对信息生产者提供的产品享受利益但不向其支付费用，结果信息生产者不能通过市场交易得到足够的收益，以补偿他们投入的成本。在这种情况下，私人市场提供的知识产品的数量可能小于最优值，从而形成信息经济学所称的“不足”（non-appropriablity）问题。鉴于消费者对信息量的需要，社会有必要明确知识财产的权利归属，以建立知识创造的激励机制。

3. 对知识财产界定产权的制度选择

对知识财产进行产权界定是必要的。但是，知识产品是人们在科学、技术、文化等精神领域的创造性产品的总称，其类别具有多样性，因此不宜简单采取整齐划一的产权形式。在知识产品中，科学成果与某些技术成果采取的是非市场机制的产权形式。科学成果是对人类实践经验的概括和总结，是关于自然、社会和思维的各种理论知识和研究成果。在现代科学阶段，科学活动内部的分工越来越细，人文科学和社会科学从自然科学中分离出去，在这个意义上，“科学”一词往往指的是自然科学。自然科学活动的目的在于得到科学发现。从一般意义来说，发现是指“经过研究、探索等，看到或找到前人没有看到的事物或规律”①，例如，对新星球、数学定理、物理理论、地震规律等方面新的发现，科学史上记载的哥白尼的“地动说”、牛顿的“万有引力定律”、门捷列夫的元素周期表、爱因斯坦的相对论等，都是认识“前人未知”的自然界及其客观规律的科学发现。科学发现作为描述和论证自然法则的新概念和新知识，其创造价值在于发现未知，认识奥秘。这些发现并不一定都能应用于生产实践，但它扩大了

① 中国社会科学院语言研究所词典编辑室编：《现代汉语词典》，294 页，北京，商务印书馆，1987。

人类的知识领域，使人类能够进一步探索自然及人类自身的奥秘，有的则可能进一步引入应用科学，成为工业技术中发明创造的基础。关于科学发现的经济分析证明，对此类知识产品采取私有产权的形式是无效益的。第一，科学发现的内容只能是阐明科学事实或者客观规律的基础科学研究成果，这些属于人类的新思想、新理论、新观念，具有认识的“前所未有性”、“唯一性”以及“真理性”特征。因此，不宜为发现人所垄断或专有，也就是说，发现人不能阻止他人运用他的科学发现。正如《科学发现国际登记的日内瓦条约》所指出的那样，它的目的是促使科学发展，鼓励人们使用已经发现的自然法则，而不是限制这种使用。第二，科学发现需要投入大量的财产、人力，但是，其本身是没有商品价值的，或者说是无价之宝，因而不能计算其价值量。这是因为，对于科学事实和客观规律，科学发现者的活动是发现它们、认识它们，而不能创制它们、改造它们。这就是说，人类的抽象劳动并未凝结在这些科学事实和客观规律之中。① 上述情况表明：基础科学研究成果是社会需求的重要信息，其投入成本很高，私人生产将面临着成本与收益的不对称。而且该类成果无直接的商品价值，生产者与消费者实际上无法就其使用费进行谈判；同时，该类成果具有典型的公共产品属性，不宜由生产者个人垄断，换言之，采取私人产权的形式将会造成社会科学发展状况的低效率。解决这一问题的基本思路是，既要满足社会对信息的需要，避免产品在市场消失而影响所有消费者的福利；又要设置特殊的制度，让消费者间接支付成本，以支撑和激励生产者的精神生产活动。其主要办法有两个：一是从税收中提供生产成本，让大学、科研机构得以生产基础科学成果类的公共产品；二是建立科学奖励制度，以非市场机制的报酬系统来换取社会对科学成果的公有产权。

关于科学成果的非市场机制的报酬系统，在经济学家那里被称为优先权(Priority) 报酬系统。② 这是一种与优先权有关的各类报酬的奖励制度：首先是科学发现的命名权，即在某项科学成果上以完成该项科学发现的科学家来命名；

① 参见刘春茂主编：《中国民法学·知识产权》，北京，中国人民公安大学出版社，1997。

② 参见袁志刚：《论知识的生产与消费》，载《经济研究》，1999（6）。

其次是科学奖金的获得权，即从政府或其他社会组织那里领取奖励科学发现的科学奖金。优先权报酬系统的实质是确立科学发现者在某一领域科学地位的领先性、唯一性，其运作规则是"胜者拿走一切"。但是，科学发现者拿走的只是"命名"与奖金的报酬，作为这种收益的对价支出，社会获得了对该项科学成果的公有产权。正是在这个意义上，笔者以及一些学者曾认为，发现权制度不是私人专有财产的知识产权制度，而是一种科技奖励制度。

与科学成果相类似，某些技术成果也往往适用非市场机制的产权形式，这即是发明奖励制度。发明是一种重大的科学技术成就，具体而言，它是一种"前所未有的"、"先进的"、"经过实践证明可以应用的"改造客观世界的科学技术成就。发明奖励制度通过对发明创造所产生的经济效益和社会效益进行评价，由国家给予奖励，即颁发发明荣誉证书、奖章和奖金。与此相对应的是，发明成果的所有权名义上属于国家，但任何人可以无偿使用。

总体而言，关于技术成果的产权界定有三类情形：（1）单一制的发明专利制度，即技术成果产权私有；（2）单一制的发明奖励制度，即技术成果产权公有；（3）双轨制的发明专利—奖励制度，即对技术成果产权采取私有与公有两种形式。这里涉及制度选择问题。选择何种制度更为经济，我们可以将其置于一个成本—收益模型中进行考察。它包括收益评价，这种收益或是促使信息产品效用的充分实现而给社会带来的效益；或是信息生产者通过市场出售信息而使个人所获得的效益。同时也包括成本评价，这种成本或是社会对某制度进行监督和实施所支出的费用，或是选择一种制度而放弃另一种制度的利益差别。① 在上述收益—成本模型中，制度（1）实行产权私有，使得生产者得以控制信息的外溢效应并得到成本补偿，刺激私人生产知识产品的积极性。但是，获得私有产权的知识产品须具有一定的条件，在单一制条件下，就会使得某些技术成果产权归属不明，最终会导致该类技术成果从市场上消失。制度（2）实行产权公有，使信息充分公开并广为使用，在一定时期内使社会支出极小的成本而取得收益。但是，将知

① 参见［美］罗伯特·考特、托马斯·尤伦：《法和经济学》，张军译，上海，上海三联书店，1994。

识产品当做纯粹的公共产品而由公众自由使用，就会使私人失去生产信息的积极性，最终造成信息供给不足。制度（3）以技术成果产权私有为主，兼采以奖励为对价的公有产权形式，较好地弥补了前两者的不足，机会成本较小，符合“相对优势定律”的一般原则。[①] 同上述的发现权制度一样，狭义的发明权制度，也不宜归属于具有专有权性质的知识产权体系之中。

就主要知识产品而言，概以采取私人产权形式，这即是法律上的无形财产权制度。一般认为，无形财产权制度赖以产生的条件是：知识产品所有人将自己的作品、发明创造等公布出来，使公众能看到、了解到、得到其中的专门知识，而公众则承认作者、发明创造者在一定时期内有独占使用、制造其知识产品的专有权利。知识产品是公开的（公共产品属性），但无形财产权是垄断的（私人产权属性）。西方法学家将这一现象解释为社会契约关系，即以国家面貌出现的社会同知识产品创造者之间签订的一项特殊契约。[②] 按照经济学家的表述是，财产占有人认识到在保护财产上存在着规模经济，各方即会就组建一个用于承认和保护其产权的政府进行谈判。“一旦他们达成了协议同意建立一个由武力为后盾的政府，每个人就能享受到更多的财富和更大的安全。哲学家把经过这些协商最终达成的谈判称为‘社会契约’，因为它建立起了社会生活的基本条款。”[③] 建立无形财产权制度的经济动因，在于“对财产权的法律保护有其创造有效使用资源的诱因”[④]。正是农夫能够获得土地作物的财产权，才有诱因促使农夫支付并尽可能节约耕种土地所需要的成本；正是创造者能够取得无形财产的垄断权，才有诱因激励其在知识、信息的生产方面投资。

---

① 机会成本是指把一定的资源用于生产某种产品时所放弃的生产另一种产品的产量的价值，或说是利用一定的资源获得某种收入时所放弃的另一种收入。微观经济学认为，人们应该从事某机会成本低于其他所有事情的事情。

② 参见《国外专利法介绍》第1册，12页，北京，知识出版社，1981。

③ ［美］波斯纳：《法律之经济分析》，22页，台北，（台湾）商务印书馆，1983。

④ ［美］罗伯特·考特、托罗斯·尤伦：《法和经济学》，张军译，132页，上海，上海三联书店，1994。

二、产权交易与无形财产权的利用

1. 交易本质：产品交换还是产权交换

依照微观经济学的供给与需求理论，智力创造即是一种生产活动。人类社会的发展，首先是一个生产劳动过程，在人类的生产劳动中，包含着物质生产和精神生产两大组成部分，其所创造的物质财富和精神财富都是人类社会的宝贵财富。与物质生产的过程一样，精神生产同样是为了交换，只有经过交换，个人才能获得各类物品的最佳组合，达到效用或利益的最大化。在市场经济条件下，知识产品具有与物质产品同样的商品属性，成为自由交换的标的。这种交易活动应是高效益的价值实现和价值增值的过程，市场经济中资源（包括知识、信息等资源）的有效配置，就是依靠交易来实现的。

交易的实质不是物品本身的交换而是产权的交换。马克思认为，商品交换本质上是不同商品所有者的劳动的交换。在商品交换之前，商品所有者必须彼此承认对方是私有者。这种具有契约形式的法权关系是一种反映着经济关系的意志关系。马克思主义的政治经济学理论说明，交易或者说交换本质上是一种经济关系。这种经济关系的核心是所有者的权利。法律上的权利根据其交换性与否可以分为两类，即可交易的权利与非交易的权利。产权（包括无形财产权）具有经济上的价值，因而是可以交易的。无形财产权之所以具有经济上的价值，其理由有两点：一是产权客体系人们智力创造性劳动的产物，它们虽无外在的物质形态，但有着内在的价值；二是产权本体具有潜在的经济上的利用价值，即给主体在权利的实现过程中带来经济利益。产权的可交易性特征告诉我们：要使资源得到有效的利用，就必须实现产权的流转，即在流转中产生效益。[①]

传统的财产权理论的价值取向和思维模式，崇尚物的归属性，强调以所有权为重心，其运用法律调整经济的方式，从起点到回归都落脚于所有权。罗马法学

① 参见高德步：《产权与增长：论法律制度的效率》，132页，北京，中国人民大学出版社，1999。

家将所有权视为一种最完全的物权，并抽象出其绝对性、排他性、永续性三个特点。近代学者认为，“所有权是文明人民组织经济的基础”，将权属界定看作是一切法律关系的前提。传统理论偏重于所有权内部的自我满足、自我实现，强调和突出人对物的支配、控制和管理；但在商品经济日益发达与所有权逐渐社会化的今天，所有权关系已由人对物的简单支配关系外化为所有人与非所有人之间的权利义务关系。所有权的行使和实现，往往通过非所有权途径如他物权的设定和债权的发生而进行。由所有权转换为其他权利形式，是实现所有人财产利益的基本途径，而不可能只是表现为所有人对客体的享用关系。这即是说，社会经济生活的财产关系由静态的所有权中心转化为动态的债权中心，所有权发生各种权利转换而丧失原有的地位。① 如同有形财产所有权一样，现代无形财产权制度不能将其支撑点架构于精神产品保护的静态归属之上，而要在确认信息生产者占有与支配财产的同时，去促进财产的动态利用。无形财产权概念是对社会精神财富的法律抽象，它是对信息生产者关于其智力成果的独占地位的评价，其本身并不意味着精神财富的增值，无形财产权的价值实现，是一个创造—传播—使用（消费或再创造）的过程。在现代信息化社会，社会分工细密，一件知识产品由创造者本人或是同一主体以所有方式传播或使用几乎是不可能的。因此，无形财产权所有人往往要借助他人的意思和行为来实现自己的利益，才能使得无形财产权不仅具有法律意义，而且具有实际意义。可以说，社会精神财富的增长是以财产的高速运动和资源的合理使用与优化配置为条件的。摆脱传统财产权理论的窠臼，使财产由抽象的支配转向具体的利用，是现代无形财产权立法的重要课题。

2. 无形财产权利用的交易理论分析

无形财产权立法的首要目的是界定相关产权，保护信息生产者的合法权益；同时，又要规制产权交易，促进信息的广泛传播与使用。无形财产权的这种双重立法目的是相辅相成的。法律经济学曾对信息产权的设定提出过一个悖论。该理论认为，在信息方面确立产权的每一种方法的显著经济特征，在于这些产权都是

① 参见董开军：《所有权转换现象研究》，载《法律科学》，1991（1）。

垄断权。一般来说，垄断性产业比起竞争性产业缺乏效益。一方面，新信息生产者在一个不受管制的市场中收回其价值是困难的。通过给予信息的生产者以垄断权，该生产者就有一种强有力的刺激去发现新信息。另一方面，垄断者对产品索取高价将阻止该产品使用，消费者可能难以支出费用去充分使用信息，从而无法实现资源配置的最优效益。简言之，这一问题的困惑在于，"没有合法的垄断就不会有足够的信息生产出来，但是，有了合法的垄断又不会有太多的信息被使用"①。笔者认为，解决这一两难困境的法律途径是，在保护无形财产权的基础上对这种垄断权利实行必要的限制，在保证生产者独占使用其信息的前提下规制他人以不同的条件利用该信息。上述情形在相关法律上表现为无形财产权的利用，其主要制度是授权使用、法定许可使用、强制许可使用和合理使用。

无形财产权的利用，实质上是不同主体之间的产权交易行为。在微观经济学那里，对无形财产权的利用进行制度选择与安排，其经济目标就是实现效益的最大化。所谓效益，本意是指用最少的成本去获取最大的收益，以价值最大化的方式利用经济资源。科斯理论认为，在零交易成本的世界里，只要产权界定明确，产权可以自由交换，主体积极合作，则无论产权属于谁，权利的配置都会发生有效益的结果。但是，零交易成本只是一种假定，现实交易中存在着"实在交易成本"，这种交易成本包括获得市场信息所需的成本，讨价还价与签订合同所需的成本，监督合同履行和制裁违约行为所需的成本。② 在上述"实在交易成本"的情况下，有效益的结果就不可能在每个法律规则下发生，此时，合意的法律规则是使交换代价的效应减至最低的规则。为此，无形财产权利用的诸项制度，应遵循交易成本最低化的原则，调整信息生产者、传播者、使用者的权利配置关系，以实现促进文化发展和推动社会进步的最优效益。下面，我们将以交易成本与交易效益为尺度，对无形财产权利用诸制度逐一进行评价和分析。

（1）授权使用，亦称许可使用，即无形财产权所有人授权他人以特定方式对

① ［美］罗伯特·考特、托马斯·尤伦：《法和经济学》，张军译，185 页，上海，上海三联书店，1991。

② 参见［美］罗纳德·科斯：《社会成本问题》，载《财产权与制度变迁》，上海，上海三联书店，1994。

其知识产品进行使用。授权使用这一法律行为通常表现为许可使用合同，在国际上即被称为许可证贸易。经济学家认为，合同是当事人为达成交易，实现自己的私人目的而为的一种合意。无形财产的产权界定在于进行交易，而任何交易都需要成本。许可使用合同制度的经济功能是：总结人们的交易习惯，规定统一的交易规范和术语，避免当事人每每就交易问题订立烦琐的合同条款，从而减少交易成本，便于当事人达成合意，促进产权交易。该项制度通过设定各种原则、规则，以预防和减少交易中的违约行为、意外事件等引起的成本，并提供有效的补救措施。上述理论是我们对授权使用制度进行经济分析的基础。这一制度能否实现精神财产效益的最大化，有三个问题值得研究：1）合同条款问题。合同条款是当事人意思表示一致的结果，是意思自治原则的体现。但20世纪以来，随着市场经济的高度发展，无形财产权贸易开始大量采用具有定型化特点的标准合同。这种格式合同由一方预先制定，条款内容不能修改，合同相对人要么接受，要么走开。制定合同的一方多为知识产品的传播者、使用者，如出版商、制片商、生产商等。格式合同的出现，简化了交易过程，节省了交易成本，提高了效率，当然有其经济上的合理性和必然性。但是，格式合同限制了合同相对人意思表达自由，容易给处于弱者地位的知识产品创造者带来利益损害。为了纠正格式合同带来的这一弊端，经济学家提出了两种解决途径：一是通过市场竞争解决（科斯、波斯纳等人持此观点），即消除垄断、保护竞争，促使格式合同的制定者出于竞争优势的考虑，提出有益于对方的条款，从而带动其他竞争者争相仿效，以致降低交易成本。二是通过政府解决（维克多等人持此观点），即国家制定管制格式合同的立法文件，或授权行政机关修改显失公平的格式合同，以保护相对人的利益。事实证明，在无形财产权贸易领域，由国家进行干预，或在相关立法中拟定合同指导性条款，或出面制定有关无形财产权交易的标准合同，这些做法都是适宜的、有效的。[①] 2）授权主体问题。从授权主体而言，许可使用合同有个人许可合同与集体许可合同两种。前者是以权利人自己的名义授权，为其本

① 关于格式合同问题的解决方案，可参见彭汉英：《财产法的经济分析》，中国人民大学1997年博士学位论文。

人利益而签订；后者则以受托人名义授权，其利益由权利人与权利管理组织分享。集体许可合同多见于著作权贸易。其运作方式是：著作权所有人将他们的权利转让给某一集体组织管理，该集体组织得以自己的名义与著作权使用人签订年度使用许可证。这种集体管理制度的经济学意义在于，使著作权人面对成千上万的使用者时能减少行使权利的成本（包括收取使用费和制止侵权的各项支出），使使用人面对成千上万的创作者时能减少取得权利的成本（包括收寻信息、讨价还价以及履行合同的各项支出）。因此，在著作权贸易中，应大力推行节约交易成本的集体管理制度。[①] 3）权项移转问题。授权使用涉及权利的移转，法律上的权利与产权有关，但又不等同于产权。产权经济学家一般认为，产权是“一揽（篮）子权利”（A Boundle of Rights），简言之，它是“以财产的所有权为核心的财产权利的总称”[②]。产权经济学含义对于无形财产权交易来说有两点启示：一是所有权与使用权的分离。权利人可以转让无形财产的所有权，也可以在保留所有权的基础上让渡其中的使用权。二是专有权的各个权项的分离。诸如著作权中的复制权、广播权、制片权、演绎权，专利权中的制造权、销售权、进口权等都可以单项出让给不同的使用人。无形财产权利用制度应充分鼓励交易，保障各种权利为使用人充分利用，这不仅意味着知识产品有更多的利用价值，而且使得更多的资源流向有效率的使用者手中，从而带来更多的财产增值。

（2）法定许可使用与强制许可使用，相对于授权使用而言，都是一种非自愿许可使用。前者是指根据法律直接规定的方式使用已公开的知识产品，可以不经权利人许可，但应向其支付报酬的制度，国际上将这种交易方式称为“法定许可证”；后者是指在特定的条件下，由国家主管机关根据情况，将已公开的知识产品进行特殊使用的权利授予申请获得此项权利的使用人的制度。在国际上，这种交易方式被称为“强制许可证”。法定许可使用与强制许可使用都是一种准法律行为，即虽无严格意义的意思表示，但又有向相对人表意之行为，因而发生与法

① 如何利用经济学原理设计集体管理制度，可参见刘茂林：《知识产权法的经济分析》，北京，法律出版社，1996。

② 唐丰义：《产权概念的发展与产权制度的变革》，载《学术界》，1991（6）。

律行为相同后果的一种法律关系。就使用的授权而言，在法定许可使用中，法律推定权利人可能同意并应该同意将知识产品交由他人使用，因而由法律直接许可；在强制许可使用中，政府认为使用人无法取得权利人授权并又有合法理由，因而由主管机关个别授予。依照经济学的基本理论，法定许可使用与强制许可使用实际上是国家安排下的“合作博弈”。考特和尤伦在《法和经济学》一书中以甲乙双方买卖汽车为例，阐述了合作产生效益的观点。换言之，在交易过程中，双方会讨价还价，这事实上是个“谈判博弈”的过程。只要谈判成功，即合作成交，双方都可能受益，从而使资源得到合理有效的利用，导致社会价值的增加。[①] 为促进合作成功，社会必须建立一种规则。霍布斯认为，即使在谈判中没有严重的障碍，人们也极少有理性在所得份额的问题上达成协议，因此，要有一个强有力的第三方迫使他们同意。[②] 法定许可使用与强制许可使用制度的设定，不仅减少了交易的信息成本（发现谁进行交易、进行什么交易和怎样进行交易），而且减少了谈判成本（讨价还价取得授权），使双方当事人合作成功进行交易的可能性大为增加，因此，这一制度有助于实现精神财产效益的最大化目标。但是，上述制度的适用有两点应予以注意：第一，非自愿许可制度仅适用于已公开的部分知识产品的有限范围，如果推而广之，势必损害权利人的利益。依照帕累托标准，效益的提高必须对各方都有利，以损害某一方利益为代价来改善他方利益的方法实质上是没有效益的。[③] 第二，非自愿许可制度仅仅是减少了部分交易成本，而不可能消灭全部交易成本。使用人虽在授权方面取得了法定的或政府意定的许可，但在支付报酬方面仍要与权利人进行谈判。相关法律的设计应能有效地减少私人在拟定协议时所产生的障碍。

（3）合理使用是对无形财产权利用的特殊情形，它是在法律规定的条件下，不必征得权利人同意，又无须向其支付报酬，基于正当目的而使用他人知识产品的合法的事实行为。合理使用广泛适用于无形财产权领域，诸如著作权中的个人

---

① 参见［美］罗伯特·考特、托罗斯·尤伦：《法和经济学》，张军译，上海，上海三联书店，1994。

② 转引自高德步：《产权与增长：论法律制度的效率》，101页，北京，中国人民大学出版社，1999。

③ 参见［美］H. 范里安：《微观经济学：现代观点》，24页，上海，上海三联书店，1994。

使用、新闻报道使用、转载或转播使用等，专利权中的先用权人的使用、非商业性目的的使用、临时过境的使用等，以及商号权、商标权中因公务、司法活动或社会公益目的使用等，都属于此类情况。合理使用的本质特征是自由使用、无偿使用，仅由此而论，该制度是知识产品创造者对权益的让渡，其结果似乎是仅对使用者有利。按照帕累托标准看来，合理使用只有对创造者与使用者都有利时方属“合理”，否则将因“经济合理性”的欠缺而导致无效益。让我们以此为据进行分析。合理使用制度始于著作权领域，其初衷在于解决后来作者以创作新作品为目的而如何利用前任作者的作品的问题。我们知道，作品是作者创作的，它是作者个人的精神财富，同时又是社会财富的一部分，既体现了个人的创造精神，又吸取了前人的创作成果。人类的创作活动是一个流动的过程。如果对此作出动态分析的话，每一作者在合理使用中都有“支出”，同时又有“收益”。某一特定作者在创作过程中因利用前任作者的作品而取得“收益”，但其作品完成后又为后来作者提供了合理使用的材料而“支出”。就人类创作活动的总体而言，在合理使用基本规则界定的条件下，各方都取得效益，并不存在损害某一作者利益而增加另一作者利益的情形。[①] 上述“经济合理性 ”分析应能适用整个无形财产权领域。与前述几种许可使用不同，合理使用中使用者与创造者的权利交易不是一对一的对手交易，而是社会制度安排下的特定创造者与不特定的使用者之间就信息资源分配所进行的交换。

合理使用与前述几种许可使用，实质上是基于产权界定所形成的几种交易方式。就无形财产权领域而言，社会在权利界定与分配上实行了“专有区域”（Exclusive Zones）与“自由区域”（Free Zones）的划分。[②]“专有区域”在信息资源中涵盖面极广，创造者是这一领地的“独占者”，他人使用其知识产品时，既要征得创造者同意又要支付报酬（如授权许可使用），或虽依法不经许可但要支付

① 笔者曾就上述论点，描画有精神生产过程图表和以合理使用为线索的交易收益图表。详见吴汉东：《著作权合理使用制度研究》，74页，北京，中国政法大学出版社，1996。

② See Edward W. Plornan 、L. Clark Hamilton，*Copyright：Intellectual Property in the Information Age*，1980，p. 197.

报酬（如法定许可使用、强制许可使用）。这一区域的设定，带来创造成本的回报，维系创造者生产信息的激情，因而是有效益的。“自由区域”在信息资源中所占比例较小，使用者是这一范围的“自由人”。在法律规定的条件下，“自由人”在使用他人的知识产品时，既无须征得同意又无须支付报酬（即合理使用）。这一区域的构建，并不导致创造者的利益损害，却有助于公众的创造活动，促进信息畅通与传播，因此也是有效益的。反之，任由“专有区域”独占全部信息资源，悉由创造者控制知识产品的传播与使用，将会造成过高的交换代价：或是消费者每每无力取得授权或支付垄断价格，从而拒绝使用信息（假定1）；或要付出诸如获得市场信息、进行谈判、实施交易、监督执行等各种成本（假定2）。显然，这是一种无效益的选择。无形财产权制度的当代使命不仅要保护“蛋糕”分享的公正性（合理分配社会成员的权利、义务、资源、收益），更需要促进人们努力增加“蛋糕”的总量（有效利用资源、增加社会精神财富）。不过，随着信息资源利用方式的拓展，加之知识产品的非物质性或说是公共产品属性所在，当前有必要对合理使用进行适度的限制。这是因为，在对他人知识产品的利用中，不适当的扩张自由使用、无偿使用的范围，将会使得原有创造者的“收益”难以补偿，这一结果是不合帕累托效益原则的。

三、产权保护与无形财产权的法律救济

1. 成本与收益：侵权行为的经济分析工具

交易成本和社会成本理论是经济学家解释侵权法的主要工具。在无形财产权利用制度下，除合理使用系事实行为外，其他利用形式概为合同与准合同关系。该项制度（主要是合同法）的目的是帮助人们缔结安全的私人关系，使人们得以确定承担损失的比例（即缔结法律上的权利义务关系）。侵权法作为对合同法的补充，“设计出按比例承担损失的原则：潜在的施害者和受害者形成合同关系的费用太高，从而无法定下这种比例。其结果是侵权法要求以最直接的方式依法干

预私人行为”[①]。因此，侵权法的目标是在损害事实发生后，对私人之间因损害而发生的成本进行分配。

对于侵犯无形财产权的行为，传统理论给予了充分的道德谴责和法律评价，但常常忽视这一行为发生原因的经济分析。行为人为什么放弃直接交易而选择侵权行为？我们可以从成本与收益的角度来考察侵权行为的经济动因：第一，交易成本过高。这是基于交易双方的角度而言的。在产权交易中，实现对双方都有利的合作博弈，即达到帕累托最优标准，事实上是难以每每奏效的。在无形财产权交易中，诸如当事人、标的物、价金、履行期限与办法、违约责任等问题，都需要双方进行足够的信息交流和行为合作。“这些工作常常是成本很高的，而任何一定比例的成本都可以使许多在无需成本的定价制度中可以进行的交易化为泡影。”[②] 经济学家证明，由于存在着对信息的广泛需求，一旦无法进行谈判，或谈判不能成功，侵权使用就会代替授权使用或其他合法形式的使用。第二，外在成本增加。这是基于知识产品创造者的角度而言的。在现实生活中，完全竞争的市场无从建立，市场垄断、外部效应、公共产品是造成“市场失灵”的主要原因。上述情况普遍存在于无形财产权交易市场之中。在“市场失灵”的情况下，交易的外在成本就会产生。与生产经营中所耗费的投入即私人成本不同，外在成本是外部强加于生产经营者的额外费用，经济学家认为，市场内部交换是自愿和互利的，而外在市场交换的经济效应则可能是非自愿和有害的。[③] 通常的事例是任意排放污染给他人带来净化水质的额外费用，而外部因素制造者不必为损害付出代价。而在知识产品的利用中也有“污染”的情形：使用者可能有意或无意超越合理的界限而使用了他人提供的信息（或因合理界限不明而行为失范，或是规避法律规定而行为非法），从而对权利者造成损害。第三，侵权行为的“收益”高于成本的预期。这是基于知识产品使用者的角度而言的。在经济学理论中，侵

① ［美］罗伯特·考特、托罗斯·尤伦：《法和经济学》，张军译，470页，上海，上海三联书店，1994。

② ［美］罗纳德·科斯：《社会成本问题》，载《财产权与制度变迁》，上海，上海三联书店，1994。

③ 参见［美］H. 范里安：《微观经济学：现代观点》，702～713页，上海，上海三联书店，1994。

权行为是有成本的，其成本包括实施行为过程中所作出的物质耗费、实施违法行为造成的社会后果，以及由于违法行为所承担的社会制裁。这个成本既有必然成本，又有法定成本。前者是指基于侵权行为本身而产生的资源耗费，是侵权人实施这一行为所作出的现实支出，如购置生产仿冒专利产品的机器、设备，投入运输盗版书籍的交通工具等；后者是指因实施侵权行为而依法承受的代价，包括侵权人以财产或其他经济利益给予受害者的补偿，如罚款、没收非法所得、赔偿损失等。[①] 侵权人投入一定的成本，实施特定的非法使用他人知识产品的行为，是为了谋取收益。侵权行为的“收益”主要有两大部分：一是资源占有，即通过侵权行为而获取对某一信息资源的占有，进而通过信息利用而获取经济利益。二是时机取得，即通过侵权行为而取得某种资格、地位或从事某种活动的机会，如假冒作者身份、冒充国家专利等。当然，上述“收益”不可能是合法收益，而是实施侵权行为所获得的非法收益。对于侵权人来说，会对上述成本与收益的大小进行比较与预期，即实施侵权行为所耗费的各种成本不能高于其期望所得到的非法收入，在“产出”多于“投入”的情况下，该项行为才被视为有“效益”。因此，只要存在着侵权行为成本过低的诸多因素，侵犯他人无形财产权的行为就可能发生。

上述分析表明，侵权行为发生的原因与成本、收益之间的比值有密切关系。可以说，在一定范围内，成本越低，“收益”则越多，侵权行为发生的几率也就越高。就现阶段无形财产权领域而言，侵权行为的成本、收益的大小变化，受到诸多方面的影响。这些因素包括：（1）制度因素。法律制度直接决定侵权行为法定成本的高低，它设计并规范关于侵权行为的制裁与惩罚方案、措施、办法等。如果相关制度对某种侵权行为规定的惩罚偏轻，该行为的法定成本自然就偏低，从而就会弱化侵权法的惩治性功能，侵犯无形财产权的行为就会屡禁不止。从现代各国的相关立法情况来看，加大对侵权行为的惩处力度概为通行做法，例如，增加有关严惩侵权行为的刑事制裁条款、明确规定侵权行为的法定赔偿额、完善

① 关于违法行为的成本分析，可参见吕忠梅、刘大洪：《经济法的法学与法经济学分析》，364页，北京，中国检察出版社，1998。

行政处罚手段等。这一立法趋势实际上是立法者对侵权行为成本与收益比例关系的调整，意在从制度安排上改变侵权成本过低、侵权行为泛滥的现象。(2)执行因素。制度的贯彻与施行，实际上是一个执法水平问题。在经济生活中，倘若有法不依、执法不严、违法不究，侵权行为现象自然会滋生蔓延。这就是说，执法水平决定着侵权行为被追究率的高低。被追究率是指侵权行为受到法律惩罚的几率，它是影响侵权行为总成本的一个十分重要的变量。申言之，如果制度实施效果不好、执法水平不高，大量的侵权行为没有受到应有的惩罚，侵权行为的法定成本就会降低，从而对这一违法的总成本构成带来影响。可以这样认为，当前侵权行为的收益率与成功率居高，与制度难以有效执行不无关系。(3)技术因素。侵犯无形财产权行为多为新型的侵权行为。在现代信息社会中，这一侵权行为与具有智力创造性特征的知识产品的利用相联系，往往有相当的技术含量。一方面，由于新传播媒介、新信息技术的发展，使得非法复制、仿冒、盗窃他人的知识产品的行为变得十分迅捷、便利；另一方面，涉及利用知识产品的行为，大多技术手段高明，使权利者无力有效防范。因此，这类侵权行为较之一般侵权行为具有更大的隐蔽性。上述技术因素不仅使得侵权主体违法行为能力得到了增强，同时，也使得侵权行为耗费资源所形成的必然成本大为降低。(4)观念因素。意识形态与制度安排、制裁违法行为一起，被视为权利保护的重要途径。从诺思到贝尔等经济学家在其著述中都运用经济分析的方法阐述了意识形态在经济制度和法律制度中的作用。[①] 意识形态的主要作用是促进一些群体不再按照成本与收益的简单的、享乐主义的和个人的计算来行事。[②] 由于无形财产权的保护尚未形成意识形态的主流，在知识产品的利用中就会刺激守法中机会主义行为的盛行，从而导致“法不责众”的群体违法效益，人们希望“搭便车”即可获益，而不愿支付必要成本而收益。

---

① 详见［美］道格拉斯·C·诺思：《经济史中的结构与变迁》，上海，上海三联书店，1994；［美］加里·S·贝尔：《人类行为的经济分析》，上海，上海三联书店，1993。

② 刘茂林博士在《知识产权法的经济分析》（北京，法律出版社，1996）一书中，谈到有关知识产权的意识形态时认为，一是要解释经济制度的合理性，使人们认识到不进行侵权行为在经济上是合算的；二是要解释法律制度的合理性，使人们认识到关于专有权利的规定对于权利人与相对人都是合理的。

2. 产权保护：法律对策中的经济考量

侵犯无形财产权行为直接产生于社会精神产品的生产、消费过程之中。在法律实施效益不高的情况下，该类侵权行为的滋生与蔓延，会影响创造者生产、开发信息的积极性，从而导致整个社会福利水平的下降。对此，经济学的观点是调节有关产权交易及保护的成本与收益关系，促使理性的经济人放弃选择侵权以及其他违法行为。其具体思路是：

第一，促进产权交易的合作博弈实现。产权交易有两个相互关联的效率目标，即最大化与均衡。最大化被看作是每个经济个体的目标，即使效用达到最大，使利润达到最大；均衡是指每一方都同时达到最大目标而趋于持久存在的相互作用形式。[①] 均衡的具体表现是：每个人都想通过交易获得能提供最大满足欲望能力的物品组合，他们彼此之间就欲望的满足形成一定的价格，互相制约，逐步达到需求等于供给，从而出现价格不再变动而持久不变的情形。实现均衡的效益目标，关键在于采取产权交易的合作博弈。实证分析证明，如果谈判费用太高，双方不能缔结合同关系，就易发生侵权行为。正如前面所言，无形财产从产权界定到交易是一项复杂的经济活动，从而造成侵权行为认定和赔偿的难度。在无形财产权市场不完善、机会主义盛行的情况下，产权纠纷诉诸法律往往带来过高的交易成本。张五常先生在谈到交易费用时说道，一个发明专利的买者，在算出该专利的收益现值后，他的律师很可能劝他把预算的收益减去三分之二作为未来可能产生的官司费用。[②] 因此，解决无形财产权纠纷的最佳途径是双方通过谈判达成协议来解决补偿问题。为此，国家应为相关产权交易的运作提供有效的"游戏规则"，健全产权交易市场，以减少交易成本。这是防范和减少侵权行为发生的重要基础。

第二，科学设定侵权行为成本的结构及额度。侵权行为是一种具有社会危害性的违法行为，制止市场主体对侵权行为的个人选择，关键在于把握侵权行为的

---

① 参见［美］罗伯特·考特、托罗斯·尤伦：《法和经济学》，张军译，22 页，上海，上海三联书店，1994。

② 参见张五常：《卖桔者言》，成都，四川人民出版社，1988。

发生机制，抑制侵权行为“收益”大于成本的预期。侵权行为成本的设定应考虑三个方面的问题：一是削弱侵权人的违法行为能力，消除其从事违法行为的物质力量，从而提高侵权行为的必然成本，降低侵权行为可能带来的“收益”；二是科学估算侵权行为中必然成本、法定成本与非法利益之间的关系，即注意保持侵权行为的成本总和大于该行为所取得的“利益”，这是法定成本的最低限度；三是对某些特别严重的侵权行为，设定较高的法定成本，即以法律的形式加重对该类违法行为的惩罚，不让其有利可图。正如一些学者所指出的那样，设定侵权行为的成本，并非意味着要普遍提高对侵权行为的惩罚，走“重罚主义”的道路。[①] 实践证明，严刑峻法并不能有效控制违法行为，反而会引发严重违法行为的发生。斯蒂格勒认为：“重刑罚的边际威慑是非常小的，甚至会适得其反。如果对犯有轻微伤害罪和谋杀罪的罪犯都处于死刑，那么，刑罚对谋杀罪就没有边际威慑。如果对偷了5美元的小偷给予砍手之罚，他宁愿去偷5 000美元。”[②] 对于侵犯无形财产权行为的法定成本设定，其道理同样如此。

第三，强化侵权赔偿中举证责任的效率。侵权法的核心问题是侵权责任的界定。法学家认为，行为人是否承担责任，关键在于其是否尽到了“合理注意”和“谨慎义务”。经济学家认为，遵循上述原则，就要求行为人以最合理的成本来预防损害，以保护权利人的利益。什么是合理的预防成本，美国联邦法院法官汉德(Learned Hand)在“合众国诉卡罗尔拖轮公司”一案中提出了著名的“汉德原则”[③]。该原则归纳为一个责任方程公式：B<PL。B为预防事故的成本，PL为预期的事故成本，其中P为事故发生的概率，L为事故所造成的损失。当预防事故的成本小于预期的事故成本时（即B<PL），行为人应承担侵权责任；当预防事故的成本大于预期的事故所造成的损害时（即B>PL），潜在肇事者对发生的事故不承担责任。汉德原则是适用过失侵权案件的基本规则。其后，波斯纳发展

① 参见吕忠梅、刘大洪：《经济法的法学与法经济学分析》，369页，北京，中国检察出版社，1998。

② ［美］乔治·J·斯蒂格勒：《法律实施的最佳条件》，载《法学译丛》，1992（2）。

③ 详见［美］罗伯特·考特、托马斯·尤伦：《法和经济学》，张军译，上海，上海三联书店，1994；张乃根：《经济学分析法学》，上海，上海三联书店，1995；彭汉英：《财产法的经济分析》，中国人民大学1997年博士学位论文。

了这一理论，认为在行为人须负严格责任时，同样应考虑 B＞PL 的经济后果。所不同的是，当 B＞PL 时，人们情愿赔偿可能发生的事故损失费，而不愿花费预防成本，否则行为人损失更大。[①] 在侵权行为中，选择何种责任标准才有效率呢？对此，考特和尤伦指出："如果预防是双方面的，即当事人双方都采取预防行为，以减少事故的严重性和可能性，那么，过失责任规则形式是合格的责任标准；如果预防是单方面的，即只有施害方可望采取行动以减少事故的概率及其严重性，那么，严格责任规则是合适的责任标准。"[②] 在传统的侵权法理论中，无形财产的侵权责任适用的是过失责任原则。从经济学的角度来看，对于损害应由双方当事人采取预防，对于过失则根据"汉德原则"进行客观的量化，这在无形财产权制度建立之初无疑是有效率的。但是，在现代信息化社会，某些侵权损害由行为人单方面预防可能更为有效，这是因为：(1) 行为人无偿利用他人知识产品，其侵权产品的必然成本较低，因此在市场中处于优势地位；(2) 行为人采取预防措施所花费的成本比生产者少，后者在知识产品公开后，搜寻他人利用的信息、对他人使用的过错状况进行举证，往往要付出相当的成本。为此，从效益原则出发，在侵犯无形财产权领域，有必要对以往的责任原则进行修正，即补充适用过失推定责任或严格责任。[③] 具体而言，当某类严重的侵权损害发生后，应责令行为人首先举证，行为人通过抗辩事由说明 B＞PL 时，即证明无过失，可免除责任；如果无抗辩事由或事由不能成立，则推定行为人有过失。补充适用过失责任原则或严格责任原则，可以调整双方当事人预防事故发生的成本比例，提高侵权行为的被追究率，从而使得侵权法的实施处于有效率的状态之中。

---

① 参见［美］波斯纳：《法律之经济分析》，台北，（台湾）商务印书馆，1987。

② ［美］罗伯特·考特、托马斯·尤伦：《法和经济学》，张军译，596 页，上海，上海三联书店，1994。

③ 关于过失推定责任与严格责任的关系，可参见本书第六章"无形财产权的保护"之有关论述。

第十一章

无形财产权的管理理论分析

无形财产权在资本形态上表现为无形资产。[①] 在管理学那里，无形资产属于固定资产的范畴，是一种不具有实物形态的独占性经济资源。运用管理学的基本范畴与方法，研究无形财产权中的单一资产要素的产出发展和各个资产要素的综合应用，探求无形财产权作为无形资产资源在创造、流通各个环节的运动规律，涉及无形财产权经营、管理、评估等方面的问题分析和对策谋划，具有重要的应用研究价值。

一、无形财产权与无形资产的关系

1. 无形资产框架下的无形财产权

无形资产是关于企业拥有的智力资源的总称。《国际评估准则》(2001) 将无形资产定义为“是以其经济特性而显示其存在的一种资产，无形资产不具有实物形态，但为其拥有者获取权益和特权，而且通常为其拥有者带来收益”。国家财政部颁布的《资产评估准则——无形资产》(2001)，将无形资产表述为“特定主

① 参见刘京城：《无形资产的价格形成及评估方法》，7 页，北京，中国审计出版社，2004。

体所控制的，不具有实物形态，对生产经营长期发挥作用且能带来经济利益的资源”。严格来讲，无形资产（intangibles）是会计学的定义，经济学界则往往称其为知识资产（knowledge assets）或智力资本（intellectual capital），它泛指各种非物资形态的未来收益要求权。[①]

在无形资产的框架内，涉及三类无形财产权：一是知识类财产权利。该类财产主要由知识、技术、信息等无形资产利益所构成，可以分为创造性成果与经营性标记[②]，其权利形态包括著作权、商标权、专利权，是典型的知识产权。二是资信类财产权利。该类财产主要是经营领域中的商誉、信用、形象具有经济内容的商业人格利益，其权利形态包括商誉权、信用权、形象权等，这些即是与知识产权有关的其他无形财产权。三是特许类财产权。该类财产权利有主管机关或社会组织所特别授予的资格优惠、特权等法律利益所构成，其权利形态即特许经营权，该项权利属于无形资产的范畴，其特许的财产利益范围包括但不限于知识产权要素。

2. 无形财产权的资本形态特点

无形财产权在资本形态上具有无形资产的基本特点：(1) 无形财产权是以知识形态存在的独占性经济资源。无形财产权为特定主体所控制，且具有知识形态的非实物资产特征。我国财政部《企业会计准则——应用指南》(2006) 规定：“无形资产主要包括专利权、非专利技术、商标权、著作权、土地使用权、特许权等”。在上述文件所规定无形资产中的构成要素，无形财产权（即专利权、商标权、著作权、特许权等）是以知识形态存在的，但土地使用权并非知识形态资源。此外，国际上有关规则还提出诸多无形资产要素，如智力资本、职工队伍、劳动力组合、优惠融资、优惠合同、生产和销售系统、失业评价、电磁频率使用权等，这些未必都具有知识形态。[③] 管理学理论一般认为，

---

① 参见茅宁：《无形资产在企业价值创造中的作用与机理分析》，载《外国经济与管理》，2001 (7)。

② 1992年，国际保护知识产权协会（AIPPI）东京会议将知识产权分为“创造性成果权与识别性标记权利”，各项知识产权均归类于此。

③ 参见余玉林：《时代性：无形资产理论研究的主题》，载《会计之友》，2008 (5) (上)。

无形资产主要是以知识形态存在的经济资源[①]，这里具有主要地位的知识形态资源就是无形财产权。(2) 无形财产权是能够长期使用并且预期带来经济效益的非货币资产。非货币性资产是指货币性资产以外的资产。所谓货币性资产是指企业拥有的现金、银行存款，以及将来可以固定或可确定金额收益的资产，如应收账款、长期投资等。[②] 无形资产不仅具有非实物形态，且不具备货币性资产形式；无形资产受益期长，可在一年或一个经营周期以上使企业获得预期经济效益，但这些未来经济利益具有不确定性。由此可以认为，无形财产权作为一种非货币资产或资源，具有以下基本属性：无形资产具备非实物形态，但又区别于货币性资产，后者依会计惯例被视为长期资产，是企业在一定经营周期中获取的经济利益，因而不是流动资产；无形财产权虽能提供未来经济利益，但利益预期具有不确定性，其收益额及收益期会基于各种原因产生波动。(3) 无形财产权是一种具有独占性质的法定无形资产。在国内外会计惯例中，无论是采取概括主义方法定义无形资产，即这一资产"源自合同性权利或其他法定权利"(财政部：《企业会计准则》2006)，还是采取列举主义方法给出无形资产范围，即"无形资产主要包括专利权、非专利技术、商标权、著作权、土地使用权、特许权等"(企业会计准则编审委员会：《企业会计准则——应用指南》)，在这些规范性文件中，无形资产的构成要素主要是一种法定权利，或者说无形财产权的资本形态表现为一种法定无形资产。无形财产权作为一种独占性无形资产，不同于有形资产。在市场上，可以有许多内容相同、功能相同、性质相同的有形资产，但不可能存在着内容、功能、性质相同的无形资产。亦言之，在两个或两个相同的有形财产之上，可以拥有各自独立的财产所有权；而对于两个或两个以上相同的无形财产，权利只能授予其中一个。总之，在管理学那里，无形财产权是"以专属支配权为本质的知识资产"[③]。

---

① 参见蔡吉祥：《无形资产学》，11页，深圳，海天出版社，2002。

② 参见吕劲松编著：《无形资产会计》，7页，北京，中国审计出版社，1998。

③ 朱国军、杨晨：《基于战略资源论的企业知识产权资产管理内涵探析》，载《企业管理》，2006(11)。

3. 无形财产权的资产转化

无形财产权只有实现资产转化，才能作为企业可利用的无形资产。首先必须承认，无形财产权是法定无形资产的基础。这就是说，没有无形财产权，就不会有法定无形资产；但有无形财产权，并不当然产生法定无形资产。无形财产权的产生，以国家主管机关授权为依据，这是一种法律上的认可。而无形财产权在企业中成为无形资产，主要以取得经济效益为标准，这是一种市场上的认可，可以说，无形财产权为企业带来某种经济收益的可能性，企业拥有无形财产权的数量和规模与企业盈利的实际水平并不产生必然关联性，要使这种预期收益的可能性变成产生收益的现实性，则要采取措施和创造条件，促使无形财产权转化为无形资产。① 无形财产权转化为无形资产，一般应经过以下过程：一是应用化，即无形财产权所涉及的知识、技术已应用于企业的生产经营中，基本体现或完全体现其使用价值；二是商品化，即无形财产权已经为企业创造了经济效益，通过与他人的交易，在交换价值中实现其价值；三是资产化，即无形财产权经评估或合同确认其价值，且企业将这一价值计入“无形资产”账户。② 只有完成上述过程或达到这三条标准，无形财产权才是完整意义的无形资产。

二、无形财产与企业核心竞争力

1. 企业资源与企业优势

核心竞争力的概念，最早是由美国学者普拉哈德和哈默于 1990 年在《哈佛商业评论》的一篇论文中提出的。他们认为，企业的竞争优势取决于企业的竞争能力，而企业竞争能力包含许多因素，如获取资源的能力、掌握某种重要技术的能力、创造低成本的能力、开拓市场的能力，构建市场营销网络的能力，等等。但是并非每种能力都同等重要，只有那些使企业保持长期竞争优势、获取稳定超

① 参见刘玉平：《基于知识产权视角的无形资产评估问题研究》，载《中国资产评估》，2008 (2)。
② 参见蔡吉祥：《无形资产学》，71 页，深圳，海天出版社，2002。

额利润、明显优于且不易被竞争对手模仿、能够不断提高顾客价值并使企业获得可持续发展的能力，才是企业最关键的竞争力，即企业核心竞争力。①

企业资源是企业竞争优势的主要来源。在企业战略管理研究中，企业资源分为有形资产、无形资产和能力三类。其中，有形资产是企业的固定资产以及其他以有价证券形式存在的财富资源，诸如厂房、设备、土地、其他资本货物和债券、债权、银行存款等。无形资产包括知识形态资产、人力资本资源、技术资源、声望、数据库等。能力的内涵是把一组资源结合起来用于执行一定的任务或活动的技能，它包含着个人的技能或群体的技能，也包括将企业狭义资源进行整合的组织路径和相互作用。② 从企业资源与竞争优势的关联性来看，可分为一般资源和战略资源。战略资源是指能够给企业带来竞争优势的资源，该类资源具有独特性、有价性、不可替代性、难于模仿性、可持续发展性等要素。

2. 无形资产在企业战略资源中的地位

无形资产比有形资产更具企业战略资源的特质。“无形资产是各行各业的必备资源，它在单位总资产中的比重有超过有形资产的趋势。世界上当前单项资产价值最高的是无形资产，经济技术寿命最长的是无形资产。”③ 现代化的企业经营应以无形资产经营为主。原美国证券交易委员会委员史蒂文·沃曼曾指出，“我们的社会已经由以工业为基础的时代，进入到了以知识为基础的时代。在这个社会中，知识产权、软资源和其他迅速增长的无形资产，构成了创造财富的主体资源”④。对于企业而言，知识经济带来的是财产结构的重大变化，企业固定资本、金融资本的重要性已经让位于企业所拥有的无形资产。一些跨国公司形成

① See C. K. Prahalad、Garry Hamel，“The Core Competence of the Corporation”，*Harvard Business Review*，No. 90311，March-April，1992.

② 参见朱国军、杨晨：《基于战略资源代的企业知识产权资产管理内涵探析》，载《企业管理》，2006（11）。

③ 蔡吉祥：《无形资产学》，5页，深圳，海天出版社，2002。

④ ［美］凯文·G·里维特、戴维·克兰：《尘封的商业宝藏：启用商战新的秘密武器——专利权》，陈斌等译，51页，北京，中信出版社，2002。

了大量高质量的无形资产。据统计，微软公司的无形资产超过其总资产的70%。OECD[①]成员国的无形资产已超过其总资产的60%。1982年，美国500家代表性上市公司的市值中，有形资产与无形资产的比例分别为62%与38%；到了1992年，比例发生逆转，两者分别为38%与62%；在2002年，有形资产比例缩小到了13%，而无形资产比例高达87%。[②] 无形资产要素中最具战略意义的是知识形态资产。随着经济全球化进程的加快，知识已经打破了国界在全球范围内活动，促进了全球经济的发展。在WTO框架下进行的国际贸易，无论是货物贸易，还是服务贸易，许多都与无形财产权有关。在国际上，发达国家和它们的跨国公司极力将其拥有的智力成果优势转化为无形财产权优势，最终形成国际市场的竞争优势。正如英国政府的一份白皮书所指出的那样，竞争的胜负取决于我们能否充分利用自己独特的、有价值的和竞争对手难以模仿的资产，而这些资产就是我们所拥有的无形财产权。[③]

企业核心竞争力的形成，在很大程度上取决于企业的战略资源，即无形资产中的无形财产权。在市场经济条件下，企业的核心竞争力是围绕消费者的需求而构建的。在核心竞争力的这几大构成要素中，最容易为消费者所感知的就是技术和品牌。因为对于消费者来说，他们最关心的不是某个公司的组织结构、经营战略，而是其生产的产品，更确切地说是产品的技术含量和品牌价值。不管你的组织结构有多合理、战略有多科学、企业文化有多优秀，如果你的产品技术落后或产品品牌得不到消费者认同，消费者依然不会购买。所以企业的核心竞争力最终要落实到技术创新和品牌创建上来。

在现代市场中，技术创新需要一定的周期和较大的资金投入，而且需要承担

---

① 经济合作与发展组织（Organization for Economic Co-operation and Development，简称OECD）是由市场经济国家组成的政府间国际经济组织，能共同应对全球化带来的经济、社会和政府治理等方面带来的挑战，并把握全球化带来的机遇。OECD成立于1961年，目前成员国有34个。

② 转引自袁真富：《论我国企业知识产权发展的战略思维》，载《挑战与应对：国家知识产权战略论文集》，北京，知识产权出版社，2007。

③ See Tony Blair, "Our Competitive Future Building the Knowledge Driven Economy", *Presented to Parliament by the Secretary of State for Trade and Industry by Command of Her Majesty*, (December 1998), p. 5.

较大的技术风险和市场风险。此外，由于无形财产权制度中的专利权和商业秘密的存在，通过合法途径获得与技术创新有关的知识资源的难度和成本都比较大，而这些因素决定了竞争者之间的技术差距。正是技术创新使得企业能够在市场上实现差异化的竞争，不仅能够在竞争中取胜，而且还能够获得足够的利润，保证企业的长久持续发展。

现代市场消费的趋势表明，消费者的消费已经由产品消费转向为品牌消费。这种消费趋势在消费行为上的体现就是崇尚品牌、追求品牌。一旦品牌在消费者心目中的地位确立，取得消费者的认同，品牌甚至可以成为产品高质量和技术高含量的代名词，在相同质量和技术含量的情况下，是品牌的声誉而不是价格成为影响消费者购买产品的决定性因素。因此，提高品牌的知名度、美誉度和忠诚度，是塑造企业核心竞争力的重要措施。而无形财产权制度中的商标权，保证了企业的品牌在正常情况下能够保持"唯一性"。成功的企业大都注重最大限度地发挥技术创新和品牌的竞争力。美国人常说："不管是芯片还是薯片，能够赚钱的就是好片。"这其中芯片赚钱靠的是技术创新，而薯片赚钱靠的就是品牌影响。

3. 无形财产权在提升企业核心竞争力中的作用

无形资产中的无形财产权，作为企业的战略资源，在提升企业核心竞争力方面具有以下作用：一是维护企业技术的领先性。无形财产权制度对技术的保护主要是通过专利来进行的。在专利制度下，企业的某项技术经过国家专利部门批准，成为专利，就可以在该国境内享有该项技术的独家使用权。企业在某个技术获得专利后，以其作为基本专利，并将有关改进技术及外围相关技术均申请专利，从而形成一个由基本技术同外围相关技术一起构成的专利网。这种基于企业强项技术的专利壁垒，使竞争对手无法突破。所谓专利网，实际上堵住了竞争对手在技术上前进的正常道路，竞争对手要想绕过这些专利构筑的障碍，就要从非正常的技术角度进行创新，但这些必然要耗费大量额外的人力、物力和财力，加大企业的经营成本。况且，当该企业基本技术专利到期后，其对竞争对手的专利围困并没有消失，外围技术专利仍然有效，依旧可以保证该企业在技术方面的领先性。二是保证品牌的独特性。商标是消费者与企业发生联系的中介和桥梁，消

费者一般不同企业直接打交道，而是通过产品的商标来认识企业。消费者对商标的印象实际上就决定了他们对于企业的印象，而一个企业的品牌要花费大量的时间和成本才能在消费者心目中树立良好的形象。对于一个有竞争力的企业而言，最担心的就是自己产品的商标与其他产品的商标发生混淆，使消费者不能将本企业与其他企业区分开来，出现其他企业对本企业“搭便车”的情况。由此可见，企业必须维持自己品牌的独特性。商标法具有保证品牌的独特性的重要功能。依据商标法的规定，如果企业对其商标进行了申请注册并获得批准，那么未经该企业允许，在其所申请的商品类别和相似的商品类别内，就不能再有其他的企业使用相同或相似的商标，否则就是违法行为。一旦企业商标成为了驰名商标，它还能够受到商标法的特殊保护，更能够彰显自己品牌的独一无二性。

三、企业无形财产权的资产管理

无形财产权这一概念涵盖了企业的专利权、著作权、商标权、商业秘密权、商誉权等诸多内容，是集技术、经济和法律三位一体的知识形态资产的权利保护形式。企业无形财产权的资产管理，是指企业对知识形态进行筹划、控制、配置、运用，使之得到有效保护，充分实现保值、增值效果的管理活动。[①]

1. 无形财产权资产管理的主体

企业是无形财产权资产的管理主体。无形财产权资产的创造与获取，是企业在要素投入的基础上，经过一系列经营管理活动而得以实现的。无形财产权资产管理是企业管理的重要组成部分，是企业根据自身条件和市场状况对其无形财产权事务进行管理的相关活动。企业资产管理主要采取市场手段，即以市场为导向，以市场竞争为内容，以市场效益为目标，对其知识形态资产进行管理。[②] 企业管理不同于行政管理。国家知识产权主管部门，承担着无形财产权的管理职能，即依据相关法律的规定对无形财产权进行受理申请、审查、授权、登记等管

① 参见蒋坡主编：《知识产权管理》，465 页，北京，知识产权出版社，2007。

② 参见朱雪忠主编：《知识产权管理》，16 页，北京，高等教育出版社，2010。

理活动。政府部门对无形财产权的管理，主要采取行政手段和法律手段，须在其职权范围内，并依法律规定进行管理。

2. 无形财产权资产管理的对象

无形财产权资产管理，涉及各项无形财产权资产及其所依附的有形要素和所调配的各种有形资源。企业对无形财产权资产的经营管理，是一种系统性和开放性的活动。这是因为，在无形财产权资产的运作中，其依附或相关的有形物质会在形态权属关系方面相应地发生变化，进而对企业资产结构与利益实现产生影响；同时，无形财产权的运用，即知识形态资产要素的导入和释放，往往采取投资、开发、转让、许可、拍卖、质押、特许经营、破产处分等各种方式，这些还会涉及外界的经营资源。因此，企业对无形财产权的资产管理，既应注意单一资产要素的产出发展，更要注重各个资产要素的综合应用。

3. 无形财产权资产管理的内容

企业对无形财产权的资产管理，涉及管理目标、管理方式、不同类型资产的利用、资产利益保护及权利处分等方面。从无形资产管理的基础性工作而言，首先即是设置企业无形财产权资产管理部门。该管理部门有三种典型模式：一是集中管理模式，即由企业管理部门统一管理、统筹负责与无形财产权的有关事务，如美国 IBM 公司；二是分散管理模式，即在企业无形财产权本部统一管理下向其内部机构充分授权的管理体制，如日本东芝公司；三是行列式管理模式，即按照技术类别、产品类别实施企业无形财产权的管理，如日本佳能公司。[①] 其次要建立企业无形财产权管理制度。管理制度是企业依据相关法律、法规或行政规章并结合本企业实际所制定的其在从事无形财产权事务中应当遵守的行为规范总和，具体说来包括无形财产权的规划管理制度、权属管理制度、创造管理制度、转化管理制度、纠纷管理制度、合同管理制度、信息管理制度等。[②] 应该指出的是，由于各企业情况不同，在无形财产权资产管理内容方面会有所差异，因此应注意采取有针对性的管理方略。

① 参见于涛：《国外企业知识产权管理模式分析》，载《电子知识产权》，2003（6）。

② 参见朱雪忠主编：《知识产权管理》，40～41页，北京，高等教育出版社，2010。

四、企业无形财产权运用的一体化战略

1. 企业无形财产权运用的战略举措

在企业无形资产资源的运用过程中，应考虑产品属性、技术进步的速度，消费者的特点以及同一企业不同品牌之间的溢出效用①，既要充分发挥各个知识形态资产的效应，又要以形成强势技术和培育强势品牌为中心来构建企业市场竞争中的长久优势。这即是企业无形财产权一体化战略的重要举措。

进入知识经济时代以来，许多跨国公司已经跨越了以往主要依靠物质资源消耗的发展阶段，更多地依赖于“创新研发”与“市场营销”两大主轴，即通过技术与品牌所依附的无形财产权去维护和扩展自己的竞争优势。从 20 个世纪 80 年代开始，知识密集型产品和服务在国际贸易中所占的比重逐年上升，涉及的无形财产权问题越来越多。在国际市场和对外贸易方面，无形财产权控制了大约一万亿美元的货物贸易和服务贸易，无形财产权领域已经成为全球企业竞争的关键战场。对于跨国公司而言，无形财产权的作用体现在两个方面：第一，知识产权是跨国公司进行投资的首要资本。企业的资产构成往往可以反映出该企业的市场竞争力。在知识经济时代，以无形财产权为核心的无形资产在企业资产中的比例越重，在某种程度上可以说明该企业的市场竞争力越强。世界五百强企业的前十名，无一不是拥有高质量无形财产权的企业。据统计，一种新型化学药品或生物药品的开发需要 1 亿～6 亿美元，并花费十年的时间才能投入使用，但如果药品研制成功，将给企业带来丰厚的利润。因此，跨国公司为了占领市场，纷纷将无形财产权作为最有回报的资本。第二，无形财产权是跨国公司进行竞争的重要工具。在经济全球化时代，跨国公司之间、跨国公司与本地公司之间的竞争逐渐转化为无形财产权的竞争，知识密集型产品和服务在国际贸易中的比例逐年上升。我国加入世界贸易组织之后，跨国公司频频以无形财产权为武器对我国企业实施

---

① See Gideon Parchomovsky & Peter Siegelman, “Towards an Integrated Theory of Intellectual Property”, *Fordham Law & Economics Research Paper No. 18* , (April 2002), p. 26.

打压。从DVD等专利纠纷到丰田诉吉利的商标侵权，虽然表面上是无形财产权侵权纠纷，但本质上就是各国企业之间的国际市场竞争。可见，即使跨国公司拥有企业规模大、销售网络广、资源整合率高等优势，但其从来没有放弃使用无形财产权制度来强化其竞争优势。

2. 无形财产权运用的国际竞争态势

作为国际经济贸易活动的主角，跨国公司已经将无形财产权视为其经营战略的重要组成部分，并充分认识到，保护和利用自己的无形财产权，就是维护和扩张自身的竞争优势。因此，跨国公司通过多种途径来实现自身无形财产权利益的保护。(1) 通过无形财产权构筑合法"贸易壁垒"。在国际市场，跨国公司利用其资金和技术优势，熟练运用无形财产权规则对中国企业构筑新的但又是合法的"贸易壁垒"。一是"技术壁垒"，即影响甚至控制国际标准组织的标准化工作，将技术标准溶入技术专利之中，占领产业链的高端区位并获取高额利润，导致使用外国技术标准的中国企业在国际市场遭遇生存困境；二是"绿色壁垒"，即制定国际认可的环境标准和绿色标准，提高进入发达国家市场的商品准入标准，导致不符合国际认证的绿色标准和缺乏统一质量保证的出口品牌的中国农副产品、电子产品，在出口时屡屡受阻；三是"反假冒壁垒"，即动用《知识产权协定》新规定的海关措施，对一些冒用他人商标、商号、地理标志的中国出口产品，采取查封、扣押的"反假冒"保护措施。(2) 通过技术转让延长无形财产权实际收益期限。由于地区经济发展的不平衡，不同国家对消费品的需求水平也存在着巨大差异。一项在发达国家的前沿技术放在发展中国家可能无法实现其经济价值。但是随着发展中国家人民生活水平的提高，一些技术的经济价值会在该地区内逐步得到实现。一般而言，跨国公司往往通过四个途径对外输出技术，即：输出产品、出售专利、与政府合作和在外国投资。这四种途径事实上都是在输出的过程中获得较高的企业竞争力的过程。就同一种技术产品而言，在技术水平明显较低的市场上出售往往有更强的竞争力。出售专利予第三方也是延续专利实际寿命的手段。可以说，技术转移是跨国公司全球经营战略的需要；同时，无形财产权只有在技术转移的过程中才能获得最大效益。因此，跨国公司往往利用地区经济的

差异性，通过跨国、跨地区技术转移来赚取其无形财产权最大可能的利润。

总之，从世界范围来看，跨国公司对于无形财产权制度的整体战略目标是，利用无形财产权制度增强其自身优势，同时，通过政治、经济等各种手段影响无形财产权制度的发展进程，使制度的变化有利于保护其竞争优势。

3. 无形财产权运用的中国战略选择

我国作为世界贸易组织的成员国，在无形财产权一体化、国际化的潮流中，必须遵守《知识产权协定》所规定的国际义务。处在一个全球化的时代，我们必须在统一的规则下参与竞争，如果坚持按照我们自己认为“适当”的水平来保护无形财产权，只能导致“闭关自守”进而“自我淘汰”。正因为如此，中国企业需要认清形势，适应和参与在统一的规则之下与外国企业展开竞争。但是，我国企业对此明显准备不足，其面临的知识产权困境集中表现在以下几个方面：（1）缺乏从低水平保护到高水平保护的必要过渡期。西方国家既是无形财产权的最早创制者，也是无形财产权的最大受益者。它们的无形财产权制度大抵经历了一个从“弱保护”到“强保护”的缓慢过程，而且这种由弱到强的转变都是根据发达国家本国企业的自身发展状况来决定的。发达国家的一大批企业就是在这样一个缓慢的过程中逐渐做大做强的。可以说，发达国家以无形财产权为公共政策工具来为本国企业的发展和扩张保驾护航。然而，21 世纪的中国企业面临的是一个完全不同的环境。《知识产权协定》确定了无形财产权国际保护的“最低标准”，扩大了保护范围。这意味着中国企业对无形财产权的保护就必须达到以往只有发达国家才具备的标准。（2）缺乏应对“无形财产权陷阱”的经验。在中国市场，跨国公司往往是“产品未动，无形财产权先行”，对中国企业设置了“无形财产权陷阱”：第一，基于研发优势，在我国大量申请专利，特别是在关键技术、核心技术领域“跑马圈地”，对中国企业形成专利合围；第二，在合资合作过程中，利用资金优势，收购乃至消除中国企业的民族品牌，极力运作外来品牌占领中国市场，削弱中国品牌已形成的传统影响力和未来竞争力；第三，加强对中国企业侵权指控，甚至组成来华“打假团”，以侵犯专利、商标等无形财产权为由，通过法律手段阻止和抑制中国企业的生存空间。相形之下，中国企业缺乏

积极的应对方略。如果不尊重他人无形财产权，不拥有自主无形财产权，中国企业在国际、国内两个市场都会受制于人。(3) 缺乏有效实施无形财产权制度的条件、手段和社会环境。实现无形财产权制度目标，有赖于一般社会条件的成就。这就是说，影响知识产品生产、传递、利用的基本条件必须具备，包括无形财产权制度得以存在和有效实施的经济、科技、文化、教育等物质设施和社会环境，以及基于无形财产权政策导向而配套形成的相关公共政策体系。以专利制度为例，专利权是科技领域最重要的无形财产权，其有效运作需要两个最重要的条件：第一，建立以专利权为导向的涵盖技术创新、技术成果转化、技术中介服务、技术产权保护的公共政策体系。在相关制度缺失的情况下，不少行业和企业存在着有技术无专利、有专利无应用、有应用无产业的现象。第二，提供自主创新所需要的研发资金和物质条件。这一方面的问题更为严重，由于研发投入不足，直接影响到企业专利数量规模和质量水平，缺乏支撑经济结构调整和产业技术升级并拥有自主产权的技术体系，很多企业处在有"制造"无"创造"，有"产权"无"知识"的状态，甚至靠仿造过日子。

中国企业走出无形财产权的国际困境，走向经济全球化的国际市场，有赖于国家宏观政策的调整和企业微观决策的施行：(1) 政府公共政策对企业无形财产权运用的指引。企业知识产权运用能力的提高与核心竞争力的增强离不开政府公共政策的指引。对于企业而言，政府的作用主要在于：第一，制定新兴产业促进政策。将提高自主创新能力和经济竞争能力、掌握无形财产权、发展战略性新兴产业作为主要目标。国家产业政策和发展规划要把发展新兴技术产业摆到优先位置，在财税、信贷和采购等政策上给予重点扶持。新兴科技的无形财产权申请、管理与利用制度应与有关政策联动配套，即建立一个以无形财产权为导向的公共政策体系。第二，调整对外贸易政策。实施无形财产权兴贸工程，建立以政府政策为引导、以企业为主体、以市场机制为基础的无形财产权创造、管理、保护与运用的体系与机制，提高引进技术的消化、吸收和创新能力，扩大具有自主专利和自主品牌的技术产品出口，转变贸易增长方式，实现从贸易大国向贸易强国跨越的战略目的。(2) 企业无形财产权运作一体化战略的实施。企业应提高自身的

无形财产权运用水平，着力实施以技术和品牌为主导内容的一体化战略：第一，以技术创新为基础，加强专利的申请与保护。掌握了专利，就意味着拥有了某种竞争优势。中国企业不但应该继续在科技创新上投入更多的人力和物力，更要将这种投入所形成的技术以专利的形式加以保护。实证表明，专利数量就意味着市场占有率，控制了专利就是控制市场。这是无形财产权基本特征的集中体现。中国企业应积极创造、保护和运用专利，将其作为维护自己技术与市场优势的法律武器。第二，以品牌培养为核心，带动企业无形财产的增值。商标的优势来源于产品的多样性和质量的稳定性，而产品的多样性和质量的稳定性的基础都是企业的创新。一方面，企业应该以质量为本，不断地为消费者提供创新的产品和高质量的服务，将商标使用到不断推出的不同的高质量商品上，使消费者由对产品和服务的认同进而形成对商标的认同和忠诚；另一方面，企业也可以利用消费者对商标的认同，将成熟的商标不断使用在各种产品和服务上，以带动商品和服务的多元化发展。

下编

无形财产权基本制度

第十二章

著作权

著作权，又称版权①，是指作者或其他著作权人依法对文学、艺术和科学作品所享有的各项专有权利的总称。著作权归类于创造性成果权，是一种以知识形态为保护对象、以专有权利为存在形式的无形资产。著作权是文化领域中最重要的无形财产权。

一、著作权制度的理论基础

1. 从“出版特许权”到“精神所有权”

近代著作权制度的孕育，经历了从封建社会“出版特许权”到资本主义“精神所有权”近三百年的长期嬗变。“出版特许权”的存在意义，在于它同近代著作权制度的产生具有某种历史连接作用。在欧洲，出版特权授之于封建君主的有限地域，且往往有一定的期限，因而酿成了出版商排他的出版意识。他们认为，

① 在我国，著作权即版权。现行《著作权法》第 57 条规定：“本法所称的著作权即版权。”我国立法所采用的“著作权”一词，系 1910 年《大清著作权律》从日本引入。在国际上，与著作权概念相近的是法国法所沿用的“作者权”(Droit de Auteur)，而英美法则使用了“版权”(Copyright) 概念。1990 年中国《著作权法》采折中方式协调了“著作权”与“版权”用语的差异，以同义语作出相应规定。

对于印刷出版的作品，应产生一种所有权，这样出版人既可以在更大的范围内自由出版作品，同时也可以对抗擅自复制之人，这即是早期的“出版所有权”论。尔后，由于封建王朝的衰落与市民阶级权利观念的进化，出版商开始主张出版物的垄断性保护不应由国王授予特权才产生，而应基于作者精神所有权的转让而取得。他们试图以自然法思想为基础，为自己的垄断权利赋予更新的理论光环，即用“精神所有权”学说代替以往的“出版所有权”主张。“精神所有权”说认为，作者对其作品以及将作品物化的书籍均享有所有权，因而将这种权利视为所有权的一种。十分明显，“精神所有权”已具有现代著作权的基本含义。作者对自己的作品享有独占和专有的权利，能够随意转让和处理这一权利，并分享他人使用作品所带来的利益，是资产阶级革命时期形成的现代著作权观念。在 19 世纪的欧洲，对作品命运的支配权开始从国家的权力中心移转到作者个人及出版商手中，立法者最终将其演化成一种通过民事诉讼行使的权利——版权（著作权）。[①] 这样，著作权作为一种私人享有的无形财产权，终于在资本主义条件下得到法律的普遍认可和严格保护，并逐渐形成一种独立而系统的法律制度。

从 18 世纪到 19 世纪，各西方国家相继开始了著作权立法，在精神产品的保护领域，形成了功能趋同但风格迥异的法律传统。关于世界范围的著作权法，当今中西方学者有的将其分为三种制度，即市场经济国家的著作权制度、计划经济国家的著作权制度和发展中国家的著作权制度。也有的将其分为四类法系，即普通法著作权法系、大陆法著作权法系、社会主义国家著作权法系及发展中国家著作权法系。[②] 其中起主导作用的当推以英、美为代表的普通法系和以法、德为代表的大陆法系两大流派。

2. 普通法系国家的“财产价值观”

普通法系国家的著作权法构筑在“财产价值观”的基础之上，他们奉行“商

① See Paul. Edward Geller, *International Copyright: An Introduction*, Mathewbender Ltd, 1990, p. 18.

② 参见［美］E. W. 鲍曼、L. 克拉克·汉密尔顿：《现代版权概念和版权制度比较分析》；［日］阿部浩二：《各国著作权法的异同及其原因》；史文清、梅慎实：《简述普通法著作权法系与大陆法著作权法系的哲学基础及其主要原则》，载《青海社会科学》，1991（3）。

业版权”学说，认为著作权的实质乃是为商业目的而复制作品的权利，创作者的权利在这里被表述为“copyright”（即版权），隐含有“复制权”的原意。[①] 著作权法的保护内容最初即作品的印制权和重印权，著作权的存在即依赖于以物质形式存在的作品，著作权的价值在于它是一项可以移转于他人的财产。在英国，宗教领域里的清教改革、政治上的开明专制主义、经济中的重商主义等各种变革及思潮相继兴起，为18世纪初叶《安娜法令》的诞生提供了必要的社会条件。1643年，英国出版商在呈送国会请求书中写道：“出版商之间适当管理复制品，可以促使印刷繁荣、书籍丰富和低廉。”[②] 英王爱德华七世对此评价说，“这些印刷者和出版商主要关心的是他们的硬币、先令和便士。他们的行业是赚足够的钱，并热衷于他们要赚的钱”[③]。正是在他们的推动下，英国颁布了世界历史上第一部著作权法，一部旨在“授予作者、出版商专有复制权利，以鼓励创作”的法案。基于“重商主义”的经济垄断观念与私有财产神圣的财产权利观念，《安娜法令》的主要立法目的在于保护现代文化传播功效的充分实现，鼓励人们对生产精神产品和兴办出版业进行投资。为此，立法者将其作为“交易规则”（trade regulation）[④] 进行精心的设计，它将封建的出版特许权改造成为资本主义式的“产权”，授予作者和出版商；它含有版权的期限、版权的效力和价格的控制条款，多是出于商业贸易的考虑；它坚持copyright单一财产性质的传统观念，而未能顾及作者的人格利益。美国于1790年制定的著作权法继承了《安娜法令》的法律传统，体现了“财产价值说”的基本理论。关于著作权立法目的的表述，美国独树一帜地将其写进了宪法：“国会有权……对作者或发明人就其个人作品或发明的专有权利，赋予一定期限的保护，以促进科学和艺术的发展。”上述宪法条款被概括为著作权保护的三项政策：（1）促进知识的政策（the promotion of learning），即著作权的首要目的在于促进知识传播和文化发展；（2）“公共领域”

---

① copyright从copy right演变而来，原意为版权，但现代法律多称之为著作权。根据《大英百科全书》的解释，copyright有双重含义：一方面它表示复制权，另一方面它表示对原作的执有和控制，即现代意义上的“版权”。

②③④ L. Ray Patterson、Stanley W. Lindberg, *The Nature Of Copyright: A Law Of Users'Right*, 1991.

保留的政策（the preservation of the public domain），即著作权被限制在一定时间和范围之内；(3) 保护作者的政策（the protection of the author），即宪法赋予作者对其作品享有的专有权。申言之，著作权是一个功能性概念，其作用在于鼓励作者创作与传播作品，其目的在于推广知识与使用作品。[①] 前述三条政策的逻辑顺序表明，促进知识的政策和公共领域保留的政策优于保护作者的政策，而后者则是前两者得以实现的途径。对此立法动因，日本学者阿部浩二评价说，美国著作权法“对著作权的保护，不是将作者自身的保护作为第一要义，而是置于以促进科学和工艺的发展为起因的位置上”[②]。关于普通法系国家的著作权法律观，不同时期的学者有着不同的表述，但无不建立在“财产价值观”的基础之上。早期的启蒙思想家倡导智力作品“产权论”，允许作者像农民在土地上耕种与收获一样自由地转让其作品产权。至18世纪末，出现了一种“代理权论”，主张作者授权其代理人（出版商）得限制第三人复制该作品。“产权论”与“代理权论”都是以作者可以自由转让无形财产，通过中介市场传播作品为前提的。到19世纪时，美国 Waren 与 Brandeis 鉴于普通法仅保护财产权之不足，提出了“隐私权论”，主张将首次发表权等划归一般人身权保护，但这些仍未脱离“财产价值观”的思想基础。[③]

3. 大陆法系国家的“人格价值观”

大陆法系国家将“人格价值观”作为其著作权立法的哲学基础。他们将天赋人权思想引入著作权理论范畴，确立了以保护作者精神权利为中心的著作权观念。欧洲大陆国家著作权立法活动有着一种新的历史条件和社会背景。他们在席卷而来的资产阶级革命风暴中，高扬起天赋人权的旗帜，使自己的精神产权制度登上了权利价值崇尚的顶峰。1789 年法国《人权宣言》宣称，“自由交流思想和意见是最珍贵的人权之一，因此所有公民除在法律

① See L. Ray Patterson、Stanley W. Lindberg，*The Nature Of Copyright：A Law Of Users'Right*，pp. 49 - 55，1991.

② ［日］阿部浩二：《各国著作权法的异同及其原因》，载《法学译丛》，1992 (1)。

③ See Paul Eduard Geller，*International Copyright：An Introduction*，1990，pp. 22 - 23.

规定的情况下对滥用自由应负责外，都可以自由地发表言论、写作和出版”，这无疑将著作权提高到基本“人权”的崇高位置。18世纪以来，著作权的概念在德国思想家康德等人的推动下有了进一步发展。康德认为，每个人都是独立的，是他自己的主人。应尊重人格的内在尊严，任何人都没有权利利用他人作为实现自己主观意图的工具。[①] 作品不是随便一种商品，从某种程度上讲，是一个人，即作者的延伸，作品是人格的反映。[②] 正是在这种思想的指导下，立法者刻意对个人的自然权利特别是人格权给予无微不至的关怀和保护。他们从作者本位的立场出发，将立法的重心置于个人精神利益保护的支点上。为了区别于普通法上的“版权”观念，他们创制了“作者权”的用语（英文“author's right”，法文“droir de auteur”，德文“Urheberrecht”，西班牙文“derecho de autor”，意大利文“diritto d' autore”等都是“作者权”的语义表述），强调对作者个人权利的保护，而不是对出版者权利的保护；强调法律不仅应保护作者的财产权利，而且更应保护作者的人身权利。19世纪下半叶处于明治维新时代的日本，在其著作权立法中继承了大陆法系“人格价值观”的法律传统，注重保护作者的人身权利，坚持以作者权为基础；但同时又吸收了普通法系的精华，承认法人也可以成为作者，并将著作权主体扩大到作者以外的其他人。日本学者水野炼太郎根据德文 Urheberrecht（作者权）创制了内涵更为丰富的“著作权”一语，以此作为日本相关立法的正式用语。“人格价值观”说的确立，体现了自然法学派崇尚权利、崇尚个人自由的价值观念。它们将单一的财产权丰富为具有双重内容的作者权利，刻画了著作权本来的理性品格，无疑是一个重大的进步。此外，大陆法系国家极力推崇作者在著作权法中的地位，对作者即自然人、作者即第一著作权人等问题作出了近乎完美无缺的规定，充分体现了以作者为立法重心的观念。但其不足之处在于，未能明确赋予其他著作权所有者以应有的法律地位。

---

① 参见陈云生：《权利相对论》，115页，北京，人民出版社，1991。

② 参见刘春田、刘波林：《著作权的若干理论问题》，载《法律学习与研究》，1987（2）。

所谓“财产价值观”和“人格价值观”的区分，只是表明两大法系不同的著作权法律价值取向。从实质上说，它们都植根于自然法理论土壤之中，是个人权利本位思想的具体表现：(1) 著作权与其他权利一样，是不受人定法约束的、不可废除的自然权利。这种权利不是君权神授的结果，而导自作者创作活动的本源。《安娜法令》使这种权利由公法领域进入私法领域，由特许专有权转变为法律规定的可转让的财产权，这是一个质的转变；而大陆法将单一的财产权丰富为具有双重内容的作者权利，肯定了著作权本来的理性品格，无疑是一个重大进步。(2) 著作权是创作者个人独自享受而不与其他人分享的权利。个体是市民社会的基本构造单位，是具有独立人格与独立法律地位的主体和民事权利的享有者。尽管《安娜法令》明文规定保护作者与出版商，但出版商的权益是派生的而非本源性权利，在著作权贸易实践中这被看作是作者权利让渡的结果；而大陆法极力推崇作者在著作权法中的地位，对作者即自然人、作者即第一著作权人等问题作出了近乎完满的规定。(3) 著作权是具有绝对性、排他性的精神产权。保护私有财产是人性和理性的要求，合乎自然法则。由于自然法权利思想的深刻影响，著作权在这里被赋予与所有权相类似的意义。

二、著作权属性的二元结构

1. 著作权的二元结构分析

著作权兼具人身权和财产权双重属性，已为世界各国立法和主要国际公约普遍承认。理性主义的大陆法系国家，注重法律的逻辑体系，在成文法中集中规定了人身权和财产权等各类权项，以法国为代表的“二元论”国家，认为著作权是一体两权，由相互独立的人身权和财产权所构成；以德国为代表的“一元论”国家，则认为著作权是人身权和财产权的有机复合体，无法加以分割。相比之下，经验主义的英美法国家注重法律的实际运作，强调著作权的财产价值，长期以来采用分散的体例，基于普通法通过司法判例个案处理人身权。英国直到 1988 年才规定了作者身份权、作品完整权、署名权以及私用照片、影片的隐私权；美国

法时至1990年始承认视觉艺术作品的作者身份权和作品完整权。[①]《伯尔尼公约》1928年罗马文本作为著作权保护的最重要国际公约，在列举规定财产权的同时，还明确规定了人身权利，即“作者所保有要求其作品作者身份的权利，并有权反对对其作品的任何有损其声誉的歪曲、割裂或其他更改，或其他损害行为”。世界知识产权组织于1996年通过的《版权条约》、《表演和录音制品条约》不仅完全接受了《伯尔尼公约》的相关规定，而且把人身权的主体范围从作者扩展到了表演者。据此，上述公约成员国都有义务保护作者身份权和作品完整权。由是观之，承认著作权属性的二元结构并给予人身权利以保护，是各国著作权制度发展与变革的必然趋势。

2. 著作人身权属性分析

著作人身权，在英美法系国家称为moral rights，中文为“精神权利”，《伯尔尼公约》英文文本采用了moral rights的用语。在大陆法系国家，相关法律术语在法文中为driots moraux，德文则为Urheberpersoenlichkeitsrecht。人身权是著作权的有机组成部分。现行著作权法不仅保护作者在使用作品方面所产生的财产利益，还对作者与其作品之间存在的人格、精神利益给予保护。著作人身权与一般人身权，同属于“以在人格关系和身份关系上所体现的，与其自身不可分离的利益为内容的民事权利”[②]。著作权人身权不宜理解为人身权的“一种特殊表现形式”[③]，这一权利与创作人的人格紧密地联系在一起，换言之，即是作者与其作品之间相联系而存在的精神利益。德国学者M.雷炳德将人身利益分为三个方面：一是与人身直接相关的权利，例如身体权、健康权、名誉权等；二是主体直接拥有的非人身的利益，例如肖像权、隐私权等；三是主体直接拥有的无形财产利益，包括著作权、发明权等。雷炳德教授认为，人们既没必要，也不应当将

① 参见何炼红：《网络著作权研究》，载《中国法学》，2006（3）；王坤：《著作人格权制度的反思与重构》，载《法律科学》，2010（6）。

② 杨立新：《人身权法》，8页，北京，中国检察出版社，1996。

③ 德国学者认为，德国联邦法院1971年Petite Jacqueline案在实际操作过程中之所以发生著作人身权与一般人身权的混淆，其原因在于将前者视为“一般人身权的一种特殊表现形式”。转引自［德］M.雷炳德：《著作权法》，张恩民译，267页，北京，法律出版社，2005。

著作人身权划分到一般人身权的范畴之中。人们可以援引著作人身权的相关规定对这些利益进行保护。[①] 著作人身权区别于一般人身权，主要表现在两个方面：一是人身利益与特定对象的联系。一般人身利益与民事主体自身不可分离，为主体的专属权利，即权利客体与主体共存亡；而著作人身利益，强调的是特定主体与其作品之间的精神人格联系，权利客体与主体可以发生分离，其权利为作者享有，但并非"不能让与"的专属权利。二是人身利益的保护范围。一般人身利益是基于人格关系、身份关系所产生的精神利益，为民事主体所固有，在主客体合二为一的情况下，权利较易得到私力救济；但著作权人身利益与作品的利用相关，在与主体发生分离时，作品的侵权使用容易发生，法律仅在作品不当使用而损害作者精神利益时才给予保护。因此，著作人身权既不能受制于民法人身权的理论逻辑，也不能简单沿用一般人身权保护的法律规范。

关于著作人身权的特点，一些学者认为这种人身权与著作财产权不同，具有专属权利性质，与作者人身不可分离；同一般人身权利那样，不得转让、继承，没有时间限制。笔者认为，对于著作人身权的上述特点，不能一概而论，应作出有别于一般人身权的法律解释：(1) 著作人身权本身不得让与，为各国法律所一致规定，但对于著作人身权的各个权能是否可以让与，各国看法不尽相同。德国在判例法中确认发表权可以让与，但著作人身权的核心部分仍由作者保留。法国法对此虽未明文规定，但在司法实践中实际上存在着人身权部分权能的转让。例如，作者享有作品修改权，但如作者无正当理由拒绝修改作品时，法律允许他人不经其同意而修改。这说明，著作人身权的某些内容可以有限制地发生移转。(2) 著作人身权能否适用继承，在各国立法中有明显差异。英美法国家视著作权为财产权，而作者的人身利益则等同于一般人身权，具有专属性，无继承性可言。而一些大陆法国家则明文确认著作人身权的可继承性，但继承人在行使著作人身权的权能时，应受被继承人意思的限制；如被继承人没有明确意思表示时，则依权能的性质，由司法推定作者人身权中可转让的范围。(3) 著作人身权保护

① 参见［德］M. 雷炳德：《著作权法》，张恩民译，267～268页，北京，法律出版社，2005。

期间，在法律上有永久保护与限定保护之分。法国著作权法规定，著作财产权在作者死亡50年后终止，而著作人身权则永久存在。德国法规定，著作人身权与著作财产权一样，于作者死亡70年后终止。法国虽奉行著作人身权永久保护原则，但只是承认消极著作人身权的永续性。我国台湾地区规定，“著作权年限已满的著作物，视为公共之物。但任何人均不得对其篡改、变匿姓名或更换名目发行之”。依我国台湾地区学者的解释，除但书所举之权利具有永久性外，著作人身权的其他内容，应视为已经消灭。[①] 可见，具有永久性的著作人身权，仅限于其中的禁止权（或称否定权、消极权）。基于上述分析，笔者认为，著作人身权由作者终身享有，作者死后由作者的继承人或受遗赠人行使其中的某些权能；作者的身份资格和作品声誉应受到永久的尊重和保护，但应避免使用“不可让与”、“不可继受”、“永久存在”等笼统提法。

3. 著作财产权属性分析

著作财产权，在英美法系国家，称为 economic rights，中文译为“经济权利”，《伯尔尼公约》英文文本采用了 economic rights 的用语。在大陆法系国家，法国法在“作者权利”名下规定了“财产权”（droits patrimoniaux）；德国法采用了“财产权”（Verwertungsrecht）的说法，并将其与使用权作了区分；意大利法则称为“作品的经济使用权”。尽管上述称谓有别，但其基本含义是指作者享有的使用或授权他人使用作品取得报酬的权利。财产权是著作权的重要组成部分。现代著作权法通过授予作者对作品进行利用的各项排他性权能，并以对抗使用者的各项报酬权为补充，以此将作品的财产价值归于作者，形成了著作财产权的完整内容。[②] 较之人身权而言，财产权的属性在诸国著作权法中容易达成共识，学者们视其与一般财产所有权相类似，即这种权利可以由本人享有，也可以依法转让、许可使用和继承。但是，著作财产权与作品的利用有着密切的联系，由此形成了该类财产权区别于一般财产权的基本特点：第一，著作财产权是一种受到限制的绝对权。与罗马法乃至近代的民法强调私的所有权无限制保护原则不

① 参见张静：《著作权法评析》，87页，台北，水牛出版社，1983。

② 参见［德］M. 雷炳德：《著作权法》，张恩民译，190页，北京，法律出版社，2005。

同，《安娜法令》作为世界上第一个著作权法，在保护作者权利的同时，即设定了一个“文学艺术的公共领域”①。美国学者在评价美国著作权法时说道，著作权法涉及社会的、政治的、经济的、教育的和艺术的各个方面，它不能专注于对作者权利的保护，而应顾及广大使用者的利益。② 可以说，著作权财产权是一种私的财产权利，但并不是绝对化的私权。与传统财产所有权相比较而言，它表现了有条件的独占性、有限制的排他性和有限定的时间性。第二，著作财产权是一种包括未来权利的绝对权。由于传播技术不断发展，作品使用方式及其权利类型亦随之更新，现代国家一般都采取不完全列举方法对财产权项进行规定，有的国家还以“一般财产权”名义作出概括规定。其立法意图不但将已存在的作品利用方式，而且还把未来出现的利用方式都保留在作者手中。③ 第三，著作财产权是一种多重主体分享的绝对权。著作财产权的价值实现，并非简单地表现为作者对作品的支配，而是一个创作—传播—使用的过程。在信息经济时代，社会分工严密，一部作品由同一主体以所有方式传播或使用几乎是不可能的。因此，作者往往要借助传播者、使用者利用作品的行为来实现自己的经济利益。由此形成了同一作品上有若干个权利主体，或者说多个主体在财产权方面进行分享的情况。雷炳德教授甚至将传播者的邻接权与作者的著作权称为“竞合性财产权”④。

三、著作权权项的基本类型

1. 著作人身权的基本权项

《伯尔尼公约》第 6 条之 2 第 1 款规定的著作人身权有两项，即作者身份权和保护作品完整性权。遵照“最低保护标准”原则，凡公约成员国对上述

---

① L. Ray Patterson、Stanley W. Lindberg，*The Nature of Copyright：A Law of Users' Right*，The University of Georgia Press，p. 3，1991.

② See L. Ray Patterson、Stanley W. Lindberg，*The Nature of Copyright：A Law of Users' Right*，The University of Georgia Press，p. 3，1991.

③ 参见［德］M. 雷炳德：《著作权法》，张恩民译，213 页，北京，法律出版社，2005。

④ ［德］M. 雷炳德：《著作权法》，张恩民译，213 页，北京，法律出版社，2005。

两项权利都给予了保护。此外，一些国家还对发表权、修改权、收回权等作了规定。我国《著作权法》第 10 条规定作者享有四项人身权利，即发表权、署名权、修改权、保护作品完整权。下面以著作权公约规定为基础，以中国著作权法和其他国家立法例为资料，对著作人身权逐项分述：

(1) 作者身份权。作者身份权是作者享有的要求被承认是作品作者的权利，是著作人身权的核心和基础。该项权利是因进行创作活动而产生的，又是为维持其他各项著作权所必需的。从肯定方面说，不论作者的财产权利如何(或转让，或终止)，作者的身份权都始终是存在的。作者在其生前，有权主张其作品创作者身份；在其死后，其身份资格仍然受到保护和尊重。从否定方面说，作者有权禁止他人假冒作品创作者，损害其作品声誉的行为，并有权请求法院对自己的合法权益予以保护，对不法行为人追究法律责任。从各国著作权法的相关规定来看，作者身份权包含以下内容：第一，作者有权要求他人承认对其创作的作品的作者身份；第二，作者有权决定是否公开或在何时、何地、以何种方式在何种范围内公开其对作品的作者身份；第三，作者可以通过行使署名权来实现其作者身份权。在各国著作权立法中，署名权多在作者身份权项下，但也有少数国家将署名权与作者身份权分开（如俄罗斯）或仅规定署名权(如日本)。署名权是作者在其作品上署名或不署名，署真名、假名或笔名的权利。作品发表时，作者有权根据自己的意志对署名问题作出决定，同时也有权禁止未参加作品创作的其他人在作品上署名。如果作品署名发表，其他人以出版、广播、上演、翻译、改编等各种形式使用这一作品时，都应说明作者姓名。在学术界，有人认为作者身份权与署名权是两种不同的权利。① 有人则认为二者同一，即作者有权在其作品上署名，以昭示自己的“作者”身份。② 笔者认为，署名权与作者身份权相联系而存在，或者说署名权是作者身份权的重要内容。在许多情况下，署名是作者表示其身份的一种方式，但并非唯一的方式。因为作者身份权的实现，还可以采取作者身份介绍的方法；或者虽约定在

① 参见焦广田：《试论作者身份权和署名权》，载《著作权》，1992 (2)。

② 参见郑成思：《版权法》，145～146 页，北京，中国人民大学出版社，1997。

作品上不署名，但其作者身份权的利益仍然保留。[①] 可见署名权是作者身份权的一部分而非全部；署名权在一定情况下可以放弃，但并非意味着作者身份权的丧失；署名权虽可单独规定，但作者可通过该权利的行使来实现自己的作者身份权。

（2）保护作品完整权。保护作品完整权，系指作者所享有的保护作品完整性，禁止他人歪曲、篡改作品的权利。这一权利的基础是对作品中表现出来的创作个性及作品本身的尊重。作者有权要求其表达的思想不被歪曲和改变，社会也有权要求保持作者原创作品的本来表现形式。保护作品完整权的内容，日本法将其表述为“保持其著作物的完整性和标题的完整性，不接受违背著作人意愿的修改、删改或其他改动”；英国法规定为“反对对作品进行损害性处理的权利”；俄罗斯法则称之为“保护作者名誉权”。保护作品完整权的上述内容，是为作者禁止权。但就行使权而言，则表现为作者本人有权对自己的作品予以修改，在作品再版时可以对作品进行修改。有学者将其称为修改权。在立法例中，大多数国家将修改权的内容包含在保护作品完整权中，仅有少数国家将这两种权利分别予以规定。无论如何，只有作者才能修改作品——因为作品是作者人格的体现；禁止他人歪曲、篡改作品——因为该行为有损于作者声誉，这两者构成了保护作品完整权的完整内容。关于禁止权，针对的是他人歪曲、篡改作品的行为，其权利行使应符合一定条件。《伯尔尼公约》规定，只有当歪曲、篡改作品的行为对作者声誉造成“损害”时，作者才能行使该权利。《英国著作权法》将该损害解释为：“对作品的处理达到了歪曲、割裂作品的程度，或者在其他方面有损于作者或导演的声望或名誉”，此时即构成对作品的损害性处理。关于行使权，即赋予作者对其作品修改的权利，该权利往往受到一定的限制。《日本著作权法》第 20 条第 2 款作了四种限制：第一种是出于教学目的而对作品的用语或用词作不得已的改动。这种改动应限于文字性修改。第二种是由于建筑物的扩建、重建、修缮或图案更换而改动。作此种限制是出于建筑物的安全或美观考虑。第三种是使用人为了更好地使用计算机程序而对该程序作的必要改动。第四种是按照著作物的性质

① 日本《著作权法》第 19 条第 3 款规定，按照使用著作物的目的和状况，认为不会损害“著作人就是创作者”之主张的利益时，只要不违反惯例，可省略著作人姓名。

及使用目的和状况所作的不得已的改动。作此种规定的目的，在于避免作者在其作品受到形式上的稍许更改的情况下，就产生过敏反应而引起法律诉讼，以保障作品使用的顺利进行。《英国著作权法》对此权利的行使作了较为严格的限制：第一，保护作品完整权不适用于计算机程序或借助计算机创作的作品、为新闻报道而创作的作品、期刊、雇佣作品、汇编参考书等作品。第二，此权利对法律所允许的某些行为不适用。第三，作者或导演行使保护作品完整权的前提是提前声明作者或导演的身份。

（3）发表权。发表权是将作品公之于众的权利。《伯尔尼公约》未将发表权列入著作人身权的范围。目前仅有部分国家规定了此项权利。发表权是作者是人身权中的第一种权利。作品在创作过程中或在未发表之前，始终是作者的秘密，是否泄露这个秘密，应为作者的个人自由。因此，是否发表作品，以何种方式，在何时何地何种条件下发表作品，应是作者享有选择的权利。作者有权决定以出版、广播、上演的形式发表作品，或是以其他形式使用作品；有权决定是在取得经济报酬的条件下发表作品，还是在不索取报酬而满足其他要求的条件下发表作品；有权决定将其某部作品全部发表，或者发表该作品的某些部分。该项权利既是著作人身权的重要内容，又是著作财产权产生的基础，它往往同出版权、复制权、录制权等相联系。如果不经作者同意，擅自发表作者未发表的作品，不仅侵犯作者的著作人身权，而且侵犯保守作者私人秘密的权利，侵权人应承担多种法律责任。发表权当然由作者享有，但对于作者生前未发表的作品，其发表权由谁行使，各国规定不一。意大利法规定，遗作的发表权属于作者的法定继承人或遗嘱继承人，但作者生前明确禁止发表或委托他人发表的除外。法国法则将此项权利授予作者指定的遗嘱执行人行使，如无遗嘱执行人，则由作者的继承人或受遗赠人行使。

（4）收回权。已发表作品的收回权，是指作者在有正当理由的前提下，以赔偿使用者损失为条件，收回已公开发表作品的权利。收回权的行使，应具备一定的条件：第一，作者有正当理由。这主要是指作者因观点改变、作品内容错误或其他正当理由。德国法将正当理由解释为“作者认为作品不符合其观点、不能继续被使用”；意大利法则称之为“基于人格上的重大理由”。第二，作者应事先告知。即作者应事先通知作品使用人停止出版、发行、表演、广播或以其他形式传播其作品。作品的收回，并非指将已经以图书、期刊、唱片等形式发行的作品复制件收回，而是指停止继续发行、传播和使用该作品。第三，作者应赔偿损失。对已发表作品的收回，事必造成作品使用者的利益损失，作者应公平、合理地给对方以相应补偿。第四，作者收回作品不影响公共利益。例如，德国法不允许针对视听作品行使收回权，法国法规定收回权不适用计算机程序。在立法例上，一些国家单独规定了修改权，如意大利、德国、法国等。个别国家将收回权归类于发表权和修改权之中。俄罗斯规定了两类修改权：一是作者先已作出作品发表决定但尚未发表，有权以赔偿损失为条件收回原决定。收回作品是行使不发表作品的权利，就此而言，收回权即成为发表权的一部分。二是作品已经公开发表，作者以赔偿损失为条件要求使用人停止发行和传播，其目的是基于其人格利益，维护作者对作品原观点的修改权，就此而言，收回权可视为修改权的一部分。正是在这个意义上，有学者将收回权称为“作者行使自己的修改权的一种极端形式”[①]；而有学者认为，收回权是一种相当特殊的权利，它是对“契约必须遵守”这一规则的挑战[②]；更有学者认为收回权根本就不是一项著作人身权，而是一种“特别解约权”，或者说是一种“特权”[③]。

（5）接触权。接触权是作者在作品原件为他人占有时，为行使著作权的需要而享有的接触自己作品的权利。这是一种比较特殊的权利，仅有少数国家对此作出规定。《德国著作权法》第 25 条规定，“如果为制作复制物或改编著作，并且不损害占有人的合法利益，著作人可向占有其著作原件或复制物的占有人要求让他接触该原件或复制物。但是，占有人无义务将原作或复制物送交著作人”。《西班牙著作权法》第 14 条第 7 款则规定，当作品为另一人所占有，为了行使发表

① 郑成思：《版权法》，153 页，北京，中国人民大学出版社，1997。

② 参见［西］德利娅·利普希克：《著作权与邻接权》，130 页，北京，中国对外翻译出版公司，2000。

③ 唐广良：《试论版权法中的“精神权利”》，载《版权参考资料》，1990（6）。

权或其他适用的权利，作者有接触作品孤本或善本的权利。但是，上述权利不承认作者移动作品的要求，在接触作品时，只要稍微引起所有人不便，就应保持原址原样，在移动使所有人遭受损失时，应给予赔偿。从以上有关规定可以看出，当作品原件为其他人所占有时，作者行使接触权应符合一定的条件：第一，作者有正当的接触作品的理由，即须以行使发表权、改编权、复制权或其他正当权益为必要；第二，作者接触作品时不应损害占有人的合法利益。在解释是否造成损害时，应遵循诚实信用原则。此外，作者在通常情况下不应提出移动作品的要求。

2. 著作财产权的基本权项

《伯尔尼公约》从第 8 条到第 14 条，列举式规定了著作财产权权项，包括翻译权、复制权、公演权、广播权、朗诵权、改编权、录制权、制片权。这是成员国必须保护的财产权。此外《伯尔尼公约》还规定了可供成员国选择的延续权。我国《著作权法》第 10 条规定的财产权有复制权、发行权、出租权、展览权、表演权、放映权、广播权、信息网络传播权、摄制权、改编权、翻译权、汇编权。与德国、法国、意大利等国立法一样，该法还规定了“应当由著作权人享有的其他权利”。关于著作财产权权项，有学者根据权利的属性，概括地分为三类，即复制权、演绎权和传播权。[①] 其中，录制权、出版权等归类于复制权，改编权、翻译权、制片权等则属于演绎权，表演权、广播权、朗诵权、发行权、放映权、出租权、展览权等统归于传播权。还有学者根据作品利用的方式，分为“有形的利用”的权利，如复制权、发行权、展览权；“无形的再现”的权利，如朗读权、表演权、放映权、公共传播权、播放权、再利用权；“改编与自由使用”的权利，如改编权、翻译权等。[②] 下面根据著作权公约和著作权立法例，对著作财产权逐项分述：

（1）复制权。复制权是以任何方式和采取任何形式复制作品的权利。所谓“任何方式”，是指任何物质的方式，日本法、法国法甚至强调是“有形的”固

① 参见郑成思：《版权法》，88 页，北京，中国人民大学出版社，1997。

② 参见［德］M. 雷炳德：《著作权法》，张恩民译，203～265 页，北京，法律出版社，2005。

定；所谓“任何形式”，包括但不限于印刷、复印、拓印、录音、录像、翻录和翻拍等行为；所谓“复制作品”，即是将作品制作成一份或多份的复制件。根据作品的不同复制方式，我们可以将复制分为三种：第一种是不改变作品载体的表现方式的复制，如印刷、复印、手抄、摄像等；第二种是将作品由无载体变为有载体的复制，如录音、录像；第三种是将作品由二维图形或将三维图形变为二维图形的复制，如根据建筑作品的图纸进行施工。随着科学技术的进步，复制手段发生着日新月异的重大变化。任何以二维方式存在的作品都可以进行数字化处理，以数字形式予以储存和使用。为此，一些发达国家通过修法对复制作出了扩大解释，以拓展复制权的保护范围。其理由是：当信息在计算机中“暂存”时，信息仍然显示在屏幕上，作品的内容出现了“再现”，因此该行为与传统意义上的“复制”具有共同之处。[①] 在相关国际公约中，《伯尔尼公约》对复制权的规定有相当的解释空间，所谓“以任何方式和采取任何形式”的复制定义，“可以被解释到数字化和互联网络的环境中，使之包括各种直接的和间接的、永久的和暂时的复制”。1996 年世界知识产权组织《版权条约》以“议定声明”的方式涉及了数字化环境中的复制问题。《版权条约》第 1 条第 4 款的议定声明规定：“《伯尔尼公约》第 9 条所规定的复制权及其所允许的例外，完全适用于数字环境，尤其是以数字形式使用作品的情况。不言而喻，在电子媒体中以数字形式存储受保护的作品，构成《伯尔尼公约》第 9 条意义下的复制。”《表演与录音制品条约》第 7 条、第 11 条和第 16 条也有类似的规定。通过这些解释，就将复制的概念延伸到了数字化和网络环境中。

（2）发行权。发行权是以出售、赠与、出借等方式向公众提供作品原件或复制件的权利。发行权通常被认为包含在复制权之中，但实际上发行权应被视为一种单独的权利，并给予专门保护。这是因为，作者不仅有权决定制作作品的复制件，还应有权决定复制品发行的方式，如出售、出借还是赠与，决定发行的数量、价格和区域等。在一般情况下，发行的标的物指的是作品的复制件，且作者

① 参见［澳］马克·戴维生：《计算机网络通讯与美国版权法的新动向》，王源扩译，载《外国法译评》，1996（5）。

将发行权随同复制权转让或许可他人使用。但美术作品的发行，系为作品原件，且发行权由作者自行保留或委托代理人行使用。[①] 与发行权密切相关的一种权利是进口权。在一些国家的立法中，进口权是指作者控制进口作品复制件的权利。一般而言，根据“首次销售原则”，作品一旦发行，则权利人无权再控制作品的流通，包括作品的进口。但依地域性原则，一些国家不承认“权利穷竭”在跨国贸易中的效力。《意大利著作权法》第 17 条规定，“为流通目的将国外制作的复制品输入国内”亦属发行，由作者专有。可见，该国是将进口权的概念包容于发行权之中的。在作品的进口问题上作出详尽规定的首推美国，美国在其《著作权法》第 602 条宣布“非依本法规定经版权所有者授权，而将在美国国外取得的某一作品的复制件或录音制品带进美国者，均属对第 106 条规定的发行复制件或录音制品的专有权利的侵犯，可依第 501 条规定对此种行为起诉”。虽然该法未明确提出“进口权”的概念，但通过对发行权的解释以实现对作者相关权益的保护。进口权见之于少数国家立法例，相关国际公约亦尚未明确规定，但可以预期，进口权将是未来著作权制度发展的一个重要内容。

（3）出租权。出租权是以出租、出借方式许可他人使用作品复制件的权利。出租权的产生与作品出租业的发展不无关系。随着现代传播技术的广泛应用，作品出租大有取代作品出售之趋势，以致危及著作权人的财产利益，从而引起各国立法者对“权利穷竭”原则的反思和审视。一些国家在其立法中，于发行权以外创设了出租权，允许著作权人对作品的出租加以控制。《俄罗斯著作权法》规定，作者享有以出租的方式发行作品复制件的权利而不受这些复制件的所有权制约。《日本著作权法》第 26 条之 2 也以借贷权的形式承认了作者的出租权。《德国著作权法》则采用了类似于法定许可的方式来肯定作者的出租权：“如果出租或出借第 17 条第 2 款允许再次传播的著作复制物，是用于出租者或出借者的营利目的或者通过公众可到达的机构（图书馆、唱片中心或其他复制中心）出租或出借复制物，则应向著作人支付适当报酬。该报酬权项只能通过实施机构主张。”关于出租权的适用范围，并不延及所有类型作品的复制件。《知识产权协定》第

① 参见沈仁干、钟颖科：《著作权法概论》，83 页，北京，商务印书馆，2003。

11条规定："至少对于计算机程序及电影作品，成员应授权其作者或作者之合法继承人许可或禁止将其享有版权的作品原件或复制件向公众出租。对于电影作品，成员可不承担授予出租权之义务，除非有关的出租已导致对作品的广泛复制，其复制程度又严重损害了成员授予作者或作者之合法继承人的复制专有权。对于计算机程序，如果有关程序本身并非出租的主要标的，则不适用本条义务。"就出租的标的而言，德国法、法国法规定了计算机软件，日本法涉及了唱片、计算机程序、乐谱和除书籍、杂志、电影作品以外的其他作品。我国法律则将之限于电影作品和以类似摄制电影的方法创作的作品，以及计算机软件。

（4）展览权。展览权是以展览的方式使用作品的权利。目前，《伯尔尼公约》尚未明文规定作品的展览权，但在日本、俄罗斯、德国、美国等国的著作权法中已专门列出这一权项。而法国法是在表演这一权项下规定了展览。《日本著作权法》第25条将展览权的范围限制在美术作品或尚未发行的摄影作品，且限于原作。其他国家对展览权的范围未作出限制，如《美国著作权法》规定展览权的对象有：有著作权的文字、音乐、戏剧和舞蹈作品，哑剧及绘画、刻印或雕塑作品，包括电影或其他音像作品中的个别图像。我国《著作权法》将展览权定义为"公开陈列美术作品、摄影作品的原件或复制件的权利"。可见，展览权的对象限于美术作品和摄影作品，包括其原件和复制件，而文字作品、音乐、戏剧、舞蹈作品等不适用于展览权。

（5）表演权。表演权亦称"上演权"或"公演权"，即直接或借助技术设备以声音、表情、动作向公众传播作品（主要是文学、音乐、戏剧、舞蹈作品等）的权利。由于各国历史文化和立法传统的差异，对表演的含义有着不同的规定。法国有关表演的定义最为广泛，即"以任何方式向公众传播作品，特别是：公开朗诵、演奏、戏剧表演、展览、公开放映、在公众场所转播无线传播作品；无线传播。无线传播是以各种远距离通信方式传播声音、图像、文件、数据和各类信息。向卫星发射作品可视为表演"。可见，凡是与作品传播有关的活动在法国统称为表演。与之相反，德国法将表演与朗诵和放映分开，表演仅是"通过个人表述公开表达音乐著作或以戏剧形式公开演出著作"的行为。日本、俄罗斯、英国

等国则采取了折中的方案，不仅将朗诵纳入表演之列，而且将借助于技术设备（电视或无线电广播、电缆电视及其他技术设备）再现作品、唱片、表演演出或连续播放视听作品镜头的行为也纳入表演的范围。朗诵权是与表演权密切相关的一种权利，许多国家的立法例将其纳入表演权之中。但是，《伯尔尼公约》在1948年之后的文本中，将朗诵权作为一种独立的与表演权并列的权项提出。朗诵权通常包括三个方面的内容：第一，以任何方式采取任何手段朗诵作品的权利；第二，以各种手段公开向公众传播作品的权利，如发行作品朗诵的录制品；第三，公开朗诵或传播作品的翻译本的权利。表演权是作者的重要财产权利，任何人未经作者许可而上演其作品也将构成侵权，但是此类侵权表演依各国法律必须具备下列条件：一是须在公共场所（一般指剧场、影院、舞厅、音乐厅、俱乐部、饭店等）进行表演；二是以营利为目的，或者说该表演是有酬的；三是所表演的作品已经取得著作权，并未经作者许可。

(6) 广播权。广播权是通过电台、电视台、闭路电视等无线或有线装置向公众传播作品的权利。依《伯尔尼公约》的规定和大多数国家的立法例，广播权的内容主要涉及三个方面：一是无线广播权，即通过空间电磁波广播作品的权利；二是有线广播权，即通过电缆等设备广播作品的权利；三是使用扬声器对作品进行广播的权利。通过通讯卫星传播作品的权利也属于广播权的范畴。广播权通常适用于文字作品、戏剧作品、音乐作品和电影作品，这在许多国家都已得到承认，但对美术作品是否享有广播权，仍存有异议。目前，澳大利亚、新西兰、英国等国承认作者对该类作品享有广播权，因为它们可以通过电视传播。与广播权相关的还有一种放映权。放映权是指通过放映机、幻灯机等技术设备公开再现美术、摄影、电影等作品的权利。法国、德国、加拿大和我国法律专门规定了放映权，但适用作品的范围有所不同。在有的著作权理论中，放映权与广播权被合称为播放权。

(7) 制片权。制片权亦称“电影摄制权”，即以摄制电影或以类似摄制电影的方法将作品固定在载体上的权利。制片权所涉及的作品限于电影剧本、电视剧本或电视节目脚本，所指的制片是指将上述作品摄制成电影、电视片或电视节

目。“将表演、景物或某些活动场面机械地制作成音像制品，不视为摄制电影。”[①] 制片权是《伯尔尼公约》所规定的一项财产权利，本意是指“电影摄制权”。随着电视剧及录像带的发展，电视剧及录像电影的制片权也被包括在内。目前，有的国家（如我国）专门规定了制片权，但多数国家（如日本、德国）将制片权包含在改编权之中。

（8）演绎权。演绎权是指对原作进行改编、翻译的权利。通过演绎活动所产生的作品为演绎作品，它从原作中派生出来但并未改变原作的创作思想。演绎权一般可分为翻译权和改编权两类。改编权又可分为一般改编权与制片权两项。世界上仅美国等少数国家才在著作权中列出“演绎权”这个总项。而在《伯尔尼公约》中，翻译权、改编权和制片权则是分别列出的。日本、英国、德国等国的立法将翻译权包含在改编权之中，但在法国、意大利、俄罗斯等国的立法中，翻译权是和改编权并列的财产权。翻译权是文字作品（包括计算机软件）著作权人可以享有的一项专有权利，其有权许可或禁止他人将原作的文字译为另一种文字，或将程序文本转换为计算机语言或代码，或将用一种计算机语言写成的源程序改变为另一种高级语言写成的源程序，等等。狭义的改编权是指除翻译权之外对作品进行改写、加工的权利。英国法对“改编”解释时指出，对文学或戏剧作品而言，改编是指对作品的翻译，将戏剧作品改写为非戏剧作品（反之亦然），以图片方式将作品中的故事或场面转换成适合于在图书、报纸 、杂志或类似期刊上再现的形式；对音乐作品而言，改编系指对作品的编排或改写。英国法未规定艺术作品的改编权，但其他国家如美国、德国则承认了艺术作品的改编权。与演绎权相关的还有一种权利，即汇编权。汇编权是指通过选择或编排，将作品或作品的片段汇集成新作品的权利。作者可以自己或许可他人将其全部作品、一部或几部作品，或作品的片段汇集编排成一部新作品。适用于汇编权的作品，不仅包括文字作品、口述作品、美术作品、摄影作品，还包括电影作品、音乐作品、图形作品、计算机软件等，有的国家专门规定了汇编权（如我国），有的国家则将其

① 沈仁干、钟颖科：《著作权法概论》，86页，北京，商务印书馆，2003。

包含在演绎权之中。

(9) 信息网络传播权。信息网络传播权是指以有线或无线的方式向公众提供作品，使公众可以在其个人选定的时间、地点获得作品的权利，该权利被称为网络时代的新权利，首先由世界知识产权组织《版权条约》所创设，此后被许多国家的立法所接受。信息网络传播权不同于传统的广播权：第一，传播媒介不同。网络传输所借助的媒介是互联网，而广播涉及的媒介是电台、电视台。第二，传播信息不同。网络传输的是电子信息，而广播传输的是电能信息。第三，接收方式不同。网络传播是点对点，接收者可以在自己选定的时间、地点获取信息；而广播是点对面，接收者只能在广播组织播送的时间接收信息。第四，相互关系不同。网络传播者与信息接收者是交互式的，而广播信息的传播者与接收者是单向度的。互联网被称为"第四媒体"，是一个无中心的全球信息媒体，有别于报刊、广播和电视这些传统媒体。信息网络传播权是作者的著作财产权在网络空间的延伸。依据这一权利，除法律另有规定外，任何人都不得擅自将权利人的作品、表演、音像制品通过信息网络向公众提供；同时，也不得故意避开或破坏技术措施，故意删除或改变信息网络中的权利管理电子信息。

(10) 追续权。追续权亦称"延续权"，其基本含义是指艺术作品的作者对其作品在第一次转让以后的再出售中分享利益的权利。追续权是来源于大陆法系传统的一项财产权制度。[①] 其立法本意在于对艺术家的经济利益进行补偿，即针对艺术作品原件的不公平转让的情况，该原作者在该作品再次出售时获取合理的报酬。各国著作权法一般都对追续权规定有适用条件和范围。第一，追续权一般限适用于艺术作品（包括书画、刻印和立体艺术作品）和音乐、文学手稿，而不适用于以复制品为主要表现形式的建筑作品或实用美术作品；第二，这种作品和原稿一般是通过公开拍卖或通过商人出售的，也就是说只有在有可能了解再次出售的情况下，作者才有可能行使追续权；第三，交付作者的金额

---

① 关于追续权的性质，立法例与学理有不同看法。有的认为它只是一种报酬权，因此规定在"其他权利"一节中（如法国法）；有的认为它由作者或其他继承人专有而不可放弃、不让转让（如巴西法）。参见［西］德利娅·利普希克：《著作权与邻接权》，163页，北京，中国对外翻译出版公司，2000。

比例，由法律直接规定，有的国家规定这类作品的再出售，作者有权分成一定比例（如德国、法国），有的国家则规定，只有在增值的情况下才能行使追续权，即后一次出售价格应高于前一次的交易价格，而且作者分成仅限于增值部分。

四、与著作权相关的邻接权

1. 邻接权概说

邻接权是国际上对作品传播者所享有权利的通称。英文 Neighbouring Rights，法文 Drits Voisins，意大利文 Diriti Cnessi，意为相邻、相关或相联系的权利。作为法律用语，它专指与著作权相邻的权利，主要包括艺术表演者对其表演的专有权利、录音制作者对其录音制品的专有权利和广播组织对其广播节目的专有权利。这些国际公约规定的典型邻接权类别，为大多数国家所认可。但是，亦有少数国家对邻接权作出宽泛意义的规定，即把一切传播作品的媒介所享有的专有权，与上述三类权利统称为邻接权。它们把那些与作者创作作品尚有一定区别的产品、制品或其他既含有“思想表达形式”，又不能被称为“作品”的内容归入邻接权范畴。如意大利法、土耳其法将个人书信、肖像作为邻接权的保护对象；英国法则将电影作品、广播节目、录音作品、印刷字形及印刷版面的安排等，归类到传播作品的“产品”，其专有权利区别于作者直接创作成果的作品权。[1] 我国著作权法没有采用“邻接权”的说法，而是在“与著作权有关的权利”项下，规定了出版者对其出版的图书和报刊享有的权利，表演者对其表演享有的权利，录音录像者对其制作的录音录像制品享有的权利，广播电台、电视台对其制作的广播、电视节目享有的权利。关于出版者权利的性质，学者之间尚有争议。有的认为，其性质为“版式权”或“版本权”，即出版者对其出版的图书和报刊的版式、装帧设计享有的权利，属于邻接权范畴；有的则认为，出版者的

① 参见郑成思：《版权法》，52～53 页，北京，中国人民大学出版社，1999。

权利实际上是作者与出版单位之间的专有出版许可合同所让渡的权利，属于著作权的范畴，而非邻接权。笔者认为，邻接权是与著作权相关的权利，是作品传播者的权利。它是一项发展变化中的权利。在各国立法中，始为表演者权，而后是录制者权和广播组织权，包括但不限于上述权利。对作品传播者的各类权利提供全面保护，应是邻接权制度发展的重要趋势。

邻接权与著作权同属于知识产权的体系。该项权利源于作品传播活动所产生，基于原创作品著作权所派生。因此，在很多情况下，邻接权包含在广义的著作权之中，大多国家都将邻接权与著作权同时规定在名为“著作权法”或“版权法”的法律文件里。邻接权与著作权一样，具有严格的地域性，只有在国家法律承认邻接权的地域内，艺术表演者的表演、录音制作者的唱片和广播组织的广播节目才能依法定条件获得保护。它们之间的不同点在于：著作权保护的主体是智力作品的创作者，而邻接权保护的主体是以表演、录音、广播方式帮助作者传播作品的辅助人员。后者在向公众传播创作者的作品时，加上了自己的创造性劳动或是为此付出了大量投资，从而使原作品以一种新的方式表现出来，具有新的创造性，因此有理由要求得到法律保护。

邻接权制度是现代传播技术的产物。在录音录像技术和无线电技术出现以前，表演的重复性意味着只能是表演者亲自多次地登台演出，表演者无法取得现场表演报酬以外的任何权利。随着录制技术和传播媒介的发展，艺术表演活动不再仅仅停留在人们的记忆之中，而可以存储、复制和再现。由于高新技术的采用，公众只要借助于唱片或广播即可欣赏艺术表演，这一状况不但减少了表演者现场表演的机会，而且使得表演者失去了对自己表演的控制，于是产生了保护表演者权利的法律需求。此外，随着音像录制技术的发展，唱片出租与私人复制活动不断普及，海盗行为亦日益猖獗，从而导致录音制作者和广播组织的利益受到严重损害。在这种情况下，录音制作者和广播组织也提出保护自己权利的法律要求。于是在20世纪上半叶，一项专门保护作品传播者的法律制度即邻接权制度，相继在各国产生。对于邻接权的保护，各个国家采取的方法不尽一致，有的国家采用劳动法、禁止不正当竞争法或合同法解决，有的国家则运用民事赔偿或刑事

处罚的方法解决，但大多数国家是通过知识产权法加以保护。采取知识产权保护制度的国家又分为两种：一种是通过专门法规来保护邻接权，如巴西、卢森堡等少数国家；另一种是把邻接权作为著作权法的一部分，如日本、德国、俄罗斯等多数国家。1961 年，在联合国国际劳工组织、教科文组织以及世界知识产权组织的共同努力下，《伯尔尼公约》和《世界版权公约》的部分成员国在罗马签订了《保护表演者、录音制品录制者和广播组织公约》（即《罗马公约》），自此形成了对邻接权的国际保护。

2. 邻接权的基本类型

现将邻接权主要类别分述如下：

（1）表演者权。表演者权是表演者对其表演依法享有的专有权利。表演者权不同于作为作者财产权的表演权。表演者权以表演权为其权利产生的法律基础。从其权源来说，表现在两个方面：一是表演者使用他人原创作品进行演出，应当取得著作权人的许可，并支付报酬；二是表演者使用他人的演绎作品进行演出，应当同时取得原创作品著作权人和演绎作品著作权人的双重许可，并向他们支付报酬。需要说明的，表演者权的产生，不仅以作品著作权为权源，还必须以表演公开为条件，即表演者所进行的表演是在公众场合发生的。在家庭范围内，在私人聚会上，在单位范围内进行的表演，不产生表演者权。

在邻接权国际公约中，1961 年《罗马公约》是最早对表演者权利进行保护的国际公约，但其规定的权项较为有限，即包括表演录制的权利和表演者录音复制的权利。1996 年《表演和录音制品条约》保护的表演，主要是现场表演以及被录制在录音制品中的表演，未涉及被录制在视听制品中的表演。2012 年《视听表演条约》即《北京条约》的通过，弥补了原有公约对表演者权项保护的不足。上述三大公约一起，构筑了表演者权利的国际保护体系。

表演者权的主体是表演者。表演者是指依法对其表演活动享有权利的人。《罗马公约》将表演者界定为“演员、歌唱家、音乐家、舞蹈家和表演、歌唱、演说、朗诵、演奏或以别的方式表演文学艺术作品的其他人员”。上述人员是公约规定成员国必须保护的表演者，至于表演者权是否扩大到那些不表演文学艺术

作品的表演者，由各成员国自主决定。因此，关于表演者的范围，国外法律的规定不尽相同，大体可以分为三种情形：一是从事作品表演的人方可视为表演者。这即是恪守《罗马公约》规定的必须保护范围，将非作品的表演者排除在邻接权之外。例如，德国法规定，该法所称艺术表演者指朗诵或表演一部著作或参与朗诵或表演一部著作时起艺术作用的人。二是将表演者扩大到从事其他项目表演的人。这即是在遵守《罗马公约》最低限度保护的基础上，将作品的表演者以及其他从事表演活动的人都纳入表演者的范围。例如，法国法规定，表演者指表演、演唱、背诵、朗读、演奏或以其他方式表演文学艺术作品、各种节目、马戏、木偶节目的人。三是将虽具表演性质但无"艺术性"特征的体育比赛的从事者也视为表演者。[①] 由于某些体育比赛具有较高的观赏价值，少数国家即援用表演者权以保护相关人员的利益。例如，巴西法规定，运动员的组织者享有如同其他文学艺术作品表演所享有的权利。邻接权意义上的表演者，肯定是自然人，但是否还包括法人，学者之间存有争议。有学者认为《罗马公约》所指的"表演者"，只能是自然人，不包括法人。[②] 笔者认为，在现代电子版权和当代网络版权的发展过程中，权利主体制度已超越了印刷版权时代的自然人主体限制，作者、表演者等既可以是自然人，也可以是法人，已成为各国立法的通例。法人被视为表演者的要件是：第一，主持或组织了表演活动；第二，有自然人进行了表演活动；第三，以自己的名义对表演活动承担法律责任。

表演者权含有人身权利和财产权利的双重内容。关于人身权利部分，各国规定差异不大，它主要包括两项权利：一是表明表演者身份的权利，即表演者有权要求以适当方式指明自己的姓名，表明自己是该表演的表演者。其表明方式，包括在表演活动中、在表演的音像录制品上、在播放表演的广播节目中以及发行、销售、出售有其表演音像制品的宣传材料上，标明表演者真名或艺名。二是保护

① 在日本，判断表演活动是否受到保护的关键在于其是否具有"艺术性"。据此，日本著作权法对表演者的范围作了宽泛的解释。参见［日］半田正夫、纹谷畅男等编：《著作权法 50 讲》，北京，法律出版社，1990。

② Stephen M. Stewart, *International Copyright and Neighbouring Rights*, Butternorth & Copublishers Ltd., p. 123, 1983.

表演形象不受歪曲的权利。表演形象，是表演者在表演活动中向观众或听众展现出来的艺术形象，包括形体形象和声誉形象。保护表演形象不受歪曲，即表演者有权禁止他人以任何形式或方式捏造不实之词，歪曲、篡改其表演，诋毁、诽谤其声誉，损害、破坏其艺术形象的权利。在立法例中，有的国家仅规定第二项权利，如德国法关于“防止歪曲的保护”之规定。也有的国家对上述权利作了系统规定，如俄罗斯法列举了“署名权”与“保护表演或演出免受任何歪曲或其他有损于表演者名誉和人格之侵害的权利”。意大利在其著作权法中特别规定了保护表演形象不受歪曲的权利。此外，表演者还可依其民法典规定的一般原则，诉请保护其姓名权、假名权和形象权。关于财产权部分，绝大多数国家规定了对表演使用（包括录制、复制、广播等）的专有权利，即以上述方式使用表演时，既要征得表演者同意，又要向其支付报酬。例如，德国法规定了使用表演的三种情形，如“屏幕与扬声器转播”、“复制”、“电台播送”，都必须“经艺术表演者的许可”才能进行。也有个别国家将这一权利解释为“向使用表演的人索取报酬的权利”。例如意大利法规定，“戏剧、文学和音乐作品的演出者，不论所演出作品是否进入公有领域，除演出报酬外，有权就其演出用于播放、录音、制片要求合理报酬”，但该法对“使用表演须经权利人许可”未作要求。尽管存在上述差异，各国关于表演使用权的类型却大体相当，包括直接传播权，即许可或禁止他人从现场传播其表演的权利；录制权，即许可或禁止他人对其表演制作录音、录像的权利；复制权，即许可或禁止他人复制含有表演的录制品的权利；信息网络传播权，即许可或禁止他人对表演（包括现场表演和录制在音像制品上的表演）通过互联网向公众传播的权利。

（2）录音录像制作者权。录音录像制作者权，是指录音录像制作者对其制作的录音录像制品依法享有的专有权利。在邻接权体系中，录音录像制作者权亦称“唱片制作者权”，这是《罗马公约》最早使用的一个概念，此后有的国家将它称为“视听制品制作者权”。大多数国家都承认自然人和法人均可以成为录音录像制作者，并对录音制作者与录像制作者进行了区分。日本、德国的著作权法只规定了录音制作者的权利，而未规定录像制作者的权利；法国及我国的著作权法则对这两者

的权利都作了规定。虽同为邻接权，但录音录像制作者权与表演权有所不同。在原始录制品中，它并不以著作权的存在为其权源，即不必依赖于著作权中的摄制权。当然，如果涉及对已有作品的音像表演进行录制，即与著作权相关联，不仅需要取得著作权人的授权，而且还要取得表演者的授权。对录音录像制品提供保护的国际法依据，是1961年《罗马公约》和1971年的《唱片公约》（即《保护唱片制作者防止未经许可复制其唱片公约》）。在立法例上，大陆法系国家如法、德、意等国对作品与音像录制品作出严格区分，即著作权的对象限于构成“智力创作”的作品，而将音像录制品交由邻接权保护。而在英美法系国家，音像录制品既可以作为邻接权的对象，也可成为著作权的客体。英国法自1909以来直到现在均将录音作为版权客体看待。目前，美国、澳大利亚、印度等国都采用了这一立法体例。应该指出的是，对音像录制品无论以著作权还是邻接权给予保护，都是符合《唱片公约》要求的。但是，世界知识产权组织和联合国教科文组织的备忘录明确指出，“版权体系”国家以著作权形式所保护的录音并非严格意义上的文学艺术作品。①

录音录像制作者权的客体是音像制品，可以分为两类：一类是录音制品，即纯声音的原始录制品，包括唱片、录音磁带和激光唱片等；另一类是录像制品，即除电影、电视、录像作品以外的任何有伴音或无伴音的连续相关形象的原始录制品，包括以剧本为基础，与电影制作过程类似，由多人共同创作完成的录像片，以及将表演活动机械录制下来的录像等。

录音录像制作者权是一种财产权，即录音录像制作者对其制作的音像作品享有许可他人复制发行并获得报酬的权利。保护录制者权现已成为世界上大多数国家著作权法的重要内容，相关国际公约对各成员国也提出保护录制者权利的最低要求。1961年缔结的《罗马公约》仅规定了复制权，即许可或禁止他人直接或间接复制其录音制品的权利。1971年缔结的《唱片公约》要求成员国至少保证录制者享有下列权利：禁止他人未经许可而复制其录音制品；禁止他人进口未经许可而复制成的录音制品；禁止他人销售未经许可而复制成的录音制品。其间涉

① 参见［西］德利娅·利普希克：《著作权与邻接权》，308页，北京，中国对外翻译出版公司，2000。

及复制权、进口权、发行权等各类权项。1994 年《知识产权协定》专门规定：录音制品制作者有权许可或禁止直接或间接复制其录制品，有权许可或禁止以商业目的出租其录制品。对于出租权，如成员国在其立法中已有不含出租权的合理付酬制度，则可不作规定。在奉行邻接权保护的国家，录音录像制作者的权利主要有以下几项：一是复制、发行权，即许可或禁止他人复制、发行其音像制品的权利；二是公开播放权，即对他人在公共场所播放音像制品虽不能禁止但得以要求报酬的权利；三是出租权，即许可或禁止他人以营利为目的出租其音像制品的权利；四是信息网络传播权，即许可或禁止他人通过信息网络向公众传播音像制品的权利。

（3）广播组织权。广播组织权是广播组织对其制作的广播电视节目依法享有的专有权利。如同录音录像制作者权一样，广播组织权在立法例上有着邻接权与版权之分。凡大陆法系国家，无论是采著作权法体例，还是用邻接权专门条例，都是将“广播电视节目”作为邻接权的保护对象；而英美法系国家，包括英国、澳大利亚、新西兰等国都将其视为“作品”，并提供著作权保护。

广播组织权的主体是依法设立的各类传播企业，包括广播电台、电视台、广播电缆组织、卫星节目转播站以及其他具有播放节目功能的传播企业。

广播组织权的客体，是广播组织自己制作的广播电视节目。在这里，“自己制作”区别于“转播”，它是指广播组织采取拍摄、直播、剪辑、加工、综合等手段自己编制并首次播放的节目。广播组织在使用他人著作权作品编排广播电视节目的过程中，必须采用上述制作方式，并付出一定创造性劳动和进行相当的投资，才能将文学艺术作品转换为广播电视节目形式。需要说明的是，制作广播节目所包含的信息乃至作品无论是否受到著作权的保护，广播节目本身都是广播组织权的客体。例如，体育赛事、自然风光等虽不能构成作品，但基于此制作的广播节目应能享有邻接权保护。为保护广播组织的合法权益，制止他人任意录制、转播的海盗行为，各国著作权法普遍对广播组织权予以确认。

国际邻接权公约大抵规定了广播组织权的内容。《罗马公约》提出的权项有：许可或禁止他人同时转播其广播节目；许可或禁止他人将其广播节目固定在物质

形式（包括录音、录像等）上；许可或禁止他人复制固定后的节目载体。《卫星公约》（即《关于播送由人造卫星传播的载有节目信号公约》），未直接规定广播组织权的保护，但对成员国规定了相应义务，即成员国有义务防止本国有关组织（或个人）非法转播其他成员国国民提供的卫星节目。《知识产权协定》规定，广播组织有权许可或禁止将其广播加以固定（包括录音、录像等），或复制有关固定后的节目载体，有权禁止以无线电或电视转播其广播节目。各国著作权法或单行邻接权条例，对广播组织权一般规定有以下内容：1）复制权，即复制其制作的广播电视节目的权利；2）播放权，即对其制作的广播电视节目进行重播或转播的权利。除以上基本权项外，一些国家还扩大了保护范围，如德国法规定了录制权，即对广播电视节目进行录制而固定到音像载体上的权利；法国法规定了出租权，即向公众出租广播电视节目复制品的权利；俄罗斯法规定了上映权，即在收费场所公开传播其广播电视节目的权利。我国法律规定广播组织享有的权利，包括转播权、录制权和复制权。

（4）出版者权。出版者权是出版者对其编排出版的图书或者报刊依法享有的专有权利。出版者可分为图书出版者和报刊出版者。我国著作权法规定了出版者权。根据《出版管理条例》的规定，上述出版者即是出版报纸、期刊、图书、音像制品和电子出版物等专门单位，出版者或说是出版单位包括报社、期刊社、图书出版社、音像出版社和电子出版物出版社。法人出版报纸、期刊，但不设立报社、期刊社的，其设立的报纸或期刊编辑部视为出版单位。由此可见，在我国，出版者只能是取得出版资格的法人或其他组织，不包括自然人。

出版者权与前述邻接权不同，它基于权源的不同而包括两个方面的权利：一是来自著作权人的授权，即依据出版合同约定，图书出版者对作品享有专有出版权。这是类似表演者、录音录像制作者而由出版者行使的权利，具有邻接权的某种属性。二是来自著作权法的规定，即出版者依法对其编辑发行的报纸、期刊和其图书、报刊的版式设计享有著作权，依我国法律的规定，报纸或期刊本身即为一种汇编作品，由此产生的是著作权；而基于图书、期刊版式设计所产生的专有使用权，也并非典型意义上的邻接权。

五、著作权内容的发展与变革

传播技术领域的革命带来著作权制度的产生和发展，从一定意义上说，著作权制度的变迁史，也就是传播技术进步的历史。一般认为，语言文字的出现和印刷术的发明，分别标志着第一次和第二次信息革命；电报、电话、广播、卫星等电子技术的产生，代表着第三次信息革命，而最近二三十年出现的微电子技术、计算机技术和网络技术昭示着第四次信息革命的来临。这次信息革命是从传统模拟技术到数字技术的跨越，对政治、经济与社会影响极为深远。“自《安娜法令》实施以来的近三个世纪里，著作权一直追赶着日新月异的新技术前进的步伐。”[①]伴随不同阶段的信息革命，著作权制度依次实现了从“印刷版权”到“电子版权”再到“网络版权”的历史变革。当代著作权制度必须解决的核心问题，就是如何让专有权利有效地“覆盖”作品在网络上的传播。[②] 这涉及权利的扩张与保护；同时，也要考虑著作权对网络技术与维系人类精神、文化和道德进步的关系，这涉及利益的平衡与协调。对上述问题的回答，即意味着当代著作权制度的重构。

1. 著作人身权保护问题

在互联网上，每一个人都有可能同时成为创作者、出版者和侵权者。[③] 他可以不留痕迹地改动网络作品的颜色、形状、排序、署名，将几部作品变成一部作品，将毫不相干的事物拼接在一幅照片里。经过网络迅速、广泛地传播，一部作品可能被改得面目全非，真假难辨。正如有人所言，互联网将是作者人身权的“终结者”。人身权保护是否适用于数字化作品，立法者必须对此作出抉择。就立法例而言，有两种立场：一是将数字化作品等同于一般作品给予保护。《伯尔尼

---

① 袁泳：《论新技术与版权扩张》，载《著作权》，1998（4）。

② 参见薛虹：《网络时代的知识产权法》，8页，北京，法律出版社，2000。

③ See Ralph Oman, *Reflections on Digital Technology: the Shape of Things to Come*, *WIPO Worldwide Symposium on the Impact of Digital Technology on Copyright and Neighboring Rights*, 1993, pp. 21 - 22.

公约》规定的“文学艺术作品”包括文学、艺术和科学领域内的一切成果，而不问其表现形式或方式如何。该公约关于人身权利的规定，可以适用于计算机软件或其他数字化作品。二是对数字化作品的人身权利进行限制。例如，法国法规定受让人可在不损害原作者声誉的情况下修改软件；日本法承认作者保护其作品完整性的权利，但为有效使用计算机而改变软件不受此限。而英国法、美国法更是规定作者身份权和保护作品完整权不适用于软件或其他数字化作品。[①] 可以认为，将数字化作品简单等同于一般文学艺术作品并提供人身权利的强保护模式，是难以奏效的，即使欧洲大陆国家亦未对网络软件产业作出明确规定；相反，在软件或计算机生成作品领域完全排除人身权利，也不是可取的。美国法对精神权利的一贯主张被《知识产权协定》所接受，但这种将作者人身权利排除在协定之外的做法遭致许多人权学者的批评。[②] 因此，立法者应为网络人身权保护寻求一个合理而可行的边界。具体说来，涉及以下三个权项：（1）署名权。署名权可以积极行使（署名），也可以消极行使（不署名），还可以禁止“制作、出售假冒他人署名的作品”。后者在互联网空间具有特别意义，即软件或其他数字化作品作者有权禁止他人借助其署名获得声誉。诸如联合国贸发会制定的《统一电子签名规则（草案）》、欧盟制定的《欧洲电子签名标准（草案）》以及丹麦、俄罗斯、马来西亚等国“数字签名法”，虽是针对电子商务而规范签名的，但其规范电子签名、禁止假冒署名的立法思想对完善网络作品的署名权不无借鉴意义。（2）修改权和保护作品完整权。作者本人有权对其作品进行修改，禁止他人歪曲、篡改其作品。考虑到数字化作品的修改有程度之分（即实质性改动或非实质性改动）与适法之分（有损原作者声誉的改动或后续创造性改动），可对上述作品的改动程度不构成实质性创造且有损作者声誉的行为，纳入保护作品完整权的范畴；一旦改动程度构成实质性的创造活动，则应属于财产权领域的改编权范围。[③] （3）发表权。

---

① 参见何炼红：《网络著作人身权研究》，载《中国法学》，2006（3）。

② 参见［美］奥德丽·查普曼：《将知识产权视为人权：与第15条第1款第3项有关的义务》，载国家版权局主办：《版权公报》，2001（3）。

③ 参见何炼红：《网络著作人身权研究》，载《中国法学》，2006（3）；李明德、许超：《著作权法》，269页，北京，法律出版社，2003。

发表权是一次使用性权利，无论何时何地何种形式，公开发表之于该作品只有一次；通常发表权不能单独行使，而是与出版、展览、表演、播放等权利共同行使，在网上传播的作品可能是他人已发表的作品，也可能是未公开的作品，将已发表的作品载入网络，构成《伯尔尼公约》意义上的复制，即涉及复制权问题；而将未发表作品载入网络，即为发表权与信息网络传播权的同时行使。在这种情况下，网络发表当然是作者的人身权利。（4）权利标示权。在网络环境下，将他人作品下载后，删除或更换了作者或作品名称再上载的事件常常发生。如果不能及时制止上述活动，将会损害作者的人身权利，为此，上述两个条约都规定了著作权人和邻接权人的“权利标示权”，即条约规定作品的电子信息和对表演和唱片的电子信息不得擅自改动，否则构成违法行为。这种规定对于保证网络上信息的真实性和准确性，保护权利人的利益十分必要。

2. 著作财产权扩张问题

数字技术和互联网的发展，不仅意味着一种新的传播方式的崛起，而且打破了著作权体系的原有利益格局。“在信息的个人利用产生爆炸性增长的21世纪，权利人不得不接受这样的现实，即不受其控制的利用在不断增长。以这种不受控制的利用为前提，著作权法必须重新构筑。”① 数字化带来的著作权问题主要就是数字化后作品的性质与作品数字化权利的归属。在网络版权时代，从复制到传播都发生了很大变化：作品可以容易地处理、获取、操作、运输、传播和使用；作品的复制品可以像原版作品那样无限复制，而且复制费用低廉，网络增加了公众接触他人作品的机会，增加了从不同资料中有选择地提取、使用，以及单独或合并地重新使用资料的灵活性；不论是文字、音乐、数据、图像还是动画，原有的介质差别消失了，其本质上都具有相同的属性和数字化的存在形态。上述变化对著作财产权制度带来极大挑战，立法者或是对传统的财产权能作出扩大解释，或是创设新的财产权项。具体表现在以下几个方面：

（1）复制权。复制权是著作财产权的首要权项，通过控制作品的复制，权利

① ［日］中山信弘：《多媒体与著作权》，张玉瑞译，102页，北京，专利文献出版社，1997。

人即可以控制随后的使用行为，在网络环境下，作品的复制是广泛存在的，问题在于“新型的数字化复制在多大程度上能够被复制权所包容”①。这里既涉及复制权的扩张，也有必要的限制。一是终端复制。所谓终端复制，是指使用者将其合法获得的正版软件进行未经授权的复制行为。这种复制简单易行，且质量与原件无异，对软件市场利益直接带来损害。对此，国际公约和各国著作权法都明文予以禁止。二是暂时复制。所谓暂时复制，是针对网络上的作品传播而言的。当人们在互联网上浏览信息时，计算机会将网络上的信息保存在它的高速缓存之中，当人们再次访问时，计算机可以从缓存中迅速调用不必再到该信息所在的服务器上查找。② 这一信息的保护过程事实上是复制信息的过程；由于这一保存的信息，可能因计算机的关闭而消失，因而，它属于暂时复制。暂时复制是在互联网上浏览作品过程中产生的，在现有的技术条件下难以避免，一些国家主张将其纳入合理使用范围。美国白皮书和欧盟蓝皮书则主张将暂时复制归于复制权范畴。不过，这一立法动议并未在国际社会形成共识。世界知识产权组织《版权条约》草案对此的解释是，复制包括“以任何方法或形式、直接或间接地对作品进行的永久性或临时性的复制”，那么，作品在计算机中的“暂存”就顺理成章地被视为复制，该规定对以信息输出为主的国家如美国当然有利。不过，对于以信息输入为主的广大发展中国家而言，该规定显然对本国信息产业的发展十分不利，所以该解释后来因遭到多数发展中国家的激烈反对而最终未能通过。该条约在所附的声明中指出：“《伯尔尼公约》第 9 条规定的复制权及其例外完全适用于数字化环境，尤其适用于以数字化形式使用的作品。以数字化形式在电子媒介上的存储构成《伯尔尼公约》第 9 条意义上的复制。”对此，多数学者认为，该条约在声明中所采取的似是而非的解释实际上给了条约成员国依本国情况自行以立法或司法解释回答该问题的权利。③

① 薛虹：《网络时代的知识产权法》，82 页，北京，法律出版社，2000。

② See Lucinda Jones, “An Artist's Entry into Cyberspace: Intellectual Property on the Internet”, *E. I. P. R.*, 2000, p. 87.

③ 参见郑成思：《两个新的版权条约初探》，载《著作权》，1998 (1)。

（2）发行权。发行权是权利人通过出售或移转所有权的其他方式，或者通过出租、出借，向公众提供作品复制件的权利。在互联网上，文字、图像、声音及其组合所形成的各类作品每时每刻都在广泛、高速地传播，因此网络上传输是一种重要的作品传播方式。美国白皮书建议将信息传输视为发行，由著作权人专有，并声称这一修改并未创设新权利。就网络传播的实质内容而言，期间仅有作品信息的传递，并无载体的实际转移，该信息仍存在于输出计算机的内存或相连的存储设备之中，因此传统的发行权概念很难涵盖传输。[①] 美国白皮书实际上意欲确认无物质载体或载体不转移的"发行"。对此，世界知识产权组织的《版权条约》和《表演和录音制品条约》在声明中解释，该条文中的"原件和复制件"是指"被固定的能够作为有形物投入流通的"原件和复制件。对此，有学者认为，固定是指作品在一段时间内足以长久和稳定地被观看、复制或传播，只要作品被固定，有形的复制件就已形成。所以，"声明的这一条解释表明网络传输可以被包括在《版权条约》和《表演和录音制品条约》规定的发行权中"[②]。笔者认为，发行权中所指的"固定"，其对象为有形物体，只能是有形的复制件，而传输暂时复制件不应属于发行权的内容。两个条约确认的"发行"概念与传统著作权法的相关规定并无差异，通过互联网来传输的权利属于著作权人的另一项独立权利，不能纳入发行权之列。[③]

（3）传播权。一般而言，传播权是指著作权人直接或借助任何装置和过程而对其作品进行表演和展示的权利。传统意义上的传播，仅仅涉及公开表演和公开展出，而没有涵盖作品在互联网上传播的电子传输形式。质言之，以往的传播权，可以保护有形的单向度的表演或展示，但未延及无形的交互性的信息传输。许多学者认为，传播权在向互联网扩张的过程中，不再严格区分传统技术和作品

① 参见［澳］马克·戴维生：《计算机网络通讯与美国版权法的新动向》，王源扩译，载《外国法译评》，1996（5）。

② 薛虹：《纳入版权保护体系的网络传输》，载《中国法学》，1998（3）。

③ 参见沈仁干：《世界知识产权组织推出两个新条约》，载《知识产权研究》第5卷；郑成思：《两个新的版权条约初探》，载《著作权》，1998（1）。

使用方式，表现出明显的权利整合与技术中立性的特点。[①] 鉴于《伯尔尼公约》关于传播权的定义不能适用于网络环境下的信息传输，《版权条约》对此进行了扩张性解释，将传播延及到一切可能的传播方式，使得传播权成为著作权人以有线或无线的方式控制其作品向公众传播的专有权利，包括以公众中的成员个人选择地点和时间的方式，使公众获得作品的权利。根据公约这一精神，当今世界各国著作权立法，或是规定了综合性的广义“传播权”，或是单设了专门的“信息网络传播权”。

（4）出租权。出租权的创设，本意在于限制“首次销售”后的权利穷竭，使著作权人得控制计算机程序、电影作品、唱片原件或复制件的出租。在互联网时代，出现了所谓的“电子出租”，人们可以通过预约，即能在其选择的时间、地点通过网络在计算机显示器上浏览所需要的信息。“欧盟出租权指令”提议拓展出租权的适用空间，使其对象既包括作品的有形复制件，也包括通过数字传输提供的无形服务。[②] 但是，这一主张与《版权条约》的规定并非一致，该条约所规定的出租权只适用于“被固定的，能够作为有形物投入流通的”复制件的出租[③]，并不包括网络上的复制。应该看到，相关国际文件的差异，有可能对互联网时代的出租权立法带来影响。

3. 著作权权能限制问题

《知识产权协定》的生效，强化了全球性的无形财产权保护机制。著作权私权化的扩张，在国际层面导致了发展中国家与发达国家之间的利益失衡，从制度层面而言，这即是著作权保护与限制以及反限制的问题。一般而言，著作权的专有属性不应构成知识传播与信息交流的障碍。在早先的著述中，一些学者写道，“著作权提供的保护可以对抗非法的竞争者，但不能阻碍公众对作品的合理使用”；“资讯的公开传播非常重要，因此不能使自由之公益和民主社会屈从于传统

① 参见薛虹：《纳入版权保护体系的网络传输》，载《中国法学》，1998（3）。

② See Ficsor, *Digital Transmissions in Information Networks and International Harmonization of Copyright*, *Problems of Intellectual Property Rights*, p. 188.

③ 参见世界知识产权组织《版权条约》第7条及其所附声明。

著作权观念下的私人独占权”①。对著作权的权能限制是现代各国著作权法的普遍规范，而当代发展的趋势是国际社会对这种专有权利的限制进行了严格的反限制。1994 年《知识产权协定》没有重复《伯尔尼公约》关于合理使用等制度的有关规定，只是重申和强调了专有权利限制和例外的严格条件：即此等限制或例外：(1) 应限于某些特殊情况；(2) 应不与作品的正常利用相冲突；(3) 不应不合理地损害权利持有人的合法利益。1996 年世界知识产权组织的《版权公约》，更是将限制合理使用的原则推及网络空间。上述公约的规定十分严格，但也比较笼统，何种限制或例外为合理，何种限制或例外不被允许，各缔约方自有不同理解。总的说来，发达国家力主对印刷作品、电子作品以至数字作品的合理使用实行严格的限制，而发展中国家则较多考虑公众通过网络技术获得更多的信息。

发达国家对著作权限制的反限制采取了更为积极的立法立场：限制合理使用规则滥用，修改或限制了合理使用的适用范围，甚至取消了某些领域的合理使用；将具有无偿使用性质的某些合理使用，转变为须支付费用的法定许可使用；对翻译权和复制权的强制许可使用规定了发放许可证的严格条件；规定了新的财产权权项，即信息网络传播权，将著作权保护扩充到网络空间；禁止他人采取未经许可的解密措施，以控制数字化作品的使用和传播；等等。

对于著作权私权化的过度扩张，包括发达国家在内的许多国家的学者表示了密切的关注甚至是批评的态度。澳大利亚学者 Drahos 认为，知识产权的过强保护会带来信息的垄断。他主张工具主义的知识产权理念，反对将财产权概念导入知识产权领域，并以此为指导对知识产权进行限制，以恢复私人利益与公共利益之间的平衡关系。② 美国学者 Mitchell 也认为，与自然界存在着生态系统一样，在知识领域也存在着类似的生态系统，知识的共有是维持该生态系统的前提，知识的过分产权化就如同对自然资源的过多掠夺，它们会使已有的生态系统遭到破

---

① Harry N. Rosenfieid, *The American Constitution*, *Free Inquiry*, *and the Law*, *Fair Use and Free Inquiry*, Ablex Publishing Co., 1980, p. 302;［日］古泽博:《关于利用他人的著作权问题》，载《独协法学》，1977 - 10 - 22。

② See Peter Drahos, *A Philosophy of Intellectual Property*, Dartmouth Publishing Company, 1996, pp. 145 - 223.

坏。因此要扼制知识不断私有的趋势，逐步扩大知识共有的空间，以维持知识生态系统的良性运转。[①] 伴随着上述思潮的出现，是人们寻求利益平衡的诸多实践，最有代表性的即“GNU 许可”与“知识共享许可”（CCPL）。GNU 是“GNUs Not Unix”的缩写，由 Richard Stallman 在 1983 年发起成立，其目标是“重现当年软件界合作互助的团结精神”，开发出可以自由使用的操作系统软件和其他应用软件。在 GNU 许可下，一旦人们获得某个软件，就可享有复制及与他人分享软件的自由，通过接触原代码修改软件的自由、发行改进版权软件的自由。CCPL 是“知识共享组织”所主张的一种著作权许可方式。该组织由 James Boyle 等人于 2001 年创立，其宗旨是在著作权人与作品使用人之间架设一座沟通的桥梁，从而实现人们的知识共享心愿。在 CCPL 协议中，著作权人授权许可他人使用其作品，而被许可人必须接受著作权人在许可中所设定的限制。知识共享许可有多种方式，著作权人可以择一而用，并通过自己的网站或者专门提供知识共享许可平台的网站来发布其作品，包括书籍、网络日志、照片、影片、影像片、歌曲以及其他音频或视频制品等。

总的说来，著作权权能的限制与反限制问题，在国际层面并没有达成完全的共识，东西方国家对此秉持的立场存在明显的差异，“在规范中探求一致，在利益对立中寻求平衡”，以建立合理有效的著作权国际保护秩序[②]，这是当代著作权制度发展与变革的重要目标。

---

① See Henry G. Mitchell, *The Intellectual Commons: Toward an Ecology of Intellectual Property*, Maryland Lexington Books, 2005, pp. 67 - 173.

② 参见杨明：《关于 Trips 协议的反思与知识产权国际保护制度的改革》，载吴汉东主编：《知识产权国际保护制度研究》，132 页，北京，知识产权出版社，2007。

第十三章

专利权

专利权是发明创造人或其他专利权人对某项发明创造在法定期间内所享有的一种专有权利。专利权的保护对象概为工业、农业、商业等产业领域中能够物化在载体上的创造性成果，通常表现为工艺操作方法与技能，以及与这些方法和技能相适应的生产工具和其他物质设置。专利权是技术领域中最重要的无形财产权。

一、专利权构建的学理基础

自 1623 年英国《垄断法规》——世界第一部专利法产生以来，在专利制度发展的近四百年间，出现了许多关于专利权性质和功能的理论解释。从总体上看，可以分为两类：一类是批评和反对专利制度的学说，另一类是赞同和支持专利制度的学说。在专利制度史上，19 世纪的一些欧洲国家曾出现“专利法为恶法”的反对之声，从而导致专利立法受阻或成文法律废止；在 20 世纪 80 年代初的中国，围绕着是否应当建立专利制度，专利权姓“资”还是姓“社”，曾有一场异常激烈的大辩论。[①] 时至今天，在世界范围内从根本上完全否定专利制度合

① 参见郭禾：《专利制度的有关假说》，载吴汉东主编：《知识产权法》，3 版，138 页，北京，法律出版社，2009。

理性的观点已不多见，绝大多数国家都建立了本国的专利制度。对专利权的解释虽存有不同的理论假说，但授予专利权人合理垄断之权以推动社会技术进步和经济发展的观点获得广泛认同。现将主要几种学说简述如下：

1. 自然权利论

自然权利论是专利法产生初期占主导地位的一种理论。其主要观点是：发明人对其发明创造获取保护的权利是“自然的”、“固有的”，这是依据人的劳动当然获得而不可剥夺的权利；它的存在不取决于国家权力机构的承认，因为无论承认与否，它都独立、自然地存在着，专利权的授予不过是国家权力机构对这种自然权利的认可。法国是采纳自然权利论的典型国家。他们以天赋人权理论为基础，确立了保护发明人专利权的观念。法国在1784年的《人权宣言》中明确宣布，公民有自由、平等、财产不可侵犯及反抗压迫的权利，由此财产权成为一种“自然的不可废除的人权”。随即，法国在1791年通过的《专利法》第1条明确规定，“各种工业中的每一项新发现或新发明都是创造者的财产”，承认了发明的财产属性。为了说明这一品性，起草人在《专利法》的前言中指出：“所有新颖的构思，本来就应属于提出这种构思的人，假如不承认工业发明是发明人的财产，那么从实质上讲就是侵犯人权。”① 这无疑是将发明人的权利升华到了基本人权的高度，赋予其神圣性、合理性、人格性与不可侵犯性。根据这一理论，发明人的权利不再是封建君主恩赐的结果，而是发明人的利益为国家法律所承认的体现。正如有的学者所言：“公民取得这项权利并不是国家授予的结果，国家只是宣告或者证明了发明人的自然权利。”② 自然权利论对今天许多国家的专利法都有影响。专利权取得的“先发明”制度，规定专利授予最早发明人，这在某种意义上即是以“自然权利论”为基础的。

2. 非物质财产论

非物质财产理论对德国专利制度的建立与发展有很大影响，且在20世纪后

① 联合国文件：《专利制度在向发展中国家转让技术中的作用》（英文版），TD/B/AC，11/19/REV，1，296段，44页，1975。

② 汤宗舜编著：《专利法教程》，29页，北京，法律出版社，1988。

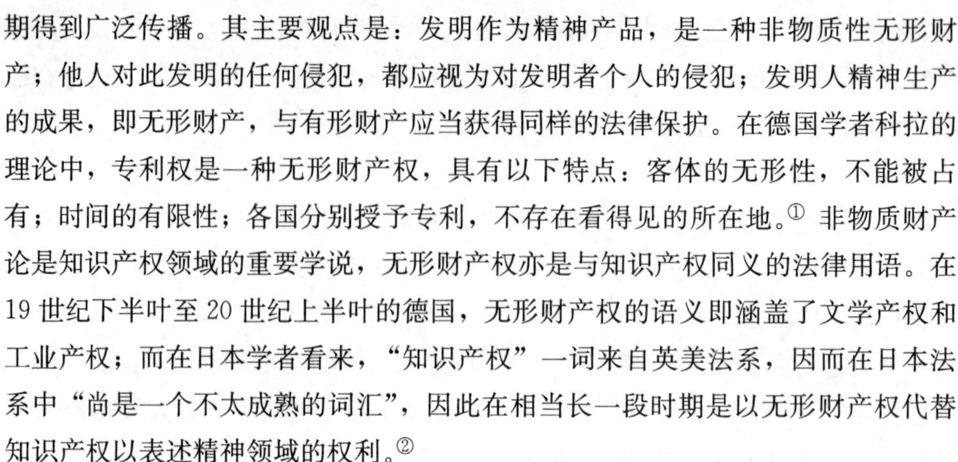

期得到广泛传播。其主要观点是：发明作为精神产品，是一种非物质性无形财产；他人对此发明的任何侵犯，都应视为对发明者个人的侵犯；发明人精神生产的成果，即无形财产，与有形财产应当获得同样的法律保护。在德国学者科拉的理论中，专利权是一种无形财产权，具有以下特点：客体的无形性，不能被占有；时间的有限性；各国分别授予专利，不存在看得见的所在地。① 非物质财产论是知识产权领域的重要学说，无形财产权亦是与知识产权同义的法律用语。在19世纪下半叶至20世纪上半叶的德国，无形财产权的语义即涵盖了文学产权和工业产权；而在日本学者看来，“知识产权”一词来自英美法系，因而在日本法系中“尚是一个不太成熟的词汇”，因此在相当长一段时期是以无形财产权代替知识产权以表述精神领域的权利。②

3. 专利契约论

专利契约论通过国家与发明人之间的契约假说，揭示了技术公开与权利垄断的关系。其主要观点是：专利权是以国家名义出现的发明人与社会签订的特殊契约③，即发明人以公开其技术发明为对价，换取社会给予独占使用该技术的权利。换言之，技术是公开的（公共产品属性），但权利是垄断的（私人产权属性）。该契约规定了国家与发明人双方的权利、义务，按照学者的说法是：国家保证发明人能在一定期间内独占实施他自己发明的物品或方法；相对地，发明人必须将他的发明内容公开于世，一俟保护期限终止，任何人均可自由使用。④ 这种社会契约服务于双方的利益，即发明人获得一定时期独占使用技术的权利，可以补偿发明创造活动中的支出，还要通过市场获得更大的利益回报；而社会增加了知识财富，新的科学技术有利于社会的发展。专利契约论植根于启蒙思想家的“社会契约论”，对专利权的建构仅提供了一种理论假设，但其关于技术公开与权利垄断的说明，被认为是专利法“先申请制度”的理论基础，因而在现代各国专

① 参见［日］吉特幸朔：《专利法概论》，宋永林，魏启学译，8页，北京，专利文献出版社，1990。

② 参见［日］小岛庸和：《无形财产权》序言，47页，东京，创成社，1998。

③ 参见中国科学技术情报所专利馆编译：《国外专利法介绍》（第1册），12页，北京，知识产权出版社，1981。

④ 参见简世雄：《专利申请实务》，13页，台北，三民书局，1988。

利法中都有所体现。

4. 鼓励竞争论

鼓励竞争论意在说明，专利法的产权制度是一种技术研发的竞争机制。其主要观点是：专利制度通过授予发明人以垄断权，可以有效地防止不正当竞争，确保竞争秩序。对于发明人而言，获取专利权而得到利益回报可以继续进行创新；对于竞争对手而言，或是支付使用费取得专利许可，或是超越专利限制去进行新的创新；对于其他发明人而言，可以利用公开的专利文献，有助于提高创新起点；对于整个市场而言，专利权是规范产业竞争和利益分配的一种法律制度，是国家产业、企业技术竞争的法律表现。现代各国的立法者十分注重激励创新和规范竞争的专利权制度功能。

5. 利益平衡论

利益平衡论用以描述专利权制度设计的指导思想，从这一理论出发，专利权的构建，必须以平衡权利人垄断利益与社会公共利益为必要。利益平衡是现代专利法的基石，专利法需要协调技术的公共产品属性与专利的私人产权属性之间的矛盾，在知识资源的归属、利用、分配方面作出合理的安排。根据这一理念，专利法在保护专利权的基础上又规定一些对专利权的限制，如法定保护期、强制许可、不视为侵权的规定等。在当今社会，利益平衡论不仅可能构成一国专利立法的思想基础，而且成为发展中国家主张技术发展、建立新的国际专利保护秩序的理论武器。

6. 经济发展论

经济发展论是现代多数国家所接受的一种专利制度理论。可以认为，前述各种理论都是基于权利本位和个人本位所提出的，经济发展论是从经济发展的政策工具属性而不是个人权利的私人财产属性来解释专利权。其基本观点是：建立专利制度，赋予发明人以独占使用权，目的在于发展社会经济。专利制度的功用在于，不仅鼓励发明人从事发明创造，同时也促使发明人公开技术、传播知识，从而推动社会的技术进步和经济发展。经济发展论意在说明专利权这一私人产权背后的国家政策立场，为国家从产业与经济发展现状出发，对专利保护进行制度选择提供了理论依据。

关于专利权的性质，理论界存在着不同的学说观点。概括说来，大体可以分为两类：一类是“私人产权论”，诸如自然权利论、非物质财产论、专利契约论等均属此类。该类理论强调专利权是发明人的基本权利（自然权利或财产权利）。其依据是：人的创造性思想是一种精神财富，其产权应为发明人所享有，专利立法的目的就在于保护发明人的这种权利。另一类是“产业政策论”，诸如鼓励竞争论、利益平衡论，经济发展论等即属此类。这一理论不是基于个人权利而是从政策工具出发来解释专利权，将专利权视为促进技术和经济进步的法律手段。综观各国专利立法的理论基础，对各种学说观点并非采取绝对肯定或否定的态度，而是都有所吸收和体现，只是在一定时期的立法价值取向可能有所侧重。各国专利立法本位的选择，并非某一理论的偏好，而是植根于“国情”，即本国科技、经济发展的现实状况和发展需要；同时也受制于“国势”，即本国在国际知识产权贸易中所处的地位和利益诉求。

二、专利权的性质和内容

1. 专利权的独占属性

专利权是一种独占性的无形财产权。关于专利权的独占属性，专利法学者常常称之为垄断性，因此在一些著述中专利权与垄断权总是被相提并论。但是，专利权具有法律上的垄断性（或说独占性），但并非经济学意义上的垄断权。

从专利权产生的历史来看，它确是与国家特许垄断相连的。在中世纪，任何由君主以公开性的形式颁发的专门许可或特权，都叫专利。它源于拉丁文“letters patent”，意为公开的信函，与封口的保密信函相对，缩写为“patent”。专利包括特许权（charters）、代理权（commissions）、政府公职（offices）、市场垄断权（monopolies）等。其中，涉及技术的专利叫垄断，即“monopolies”[①]。授予新的技术发明以垄断特权，并非现代意义的财产权，而是属于封建君主恩赐，

① 杨利华：《从“特权”到“财产权”：专利权之起源探微》，载《湘潭大学学报》（哲学社会科学版），2009 (1)。

个人、团体或城市得以利用某种技术专营某种产业的特许权。近代资本主义法律对专利权的改造建立在以下基础之上：专利权是发明人依法享有的权利，而不是君主恩惠的权利；专利权人不是基于个案界定而授予的个别特权，而是依一般法定标准确认的普通权利。1623年英国《垄断法》虽然保留了垄断特权的称谓，但该法在宣布一般垄断即为非法的同时，明确将合法的专利垄断限于新发明。

专利垄断与经济学意义的垄断是有区别的。在古典经济学家那里，“垄断”一语最早是与稀缺物（土地）相连而产生的，商人们对垄断的追逐来源于对商品价格的控制而最终为其带来高额利润。[①] 亚当·斯密谈到，垄断价格在各个时期都是可能得到最高价格，都是向买者榨取的最高价格；反之，自然价格或自由竞争的价格虽不是在各个时期，但在长时期内却可能有最低价格，即卖者一般能接受的最低价格。[②] 而在专利制度设计中，专利权的存在并非意味着对商品价格垄断。约翰·穆勒认为，发明者理应获得补偿和报酬。如果人人都可免费而随意使用他人的发明，这在法律上是有失公正的。给予专利权人以报酬，常常建立在这些发明是有用的基础上，且用处越大，获得的报酬就越多，而支付报酬的人是发明的消费者。[③] 这一论断表明，专利权能够提升社会福利。虽然专利权具有某种程度的垄断限制，但制度目标在于建立一个通过授予私人以独占权利而达致社会福利实现的激励机制。可以认为，专利权的垄断性，即是以法律的手段实现对技术实施的垄断，或者说是专利权行使方面的垄断。

专利权的垄断性，表现在权能模式和效力范围上，即它是行政机关审查批准的独占实施许可权和独占销售许可权，在特定时间（10年、15年或20年）、地域范围（一国或多国）具有对抗其他同业竞争者的排他性效力。[④] 专利权意味着国家或社会以法律的名义对专利产品潜在市场的许诺，以作为发明人技术公开的“对价”，即在一定时间、一定范围独占该专利产品的市场份额。市场份额的一定

---

① 参见郑嫒嫒：《试论专利权的价值判断》，载《理论界》，2010（7）。

② 参见［英］亚当·斯密：《国民财富的性质和原因的研究》（上），北京，商务印书馆，1981。

③ 参见［英］约翰·穆勒：《政治经济学原理及其在社会哲学上的若干应用》（上），北京，商务印书馆，1981。

④ 参见徐瑄：《专利权垄断性的法哲学分析》，载《中国法学》，2002（4）。

垄断，是发明人行使专利权的必然后果。在这里，专利权人对专利产品市场份额的垄断，不仅具有前述“激励创新以提升社会福利”的正当性，而且具备了以专利证书记载权利存在的合法性。概言之，专利权具有垄断属性，但有别于“盐铁专营一类的垄断权”[①]。

2. 专利权的权项内容

专利权的内容是专利法律关系的构成要素，包括专利权人依法享有的权利和应该履行的义务。专利权人的权利主要是财产权利。由于发明专利、实用新型专利与外观设计专利的权利属性差异，其权项内容有所不同。关于发明专利权人的权利，《知识产权协定》第 28 条规定，应赋予发明专利所有人下列专有权利：(a) 如果该专利所保护的是产品，则有权制止第三方未经许可的下列行为：制造、使用、许诺销售、销售，或为上述目的而进口该产品；(b) 如果该专利保护的是方法，则有权制止第三方未经许可使用该方法的行为以及下列行为：使用、许诺销售、销售或为上述目的进口至少是依照该方法而直接获得的产品。此外，专利所有人还应有权转让或通过继承转移其专利，应有权缔结许可证合同。从中可以看出，该协定规定了以下几种权利：就产品专利而言，专利权人享有制造权、使用权、许诺销售权、销售权、进口权、转让权及许可使用权；就方法专利而言，专利权人享有使用权、许诺销售权、销售权、进口权、转让权及许可使用权。我国《专利法》第 11 条第 1 款规定了与《知识产权协定》一致的权利内容：“发明和实用新型专利权被授予后，除本法另有规定的以外，任何单位或者个人未经专利权人许可，都不得实施其专利，即不得为生产经营目的制造、使用、许诺销售、销售、进口其专利产品，或者使用其专利方法以及使用、许诺销售、销售、进口依照该专利方法直接获得的产品。”另外，根据该法第 10 条及第 12 条的规定，专利权可以转让或许可他人使用。可见，我国现行法律的规定已达到了《知识产权协定》要求成员所达到的保护标准，即规定制造权、使用权、许诺销售权、销售权、进口权、转让权及许可使用权。关于实用新型专利权人的权利，

① 郑成思：《知识产权论》，4 页，北京，法律出版社，2001。

《知识产权协定》未予规定，我国专利法对此作出了与发明专利相同的规定。关于外观设计专利权人的权利，《知识产权协定》第 26 条第 1 款作了原则性规定："受保护的工业品外观设计所有人，应有权制止第三方未经许可而为商业目的制造、销售或进口带有或体现受保护设计的复制品或实质性复制品之物品。"可见，外观设计权人通常享有如下权利：制造权、销售权、进口权。其权利内容较发明专利权人和实用新型专利权人的权利内容要少。我国《专利法》与《知识产权协定》完全一致，该法第 11 条第 2 款规定："外观设计专利权被授予后，任何单位或者个人未经专利权人许可，都不得实施其专利，即不得为生产经营目的制造、许诺销售、销售、进口其外观设计专利产品。"

独占实施权是专利权的核心内容。关于"实施专利"的行为，法律规定有五种方式，即制造、使用、许诺销售、销售、进口。基于实施方式产生了下列相关权项：一是制造权，即专利权人享有的独占性制造专利产品，禁止他人未经许可而制造相同或类似于专利产品的权利。专利权人拥有自己制造专利文件中记载的专利产品的权利。只要他人未经许可而制造的产品与专利产品相同，不问采用什么设备、装置或方法，也不问制造数量多少，即在禁止权范围之内。对于制造类似的产品，如果其技术特征落入权利要求书所主张的保护范围，也可能构成等同侵权而遭到制止。二是使用权，即专利权人享有的使用专利产品或专利方法及依照该方法直接获得的产品的权利。产品的使用，根据其技术功能，可能有一种或数种用途。可以用于生产领域，也可以用于消费领域，无论使用情形如何，且不问是连续使用还是只使用一次，都只由专利权人享有。方法专利的使用，包括使用专利方法以及使用或销售依照专利方法所直接获得的产品，后者即是方法专利权的延伸保护问题。"依照专利方法所直接获得的产品"，与产品专利权相比，其延伸保护尽管也涉及产品，但有如下不同：延伸保护的对象限于是采用方法专利所获得的产品。对于相同的产品，如果不是采用专利方法而是采取其他制造方法所获得，则许诺销售、销售、使用该产品的行为不构成对方法专利的侵权。相形之下，产品专利权的保护条件并无这一限制，只要产品相同，则不论采用何种方法制造，都将构成产品专利侵权。此外，对依方法专利所直接获得的产品提供延伸保护，与该产品是一种新产品还是已知产品无关，并不要求该产品本身具备新颖性和创造性，这一特点显然不同于产品专利权的客体要求。[①] 三是许诺销售权，即专利权人明确表示愿意出售具有权利要求书所述技术特征的专利产品，以及禁止他人未经专利权人许可而许诺销售专利产品的权利。许诺销售行为可以表现为以口头或书面等形式，向特定或不特定的对象，以产品展览、展示、广告等方式明确表示愿意销售专利产品的行为。许诺销售权的规定，旨在尽早制止有关专利产品的违法商业交易，防止未经许可而制造、进口的专利产品发生扩散。许诺销售行为不能被视为销售行为的预备，或者说在实际销售行为发生的情况才认定许诺销售行为成立。总之，在专利法中，未经许可而实施许诺销售行为单独构成专利侵权行为，而不是间接侵权行为。四是销售权，即专利权人享有的独占性销售专利产品或依照该方法直接获得的产品的权利。销售是指专利产品的销售行为，与通常的有形财产的买卖一样，发生所有权的转移。这种销售，无论是专利权人自己销售还是许可他人销售，“首次销售”的权利受法律保护。在第一次销售行为发生后，即“首次销售”权利用尽，专利权人不能再干涉产品的流通。五是进口权，即除法律另有规定外，专利权人享有自己进口或禁止他人未经许可，为制造、许诺销售、销售、使用等生产经营目的而进口其专利产品或依照专利方法直接获得的产品的权利。进口权的行使与专利产品的平行进口有着紧密的关联。在实践中，专利权人或其被许可人在他国制造并出售其专利产品，其合法购买者将该专利产品进口至本国，这种“平等进口”行为是否构成对进口权的侵犯？根据《知识产权协定》的规定，未经权利所有人同意不得进口有关产品。据此，我们可以认为：第一，进口的专利产品不得是侵权产品。具言之，该产品是专利权人或其被许可人投放市场的专利产品。第二，进口的专利产品首次投放市场时得到专利权人的同意。根据权利用尽原则，平行进口行为

① 参见尹新天：《中国专利法详解》，165页，北京，知识产权出版社，2011。

不过是将该产品从一个国家移转到另一个国家。① 我国专利法允许专利产品的平行进口。独占实施权条款涉及专利权的效力范围，它规定了专利权人独占实施的行使权，即实施专利的五种方式，亦为行使权效力所及之范围；同时也规定了专利权排他利用的禁止权，即他人擅自实施专利之行为，即为禁止权所指之侵权行为。需要说明的是，我国专利法规定，禁止他人利用、实施专利，须以实施人"为生产经营目的"为限。德国法、法国法以及《欧共体专利公约》亦作出类似规定，即在"以私人方式进行"，且"为非商业目的"情况下实施专利，不在禁止权范围之内。②《知识产权协定》虽无"为生产经营目的"条款，但"各成员可以对专利所赋予的排他权规定有限的例外"。这说明，各国专利立法与相关国际公约的精神是一致的。

处分权是专利权的重要内容。严格地讲，处分权并不是专利权所独有的内容，凡具绝对性的财产权皆为如此。同所有权一样，专利权人对其获得的专利可以行使处分的权能，即发生决定权利命运的法律处分。专利权的处分权包括转让权和许可权两种情形。转让权是指专利权人将专利所有权转让给他人的权利。转让使权利主体发生变更，从而使专利权从原始所有人处转移到新所有人处。转让有两种形式：一种是合同转让，如因买卖、赠与、技术入股而发生专利权转让；另一种是继承转让，这是基于法定原因而使专利权从已故专利权人手中转至继承人。许可权是指专利权人许可他人实施其专利的权利。在很多情况下，专利权人不愿或不能自己实施专利，而是通过许可他人实施专利以取得收益。许可他人实施专利，并非专利所有权发生移转，而仅仅是将其中的使用权授予他人。

标示权是专利权的特殊内容。标示权是专利权人在其专利产品或该产品包装上标明专利标记和专利号的权利。行使标记权，可以起到宣传的作用，以彰显专利产品的权利存在；同时也具有警示作用，以主张专利产品的权利保护。当然，专利权人即使没有标明专利标记和专利号，任何人仍不得仿造专利产品，否则构

---

① 参见严桂珍：《权利穷尽原则在美国专利产品平等进口领域中适用及其重大调整》，载《比较法研究》，2008（4）。

② 参见尹新天：《中国专利法详解》，126页，北京，知识产权出版社，2011。

成专利侵权。

三、专利权与相关权利的关系

专利权作为一项无形财产权，是基于某项发明创造所产生的权利，是同一发明创造最先申请人所取得的权利，是国家主管机关对发明创造人或合法申请人所授予的权利。此处研究的重点，主要围绕专利的申请、审查与授权，探讨专利权与相关权利的关系。

1. 专利权与申请专利的权利及专利申请权

专利权的归属，是各国专利立法必须回答的基本问题。从立法技术而言，关于专利权归属的相关规定，首先即是明确申请专利的权利主体，即涉及“专利申请的权利”；然后规定专利申请提出后，申请人享有决定是否继续进行申请程序或是转让他人继续专利申请，由此产生“专利申请权”；最后规定专利申请批准后的权利归属，即专利权属于提出该申请的主体。可见，在专利法中，申请专利的权利、专利申请权和专利权是三个有关联性的权利。

申请专利的权利，是指发明创造完成后到提出专利申请前，权利主体享有的是否对该项发明创造提出专利申请以及如何进行专利申请的权利。在立法例中，关于申请专利的权利，英国法表述为“申请并获得专利的权利”（right to apply for and obtain a patent），德国法称之为“对专利的权利”（right to a patent），韩国法更为精准地概括为“获得专利的资格”（entitlement to obtain a patent）[①]。从专利审批程序的角度来说，该权利是发明创造专利申请前的权利。与发明创造有关权利的归属，主要有两种情形：凡是非职务发明创造，即在本职工作或单位交付的工作之外，完全依赖自己的物质条件作出的发明创造，申请专利的权利、专利申请权以及专利权均属于作出发明创造的发明人或设计人；凡是职务发明创造，亦称“雇员发明”，即执行本单位的任务或主要利用本单位物质条件所完成

① 尹新天：《中国专利法详解》，70页，北京，知识产权出版社，2011。

的发明创造，其权利归属如何，各国立法规定有所不同：一是规定发明创造的权利主体概为发明人或设计人，无论其按照谁的意愿、利用谁的物质技术条件作出发明创造，在所不问。美国、日本等即采这一做法。例如《美国专利法》第111条规定，"专利申请，除本法另有规定的外，应由发明人本人或发明人授权他人以书面形式向专利与商标局局长提出"。二是规定发明创造的权利主体应为雇员所在的单位，英国、法国等实行这一办法。考虑到发明人所作出的智力创造，这些国家的专利法要求雇主获得专利权后应给予发明人以合理的补偿。三是在专利法关于专利权归属的一般规定外，辅之以"雇员发明法"加以调整。即专利法原则性规定专利权由发明人享有，但对雇员发明的权利归属，可适用"雇员发明法"作出可供雇主或雇员进行选择的灵活安排。德国、瑞士等国即有此类规定。我国专利法规定，申请专利的权利、专利申请权以及专利权均属于职务发明创造人的所在单位。

专利申请权，亦为专利申请的所有权，即申请人在向国家主管提出申请后对其专利申请享有的处分权利，主要表现为申请人有权决定是继续完成申请，还是放弃专利申请，是自己保留专利申请还是将专利申请转让他人。各国专利法大抵规定，专利申请权与专利权可以转让。从专利审批程序的角度来看，专利申请权是发明创造申请后、授权前的权利。

申请专利的权利、专利申请权与专利权有着紧密的联系。概言之，申请专利的权利是专利申请权的基础，即享有申请权利的权利主体一旦提交专利申请，申请专利的权利即转化为专利申请权；专利申请权是专利权得以授予的前提，即专利权属于有权提出专利申请的权利主体。

2. 专利权与发明权、发现权

专利权、发明权、发现权都是科学技术领域中的智力成果权。在笔者早期的著述以及后来一些学者的著作中，都曾将发明权、发现权引入知识产权范畴。[①]

① 参见吴汉东、闵锋：《知识产权法概论》，北京，中国政法大学出版社，1987；刘剑文、张里安主编：《现代中国知识产权法》，北京，中国政法大学出版社，1993；刘春茂主编：《中国民法学・知识产权》，北京，中国人民公安大学出版社，1997。

对此，笔者自20世纪90年代以来，进行了反思，主张发明权、发现权以及其他科技成果权是一种取得荣誉与获取奖励的权利，并非严格意义上的私人财产权，该项制度应归类于科技法，而不是知识产权法。但是，专利权与上述权利是有着关联的，试分述如下：

专利权与发明权。专利权与发明权保护的对象，都是一项新的技术成果或者说技术解决方案。关于发明的定义及其具备的条件，与专利权客体的规定有相似之处。原苏联1973年《发现、发明与合理化建议条例》第21条规定："发明是对国家经济、社会文化建设或国防建设的任何领域中的问题的一种新的、具有本质区别的提供良好效果的技术解决方案。"朝鲜1978年修订的《保护发明、技术革新法》第3条规定，发明是"能解决科学、技术、社会以及文化活动中任何领域里特定问题所采取的新技术、该解决方案是有经济效果的、过去未曾有过的新的基本要点"。我国《发明奖励条例》规定，发明必须是一种重大的科学技术新成就，并同时具备三个条件：(1) 前人所没有的；(2) 先进的；(3) 经过实践证明可以应用的。上述规定，与专利法关于"新的技术方案"的客体定义与"新颖性"、"先进性"、"实用性"的授权条件在表述上并无多大差异。在当今世界，各国对于技术发明所采取的保护制度不尽相同。总的说来，可以分为三类：一是发明专利制度，大多数国家采此例；二是发明奖励制度，原苏联、东欧国家曾循此例；三是发明奖励—专利制度。我国采取了这一双轨制做法。因此，对于一项发明创造，当事人可以申请专利授权，也可以申请发明奖励，两者只能选择其一。

专利权与发现权。发现权的保护对象即科学发现，是阐明科学事实或客观规律的基础科学研究成果，其创造性价值在于发现未知，认识奥秘。这些发现并不一定都能应用于生产实践，但它扩大了人类的知识领域，使人类得以进一步探索自然界及人类自身的奥秘，或者可能进一步引入应用科学，成为工业技术中发明创造的基础。关于科学发现的定义，1978年《科学发现国际登记日内瓦条约》明确规定为"对至今没有认识的可以证明是正确的物质世界的现象、性质和法则的认识"。我国《自然科学奖励条例》则表述为"在科学技术的发展中有重大意义，阐明自然的现象、特性或规律的科学研究成果"。由此可见，发现权保护的

科学研究成果，具有认识的“前所未有性”、“唯一性”以及“真理性”的特征。基于科学发现所形成的理论、思想、观念，不能为发现人所垄断或专有，由此立法者创建了以奖励为主的发现权制度。本来，专利发明与科学发现有着明确的界限，分属不同的法律制度加以调整。但在基因技术环境下，专利制度发展的突出问题，就是淡化发明与发现的概念，给予基因技术基础研究成果以专利保护。正如学者所言，由于生物技术的出现，使得“专利只能授予发明而不能授予发现”的传统理论遭到质疑。① 基因技术基础研究成果，如人类基因组数据等，在习惯上被认为是“发现”而不是“发明”。但是，基因技术基础研究是应用研究的前提；进而言之，没有人类基因序列的发现，就不会有矫正和改造基因的新技术产生。基因技术的基础研究阶段和应用研究阶段都需要法律给予保护。学者们认为，在基因技术条件下，传统理论有必要进一步发展。对于基因技术基础研究成果，没有必要先行认定其是发明还是发现，而是直接审查其是否符合专利性条件。② 就人类基因而言，国际社会达成的共识是，基因序列本身不应该有任何专利，但是能够提出某些基因的用途或潜在应用功能的，即具备实用性的条件，可以申请专利。③

3. 生物技术专利权与遗传资源所有权

按照 1992 年《生物多样性公约》的说法，遗传资源是指具有实际或潜在价值的遗传材料，例如植物遗传资源、动物遗传资源、人类遗传资源等。遗传资源的价值，不在于提供了遗传材料本身，而在于提供了遗传材料中所蕴涵的遗传信息，这种遗传信息有可能转化为生物技术并带来经济效益。当代生物技术产生的特点之一，就是对资源的依赖性与资源的信息化。就遗传资源与生物技术的关系而言，它们是本源性与依赖性的对应关系。可以说，研究者发现了遗传资源物质表达的遗传信息，并且找到了利用该遗传信息的方法，这就是现代生物技术即基

---

① See Joseph M. Reisman, *Physicians and Surgeons as Inventors*: *Reconciling Medical Process Patent and Medical Ethics*, Berkley Technology Law, California University.

② 参见吴汉东、胡开忠等：《走向知识经济时代的知识产权法》，189～194 页，北京，法律出版社，2002。

③ 参见郝晓锋：《生物技术知识产权保护问题的由来与发展》，载《知识产权》，1996（2）。

因技术。[①] 不容否认，基因技术是人类的智力创造成果，理应受到知识产权的保护，主要是专利权的保护。但是，基因技术专利是以遗传资源为物质基础的，脱离遗传资源提供的遗传信息，人们不可能想当然地绘制基因序列，更不可能了解与该基因序列对应的遗传性状。因此，在保护生物技术专利的同时，必须重视对遗传资源的保护。关于遗传资源的权利的法律属性，国际上较为流行的观点是将其排斥在知识产权体系之外，也有人主张将其改造成为一种新型的知识产权。[②] 应该肯定的是，遗传资源的权利是一种新型的财产权，其保护对象是附着于遗传材料上的遗传信息，而不是离开遗传信息的遗传材料本身。因此，这种权利有别于一般财产所有权。同时，遗传资源所有权又是生物技术专利权的在先权利，其制度要义在于分享生物技术专利权保护所产生的惠益。按照《生物多样性公约》设定的目标，即由遗传资源的利用方（专利权人）与提供方（遗传材料所有权人），按照共同商量的条件，公平分享基于研究和开发此种资源的成果以及商业和其他方面利用此种资源所获得的利益。

我国 1998 年公布了《人类遗传资源管理暂行办法》，体现了国家对境内人类基因资源管理与保护的基本立场，同时表明了合作开发研究人类基因资源的政策精神。该办法规定：有关人类基因资源的国际合作项目应遵循平等互利、共同参与、共享成果的原则；对境内人类基因资源信息，我国研究开发机构享有专属持有权，未经许可不得向其他单位转让。获得上述信息的外方合作单位和个人未经许可不得公开、发表、申请专利等。该办法涉及人类基因资源管理与研究成果权利分享，但未顾及基因信息提供者的权益。基因信息作为一种个人信息资源，其提供者应享有具有人格和财产双重内容的权利，主要有：（1）基因信息保密权，即权利主体对自己的基因信息进行保密，不为人所知的权利。提供者有权防止因其基因特征而受到歧视（如就业、入学和保险中的歧视）或其他不公平待遇。为研究或其他任何目的而获取的与个人有关的分析或存储处理的基因信息，未经权

① 关于遗传资源的客体属性以及与生物技术专利的关系，可参见吴汉东：《关于遗传资源客体属性与权利形态的民法学思考》，载（台湾）《月旦民商法杂志》，第十二卷（2006 年 7 月）。

② 有关观点，可参见詹映等：《国际视野下的农民权问题初探》，载《法学》，2003（8）。

利人许可，不得擅自公开，否则视为侵犯他人的隐私权，要承担相应的侵权的民事责任、行政责任与刑事责任。(2) 基因信息知情权，即权利主体对于自己的基因信息知情同意的权利。在任何情况下从事的人类基因组研究，均应告知当事人实验的性质、目的、检验步骤，让其认识到即将进行的基因治疗案对其本人和科学有何益处，由于技术的不成熟在检测过程中可能发生的损害以及伤害事故发生之后的解决途径，由当事人据此作出选择。基因检测完成以后，检测机构应如实告知检验结果。(3) 基因信息利用权，即权利主体对于个人的基因信息按照个人意愿进行使用、收益和处分的权利，禁止他人非法搜集利用。权利人有权为了经济利益或者公共利益的目的准许他人利用、研究、公开其基因信息。

四、基因技术时代的专利权

诺贝尔化学奖获得者柯尔曾向他的科学界同人宣称："20世纪是物理学和化学世纪，而21世纪无疑将是生物学世纪。"[①] 对生物技术发明的保护并不需要创建新的法律制度，欧盟《关于生物技术发明的法律保护指令》认为，"国家专利法的规定当然是对生物技术发明给予法律保护的主要基础"。

在基因技术时代，专利制度为保护技术创新、维护公平有序竞争秩序提供了必要的运行机制和外部环境。其制度功能和政策作用表现在以下两个方面：

1. 基因技术创新与专利权

专利制度的目的在于通过保护发明创造专利权，鼓励发明创造，推动高新技术产业化，促进科学技术的发展。专利制度鼓励基因技术创新的作用从其一系列具体功能体现出来。

(1) 确认基因发明创造产权归属

"从产权经济学的角度来看，社会的发展和进化一定表明该社会的产权制度越来越能有效地调动个人积极性，从而把有限的资源和精力用到对社会最有效的

① 转引自黄玉烨：《人类基因提供者利益分享的法律思考》，载《法商研究》，2002 (6)。

活动中去。”① 专利法规定专利权人在法定期限内对该发明创造的独占权利，这就从法律上确认了发明创造的产权归属，明确了人们与创新成果的法律关系，肯定了发明人或其他专利权人的社会地位，并保护其经济利益。专利产权的确定，意味着专利权人不仅能收回从事发明创造的投资，还能得到丰厚的回报，从而极大地调动人们的创造积极性，继续新一轮的技术创新。

基因产业具有研究开发周期长、费用高、风险大的特点。在基因技术基础研究与应用研究阶段，往往需要投资数亿至数十亿美元，而按照目前生物学界的说法，基因产品的开发现在只有0.1%的成功率。即使在研究阶段取得了成功，但其后续投资风险仍然存在。如哮喘基因已经被发现，但是复制这个基因就得花费1亿美元，再加上后期的产品开发，其费用之大使得一般投资者都不敢轻易冒险。在美国，一种基因产品从研究到经过食品与药物管理局批准上市销售，大约需要3亿～4亿美元和5年～7年时间。我国的人类基因组研究和杂交水稻基因研究项目，都曾经有过因资金缺乏而阻滞发展的困扰。因此，建立完善的产权制度——专利法律制度，明确基因研究成果的产权归属，将会使越来越多的风险投资者和研究者敢于投资基因产业，把资金、精力和智慧投入基因的研究与基因产品的开发，从而促进基因经济的发展。

（2）实行基因专利文献公开

“建立专利制度的目的之一，就是要将专利申请公之于众，将新发明的信息向所有的人公布，借以促进工业技术的发展。”② 公开性是专利申请人取得专利权的前提，即将发明创造的内容向社会公示、公布。公开的程度，是以使所属技术领域的普通技术人员能够实施该项发明；公开的途径，是由国家专利管理机关将其在专利文献上公布。专利文献包括由国家专利管理机关公布的专利公告、专利说明书、出版的各种检索工具书、与专利有关的司法文件等。专利文献是人类科学技术宝库，具有信息量大、传递信息快、系统详尽、内容准确等特点。据世

① 马秀山：《试论知识经济与知识产权的关系》，载《中国专利报》1998-09-23，第2版。

② ［美］阿瑟·米勒、迈克尔·H·戴维斯：《知识产权法概要》，周林、孙继红、张灏译，7页，北京，中国社会科学出版社，1998。

界知识产权组织统计，世界上最新的发明创造成果90%以上都能在专利文献中查到。这样，科研人员在科技选题和制订方案时先进行专利文献检索，以了解和把握国内外新技术的发展水平和动向；可以避免重复，少走弯路，减少资源浪费，从而站在“巨人”的肩膀上发展最新的技术和产品，是提高研究开发起点、有效配置科技资源的一种重要手段。① 同样的，给予基因技术专利保护，将促使权利人积极提出专利，经专利主管机关审查后认为符合专利法规定的，将公开专利申请文件，则有关基因信息可以为公众所利用。

（3）对基因专利提供法律保护

对专利权予以法律保护是专利法的重要内容。法律在赋予权利人广泛权利的同时，又要对权利人享有的权利给予保护，使权利人可以充分地行使自己的权利，真正实现其经济利益，并在权利受到侵害时可寻求法律的救济，通过一定程序对侵权人的侵权行为予以制裁，要求其承担相应的法律责任。侵犯专利权的行为主要表现为两个方面：一是未经专利权人许可，为生产经营目的制造、使用、销售、进口其专利产品或专利方法；二是以欺骗消费者牟取高额非法利润为目的假冒他人专利权。当今世界主要国家的专利法律制度一般都规定侵犯专利权的人应当承担民事责任、刑事责任、行政责任。通过对知识产权的保护，可以有效地制裁违法行为，实现专利法的宗旨，即保护智力创造者的利益，鼓励技术创新，促进科学文化事业的发展和繁荣。在美国的生长激素基因专利侵权诉讼中，加州法院判令被告赔偿专利权人2亿美元，就是一个保护基因专利、制裁侵权行为的例证。

2. 基因技术产业发展与专利权

在基因技术时代，基因经济在国民经济中将起到举足轻重的作用，而科学技术产业化是基因经济发展的关键性环节。如何促进科研成果转化为生产力？联合国经济合作与发展组织1996年年度报告《以知识为基础的经济》指出，政府政策的优先重点如下：促进知识的扩散——对技术创新支持需要扩宽，也就是从

① 参见陈美章：《试论专利制度对科技进步和经济发展的作用》，载《中国知识产权报》，2000-03-24，第2版。

“任务导向”的科学技术计划扩展为“扩散导向”的计划，这包括为大学—产业—政府合作提供框架条件。促进新技术扩散到各个部门和企业，推动信息基础结构的发展。专利制度本身具有这一有利于知识的扩散与利用的功能，帮助专利权人实现高新技术产业化，促进知识经济的发展。

从专利权人的角度而言，专利权人取得专利权的目的不仅仅是“占有”该发明创造，消极地防止他人擅自利用其专利，更主要的是通过积极地“实施”或“处分”其专利而取得“收益”；也并不是所有的专利都对社会有益，事实上，一项发明在被利用之前的经济利益是很小的，甚至体现不出价值。只有通过实施专利，将其转化为生产力，才能产生一定的社会效益，提高技术水平，促进经济增长。这也是专利制度保护发明创造的目的。各国专利法均有规定，专利权人对其专利享有独占实施权，即排他的制造、使用、销售、许诺销售、进口其专利产品、方法或依该方法直接获得的产品。据此，专利权人可自行投资搞实业，运用其人力、物力来生产、销售专利产品，或者在生产过程中使用该专利方法，基于专利的实施而得到物质上和经济上的利益。但是在现实生活中，能够自行实施专利的只是少数专利权人，多数人因不具备投资生产的条件或其他原因而无法使其专利转化为生产力。专利权利用制度有助于解决这一问题，其具体方法如下：

(1) 专利实施许可，即专利权人通过签订实施许可合同的方式将全部或部分专利权在一定期限内许可他人使用并获得报酬的一种专利权利用方式。

(2) 专利权的转让，即专利权人通过合同、继承等方式将专利权转让与他人，权利主体发生变更。

(3) 在适当条件下可适用强制实施许可，即国家专利主管机关根据国家和社会利益的需要，违背专利权人的意志或者不经专利权人的许可，而允许申请实施专利的人利用专利产品、使用专利方法，但被许可人应付给专利权人合理的报酬。

这样，专利利用制度一方面为专利权人实现其财产权、获得报酬提供了渠道，另一方面便利了公众对专利权的利用，协调了专利权人与专利利用人之间的关系。

基因技术可以采取专利权保护，但是传统规则在基因技术时代面临着挑战。这是因为，基因技术本身的基础研究特征以及它在产生、形成和发展的过程中，同客观存在的动物体、植物品种以至人类自身都有着密不可分的联系，这就使得基因技术成果与以往授予专利的条件和规则产生矛盾。例如，基因工程的“自然属性”与专利技术的创造性、实用性不尽一致，因而被归于专利权体系之外的科学发现（前文已述）；有关人体、动物体的基因技术发明，有可能违反伦理、道德标准而无法通过专利审查；对植物新品种的保护，也面临着专利权或其他知识产权的多种选择，从当代各国立法例来看，沿用传统专利制度，对基因技术变通适用保护，是较为普遍的做法；对于确实无法纳入专利权体系的，技术成果权益则可通过其他法律或商业化途径加以解决。目前，授予专利权的基因技术主要有以下几种：

（1）基因产品专利。其授权对象包括在基因技术研究活动中产生的各种新物质、新成品，例如从人体中分离或用其他方法取得的药品、基因食品、基因保健品等。

（2）基因方法专利。其授权对象包括基因的提取、改变、保存、携带、繁殖等方法。为某一特定基因而繁殖生物体的方法，必须是微生物方法或非生物方法，生物学方法被排除在可专利性之外。

（3）转基因微生物专利。其授权对象包括转基因生物学方法及微生物本身。微生物方法，意指涉及微生物材料、作用于微生物材料或由微生物所产生的任何方法。当微生物经过分离成为纯培养物，并且具有特定的工业用途时，微生物本身属于可专利性主题，例如通过基因修饰等方法培育出来的微生物菌种。

（4）基因转用专利。其授权对象包括公知产品的新用途、公知方法用于某种新目的，或者公知技术转用于其他方面取得了预料不到的效果。该项发明虽然是已知技术，但是将它运用于其他领域之效果是非显而易见的。例如，发现某一基因产品对一种通常被认为不可使用或未知使用的顽疾有特定疗效，则认为是可专利性主题。

（5）功能基因专利。其授权对象包括说明了功能的基因序列，指明了生产哪

种蛋白质或者是某一种蛋白质的哪个部分的基因序列。例如，生长激素基因的发现，使得人们掌握了一个人能长多高、什么时候长高、什么时候停止长高的奥秘，因而是可专利性主题。

(6) 转基因动植物新品种专利。其授权对象包括转基因动植物新品种与新品种的培育方法。对于这些非自然存在的动物、植物，同其他发明一样，具有新颖性、创造性和实用性，符合专利性标准。从立法例看，已有许多国家授予动物、植物品种专利权。也有部分国家考虑到本国现有实际情况，对动、植物品种暂不保护，但对培育动、植物品种的方法，可以授予专利权。

各国法律在授予基因技术以专利权的同时，大抵明确了不具有可专利性的主题，主要包括：(1) 违背公共秩序与伦理、道德的发明，例如克隆人的方法（该方法有悖于人类自身安全和人类生活秩序），人的胚胎的商业利用（但不包括为疾病的治疗或诊断的目的而应用人类胚胎且对其有用的发明），改变动物基因特征的方法（该方法可能导致动物痛苦，而对人类及动物没有任何实质性的医学利益）；(2) 任何阶段的人体及相关基因序列的简单发现（对人体某一原素的简单发现，包括基因序列或基因序列的某一部分，不具创造性）；(3) 疾病的诊断和治疗方法（因实施对象为有生命力的人或动物，无法在工业上利用，不具实用性；同时出于人道主义考虑，使医生在诊断和治疗疾病过程中有选择各种方法和条件的自由）。

第十四章

集成电路布图设计权

集成电路布图设计权，是指权利所有人对其布图设计进行复制和商业使用的专有权利，它是新技术革命发展的制度产物，也是无形财产权体系的最新成员。布图设计权制度的构建，涉及权利的取得、内容、行使及保护等诸多方面，与有形财产权以及传统无形财产权有明显不同，以至于有的学者认为这一权利是介乎著作权与工业产权之间的“交叉权利”，并将其称为“工业版权”[①]。

一、技术层面与法律意义上的布图设计

1. 布图设计的行业定义及其技术特征

集成电路（integrated circuits）在相关行业中通称为芯片，也有的以英文简称为 IC，它是以半导体材料为基片，将至少有一个是有源之体的两个以上元件和部分或者全部互联线路集成在基片之中或者基片之上，以执行某种电子功能的中间产品或最终产品。根据 1988 年世界知识产权组织在华盛顿缔结的《保护集

① 所谓“工业版权”，即给予工业产品以类似著作权保护的新型专有权。“工业版权”的立法动因，始于纠正工业品外观设计享有专利权与著作权双重保护的弊端，而后又成为集成电路布图设计的权利保护模式。参见郑成思：《版权法》，北京，中国人民大学出版社，1990。

成电路知识产权的华盛顿公约》（即《华盛顿公约》）的解释，集成电路是指“一种产品，不管是最终形式还是中间形式，是将多个元件，其中至少有一个是有源元件，与部分或全部元件相互连接集成在一块半导体材料之中或之上，以执行某种电子功能。”各国集成电路立法对集成电路产品的定义与《华盛顿公约》大致相同。加拿大 1990 年《集成电路拓扑图法》，将集成电路翻译为“以一种中间或最终形式存在的产品，其至少由一个有源之件组成，并且元件之间互连、集成、固定在一种材料之上，以执行某种电子功能”。我国 2001 年制定的《集成电路布图设计保护条例》，将集成电路表述为“半导体集成电路”，即“以半导体材料为基片，将至少有一个是有源元件的两个以上元件和部分或全部互连线路集成在基片之中或基片之上，以执行某种电子功能的中间产品或者最终产品”。从上述公约和立法规定，我们可以认识到：（1）集成电路包括中间产品和最终产品两类；（2）集成电路至少应包含一种有源元件；（3）集成电路的相关元件应集成于基片之中或基片之上；（4）集成电路旨在执行某种电子功能。此外，需要指出的是，由于绝大多数集成电路是半导体集成电路，因而各国集成电路立法多是针对半导体集成电路进行制度设计。

集成电路是一种综合技术成果，包括布图设计与工业技术两大组成部分。其中，布图设计是指集成电路中至少有一个是有源之件的两个以上元件和部分或全部互联线路的三维配置，或者为制造集成电路而准备的上述三维。换言之，布图设计是一系列以任何方式固定或编码的相互图像，这些图像反映了用以构成集成电路产品的那些材料层之间的三维配置模式。工艺技术是将布图设计出来的掩膜以三维复制的方式嵌入硅片或其他半导体材料中并使之“固化”。除此之外，工艺技术还包括封装与测试两个流程。

集成电路布图设计是以图形的方式存在于集成电路芯片或掩膜版上的。从技术层面上说，它是一种三维配置形态的图形设计，在国外有“功能作品”之称。其技术特征表现在以下两个方面：

（1）布图设计具有独立的技术价值。集成电路属于微电子技术范畴，是现代电子信息的基础，广泛应用于各种电子产品之中。作为电子设备中最重要的一

种，集成电路承担着运算和存储功能，是数字家电、数控机床、网络通信、计算机等行业的“心脏”。从产业链结构来说，集成电路产业由设计、制造、封装测试、销售等组成。其中，布图设计处于产业链的上游，制造与封装测试分处于中、下游。三大产业对资金的需求比例为1∶100∶10，而资金增值程度则为4∶3∶3。由此可知，集成电路布图设计是低投入、高产出的产业，其知识与技术密集程度，决定了其附加值高的技术价值特性。这就使得围绕布图设计展开的利益争夺异常激烈，对布图设计进行法律保护的诉求从未停止。

(2) 布图设计具有特定的技术寿命。布图设计更新模式较快，特别是采用计算机设计和布图，其发展速度快、生产周期短，因此其技术寿命不可能持久。有数据表明，从动态存储的产品研制到形成制造高峰，4K存储用了3年，16K存储用了3年，64K存储用了2年，256K和1M分别用了3年。在当代，集成电路布图设计产业的发展，表现出不断提高集成度、降低能耗的趋势，更新模式速度日见加快。集成电路工业革命的“摩尔定律”① 表明，18个月为产品的更新周期。这一技术革命特性，决定了对布图设计给予专有权保护的必要性，同时也决定了进行较短保护期规制的合理性。

2. 布图设计的法学定义及其法律特征

布图设计是一定技术思想的表现形式，是由附属于特定载体之上的电子元件和连接这些元件的连线所构成。作为无形财产权的保护对象，具有以下法律特征：

(1) 非物质性。非物质性或者说是无形性，它是布图设计作为无形财产权客体即智力成果的法律特征。布图设计在其运作过程中，可以固定在磁盘、掩膜上，也可以固定在集成电路产品中，但这些介质与掩膜仅仅是布图设计的载体，是智力制造成果的表现形式，即物化了的构思。非物质性是无形财产（诸如版权

① “摩尔定律”由美国英特尔公司创始人之一戈登·摩尔于1965年提出。该定律最现代和流行的表达即是：在价格不变的前提下，计算机芯片（即集成电路，IC）的运算能力每18个月提高一倍；或是，芯片上的晶体管数量每18个月增长一倍。从实际数据推算表明，英特尔公司于1971年生产的第一块可实际运算的硅芯片含2 300个晶体管，而在2005年生产的芯片则含有17亿个晶体管，其速度几近“摩尔定律”的表述。“摩尔定律”被人们称为计算机革命的基础。

作品、专利技术、商业信誉等）最一般、最本质的特征，布图设计的这一属性为我们区分布图设计与按照布图设计制造的集成电路产品提供了分析工具。

（2）可复制性。布图设计与著作权上的作品一样，具有以各种方式进行无限复制的可能性。其载体可以是掩膜版等半导体材料，也可以是磁带、磁盘、芯片等介质。当载体为掩膜版时，布图设计以图形方式存在，其复制方式即是对掩膜版的“翻拍”；当载体为磁盘、磁带等介质时，其复制方式即是以相同介质对布图设计进行“拷贝”；当布图设计“固化”到已制成的集成电路产品之中时，复制过程较为复杂：首先除去集成电路的外封装，再去掉芯片表面的钝化层，然后采用不同的腐蚀液逐层剥蚀芯片，并拍下各层图形的照片，图形设计的复制即告完成。总之，可复制性是布图设计作为权利客体的法律要素，而易于复制的特性则成为其专有权利保护的重要诉由。

（3）新颖性与创造性。受法律保护的布图设计，要求是设计人独立制作的，其构思有独特之处，不能是以往布图设计的简单重复，而应表现出一定程度的进步性。布图设计与专利技术都有新颖性和创造性的要求，但前者并非必须达到相当进步程度，仅是与以往图形设计相比有一定进步和区别即可，即在该类设计者看来不是常规的设计。尽管如此，就创造性程度而言，集成电路布图设计有别于作为作品或外观设计保护的印刷电路板布图设计。后者纯粹是为了实现分立元器件之间的导电线路连接，是电路宏观连线的一种变形①；而前者是为了在微观体积内实现微观元件之间的逻辑连接，以执行某种复杂的电子功能，因此，布图设计以至产品制造都有较高的创造性要求。

上述法律特征表明：非物质性是布图设计作为无形财产或知识产品的本质属性；可复制性表现了布图设计与版权作品的相似性；新颖性、创造性则彰显了布图设计与专利技术类似的进步性要求。可以说，布图设计的上述特征，决定了其是无形财产权的特殊客体，即一种“工业版权”（即版权与专利权交叉形成的专有权利）的保护对象。

---

① 参见杨安进：《与印刷电路板相关的知识产权问题》，载《中华全国律协知识产权专业委员会知识产权论坛暨2001年年会论文集》。

二、布图设计权的保护模式选择

集成电路布图设计，通常需要相当的资金投入和专业的人力资源投入，而复制这种布图设计所需成本很少，依照拍摄电路涂层所得到的照片掩膜即可便捷地进行复制，因此有必要为布图设计提供专有权利保护。

对于集成电路布图设计采取何种方式给予法律保护，各国立法者曾为之进行过长期的探索。对集成电路布图设计，可以依据著作权法的规定将其作为产品设计图纸而给予保护；采用集成电路的电子产品，如果符合可专利性的要求，还可以取得专利权保护。对介乎于设计图纸与电子产品之间的集成电路布图设计，虽不能授予其著作权或专利权，但却可以借鉴两种制度的保护方法，在布图设计上提供一种亦此亦彼的“工业版权”。现分述之：

1. 著作权法保护模式

布图设计是一种三维配置形态的图形设计，其固化于掩膜版或芯片时，表现为一系列图形的组合；而存储于磁带、磁盘时，则又表现为一系列的数字编码。其在不同载体上的不同表现形式，具有与作品相同的非物质性特点。此外，集成电路的生产工艺是按照布图设计提供掩膜版或其他介质来完成，或翻拍存于掩膜版上的布图设计图形，或拷贝存于磁带、磁盘中的数字编码，都可以达到复制布图设计的效果，因此这与作品的可复制性是相同的。尽管如此，布图设计并不能构成著作权意义上的图形作品或造型艺术作品。其理由是：图形作品是由文字、图形或符号构成的，是具有一定思想的表现形式，而布图设计由电子元件及其连线所组成，它执行着某种电子功能，不表现任何思想。造型艺术作品基于其“艺术性”而非“实用性”才受到著作权法的保护，而布图设计是多个元件合理分布并相互关联的三维配置，是一种电子产品，不以其“艺术性”作为法律保护的条件。此外，著作权保护期较长，如果将布图设计作为一般作品保护，不利于布图设计的创新与集成电路产业的发展。有鉴于此，有学者将布图设计描述为一种

“纯功能主义的实用物”，认为其不符合著作权法关于作品的要求。[①] 此外，布图设计并不适于著作权作品的50年保护期规定。“摩尔定律”表明，集成电路产品的更新周期为18个月，如将其布图设计作为一般作品来保护，则易于造成技术垄断。

在立法实践中，美国曾试图以著作权保护布图设计，但未成功。1979年，美国众议院议员爱德华首先提出布图设计版权保护的议案。由于著作权法禁止以任何方式复制他人作品，倘若授予布图设计以版权，广泛运用于集成电路之中的反向工程将沦为非法，因而这一议案为议会所否决。[②] 美国法律虽然将布图设计称为“掩膜作品”，但美国国会在审议报告中曾明确指出，美国著作权法不保护半导体芯片之类的实用物品，这是因为著作权法仅保护作品的表达方式而不保护思想。相反，对于设计图纸，可以根据著作权法给予保护，但这种保护不得延及根据该图纸制造的实用物品。美国版权局也持相似的观点，认为布图设计过于实用，因而拒绝给予其著作权登记。[③]

2. 专利法保护模式

布图设计是一种具有技术功能的图形设计，但与技术方案、外观设计有别，不适于专利法保护。其理由是：第一，布图设计不同于专利法的技术方案。依照专利法规定，技术方案应具有可实施性，即可以引用该技术方案生产产品；而布图设计仅是集成电路产品的中间形态，没有独立的产品功能，因而不能构成专利法意义上的技术方案。此外，关于产品、方法或其改进的技术方案，须具备相当的创造性。在专利法中，创造性是指申请专利的发明创造与现有技术相比较，有突出的实质性特点和显著的进步，即对于该领域的普通技术人员来说是非显而易见的。也就是说，技术方案要获得专利必须具有一定的“发明跨度”；而集成电路布图设计受保护的标准——“非常规设计”（我国《集成电路布图设计保护条

---

① 参见刘文：《集成电路布图设计的知识产权性质和特点》，载《法商研究》，2001（5）。

② 参见郭禾：《集成电路布图设计权——一种新型的知识产权》，载《工业产权》，1992（6）。

③ See JG Rauch, “The Realities of Our Times: The Semiconductor Chip Protection Act”, *The Evolution of the Semiconductor Industry* (February 1993). 转引自肖志远：《知识产权权利属性研究》，115页，北京，北京大学出版社，2009。

例》第4条使用这一表述），比“非显而易见”的标准要低。由此可见，集成电路布图设计的创造性要求高于版权中的独创性要求，但低于专利中的“首创性”要求，较为特殊。现代集成电路技术的发展主要表现在光刻线条宽度的不断减小和集成规模的不断提高，这些都是工艺水平不断提高的结果，与集成电路布图设计的联系不是很紧密。这即是说，新一代集成电路产品在其设计过程中，就某一项技术作出的改进如果具有突出的实质性特点和显著的进步，即达到三性要求，当然可以获得专利法的保护；但就整个布图设计来说，则可能没有出现根本性的改进，也未产生意料不到的结果，很少可能达到发明专利所要求的创造性高度，只不过比原来的产品集成度高，它不可能是前所未有的，也不可能达到突出的实质性特点和显著的进步。第二，布图设计不同于专利法上的外观设计。外观实际是指对产品的形状、图案或者其结合以及色彩与形状、图案的结合所作出的富有美感并适于工业应用的新设计。其功能在于美化产品，吸引人的注意力，增强产品在市场上的竞争力。首先，布图设计不符合“外观”的要求。如前所述，布图设计是制造集成电路的中间产品，不执行电子功能，也不成其为集成电路的“外观”，即便是终极产品——集成电路，无论是内置式的，还是嵌入式的，都需植入电器之中与其他电子元件配合，才能共同发挥电子功能。其次，布图设计不具备“美感性”要求。授予专利的外观设计应该具有明显的特点，即应是肉眼能够看见且具有美感效果的外部新设计，而布图设计的图形非常精细，尤其是运用CAD（计算机辅助设计）完成的布图设计更是如此，只有用显微镜才能看清楚，并且与美感无关。

除上述情由以外，专利权取得程序也不宜于布图设计。在“早期公开，迟延审查”的模式下，专利申请及审批的时间较长，成本较高，而布图设计技术寿命不长，更新换代很快。这一悖反问题，反映了专利保护制度与布图设计这一新的技术客体之间的不相适宜性。

3. 反不正当竞争法保护

世界知识产权组织授权各缔约国可自由制定保护布图设计的专门法或通过著作权法、专利法、反不正当竞争法等给予保护。可见，反不正当竞争法曾是各国

法律保护模式的选项之一。就反不正当竞争法的基本功能而言，能够提供布图设计保护的途径主要有两种：一是“技术秘密”保护。含有布图设计的集成电路虽然是一种技术产品，其布图设计含有技术因素。但是，集成电路产品一旦投入流通领域，其布图设计便会为公众知悉，为相关领域普通技术人员所理解并运用。布图设计作为中间产品，在投放市场后即由秘密状态变为公开状态，因而不具有“秘密性”，无法作为“技术秘密”而受到反不正当竞争法保护。二是“兜底条款”保护。反不正当竞争法对复制和简单反向工程等行为能起到一定的制止作用，可以在一定程度上对布图设计提供间接保护。但是，反不正当竞争不是一种真正的专有权，它不可能对行为的“不正当性”提供确切的解释标准。[①] 面对集成电路行业广泛存在的反向工程行为，反不正当竞争法无法通过权利边界去判断行为性质，其“兜底条款”作用是相当有限的。

4. 专门法保护

著作权法与专利法无力对布图设计提供有效保护，表现出传统无形财产权制度与新的微电子技术成果之间的不相适应性。但是，该类制度有可取之处，即可结合著作权与专利权之长，设计一种介乎两者的“交叉权利”。具体而言，这种权利模式系采纳了著作权法对作品的独创性要求与专利法的注册保护制度。布图设计专有权是一项新型的无形财产权，专门法保护模式已成为世界各国的通行做法。

美国是集成电路技术的发源地，世界上第一块集成电路、第一块半导体存储器、第一个微处理器都诞生于此。美国于 1984 年率先通过《半导体芯片保护法》，以专有权保护布图设计。该法规定了布图设计专有权人有权：(1) 用光学、电子或其他方法复制掩膜图层；(2) 进口或销售包含该掩膜图层的半导体芯片产品；(3) 促使或有意导致他人进行本款第 (1) 项或第 (2) 项所规定的行为。在立法形式上，《半导体芯片保护法》被列入《美国法典》的版权保护名义下，即为《美国法典》第 17 编第 902 条及以下各条，但该法实际上是一个独立于著作

① 参见［德］托马斯·德莱尔：《集成电路布图设计的保护》，蒲迈文译，载《工业版权》，1992 (4)。

权法与专利法的法律，是借鉴著作权与专利权有关规则和方法的混合法。[①] 时隔不久，日本于 1985 年颁布了《半导体集成电路的线路布局法》，其立法体例、内容与美国《半导体芯片保护法》非常相似，即将布图设计作为一个单独的权利客体进行立法保护。受美国布图设计专门立法的影响，欧共体于 1986 年颁布了《关于保护半导体芯片产品拓扑图的委员会指令》，要求各成员国根据指令的规定，通过授予专有权的形式来保护半导体产品的布图设计。是年瑞典，而后德国、法国、荷兰、西班牙等国陆续以专门法的形式出台了保护布图设计的法律。

从世界范围来看，美欧及日本等集成电路产业较为发达的国家，率先采用了上述“工业版权”模式来保护布图设计。以后随着 1989 年《华盛顿条约》和 1994 年《知识产权协定》的影响，大多数国家都接受了这种专门法模式。需要指出的是，南非对布图设计的保护为一种立法特例。1993 年，南非颁布了《外观设计法》，规定了一种与传统外观设计不同的“功能性外观设计”，其范围包括集成电路布图设计掩膜作品和系列掩膜作品。这种“功能性外观设计”，应具备履行某种功能所必需的特点，且达到较高的新颖性程度，在所属技术领域不得是公认的常规设计。有学者认为，这一规定明显取自并适用于集成电路。[②]

在国际公约体系中，关于布图设计保护的国际法文件，首推 1989 年缔结的《关于集成电路的知识产权条约》。是年，世界知识产权组织在华盛顿专门召开会议，并缔结该条约。关于布图设计保护的议案，虽然是由少数工业发达国家提出，但由于发展中国家的积极参与和共同努力，终于达成共识。该条约规定布图设计保护的法律形式，即“缔约方可自由通过布图设计的专门法律或者通过其关于版权、专利、实用新型、工业品外观设计、不正当竞争的法律，或者通过任何其他法律或者任何上述法律的结合来履行其按照本条约应尽的义务”。条约还规定，无论采取何种法律形式，布图设计应该包括复制权和商业使用权；此外，确

① 参见［美］阿瑟·R·米勒等：《知识产权法概要》，周林等译，207 页，北京，中国社会科学出版社，1998。

② 参见乔德喜：《试论集成电路的知识产权保护》，载郑成思主编：《知识产权研究》，第 3 卷，北京，中国方正出版社，1997。

立了缔约方给予保护所要求的正式手续，并设定了至少为期 8 年的保护期。1994 年达成的《知识产权协定》将布图设计保护列入世界贸易组织各缔约方的法定义务。该协定第 35 条要求缔约方依照《华盛顿条约》为布图设计提供保护；第 36 条以排除方式反向规定了布图设计所有人的权利范围——成员应将未经权利持有人许可而从事的下列活动视为非法：为商业目的进口、销售或以其他方式发行受保护的布图设计；为商业目的进口、销售或以其他方式发行含有受保护布图设计的集成电路；或为商业目的进口、销售或以其他方式发行含有上述集成电路的物品（仅以其持续包含非法复制的布图设计为限）。

我国于 1990 年签署了《华盛顿条约》，1994 年加入了《知识产权协定》，并于 2001 年颁布了《集成电路布图设计保护条例》（以下简称《条例》）。

三、布图设计权制度的基本规范

布图设计权制度是一项专门的无形财产权制度。根据国际公约和我国法律的规定，其基本规范内容如下：

1. 主体资格

权利主体是指依法能够取得布图设计权的人，通常被称为专有权人或权利持有人。

根据国际公约的要求，合格主体主要包括以下两个方面的要件：第一，只有布图设计的创作人、共同创作人、雇用人或者委托人，以及上述主体的权利继受者才能作为合格主体。在某些国家或地区（如欧盟及其成员国内），在上述主体都不合格时，独占许可证的被许可人可以作为布图设计权的权利人。第二，上述主体只有作为本国国民或居民、在本国首先进行商业利用的人、其所属国与本国同为某一保护集成电路国际条约的参加国的外国国民或居民、对本国国民或居民提供保护的外国国民或居民，以及法律规定可以享受保护的其他人的情况下才能作为合格主体。

在主体资格方面，布图设计权制度与著作权规定相同，即由自然人创作的布

图设计，该自然人是创作人；由法人或者其他组织主持，依据法人或其他组织意思而创作并由其承担责任的布图设计，该法人或其他组织视为创作人。如果布图设计由多人共同完成，则布图设计权由参加创作的人共同享有。上述创作人、共同权利人、雇主、委托人（既包括自然人也包括法人或其他组织，还包括本国人和外国人），为权利原始主体；该类权利人可通过继承、转让等方式将该权利移转于他人，后者可称为权利继受主体。

2. 权利客体

权利客体是符合法律保护条件的布图设计。具言之，合格客体必须是具有独创性的布图设计。

《华盛顿条约》关于布图设计的独创性规定，有立法指导意义，其第3条第2款规定，"（A）第1款（A）项所指义务适用于具有独创性的布图设计。此种意义的独创性，是指它们是其创作者自己智力创造的结果，并且在创作的时候在布图设计者之间以及集成电路生产者之间不是显而易见的。(B) 由显而易见的元件和与集成电路的互联结合而构成的布图设计，只有当这种结合作为一个整体，符合（A）项的条件时才能受到保护"。我国《条例》第4条第1款规定："受保护的布图设计应当具有独创性，即该布图设计是创作者自己的智力劳动成果，并且在其创作时该布图设计在布图设计创作者和集成电路制造者中不是公认的常规设计。"第2款同时规定："受保护的由常规设计组成的布图设计，其组合作为整体应当符合前款规定的条件。"上述规定与国际条约的规定是一致的。

布图设计的"独创性"与著作权法中作品的"独创性"具有不同的含义。在著作权法上，独创性通常被理解为作者的独立创作，一般没有创作水平或高度的要求。布图设计的独创性具有两层含义：第一，该布图设计必须是其创作人自己智力创造的结果，而不是简单复制他人的布图设计，或者只是对他人的布图设计进行简单的修改。第二，该布图设计应具备一定的先进性。该布图设计在创作完成时在创作人当中以及在集成电路行业当中，具有一定的先进性，不能是常用的、显而易见或者为人所熟知的。对于那些含有常用的、显而易见成分的布图设计，只有当其作为一个整体具有独创性时，才能受到法律保护。

3. 取得方式

关于权利取得方式，国际公约作了相对宽松的规定。《华盛顿条约》允许缔约方以商业实施或登记作为布图设计权取得方式。《知识产权协定》授权缔约方将登记注册作为权利取得的条件，也可不以这一条件为限。综观各国立法，权利取得方式有以下三种：

一是登记取得。布图设计创作完成后，创作人或其他欲取得专有权的人必须在向有关部门办理登记手续后，才能取得权利。这是因为，布图设计发展速度较快，通过登记制便于确定布图设计的创作完成时间，还能通过登记确定该布图设计是否符合法定的受保护条件，使设计人的权利趋于稳定。反之，如不进行登记，则布图设计的专有权处于一种不稳定的状态之中，集成电路的生产者和销售者随时有可能被诉诸侵权，这必将对集成电路产业的发展不利。因而，许多发达国家在立法中采纳了该方式。不过，为了给权利人以必要的准备时间，法律一般允许当事人在布图设计首次商业利用两年内提出申请。布图设计权的登记取得程序大致要经历申请、审查、驳回及复议、登记和公告几个阶段。其中审查制度可分为形式审查制和实质审查制。所谓形式审查制是指主管机关仅对申请手续、申请文件是否齐备等形式方面进行审查，只要符合法定的形式要求，就予以登记。所谓实质审查制是指主管机关在审查申请时，不仅对申请手续、申请文件是否齐备等形式方面进行审查，还对布图设计的独创性进行审查。前者为德国、法国、荷兰、丹麦等国的法律所采用，后者为美国、日本等国的法律所采用。我国《条例》采登记制，但对申请进行初步审查为形式审查还是包括实质审查未作明确规定。

二是使用与登记取得。布图设计权的取得，应通过登记取得，但对未登记的布图设计，在其首次商业利用后的一段时间内，给予法律保护，超出该期间仍不进行登记的，法律不再给予保护。荷兰、美国等国的法律采取了此种立法模式。美国《半导体芯片产品保护法》第 908 条第 1 款规定："掩膜作品所有人可以向版权登记处申请其掩膜作品的保护要求。如果该掩膜作品在世界任何地区首次商业利用以后的两年内未按本法规定提出保护请求的登记申请，则本法所规定的对

掩膜作品的保护终止。”掩膜作品在首次使用后可自动受到一定时间的法律保护，这一规定即类似于权利自动取得，但又有所差异。

三是自然取得。布图设计自其创作完成后，自动取得布图设计权，不需要经过任何程序或手续。这种制度同于著作权自动取得方式。目前，仅英国、瑞典等少数国家采取此种立法模式。英国《半导体产品（拓扑图保护）条例》第 5 条规定：“布图设计权，从布图设计创作完成之时产生，或在本条例第 3 条第 2 款规定的情况下，从其首次商业利用之日产生。”这种制度虽然能对布图设计的开发人提供及时的法律保护，但由于未进行登记，在发生纠纷时举证相当麻烦，所以多数国家未采取此种立法模式。

4. 权利内容

权利内容即布图设计权持有人对受保护的客体得以行使的各项权能，主要包括以下两项权能：

一是复制权。这是布图设计权人所享有的一项最为重要的专有权利，是权利人依法通过光学的、电子学的方式或其他方式来复制其受保护的布图设计的权利。对布图设计的复制不同于著作权法意义上的复制。著作权法所规定的复制是指以复印、拓印、临摹、手抄、翻拍等方式将作品制成一份或多份的行为，它包括将平面作品复制成平面作品、将平面作品复制成立体作品、将立体作品复制成平面作品、将立体作品复制成立体作品等多种方式，而集成电路布图设计的复制实际上是重新制作含有该布图设计的集成电路。具言之，对布图设计的复制，大致采取以下几个步骤：将含有布图设计的半导体芯片通过化学方法把半导体材料溶解，使体现在上面的布图设计暴露出来，然后用特制的照相机将各个涂层上的布图设计拍摄下来进行放大处理，再按照片输入到计算机中进行处理（可能不作任何改动，也可能进行修改），然后制成布图设计的掩膜版（平面的），再按照集成电路的制作过程将版图体现在集成电路上，成为布图设计。这一过程，与其说是复制，倒不如说是实施。因此，我国《条例》将“复制”定义为“重复制作布图设计或者含有该布图设计的集成电路的行为”。

二是商业使用。与复制权这一“使用权”不同，该权利是一种“收益权”，

即布图设计权人为商业目的而使用布图设计或含有布图设计的集成电路的权利。布图设计区别于一般作品的重要特性是，其创作目的并非出于学习、研究或欣赏，而主要在于工业利用，即具有实用性或者说商业利用的特点。从各国立法规定来看，商业利用一般包括对受保护的布图设计的集成电路或含有此种集成电路的产品所实施的以下几种行为，即出售、出租、为商业目的的其他方式的利用（如展览、陈列等）、为上述目的而进口、为上述行为发出要约。对于要约行为，美国规定，只有当要约以书面方式发出而且是在布图设计固定在半导体芯片产品上以后，才属于商业利用，其他国家则没有明确。在国际法律文件中，《华盛顿条约》第 6 条规定，商业利用权包括："为商业目的进口、销售或者以其他方式供销受保护的布图设计（拓扑图）或者其中含有受保护的布图设计（拓扑图）的集成电路。"此外，该公约还允许缔约方对于未经权利持有人许可而进行的除复制和商业利用以外的其他行为，有权确定为非法。《知识产权协定》第 36 条规定，商业利用权包括：为商业目的进口、销售或以其他方式发行受保护的布图设计，为商业目的进口、销售或以其他方式发行含有受保护布图设计的集成电路，或为商业目的进口、销售或以其他方式发行含有上述集成电路的物品（仅以其持续包含非法复制的布图设计为限）。可见，商业利用权的主要权项集中于进口权、销售权及发行权。其中，《知识产权协定》所规定的控制范围最大，布图设计权所有人不仅有权控制布图设计的利用，而且有权控制包含布图设计的集成电路及含有集成电路的物品。我国《条例》对"商业利用"的定义是"为商业目的进口、销售或者以其他方式提供受保护的布图设计、含有该布图设计的集成电路或者含有该集成电路的物品的行为"。这一规定与国际公约的要求完全一致。

5. 保护期限

关于布图设计的保护期限，各国法律一般规定为 10 年。《华盛顿条约》要求保护期至少为 8 年；《知识产权协定》规定保护期为 10 年。我国《条例》第 12 条规定，布图设计专有权的保护期为 10 年，自布图设计登记申请之日或者在世界任何地方首次投入商业利用之日起计算，以较前日期为准。但是，无论是否登记或者投入商业利用，布图设计自创作完成之日起 15 年后，不再受《条例》保护。

6. 权利限制

权利限制是无形财产权制度的基本构成。各国法律在对布图设计提供权利保护的同时，大抵基于社会公益立场，规定了对布图设计权的法定限制，主要有以下几种情形：

一是反向工程。所谓反向工程，指在分析或评价受保护的布图设计的基础上创作出另一符合法定条件的布图设计，不受布图设计专有权的限制。法律之所以允许反向工程存在是出于以下因素考虑：人们通过反向工程可以分析、研究集成电路产品的结构、功能、设计思想，可以在此基础上开发更新更好的产品；通过反向工程开发新产品，比较经济容易；若不允许反向工程，则可能引起技术开发者在某些领域的垄断，不利于集成电路工业的发展。反向工程在集成电路领域已成为一种普遍的实践。目前，各国的集成电路法律和《华盛顿条约》都明确承认反向工程的合法性。我国《条例》第 23 条第 2 项规定，在依据前项评价、分析受保护的布图设计的基础上，创作出具有独创性的布图设计的，可以不经权利人许可，不向其支付报酬。

二是合理使用。各国在有关布图设计权法律中一般都借鉴了著作权法和专利法中合理使用的原则，规定为个人学习目的或为教学、研究所进行的复制或利用他人布图设计的行为，不视为侵权。这是因为，这种使用行为不存在商业上的利用，不会对权利人的利益造成太大的损害；相反，允许这种使用的存在，则会促进社会科学、文化和技术的进步。我国《条例》所规定的合理使用包括两种情形：即第 23 条第 1 项规定，为个人目的而复制受保护的布图设计以及单纯为评价、分析、研究、教学等目的而复制受保护的布图设计，在上述两种情形下，可以不经权利人许可，不向其支付报酬。

三是权利穷竭。所谓权利穷竭，是著作权法、专利法通行的权利限制规则，也称首次销售或权利用尽原则。其基本含义是指布图设计权人或经其授权的人将布图设计或含有该布图设计的集成电路产品投放市场后，对与该布图设计有关的商业利用行为，不再享有控制权。从此，任何人无须征求布图设计权利人或其授权人的许可，即可进口、销售或以其他方式来使用该布图设计。就此而言，该原

则限制了布图设计人在产品销售后的控制权，便利产品的购买者自由处理手中的产品，从而有利于市场中商品的正常流通。目前，大多数国家的布图设计保护法中均规定了权利穷竭原则。《华盛顿条约》第 6 条第 5 款也规定，任何缔约方可以认为，对由其权利持有人或经其同意投放市场的受保护的布图设计或采用该布图设计的集成电路，未经权利持有人的许可而进行为商业目的的进口、销售或以其他方式供销的行为，是合法行为。我国《条例》第 24 条规定，受保护的布图设计，含有该布图设计的集成电路或者含有该集成电路的物品，由布图设计权利人或者经其许可投放市场后，他人再次商业使用的，可以不经布图设计权人许可，也不向其支付报酬。

四是善意买主。所谓善意买主，是指在获得含有受保护的布图设计的集成电路或者含有该集成电路的物品时，不知道也没有合理理由应当知道其中含有非法复制的布图设计，进而将其投入商业利用的自然人、法人或其他组织。由于布图设计是一项技术性很强的智力成果，没有专门设备是无法辨认的；同时，各国法律又没有要求权利人必须在布图设计上作相应的权利标记。因此，即使是具有专门知识的人也难以辨认自己所购买的集成电路产品中是否含有受保护的布图设计，更不用说普通的消费者。如果将不知道集成电路产品中含有非法复制的受保护的布图设计而出售的行为或者其他商业利用行为一律视为侵权，并追究行为人的侵权责任，很可能造成市场秩序混乱，严重挫伤集成电路产品经销商的积极性，影响集成电路贸易的正常进行。因此，当善意购买方因“不知”而实施与布图设计权人的权利相冲突的行为时，各国法律都给予豁免。根据我国《条例》第 33 条的规定，凡善意买主在获得集成电路或含有该集成电路的物品时，不知道也没有合理理由应当知道其中含有非法复制的布图设计，进而将其投入商业使用的，不视为侵权。但是，善意买主得到其中含有非法复制的布图设计的明确通知后，可以继续将现有的存货或者此前的订货投入商业使用，但应当向布图设计权利人支付合理的报酬。

五是强制许可。所谓强制许可，又称非自愿许可，是指国家主管机关根据法律规定的情形，不经布图设计权人的许可，直接发放使用许可的一种制度。这是

对布图设计权的一种重要限制。由于美国等国家反对专利权、著作权实施强制许可，所以美国及大多数工业发达国家在集成电路法中没有规定对布图设计权的强制许可，只有少数国家规定了这一制度。《华盛顿条约》对强制许可的问题作了比较详细的规定，即任何缔约方可以在其立法中规定其行政或者司法机关有可能在非通常的情况下，对于第三者按商业惯例经过努力而未能取得权利持有人许可并不经其许可而进行第 6 条第 3 款第 1 项所述的任何行为，授予非独占许可（非自愿许可），而该机关认为授予非自愿许可对于维护其视为重大的国家利益是必要的；该非自愿许可仅供在该国领土上实施并应以第三者向权利持有人支付公平的补偿为条件。《知识产权协定》对布图设计的强制许可则限定了严格的条件，与专利权的强制许可规定有相同之处。可以说，这是对各国适用布图设计权强制许可的一种严格限制，换言之，是对权利限制的反限制。我国《条例》对强制许可也作出了具体规定，包括发放非自愿许可的条件、程序、报酬的确定等。

四、布图设计权中的私权价值与政策导向

集成电路布图设计既是新技术革命的产物，又是知识财产体系的新成员。在无形财产权体系中，布图设计权是现代各国立法中最为晚近的专门法，也是知识产权一体化进程最为迅速的国际法。[①] 从立法方面看，布图设计权无疑是法律制度创新的结果。在传统无形财产权体系中，人们习惯将知识产权概括地分为工业产权和版权，两者在权利的主体、客体、内容、取得、保护等方面有很大差别。布图设计权的出现，使得两者有机地整合起来，产生了“工业版权”这一新制度。有学者对此评价说，新的制度完善了传统知识产权法律体系，使得知识产权

① 一般认为，1984 年美国《半导体芯片保护法》是世界上第一部布图设计保护的专门法。时隔六年，即在华盛顿缔结了《关于集成电路的知识产权条约》；而后，通过《知识产权协定》的实施，使得《华盛顿条约》在世界贸易组织的所有缔约方得到实际执行。在无形财产权制度历史上，近代国家早于 17、18 世纪先后制定了专利法和著作权法，但时至 19 世纪下半叶，才通过 1883 年《巴黎公约》、1886 年《伯尔尼公约》，开始了专利与版权保护的国际化进程。从国内法到国际法，这一过程经历了一个多世纪。

整体保护更加科学合理。[①]

在肯定布图设计权的制度创新的同时，我们有必要分析其立法动因即法律文本背后的制度需求。布图设计本是微电子工业发展过程中的技术产物，将其纳入民事调整的范围，并由此衍生权利义务关系，从而在此之上产生了一种私权。这种私权属性的归纳，毕竟是在一国无形财产权立法领域进行静态考量的结果。我们似有必要在布图设计保护法定化、国际化的过程中进行动态考察，“解读利益之上的法律，探求法律之下的利益”[②]，以此全面认识布图设计权的私权价值与政策工具属性。

布图设计权制度从其产生发展至今天，不到三十年的历史，其对集成电路产业的兴盛以及国际信息产业格局的形成产生了重要影响。在此，笔者拟从以下三个阶段作出简略分析：

1. 从专利法到专门法：产业利益私权化

资料显示，美国德克萨斯仪器公司的J. 基比尔于1958年首先发明了集成电路技术；R. 诺伊斯则在1959年进一步发明了新型的面式集成电路。经过长达10年的诉讼，1969年由美国海关与专利法院裁决两人共享集成电路的专利权。由此可见，在集成电路工业兴起之初，纳入法律调整范围的是笼统的、作为最终产品形态的集成电路技术，尚不是布图设计本身，而且提供保护的法律是专利法。自20世纪60年代进入超大规模集成电路时代后，最终电子产品基本上是围绕集成电路来设计的。在这种情形下，领先于竞争对手进入市场，就会是将下游产品“锁定”在领先企业的产品设计上，对用户形成较大的转换成本。美国集成电路设计业起步于20世纪70年代，并逐步形成世界领先地位。由于传统的著作权法、专利法不能为布图设计提供充分、有效的保护，致使主要来自日本的反向工程以及非法复制等现象无法受到遏制。在集成电路产业界的压力与推动下，美国于1984年出台了《半导

① 参见董炳和：《集成电路布图设计权的法律保护及其影响》，载《烟台大学学报》（哲学社会科学版），1997（2）。

② 肖志远：《知识产权权利属性研究》，108页，北京，北京大学出版社，2009。

体芯片保护法》。在美国法中，布图设计表述为“掩膜作品”（mask work），但不同于版权作品，不适用自动保护；布图设计为技术产品，但其保护有别于专利保护，不延及任何技术思想、工艺、操作方法等。可以说，《半导体芯片保护法》是适应集成电路工业所需的产业法，也是庇护集成电路产业界的权利法。

2. 从国内法到国际法：私权制度一体化

美国法开启了对布图设计知识产权立法的先例，对以后各国立法，特别是集成电路保护制度的国际化发展，起到了重要的推动和示范作用。[①] 正是在美国的助推下，日本于1985年制定了《半导体集成电路的线路布局法》，欧盟于1986年通过了《关于保护半导体芯片产品拓扑图的委员会指令》。依据指令，瑞典于同年，英国于1987年先后颁布了专门法。在一国范围内施行的布图设计权保护法，其授予的专有权利只在本国领土范围内有效，其涉外保护只能奉行互惠原则。解决集成电路产品在域外的知识产权问题，其唯一途径是建立国际保护制度。1983年，世界知识产权组织召开成员国专家委员会会议，对集成电路保护进行专题研究。通过长达4年的准备[②]，世界知识产权组织在华盛顿通过了《关于集成电路的知识产权条约》。从文本上看，《华盛顿条约》是对美、日、欧相关法律活动的回应，但又有别于这些国家和地区的法律规定。其不同之处是：在保护条件方面，仅规定了独创性，即要求受保护的布图设计是“非常规设计”；在法律形式方面，可任选著作权法、专利法、工业设计法或不正当竞争法等形式，或采用特别法形式保护布图设计；在保护范围方面，限于布图设计和含有该布图设计的集成电路；在保护期限方面，规定了为期8年的下限时间。可以认为，《华盛顿条约》是发展中国家与发达国家相互妥协的产物，或者说并没有完全满足美国等国的利益诉求，这也构成了一些发达国家拒绝在条约上签字的一个重要

① 参见乔德喜：《试论集成电路的知识产权保护》，载郑成思主编：《知识产权研究》，第3卷，北京，中国方正出版社，1997。

② 有关专家委员会会议及外交会议的情况，参见俞思钰：《集成电路法律保护制度》，载郑胜利主编：《北大知识产权评议》（第1卷）北京，法律出版社，2002。

原因。[①]

3. 从《华盛顿条约》到《知识产权协定》：私权保护高水平化

《知识产权协定》关于布图设计权保护的规定，系以《华盛顿条约》为基础，但又作出了重要改造。从某种意义上说，这种改造，实现了美国等发达国家要求高水平保护的法律主张，具体表现在以下几个方面：一是保护范围。布图设计权的效力不限于布图设计及含有该布图设计的集成电路这两个层次，还延伸至安装含有该布图设计集成电路的物品，这明显有别于《华盛顿条约》的权利效力范围。二是权利内容。除规定布图设计的复制权和商业使用权外，还规定了进口权、销售权，这一规定拓展了《华盛顿条约》的权利内容范围。三是强制许可限制。强制许可本是对专有权利的限制，对强制许可的限制即是对专有权利限制的反限制。《知识产权协定》没有采用《华盛顿条约》的相关条款，而强调适用“条件非常严格、全面的专利强制许可条文”[②]，这无疑对集成电路产业发达的国家有利。四是保护期限。《知识产权协定》将保护期限与登记条件联系在一起，如果缔约方实行登记制的，从登记申请日其或首次投入商业使用之日起 10 年内有效；缔约方不要求登记的，则在首次投入商业使用之日起 10 年内有效。这一规定远比《华盛顿条约》的规定更为刚性和具体，保护期更长。

集成电路工业不仅是现代国际技术、经济竞争的战略制高点，而且是影响各国未来“球籍”的基本因素。如果把石油比作近代工业的血液的话，那么可以把小小的芯片（集成电路）比作现代和超现代工业和生活的某种“母体”，他是一个国家高附加值收益的富源，也是其综合国力的基石。[③] 可以认为，布图设计权制度形成与发展的动力，主要来自于发达国家维护技术优势和产业利益的政策立场和战略目标。诚然，布图设计权是一种私人无形财产权，但从这一私权背后，我们可以窥见无形财产权所具有的超越私权本位的政策工具属性。

---

① 参见肖志远：《知识产权权利属性研究》，141 页，北京，北京大学出版社，2009。

② 乔德喜：《试论集成电路的知识产权保护》，载郑成思主编：《知识产权研究》（第三卷），北京，中国方正出版社，1997。

③ 参见陈昌柏：《集成电路芯片侵权问题研究》，载中国专利局条法部编：《集成电路与植物品种保护专辑》，北京，专利文献出版社，1996。

第十五章

商业秘密权

商业秘密是一种无形的信息财产。在信息社会里，信息不仅作为生产经营的重要手段，而且是生产经营的主要对象，信息产业已经成长为当代社会的支柱产业。信息革命带来了信息的财产化与信息财产的产权化，以技术信息和经营信息为对象的商业秘密权，即是这一法律制度变革的结果。在无形财产权体系中，与传统的著作权、专利权、商标权不同，商业秘密权是一种具有相对独占性、地域性、时间性且客体非公开性的“信息产权”。

一、商业秘密保护的理论基础

一般认为，商业秘密法律制度是在英美司法实践中发展起来的，而后又为大陆法系国家所借鉴。由于深受极为灵活的判例法的影响，加之商业秘密概念本身无可限量的包容性，对于商业秘密法律制度的学理总结显得十分困难，至今，尚不存在统一而权威的商业秘密制度理论。①

① 参见唐昭红：《商业秘密研究》，载梁慧星主编：《民商法论丛》，第 6 卷，738 页，北京，法律出版社，1997。

理论发展与制度变迁同行，从“法外利益”的自我保护，到“法益”的专门法保护，再到“产权”的知识产权保护。伴随着商业秘密制度的历史发展，其制度构建的思想基础经历了从合同理论到侵权理论再到产权理论的嬗变过程。

1. 合同理论

无论是大陆法系还是英美法系，其早期的商业秘密保护理论概以“合同理论”（the contract theory）为基础。当时的理论界、司法界虽承认商业秘密的财产性质，但未将其纳入绝对权与支配权（如所有权）范畴，而更多地将其看作是对人权与相对权（如债权）的对象。

大陆法系国家强调合同理论以构建商业秘密保护的思想基础，尤其重视明示合同在司法实践中的作用，其典型的商业秘密诉讼往往以书面合同的出示及内容决定案件的判决效果。除明示合同外，美国则在其普通法司法实践中发展了事实上的默示合同概念，即以证明双方当事人默示同意的客观事实，推定当事人之间存在限制使用商业秘密的合同。事实上的默示概念的产生，使商业秘密保护的合同理论突破了以往明示合同的局限，商业秘密权利人得以在没有明示合同或明示合同存有争议的情况下，依据事实上的默示合同诉求法律保护，无论是明示合同还是默示合同，皆限定了商业秘密的使用时间和范围，只有当相对人超越了这一使用时间或范围才能视为违约。十分明显，这种保护机制过于依赖明示或默示的合同关系，其保护效力是有限的。

基于上述弊端，美国普通法创制了“准契约”（quisi contract）或称为“法律上的默示合同”（the contract implied in law）理论。与事实上的默示合同不同，它无须借助证明默示同意的事实来推定合同关系的存在，而是由法律基于保护商业秘密的需要而拟制特定的合同关系。这种依法律规定产生的默示义务，包括专利代理人对专利申请人的保密义务、雇员对雇主的保密义务等。[①] 法律将忠诚的义务加于商业秘密所有人的相对方，并确认这种忠诚义务即使在该雇佣关系或其他保密关系结束后仍然存在。

---

① 参见张玉瑞：《商业秘密法学》，北京，中国法制出版社，1999。

从明示合同到事实上的默示合同再到法律上的默示合同，其商业秘密保护的约束力皆在权利人与相对人之间。对此，世界知识产权组织《关于反不正当竞争保护的示范规定（注释）》对合同理论作了明确的阐释："与秘密信息有关的契约性义务可在口头或书面合同中明确，典型的是在雇主与雇员之间的合同中明确，或者没有明确的合同，亦可由雇佣关系来推定。此种关系可同样存在于商业伙伴之间或雇主与承包人之间。"从合同理论中，我们可以看到，商业秘密所有人主张的皆是对人权，即商业秘密保护所指向的是相对人的忠诚义务。正如 1831 年英国大法官 Vice 在 Morision 诉 Moot 一案指出的那样，原告是否因为该指令获得了比专利权更多的利益尚不确定，但可以确定的是原告获得了对人权而非对世权。①

由此可见，保护商业秘密的合同理论有着明显的局限性，即使是法律上的默示合同，以其无期限的忠诚义务取代了明示合同或事实上默示合同的有限制的保密义务，使得保密义务成为涉及雇佣关系或其他保密关系的相对人必须遵守的一项强制性义务，从而扩大了合同理论适用的范围，强化了商业秘密保护力度；但是依合同理论，无法对抗第三人侵犯商业秘密的不法行为。第三人没有明示或默示合同义务，但又采取不正当手段使用了他人的商业秘密，这种行为如何处理？合同理论对此显然是无能为力的。

2. 侵权理论与不正当竞争理论

侵权理论是"破坏保密关系的侵权行为理论"（the breach of confidence theory of tort liability），这是美国商业秘密法律领域一度颇为流行的理论。该理论认为，因泄露或使用商业秘密而破坏秘密关系的行为是一种侵权行为，侵权行为人应承担责任。1917 年，美国联邦最高法院在审理 E. I. Du pontde Nemours 火药公司诉 Masland 一案中倡导并发展了该理论。大法官霍姆斯认为，"用于商标或商业秘密的'财产'一词只是对法律创制诚实信用的起码要求这一原始事实的某些从属后果的浅显表述，无论原告是否拥有任何有价值的秘密，被告均可通过他获得的特殊信任弄清事实，不管这些事实是什么，财产权可以被否认，但信用

① See Melvin F. Jager，*Trade Secrets Law*，Clark Boardman Company ，ltd. ，1985.

不能被否认”，“首先要确认的是，被告不应欺诈地滥用原告给予他的信任，这是保密关系中经常出现的事件”①。1939年美国《侵权行为法重述》中部分地接受了“破坏保密关系的侵权行为理论”，该法第757节规定：任何人泄露或使用他人因信任他而透露给他的商业秘密而构成失信的，即应向该他人承担责任。综上所述，侵权理论较少重视信息的财产属性、受保护的信息范围等问题，而将关注的焦点集中在当事人之间的商业秘密关系之上。换言之，该理论不依赖合同中保密义务的存在，甚至不依赖商业秘密的存在，其关键问题是考察保守秘密信息的法律责任的存在。

相比较而言，侵权理论与合同理论均以保密关系的存在为前提，特别是法律上默示合同关于无期限的忠诚义务与破坏保密关系的行为的侵权行为中因滥用信任关系而生之侵权责任，有相通或相似之处。但是，依两种理论来保护商业秘密的法律后果是不同的。这是因为，侵权责任较之违约责任对制裁破坏保密关系的行为更为有力，除采取禁令保护、责令赔偿损失外，还可以对行为人处以罚款。

与侵权理论相关的“反不正当竞争理论”（the countering unfair competition of theory），是大陆法系国家商业秘密保护领域在相当时期所采取的一种学说。例如，德国将商业秘密之保护，规定于反不正当竞争法之中，而该法立法目的在于防止企业为竞争目的的反不正当竞业行为，亦为维持竞争秩序；日本在其反不正当竞争法修正案中，增加商业秘密保护，其立法目的在于防止不正当竞业行为，维持公平竞争秩序。② 在商业秘密保护制度的学说思想中，德、日法的反不正当竞争理论与美国法的侵权理论有相通之处，即对侵犯商业秘行为采取法律制裁的措施，也是侵权责任。不同之处在于，大陆法系反不正当竞争理论认为，未经许可而公开使用他人商业秘密的行为，损害了正常的竞争秩序。对商业秘密给予反不正当竞争权的保护，其着眼点不仅在于对单个竞争者利益的保护，而且延及整个社会的利益。它克服了侵权理论过于依赖保密关系而存在的局限性，因而

① 转引自唐昭红：《商业秘密研究》，载梁慧星主编：《民商法论丛》（第6卷），728页，北京，法律出版社，1997。

② 参见徐玉玲：《营业秘密的保护》，3页，台北，三民书局，1993。

扩大了调整的范围。

3. 产权理论

自20世纪50年代以来，“产权理论”（the property）开始兴起，逐渐成为国际社会保护商业秘密的主流学说。这一理论对商业秘密赋予产权形式并提供法律保护，所谓商业秘密权，不再是一种受合同法或侵权法保护的法益，而是法律上认可的“无形产权”（intangible property）或“知识产权”（intellectual property）。产权理论在英美法系的衡平法司法实践中延续了一个多世纪，其司法判例对商业秘密的财产属性，有着精辟的阐述。在美国，1868年Peabody诉Norfolk一案判决书宣称：“对制造工艺方面的发明或者发现，无论是否构成专利权的保护对象，权利人对其进行保密，这种做法固然对公众或对善意获得有关知识的人没有独占权，但是权利人毕竟有某种财产，衡平法院将禁止他人违反所承担的合同或者保密义务而擅自使用或向第三人披露的行为。”[①]此后，1897年U.S.诉American Bell Telephone案、1953年Ferroline Corp.诉DAF Corp.案、1983年Ruckelshaus诉Monsanto Company案等都承认了商业秘密的财产属性。其中，有的判决明确肯定：“我们处理的是一种知识产权，事实上是一种对所创造的知识的财产权。”[②] 在成文法体系中，美国1978年《统一商业秘密法》、英国1981年《保护秘密权利法案》确定了商业秘密的财产权地位。20世纪60年代，国际商会（ICC）率先将商业秘密的产权属性定位为知识产权。1967年《成立世界知识产权组织公约》，列举了知识产权各种类型，其兜底条款“在工业、科学、文学或艺术领域里一切其他来自知识活动的权利”隐含着对商业秘密权的承认；到20世纪70年代，世界知识产权组织草拟的各种知识产权示范法都已规定了商业秘密法律制度；至20世纪90年代，世界贸易组织《知识产权协定》将商业秘密称为“未公开信息”，正式纳入知识产权体系之中。

对商业秘密提供产权保护，虽已成为各国普遍的制度设计，但这种产权理论却与大陆法系传统物权理论存在着矛盾。其问题有二：一是商业秘密权的排他性

① Peabody v. Norfolk 98 Mass452（1868）.

② Ferroline Corp. v. DAF Corp.，207 F. 2D912（7th cir. 1953）.

问题。所谓产权，无论是有形财产所有权还是无形财产所有权，皆具备排他性的法律特征，奉行“一物一权”的基本原则。而在商业秘密领域，数个主体可能拥有相同的技术信息或经营信息，从而存在着数个商业秘密权共存，即产权排他性不足的问题。我们必须认识到，商业秘密保护的产权理论，不应拘泥于有体物所有权之格。信息财产不同于有形财产，它既不具有占有控制的绝对性，同时又有失去占有的易逝性。法律赋予商业秘密以产权，是以先占原则为基础、以激励信息生产投资为目的而在信息社会作出的一种制度安排。① 其实，相对意义的独占性属性，在其他知识产权领域也有不同程度的存在，例如同一发明可由一个或数个发明人在不同国家申请并取得各自的专利权，同一商标可由不同主体在非类似商品同时取得商标注册。可以说，现代商业秘密制度，乃至整个知识产权法律，是对传统物权制度改造的理论创新与制度创新的结果。二是商业秘密权的公示问题。众所周知，为了保护交易安全及满足物权的排他性要求，物权变动必须公示，即动产物权的公示方式为交付与占有，不动产物权的公示方式为登记。无形财产权与有形财产所有权同为绝对权，其权利变动须有一定方式之公示。诸如，专利权、商标权虽无须遵循传统变动公示之方式，但其转让与许可皆须进行登记。但是，商业秘密的产权化是具有秘密性之技术信息的产权化，其产权变动在法律上并无登记要求。在无形财产或知识财产体系中，唯有商业秘密权所保护的技术信息，虽有信息财产之属性，但不具公开性之特征，反而法律上规定了秘密性之要求。因此，权利变动公示在商业秘密保护领域应视为一种例外，但并不足以否认商业秘密的产权属性。

二、商业秘密的概念与构成要件

1. 未公开信息：商业秘密的概念

各国法律文本对商业秘密概念的描述，大抵有两个方面的内容：一是保护对

① 参见［美］罗伯特·考特、托马斯·尤伦：《法和经济学》，张军译，185页，上海，上海三联书店，1991。

象即信息所具备的内在本质特征（内涵），二是作为商业秘密的信息种类或形式（外延）。对于前者，往往是概括性的规定；而对于后者，多为列举式规定。尽管各国法律在表述上存在差异，但在基本属性与分类方面并无多大分歧。

美国1939年《侵权行为法重述》首次以列举的方法陈述商业秘密的含义，该法第757条规定："商业秘密的定义：一件商业秘密可以包括任何配方、样式或任何信息的编辑产品，其在某人的商业活动中被使用，且由于这种使用给该人以机会，相对于不知或未使用该商业秘密的竞争对手，可以取得优势地位。商业秘密可以是一种化学混合物的配方，一种材料的加工、处理、储存工艺，一种机器或其他装置的样式，或一份客户名单。"美国1979年《统一商业秘密法》第1条第4款以"属加种差"的方法定义了商业秘密，该款具体内容为："'商业秘密'意为特定信息，包括配方、样式、编辑产品、程序、设计、方法、技术或工艺等，其中：(1) 由于未能被可以从其披露或使用中获取经济价值的他人所公知、且未能使用正当手段即已经可以确定，因而具有实际或潜在的独立经济价值，同时 (2) 是在特定情势下已尽合理保密努力的对象。"1994年《知识产权协定》第39条在"未公开信息的保护"中，专款规定：自然人和法人应当能够防止他人未经其同意以违背诚实商业行为的方式，披露、获取或使用其合法控制的信息，只要此种信息在下列意义上属于秘密，即：其作为一个整体或作为其各部分的具体构造或组合，不为通常触及此种信息的领域内的人们普遍知悉或者容易获得；因属秘密而具有商业价值以及合法控制该信息的人根据情况采取了合理的保密措施。

在我国，商业秘密权是一项重要的知识产权。1993年《反不正当竞争法》第10条概括了商业秘密的定义："本条所称的商业秘密，是指不为公众所知悉、能为权利人带来经济利益、具有实用性并经权利人采取保密措施的技术信息和经营信息。"1995年国家工商局颁布《关于禁止侵犯商业秘密行为的若干规定》，其第2条对《反不正当竞争法》中关于商业秘密的定义作了进一步的阐释，所谓技术信息和经营信息，包括设计、程序、产品配方、制作工艺、制作方法、管理诀窍、客户名单、货源情报、产销策略、招投标中的标底及标书内容等信息。

从上述立法文本的相关规定，我们可以认为，商业秘密包括设计、程序、产品配方、制作方法、生产工艺、管理诀窍、客户名单、营销策略等技术和营业信息。

2. 构成要件：法律上规定的商业秘密

根据《知识产权协定》规定的精神，作为商业秘密保护的信息，必须具备以下条件：(1) 在一定意义上属于秘密，也就是说，该信息作为整体或作为其中内容的确定组合，并非通常从事有关该信息工作的领域的人们所普遍了解或容易获得的；(2) 因其属于秘密而具有实用价值；(3) 合法控制该信息之人，为保密已经根据有关情况采取了合理的措施。[①] 现分析如下：

(1) 未公开性

未公开性是商业秘密的核心要件。"法律对商业秘密的唯一的，最重要的要求，即该商业秘密在事实上是保密的。"[②] 我国《反不正当竞争法》将商业秘密的未公开性表述为"不为公众所知悉"；国家工商行政管理局《关于禁止侵犯商业秘密行为的若干规定》(修正) 将"不为公众所知悉"解释为"该信息不能从公开渠道直接获取"。《知识产权协定》第 7 节规定了"未公开信息"的保护，并对未公开性作出如下说明："其在某种意义上属于秘密，即其整体或者要素的确切体现或组合，未被通常涉及该信息有关范围的人普遍所知或者容易获得。"从上述规定，我们可以得出以下认识，法律所指之商业秘密，是一种相对秘密而不是绝对秘密；"公众"与"公开渠道"仅限于与权利人生产经营相关领域而非一切领域，特定信息只要"不为该信息应用领域的人所普遍知晓"即符合未公开性要求。[③]

商业秘密的未公开性不同于专利技术的新颖性。虽然两者所涉及的信息都限于非公知公用信息，但是，前者要求信息知悉的事实，在本领域的应用程度与知

---

① 参见《关贸总协定与世界贸易组织中的知识产权协定》，郑成思译，28 页，北京，学习出版社，1994。

② Melvin F. Jager, *Trade Secrets Law*, Clark Boardman Company, ltd., 1985, p. 53.

③ 参见《商业秘密保护法》(送审稿)。转引自张玉敏主编：《知识产权与市场竞争》，178 页，北京，法律出版社，2005。

晓程度不是普遍的；而后者强调该信息在国内外未公开发表过、在国内公开使用过或者以其他方式为公众所应知，即不以公众是否普遍查阅、公众是否普遍使用为条件。就信息知悉的程度而言，商业秘密的未公开性低于专利技术的新颖性。

关于商业秘密的未公开性认定，其地域标准也不同于专利技术的新颖性判断。后者是以一国（公开使用）或国际（公开发表）的地域范围为标准，而前者地域范围如何，法律没有明确规定。有学者认为："商业秘密新颖性的地域范围标准在认定时不应规定得过于严格，在甲地公知的技术信息，只要在乙地的同行业中并非公众所周知，则它同样构成乙地的商业秘密。"① 笔者认为，商业秘密的未公开性地域标准与商业秘密专有权的独占性效力是一致的，是相对的而不是绝对的。正如商业秘密权只具有相对的排他性而不具有一国领土范围的独占性，即不能禁止他人通过合法的形式或途径使用与自己相同的商业秘密。与此相适应，商业秘密的未公开性地域标准，是某一特定地域而不是一国领土范围。但是，这种特定地域应有合理解释的边界，即以诉请保护的法院所管辖的地域为限。

(2) 有价性

商业秘密属性意指该信息具有实际或潜在的经济价值。这是商业秘密区别于其他秘密信息的本质特征，也是商业秘密构成企业无形资产的重要基础。

在许多著述中，学者将实用性作为商业秘密的构成要件之一。这一理论概括是有一定的法律依据的。日本商业秘密保护制度要求商业秘密具有现实的实用性，即商业秘密已被经营活动采用。我国国家工商行政总局 1995 年发布的《关于禁止侵犯商业秘密行为的若干规定》则将实用性表述为"确定的可应用性"。上述法律规定意在促进商业秘密的使用和传播，而将潜在使用或有潜在价值的商业秘密排除在外。《知识产权协定》第 39 条第 2 款只要求商业秘密"因属秘密而具有商业价值；并且由该信息的合法控制人，在此种情况下采取合理的步骤以保持其秘密性质"，其构成要件规定排除了实用性要求。美国《统一商业秘密法》

① 孔祥俊：《商业秘密保护法原理》，40 页，北京，中国法制出版社，1999。

虽规定了实用性要求，但它包括现实的实用性和潜在的实用性，似乎更为符合《知识产权协定》的精神。笔者认为，我国未来的商业秘密保护立法，或是不作实用性要求，或是不再强调“确定的可应用性”，以求与《知识产权协定》保持一致。

商业价值属性是商业秘密与个人信息相区别的重要标准。应该说，商业秘密与个人信息都属于信息的范畴，都具有信息永续性与流动性等基本特征。但是商业秘密以具有现实或潜在的价值性或实用性为必要，而“绝大多数个人信息（敏感性个人信息即隐私除外）仅以能够识别本人为条件”[①]。可以认为，个人信息体现了自然人的人格利益，但这并不排除对个人信息的利用而带来经济利益。例如，商业机构利用客户的个人信息进行营销。问题在于，个人信息受到法律保护，并不以商业价值属性为必要。

商业秘密也不同于国家秘密，其区别标准在于所涉及的利益有所不同。根据我国《保守国家秘密法》的规定，“国家秘密是关系国家的安全和利益，依照法定程序确定，在一定时间内只限一定范围的人员知悉的事项”。由此可见，国家秘密涉及的是公益，即有关国防建设、政治、外交等重大事项或重大利益（也不排除重大经济利益）。但构成国家秘密，须依一定程序方法确定。而商业秘密涉及的是私益，是市场主体在工商领域的技术方法和经营诀窍，因此商业价值属性是秘密信息中只有商业秘密才具有的特征。

（3）保密性

信息的保密性为商业秘密所有人主张权利时举证之必要，换言之，信息尚无保密性，则该商业秘密不受法律保护。保密性是指权利人采取一定措施使商业秘密保持秘密状态。从主观上说，权利人有将信息作为商业秘密保护的主观意识；在客观上，权利人采取了合理的保密措施。保密措施达到合理程度即可，并不以防止一切窃密行为为必要。

一般来说，保密措施包括订立保密协议，建立保密制度，采取保密技术装置

① 齐爱民、李仪：《商业秘密保护法体系化判例研究》，73页，武汉，武汉大学出版社，2008。

和设施等。这里需说明的是，对信息的保密是一种相对的保密，而不是绝对的保密，关键在于权利人是否尽到了保密义务。在大多数国家，对于商业秘密都不要求绝对的、完全的保密性。这是因为，在商业秘密的使用与管理中，一定程度的公开是无法避免的，“商业秘密可以被告知涉及使用该商业秘密的雇员，亦可被告知保证缄守秘密的其他人员”[①]。对此，世界贸易组织《知识产权协定》将保密性表述为“采取合理的步骤以保持其秘密性质”。世界知识产权组织《关于反不正当竞争保护的示范规定（注释）》提出了建设性的可操作性意见：“在确定是否为信息保密采取了合理步骤时，应考虑到权利持有人开发该秘密信息所花费的精力和金钱、该信息对于他和他的竞争对手的价值、权利持有人为该信息保密所采取措施的范围以及该信息为他人合法获得的难易程度。此外，秘密信息还必须可被文件或数据库等形式所辨别。虽然不需要有订立契约的义务，但权利持有人必须曾经表示出将该信息视为秘密信息的意图。”各国关于保密性措施的认知有所不同，大陆法系的国家较为强调保密合同的作用。例如，日本实务界所认可的保密措施有：告知雇员存在商业秘密；签订保密合同；限制进入工场、机器设备附近；对秘密文件进行特殊保管；禁止秘密材料的散放。[②] 而英美法系国家，通过司法实践确认的保密措施有：将接近商业秘密的人限制到最小的范围；利用物质障碍使非经权利人许可的人不能获取任何关于秘密的知识；在可行的情况下，限定雇员只接触商业秘密的一部分；对所有涉及商业秘密的文件，都用表示秘密等级的符号将其一一标出；要求保管商业秘密文件的人员采取妥善的保护措施；要求有必要得知商业秘密的第三人签订适当的保密合同；对接触过商业秘密又即将解职的雇员进行检查；等等。可见，无论是英美法系国家还是大陆法系国家，其保密措施的适用一般均涉及文件的管理、雇员的约束、技术设备的控制，等等。总结上述国家的做法，我们可以从以下几个方面判断保密措施的合理程度：是否明确了保密的义务主体；是否规定了保密的内容和对象；是否采取了具体的

---

① Melvin F. Jager, *Trade Secrets Law*, Clark Boardman Company, ltd., 1985, pp. 1-3.

② 转引自刘金波、朴勇植：《日、美商业秘密保护法律制度比较研究》，载《中国法学》，1994（3）。

保密措施。当然，保密措施的合理性，即保密性的“度”和“量”，应由司法机关在个案中结合具体情形进行判断。

三、商业秘密权的内容和特征

1. 商业秘密权的内容

商业秘密权是指权利人对其合法持有的商业秘密享有的专有性权利，是法律赋予商业秘密持有人的一项无形财产权。关于商业秘密权的内容，可以概括地分为积极权利和消极权利。积极权利是指权利人自行使用其商业秘密或许可他人使用或转让其商业秘密的权利。例如，加拿大《统一商业秘密法草案》第12条规定：“有资格享有商业秘密权益的人可以全部或部分、无地域限制或有地域限制地转让其权利，可以许可或以其他方式允许他人享受有关商业秘密权的利益。”消极权利是指权利人排除他人不法干预或利用其商业秘密的权利。例如，日本《反不正当竞争法》规定了商业秘密持有人有权禁止他人通过不正当手段（例如盗窃、胁迫、利诱等）获取商业秘密或违反保密义务而擅自披露商业秘密。上述使用权与禁止权的内容，表明商业秘密权具有知识产权或无形财产权的基本属性。

商业秘密权与专利权同为技术信息领域内的无形财产权，但两者在诸多方面存有差异：（1）保护范围。专利权所保护的技术信息，一是须为法律规定的客体范围，二是须有法律规定的保护条件。凡专利权客体排除的技术信息，如智力活动的规律方法、疾病诊断和治疗方法、用原子核变换方法获得的物质等，只要符合商业秘密的构成要件，则可作为“未公开信息”给予保护；凡不具备“实用性”要求的技术方案，如未完成的技术方案或失败的技术方案，则可能成为法律所保护的商业秘密。此外，与专利权保护的技术方案不同，商业秘密权的客体，除了技术信息外，还包括经营信息。（2）实质要件。专利权所保护的技术发明，应当具备新颖性、创造性和实用性；而技术信息获得商业秘密权的保护，只要符合未公开性、有价性和保密性即可。（3）权利效力。专利权是一种绝对的排他

权，即排除他人制造、使用、销售、许诺销售或进口其享有专利的发明创造，至于他人是模仿还是独立开发该发明创造在所不问。商业秘密权是一种相对的排他权，即只能禁止他人采取不正当手段获取商业秘密或违反保密义务而擅自披露商业秘密，但不能排除他人通过合法渠道取得和使用有关商业秘密。

对于企业而言，识别商业秘密权与专利权的差异，有着无形财产权制度的实际运作意义，即对技术信息选择合适的保护模式，以求得生产经营和战略发展的利益最大化。通常应考察的因素包括：(1) 技术信息研发的难易程度。如果技术方案容易被破解或通过反向工程获取，可考虑采用专利保护。(2) 技术信息具备的保护条件。如果技术方案无法达到申请专利所要求的新颖性、创造性和实用性，则应采取商业秘密保护。(3) 技术信息存续的生命周期。如果技术信息寿命较短，需不断改进和调整，可作为商业秘密保护以避免复杂的专利申请审批程序。(4) 技术信息效益的延伸程度。如果技术信息经济效益周期长且程度高，可通过有效专利来维持；反之，采用商业秘密保护，以避免缴纳专利年费的大量支出。诚然，商业秘密保护与专利保护并不是对立的，而可以由权利人交叉利用，或是将技术方案的一部分申请专利，将另一部分作为商业秘密；或是在申请专利之外，将技术方案作为商业秘密保护；或是在公开的专利技术之下隐藏着其他技术秘密。正如美国学者所说的那样，“商业秘密是专利权常用的替代制度”①。

2. 商业秘密权的特征

与传统知识产权相比较而言，商业秘密权作为一种相对垄断性的“信息产权”，具有以下独有特征：

(1) 权利主体的非单一性。就著作权、专利权而言，在一国范围内，在一件知识财产上，只能设定一项权利，不可能有两个以上的主体享有内容完全相同的无形财产权。但就商业秘密而言，则可能出现多个权利主体分别合法控制这一秘密信息的情形。质言之，商业秘密权不是绝对意义的独占权，即权利主体不是单一的。

① [美] 波斯纳：《法律的经济分析》(上卷)，蒋兆康等译，49页，北京，中国大百科全书出版社，1997。

（2）权利期间的不确定性。一般知识产权都有法定保护期，保护期届满即该知识财产进入公有领域。而商业秘密权的存续，取决于保密措施是否有效以及秘密信息是否被公开。可以说，只要商业秘密未被披露，该权利就可以一直存在。

（3）权利取得的非授予性。在工业产权领域，专利权、集成电路布图设计权、植物新品种权等，须经国家主管机关审批，具有国家授予性的特点；而商业秘密权无须经申请、审查、批准程序，权利人控制该商业秘密即可享有利益，只是在遭到他人不当使用或非法披露时才有必要诉请法院保护其权利。

四、商业秘密权的限制和保护

1. 商业秘密权限制的基本方式

商业秘密是处于秘密状态的技术信息和经营信息。商业秘密权的设定，即从法律上确认了私人占有信息的正当性。但是，在对商业秘密进行私权保护的同时，也必须对信息的私人占有予以必要的限制。信息的公开与自由传播既是民主政治的一种象征，也是促进科技与经济发展的一个前提。在信息保护领域，专利权以技术信息的公开性与权利保护的时间性，较好地平衡了个人私权与社会公益之间的关系；而商业秘密权则以信息的“未公开性”和“保密性”为必要，可能在相当长的时间里或是公众无法利用这一技术信息，或是他人重复进行技术开发，从而造成资源闲置或浪费。因此，对商业秘密权的限制，是立法者必须考虑的问题。一般而言，现行立法大抵规定：在权利取得方面，允许多个主体对同一商业秘密享有所有权，以扩大商业秘密的实施主体，便于公众享受到信息实施的惠益；在权利客体方面，只有商业秘密持有人独立开发的信息才能得以保护，而员工自己的技能、经验应视为其个人财产，不宜纳入权利人的控制范围之列；在权利维护方面，商业秘密持有人仅有权对抗非法获取、传播和使用商业秘密的人，而对于自行开发或合理取得类似商业秘密的主体则无权排斥；在权利限制方面，如果他人通过反向工程破解了商业秘密，则商业秘密持有人无权再限制该主体对商业秘密的利用。从私法角度而言，商业秘密权的限制主要有以下几个方面：

（1）善意使用或披露。善意第三人不知道所涉信息为他人商业秘密而加以使用或者披露，因其无过错而不以侵权处理。我国《商业秘密保护法（草案）》规定："善意第三人不知其为商业秘密而泄露或使用的，不负责任；自其知悉上述违法行为后，应当立即停止使用，并采取合理措施保守秘密；善意第三人获取该商业秘密后产生合同依赖的，可以继续使用，但应当向权利人支付合理的使用费。"①

（2）自行研发。商业秘密权利人不能禁止他人自行开发出相同的商业秘密，也不能禁止他人对自行研制出来的商业秘密采取相关权利保护措施。正是由于商业秘密权效力的相对性，法律并不排除在同一商业秘密之上有两个以上的权利人。因此，自行研发而获取商业秘密的行为，即对同一商业秘密已有之权利构成合理限制。

（3）反向工程。严格地说，反向工程也是一种自行研发而获取商业秘密的方法，它是指通过对合法取得的终端产品进行分析研究，从而获得该产品的原始配方或生产方法。关于反向工程的认定，其产品须以合法取得为前提，而其法律后果则有两种可能，或是他人将通过反向工程分析所获知技术信息公开，则商业秘密的未公开性丧失，原权利人之权利不复存在；或是他人将该技术信息控制在秘密状态，则可能在同一商业秘密之上产生两个以上的权利人。

（4）其他合理方式。除上述情形外，从公开渠道获取商业秘密，亦不构成侵权。例如，通过持续地跟踪、收集和积累相关资料而进行综合分析所得之情报信息，利用权利人疏忽而泄露载有秘密信息的资料和设备，竞业禁止合同无效而导致秘密信息的自由流动等，都是从公开渠道合法获取商业秘密的方式。

2. 商业秘密权的侵害与保护

商业秘密是企业重要的无形财产，包含着重大的经济价值，因此成为不正当竞争行为所侵害的对象。常见的侵犯商业秘密的行为有两种：通过不正当手段获

① 转引自张玉敏主编：《知识产权与市场竞争》，216页，北京，法律出版社，2005。

取商业秘密和违反信息义务而擅自披露商业信息。①

通过不正当手段侵犯商业秘密，主要有三种表现形式：（1）以盗窃、利诱、胁迫或者其他不正当手段获取权利人的商业秘密。“盗窃”是指以非法占有为目的，以秘密窃取的方式获取权利人的商业秘密，这类行为人既可能是内部知情人员，也可能是外部人员。“利诱”是指行为人以财物、高薪或其他利益引诱商业秘密权利人的雇员、技术人员等，并获得商业秘密。“胁迫”是指行为人通过对商业秘密权利人、知情人本人或其亲属的生命、健康、名誉、财产等造成损害相要挟，强迫有关人员透露信息，从而获得商业秘密。“其他不正当手段”是指除上述三种手段以外获取商业秘密的行为，如通过行贿、女色勾引等手段套取权利人的商业秘密。（2）披露、使用或者允许他人使用以前述手段获取的权利人的商业秘密。所谓“披露”是指公开散布不当获取的商业秘密；“使用”是行为人将非法获取的商业秘密直接用于生产经营中；“允许他人使用”是指行为人将非法获取的商业秘密以有偿或无偿的方式提供或转让给他人使用。（3）第三人明知或者应知侵犯商业秘密是违法行为，仍从那里获取、使用或者披露权利人的商业秘密，这是一种间接侵权行为。行为人知悉其为他人的商业秘密，并明知或应知系侵犯商业秘密的情形，依然获取、使用、披露该信息，所以法律将这种行为也作为侵犯商业秘密行为来对待。上述行为是通过不正当手段侵犯商业秘密的主要表现形式，但并非全部表现形式。正如美国《侵权行为法重述》所指出的，“穷尽列举‘不正当手段’是不可能的”。因此，美国《统一商业秘密法》在其立法理由书中述及“不正当手段”的条款时，逐一列举了“正当手段”的情形，即商业秘密权限制之行为，凡不在此列获取商业秘密即为“不正当手段”。可以认为，所谓“不正当手段”，泛指一切违反竞争秩序而直接获取他人秘密信息的行为。

违反保密义务而擅自披露商业秘密，包括以下几种情形：（1）与权利人有业务关系的相对人违反合同约定或者违反权利人保守商业秘密的要求，披露、使用或者允许他人使用其所掌握的权利人的商业秘密。（2）权利人的雇员违反合同约

① 参见［美］罗伯特·P·墨杰斯等：《新技术时代的知识产权法》，51页，北京，中国政法大学出版社，2004。

定或者违反权利人保守商业秘密的要求，披露、使用或者允许他人使用其所掌握的权利人的商业秘密。(3) 当事人在订立合同过程中、订立合同以后，以及合同履行过程中知悉商业秘密，泄露或者不正当地使用该商业秘密。

在商业秘密受到侵害时，权利人既可以以侵权责任法为依据向实施侵权行为的不特定人主张权利，也可以依合同法的规定追究违反保密义务的相对人的违约责任。为此，法律在为商业秘密宣示权利的同时，亦相应地设定了救济制度。关于侵犯商业秘密法律的救济，各国法律规定不尽相同。《德国民法典》及《德国禁止不公平竞争法》所提供的救济手段主要有两种，即违约损害赔偿与侵权损害赔偿，其中违约的损害赔偿包括对缔约前的过失所造成的损害赔偿。日本 1990 年《反不正当竞争法》对商业秘密的侵犯提供了多项救济措施，包括禁止请求权、损害赔偿请求权、废弃除去请求权、信用恢复请求权。其中，废弃除去请求权是模仿日本《专利法》第 100 条第 2 项、《著作权法》第 112 条第 2 项等无形财产权法律中有关防止不正当行为的再次发生而采取的措施；信用恢复请求权旨在弥补商业秘密持有人的信誉损失。这两项请求权为日本法规定的两项新的救济措施，这也表明了日本的商业秘密法律保护制度达到了较高的水平。美国在长期的普通法司法实践中，形成了自己的救济制度，即禁令与金钱赔偿并用的救济措施。美国 1939 年《侵权行为法重述》将商业秘密持有人请求救济的权利总结为："他可为已发生的损害请求补偿，可为因(可能) 非法泄露或使用商业秘密造成未来损害请求禁令，亦可请求计算侵害人的非法收益，亦可请求归还含有商业秘密的实物，如设计、图样等。更有甚者，他可以同时请求两项或两项以上的救济措施。"需要说明的是，美国普通法中的禁令包括预备禁令与永久禁令两种。预备禁令于商业秘密诉讼中发出，并于案件审结时撤销，旨在禁止被告继续泄露或使用商业秘密；预备禁令的发出应基于：(1) 原告根据案件事实能胜诉；(2) 如果不采取预备禁令，原告会遭受不可弥补的损失。而永久禁令是法院对案件的最后裁决，往往于案件审结后代替预备禁令。另外，美国普通法中的金钱赔偿数额，以所计算的被告的非法收益为限，不像日本商业秘密法律制度中损害赔偿数额的确定，既要考虑侵害人的非

法所得，亦要考虑该商业秘密本身的价值。

根据我国《刑法》、《民法通则》和《反不正当竞争法》的规定，侵犯商业秘密的行为人应该承担民事责任、行政责任和刑事责任。由于我国尚未颁布专门的商业秘密保护法，有关法律救济主要规定在《反不正当竞争法》之中。就现行规定而言，对侵犯商业秘密的救济有如下两点不足：(1)《反不正当竞争法》规定了侵犯商业秘密的民事责任即损害赔偿和行政责任即责令停止上述违法行为、罚款，但受害人要获得充分完全的救济必须分别通过司法程序和行政程序，其救济途径有诸多不便；(2)《反不正当竞争法》未反映《知识产权协定》关于临时措施的要求，致使商业秘密权遭致侵犯时，不能像著作权、专利权、商标权那样，得以采取诉前救济措施，如诉前禁令、诉前证据保全等。

五、竞业禁止中的商业秘密保护

1. 竞业禁止的概念与类别

竞业禁止也称竞业限制或竞业避让，一般是指“对于权利人有特定关系之人的特定竞争行为的禁止”①。具体言之，即企业雇员在其任职关系期间以及任职关系终止或解除后的一定期限或地域范围内，不能到与原企业有竞争关系的单位任职，也不得自行从事与原工作有联系的特定业务。

竞业禁止可以分为两种，即法定竞业禁止和约定竞业禁止。前者是指主体承担竞业禁止义务源于法律的直接规定。法定竞业禁止，由法律直接规定，具有强制性，当事人不得以合同约定排除。例如我国《公司法》第149条规定：董事、经理不得自营或为他人经营与其所任职公司同类的营业或者从事损害本公司利益的活动。此外，《合伙企业法》、《个人独资企业法》等也规定了合伙企业的合伙人、个人独资企业的投资人委托或聘任的管理人员所承担的法定禁止义务。该类情形多为在职竞业禁止。后者是指主体承担竞业禁止义务源于双方的约定，这种

① 李永明：《竞业禁止的若干问题》，载《法学研究》，2002(5)。

约定一般是采取双方签订竞业禁止协议的形式。我国《劳动合同法》第23条对此作出了明确规定：用人单位与劳动者可以在劳动合同中约定保守用人单位的商业秘密和与知识产权相关的保密事项。对负有保密义务的劳动者，用人单位可以在劳动合同或者保密协议中与劳动者约定竞业限制条款，并约定在解除或者终止劳动合同后，在竞业限制期限内按月给予劳动者经济补偿。劳动者违反竞业限制约定的，应当按照约定向用人单位支付违约金。该类情形主要涉及离职竞业禁止。

一般意义上的约定竞业禁止或者说竞业禁止协议，有着多个方面的实现目的，总体而言即通过"赋予雇主限制劳动者择业的权利，达到防御竞争对手，保护市场未来利益"①。当然，竞业禁止协议势必涉及商业秘密保护问题。在现实生活中，经常发生技术人员或管理人员携带企业的商业秘密，另行到与原企业有竞争关系的单位任职，或自立门户从事原来业务与原单位进行竞争的事务。为防止雇主或企业的商业秘密不受侵犯，其重要法律手段就是与雇员签订竞业禁止协议。从立法例和司法实践而言，许多国家强调，竞业禁止协议必须用于保护商业秘密之目的，根据美国相关法律和判例，"与雇员签订的竞业禁止协议自始无效。只有在保护商业秘密的意义上，竞业禁止协议才可以获得法院的认可"②。在1976年的"Strauman"一案中，法院宣称："通常说来限制竞争的协议只有在满足合理性要求的程度上，才可以得到实施。"③ 这即是说，限制性的竞业禁止协议，只有在防止披露和使用商业秘密这一合理性要求的程度上，才可能有效并被执行。我国相关法律也有类似规定。前述《劳动合同法》第23条，规定合同的竞业限制条款的主体，应为对用人单位商业秘密负有保密义务的劳动者。国家工商行政管理总局发布的《关于禁止侵犯商业秘密行为的若干规定》，将违反权利人保守商业秘密的要求，作为职工的违约责任。这些规定说明，竞业禁止条款主

---

① 金泳锋、付丽莎：《竞业禁止与商业秘密保护法律问题研究》，载《知识产权》，2011（2）。

② 李明德：《美国竞业禁止协议与商业秘密保护及其启示》，载《知识产权》，2011（3）。

③ Reed，Robert Association，Inc. v Strauman（Court of Appeals of New York，1976）. 转引自李明德：《美国竞业禁止协议与商业秘密保护及其启示》，载《知识产权》，2011（3）。

要适用于商业秘密保护的情形。

2. 竞业禁止协议的商业秘密条款

竞业禁止协议涉及雇员的自由流动、知识和技能的传播以及市场自由竞争等诸多问题，对此立法者往往采取谨慎保护雇主商业秘密的立场，对竞业禁止本身采取了一些限制措施：(1) 限制主体。竞业禁止只能针对能够知悉该商业秘密的雇员。我国《劳动合同法》第24条规定："竞业限制的人员限于用人单位的高级管理人员、高级技术人员和其他负有保密义务的人员。"(2) 限制的期限。竞业禁止的时间应在合理的限度内，不宜过长而对被限制人造成择业困难。《劳动合同法》第24条规定在解除或终止劳动合同后，竞业禁止期限不得超过2年。(3) 限制的地域和范围。关于限制的地域，应以可能与雇主产生实质性竞争关系的经营区域为限，但不能扩大到雇主将来可能开展经营的地域。对此《劳动合同法》第24条规定，可以由用人单位与劳动者约定。关于限制的范围，是以被限制人原从事的特定业务为限，不应涉及已成为雇员人格部分的技能和知识。按照《劳动合同法》第24条的规定，竞业限制的范围，是指生产或经营同类产品、从事同类业务。除限制措施外，法律还规定有补偿措施和违约责任。《劳动合同法》第23条规定，用人单位在解除或终止劳动合同后，即竞业禁止期间，应按月给予负有保密义务的劳动者以经济补偿。劳动者违反竞业禁止约定的，应按照约定向用人单位支付违约金。

第十六章

植物新品种权

植物新品种权简称品种权，是植物新品种育种人对其研发和培育的新品种所获得的一种专有权，它是一种独立的、自成一类的专门用于植物新品种的保护形式。自20世纪以来，国际社会一直在寻求并构建植物新品种保护制度，产生过许多权利形态的立法模式。时至今日，植物新品种权已经成为农业领域中重要的无形财产权，同时作为一项新型的创造性权利，被纳入国际知识产权的保护体系中。

一、现代生物工程技术与植物新品种

1. 现代生物工程技术中的植物品种

在几千年人类历史的发展进程中，人们不仅发现和繁衍了一代又一代的自然植物，而且培育出种类繁多、形态各异的植物新品种。从花草藤木到谷麦瓜果，从有性繁殖到无性繁殖，植物新品种的大量涌现，不但极大地丰富了人类的日常生活，而且深刻地影响着人类的生态环境。

现代科学技术的发展是植物新品种产生的原动力。以选育和杂交栽培为代表的传统生物技术和以基因工程为核心的现代生物技术，在植物育种中有着极为重

要的应用。作物育种方法有以下两类：一是雄性不育和杂交育种。植物雄性不育是自然界的普遍现象。在农业生产中以雄性不育为基础，已建立了三系育种体系：雄性不育系、保持系和恢复系。二是转基因作物。近年来，转基因作物所取得的成就主要表现在作物抗逆性、改善作物品质、生物固氮等方面。在抗逆性作物方面，抗除草剂作物、抗昆虫作物、抗真菌作物、抗重金属镉作物、抗病毒作物等都取得了进展。在改良品质的转基因作物方面，产生了许多具有优良性能或具有新性能的植物新品种，人们还成功开发了一些药用的转基因植物，生物固氮研究也取得了相当的进展。

2. 法律文本中的"植物新品种"

根据现代生物学的分类方法，整个生物系可以分为植物、动物和微生物三大类，其中植物和动物属于高等生命体。专利法意义上的植物，是指可以借助光合作用，以水、二氧化碳和无机盐等无机物合成碳水化合物、蛋白质来维系生存，并通常不发生移动的生物。① 植物品种则是指人类在一定的生态条件和经济条件下，根据人类的需要选育的某种作物的某种群体②，包括农作物品种和林作物品种。法律文本中所称的"植物品种"与生物学意义上的"植物品种"应为同一对象，在本质上不存在差别。《国际植物新品种保护公约》（UPOV）对植物品种的保护定位于"新品种"，其"新"的字义蕴涵了有关植物品种受到专门保护的法律要件。该公约 1991 年文本将植物新品种定义为："品种"系指已知最低一级植物分类单元中的一个植物分类，无论授予品种权的条件是否充分满足，该植物分类应该是：（1）通过某一特定基因或基因组合表现其性状特征；（2）能以至少一个性状特征而区别于其他植物群；（3）作为一个整体，经过繁殖后未改变其适应性。③ 根据这一定义，我国 1997 年颁布的《植物新品种保护条例》（2013 年修订）将植物新品种界定为："经过人工培育的或者对发现的野生植物加以开发，

① 参见国家知识产权局编：《审查指南 2001》第二部分第一章，第 3、4 条。

② 参见潘家驹主编：《作物育种学总论》，2 页，北京，中国农业出版社，1994。

③ 参见《国际植物新品种保护公约》（1991 年文本），国家保护知识产权工作组编：《知识产权法律法规及国际规则汇编》，北京，人民出版社，2008。

具备新颖性、特异性、一致性和稳定性并有适当命名的植物品种。”

3. 植物新品种的社会应用价值

植物新品种的培育和应用对每一个国家来说都有重大意义。进入 20 世纪后，在现代科学技术的推动下，于天然植物之外，诞生了一代又一代为数众多的新型植物品种。就我国而言，从 20 世纪 50 年代初到 20 世纪末，我国共培育出 41 种农作物计5 000多个新品种，粮食作物、经济作物新品种在全国范围内更换了 3～5 次，每次更换都增产 10%～30%。从 1949 年至 1994 年的 45 年中，我国粮食产量从1 132亿千克增加到4 451亿千克，在一系列增长因素中，新品种的因素约占 30%～35%。林业方面，仅“七五”期间就培育出核桃等主要经济树种 108 个，杨树等主要阔叶林树种 155 个，杨树针叶树无性系列新品种近 100 个。这些优良种源、家系和品种，为速生丰产和名特优林基地提供了种苗，近年来已推广造林面积 329 万多公顷。从国际范围而言，至 20 世纪 90 年代，各国目前已试种的转基因植物超过4 500种，但获得政府批准上市的品种仅 40 个。全世界转基因种子的销售额在 1995 年仅为7 500万美元，而 1998 年已飙升至 15 亿美元。[①] 可以认为，植物新品种是现代科技作用于原始农业产品的产物，是一项极有价值的人类创新性活动成果。

植物新品种的产生来源于人们对植物的人工培育或对野生植物的开发。开发改良新品种的动机很多，例如提高品种的质量特性，以此提升作物的价值和市场能力；或是进行观赏植物育种，以满足人们生活需要；或是保存濒危物种，以维护生物多样性等。总之，高产优质的植物新品种，既可以提高农业、园艺和林业的生产质量和能力，又能降低对环境资源的压力，这对于促进国民经济健康发展和改善生态环境具有重要意义。植物育种需要智慧、资金、时间和精力的投入，而培育出来的品种却易于为他人繁殖，使育种人无法收回自己的投资。授予育种人以特别的专有权利，即是通过法律制度以激励人们对植物育种进行投资和研发。

① 参见薛福康：《转基因食品安全吗?》，载《光明日报》，1999－11－12，第 4 版。

二、植物新品种的保护模式

1. 植物新品种保护制度的演变

在无形财产权法律体系中，对技术发明的保护首推专利法。但是，传统的专利制度在20世纪30年代之前一直将植物新品种排除在外，这主要是因为传统理论认为植物新品种具有不同于其他客体的生物活性，其繁育的稳定性和一致性易受自然环境的影响，因而不宜像其他人工制品一样授予专利权。

进入20世纪30年代后，在农业科技的推动下，产生了大量的植物新品种，客观上提出了对这些品种的法律保护问题。保护农林业育种者的权利，推动农林业科技的发展成为时代的必然。德国专利局在1934年首次对人工培育的新植物授予专利权，但该做法引起了人们的质疑，第二次世界大战后最高法院也始终未作判决。之后，德国专利局又曾授予用专门培植方法获得的植物的“繁殖权利要求”以专利权，但1973年联邦专利法院在非洲紫罗兰一案的判决中明确否定了此类“繁殖权利要求”的专利性，认为该类繁殖方法本身不是发明，而真正有发明性的培育方法则不可重复。[①] 对品种的专利保护模式遭致诸多质疑，德国政府决定另辟蹊径，于1953年制定了《种子材料法》，率先对育种者的权利给予了专门保护。

美国是世界上最早专门立法为植物新品种提供保护的国家。1930年，美国国会颁布了植物专利法，宣布对用无性繁殖所得可区别的新的植物品种，诸如花卉和果树授予专利。这是世界上第一个采用专利来保护植物新品种的法律。该法后来被纳入《美国专利法》第161条和第164条。《美国专利法》第161条规定，无论谁发明或发现无性繁殖任何独特的和新颖的植物品种，包括培育的变种、异种、胚胎和新发现的秧苗，而非试管培植的植物或在未培育状况下的发现，均可依据本法之条件要求取得专利。植物专利所提供的保护，是授予发明人“排除他

① 参见乔德喜：《试论植物品种的知识产权保护》，载中国专利局条法部编：《集成电路与植物品种知识产权保护专辑》，北京，专利文献出版社，1996。

人以无性方式繁殖该植物或销售或使用无性繁殖获得的植物”的专有权。除了对无性繁殖的植物品种授予专利之外，美国还授予某些植物普通专利。普通专利是指美国专利法所规定的除了方法专利、植物专利、外观设计专利以外的产品类专利。其可以获得普通专利的原因在于它是一种新的物质组成，“如果一项新技术被认为是工业产品、物质的组成或是机器，便有可能获得专利”①。通过该立法，美国在专利法框架内给予植物品种以植物专利和普通专利两种形式的保护。时至1970年，为了适应《国际植物新品种保护公约》的要求，美国国会通过了《植物新品种保护法》，对有性繁殖的植物品种授予植物品种保护证书，其目的在于“鼓励对有性繁殖植物新品种的研究并向公众提供，以向培育、研究或发现品种者提供保护的方式促进农业的发展”。因此，有的学者认为，“美国的植物品种知识产权保护制度是三足鼎立，即保护无性繁殖的植物品种的植物专利，保护有性繁殖的植物品种的专门立法以及用普通专利保护植物发明这三种方式并存”②。

2. 植物新品种保护模式的国际概况

到目前为止，国际上对植物新品种的保护主要有三种模式：（1）品种权模式，是以德国为代表的采取专门法对植物新品种予以保护的模式。（2）专利权模式，是以意大利和匈牙利为代表的采取专利制度来保护植物新品种的模式。（3）混合权模式，是以美国为代表的既采取专门法也兼用专利法来保护植物新品种的立法模式。

专门法与专利法都是与保护植物品种领域“技术创新”有关的知识产权制度，具有鼓励品种研发，促进农业发展的相同功能，但两者有着明显的区别：专利法上所规定的植物专利，要求达到非显而易见的创造性程度，授权条件高；但其权利效力可以及于品种概念之上的植物种属专利以及品种概念之下基因、蛋白质、细胞组织等，保护范围宽。③ 相形之下，专门法所规定的植物新品种，其授

① 黄革生：《美国对植物的知识产权》，载《知识产权》，1997（1）。

② 乔德喜：《试论植物品种的知识产权保护》，载中国专利局条法部编：《集成电路与植物品种知识产权保护专辑》，北京，专利文献出版社，1996。

③ 参见李剑：《植物新品种知识产权保护研究》，中国人民大学2008年博士学位论文。

权标准一般低于专利创造性要求，但保护范围只涉及品种的繁殖材料，且有农民留种的专有权限制规定。总而言之，专利权模式的保护范围更广，效力更强，其制度设计较多考虑育种者利益；而品种权模式，授权条件与保护水平相当，并在制度层面对农民利益有着适当考量。

有关植物新品种保护的国际公约当为1961年缔结的《国际植物新品种保护公约》(UPOV)。该公约于1968年生效，并于1972年、1978年、1991年经过三次修改，现生效文本为1978年文本和1991年文本。关于植物新品种保护模式，1978年文本第2条规定：成员国可以选择对植物种植者提供特殊保护或给予专利保护，但两者不得并用。1991年文本则修改了这一规定，允许对植物新品种实行双轨制保护。事实上，多数缔约国均选择专有权保护模式，1994年通过的《知识产权协定》所确定的植物新品种保护模式与UPOV的规定基本一致，为国家间开展优良品种的研究开发、技术转让、合作交流和新产品贸易提供了法律框架。这两个国际条约的缔结，对国际范围内植物新品种保护制度的形成起到了重大的推动作用。

3. 我国对植物新品种保护的立法选择

我国是一个生物资源丰富的发展中国家，在国际社会日益强化植物新品种保护的潮流中，逐步建立了自己的法律保护制度。1993年，我国向国际植物新品种保护联盟递交申请，并于1999年正式成为公约成员国。1997年，国务院颁布了《植物新品种保护条例》，规定对符合条件的植物新品种授予品种权，由完成育种的单位或个人对其授权品种享有独占的权利。2004年，我国还制定了《种子法》，以加强对植物新品种的保护。除此以外，根据我国《专利法》的规定，对植物新品种本身虽不能授予专利权，但对于生产植物的“非生物学方法”或是“主要是非生物学的方法”，以及依据专利方法获得的物质，可授予专利权，即对植物新品种的生产方法可提供专利保护。总之，对于植物新品种，我国已经形成了一个对繁殖材料的品种权保护、对生产方法的专利权保护的综合保护模式，即采取专门法和专利法相结合的法律保护制度。

三、植物新品种权制度的基本规范

目前，多数国家采取专门法而不是专利法来保护植物新品种，即设定植物新品种权，以保护育种者的利益。此处所指品种权，不涉及植物生产方法而是基于新植物品种所享有的专有权利。由于植物品种主要依生物学方法繁殖，而非人工制造，且深受环境、气候等自然条件的影响，因而植物新品种的保护条件与发明专利所需要的创造性、新颖性和实用性条件存在显著差异。在此，笔者主要从品种权与专利权相比较的角度，述及植物新品种专门保护制度的基本内容。

1. 植物新品种权的客体

根据UPOV公约的规定，对植物新品种的保护，其范围涉及一切属和种。生物学意义上的种，又称物种，是基本的生物学分类单位，指具有一定形态特征和生理特征以及一定的自然分布区的生物类群。种之上的分类单位有属、科、目、纲、门、界。根据1980年国际栽培植物术语编码的定义，品种是指栽培植物的一个集合，这个集合可以由任何性状（包括形态的、生理的、细胞学的、化学的或其他性状）加以区别，而且经过有性或无性繁殖后，仍能保持其区别性状。[①] 法律所称之植物新品种，是生物学意义上植物品种的转换称谓，但作为权利保护之对象，往往会设定必要条件，这即是植物新品种权客体的法律特征。

(1) 新颖性。植物新品种的新颖性，强调的是“商业销售上的新颖性”（commercial novelty），即在申请保护前没有商业化，或者没有被推广使用；而发明专利的新颖性，则表现为“首次公开”（first disclosure），包括出版物公开、使用公开以及其他方式公开等。由此可见，品种权制度下的公众仅仅获得相关品种信息而不占有品种的繁殖材料，并不足以破坏其新颖性。关于新颖性的标准，UPOV公约规定，申请品种权的植物新品种，不得在申请的成员国境内，经育种者或其许可人的同意提供销售或者市场销售，或在任何其他成员国境内提供销售或

① 参见李剑：《植物品种知识产权保护研究》，中国人民大学2008年博士学位论文。

市场销售超过 4 年。我国规定，在申请日以前该品种繁殖材料未被销售，或者经育种者许可，在中国境内销售该品种繁殖材料未超过 1 年；在中国境外销售藤本植物、林木、果树和观赏树木品种繁殖材料未超过 6 年，销售其他繁殖材料未超过 4 年的，具备新颖性。（2）特异性。植物新品种的特异性，强调的是新品种与现有品种（包括已经众所周知的、已有栽培或销售的、已经或正在登记注册的、已在参考文献中有准确描述的品种）的区别性。具言之，特异性是指申请品种权的植物新品种应当有一个或数个显著的特征，使其明显区别于在递交申请日以前已知的植物品种。这种性状不是因培养条件或肥力不同造成的差异。与此不同，发明专利所要求的创造性，则是技术发明所具有的突出的实质性特点和显著的技术进步，其先进性水平较高。（3）一致性和稳定性。前者是指品种经过繁殖（有性或无性），除可以预见的变异外，其相关的特征或特性保持一致；后者是指经过重复繁殖或在特定繁殖周期结束时，其相关的特征或特性保持不变。植物新品种的一致性和稳定性是一个品种适用于农业生产或种子贸易的先决条件。而在法律上，缺乏一致性可能会影响权利的授予，丧失稳定性则有可能导致权利的撤销。概言之，一致性和稳定性是植物新品种在繁殖过程中生物学特点与品种权授予的法律要求，这与发明专利在工业生产中的实用性（包括工业实用性、重复实用性、有益性等）具体要件有明显的不同。（4）可指示性。受保护的植物新品种应当具有适当的名称、用以指示或识别某一特定品种。新品种的命名必须与相同或相近的植物属或种中已知品种的名称相区别，该名称经注册登记后即为该植物新品种的通用名称。与此不同，专利法虽有权利人在专利产品或其包装上标示专利标记和专利号的规定，但这是一种授权性规定，权利人是否标注，并不影响权利的存在。

2. 植物新品种权内容

植物新品种权是国家对符合规定的植物新品种所授予的专有权利。UPOV 公约规定了植物品种权的具体内容，但成员国可以根据自己的情况作出一些特殊的规定。该公约规定：第三人对受保护的品种进行下列行为时，应当先征得育种者同意：以商业销售为目的生产繁殖材料；提供出售繁殖材料；在市场销售繁殖

材料。UPOV 公约在其 1991 年文本中，还增加规定了育种者的为繁殖而进行驯化的权利、出口权、进口权及贮备权等权利。对于由繁殖材料派生的材料及派生品种，育种者也有权控制。我国《植物新品种保护条例》规定：任何单位或个人未经品种权人许可，不得为商业目的生产或销售该授权品种的繁殖材料，不得为商业目的将该授权品种的繁殖材料重复使用于生产另一品种的繁殖材料。具体而言，在我国，品种权人享有以下权利：(1) 生产权。对品种权人生产授权品种繁殖材料专有权的保护，是世界上实施植物新品种保护制度的国家的普遍做法。生产权系指品种权人有权禁止他人未经其许可，为商业目的生产该授权品种的繁殖材料。在农业方面，繁殖材料是指可繁殖植物的种子和植物体的其他部分。在林业上则是指整株植物（包括苗木）、种子（包括根、茎、叶、花、果实等）以及构成植物体的任何部分（包括组织、细胞）。按照这一规定，品种权不能延及从授权品种的繁殖材料中所收获的产品，例如粮食、水果、蔬菜等。(2) 销售权。系指授权品种的繁殖材料的销售行为需要经过品种权人的许可。销售是实现品种权人经济利益的重要方式之一，品种权人有权禁止未经其许可销售该授权品种的繁殖材料的行为。(3) 使用权。系指品种权人有权禁止他人未经许可将该授权品种的繁殖材料为商业目的重复使用于生产另一品种的繁殖材料。对于非生产繁殖材料用途的其他使用，如生产农作物，品种权人则无权禁止。(4) 名称标记权。系指品种权人有权在自己的授权品种包装上标明品种权标记的权利。根据条例和实施细则，新品种命名不得有以下情形：仅以数字组成；违反国家法律或者社会公德或者带有民族歧视性；以国家名称命名；以县级以上行政区划的地名或者公众知晓的外国地名命名；同政府间国际组织或者其他国际国内知名组织及标识名称相同或者近似；对植物新品种的特征、特性或者育种者的身份等容易引起误解；属于相同或相近植物属或者种的已知名称；夸大宣传。

3. 植物新品种权的限制

农林植物作为人类衣食住行的生活必需品，与人类的生存和发展息息相关，因此，各国在保护植物新品种的同时，无不基于社会公共利益的立场，对育种者的权利给予一定的限制。UPOV 公约在序言中明确指出了平衡育种者权利和社

会公共利益的原则：首先各缔约方认为，无论是发展本国农业，还是保护育种者的权利，保护植物新品种至为重要；同时，各缔约方意识到，承认和保护育种者权利所产生的若干特殊问题，尤其是出于公共利益的要求对自由行使这种权利的限制。为此，私人出于非商业性目的使用植物新品种，为实验目的的使用，为培育其他品种的活动，以及农民为在自己的土地上繁殖之目的而使用在其土地上种植的保护品种所收获的产品等行为，不受育种者权利的控制。这些限制性规定对于保障农业科技人员开展正常的科学研究、保护农民的生产生活具有十分重要的意义。值得注意的是，UPOV 公约 1978 年文本第 9 条对上述权利限制规定又提出了两方面的反限制：一是权利限制必须基于公共利益目的，否则育种者可不受限制地自由行使其获得的独占权利；二是若为了推广品种而对育种者的权利施以限制，该联盟成员国应采取一切必要措施，给予育种者相应之报酬。由此可见，该公约既承认缔约国可为了社会公共利益而限制育种者的权利，又从经济上要求缔约国给育种者以经济补偿，从而在一定程度上实现了社会利益与个人利益的平衡。我国《植物新品种条例》对品种权人的专有权规定了如下限制：（1）合理使用。利用授权品种进行育种及其他科研活动，农民自繁自用授权品种的繁殖材料，可以不经品种权人许可，不向其支付使用费，但不得侵犯品种权人的其他权利。（2）强制许可使用。为了国家利益或者公共利益，农业、林业行政主管部门可以作出实施植物新品种强制许可的决定，对授权品种进行推广使用。取得实施强制许可的单位或者个人应当向品种权人支付合理的使用费。

4. 植物新品种权的期限

目前，国际上对植物新品种权多规定了较长的保护期。UPOV 文本 1978 年文本第 8 条规定，育种者的权利自颁布保护证书之日起，一般品种保护期限不少于 15 年，藤本植物、林木、果树和观赏植物以及其砧木不少于 18 年。1991 年该公约的修订文本延长了育种人权利的期限，藤本植物和林木由原规定的 18 年延长到 25 年，其他植物则由 15 年改为 20 年。通过修改，植物新品种的保护期限与发明专利的 20 年保护期限基本一致。在我国，植物新品种权的保护期，自授

权之日起，藤本植物、林木、果树和观赏树木为 20 年，其他植物为 15 年。可见，我国对植物新品种的保护期长于 UPOV 公约 1978 年文本的时间下限，但短于 1991 年文本的期限要求。需要注意的是，品种权与专利权在保护期的起始计算方面有所不同：前者保护期从证书颁布之日起计，后者保护期一般从申请日起计。期限的确定具有法律上的意义，品种权人应当自被授予品种权的当年开始缴纳年费，并按照审批机关的要求提供用于检测该授权品种的繁殖材料。

5. 侵犯植物新品种权的法律责任

按照我国法律规定，侵权责任分为民事责任、行政责任和刑事责任。根据我国《植物新品种保护条例》的规定，品种权人在授权前对植物新品种权享有临时保护。品种权人对在授权前他人未经允许而无偿使用该植物新品种繁殖材料的行为享有追偿权，即在授权后要求上述未经许可的商业性生产或销售该授权品种繁殖材料的单位或个人支付使用费。如未经品种权人许可，以商业目的的生产或销售品种的繁殖材料的，品种权人或利害关系人可以请求省级以上人民政府农业、林业行政部门处理，也可以直接向人民法院起诉。省级以上人民政府农业、林业行政部门可依据各自的职权处理侵犯品种权的行为，可根据自愿的原则对双方当事人进行调解。调解达成协议的，双方当事人应当自觉履行。对调解协议如有一方反悔或拒不履行的，或者调解未达成协议的，品种权人或者利害关系人可以向人民法院提起民事诉讼。省级以上人民政府农业、林业部门为维护公共利益，可依据各自的职权责令侵权人停止侵权行为，没收违法所得，可以并处违法所得 1 倍以上 5 倍以下的罚款。对于假冒授权品种，造成严重后果构成犯罪的，依法追究行为人的刑事责任。

四、植物新品种权制度的国际变革与中国应对

植物新品种权是无形财产权体系中的新制度。就私人层面而言，植物新品种权是农业领域重要的无形资产，是农业科技成果培育者获取权利保护的新方式；就政府层面而言，植物新品种权是规范植物品种交易行为，维系农业科技市场秩

序的制度构成，也是国家促进农业经济健康发展的政策工具；就国际层面而言，植物新品种权是保障本国农业安全，增强农产品贸易国际竞争力的法律武器。自后TRIPS时代以来，植物新品种权制度处于全球化不断渗透的、国际背景和现代化不断深入的时代场景之中，正在发生一些新的变化，对我国相关法律的发展与制度运作带来一些影响。

1. 双重保护模式：植物新品种权制度的国际发展趋势

从《国际植物新品种保护公约》到《知识产权协定》大抵规定，缔约方应以专利方式或者一种专门的制度或两者的结合对植物新品种给予保护。双重保护模式，既有国际法的依据，更是各国的立法实践行为。

美国是采取双重保护的代表性国家。如前所述，从1930年《植物专利法》到1970年《植物新品种保护法》，通过植物专利证书、普通专利证书、品种保护证书等三种法定保护方式，美国形成了比较完备的植物新品种保护体系。[①] 从其构成来看，似为以专利法保护为主，专门法保护为辅。

日本也采取双重保护模式，但与美国有所不同。在实践中，专门法保护发挥着主导作用，而专利法保护的作用比较有限。日本于1975年由特许厅发布的《关于植物新品种审查标准》明确规定，如果所培育的植物新品种可以得到反复验证且与其亲代植物的特点不同，若有创造性可被视为与一般专利相同。此外，对育种的植物品种自身的发明也承认其有专利性。而后，日本于1978年颁布《种苗法》，该法系对植物新品种进行专门保护的法律。

欧盟的双重保护另有所别。欧盟成员国多为世界农业大国，十分重视植物品种的法律保护，但过去较长时期并不授予植物专利。20世纪70年代的《欧洲专利公约》第53条规定，明确将动、植物品种和主要是利用生物方式繁殖的动、植物品种排除在专利保护范围之外，对植物新品种采取专门法保护，其主要法律是1994年《共同体植物新品种保护规则》和1999年《欧盟植物新品种条约》。但是，这并不表明欧盟国家在司法实践中，禁止授予植物专利。欧洲专利局申诉

① 参见聂洪涛：《论植物新品种国际保护的发展趋势》，载《江西社会科学》，2011（10）。

委员会曾在 Giba v. Case 一案中对《欧洲专利公约》不保护植物专利作出解释，认为该公约只是排除植物品种专利，以避免对植物品种进行双重保护。但是，对于不能授予植物品种权的植物，在具备可专利性条件的情况下可以授予专利。[①] 1990 年，欧洲专利局在新的《欧洲专利公约实施细则》23 b（4）条款中，对植物与植物品种作出区分，认为后者是前者的下位概念，一种植物只要不限于特定的植物品种，就可以构成可专利性主题。1998 年欧盟通过《关于生物技术发明的法律保护指示令》，明确规定专利保护范围包括生物材料专利和生物方法专利，其内容即与植物有关。

从欧美发达国家的立法实践来看，UPOV 公约是植物新品种国际保护的主导型制度，多数国家采取了专门法与专利法相结合的双重保护模式。

2. 提高保护水平：植物新品种权制度的国际立法主题

在经济全球化与知识产权一体化的潮流中，各国对植物新品种保护日益重视，UPOV 公约成员国迅速增多。究其原因，主要有两个方面：一是《知识产权协定》第 27 条第 3 款（b）项对植物新品种的知识产权保护有明确规定。缔约方可以不对动植物授予专利，但应通过专利或某种行之有效的专门制度，或通过前两种制度的结合，对植物新品种提供保护。可以认为，植物新品种权是世贸组织框架下知识产权保护的制度安排。二是 UPOV 公约建立了一种国际保护与各国协调合作的有效机制。[②] 缔约方组成国际植物新品种保护联盟，开展植物新品种保护、研发、测评及转让，使育种者的权益得以实现。可以说，UPOV 公约规则是各国植物新品种制度的基本构成。[③]

UPOV 公约于 1968 年生效以来，分别于 1972 年、1978 年、1991 年进行过修订，现在生效的是 1978 年文本和 1991 年文本。自 1999 年 4 月起，新加入公约的国家只能执行 1991 年文本。相比较而言，1991 年文本为育种者权利提供了

① See Tim Roberts, "Patenting Plants Around the World", *E. I. P. R*, Vol. 10, 1996, p. 531.

② 截至 2012 年，UPOV 公约成员国已有 70 个。

③ 参见叶盛荣、周训芳：《国际植物新品种保护趋势及我国的对策》，载《湘潭大学学报》（哲学社会科学版），2010（3）。

较高水平的保护，这主要表现在以下几个方面：一是保护范围。1991 年文本将保护范围由不低于 24 个植物属或种扩展到所有植物的属或种，其对象从传统的繁殖材料扩展到繁殖材料、收获材料、最终产品、实质性衍生品种。二是权利内容。1991 年文本在植物新品种权权项方面，虽无变化，但其内容范围扩张到生产、销售、许诺销售、进出口、储存等每一个流通环节。三是保护期限。1978 年文本规定从授予品种权之日起一般植物不少于 15 年，木本植物不少于 18 年，而 1991 年文本则分别延伸至 20 年和 25 年。四是权利限制。农民特权由强制性例外变为非强制性例外。1978 年文本规定了农民权的强制应用（例如留种、交换等），但为商业目的的生产除外，而 1991 年文本规定农民特权的应用在政府的控制之下，即缔约方可以自行规定农民权的有无或享有的程度，这是一种非强制性的例外。

到目前为止，约有三分之二的 UPOV 缔约方执行的是 1991 年文本。随着新成员国的不断加入，较高水平保护的 1991 年文本将会成为国际植物新品种保护的制度模式。

3. 生物多样性：植物新品种制度的国际变革动向

自 20 世纪末 21 世纪初以来，环境保护、生态平衡、生物多样性问题越来越受到国际上的广泛重视。在以联合国环境计划署、联合国粮农组织、国际自然保护同盟、绿色和平组织为代表的众多国际组织和非政府组织的推动下，植物新品种权制度在强化育种者商业利益的同时，不得不关注与此相关的环境资源、生物多样性问题。

1992 年联合国环境与发展大会上签署的《生物多样性公约》（CBD 公约），旨在“解决与植物遗传资源有关的各种突出问题，尤其是（1）《生物多样性公约》所强调的非原生境收集物的获取问题；（2）农民权问题”①。该公约宗旨在于保护生物多样性、持续利用其组成部分以及公平合理分享由利用遗传资源而产生的惠益。根据公约，一国在使用他国生物资源时，应依据主权原则、知情同意

① 《生物多样性公约》内罗毕最后文本第 3 号决议。转引自唐广良：《遗传资源、传统知识及民间文学艺术表达国际保护概述》，载《知识产权文丛》，第 8 卷，北京，中国方正出版社，2002。

原则、利益分享原则。具言之，使用他国生物资源，应征得资源提供国的同意，而资源提供国则有权在公平的基础上分享由基于该提供资源的生物技术所产生的成果和收益，并将由此获得的资金、技术投入生物多样性的保护之中。

CBD公约是对UPOV公约的重要补充，为植物品种权制度的改革提供了新的思路。现实状况表明，发达国家与发展中国家分别处于生物技术与生物资源的两端，全球80%的生物资源都在发展中国家，而95%的生物技术专利为发达国家所控制。[①] 长期以来，在生物资源“国家主权”缺失、生物技术“惠益分享”失灵的情况下，现行无形财产权制度包括植物新品种权制度是存有弊端的。在《知识产权协定》第27条第3款（b）项的谈判中，由于发展中国家的强烈反对，发达国家承诺在协定实施4年后即1999年对该条款予以检讨，但时至今日该检讨未能真正进行。尽管如此，CBD公约理念开始融入不少国家的植物新品种权立法中。有的发展中国家试图在UPOV公约框架之外构建新的保护模式。该模式在维护生物多样性、农民权利、社区权利的前提下，对植物新品种提供有限的私权保护。其代表者印度制定了《植物品种和农民权益保护法》，该法不仅授予育种者对植物新品种的生产、销售、进出口的独占权，而且授予农民对植物品种享有留存、使用、播种、交换的权利。有的UPOV公约的成员国，则在本国植物新品种立法中增加生物多样性的有关条款。例如，墨西哥《联邦植物品种保护法》申明公共或私人机构为保护生物多样性，利用受保护品种进行研发的活动，应无条件免责；新西兰在《植物品种权法》修正案中，将更好地保护毛利人利益以及生物多样性，作为该次修法的重要问题。[②]

将CBD公约的理念导入规范设计，开启了植物新品种权制度变革的新路径，是对当下植物新品种国际保护秩序的有益矫正。可以说，无论是《知识产权协定》还是UPOV公约，在其修订过程中都不能无视这一变革运动的存在。

---

① 参见冯飞：《我国与发达国家生物产业化差距15年》，见http：//news.163.com/10/0623/08/69RNIN7F000146BC.html，2012-02-14。

② 参见牟萍：《我国农业植物新品种保护现状及应对之策》，载《法学》，2008（4）；聂洪涛：《论植物新品种国际保护的发展趋势》，载《江西社会科学》，2011（10）。

而对植物新品种国际保护的发展态势，我国应积极完善相关法律、法规，为我国农业知识产权战略实施和农业经济发展提供必要的制度保证。具体说来，有如下几个问题需要考虑：

（1）关于加入 UPOV 公约的 1991 年文本问题。1991 年文本较之 1978 年文本是一种更为成熟但也是更高水平的制度设计，适应了现代农业技术发展的需要，采用该文本已经成为国际植物新品种保护的主流趋势。无论是面对国际社会压力[①]，还是处于自身发展的需要，我国都应改进和完善现有法律制度，即在立法中规定高出 1978 年文本的保护水平，逐步向 1991 年文本过渡。[②] 对照 1991 年文本的要求，我国植物新品种保护制度应作如下改进：1）扩大品种保护范围。增列国家植物品种保护名录中列举的植物属或种，特别是将部分独具本国特色、经济价值高、国际竞争力强的新品种纳入保护体系。2）完善品种权内容。从单纯保护品种权人的销售权延伸到保护其进口权、许诺销售权。3）加大侵权处罚力度。在刑法中增设关于侵犯植物新品种权的犯罪规定，严厉打击严重的侵犯植物新品种权行为。

（2）关于专利保护的制度安排问题。我国对植物新品种采取专门法与专利法双重保护模式，根据我国《专利法》第 25 条的规定，对植物品种本身不能授予专利，但对生产植物的“非生物学的方法”以及“主要是非生物学方法”可以提供方法专利保护。在这里，生产植物的方法专利应延及依据该方法获得的物质（即植物）。此外，按照专利局审查指南的规定，转基因植物及其生产方法均不能授予专利权。从专利技术层面看，转基因技术是采取人为技术手段而实现不同物种间的基因转移，并能产生特殊性状的新型植物，是具备可专利性条件的；但从专利政策方面来说，基于生物技术发展水平所限，审查指南将人体基因序列纳入专利审查范围，而未涉及植物基因序列。这一规定是应景适时的，但也应是与时可变的。

---

① 2005 年，UPOV 联盟曾与中国国家知识产权局、农业部、国家林业局共同召开“UPOV 公约 1991 年文本优势暨植物新品种保护国际合作会议”，主要目的就是督促我国尽快加入 1991 年文本。参见牟萍：《我国农业植物新品种保护现状及应对之策》，载《法学》，2008（4）。

② 南非、巴西、玻利维亚、哥伦比亚、尼加拉瓜等国在植物新品种立法即采用文本逐步过渡的方法。

(3) 关于 CBD 公约的农民权保护问题。UPOV 公约 1991 年文本的先进之处在于其适应现代农业技术发展的需要，而其不足之处是将农民特权规定为缔约方自由选择的非强制性例外。我国植物新品种立法既要考虑吸取 1991 年文本的高水平保护规范，又要引入 CBD 公约理念对农民权和生物遗传资源保护作出规定：1）界定农民权内容，包括保护与植物遗传资源相关传统知识的权利，从植物遗传资源的利用中公平分享利益的权利，参与国家关于植物遗传资源的保护、可持续利用等相关事情决策的权利，保留、使用、交换、销售由受保护品种所产生的产品的权利，利用商业育种者的品种培育其他品种的权利等；2）明确生物多样性保护的有关制度，包括品种权申请人在提交申请时，应披露育成该品种所使用的种质资源的真实来源，申请人应提交其与种质资源被采集地社区或农民团体达成的利益分享协议。同时，国家采取适当的措施把通过利用遗传资源所产生的惠益再投入社区中，以用于加强生物多样性保护以及遗传资源的可持续利用。

植物新品种立法问题，与一国的生物技术水平、商业化利用程度密切相关。发达国家以专利法与专门法两个方面不断强化对权利人的保护：一方面通过专利法对植物品种、植物培育方法、植物基因等提供全方位保护；另一方面通过推动 UPOV 公约 1991 年文本的修改，提高植物新品种权的保护力度。我国属于发展中国家，鉴于整体农业技术发展水平和农民权益保障等现实问题，现阶段可维持专利法中有关规定不变，即提供植物生产方法专利保护，但暂不授予转基因植物专利；修改现行《植物新品种保护条例》，逐步向 UPOV 公约 1991 年文本过渡。需要说明的是，国务院于 2013 年 1 月 31 日对《植物新品种保护条例》作出修订，其内容是增列"行政罚款"条款，即省级以上人民政府农业、林业行政部门对品种权侵权案件、县级以上人民政府农业、林业行政部门对假冒授权品种案件，在侵权产品没有货值金额或者货值金额在 5 万元以下的，可处 25 万元以下的罚款。我国《植物新品种保护条例》未来如何与 UPOV 公约 1991 年文本衔接，还有待观察。

第十七章

商标权

商标权是一种标志性权利。习惯上，人们将商标权、专利权以及其他可直接应用于工商业活动的知识产权合称为工业产权，将工业产权与著作权（含邻接权）概称为知识产权。[①] 在法律上，商标权应视为一种私权，即商标所有人对其商标专有使用的权利；在管理上，商标权可作为一项独立存在、单独取得的“可确指无形资产”[②]。商标权是商贸领域最重要的知识产权。

一、商标权的基本属性

1. 商标利益构成：标志与商誉

商标权是私权，是基于特定利益所生之权利。商标权所保护的特定利益究竟为何物，这是我们考察商标权基本属性的理论前提。

利益既是权利的基础和根本内容，又是权利的目标指向，是人们享受权利要达到的目的所在。美国著名法学家罗斯科·庞德将利益作为权利的一种基本

① 关于知识产权、工业产权及著作权、专利权、商标权等概念之间的逻辑关系，可参见郑成思主编：《知识产权研究》，第2卷，北京，中国方正出版社，1996。

② 蔡吉祥：《无形资产学》，43页，深圳，海天出版社，1996。

含义，并将利益区分为个别利益（直接涉及个人生活的要求或需要或期望，并被断定为这种生活的权利）、公众利益（涉及一个政治上有组织的社会的生活的要求或需要或期望，并断定为这一组织的权利）和社会利益（涉及文明社会的社会生活的要求或需要或期望，并被断定为这种生活的权利）。根据庞德的论述，个别利益，即个人生活利益又可分为人格利益、家庭利益与物质利益。在个人的物质利益中，包括了四类要求或请求：一是对有形财产的控制要求；二是要求从事活动与缔约自由；三是对承诺的利益、对承诺的金钱性履行的请求；四是在与他人发生经济性利益关系时要求保护其不受外部干涉的请求。[①]其中，基于保护商业关系而不受外部干涉的请求，经赋予法律之力即成为一个新兴的财产权利。庞德认为，财产法一般应包括狭义财产法、无形财产法和保护不断发展的有关经济利益关系的法律原则。[②] 从上述理论出发，商标权所保护的特殊利益，即个人要求控制并归其掌管利用的对象，可以具体分解为标志和商誉。

标志是商标利益的外在形式。商标具有三大要素，即标志（商标构成要素的文字、图形等）、对象（商标标示的商品或服务）、来源（商标表彰、区分商品或服务的出处）。

商标最原始、最基本的功能是标示商品或服务的来源。据记载，中世纪的商人将其行会标志贴附在所出售的商品上以表明其制造者的身份，其目的是指示商品的来源。早期的商标保护要求表现为，禁止竞争对手使用与自己的商标相混同的标志并由此欺骗商品购买者。[③] 因此，商标最基本的特性是标识性，商标由此而成为一种标志权。“对于商标法有关商标权的规定，需要从这种标识性和标志权的法律属性上进行理解。”[④] 在采用“使用原则”的国家，判例法认为，由普通词汇构成的商标或许具有强烈的来源识别意义，但具有财产意义并受到法律保

① 参见［美］罗斯科·庞德：《法理学》（第三卷），77～78页，北京，法律出版社，2007。
② 参见［美］罗斯科·庞德：《法理学》（第三卷），172页，北京，法律出版社，2007。
③ 参见王春燕：《商标保护法律框架的比较研究》，载《法商研究》，2001（4）。
④ 孔祥俊：《商标的标识性与商标权保护的关系》，载《人民司法·应用》，2009（15）。

护的是商标权人的商业信誉，而商标只是用于保护这种财产的手段或者工具。[①] 进而言之，标志是商标权所保护利益的外在形式，充当的是客观化载体的角色。在采用“注册原则”的国家，制定法大抵规定，只有具有显著特征的标志才具有标识性，从而获得商标注册，由此产生注册商标专用权。未注册商标在一定条件下可能受到法律保护，其前提是该商标实际上已具有识别作用。根据注册原则产生的商标权，其保护对象和权利性质都是由法律规定的，即明确规定法律的保护对象是“商标”，法律保护的权利是“财产权”。在理论上，商标权与商业信誉是可以相对分离的。例如《英国商标法》第 24 条规定，注册商标所有权可以发生转移，这种转移既可以与商业信誉一起进行，也可以独立进行。

商誉是商标利益的内在基础。一般而言，商誉（英文 goodwill 或 reputation of business）是公众对某一企业的经济能力所产生的肯定性评价。《牛津法律大辞典》将商誉解释为：“某行业拥有的一种优良品质，源于该企业的名誉，与顾客以及使与顾客的联系得以保持的环境有关。”[②] 商标权所保护的特定利益，其实质是“商业符号的吸引力”、商品标识的影响力，以及由此为商标权主体带来的优势和惠益。[③]

英国法院在许多判例中重申：在商标上不存在着任何财产，普通法通过其假冒之诉保护的是借助于商标培育起来的商业信誉。美国法院同样认为，对商标的独占使用的权利实际是指人所提供享有其贸易声誉和商业信誉、防止他人侵害的权利。[④] 在“使用原则”国家，法律对商标的保护，以商标在公众享有声誉为前提，而商标声誉则是通过商标的使用而形成的。在“注册原则”国家，注册商标

① Hanover Star Milling Co. v. Metcalf，240 U. S. 403（1916）。转引自王春燕：《商标保护法律框架的比较研究》，载《法商研究》，2001（4）。

② ［英］戴维·M·沃克主编：《牛津法律大辞典》，北京社会与科学发展研究所组织编译，381 页，北京，光明日报出版社，1989。

③ 参见 1901 年英国国内税收专员诉穆勒案。转引自关令华：《精神损害的认定与赔偿》，173 页，北京，人民法院出版社，1996。

④ 参见王春燕：《商标保护法律框架的比较研究》，载《法商研究》，2001（4）。

是一种授权行为，即授予或创设注册商标的专用权，而不是对于已实际存在的商业权益的确认。但是，“注册商标专用权的范围与商标知名度直接相关。商标知名度越高，其标识性越强，因而范围越宽”①。

商标权所保护的特定利益，是以区别标志为载体、以商品声誉为内容的财产利益。可以认为，标志与商誉构成商标利益的外在形式和内在基础，两者“须臾不可分离，就像连体婴儿一样，一旦分开两者都会死亡”②。

2. 商标权保护方式：反混淆与反淡化

商标权是财产权，其权利设定的目的与商标使用的目的直接相关。商标的本位是一种符号，其基本功能即为标明产品出处，代表商品声誉。从标志到财产，可以概括为商标利益的基本内容，这就决定了商标权的内容构成，主要是使用权和禁止权（容当后叙）；商标权的保护方式是禁止混淆和预防淡化，下面分而叙之：

禁止混淆是商标权保护的立足点。无论是“使用原则”国家还是“注册原则”国家，无不以此作为商标立法的出发点。《知识产权协定》第16条规定：“注册商标所有人有权阻止他人未经许可而在贸易活动中使用与商标相同或者近似的标志，以防止造成混淆可能。”根据我国《商标法》第57条的规定，未经商标注册人的许可，不得在同一种商品或者类似商品上使用与其注册商标相同或者近似的商标。商标法上的混淆，是指已经或可能对商品或服务的来源及有关方面发生误认，有广义和狭义之分。

狭义的混淆是指商业来源的混淆，即公众可能对商品或服务的出处产生误认。狭义混淆一般发生在同一种商品或服务之间。广义的混淆是指除了出处混淆以外，对商标或服务的其他方面产生的误认，一般发生在不同种的商品和服务之间。传统商标法上的混淆，一般是指狭义混淆。随着市场经济的发展和商标权保

① 孔祥俊：《商标的标识性与商标权保护的关系》，载《人民司法·应用》，2009（15）。

② Thomas McCarty，McCarty on Trademark and Unfair Competition，2008，转引自邓宏光：《从公法到私法：我国商标法的应然转向》，载《知识产权》，2010（5）。

护水平的提升，商标制度趋向采取广义混淆的标准。[①] 关于商标混淆的认定，与商标自身的显著性和知名度有关。这说明，商标越是显著，被混淆的可能性越大，换言之，显著性强的商标容易得到保护；此外，商标越是著名，排他性使用的能力越强，质言之，有影响力的商标受保护的范围较宽。总之，禁止混淆，在于维系区别商品或服务来源的标志，排除第三人使用相同或者近似的商标。

预防淡化是商标权的特殊保护方式。反淡化是商标法为驰名商标提供的特殊保护，其目的是保护商标的独特个性、广告价值和良好声誉。驰名商标与其所标示的商品或服务之间关联性强，具有公众吸引力。一般而言，盗用驰名商标和混淆并不直接相干，商标所有人所受损害并非因混淆而发生顾客转移，而是商标影响力被削弱、商标价值被减损。因此，商标淡化不是一般商标侵权，不以商品类似、公众混淆、来源误认为条件，其主要表现形式有两种：一是冲淡。即无权使用人将相同或近似的商标使用在与驰名商标并不相同或不类似的商品上，从而使驰名商标与其商品之间的特定联系逐渐弱化，从而侵蚀了驰名商标特有的吸引力和广告价值。二是玷污。即将驰名商标用于某些服务或商品上或用于某种环境中，有可能使该商标的良好信誉被贬低、毁损。例如，将儿童玩具商标用于色情网站，将香水商标用于厕所用具。这种使用行为的结果，可能使人对驰名商标产生不舒服或厌恶的感觉，从而损害该商标的形象。在立法例上，美国是最早进行反淡化立法的国家。1996 年美国国会通过《联邦商标反淡化法》，其内容包括：驰名商标所有人阻止其驰名商标被淡化的权利、淡化的法律救济、驰名商标的认定标准、淡化的例外。欧盟 2004 年通过的《共同体商标条例》，专门规定了商标反淡化条款："商标所有权人有权阻止所有第三方未经其同意在贸易过程中使用：将与共同体商标相同或近似的任何标志，使用在与共同体商标注册的商品或服务不类似的商品或服务上。如果共同体商标在共同体内享有声誉，且该标志的使用将无正当理由地引用或损害该共同体商标的显著性或声誉。"我国商标法尚未明

① 在我国司法实践中，认定行为人是否实施了商标侵权行为，视其使用的商标是否容易使公众对商品的来源产生误认或认为两者之间有某种联系而定。参见最高人民法院《关于审理商标民事纠纷适用法律若干问题的解释》（法释［2002］第 32 号）。

确承认反商标淡化，但一些学者认为，《商标法》第13条第3款规定，“就不相同或者不相类似商品申请注册的商标是复制、摹仿或者翻译他人已经在中国注册的驰名商标，误导公众，致使该驰名商标注册人的利益可能受到损害的，不予注册并禁止使用”，该条款为接纳反淡化规则提供了制度空间。总之，预防淡化并不涉及区别商品来源的标志，而与特定商标的良好声誉有关。可以认为，反淡化将是我国商标法发展的一个重要方面。

二、商标权的内容构成及其法律特征

商标权是商标法最核心的概念。商标立法的最基本任务就是授予并保护商标权。商标权是商标所有人依法对其商标在特定范围所享有的各项专有权利的总称。我国以“注册原则”作为权利产生的依据，因而，理论界长期以来将商标权理解为“注册商标权”①。现在多数学者认为，商标权与注册商标权有别。② 这是因为：在“注册原则”国家，除注册商标受到保护外，未注册的驰名商标也能受到特别保护；在“使用原则”或“混合原则”国家，商标权的产生或基于商标使用，或同时源于使用与注册。

1. 商标权的基本内容

基于上述分析，我们不宜像某些教科书那样，片面地将商标权理解为对注册商标的支配权，简单地将这种支配权解析为使用权（或专用权）、禁止权、续展权、转让权、许可权等诸多权利。这种分析方法实际上是将民法上所有权的内容框架套用于商标权。笔者认为，上述权项分为两类：一是支配权利客体所生之权项，即在商品上独占使用其注册商标和禁止他人与其注册商标构成混淆，是为专用权和禁止权；二是处分权利本体所生之权利，所谓转让或许可使用的并非注册

① 张序九主编：《商标法教程》，法律出版社，1997；刘春田主编：《知识产权法》，北京，中国人民大学出版社，2000，张玉敏主编：《知识产权法学》，北京，法律出版社，2010；笔者早期著述亦持这一观点，参见吴汉东、闵峰：《知识产权法概论》，北京，中国政法大学出版社，1987。

② 参见张今：《商标法》，载吴汉东主编：《知识产权基本问题研究》（分论），北京，中国人民大学出版社，2009。

商标，而是注册商标的专用权本身，概言之，商标权作为绝对权，以转让或许可方式决定财产权的命运，这一处分权能与所有权乃至著作权、专利权并无二致。作为商标权独有之权项，应是支配商标所产生的专用权和禁止权。下面分述之：

（1）专用权。商标专用权，是指商标权人对其注册商标享有充分支配和独占使用的权利。关于专用权的内容，我国《商标法》表述为“在核定使用的商品上使用核准注册的商标”。这一权项内容，表现了商标权专有性的法律特征，为商标权的积极权能。据此，商标权人可以在其核定的商品上独自使用该注册商标，并取得合法利益；也可以根据自己的意愿，将注册商标转让给他人、许可他人使用。关于专用权的效力，我国《商标法》明确规定“以核准注册的商标和核定使用的商品为限”。这一条款表明了商标专用权的行使范围，以注册登记的事项为准：第一，限于商标主管机关核准注册的文字、图形或其组合，而不能使用近似的文字、图形或其组合；第二，限于商标主管机关核定使用的商品，而不能扩大到其他类似商品。

（2）禁止权。商标禁止权，是指商标权人禁止他人未经其许可擅自使用其注册商标的权利。商标权与所有权具有相同属性，即不受他人侵害的排他性，为商标权的消极权能，具体表现为禁止他人非法使用、非法印制注册商标，以及禁止他人非法销售侵犯注册商标的商品。从效力范围来看，商标权人对他人未经许可在同一种或类似商品上使用与其注册商标相同或近似的商标，均享有排他权。具体而言，禁止权的效力涉及下列四种情形：第一，在同一种商品上使用相同的商标；第二，在同一种商品上使用近似的商标；第三，在类似商品上使用相同商标；第四，在类似商品上使用近似商标。

专用权与禁止权是商标权不可分离的两项权能。前者涉及商标权人使用注册商标的积极权能，后者涉及商标权人对抗他人非法使用注册商标的消极权能。这是商标权绝对性和排他性的法律表现。这一特性是符合商标制度本质的。商标法的任务在于维护商标的标示功能和区别功能，即商标的显著性。如果任由他人使用混同商标，构成商品出处混淆，就会造成对消费者的欺骗；同时，妨碍商标权人对注册商标的有效使用，将导致其无形财产权益的损害。

2. 商标权的基本特征

商标权是工商领域的商业标志权，不同于知识创新领域的著作权和专利权。商标权除具有知识产权的一般特点以外，还表现出以下几种特征：

（1）保护范围的特定性

保护范围是判断知识产权侵权行为的基础，只有明确了专有权利的范围，才能依此认定他人行为是否构成侵权。如上所述，在商标权权项构成中，禁止权的效力范围大于专用权的效力范围，专利权、著作权与此不同。一般而言，专利权的禁止权效力以权利人取得专利的发明创造范围为限，不能随意扩大到其他技术领域的发明创造，即禁止权与专用权的效力范围相同。例如，依我国《专利法》第 11 条的规定，专利权人有权禁止他人未经其许可，为生产经营目的制造、使用、许诺销售、销售、进口其专利产品，或者使用其专利方法以及使用、销售、进口依该专利方法直接获得产品。就著作权保护范围而言，其禁止权的效力同于甚至小于专用权的范围。例如，我国《著作权法》第 10 条规定了著作权人所享有的复制权、发行权、出租权、展览权等各项权能。著作权人有权对作品自己使用或授权他人使用，同时也有权禁止他人未经许可而擅自使用。但是，依著作权法规定，禁止权的行使受到某些限制，如在法定许可使用的情况下，他人可以不经著作权人同意而使用作品，但要支付报酬；在合理使用的情况下，他人使用作品可以不经著作权人同意，也不支付报酬。①

在效力范围上，虽然禁止权大于专用权，但依商标权保护范围的特定性，它依然只是在一定范围内对于他人使用相同或近似商标的排斥权，即其权利辐射的范围是有限的。有学者将这一特性称作“商标权的相对性”②。无论如何，保护范围的确定性，描述了商标权这一专有权的个性特征，是具有法律意义的。正如一些学者所言，专有权只是授权对抗与商标注册相同或类似的商品上的使用，显然这是对保护范围的一种限制。③ 更有法官认为，依此属性可以判定跨商品类别

① 参见王莲峰：《商标法通论》，72 页，郑州，郑州大学出版社，2003。

② 孔祥俊：《商标权属性及其与商标权保护的关系》，载《人民司法》，2009（17）。

③ 参见黄晖：《商标法》，129 页，北京，法律出版社，2004。

保护的合法性问题。例如，对于在非类似商品上抢注与他人具有一定知名度的注册商标相同或近似商标的行为，是否可以予以撤销，曾经在实践中存在争议。但根据商标法规定，从保护范围特定性的要求出发，除驰名商标可以适用跨类保护外，商标权人不能对抗他人在非类似的商品上注册相同或近似商标。①

（2）权能效力的有限性

权能效力限制属于知识产权限制的范畴，其基本含义可以理解为“在一定情况下当商标权人的权利与其他人的正当利益发生冲突时，为平衡及公正地保护各方利益而对商标权作出的必要限制”②。在立法例上，无论是有关无形财产权的国际公约还是各国的商标立法，长期以来对于商标权的限制都较少作出规定。究其原因说来，著作权、专利权属于创造性成果权，立法者必须对权利保护与知识传播的合理边界作出选择，因而其权能效力的限制性规定是明确的、详尽的；相形之下，商标权归类于经营性标志权，标示商品来源而防止混淆性，与保护商标权利而维系专有性是一致的，因此商标法中没有所谓的强制许可使用制度。但是，商标权与其他无形财产权一样，是一种“非物质化的和受到限制的财产”③，换言之，商标权是私的权利，但并不是绝对化的私权。因此，商标权存在权能效力的限制问题。主要情形有：一是正当使用。此处的正当使用，是指商标权人以外的人在生产经营活动中以叙述性使用（即为提供商品或服务信息而善意使用了描述性商标所表示的商品质量、主要原料、功能、用途以及地名、姓氏等符号）、指示性使用（即为了客观性地说明商品种类或服务范围等而在经营活动中使用他人注册商标）等方式善意使用商标权人的商标而不构成商标侵权的行为。关于商标权的合理使用，现已见之于相关国际公约和立法例。世界贸易组织《知识产权协定》第 17 条规定：“成员可以对商标权规定有限的例外。诸如描述性词汇的正当使用，只要此种例外考虑了商标所有人和第三人的合法权益。”《欧共体商标条

① 参见孔祥俊：《商标权属性及其与商标权保护的关系》，载《人民司法》，2009（17）。

② 冯晓青：《商标权的限制研究》，载《学海》，2006（4）。

③ ［美］肯尼斯·万德威尔德：《19 世纪的新财产：现代财产权概念的发展》，载《社会经济体制比较》，1995（1）。

例》第6条规定，商标所有人无权制止第三方在商业中使用自己的名称或地址，或者有关品种、质量、数量、价值、原产地等特点的标志，只要上述使用符合商业的诚实惯例。我国《商标法实施条例》在2002年修订时，始在第44条规定了注册商标的正当性使用。二是先使用权人的使用。所谓先使用权，是指在他人申请商标注册前已经在相同或是类似商品上使用与注册商标相同或近似的标志，在他人的注册商标被核准后，得以在原有范围内继续使用该商标的权利。先使用权制度主要存在于适用“注册原则”的国家。根据“注册原则”，商标权与商标的使用无关，而是基于注册而产生。在实践中，如果没有先使用权制度，在先使用多年且具有一定市场声誉的未注册商标就有可能被他人抢注，然后依注册商标专用权禁止在先使用人继续使用自己的商标，从而造成不公平竞争。可以说，先使用权制度是“商标法为克服登记制度的缺陷，弥补申请在先原则的不足而设计的一种补救措施”[①]。三是商标权用尽。权利用尽或权利穷竭，是指经商标所有人或其被许可人将附有商标的商品投入市场后，其他任何人进一步使用或销售该商品，而商标权人无权加以禁止的情形。质言之，附有商标的商品投放市场后，商标所有人的权利即告终结，无权以商标权名义禁止他人在该商品上使用商标，或者说，其他任何人均可以在贸易活动中继续使用该商标来销售商品。关于权利用尽，存在着地域范围之分，即国内用尽和国际用尽两种情形，从而涉及商品的平行进口问题（相关论述可参见第五章“无形财产权的限制”）。四是非商业性使用。前述情形皆为对商标的商业性使用，在符合一定条件的情况下，该类使用可作为商标侵权的抗辩事由。而非商业性使用，是指与商品或服务无关而使用商标的情形，这类使用通常属于商标侵权之例外，包括新闻报道及评论中使用商标，对商标的滑稽模仿，在字典、教科书中使用商标等。

（3）保护期间的延续性

时间性是无形财产权的基本特征。一般而言，无形财产权不是没有时间限制的永恒权利，这种权利仅在法律规定的期限内受到保护，一旦超过法律规定的有

① 王莲峰：《我国商标权限制制度的构建》，载《法学》，2006（11）。

效期限，这一权利就自行消灭。其实，时间性的特点，是就无形财产权和有形财产所有权相比较而言，是具有相对意义的概括和描述，在无形财产权体系中，凡创造性智力成果权皆具有保护期的规定，如专利权、著作权等；凡经营性区别标志权则不受时间限制，或者说保护期满可以续展，如商标权、地理标志权等。

对智力成果权设定保护期间，是各国无形财产权立法的通行原则。诸如专利权、著作权制度奉行二元立法宗旨，既要促进科学、技术、文化、知识的广泛传播，又要保护智力成果创造者的合法权益，协调无形财产权专有性与知识财产社会性之间的矛盾。根据智力成果权的不同类型及本国的实际情况，各国对此规定了长短不一的保护期。著作权的保护期限，主要是对著作财产权而言的，即著作权人只能在一定期限内享有对作品的专有使用权和获得报酬权。在历史上，葡萄牙和尼加拉瓜曾有无限期的“永久版权”的规定，但目前除了未发表作品的著作权不受时间限制外，各国著作权法都规定了已发表作品的有限保护期。未发表作品一经发表，即适用著作权保护期的规定。关于著作人身权，即作者独享的非财产权利，有的国家规定为无限期永远存在（如法国），有的国家则规定其人身权与财产权保护期相同（如德国）。关于专利权的保护期限，其规定依据主要有二：一是社会利益与权利人利益的协调；二是发明技术值的寿命。专利权期限的长短，直接涉及当事人及社会公众等各方面的利益。保护期间长，有利于鼓励和吸引长远技术和重大发明的投资，但限制了公众尽早地自由使用发明。相反，保护期间短，公众可以较早地自由使用发明，但不利于鼓励发明创造和吸收耗资巨大的复杂先进技术。

商标权亦有保护期的规定。其中，欧洲大陆国家的规定为 10 年，英国以及沿袭英国制度的国家多规定为 7 年，美国则规定为 20 年。我国商标法规定为 10 年。与上述智力成果权不同，商标的保护期间具有延伸性，从而有可能成为一种永久性的财产权利。在运用“使用原则”的国家，商标权可以通过使用而自然地无限延长；在适用“注册原则”的国家，商标权人可以在法定期限内通过续展而延长注册商标有效期，而且续展次数不受限制。商标权与著作权、专利权关于保护期的差异性规定，其缘由在于上述权利的保护对象有别。

其中，文学艺术作品和发明创造对于经济与社会发展有着更为重要的意义。在智力创造领域，精神生产往往以前人的智力成果为基础，受到权利保护的最新知识也不宜长时期为创造者所垄断。因此，有必要规定一定的保护期，使智力成果从个人专有财产适时变为社会公有的精神财产。而商标权所保护的区别标记则不同，商标是企业商业信誉的载体，某一些具体的商业标识，只有在与特定商品或服务相联系在一起，并且提供给经济市场上的消费者时，才有可能获得消费者的积极评价，从而积累和增加与之相关的商誉。[①] 商誉的形成，有赖于商标权人对商标的使用和培育。一般而言，商标使用时间愈长，培育付出愈多，就愈能得到消费者的认可，其商誉度就愈高。可以说，商标权保护期间的延展性，并不涉及权利人对知识和技术的垄断，而只是根据商标信誉的存续状况，赋予商标权人维护永久权利的可能。[②]

三、商标权保护的特殊问题

权利的本质是享受特定利益的法律上之力。商标法将商标信誉利益进行权利化时，是从“特定利益”和“法律之力”这两个要素出发而进行制度设计的。在“注册原则”国家，存在着已实际使用的未注册商标和未实际使用的注册商标，其权利形态如何，法律如何给予保护，是值得关注的重要问题。

1. 未注册普通商标

商标注册制度决定了法律保护的对象主要是注册商标，对于未注册商标有条件地适度保护是这一制度的例外。在这里，有条件保护，是指对未注册的驰名商标和有一定影响的知名商标在注册制度之外给予特别保护。换言之，一般的未注

① 参见李明德：《商标使用与商标保护研究》，序言，3～4 页，北京，法律出版社，2008。

② 在市场营销，企业可以通过保护期间延展的相关规则，长时期地维护其商标信誉，使商标权成为企业的重要无形财产。例如“杜邦”商标创建于 1802 年，“可口可乐”商标注册于 1843 年，“柯达”商标出现于 1888 年，“奥迪”商标诞生于 1899 年。在中国，诸如北京“同仁堂”药品商标、杭州“张小泉”剪刀商标、贵州“茅台”酒商标，都是有百年以上历史的名牌商标。参见贺寿天编著：《商标战略与品牌提升》，107 页，南京，江苏人民出版社，2010。

册商标，法律并不予以保护。[①]

商标法保护的特定利益，并不是商标标志本身，而是基于特定商业标志与特定商品或服务之间联系所产生的商标信誉。这是商标所有人的利益所在，也是商标制度构建的理由所在。商标信誉是商标所有人的工商经营成果或投资成果。美国学者认为，与专利法、著作权保护“投智成果”不同，商标法保护的是“投资成果”，包括（1）商标创作投资；（2）与商标有关的商品广告宣传投资；（3）与产品有关的其他投资。[②] 驰名商标或知名商标基于商标所有人投资经营，已为公众所知晓而享有盛誉，这是市场经营活动中形成的客观事实，与其是否注册并无直接关系，商标法在坚持注册原则的前提下对上述未注册商标提供例外保护，是必要的，但也是有条件的。

未注册普通商标不受保护，但可以有条件使用，即在不与注册商标发生冲突时使用，曾有学者认为，未注册商标也有“使用权”，但既不具有独占性，也不具有排他性。笔者认为，未注册商标的使用，是不完整、不充分、无“法律之力”的。当在同一种商品或类似商品中，未注册商标与注册商标构成相同或近似，依商标法规定，该未注册商标的使用将受到禁止。这说明，未注册商标的使用，不是法定主义上的“权利”，也不是受到有限保护的“法益”，而仅是一种使用的“事实”。从私法观点出发，“权利优于事实”，当未注册商标与注册商标在使用中发生冲突时，法律只能保护后者的权利形态而不保护前者的事实状态。

2. 未注册知名商标

未注册知名商标可以受到商标法和反不正当竞争法提供的有限保护。法律保护的未注册商标，其对象是一种不具有权利形态的法律利益。这种法益与权利是有差异的。从权能内容来说，它是片面而不是全面的；从效力范围来说，它是相对而不是绝对的。在未注册商标领域，知名商标的使用，是一种受到有限保护的

① 参见张今：《未注册商标的法律地位》，载吴汉东等：《知识产权基本问题研究》（分论），406页，北京，中国人民大学出版社。

② 参见［美］Robet P. Merges等：《新技术时代的知识产权法》，乔筠等译，438～441页，北京，中国政法大学出版社，2003。

法益，既有别于普通商标使用的“事实”，也不同于驰名商标使用的“权利”。

未注册知名商标，是指有一定影响但其知名度未达到驰名商标的状态而在知名商品上使用的商标。我国反不正当竞争法所规定的知名商品，其特有的名称、包装、装潢等受到保护，禁止他人仿冒。这里知名商品的特有名称，包括商标、商号、商品特定名称等。可以说，“知名商标就是知名商品上所使用的商标”[①]。

未注册知名商标之所以受到保护，在于商标“使用”[②] 所形成的商标声誉。这种声誉是商标财产性质的基础，对于没有这一利益基础又未获得注册的商标，法律没有给予保护的理由。关于未注册知名商标的保护，商标法规定了两项权益：(1) 禁止权。根据我国《商标法》第 32 条的规定，未注册商标有一定影响的，该商标所有人有权禁止他人不正当抢注。此项禁止权，可以通过商标注册异议程序行使，也可以遵循注册商标撤销程序行使。(2) 使用权。如前所述，根据先使用权制度，某个有一定影响力的未注册商标，虽由他人取得注册，但该商标的先使用人得在原有范围内继续使用，不受注册商标专有权的约束。与此同时，反不正当竞争法将擅自使用他人知名商标的行为，归类于不正当竞争范畴，行为人应承担相应的民事、行政或刑事责任。

3. 驰名商标

驰名商标是在一定市场范围内享有较高声誉并为相关公众广为知晓的商标。根据相关国际公约和我国法律、法规的规定，关于驰名商标的含义，可以从两个方面来把握：第一，驰名商标不是与“普通商标”或“非驰名商标”相对立的一类商标。换言之，驰名商标不是一种被类型化的商标，而是一种受到特别保护的商标。有学者指出：“驰名商标并不是商标法上的一种特殊商标，而是法律为所有商标提供的一种可能的特别保护。”[③] 第二，被认定为驰名商标，可以是注册

① 郑友德、万志前：《论商标法与反不正当竞争法对商标权益的平衡保护》，载《法商研究》，2009 (6)。

② 一般认为，商标使用应是“实际使用”(即商标附着于进入市场的商品或服务的销售使用)，“公开使用”(即以一般消费者可以接触或感知的方式的外部使用) 和“持续使用”(即负载商标或服务在市场上连续销售一段时间的不间断使用)。

③ 唐广良、董炳和：《知识产权的国际保护》，359 页，北京，知识产权出版社，2002。

商标，也可以是未注册商标。无论是否注册，一经认定为驰名商标，即可受到特别保护，但其效力范围有所不同。

关于驰名商标的特殊保护，最早可追溯到《巴黎公约》1925年修订文本中。《巴黎公约》修订驰名商标条款，其本意在于为已经驰名但未注册商标提供保护。由于商标注册的地域性期限，某些商标没有在请求保护地注册，但事实上已广为人知并产生相当声誉。在这种情况下，法律有必要制止与驰名商标相抵触的商标注册。《巴黎公约》的驰名商标保护条款，“是协调注册制度和使用制度两种确权制度相互冲突的产物，是在普遍采用以注册确定商标权的情况下，对未注册商标采取的一个有限例外”[①]。

对驰名商标的特殊保护，出于维护商标所有人利益与消费者利益的双重考虑。这是因为，与普通商标相比，驰名商标往往代表着更高的质量和服务，包含了商标所有人更多的投入和商誉，当然也更经常地受到其他生产经营者的仿冒。[②] 同时，在商标已经驰名的情况下，消费者即认为它是一个特定来源标示，无论其是否注册都必须给予保护，法律对于驰名商标的保护有其特别事由，“其理论基础乃在被侵害之商标如系众所周知，将更引起消费者对于商品来源发生混淆。盖世所共知商标如被冒用于不同商品之上，将使消费者误认为系商标权人之新产品，而发生混淆”[③]。有鉴于此，世界各主要国家为驰名商标提供了特殊的优于普通商标的法律保护。

对驰名商标的特殊保护，因该商标是否注册而效力有别。（1）对未注册商标采取“禁止权保护”。《商标法》第13条第2款规定：“就相同或者类似商品申请注册的商标是复制、摹仿或者翻译他人未在中国注册的驰名商标，容易导致混淆的，不予注册并禁止使用。”从这一规定看来，商标法对未注册驰名商标并不提供积极的专用权保护，而是在启动商标注册申请程序后，采取予以驳回并禁止使

① 张今：《未注册商标的法律地位》，载吴汉东等：《知识产权基本问题研究》（分论），406页，北京，中国人民大学出版社，2009。

② 参见管育鹰：《“驰名商标”认定相关问题探讨》，载《法律适用》，2007（12）。

③ 曾陈明汝：《专利商标法选论》，205页，台北，三民书局，1988。

用的消极方式保护，且要求该申请注册的商标所使用商品与该驰名商标所使用的商品构成相同或类似，伴有商标混同之虞的后果。[①]（2）对注册驰名商标采取“跨类保护”。《商标法》第13条第3款规定：“就不相同或者不相类似商品申请注册的商标是复制、摹仿或者翻译他人已经在中国注册的驰名商标，误导公众，致使该驰名商标注册人的利益可能受到损害的，不予注册并禁止使用。”从这一规定来看，注册驰名商标所有人，不仅可以行使普通商标权人的权利，而且享有某些特殊的权益，即有权禁止他人在非类似商品上以可能引起混淆方式使用与驰名商标相同或近似的商标。需要说明的是，我国对注册驰名商标的保护，从禁止直接混同扩展到间接混同，这种跨类保护的做法符合国际公约的规定。但是，商标法的相关规定未以反商标权淡化为理论基础。这是因为反淡化理论并不考虑混淆之虞，禁止权对象不是误导消费者的行为，而是使用该驰名商标本身。

4. 未使用注册商标

按照我国商标法的规定，注册商标并不以实际使用为前提和基础，即不是对已实际存在的商标权益的确认。可以认为，核准注册商标不是一种行政确权行为，而属于授予或创设注册商标专用权的行为。[②] 商标注册的法律意义在于，一旦注册申请得以核准，无论是否已实际使用，商标权即发生效力，法律给其注册商标提供专用的空间。在注册商标存续期间，即使并未实际使用，仍然享有商标权。

商标权的取得虽不以实际使用为前提条件，但与其保护范围的确认有密切关联。“使用”是商标法上的一个重要概念。依照我国《商标法实施条例》第3条的规定，商标的使用包括以下情形：一是将商标用于商品、商品包装或容器以及商品交易文书中；二是将商标用于广告宣传、展览或其他业务活动中。无论是商标权人自行使用，还是其他第三人的被许可使用、与商标权人有业务关联的人的使用；无论是商品销售中的使用还是产品销售前的使用，均在所不问。对于未实际使用的注册商标，遭致他人在同一种商品或类似商品上使用与其相同或近似商

①② 参见郑友德、万志前：《论商标法与反不正当竞争法对商标权益的平衡保护》，载《法商研究》，2009（6）。

标，特别是知名度较高商品冒用知名度较低商品的商标，构成所谓的“反向假冒”[①]，这一行为是否构成侵权并如何确定民事责任，在司法实践中存有争议。有人认为，注册商标未实际使用，因而不会发生市场混淆和商品来源误认，可不认定为侵权；也有人认为，由于注册商标未实际使用，尚无实际损失可言，因此冒用注册商标当以侵权论，但不应当赔偿损失；多数人认为，该行为是注册商标侵权行为，应当按照侵权人的营利状况来确定赔偿数额，因为这些营利是挤占权利人市场份额的结果。[②]

对于未使用注册商标的法律保护，主要涉及禁止权的效力范围。商标权因注册而获得，虽注册商标未实际使用而不存在现实的市场混淆，但不影响商标侵权行为的构成。在司法实践中，他人在同一种商品上使用与注册商标相同的商标(即在专用权的效力范围内)，使得商标法为商标权人预设的商标专用空间受到妨害，足以可能产生对商品来源的误认，在这种情形下，当以侵权论；他人在类似商品上使用相同商标，或同一种商品上使用近似商标，或类似商品上使用近似商标，由于该注册商标未实际使用，上述使用构成市场混淆的可能性较小，因而禁止权的排他性较弱，即只在商标近似程度很高的情形下才可能被认定是侵权使用。总的说来，混淆或混淆的可能，是认定使用行为是否构成侵权的界限。商标在实际使用中越是具有知名度，混淆可能就越大，其保护范围就越宽；商标未能实际使用，其影响力较小，其保护范围就会受到限制。

四、网络技术时代的商标权

在无形财产权体系中，商标权似乎与科学技术并无多少关联。从古代的印刷术、近代的蒸汽机到现代的生物技术和网络技术，都对创造成果权的形成和发展

---

① 在蓝野酒业公司诉上海百事可乐饮料有限公司商标侵权案中，被告在相同商品上使用了与被告“蓝色风暴”注册商标相同的标志。由于百事可乐饮料具有极高的知名度，它主要不是使消费者将百事可乐饮料误认为蓝野酒业公司的商品，而是造成相反的市场混淆，因而削弱了原告注册商标的识别力。参见浙江省高级人民法院（2007）浙民三终字第74号民事判决书。

② 参见孔祥俊：《商标的标识性与商标权保护的关系》，载《人民司法》，2009（15）。

产生了影响，以至于学者将著作权称为“印刷出版之子”[①]、“传播技术的副产品”[②]；将专利权喻为“科学技术发展的产物”[③]。上述结论或许正在发生变化。从法制史的角度而言，自网络技术时代以来，商标权制度创新与科学技术创新产生了前所未有的历史机缘。可以说，传统的商标制度，受到最新的网络技术的严峻挑战，其主要问题是：

1. 互联网全球性对商标权地域性原则的冲击

互联网是一个虚拟的空间，它的使用具有全球性特点，而商标权却有着地域性的限制。商标权的地域性特征，即通常所谓的“属地原则”，是指商标所有人所享有的商标权只能在授予该项权利的国家领域内受到保护，在其他国家则不发生效力。[④] 在网络空间里，商标权的地域性原则正受到网络“无国界性”的威胁而趋于淡化。一个商标可在注册国自由挥洒，亦能在互联网上放马高歌，商标权人将商标使用的实际效力触及全球的每个终端机前的屏幕之上。面对这一变化，我们必须对商标权的地域性重新进行诠释，并找出网络权利扩张的应对之策。

商标权人将商标用于网上，借助网络的无国界性，将一项国内商标的使用变为全球性的商标使用，这种使用在注册国当然受到该国商标法保护，但在接入互联网的其他国家或地区的命运如何，却是一个令人困惑的法律难题。在一般情形下，商标权的效力是有地域性的。通常所说的有效商标，大抵标明是中国商标、美国商标还是日本商标，即这些商标在上述注册地有效；但在互联网上，商标的使用并没有中国、美国、日本等这些现实空间的地域概念。对于商标的效力问题，专家们提出了两种应对之策：第一，在国际上建立一个统一的、跨国的商标注册组织，以国际注册代替国家注册，使互联网的全球性与商标权的国际性相一致。在经济全球化的今天，跨国知识产权已初见端倪，从早期比荷卢“统一商标”到现在的“欧共体商标”，即在局部范围内打破了商标地域性限制。但是，

① 段瑞林：《知识产权法概论》，28页，北京，光明日报出版社，1998。

② ［英］R.F. 沃尔、杰里米·菲利普斯：《版权与现代技术》，载《国外法学》，1984（6）。

③ 陈美章：《知识产权的魅力》，147页，北京，知识产权出版社，2001。

④ 参见张序九主编：《商标法教程》，50页，北京，法律出版社，1997。

建立全球统一商标注册，推出无国籍的“国际商标”，恐怕是有待时日才能实现的理想。第二，依据“商业效应理论”对网络商标使用进行地理定位，以弥补现实空间地域性原则的不足。从这一理论出发，一个商标在互联网上使用，如果在某个国家产生了商业效应，则构成该商标在该国的使用，其权利效应如何、使用行为后果如何，可适用该国相关法律作出认定。

在决定某一商标在网上使用是否在某国产生了商业效应，世界知识产权组织的专家们提出了可供考量的各种因素。① 根据商业效应状况以决定适用何种法律，继而判断网络商标使用的法律效力或后果，并没有实际改变地域性的特点，而只是一种局部合作或多变协调的结果。应该说，网络商标权的效力确认，不是特定国家进行自我保护的法律诉愿而是国际社会维系商标法律秩序的整体需求，因此，要真正有效地解决互联网带来的全球性商标权问题，必须进行国际合作，制定统一的或可协调的规则，而不是个别国家的局部合作或多边协调。②

2. 网络技术利用对网络商标侵权形态的改变

传统的商标侵权界定，概以物理空间为条件。从板块模式到网络模式，互联网有别于传统的物理或地理空间，这种新兴媒介技术已为众多厂商乃至亿万网民所利用，包括不正当利用，从而引发多种新型的商标侵权形式，例如链上商标侵权（未经同意而链接他人商标，以吸引用户访问自己的网站或提高网络广告的访问率）、搜索引擎商标侵权（擅自将他人商标埋置在自己的网页源代码中，当用户使用搜索引擎时即可显示有关该商标的网页）。对于上述情形，我们必须进行技术—法律分析，以寻求对商标权充分而又合理的法律保护。

利用网络技术使用商标，在侵权法上有三个问题值得考虑：一是侵权行为的认定。在网上链接商标或搜索引擎商标，是电子商务活动中常用的网络技术，其行为

---

① WIPO SCT/3/10（2000）文本列举了多种因素，以帮助缔约国在认定商业效应时作出裁量。如使用人是否在该国真正为用户服务或已经进入与该国某些人的商业关系中；使用人所提供的商品或服务能否在该国合法流通或销售；使用人是否在网上提供了能被该国网络用户访问的交互式联系方式，或提供了地址、电话号码或在该国的其他联系方式；网络是否提到了在该国的售后服务行为；等等。

② 参见王德全：《Internet与电子商务的有关法律问题》，载郑成思主编：《知识产权文丛》，第1卷，北京，中国政法大学出版社，1999。

构成侵权的条件是：链接点须与某种商品或服务联系在一起，能够区分商品或服务的来源；设链行为是对商标的利用，构成了“电子形式的剽窃”；该行为的后果须造成消费者混淆或误信，构成商标淡化而损害了权利人的商业信誉。二是侵权行为地的认定。适用何国法律、由何国法来管辖，其认定的根据是商业效应理论。“不管所适用法律的其他要求如何，判决某标志在互联网上使用侵犯了依据某成员国法律保护的商标权或其他标志权，应是该使用在该国内产生了商业效应。”三是侵权损害赔偿的认定。由于电子商务的财务计算、影响范围等与传统商业模式有很大不同，这使得获取侵权人销售财务记录、计算商标权益损害，特别是商业声誉的损害成为难题。[①] 上述问题涉及了侵权行为认定、侵权案件管辖、侵权赔偿计算等问题，商标侵权理论必须在网络技术条件下作出新的法律解释。

3. 商标混同使用对网上商标权利共存的影响

在传统板块模式的法律背景下，商标权人在各自的注册国行使其专用权，没有超越地域国界的合法性，即在未能获准注册的他国领土上不得行使“商标权”。而时至今日，当商标的使用进入互联网后，原在各自地域自行使用、辖地为权的情形就被打破，从而发生了所谓的“撞车现象”，即两个或两个以上的商标所有人就相同或近似的商标使用而产生权利冲突。在网络空间里，各个商标权人都有权将商标使用于互联网上，且这种使用是越过国界的，极有可能在未获权的国家进行使用，对此，商标权制度必须作出深层次的功能回应。

就无形财产权制度的目标功能而言，“就是从法律层面，以法律的权威来协调各方面的冲突因素，调制各方面的利益平衡，使之处于其存和容的系统化状态”[②]。在利益平衡原则的指引下，“权利共存”的制度设计，成为解决网络商标混同使用的权利冲突之重要话题。世界知识产权组织“商标、工业品、外观设计和地理标志法律常设委员会”（The Standing Committee on the Law of Trademark Industrial Designs and Geographical Indications，SCT）对此组织了多次探讨。按照SCT的说法，这一制度设计的目的是，允许商标权人在互联网上使用

① 参见郝玉强：《论互联网中的商标保护问题》，载《知识产权》，2000（3）。

② 陶鑫良：《网络时代知识产权保护的利益平衡思考》，载《知识产权》，1999（6）。

商标，并使依据不同国家法律保护而相互冲突的地域性权利（即商标权）在网上共存。[①] 可以认为，在某些情形下，分处不同国家的商标权人都能在网上使用自己的商标，这种商标使用在过去可能构成混同使用而有侵权之虞，而在互联网上不视为侵权而形成权利共同存在。在这里，哪些情形可以作为权利共存适用的限定条件，对此，有专家认为应考虑以下几点：第一，商标权人不位于商标使用国，且不在该国从事商业活动；第二，商标权利人采取了合理的措施，以防止在商标使用国产生"商业效应"[②]；第三，与商标使用相联系，标注了注册标志，并且指出该商标受保护的国家名称。

权利共存是为解决商标所有人之间的权利冲突而设的，故不允许商标所有人以恶意而获得或行使商标权，这即是说，权利共存是为合法取得且善意行使之权利的共同存在，商标侵权行为不在于此。关于互联网上的商标使用何谓恶意，SCT 的专家们提出以下考量因素：第一，商标的获得者或使用者在最初注册登记或最初使用时是否知道或应该知道另一冲突商标权的存在；第二，商标的网上使用是否会不正当利用另一相冲突商标的显著性或声誉。也有学者认为，根据权利共存原则，除非商标权的获得或在互联网上的使用是恶意的，权利冲突的各方所有人有在网上继续善意使用的权利。但是，有学者认为，从界定侵权方式入手很难达到这一目的，因为善意使用有可能产生新的冲突，而恶意使用也并不是解决不同国家商标权利冲突的标准。总的说来，关于权利共存的问题，在 SCT 的国际会议上已有多次讨论，但至今尚未达成广泛的共识。

网络技术与传统商标权制度的冲突，并非上述所限，诸如网络侵权赔偿的归责原则与损害计算、网上商标使用的类型及其特征、网络商标非侵权使用的范围及其认定等，都是互联网时代必须关注的商标法律问题，需要立法者和司法工作者适时提出破解之道和应对之策。

---

① See WIPO SCT：Draft Provisions Concerning Protection of Trademarks and other Rights in Distinctive Signs on the Internet，note 8.05，2000.

② 所谓商业效应，最常见的方式是与位于某国的用户发生商业关系或进入该国的商业活动。根据商业效应，一个商标在互联网上使用，如果该使用在某国产生了商业效应，则构成该商标在该国的使用。

第十八章

地理标志权

地理标志是一项重要的无形财产，也是一种与商标、商号类似的商业标记。在我国，地理标志权是与“三农”（农业、农村、农民）联系最为密切的一种知识产权。从1883年的《巴黎公约》到1994年的《知识产权协定》，地理标志的保护制度走过了一个多世纪的发展历程。自世界贸易组织将其纳入知识产权保护体系以来，地理标志问题既是各国知识产权立法的新近内容，同时也成为国际知识产权界产生纷争的焦点话题。就权利特征而言，地理标志权并不具备一般无形财产权的“范式”特征；在立法体例方面，各国有着不同的制度选择，而在国际层面造成利益冲突的亦非典型的东西方国家。上述问题将在本章中予以探讨。

一、地理标志与地理标志权

1. 地理标志概说

地理标志（geographical indications），是标示商品来源的区别标志。根据我国《商标法》第16条第2款的规定，所谓地理标志是表示某一商品来源于某地区，该商品的特定质量、信誉或其他特征主要由该地区的自然因素或人文因素所决定的标志。它具有如下特征：（1）地理标志权所指向的地理名称具有真实性。

地理标志中所含地理区域可以是一个特定的地方、地区或国家的名称（包括行政区域名和历史地名），它应当是真实存在或曾经存在过的。例如“瑞士手表”、“北京烤鸭”、“景德镇瓷器”中的“瑞士”、“北京”、“景德镇”都是真实地名，不是人为臆造或虚构的。（2）地理标志的功能具有识别性。地理标志与商标都是标示产品来源的区别标记。上述标记区别功能相同，但功能的作用有所区别：地理标志标明产品来自何地，商标标明产品来自何人。（3）地理标志对标示产品具有证明性。地理标志可以证明特定商品与原产地之间的必然联系，正是该产品的地理环境因素造就了商品的特定质量、声誉和其他特征。地理环境因素包括自然和人文两个方面，前者可以是特殊的地质、气候、水源、原料等自然条件，后者可以是特殊的历史、文化、技术等人文条件。可以说地理标志就是高质量、高水平的标记。在证明性的意义上，地理标记在商标法上即为“证明商标”。

在国际公约中，与地理标志的相关术语，还有“货源标记”（indications of source ）和“原产地名称”（applications of origin)。1883 年《巴黎公约》规定工业产权的保护对象，包括货源标记。1891 年《制止商品产地虚假或欺骗性货源标记马德里协定》（以下简称《马德里协定》）沿用了货源标记的说法。根据一些学者的研究，货源标记一词关注的是产品的地理来源而不是其他来源，同时并不要求产品具有归因于地理来源的质量和特征。[①] 1925 年《巴黎公约》海牙修订本，在“货源标志”之后增列“原产地名称”，并在当时作出同义之规定。1958 年《保护原产地名称及其国际注册里斯本协定》（以下简称《里斯本协定》）对“原产地名称”与“货源标记”作出概念区别，并将前者称为“一个国家、地区或地方的地理名称，用于指示一项产品来源于该地，其质量或特征完全或主要取决于地理环境，包括自然和人文因素”。可以认为，《里斯本协定》中的“原产地名称”与后来《知识产权协定》中的“地理标志”系同义语。[②] 地理标志含义中的“原产地”一般在两种意义上使用，除此处无形财产权法上的使用外，还包括对外贸易法中的使用。后者即针对贸易中的进口货物，通过货物来源地即“原产地”

① 参见易建雄：《地理标志与“地理标志权”考辨》，载《法学杂志》，2007（6）。

② 参见吕国强等：《地理标志的知识产权司法保护》，载《人民司法》，2006（9）。

的确定，以此核定进口货物的关税税率，或进行反倾销、反补贴的贸易管制。

地理标志（或原产地名称）不同于货源标记。后者是指“用于区别商品来源的标志，通常以名称、用语或符号所构成，用以表示该商品源自某一国家或地区”[①]。例如，“中国制造”、“上海制造”均属货源标记。各国法律大抵规定，凡商品应标示真实产地，凡带有虚假或欺骗性标志的产品，可适用海关扣押（参见《马德里协定》第1条规定）。有学者认为，货源标记可分为直接的标识与间接的标识。直接的标识是指一切直接标识商品源自某特定地理区域的标识，间接的标识是指不直接指示特定国家、城市或其他地点，但依交易之惯例却联想至特定地理区域，而与商品发生关联的标识。[②] 总之，凡消费者能将产品上的标识与某一地域联系起来并确信该地域即产品的产地，则该标识一般应视为货源标记。只要工商业产品真实地源自某地，其生产者一般都有权自由使用货源标记。不过，也有学者认为，货源标记通常只“代表产地的整体信誉，而与产品质量没有直接联系，更不表明产品的特定质量品质”[③]。

与货源标记相比，地理标志不仅明确标识商品的产地，而且还表示该商品因源自该地域而具有某种特殊的品质，也即商品中的某些特殊品质与来源地的土地、水分、气候、植物等自然条件或当地传统的制造工艺相连。地理标志的构成，一般为“地理名称”加“产品名称”。例如，“贵州茅台酒”即是由“贵州茅台”地名加“酒”产品名称构成，“金华火腿”是由“金华”地名加“火腿”产品名称构成。在有的情况下，则以具体的地理名称直接作为地理标志使用，例如香槟（champagne）既是法国的一个省名，又是产自该地的起泡白葡萄酒的地理标志。贵州茅台酒、西湖龙井茶、金华火腿等，均可视为地理标志。一般而言，在商品上使用地理标志，必须具备下列条件：（1）地理标志是确实存在的地理名称而非臆造的、虚构的地名；（2）地理标志的使用人是该产地利用相同的自然条件、采用相同传统工艺的生产经营者；（3）地理标志所附着的商品为驰名的地方

① 刘春茂主编：《中国民法学·知识产权》，832页，北京，中国人民公安大学出版社，1991。

② 参见方彬彬：《产地标识之保护》，29页以下，台北，三民书局，1995。

③ 张今：《知识产权新视野》，267页，北京，中国政法大学出版社，2000。

特产，在原产地之外的广大地域范围内为公众所知晓。

地理标志与货源标记作为商品来源标记，在区分功能上具有以下一些差异：(1) 货源标记仅表示某一商品的产出地，其所涉及的区域范围较大，可以泛指一个国家或地方行政区域；地理标志所指的区域范围较小而且具体，它仅指决定某一产品特有品质的地理区域和特殊传统工艺适用的地域。(2) 货源标记可用以标示任何性质的产品，如制造、加工、拣选的工业产品和农产品，地理标志一般只用于天然产品、农产品和地方名优土特产品。(3) 货源标记的目的在于明确说明该类商品的同一性，使用范围较宽，地理标志除表示商品的来源外，还有保护商品的特定品质、表示商品所利用的自然条件和社会条件的作用。因此，地理标志的使用更为严格，其地域范围有着严格的限制。

2. 地理标志权释义

地理标志权是基于地理标志所产生的经营标记性权利，在国际公约中是一项独立的知识产权。地理标志权是否为一项权利，是何种权利，在学术界存有一些争议。有学者认为，无论是国际条约还是国内立法，都看不到“地理标志权”的用语。《知识产权协定》对版权、商标、专利都采用了“专有权”的说法，而对地理标志却规定“为利害关系人提供法律措施”。地理标志之所以称“权”，主要是“权利思维的惯性作用”和“用语使用上的便宜计算”使然。[①] 识别地理标志与版权、商标、专利不同的权利构造是有益的，但是不能以此否认地理标志权利形态的存在。在《知识产权协定》的相关文本中，包括地理标志、商业秘密都未采取“专有权”的说法，分别规定为“地理标志的保护”（参见协定第22条）、“未公开信息的保护”（参见协定第7节），并将此两者连同版权、专利、商标等并列为“与贸易有关的知识产权”。需要说明的是：其一，地理标志权与商业秘密权确实不是传统的经典意义上的知识产权，不具备严格意义的独占性、时间性甚至是地域性，它们作为新的特殊的知识产权成员写进了国际公约[②]；其二，地

① 参见易建雄：《地理标志与“地理标志权”考辨》，载《法学杂志》，2007（6）。

② 商业秘密等纳入知识产权体系，是当代无形财产权制度发展与变化的重要表现。可参见本书第一章四。

理标志保护的法律形式为私权，即基于特定利益所生之权利。美国著名法学家庞德将利益作为权利的一种基本含义，并认为主体在与他人发生经济利益关系时可以请求保护而不受外来干涉。① 这种法益加法力即构成一个新兴的财产权利。因此，我们有理由赋予地理标志以权利形式的保护。

基于地理标志之权利形态的特殊性，有学者将其表述为“地理标志财产权”，并进而拆分为“地理标志所有权”与“地理标志管理权”。前者是一种“社会所有权”，即特定地区的不特定使用者共有地理标志的正当使用权、发表意见权和监督权；后者则是由地理标志的所有人（即特定地区的不特定使用者）依据合同自行成立的管理组织就地理标志管理所享有的规章制定权、监管权、惩罚权和起诉权。② 地理标志财产权与地理标志权在意义上无实质性差别，所谓拆分不过是权利内容和权利行使方式的解读，本为地理标志权题中应有之义。将地理标志权解构为所有权与管理权，其在理论上的科学性与实践中的必要性似乎表现不足。还有学者强调，地理标志的权利与著作权、专利权、商标权有别，只能视为“地理标志知识产权”的简称。③ 其实，地理标志权与集成电路布图设计权，植物新品种权都是一种专有权，概为特定领域的一项知识产权。无论如何，对地理标志保护进行权利形态的法律构造，是必要也是可行的。考虑知识产权或无形财产权项下诸权利称谓的一致性，笔者认为，“地理标志权”的说法可以成立。

由上可知，地理标志权是一项无形财产权，但与专利权、商标权、著作权等传统财产权相比具有自身的一些特性：（1）非个体性。一般无形财产权主体都是特定化的个体，包括自然人或法人，而地理标志权的主体具有群体性。地理标志只能以集体组织或产业协会的名义申请注册，其权利不是归属某一个体单独享有，而由该地域内生产同一商品所有经营者共同行使，是一项集体产权。（2）无期限性。地理标志是一项永久性的财产性权利，没有法定消灭事由和保护期间限制。例如 1990 年《法国原产地名称保护法》明确规定：“原产地名称

① 参见［美］罗斯科·庞德：《法理学》（第三卷），77～78 页，北京，法律出版社，2007。

② 参见付大学等：《浅析地理标志财产权的配置》，载《北京政法管理干部学院学报》，2004（2）。

③ 参见董炳和：《地理标志知识产权制度研究》，138 页，北京，中国政法大学出版社，2005。

永远不能视为有通用性并且永远不能成为公产。”（3）不可转让性。地理标志权虽为财产权，但使用这一标志的经营者不得转让或许可使用，这是由权利客体的本源性所决定的。地理标志与某一特定地域的自然和人文因素相联系而存在，地理环境因素是相关产品特质的形成基础。承认主体的变更将意味着权利本源的混乱。

二、地理标志的功能与作用

地理标志是一种商业性标记，与商标一样用于标示产品的来源，因而具有区别标记的一般功能，即表示产品来源的功能（确定产品来源于某个区域）、品质保证的功能（表现产品特有的品质）、广告宣传的功能（在市场营销中形成稳定的品牌形象）。同时，地理标志也是一种重要的无形财产，在产品营销、市场占有方面发挥着重要作用，由此为权利人带来可观的经济利益。

1. 特色农副产品的重要品牌

地理标志以无形财产权为纽带，通过地理标志的私权保护和产品质量管理机构，形成“地理标志＋农副产品＋农业企业（农户）”的经营模式，是促进农业、手工业、加工业发展的重要法律制度。地理标志多用于地方特色产品。保护地理标志，一方面在于推动地域经济的发展，另一方面旨在防止外来产品的仿冒。在欧洲，总共有6 000多个地理标志，全球大多数有影响的地理标志都来自于此。欧洲的地理标志产品包括肉制品、奶制品、水果、蔬菜等。这些产品享有很高的声誉，但也遭到广泛的仿冒。因此，欧盟十分重视地理标志保护。“地理标志是非常重要的发展农村和销售产品的工具，尤其对生产高品质的产品的中小企业来说，更是特别有用。”① 在日本，政府为振兴本国农业而加强对地理标志的保护。2004年日本经济产业省在《国际经济与贸易》白皮书中指出：“保护区域品牌不仅能增强农产品的竞争力，通过提高农产品的附加值建立起区域性品牌，还能消

① 冯寿波：《欧盟地理标志产品使用规则研究》，载《河北法学》，2008（8）。

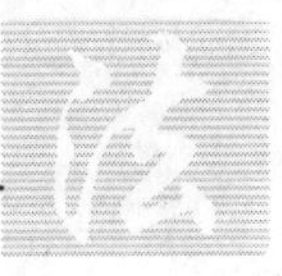

除假冒、保护生产者和消费者、保障产品来源正宗、振兴区域经济。”① 在我国，截至2011年止，获得地理标志表彰的农副产品共1 850个，占整个地理标志的94.92%，地理标志为农产品带来的附加值比一般农副产品高出5%～20%。② 从国际范围看，地理标志是农副产品的重要品牌，保护地理标志是促进农业经济发展的重要举措。

2. 天然而成的“驰名商标”

驰名商标是经过长期使用，在市场上享有较高信誉并为公众熟知的商标。驰名商标具有较强的认识功能，使用该商标的商品有较高的品质，具有较强的市场竞争力。地理标志也具有这些特征，因而显示了与驰名商标相似的商业价值。但是，驰名商标是特定企业所独占的，培育一个驰名商标需要十几年、几十年的运作时间，需要几千万甚至几亿元的广告宣传，否则难以为人们所熟悉进而达到商标驰名的程度；而地理标志的形成，主要与天然地理环境因素有关，为该地区特定产品的生产经营者共同使用，并不因其投入状况、经营规模水平而存有差异，因此是一种“天然驰名商标”。在我国获得地理标志称谓的农副产品，一般具有相当的知名度和美誉度，其地理标志本身就是某种产品优良品质的象征。“拥有一个地理标志，就类似于拥有一个‘天然驰名商标’，就意味着拥有打开市场的商机和巨大的利润。”③

3. 地域形象的镀金名片

地理标志是地名名称与产品名称的结合，地理标志产品在市场营销中，彰显着该地区的社会影响。国家形象的形成，一靠国家的外在面貌，二靠国民的内在素质。在营销学家那里，品牌是企业产品的形象；在政治家眼中，品牌则可能是国家实力的象征。我们可以看到，在知名品牌的背后往往是一个有竞争力的企业、一个有生命力的企业、一个有经济实力的企业、一个有世界影响力的国家，拥有知名品牌的国家和地区成为全球市场利润分配中的主要受益者，而不具备品

---

① 参见管育鹰：《日本地理标志保护制度研究》，载《知识产权》，2011（6）。

② 参见《第二次全国地理标志调研报告》，见 http：//news. aweb. com. cn/z/dlbz/，2012－02－19。

③ 张玉敏主编：《知识产权与市场竞争》，171页，北京，法律出版社，2005。

牌实力的国家则处于被动地位。知名品牌，首先是指商标，这是市场营销中运用最为广泛、各类产品均可适用的商业标记；其次包括地理标志，该类标记虽仅为农副产品等有限范围采用，但其中含有的“原产地”，最能表彰某一地区乃至国家的社会形象。从某种意义上讲，地理标志的影响力，是一个地方乃至一个国家的形象辐射力。在国际上，“法国香水”、“瑞士手表”、“中国乌龙茶”等，既是特定产品信誉的结晶，也是特定国家形象的表征。从目前我国地理标志发展实践来看，地理标志产品已经成为区域经济发展和社会形象的特色名片，例如，绍兴市—绍兴黄酒、信阳市—信阳毛尖、金华市—金华火腿、文山州—文山三七、平遥县—平遥牛肉等。

在中国，地理标志是一项与农村、农业、农民联系最为密切的无形财产权制度。首先，地理标志农产品直接创造可观的附加值，增加了农民的收入，为农村经济发展带来了活力；其次，地理标志农产品取之于自然，又养护了自然，形成生态良性运行的生产模式，有助于农业的可持续发展；最后，地理标志农产品是进入国际市场的“畅销品”，有了知识产权的“通行证”，有助于提升中国农产品的国际竞争力。可以认为，有效实施地理标志法律，充分释放这一制度的功能，有着重要的社会意义。

三、地理标志的保护模式

在无形财产权领域，保护地理标志的制度构建已有上百年的历史。从各国立法来看，形成了多重保护模式，这些法律制度对于地理标志保护的方法、重点、范围等是有所不同的。

1. 专门法保护模式

专门法保护模式是指通过特别的独立立法来保护地理标志。法国是对地理标志提供保护最早的国家，该国于 1919 年就颁布了《原产地名称保护法》，规定了原产地名称的注册登记、主管机构、认定程序和诉讼程序等。依该法规定，民事法庭和有关行政机构可根据申请人的请求，根据地理来源和质量标准，确定地理

标志；在确定的产地范围内的特定经营者，对地理标志有专属使用权和禁止权；受保护原产地的名称不能表现通用性并落入公共领域，盗用原产地名称属于不法行为。[①] 迄今为止，已有20多个国家采纳了专门法模式。采该种模式的立法考量是，地理标志的经济价值来源与一般工业标志和商业标记不同，主要是由地理环境因素所决定的，其权利的专有性与一般工业产权有所不同，需专门立法予以调整。专门立法模式的优点，在于强调了地理标志权的特点，对权利的取得、行使期限与保护作出特别规定，便于主管机关与权利人掌握。

2. 商标法保护模式

商标法的保护模式是将地理标志作为证明商标或者集体商标，纳入商标权保护体系之中。美国是采用这种保护模式的典型代表。1946年，《美国商标法》第4条规定，按照现行使用的关于注册商标的规定，集体商标和证明商标，包括原产地名称，可按照一般商标注册规定，与普通商标一样依本法注册并具有同样效力。一般而言，商标法对地理标志的保护从两个方面加以规定：一方面禁止将普通地名注册为一般商标，地名作为商标注册属于商标权的禁用条款；另一方面则准许含有地名的标志作为集体商标或证明商标，即对地理标志给予特别商标权保护。商标法作出如此规定的理由是：如果某标志含有地理名称，且无法确认该地理区域中的个体关联，这就会与商标保护的显著性发生冲突，因此不能获准注册；但就集体商标和证明商标而言，恰好满足了多个主体的权利要求，而且符合地理标志对产品品质的证明功能，因此可作为特殊商标保护。在采取商标法保护模式的国家，对该专有商标注册人的资格有特别规定，即限于具备对产品特定品质有监督和管理能力的本地域的机构或组织；在获准注册后，由注册人制定使用该商标的规章，其地理标志的集体商标权或证明商标权一般由该地域生产经营者共同所有。通过商标法保护地理标志，是一种简捷和有效的手段，可以直接利用已有的商标制度规定和行政管理资源。目前大多数国家采用了此类做法。

---

① 参见［法］多米尼克·菲莉奥：《原产地名称》，载《中法商标法律讲座选编》，268页，北京，经济管理出版社，1991。

3. 反不正当竞争法保护模式

反不正当竞争法保护模式，即将假冒、滥用地理标志作为一种不正当竞争行为进行制裁，以禁止侵权的间接方式对地理标志提供法律保护。诸如德国、日本、瑞典等国的反不正当竞争法都有此类规定，通过预防和惩治假冒、滥用地理标志的行为，以达致规范市场竞争秩序，维护合法经营者和消费者的利益。反不正当竞争法对诸多无形财产权有兜底保护的特殊功用，它并未直接设定一项具有专属性的地理标志权，而是强调假冒、滥用地理标志的不正当竞争行为性质，更多是从维护市场秩序的角度来间接保护地理标志。这种保护模式的优点是节省立法成本，只需对不正当竞争行为作出原则规定，因此可以给予执法者较多的自由裁量权。

应该指出的是，地理标志保护模式的选择，深受一国历史、文化、经济等因素的影响，因而出现一定差别。但是上述保护程式并不是对立冲突的，许多国家都采用了混合模式，一般选择专门法或是商标法，再辅之以反不正当竞争法，对地理标志提供多种模式的保护。

四、我国地理标志保护的法律规定

1. 我国地理标志保护立法概说

在我国诸多法律、法规乃至行政规范文件中，都含有关于地理标志保护的规定。1986 年，国家工商行政管理总局商标局就“县级以上行政区域名称作商标等问题”作出答复，对“原产地名称”作出解释并表明其可在我国受到保护；1989 年，国家工商总局发布《关于停止在酒类商品上使用香槟或 Champagne 字样的通知》，阐明了我国保护地理标志的法律立场；1994 年，国家工商总局制定《集体商标、证明商标注册管理办法》，使得地理标志可以通过证明商标、集体商标注册方式得到保护。值得指出的是，1999 年，国家质量监督检验检疫总局发布了《原产地域产品保护规定》，该规定经 2005 年修订并以《地理标志产品保护规定》名义重新发布。2001 年，《商标法》得以修订，对集体商标，证明商标与地理标志保护的关系作出明确规定，地理标志正式被纳入商标法保护体系，由此

形成我国地理标志的双重保护模式。

其他出台的相关法律，都从不同的角度对地理标志问题作出了规定，是对地理标志的补充保护。例如《反不正当竞争法》第5条规定，经营者不得在商品上伪造或者冒用认证标志、名优标志等质量标志，伪造产地，对商品质量作引人误解的虚假表示；第9条规定，经营者不得利用广告或者其他方法，对商品的质量、制作成分、性能、用途、生产者、有效期限、产地等作引人误解的虚假宣传。这些都是禁止他人擅自使用权利人地理标志的规定。《产品质量法》第5条规定，禁止伪造或者冒用认证标志等质量标志；禁止伪造产品的产地，伪造或者冒用他人的厂名、厂址；禁止在生产、销售的产品中掺杂，掺假，以假充真，以次充好。这些规定虽意在保护产品质量，但也含有地理标志保护的法律内容。《消费者权益保护法》第8条规定，消费者享有知悉其购买、使用的商品或者接受的服务的真实情况的权利，其知悉权的对象包括产品的价格、产地、生产者、用途、性能、规格、等级、主要成分、生产日期、有效期限、检验合格证明、使用方法说明书等；第50条规定，经营者伪造产品的产地，伪造或冒用他人的厂名、厂址，伪造或者冒用认证标志、名优标志等质量标志的，应承担相应的法律责任。上述规定从维护消费者权益、维护市场经济秩序的角度出发，对伪造、冒用产品来源的行为作出了禁止性规定。

2. 我国地理标志保护的双轨模式

我国地理标志保护的法律制度体系，主要由《商标法》与《地理标志产品保护规定》构成，是一种双轨制的保护模式。

一是证明商标、集体商标保护模式。《商标法》相关内容主要是：(1) 规定了地名商标的限制性条款。《商标法》第10条规定，县级以上行政区划的地名或者公众知晓的外国地名，不得作为商标。但是，地名具有其他含义或者作为集体商标、证明商标组成部分的除外；已经注册的使用地名的商标继续有效。(2) 规定了虚假地理标志的禁止性条款。《商标法》第16条规定，商标中有商品的地理标志，而该商品并非来源于该标志所标示的地区，误导公众的，不予注册并禁止使用；但是，已经善意取得注册的继续有效。(3) 规定了地理标志注册证明商

标、集体商标的确认性条款。凡《商标法》第16条、《商标法实施条例》第6条规定的地理标志，均可以作为证明商标或者集体商标申请注册。其中，以地理标志作为证明商标注册的，其商品符合使用该地理标志的自然人、法人或者其他组织可以要求使用该证明商标，控制该证明商标的组织应当允许；以地理标志作为集体商标注册的，其商品符合使用该地理标志的自然人、法人或者其他组织，可以要求参加以该地理标志作为集体商标注册的团体、协会或者其他组织，该团体、协会或者其他组织应当依据其章程接纳为会员；不要求参加以该地理标志作为集体商标注册的团体、协会或者其他组织的，也可以正当使用该地理标志，该团体、协会或者其他组织无权禁止。

二是地理标志产品的保护模式。《地理标志产品保护规定》的主要内容是：(1) 关于地理标志产品的含义。地理标志产品，是指产自特定地域，所具有的质量、声誉或其他特性本质上取决于该产地的自然因素和人文因素，经审批核准以地理名称进行命名的产品，其产品包括来自本地区的种植、养殖产品；原材料全部来自本地区或部分来自其他地区，并在本地区按照特定工艺生产或加工的产品。(2) 关于地理标志产品的申请与审核。地理标志产品的保护申请由当地县级以上人民政府指定的地理标志产品保护申请机构或人民政府认定的协会和企业提出。有关地方政府提出划定地理标志产品产地范围的建议，国家质检总局对收到的申请进行形式审查。审查合格的，发布受理公告；审查不合格的，应书面告知申请人。有关单位和个人可在公告后的2个月内提出申请异议。国家质检总局组织专家审查委员会对没有异议或者有异议但被驳回的申请进行技术审查，审查合格的，发布批准该产品获得地理标志产品保护的公告。(3) 关于地理标志的保护和监督。各地区质检机构依法对地理标志产品进行保护。对于擅自使用或伪造地理标志名称及专用标志的，不符合地理标志产品标准和管理规范要求而使用该地理标志产品名称的，或者使用与专用标志相近，易产生误解的名称或标识及可能误导消费者的文字或图案标志，使消费者将该产品误认为地理标志保护产品的行为，质量技术监督部门和出入境检验检疫部门将依法进行查处；各地区质检机构对地理标志产品的产地范围，产品名称，原材料，生产技术工艺，质量等

级，数量、包装、标识，产品专用标志的印刷、发放、数量、使用情况，产品生产环境、生产设施、产品标准符合性等方面进行日常监督管理。

3. 对现行地理标志保护模式的评价

上述商标法与专门法双轨制保护模式由国家工商总局与国家质检总局各行其是，造成了管理权限的冲突和争执，带来了注册审查工作的重复和行政管理资源的浪费。许多学者对此提出了批评。目前的主要问题是，以不同注册程序所产生的地理标志权利，其保护效力有什么区别？同一地理标志申请不同的注册保护，存在着权利所有人的不尽一致的情况应如何处理？以地理标志商标注册的产品或是取得地理标志产品称谓的产品，相对行政部门是否有权进行监督管理？[①] 这些问题都对地理标志保护制度的有效实施带来了不利影响。

与技术发明保护的双轨制一样，我国现行地理标志保护体制的形成有着历史的原因。过去长时间以来，我国允许地名作为商标注册。1992 年《商标法》修订，与国际惯例保持一致，规定县级以上行政区划的地名或者公众知晓的外国地名不得作为商标。但是，本着“过去从宽，今后从严”的原则，原已注册的地名商标可以继续使用。而后又在证明商标、集体商标项下，规定地理标志可以取得商标保护。在我国入世后，国家有关部门以《知识产权协定》关于地理标志保护规则为依据，建立了专门保护制度。从世界范围来看，这种双轨制保护模式是较为少见的，这种双轨制与技术发明保护的双轨制有所不同：后者是私人产权的专利发明制与公有产权的发明奖励制的并存，有授予条件的相似，但有权利属性的区别；而前者都是特定主体拥有的标记权，既存在着授权机关在受理工作中的交叉，也可能发生不同主体在权利行使过程中的对抗。因此，从中择一可能是地理标志保护制度改革的出路。有学者认为，以专门法保护地理标志，“将会使商标和原产地注册登记机关分离，因而造成注册审查工作的重复和浪费，如在确定商品审查类别和与在先权利是否冲突的检索等方面均会造成不便”[②]，以商标法保护地理标志似为合适的选择；也有学者主张，成立保护地理标志的专门机构，以

① 参见王莲峰：《地理标志的法律保护》，载《郑州大学学报》（哲学社会科学版），2003（5）。

② 刘亚军：《完善我国地理标志法律保护实证分析》，载《当代法学》，2004（2）。

“地理标志保护法为主体，以地方法规为补充，建立一个开放、积极、统一的有效法律保护体系”[①]。笔者认为，保护模式的选择，既要考虑历史条件、社会环境和法律传统的“国情”，也要斟酌地理标志保护制度变革的国际走向，即从我国发展大局与国际变革大势中作出自己的判断。这一问题将在下文论述。

五、地理标志国际保护制度的发展趋势

1. 地理标志保护制度变革的国际态势

在地理标志保护制度的历史发展过程中，由于各国在传统产业、传统工艺、传统产品方面的差异，对地理标志的保护亦有强弱之分。有些学者认为，在历史较为悠久的国家，如欧洲国家及一些传统产品较为出名的国家，存在许多世界知名的商品，因而早就倾向于通过对地理标志的严格保护来维护其固有的经济利益。反之，美国、加拿大、澳大利亚等新兴国家的经济发展中没有太多的传统地理和人文因素，地理标志并未给其带来较大的经济利益，故这些国家并未特别强化对地理标志的保护，而仅仅出于防止消费者受欺诈的动因作出规定。[②] 鉴于世界各国在地理标志保护方面的不同态度，国际上很早就开始了协调行动。1883年《巴黎公约》率先将地理标志列入工业产权保护的范围，并对防止假冒地理标志的行为作了一些实质性规定。1891年《马德里协定》和1958年《里斯本协定》，则分别对禁止利用假冒地理标志实施不正当竞争行为以及地理标志的国际注册程序和要求作了具体的规定。在世界贸易组织的《知识产权协定》框架中，地理标志是“与贸易有关的知识产权”之一。值得注意的是，在《知识产权协定》的谈判过程中，发达国家的立场和目标基本上是一致的，它们联合向发展中国家施加压力；但在地理标志保护的问题上却出现了严重分歧，欧盟及瑞士与美

---

① 张今：《知识产权新视野》，281页，北京，中国政法大学出版社，2000。

② See Lee Bendekgey、Caroline H. Mead，“International Property of Appellation of Origin and Other Geographic Indications”，*TMR*. vol. 82，p. 765. 转引自方彬彬：《产地标记之保护》，29页，台北，三民书局，1995。

国有着不同的主张。《知识产权协定》关于地理标志的保护措施，尤其是对葡萄酒、烈性酒的特别保护，满足了欧盟及其他欧洲国家的基本诉求[1]，但也顾及了美国等国家对某些地理标志长期使用的现状，对地理标志的保护规定了多项例外。[2] 上述规定实际上是发达国家两大利益集团妥协的结果。

《知识产权协定》的形成，并没有完全解决不同国家关于地理标志保护问题的矛盾。为此，《协定》启动了有关谈判和审议机制，为某些缔约方之间就"单个地理标志"进行谈判奠定了法律基础。从具体实施的情况来看，"单个地理标志"问题，实际上是要解决在一些缔约方一般已被作为通用名称使用的葡萄酒和烈性酒地理标志的保护问题，显然这是历史"遗留"问题，而不是未来保护问题。在这种情况下，地理标志成为 2001 年 11 月第四届世界贸易组织部长级多哈会议的一个重要议题。多哈会议的相关谈判议题有三：一是建立葡萄酒和烈性酒地理标志的多边注册制度；二是扩大关于葡萄酒和烈性酒地理标志特别保护的适用范围；三是《知识产权协定》理事会对实施有关地理标志规定的评审。[3] 对前两个议题，美国与欧盟存有分歧：欧盟主张建立一种有法律效力的、类似于《里斯本协定》所规定的国际注册制度，而美国不赞成建立多边注册制度，并提出即使建立这种制度也应只具有信息通报功能，即建立的是地理标志的数据库，而不是注册体系。关于酒类产品地理标志的特别保护措施，欧盟主张扩大其适用范围，而美国则表示反对。由于美欧之间严重的分歧，直至世界贸易组织第五届部长级会议（坎昆会议）召开之前，各缔约方关于地理标志问题的谈判依然没有取得实质性进展，这也成为 2003 年 9 月坎昆会议无果而终的重要原因之一。

国际社会注意到，从多哈会议到坎昆会议，发展中国家在地理标志谈判中的立场、观点发生了"分化"。在以往的知识产权问题上，发展中国家与发达国家各自作为一个整体而处于某种程度的对抗，但在地理标志问题上，众多发展中国

① 参见《知识产权协定》第 22、23 条。

② 参见《知识产权协定》第 24 条。

③ See DOHA WTO Ministerial 2001：Ministerial Declaration，http：//www. wto. org/ thewto/ministerial/doha/ index. htm. 2003. 6. 28.

家出于自己的利益需要，站在了不同的阵营：一部分站在美国一边（主要是中美及南美国家），另一部分站在欧盟一边（主要是中东欧及亚洲国家）。这就说明，地理标志的知识产权保护，与各国的经济发展水平无涉，但与产业或产品的“传统”有关。

综上所述，在地理标志保护方面，不再是以往的南北矛盾，而是所谓“新世界”国家与“旧世界”国家之间的矛盾。“新”、“旧”两个世界中既有发达国家，也有发展中国家。[①] 美欧之间的矛盾与分歧以及发展中国家的分化，使得国际无形财产权领域出现了一种新的更加复杂的利益格局。地理标志保护制度的建立已有一百余年的历史，不同的保护理念与不同的保护模式一直并存于两大法系的不同国家之中。如今这项老制度又出现了新的问题，这不仅影响到《知识产权协定》在缔约方的国内实施，也为后《知识产权协定》时代国际无形财产权制度的发展增加了变数。

2. 地理标志保护制度变革的中国应对

地理标志保护已经列入世界贸易组织多边谈判与多个国家自由贸易协定谈判的议题。我国不可能置身其外，应从国际、国内两个方面积极应对。在国际问题谈判中，我国应“将地理标志扩大保护谈判与多边注册体系谈判捆绑进行，在扩大保护谈判达成协议的基础上支持多边注册体系的谈判”[②]。我国地方特色产品和民族手工艺制品丰富，将葡萄酒、烈性酒地理标志的公告及注册的多边体系，扩大到其他产品，符合我们的产品在国际市场的无形财产权利益。在国内制度构建中，应审视地理标志商标法保护的不足，着手探讨地理标志保护制度的可能性。有学者指出：《知识产权协定》对葡萄酒、烈性酒地理标志保护作了宽范围、有力度的规定，而我国名酒较多通过注册地名商标取得保护。我国应尽快解决地名商标、驰名地名商标注册不当的问题。酒类驰名商标如何享有《知识产权协定》所提供的特殊保护，应在立法层面寻求解决之道。[③] 还有学者强调，地理标

① 参见董炳和：《地理标志知识产权制度研究》，中南财经政法大学2004年博士学位论文。

② 王莲峰：《地理标志的法律保护》，载《郑州大学学报》（哲学社会科学版），2003（5）。

③ 参见王笑冰等：《我国参加WTO地理标志谈判的立场和对策》，载《知识产权》，2010（1）。

志注册为证明商标或集体商标过期而不续展以及注销或撤销都可能导致该标志进入公有领域，其永续性权利属性如何维系？地理标志是基于地理环境因素所产生的权利，注册登记的作用在于公示或证明。在一些国家，凡是具备实质条件的地理标志都可以受到保护，而不问形式上是否进行了登记注册，这与商标注册取得是相矛盾的。[①] 综上所述，我们应当考量中国无形财产权长项、短板的基本状况，斟酌地理标志保护“新旧世界”利益的格局，建立起一个独立的、统一的地理标志保护体系。

① 参见王莲峰：《制定我国地理标志保护法的构想》，载《法学》，2005（5）。

第十九章

商号权

商号是民商事主体进行工商业活动时用以标示自己并区别于他人的一种标志。商号作为民商事主体的营业标志，体现着特定企业的商业信誉和服务质量，不仅与企业独立的人格相关联，而且与企业的财产权收益有联系。基于商号所产生的专有权利称为商号权，是企业重要的无形财产权，受到法律的保护。

一、商号权制度的基本范畴

范畴是理论的基本要素，简言之，就是各门科学所使用的一些基本的概念。[①] 本章借助逻辑学和哲学关于范畴的分析方法，从法律制度层面的静态确权入手，主要探讨商号权的对象、性质、特征等，以此解决商号权法律制度构建的最一般的问题。

1. 商号或企业名称：商号权的对象

商号与企业名称，是现行立法及相关论著中广为使用并用以识别工商业领域经营主体的两个概念。在上述情形中，有的将两者混同使用，有的则认为两者有

① 参见李武林：《欧洲哲学范畴简史》，1页，济南，山东出版社，1986。

着本质区别。

在国外立法例中，多数国家将商号作为商事主体名称的同义词。例如，《日本商法典》第 16、17 条规定："商人可以以其姓、姓名或其他名称作为商号"，"公司的商号，应按照其种类，使用无限公司、两合公司或股份公司等字样。"《意大利民法典》第 2563 条规定："任何商号，无论其构成，都应当至少包括企业主的姓或姓名缩写。"《德国商法典》第 17 条对商号作出如下解释："(1) 商人的商号是一个名称，在商事活动中，商人依据此名称从事其经营及署名。(2) 商人可以以商号的名义起诉和应诉。"有鉴于此，有学者将商号的含义概括为三层意思：第一，商号不仅仅是一个名称，既可与商事经营者或商事主体的姓名一致，也可不一致；第二，商号只能为具有完全商人资格的独资商人、无限责任公司、两合公司或资合公司等拥有；第三，商号只能由商事主体在商事交易中使用。① 而在英美法系中，1946 年《美国商标法》第 45 条将商号定义为"被制造商、工业企业主、商人、农场经营者或其他人采用来辨别其商业、行业或职业的任何名称"。在《巴黎公约》中，商号虽然被列为法律所保护的对象，但公约未对其含义予以解释。巴黎公约联盟将商号的认定问题交由各被请求保护国自行决定。后来，世界知识产权组织在《发展中国家商标、商号和不正当竞争行为示范法》中对商号作了一个定义性规定："商号是指识别自然人或法人的企业名称或牌号。"

根据我国相关法律、法规的规定，商号与企业名称应当属于不同的概念。法学著述一般认为，名称有别于以血缘或家庭因素为基础的自然人姓名，它是非自然人主体特定化的区别标志，即是一般法人在社会活动中，用以确定和表示自身并区别于他人的符号和标志。我国《民法通则》第 37 条规定，法人必须有自己的名称，这是法人组织必备的构成要件，法人只有具备名称，才能以自己的名义参加民事法律关系，享有权利并承担义务；才能使自身与其他主体相区别，无名称则无独立人格。企业名称是名称的特殊类型，是经营主体拥有的区别于一般法人主体的专用标志。根据《企业名称登记管理规定》第 7 条第

① 参见范健：《德国商法》，146 页，北京，中国大百科全书出版社，1993。

1款的规定，企业名称应当由以下部分依次组成：企业注册地或者营业地、字号（或者商号）、行业或者经营特点、组织形式。例如，“深圳腾讯科技有限公司”，为已经注册的企业名称，其中“深圳”是行政区划名称，即企业注册地，“腾讯”是商号，“科技”是行业类别，“有限公司”是组织形式。由此可见，在我国，企业名称包含了商号，商号是企业名称的核心部分。正如有的学者所概括的那样，商号是最能反映商事主体的独具特征，能够表现同行业不同商品生产经营者最具根本区别的标志，而企业名称则是对商事主体经营地、商号、行业、财产责任形式、组织形式特征的全面表述，能够反映不同商品生产经营者之间存在的诸多差异。①

我们可以认为，只有商号才是商号权的保护对象。即在企业名称的组成部分中，只有商号才具有无形财产权客体意义，主体不可能将行政区划名称、行业类别和组织形式等作为其专有权利支配的对象。

2. 人格利益或财产利益：商号权的属性

关于商号权的性质，学者们有着不同的解读，其主要观点有以下几种：

一是姓名权说。该观点认为法人、个体工商户、个人合伙的商号权就是姓名权，“法人、个体工商户和个人合伙的姓名权”称为“名称权”②。持这种观点的学者多以我国台湾地区学者的主张为依据，因为他们认为将法人的名称权解释为姓名权后，根据民法对公民姓名权的保护方式来保护法人的名称权，较有利于被害人。③ 尽管姓名和商号同为区分主体的符号，但姓名往往与血缘关系相连，是用以区分自然人的符号。而商号只在工商业活动中采用，是用以区分不同经营主体的标志，与血缘无关。此外，商号权在权利取得、内容、转让等方面也与姓名权存在诸多差异。由于我国台湾地区“民法”未规定名称权而只有姓名权，因而只能通过扩大解释来给予保护，有鉴于此，我们不必采用这一说法。

二是财产权说。该观点认为商号权具备财产权的一般特征，是一项可以获得

① 参见张丽霞：《论商号和商号权》，载《法律科学》，1996（4）。

② 孟玉：《人身权的民法保护》，8页，北京，北京大学出版社，1988。

③ 参见曾隆兴：《现代损害赔偿法论》，50页，台北，泽华彩色印刷事业有限公司，1988。

收益的财产，因而这种名称不是营业主体的人格，不属于人格权范畴而属于财产权范畴，是财产权的一种。[①] 笔者认为，商号权具有识别经营主体的功能，与经营主体的人格相连，因此不能认为商号权仅具有财产权性质。

三是身份权说。该观点认为名称权与姓名权不属同一性质的权利，姓名权是人格权，而名称权可以被转让和继承，因而它不是人格权而是身份权。笔者认为，尽管商号权可以转让和继承，但它表明的不是企业的身份，而是经营主体的人格，体现的是不同经营主体之间的差异，将商号权归类于身份权缺乏立法依据和理论基础。

四是人格权说。该观点认为，首先，名称权的客体是法人的人格利益，名称是主体相互区别的必要条件；其次，名称权具有人格权的全部特征，是固有权、专属权和必备权。最后，名称权虽具有某些无形财产权的属性，但这是其附属性质而非本质属性。[②] 笔者认为，这种观点过分强调商号权的人身性质而忽视了其财产性质，其理论概括有失精当。

五是双重性质说。该观点认为商号权兼有人格权和财产权的属性。一方面，对于法人等具有独立人格的主体来说，拥有自己的名称是其取得民事主体资格的必备条件，即使对于那些不具备主体资格的社会组织来说，它们要以团体的名义从事民事活动也必须享有名称权。另一方面，名称权也具备财产权的属性，它可以作为财产标的使用、收益、转让和处分。由于名称无固定形态，故属于无形财产权。[③]

笔者认为，一方面，商号是企业主体人格的标志，具有区别生产经营者的基本功能，同时商号也是企业从事生产经营活动的前提条件；另一方面，商号是企业的无形资产，它的使用、许可使用、转让和继承，均能获得财产利益，而盗用、假冒商号也将产生相应的财产后果。因此可以认为，商号权应是兼具人格和财产内容的复合性权利。不过，就本书叙述的主题而言，商号权可以被视为财产

① 参见龙显铭：《私法上人格权之保护》，89页，上海，中华书局，1948。

② 参见杨立新：《人身权法论》，448页，北京，中国检察出版社，1996。

③ 参见王利明等编著：《人格权法》，98页，北京，法律出版社，1997。

权中的无形财产权。

3. 相对性效力：商号权的特征

商号权是一种私权，可归类于无形财产权范畴。在国际公约中，商号权被视为一项工业产权。由于商号的功能在于识别不同的经营主体，一些国家采用商标法、反不正当竞争法或专门法保护这一特殊的经营标志权。商号权具有知识产权的本质特征，即客体的非物质性；但相对于著作权、专利权、商标权而言，商号权的效力具有一定的相对性，具体说来表现在以下三个方面：

一是地域效力。商号权是无形财产权，具有绝对权的某些特点，但是其仅在有效登记的区域范围内有排他的效力。根据我国《企业名称登记管理规定》，企业得在县以上工商行政管理部门进行法人名称登记，以此就地域范畴来说，商号权效力因注册登记行政区域的不同而有所不同，即商号权效力可能出现县、市、省乃至全国的地域性差异。

二是存续效力。商号权具有一般人格权的某些属性，即与主体人格相联系而存在，不具有无形财产权法定保护期的限制问题。换言之，商号与企业共存亡，只要企业存在，商号权就可以无限期得到保护；反之，如果企业消灭，商号权就随之不复存在。

三是权能效力。就商号权的使用与禁止权能来说，其行使效力也不是绝对的。《企业名称登记管理规定》第 6 条规定，“企业只准使用一个名称，在登记主管机关辖区内不得与已登记注册的同行业企业名称相同或者近似。确有特殊需要，经省级以上登记主管机关核准，企业可以在规定的范围内使用一个从属名称”。这一规定表明，商号权的独占性限于在登记注册区域内同一行业，即不能排除注册区域范围以外的企业使用这一商号（参见前述“地域效力”），也不能限制同一注册区域内其他行业的企业使用这一商号。此外，在特殊情况下，经相关登记主管机关批准，还可能在同一注册区域同一行业内出现其他企业使用与自己相同或近似的商号。

总而言之，商号权的诸多效力不同于一般无形财产权。正如有的学者所概括

的那样，商号权是一种相对的绝对权。① 但是，有的商号经长期的使用，为公众普遍知晓，享有相当信誉，即成为所谓的知名商号或驰名商号，其权利效力有别于一般商号，对此笔者于后作出论述。

二、商号权与相关标志性权利的冲突

经营性标志是指工商业领域标示产品来源和企业特定人格的专用标志，其权利形态包括商标权、商号权、域名权、地理标志权等。在这里，主要述及工商业活动中商号权与相关标志性权利的关系及其冲突。

1. 商号权与商标权的冲突及其解决

商号和商标都是与工商业经营主体密切相关的标志。在有些情况下，两者可以合二为一，即将同一个标志作为其商号和商标，例如“全聚德”、“IBM”、“联想”等。但是在大多数情况下，两者是分开的，即企业对其商号和商标分别使用不同的标志。经营主体只能有一个商号，但可能有多个商标，这对于生产不同类型、品质、规格产品的企业来说是常见的标志选择使用之道。例如，广州宝洁公司对其洗涤系列产品，依其功能不同分别使用了“海飞丝”、“飘柔”、“潘婷”等商标。商号和商标都凝结着权利主体的经营智慧，是企业重要的无形资产，由于经营性的标志主要构成为文字、图形或其组合，易于使不同权利主体的商号与商标产生混淆，从而引发消费者的误解而导致市场利益的消失，这即是商号权与商标权的冲突问题。在实际生活中，两者的冲突主要表现在两个方面：一是在先注册的商标权与在后登记的商号权之间的权利冲突，即行为人将与他人注册商标相同或近似的文字登记为商号，引起相关公众误认或混淆；二是在先登记的商号权与在后登记的商标权之间的权利冲突，即行为人将与他人登记商号相同或近似的文字注册为商标，引起相关公众的误认或混淆。② 商号与商标的使用，造成公众误认或混淆，其原因在于两者的相似性，即在区别产品或服务上对消费者的引导

① 参见张国键：《商事法论》，102页，台北，三民书局，1980。

② 参见郭洪波：《商标权与其他标识性知识产权冲突问题研究》，载《法学》，2005（9）。

及形成的认知上具有相似性作用。例如，在产品商标领域，“生产商将商号突出标示于产品、说明书、广告及宣传册、包装物以及营业场所等地，在这种情况下，商号与商标已难区分”；在服务商标领域，“由于服务商标并没有一个物质性的载体，它的使用负载于企业为消费者提供的服务之上，在绝大多数情况下，一个企业的商号、企业名称或其简称即其服务商标”。“服务商标实际上是企业商号的商标化。”[①] 笔者认为，两种标志权利冲突的解决，应当遵循权利在先原则，这里包含两层意思：一是将商标注册在先作为商号登记和使用的禁止条件。《商标法实施细则》第53条规定，“商标所有人认为他人将其驰名商标作为企业名称登记，可能欺骗公众或者对公众造成误解的，可以向企业名称登记主管机关申请撤销该企业名称登记”。由此可见，商标注册在先，且为驰名商标的，他人不得以相同或近似标志作为商号申请登记。二是将商号登记在先作为商标注册和使用的禁止条件。《商标法》第9条明确规定，申请注册的商标不得与他人在先取得的合法权利相冲突。这即是说，申请注册的商标与已经登记的商号在同一行业或同一类商品或服务上构成混淆的，后者可以通过异议、争议等程序阻止该标志取得注册。如果该商标注册得以核准，在先登记的商号可在原注册登记的行政区域内依原核定的使用范围继续使用，即不受在后取得的商标权禁止权能效力的影响。

2. 商号权与域名权的冲突及其解决

关于商号与域名权的关系，多数学者认为，域名只是原来标志即商号、商标在网络空间的数字化表现，是标志载体的一种互换。域名作为链接互联网上的计算机地址，在工商业活动中，与商号一样既具有识别功能，也具有商业价值。由于两者可以由字母、符号、文字等要素构成，企业在商号与域名的设计与使用方面出现了一体化的趋势，即一个标志既是商号又是域名。由此，一方面可以借助域名在互联网的传播以扩大商号的知名度，另一方面又可以使域名注册为商标而得到商标法的保护。但是，域名是否与商号、商标具有相同的法律地位，域名与

① 杨玉熹：《商号与商标：权种冲突与解决》，载《现代法学》，1999（4）。

相关标志发生冲突时应如何处理，实践中虽存在相关争端解决机制，但法律上尚无明确的规定。1999年，美国国会通过《知识产权与通信综合改革法》，没有规定域名的权利，但将域名规定为“可被争议”的对象，即“当争议行为具有恶意，且给域名持有人造成损害的，域名持有人可依法请求损害赔偿”[①]。随着互联网技术和电子商务的快速发展，域名的商业和法律价值得以凸显，因此域名“在知识产权法理应与商标处于平等的地位，并享有与其地位相适应的权利”[②]。尽管在法律层面上，基于域名所产生的利益并没有冠名为域名权，但其排他性效力的法益是受到保护的。倘若商号或域名为不同企业所拥有，即可能发生相关权利的冲突。解决这一问题应当遵循禁止混淆的原则，具体说来有两种情形：一是将他人商号注册为域名。关于工商企业的标志权冲突，可以适用《反不正当竞争法》。该法第5条规定，擅自使用他人的企业名称或者姓名，引人误认为是他人的商品，属于不正当竞争行为。可以认为，将他人已为公众知悉的商号注册为域名，并在实际生活中引起消费者误认的，应认定其注册域名的行为是出于恶意，按不正当竞争认处而给予制裁。例如，在德国域名与商号纠纷案中，某人注册域名“Toyota. de”，法院认为该域名注册侵害了丰田公司的商号权。关于非商业法人的标志权冲突，相关法律未作规定。在我国，《中文域名注册管理办法（试行）》第8条规定，中文域名不得使用对国家、社会或者公共利益有损害的名称。但是，该《办法》对将企业、事业单位的身份标志注册为域名的行为并无明确限制。例如，北京大学可以将其中文域名注册为“北京大学 . edu. cn”，但不能阻止他人注册域名“北京大学 . com. cn”。有学者建议，对于有知名度的非企业法人名称，应给予特别保护，即可以借鉴国外域名注册管理机构普遍采用的“日出条款”，在新增域名接受注册时，通过预留措施给知名标志以特殊保护。[③] 二是将他人域名注册为商号。我国《企业域名登记管理规定》对企业名称有限制性要求，即

① Domain Names, “Expert Call for Right of Appeal in Domain Name Dispute Resolution”, *World Intellectual Property Report*, Vol. 14, 2000, p. 240.

② 王范武等：《关于域名纠纷案件中几个问题的思考》，载《知识产权》，2000（5）。

③ 参见张玉瑞：《论中文域名的知识产权属性与立法、执法框架》，载《知识产权》，2011（3）。

应当使用汉字，不得包含汉语拼音、字母（外商投资企业、有对外业务的企业除外）和数字。在现实生活中，注册的域名概由字母、数字和连字符所构成，因此域名直接作为商号的情形并不普遍。但是，目前国内很多知名域名都有其响亮的中文名字，例如“搜狐”（sohu）、“新浪”（sina）、“雅虎”（yahoo）等。由此可见，域名的中文译名在某种意义上已成为域名的一部分。我们可以看到，域名与以域名注册的商号并不一致，例如四通利方公司推出的“新浪网”（域名）与他人抢注的“新浪网络公司”（商号），往往会发生权利冲突。《企业名称登记管理规定》虽有明文限制，“企业名称不得含有可能对公众造成欺骗或者误解的内容和文字”，但在实践中，撤销注册登记的多是与驰名商标冲突的企业名称。这种状况对知名域名保护极为不利，也有悖上述条例的立法精神。[①]

关于商号权与商标权、域名权的冲突，可以采用“权利在先”原则和“禁止混淆”原则来处理。除此之外，诚信原则也应成为处理标志权冲突的基本原则。对于当事人而言，应遵循诚信原则参加民商事活动，即讲究信用，诚实不欺，在标志的注册和使用中不得欺骗或误导公众；对于司法机关而言，以诚信原则为指导处理案件，即在法律存在缺陷或立法空白时，行使一定程度的“自由裁量权”，发挥漏洞补充功能，维护当事人之间的利益平衡。[②]

三、商号权取得的原则与方式

1. 商号权的取得原则

商号权是商号在法律上的权利表现形式。商号权作为工商业活动中的标志性权利，其作用在于保护和促进工商业贸易，消除民商事活动中的消极因素，实现法律所规定的商号功能与价值。[③] 总结立法通行做法和司法实践经验，商号权的形成大抵采取以下基本原则：

① 参见薛虹：《域名能否登记为商号》，载《电子知识产权》，1999（6）。

② 参见郭洪波：《商标权与其他标识性知识产权问题研究》，载《法学》，2005（9）。

③ 参见范健：《德国商号法律制度评析》，载《法律科学》，1994（1）。

（1）商号真实性原则。即商号必须反映经营主体的真实情况，不能导致相关公众的误认或迷惑。采取商号真实性原则，便于消费者了解企业的真实情况，有利于维护交易安全，避免损害社会公共利益和相关当事人的合法权益。《德国商法典》对不同类型主体的商号有着不同的真实性要求，该法第19条规定：对于人合公司而言，其无限责任公司或两合公司的商号必须包含至少一个无限责任股东的姓，并附有能够体现公司存在的附加标记。股东的名不需要标明在商号之中。对于独资商人而言，必须用其姓和至少一个全名作为商号。对于有限责任公司与股份公司、股份两合公司及合作社而言，前者可以使用人名商号或物品商号，以及人物混名商号；后者则必须使用物品商号，名称中应标明其组织形式。此外，为了避免引起公众误解，该法第180条第2款规定，不可以给商号附加其他标记。我国亦采取这一原则。《企业名称登记管理规定》第7条规定，企业名称应当由以下部分依次组成：字号（或者商号，下同）、行业或者经营特点、组织形式。企业名称一般应冠以企业所在省（包括自治区、直辖市，下同）或者市（包括州，下同）或者县（包括市辖区，下同）行政区域名称。此外，企业名称不得含有下列内容和文字：损害国家和社会利益的；有可能对公众造成欺骗或者误解的；外国国家（地区）名称、国际组织名称、政党、党政军机关、群众组织、社会团体名称及部队番号，汉语拼音字母、数字，其他法律行政法规禁止的。在有正当理由的情况下，企业名称可以使用本地或异地地名作字号，但不得使用县级以上行政区划名称作为字号。

（2）商号稳定性原则。又称商号连续性原则，是指经营主体发生变更即工商企业的所有人发生变更之后，商号得以继续保留使用。通过这一制度，可以延续商号权的使用价值，不致因经营主体的变更而丧失效用。商号稳定性原则的实现，以商号真实性原则的存在为前提，即商号只有是真实的，才能被继续使用，其目的在于保留商号中业已生存的价值。《德国商法典》规定了两种情况：一是商号持有人发生变更。该法第24条规定："从他人或者死者处继受现有的商事之经营者，在原营业主或继承人明确同意商号被继续使用时，可以在对原商号标明或不标明继承关系的补充说明的情况下，继续使用该商号。"二是商号持有人改

名或写在商号中的股东发生改名。该法第 21 条规定："在经营者未发生变更，仅仅由于营业主改名或写在商号中的股东改名时，原有商号可以被继续使用。"在我国实践中，如果企业的内部人员发生变动，一般不会影响到商号的变更，原有商号通常可以被继续使用。

(3) 商号单一性原则。又称商号可区别性原则，是指在一定地域内的商号之间应存在差异，避免引起混淆。该原则的适用，旨在以商号区分不同的经营主体，保护经营者及消费者的利益。例如，《日本商法典》第 19 条规定："在同一市镇村内，不得因经营同一营业，而登记他人已登记的商号。"我国《企业名称登记管理规定》第 6 条也明确指出："企业只准用一个名称，在登记主管机关辖区内不得与已登记注册的同行业企业名称相同或者近似。确有特殊需要的，经省级以上登记主管机关核准，企业可以在规定的范围内使用一个从属名称。"

(4) 商号统一性原则。即一个企业只得使用一个商号，不得同时使用多个商号。商号由文字组成，而文字作为一种资源有其限度，如果一个企业故意申请多个商号，则会垄断社会信息资源而妨碍公共利益。同时，一企业同时使用多个商号，常常会引起市场交往中的混乱，最终损害社会利益。为此，各国法律都只允许企业使用一个商号。

(5) 商号公开性原则。即商号必须被公布，使相关公众所知晓，实施这一原则，便于公众对企业的商号使用进行监督，也有利于保护先取得商号权人的利益。商号的公开必须采取登记的形式以示于公众，根据《德国商法典》第 29、31、32 及 36 条的规定，商号的登记主要包括对商号及营业地址的登记、企业场所及所有人变更登记、商号终止的登记等。我国《企业名称登记管理规定》明确要求企业在设立时进行名称登记，在企业名称变更或终止时也应进行登记。

2. 商号权的取得方式

商号权的取得与一定的法律程序相联系，其取得方式通常有以下几种：

(1) 使用取得主义。即商号一经使用，使用者即可取得商号权，无须履行法定申请手续。目前，少数国家采用该制度。例如在法国，只要商号面向社会，与公众接触，即构成使用行为，使用者即可取得商号权。这一立法方式颇似物权中的先占

取得制度，体现了古典自然法的思想。《巴黎公约》第 8 条要求成员国对商号予以保护，而不论其是否申请或注册。采取使用取得主义，比较利于保护先使用人的利益，一个商号只有经过使用，才能为公众所知，才能体现其价值。不过，采取该制度的最大弊端在于发生纠纷时难以解决，如果一个商业名称同时为多个主体所使用，确定谁是最先使用人往往存在取证困难，因而采取这一做法的国家不多。

（2）登记对抗主义。即商号权的取得无须经过登记，但未经登记不足以产生对抗第三人的效力。该制度主要体现在日本法律之中。《日本商法典》第 20 条第 1 款规定：“已登记商号者，对于以不正当竞争为目的使用同一或类似商号者，可以请求其停止使用该商号。”第 2 款规定：“商号的转让，非经登记，不得以之对抗善意第三人。”可见，未经登记的商号尽管可以使用，但不具有排他性，其在使用效力、转让效力上均不及于已登记的商号。

（3）登记生效主义。即商号只有经过登记才可以使用，并产生具有排他性的专用权。目前，德国等国采用该制度。《德国商法》第 29 条规定，每一位商人都负有义务将他的商号向其营业所在地商事登记法院申报登记，且必须向法院标明其商号以作保存。因此，只有履行登记手续，经营主体才能取得商号权。同样，如果商号、商号所有人变更，营业所迁址，商号废除，则经营主体应向登记法院申报。采取该制度，一方面有利于确定商号权的归属而减少纠纷，另一方面也有利于通过登记而向公众公示，便于维护交易安全和交易秩序。

我国相关法律采取登记生效主义。《民法通则》第 33 条规定，个人合伙可以起字号，依法经核准登记，在核准登记的经营范围内从事经营。《企业名称登记管理规定》第 3 条规定，企业名称经核准登记注册后方可使用，在规定的范围内享有专有权；第 26 条还规定，如果使用未经核准登记注册的企业名称从事生产经营活动的，责令停止经营活动，没收非法所得或者处以罚款。对于外商投资企业，应在开业登记之前办理独立的企业名称登记。

在登记对抗主义与登记生效主义的商号权取得方式中，如遇有两个以上的企业向同一登记主管机关申请注册相同商号的，登记主管机关应依照申请在先的原则核定。如果两个以上的企业在同一天申请商号登记的，可责令企业协商解决；协商不

成的，由登记主管机关作出裁决。两个以上企业向不同登记主管机关申请相同的企业名称，登记主管机关依照受理在先原则核定。属于同一天受理的，应当由企业协商解决；协商不成的，由各该登记主管机关报共同的上级登记主管机关作出裁决。

四、商号权的内容

商号权是经营主体对其核准登记的商号所享有的专有权利。在多数著述中，商号权的内容被概括为商号设定权、商号使用权、商号变更权、商号许可使用与转让权。①

与商标权等无形财产权一样，首先，商号权是一种专有权利。这种权利是一种“全新的特殊权利”，是一种有别于有形财产所有权的“垄断权”或“独占权”②。其次，商号权是一种专有性标志权。其权利内容包括“独占使用权”和“禁止权”。前者是指商号所有人独占地使用和支配其商号的权利，后者指商号所有人排除他人利用商号和禁止其商号混淆的权利。就权能而言，商号权的内容应为使用权和禁止权。

1. 商号设定权

商号设定权被表述为经营主体享有的决定其商号的权利，许多学者将其归纳为商号权的基本内容。笔者认为，这一传统看法是值得商榷的。第一，按照自己的意志选取名称，是商号权取得的前提，而不是商号权内容的本身，商号设定或名称选取，须遵循商号真实性等原则，并通过登记注册等程序，方能取得商标权；第二，经营主体按照自己的意志选取名称，须在法律限制的范围之内，它不是商标权本身具有的权能。如前所述，法律对企业名称的主体部分和附属部分的选取有明确的要求，有些属于任选，有些则应依法采用。③ 因此，商号设定不宜

① 参见杨立新：《人身权法论》，445～446页，北京，中国检察出版社，1996；王利明等编著：《人格权法》，98～100页，北京，法律出版社，1997。

② 尹田：《法国物权法》，56～58页，北京，法律出版社，1998。

③ 参见范健：《德国商号法律制度评析》，载《法律科学》，1994（1）。

理解为商标权的基本内容。

2. 商号变更权

商号变更权被称为经营主体依法变更其登记使用的商号的权利。有的学者也将其称为商号权的一项内容。笔者认为，商号变更，包括部分变更或全部变更，为各国法律所允许，且变更的商号符合其申请登记时所具备的条件即可。但是，将商号变更指称为一项权利，似乎理由难以成立。其一，商号设定与商号变更有相同属性，是商号权取得或形成的前置条件，不是商号权内容的本身。其二，商号变更并非所有经营主体的权能行为和利益构成。换言之，在更多的情况下，经营者主体是长时期地维系和培育商号而不是变动商号，因此商号的改变不可能是商号权的基本内容。其三，商号变更的行为自由是有限的，包括组织形式的变更、使用地域的变更等，涉及经营主体所负财产责任形式、商号权利地域效力的变化，对此法律有着严格的限制。

3. 商号使用权

商号使用权即专有权意义上的商号权之内容构成，商号许可使用权与转让权都属于商号权中的使用权，无须单独列出。

商号须依法登记，即产生商号权的独占使用效力。商号权人可以在牌匾、商品、印章、银行账号等上面使用其商号，也可以在广告宣传或经营交往中使用其商号，商号可以由自己使用，也可以交由他人使用。后者是商号权作为无形财产权的当然内容，是商号权人对其权利的处分行为，具体说来有两类情形：(1) 许可使用。与商标许可使用一样，商号也可以许可使用。当事人双方通过协议方式准许许可人在特定范围内使用其商号。在大多数情况下，商号许可使用为非独占许可使用，即许可人除自己使用外，同时授权其他人在不同地域使用。这种商号许可使用与连锁经营模式往往是联系在一起的。为维护第三方利益和市场经营秩序，法律要求商号许可使用合同采用书面形式并报送登记主管机关批准。(2) 转让使用。商号转让又分两种类型：一是合同转让。通过合同的形式将商号权转让他人，即商号权主体发生变更。各国法律大抵承认合同转让，但采取了不同的立法方式。有的采取绝对转让主义，即商号权应与企业一并转让，或在企业终止时

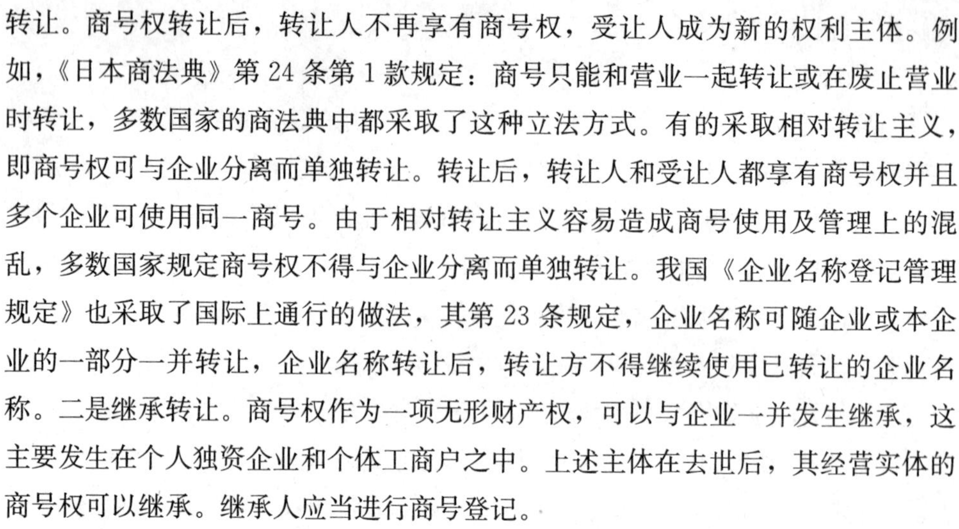

转让。商号权转让后，转让人不再享有商号权，受让人成为新的权利主体。例如，《日本商法典》第 24 条第 1 款规定：商号只能和营业一起转让或在废止营业时转让，多数国家的商法典中都采取了这种立法方式。有的采取相对转让主义，即商号权可与企业分离而单独转让。转让后，转让人和受让人都享有商号权并且多个企业可使用同一商号。由于相对转让主义容易造成商号使用及管理上的混乱，多数国家规定商号权不得与企业分离而单独转让。我国《企业名称登记管理规定》也采取了国际上通行的做法，其第 23 条规定，企业名称可随企业或本企业的一部分一并转让，企业名称转让后，转让方不得继续使用已转让的企业名称。二是继承转让。商号权作为一项无形财产权，可以与企业一并发生继承，这主要发生在个人独资企业和个体工商户之中。上述主体在去世后，其经营实体的商号权可以继承。继承人应当进行商号登记。

4. 商号禁止权

商号一经登记，权利人有权禁止他人使用与自己商号相同或近似的标志。这种禁止性权利，源于商号单一性原则的规定，其目的在于防止商号混淆，引起消费者误认。关于禁止权的法律效力，法律有着明确的限定。我国《企业名称登记管理规定》第 6 条强调，“企业只准使用一个名称，在登记主管机关辖区内不得与已登记注册的同行业企业名称相同或者近似”。《反不正当竞争法》第 5 条将擅自使用他人的企业名称造成误认的行为视为不正当竞争行为，行为人应承担相应的法律责任。从上述规定，我们可将商号禁止权的效力作如下概括：(1) 在同一行业内不得与已登记注册的商号构成混淆。换言之，禁止权的效力发生在同一行业的商号之间。不同行业的企业能否采用与已登记注册商号的相同标志，法律并未明确规定。在私法领域，法无明文禁止即可为，因此，不同行业的企业似可使用同一商号。例如，以“国信”两字组成的商号，在全国范围内就有“国信”典当、“国信”汽车、“国信”租赁、“国信”投资、“国信”房产等，虽行业涉及广泛，但消费者容易产生关联性误认。对于现行法律规定的缺陷，有学者建议采取以下措施予以补救：第一，在坚持同行业范围的保护标准的前提下，对某些知名的商号给予跨行业保护；第二，对外国驰名商号，不论其是否在中国进行工商登

记注册，都给予必要的保护；第三，混淆情况一旦出现，经利害关系人请求，登记主管机关有权要求被请求人变更企业名称或将该名称予以撤销。[①]（2）在登记主管机关的地域范围内不得与已登记注册的商号构成混淆。换言之，禁止权的效力发生在登记核准的行政区域内。在我国，相同商号只要分属不同登记主管机关的辖区，就可以分别使用。例如，不同地方出现的“得月楼”餐厅，多个城市出现的“长江”酒店。在市场经济条件下，企业经营活动范围的区域日益广阔，商号混淆和消费者误认的可能性增多。因此，应对目前地域级别的登记予以调整或改造：一是在现行登记制度未改变以前，国家工商局可定期出版按行业划分的商号目录，对已在全国或一定地区范围内享有知名度的企业商号，又以相同或近似文字登记注册的，地方登记主管机关应不予核准。二是变分级登记制度为统一查询名称、分级登记管理，由国家工商行政管理总局设立全国企业名称登记查询中心机构。各地区工商行政管理局在进行企业名称登记时，应通过计算机网络从查询中心数据库中进行名称查询，经查询的企业名称在全国范围不应有相同的企业名称，此外还应与有效商标名称进行交叉查询，以避免两者权利的相互冲突。[②]根据以上分析，我们可以看出，商号禁止权的效力既限于同一行业，又限于同一登记主管机关的地域。但是，以“构成商号混淆、扰乱市场秩序”为判断标准，凡擅自使用他人已经登记的商号（尤其是知名商号）的，主管机关应追究行为人的法律责任。

五、商号权的保护

1. 国外商号权保护的立法例

关于商号权的法律保护，在立法例上有三种做法：一是通过专门法律予以保护。早期商号权保护的立法例多为此类，例如英国 1916 年《厂商名称登记法》、荷兰 1921 年《企业名称法》、马拉维 1922 年《商号名称登记法》等，该类单行

① 参见马幼腾：《如何完善我国的商号法律制度》，载《知识产权》，1996（4）。

② 参见叶青：《北京市企业字号与商号问题的调查》，载《中华商标》，1998（1）。

法强调了国家对商号的管理，规定了对合法登记的企业名称的行政保护，并授予主管机关对不适宜企业名称的纠正权。这是一种行政法的保护方法。二是通过民商事法典予以保护。在民商分立的国家，多将商号权保护事宜规定在商法典之中，如德、日、法等国；而在民商合一的国家，则由民法典规定商号权的保护，如意大利等国。该类立法将商号权视为一种民事权利，有关权利的取得、转让与保护较多使用民商法的一般规定。三是通过反不正当竞争法予以保护。侵犯商号权的行为被视为不正当竞争行为予以制裁。这种保护模式，可以弥补民商事权利保护方法的不足。在现实生活中，使用他人企业名称的行为，并不能全部适用侵权责任法予以处理。例如跨地域、跨行业使用他人商号，依民商法并不构成对商号权的侵犯，但可能被视为不正当竞争行为。如为后者，“将加重侵权人责任”，即承担民事与行政的双重责任。①

在国际上，最早保护商号权的国际公约是《巴黎公约》。该公约第 8 条规定，商号应在各成员国受到保护。随后，世界知识产权组织《发展中国家商标、商号和反不正当竞争示范法》对商号权的保护，作出了一些示范性的立法规定。

2. 我国商号权保护的立法实践

我国对商号权的立法保护，散见于《民法通则》、《反不正当竞争法》、《公司法》、《产品责任法》、《消费者权益保护法》、《企业名称登记管理规定》等法律、法规中。笔者认为，完善商号权保护制度，应从三个方面着手：一是在未来的民法典中明确规定商号权，以界定其在民事权利体系中的地位；二是制定有关商号权的专门法律制度，或是制定一部《商号法》，或是参照世界知识产权组织拟定的《发展中国家商标、商号和反不正当竞争示范法》，将商号权与其他标志性权利合并立法；三是建立驰名商号制度，对经过长期使用、为相关公众普遍知晓的知名商号，赋予类似驰名商标的特别保护，即享有跨地区、跨行业的排他效力。

---

① 参见聂已东：《商业名称的法律保护》，载《法律科学》，1999（3）。

第二十章

域名权

域名是连接到国际互联网上的计算机地址，可以视为一种具有实用价值的识别标志。域名保护制度进入无形财产权领域历史不长，但问题颇多。诸如域名之上承载的是法益还是权利，域名权益是否具有知识产权属性，域名保护应采取何种法律模式，域名保护制度与其他无形财产权制度如何进行协调等，都是理论界与实务界存有争议的问题。这些即是本章探讨的主要内容。

一、域名的含义、特征及其作用

1. 域名的含义与构成

在 20 世纪 80 年代，基于一种新的网络协议（Transfer Control Protocol / Internet Protocol，简称 TCP/IP），产生了我们现在所熟知的互联网。在 IP 协议中，每一个连接到互联网的主机，都有一个特定代码，以作为网络中核心机器的名称，这就是我们常说的“域名”（Domain Name）。2004 年《中国互联网络域名管理办法》将域名定义为一种“互联网络上识别和定位计算机的层次结构式的字符标识，与该计算机的联网协议（IP）地址相对应”。

根据现行域名规则，一个域名通常由左右两部分构成：左边是由 TCP / IP

协议种类和万维网所构成的通用前缀部分，一般无识别性；右边是由英文中的句点依次隔开的层级域名（包括顶级、二级、三级乃至四级）所构成的特定代码，域名的可区别性来自于此。根据域名管理规则，顶级域名代码有两类：一类为国别域名代码，分别对应各个国家或地区，例如中国 cn、美国 us、日本 jp 等；另一类为类别顶级域名代码，具体分为工商业主体 com、网络服务主体 net、非营利机构 org、教育机构 edu、政府机构 gov 等。《中国互联网络域名注册暂行管理办法》要求，在中国的国别顶级域名代码之下，对应有 6 个二级类别域名代码和 34 个二级行政区域域名代码，前者包括科研机构 ac、工商企业 com、教育机构 edu、政府部门 gov 等，后者对应 34 个省级行政区域单位，如北京 bj、上海 sh、湖北 hb 等。例如天津大学的域名为“tju. edu. cn”，其中 cn 是顶级域名，代表中国；edu 是二级域名，代表教育机构；tju 是三级域名，代表天津大学的网上名称。

2. 域名的技术与法律特征

域名作为一种系统的命名机制，发展到今天，已经超出最初设计的“地址”意义，成为网页所有者的代号或标志。域名的标志特性，既是技术特性，也是法律特性。或者说，前者赋予域名特性以技术保障，后者赋予域名特性以法律效力，其主要表现如下：（1）标识性。域名的设计与使用初衷是在互联网上区分各个不同的组织与机构，即计算机用户，从而达到方便网络寻址和信息传输之目的。就标识性特征而言，域名与商标等传统识别标识有所不同，后者有着较高的显著性要求，而前者则为计算机识别，仅达到细微区别的程度即可。[①]（2）唯一性。基于网络覆盖的全球性特点和网络 IP 地址与它的技术性保障，每一个域名都是独一无二的，在全球范围内是不相同的。由于域名命名具有一定的“规范性”[②]，从而具有高度的精确性，由此产生了全球的唯一性。这与商标、商号等传统识别标志也是不同的，后者可因商品、行业类别的不同而存在标志相同或近

① 参见邵培樟：《论域名的法律性质》，载《河北法学》，2006（6）。

② 此处的“规范性”是指，域名由英文字母、阿拉伯数字、连接符和实点构成，上述要素的组合、排列、分配、选择的规则必须符合域名系统（DNS）。

似的情形。（3）排他性。域名的排他性是绝对的，既无地域限制，也无期限限制，由于互联网是覆盖全球的，其适用范围的广泛性决定了域名必须具有绝对的排他性效力。域名经有效注册即产生排他性。根据“先申请先注册原则”，一个域名只可能被有效注册一次。申请注册的域名不得与已注册的所有域名相同，或者说，域名一经注册，即可以排斥此后与此域名相同的注册申请。由此可见，唯一性和先申请注册原则是域名排他性的基础，而域名的排他性则是其唯一性的延展和必要保证。

3. 域名的财产意义与应用价值

对于企业而言，域名既是一种经营标记，也是一项无形财产，在互联网上代表着企业形象、信誉及其产品或服务的质量。这种功能和作用主要表现在以下几个方面：

（1）网络身份的标识作用。域名是计算机的使用者用以表示其连接到互联网上的计算机的地址，因此，域名是计算机的使用者在网上与他人互通信息、交流思想、进行电子贸易的必要条件。为了吸引广大社会公众查找并定位网站资源、开展网上贸易，许多企业往往以自己的名称或自己商品的品牌作为企业的域名进行注册，通过这一运作，提高了企业的知名度，给企业创造了潜在的竞争优势。此时，企业注册的域名已不仅仅是简单的用以区别网上主机的符号，而是成为企业在因特网上的标志，具有类似商标的作用。“从商界看，域名已被誉为‘企业的网上商标’。”① “网络名称具有‘姓名’功能。”② 笔者认为，域名实际上就是企业在网上使用的用以标示其身份的一种特殊符号，是网络使用者据以辨别其身份的一种重要标志。在现代商业活动中，域名的作用已经超过了具有近200年法律保护史的商标，也超过了网页所有者自身的姓名、国籍、通讯地址、电话号码等传统上用以同特定人取得联系的身份符号。③

① 吴晓玲：《域名纠纷的法律经济学分析》，载《当代法学研究》，2000，(2)、(3)。

② 蔡明诚：《网络名称在台湾的法律保护问题》，载（台湾）《中兴法学》，第45期，2005。

③ 参见唐广良：《Internet域名及有关的问题》，载郑成思主编：《知识产权文丛》，第3卷，北京，中国政法大学出版社，2000。

（2）电子商务的广告作用。域名是网上用户访问企业的一把钥匙，也是企业从事电子商务的前提。企业常常通过对自身网站的建设和完善，来达到吸引消费者的目的。因此，一些成功企业网站的域名，往往名满天下，为广大用户所青睐。域名成为商品或服务选购的品牌，网上用户在访问企业网站的同时，也加深了对企业的认识。对于一些直接以企业名称或商标作为域名的企业而言，在上网的同时，往往可以加深用户对企业名称和商标的了解。可以这样认为，域名是企业商誉的载体，对企业有着广告宣传作用。

（3）无形财产的交易作用。在识别性标记中，商标的经济功能是通过给定统一质量的保证来节约消费者的寻找成本。① 域名也具有类似功能，即通过域名系统的运作，人们可以自由地通过网络访问企业，从而为人们节约了寻找所需网站的成本。同时，一些域名在设计制作时经过了人们的构思、选择，因而蕴涵了一定的创造性劳动。此外，域名是企业形象的表现，其附载的品牌与信誉，往往是吸引网络用户访问、提高点击率的关键。所以，在网络世界里，人们往往为了争夺一个域名而不惜花巨资购买。刘晓庆出资800万元回购被抢注域名、美国ACE公司高价拍卖拼音域名的案例，无不说明域名所具有的重要财产价值。

二、域名的法律属性

1. 域名法律属性的争鸣：否定论与肯定论

关于域名法律属性的探讨，主要涉及域名利益的权利构造问题，即域名所生之利益是否能够成为一种独立权利；如果能为一种权利，应归类于何种民事权利形态？到目前为止，立法文件对此尚无明确的规定，学术著述也存在较多争议。

无形财产权是私权，是基于特定利益所生之权利。在这里，利益既是权利

① 参见［美］波斯纳：《法律的经济分析》，蒋兆康译，53页，北京，中国大百科全书出版社，1997。

的基础和根本内容，又是权利的目标指向，是人们享受权利欲以达到的目的之所在。但是，利益与权利在概念外延上并不是等同的，换言之，利益包括上升为权利的利益和非权利化的利益两大部分，这即是受法律保护之权利与法益的区分。域名之上所承载的利益，究竟是权利抑或法益，关键在于利益内容是否法律化。

持否定论的学者认为，各国立法和国际知识产权公约都没有将域名持有人排除他人阻碍，自由指定域名解析目标等利益归结为权利，从“权利法定”原则出发，以合法途径获得的域名所生之利益应为一种“民事权益”，或者说是一种“类似于知识产权的新型民事权益”[①]。世界知识产权组织在20世纪末、21世纪初多次组织了有关域名系统的讨论和磋商，虽未对域名的权利属性作出任何形式的认定，但域名持有人得享有排除他人阻碍、自由指定域名解析目标等利益。这些利益尚未在法律上被确定为权利，但依然受到法律保护。对此一些学者强调，“域名是一种受法律保护的民事利益，因为它是人们智力劳动的产物，维持它也需要花费一定的精力和财力，而且它对人们是有用的”[②]，“尽管域名尚未被WIPO作为一种知识产权来保护，但不一定就要否认其至少是一种民事权益，否则域名就会处于毫无被保护可能的尴尬与被动的地位”[③]。

持肯定论的学者认为，域名是一种独立的权利。在法学理论中，特定利益的存在是相应权利产生的前提与必然结果。就域名而言，它不仅是一种“网络地址”，同时也是一种“网上商标”，其所有人均因其而享有一定的独立利益。[④] 因此，对域名所生之利益赋予权利之外形，应当是毋庸置疑的。但是，对域名进行何种权利构造，或者说域名权是何种类型权利，学者们有不同见解。有的将域名权归类到传统商业标志权的范围，说成是商业标志知识产权的“延伸”或

① 邵培樟：《论域名的法律性质》，载《河北法学》，2006（6）。

② 夏德友：《论域名的法律地位》，载《当代法学研究》，2000（2）、（3）。

③ 蒋志培：《中国域名纠纷案件的司法实践与理论探索》，载《知识产权审判指导与参考·第3卷》，北京，法律出版社，2001。

④ 参见魏丽丽：《域名权与商标权的冲突及预防制度构建》，载《河南社会科学》，2009（2）。

“映射”[①]；或者将域名看作是商誉的一种[②]，可以将其转化为受法律保护的商标。[③] 多数学者主张，基于域名所生之利益可称为域名权，可视为一种特殊形态的知识产权。有的从域名的智力成果属性作出分析，认为域名是经过人的构思、选择和创造性劳动产生的，属于可构成知识产权的智力成果，但又不完全同于现有的任何知识产权客体，应当视为一个独立的知识产权客体[④]；有的则从域名的技术特征展开论证，认为域名是一种特殊的标识，它不能离开 IP 网址而存在，这种技术特性决定了它不可能划归现有任何一种知识产权类别。因此，域名权可能成为一种全新的、专门类别的知识产权。[⑤]

2. 新型标志权：对域名权益形态的考察

否定论与肯定论，是对域名法律属性即法益与权利的不同认可。否定论即法益论采取了实用主义态度，在域名系统本身尚未发育成熟之时，审慎对其权利归属作出认定，但又务实地提出对其实际法益提供保护。有的学者甚至主张，鉴于域名有别于一般知识产权客体，其保护方法不是类推适用民法的基本原则，而是由专门立法对这种新型的民事权益作出规定。[⑥] 肯定论即权利论秉持制度变革的立场，从域名构造的网络技术背后察觉到网络资源的无形财产价值，并考虑域名系统发展带来的法律需求，提出了各种类型的域名权构造方式，尽管其权利归类有别，但其权利主张可取。在此，笔者提出以下几点看法：

第一，域名所生之利益，应为一种独立的权利。依庞德关于权利与利益的论述，基于保护域名利益而不受外部干涉的请求，经法律之力即可成为一个新兴的

① 陶鑫良：《商业域名、商业域号及其知识产权保护》，载陶鑫良主编：《域名与知识产权保护》，北京，知识产权出版社，2001。

② 参见郑成思：《“域名抢注”与商标权问题》，载《电子知识产权》，1997（7）。

③ 参见唐广良：《Internet 域名各纠纷及其解决》，载陶鑫良主编：《域名与知识产权保护》，北京，知识产权出版社，2001。

④ 参见张平：《域名的知识产权地位》，载陶鑫良主编：《域名与知识产权保护》，北京，知识产权出版社，2001。

⑤ 参见张乃根：《论与电子商务有关的知识产权》，载《当代法学研究》，2003（2）、（3）。

⑥ 参见景岗：《域名法律问题思考》，载《法学家》，2000（3）。

财产权利，这即是与狭义财产法相对称的无形财产法。[1] 尽管当今国际公约与各国立法例尚未对域名权作出明确规定，但在管理实务或司法实践中，域名利益是作为权利来看待的。在美国，专利局提出将域名注册为商标的评审规则，即域名注册人可以通过商标法来保护自己的域名；而负责域名登记的 NSI（Network Solution Inc.）公司则要求申请人主张注册商标的生效日期须早于域名注册日期。[2] 这说明，NSI 公司将域名利益看作是与商标权相平行的独立权利，实行在先保护的原则。在我国，最高人民法院出台的《关于审理涉及计算机网络域名民事纠纷案件适用法律若干问题的解释》，虽未将域名冠之于"权利"，但通过域名的"权益"、"权利人"的说法，可以认为司法解释将域名利益定位为民事权利的一种。根据域名系统的发展状况，赋予域名利益以权利形态，是必要而可行的。在历史上，商业秘密作为一种无形的信息财产，并不包括在传统的知识产权体系之中。大陆法系国家长期以来依据合同法或侵权法保护商业秘密，却不承认其产权性质。至 20 世纪 90 年代，《知识产权协定》专门规定了"未公开信息"的保护问题，商业秘密利益自此成为一项知识产权。可以预期，未来国际立法肯定也会对域名进行权利形式的法律构造。

第二，域名权作为独立的权利，应当属于无形财产权范畴。域名权的客体是为非物质性的信息，基于其网络标识的唯一性与信息资源的稀缺性，表明了域名之无形价值与无形财产权体系的内在关联。但是，与传统无形财产权的基本特征相比较而言，域名权具有自己的法律品性。在专有性方面，由于网络覆盖的全球性和网络 IP 地址分配的技术性这一基本特征，决定了域名在互联网上使用的唯一性。域名权的排他性效力，并不限于同一种或类似的商品或服务，但也不能排斥他人以与其域名相近似的文字或代码注册。可以说，域名权在指向的商品或服务上是"全类别覆盖"，而在使用的文字或代码上是"等同性禁止"。在时间性方面，由于注册域名实行年检制度，只要按期交费，就可以无限期拥有。域名权无

---

① 参见［美］罗斯科·庞德：《法理学》（第三卷），172 页，北京，法律出版社，2007。

② 参见姜勤峰：《对中国解决域名和商标冲突程序的对比分析》，载郑成思主编：《数字化技术的知识产权保护》，北京，知识产权出版社，2000。

时间性限制的特点，似乎这同于商标权，但有别于著作权、专利权。在地域性方面，由于互联网本身是一个无中心的非物质化信息空间，具有无国界性特点，因而域名权不以物理空间的地域为限，即不具有传统无形财产权的地域性特征。这种泛国界效力以技术措施的保障为基础，而与某一国家的法律保障并无多大关系。尽管如此，域名权在专有性、地域性、时间性方面有某些特殊的表征，但其客体的非物质性，决定了它归类于无形财产权的基本属性。有关理论分析，可参见本书第三章“无形财产权的本体、主体与客体”。

第三，域名权虽为标志性权利，但应视为一种独立的无形财产权。域名不同于任何已有的无形财产权客体，不宜划归到已有的某项权利之下。有的学者认为，域名可以视为一种企业名称①，有的学者将其称为“电子商标”，或者将域名与商标、商号并列归类于商业标记权。② 其实，在标志权领域，诸如商号、商标乃至地理标志，都是与生产经营活动相关联的，可以划归到商业标志权范畴。但是，域名是一个独立的标记类型，不同于互联网用户原有的商号或商标。因此，将域名称为“电子商标”或“网络商号”，意在标明域名只是原有标记在互联网上的数字化表现，并无独立的法律地位，这种说法是很难成立的。正如有学者所指出的那样，域名并不直接与商品或服务相联系，且域名不一定都作为商业之用，因而将域名权置于商业标志权范畴有失妥当。③

三、域名保护的立法选择

网络技术是对人类社会影响最大、最快的新兴技术。网络用户的迅速扩张、各种用户名的大量涌现、电子商务的蓬勃发展，对传统标志权制度带来了挑战。由于域名注册系统的技术性特征，无法构建域名与商标、商号的逐一对应关系，从而不可避免地导致域名权主体与商标、商号权主体的不一致。面对域名纠纷的

① 参见应明：《因特网域名使用中的知识产权问题》，载《电子知识产权》，1998（3）。

② 参见李朝应：《域名的知识产权分析》，载《电子知识产权》，1998（8）。

③ 参见魏丽丽：《域名权与商标权的冲突及预防制度构建》，载《河南社会科学》，2009（2）。

兴起与相关权利的冲突，国际社会和各国政府提出了不同的解决方案。

1. 商标法保护模式

域名在互联网上已超出其技术参数价值的本来功能，即在一定程度、一定领域内充当商业标记符号。鉴于域名注册过程中广泛存在的域名与商标冲突，一些国家主张对域名采取商标法保护，即将域名视为商标权客体，较多从保护商标的特别是著名商标的立场来处理相关纠纷。美国是互联网发展最早、域名权保护最早的国家。该国专利商标局于 1998 年提出了将域名注册为商标的评审规则，即域名注册人可以通过商标法来保护自己的域名；对于域名与商标发生的冲突，交由负责域名登记的 NSI 处理。NSI 公司基于相关权利争端解决的原则，一是倾向于保护商标权，如果第三人对域名注册表示异议，只要提供商标注册的证明，则该域名处于“hold”状态，任何人不得使用；二是将域名权益视为与商标权相平行的独立权利，实行谁在先即保护谁的政策。[①] 关于域名的归属，NSI 公司并不直接作出决定，而是遵从法院裁决。对于域名与商标的权利纠纷，法院本无同一态度，但近些年来美国法院采取一致做法，纷纷援引《联邦商标反淡化法》进行处理，即某一商标被确认为“著名商标”，方构成对他人注册为域名的排他权。这在一定程度上平衡了商标权人与域名所有人的利益关系，修正了 NSI 公司在程序上对商标权的扩大保护。[②] 利用商标法保护域名存在着诸多不足之处：第一，不能解决抢注问题。如果域名只有注册为商标才能获得保护，则一旦域名被他人抢注为商标时，域名注册人将会丧失法律保护的可能。如果他人将域名注册为服务商标，域名注册者倘能以在先使用为由对此商标注册提出异议；但如果他人是将知名的域名在其他领域注册为商标，域名注册者恐怕就无能为力。第二，有些域名可能不具备商标注册所要求的显著性。例如，使用商品通用名称的域名可能会以其他方式被非授权地使用，虽损害了域名注册人的利益，但这种利益无法适用商标法而获得保护。第三，商标一般用于产品或服务，但域名则可能用于非商

① 参见姜勤峰：《对中国解决域名和商标权冲突程序的对比分析》，载郑成思主编：《数字化技术的知识产权保护》，北京，知识产权出版社，2000。

② 参见谢冠斌：《从域名的法律保护看知识产权制度的发展》，载《法学评论》，2001 (3)。

业用途。这种域名的注册者往往是一些非营利性的团体或个人，该类网站有可能具有一定的知名度，其域名也有可能遭受侵害。在一些国家，非经营个体不得注册商标，因而其域名也难以作为商标取得保护。

2. 反不正当竞争法保护模式

对不正当使用域名行为，适用反不正当竞争法进行制裁，是一种间接保护或补充保护的做法。采取反不正当竞争法保护模式，在实践中有以下问题有待解决：第一，域名的使用是否属于工商活动。反不正当竞争法必须适用于工商业活动领域。在现实中，我们经常遇到如下情形：在表示商业性质的顶级域名之下（即 .com）注册与他人的商标相同或相似的域名，但并不使用或者不用于商业性质的活动，或者甚至试图出售、出租该域名；或者在表示非营利性的顶级域名下（诸如 .org 或者 .net 等）注册与他人的商标相同或近似的域名，但却进行商业性使用。传统的反不正当竞争法对于“工商活动”的判断采取的是“客观标准”，一般指有关提供商品或服务的活动，特别是这些商品的“买”和“卖”①。但以上所指使用，有的可能较难满足这些条件。因此，有必要对“工商活动”进行扩大化解释，这包括采取主观目的的推定（即从主观上推定其有进行工商活动的动机），以及对客观行为认定的扩大（即可将域名的买卖、出租等行为视为工商活动）。第二，域名的使用是否在不同主体之间产生竞争关系。传统反不正当竞争法主要规范竞争者之间的行为，而目前大量的域名纠纷双方分属于不同的行业，相互之间并无竞争关系。为解决这一法律弊端，各国逐渐淡化对“竞争关系”的要求。世界知识产权组织在对其 1996 年《关于反不正当竞争保护的示范规定》进行解释时称，“本示范规定亦适用于从事某行为的当事方与因该行为而利益受损的当事方之间并不存在直接竞争的情况”②。在反不正当竞争法的适用中，不正当使用域名行为多解释为与他人商标构成混淆的域名注册、使用纠纷行为，主

① 陈江、林旋：《论互联网上域名与商标的法律纠纷的解决》，见 http：//www.cnnic.net/daily/2000－10/14.shtml。

② 《WIPO1996 年关于反不正当竞争保护的示范规定（注释）》的文本，载郑成思主编：《知识产权研究》，第 6 卷，288 页，北京，中国方正出版社，1998。

要是处理域名与商标冲突的法律纠纷，较少有将域名作为独立权利的法律考量。

3. 专门法保护模式

与前述替代保护与间接保护的模式不同，专门法保护模式是由域名管理机构或组织制定专门规范，以作为域名权确定依据和域名纠纷处理规则。在国际上，1998 年成立的 ICANN 组织（Internet Corporation for Assigned Names and Numbers），负责除 NSI、America Online、Name IT Corporation 之外的所有域名注册。该组织于 1999 年 10 月通过了《统一域名争议解决规则》和《统一域名争议解决规则细则》，适用于符合下列条件的域名纠纷：（1）注册域名与投诉人享有权利的商品商标或者服务商标相同或令人混淆地近似；（2）域名注册人就其域名不享有权利或合法权益；（3）域名是被恶意注册和使用的。在上述情形下，只要投诉人请求，则可以要求该域名进入行政争议处理程序；同时，这种强制性行政程序不排除投诉人在程序前后将有关争议提交有管辖权的法院独立进行裁判。在我国，中国互联网信息中心于 1997 年颁布了《中国互联网域名注册暂行管理办法》。而后，国家信息产业部于 2002 年公布了《中国互联网络域名管理办法》，该办法于 2004 年被废止并为新办法所取代。《管理办法》涉及域名权的相关内容主要有：（1）取得原则。即域名注册服务遵循“先申请先注册原则”。（2）禁用条款。即注册和使用的域名不得含有该办法禁用的相关内容。（3）责任条款。因持有或使用域名而侵害他人合法权益的责任，由域名持有者来承担。（4）争议解决规定。域名争议解决机构解决域名争议，但其裁决不得与人民法院或仲裁机构的生效裁判发生冲突。采取专门法保护模式的相关规定有两个特点：第一，域名管理机构，在国际上为专业组织，并无规范意义的立法权力，其规则更多是一种“行规”；而在我国则是中央部委所辖事业单位，其管理办法虽为部委颁布，但只是一种行政规章，并非严格意义的专门法。第二，《统一域名争议解决规则》或《中国互联网络域名管理办法》，都没有明确规定域名权的属性和内容。ICANN 在域名纠纷处理规则中，从相关条款可以反推域名注册人可以享有某种“权利或合法权益”；而《管理办法》仅规定了域名的取得原则、注册和使用要求，没有域名权益的相关内容。可以说，这是有关域名的行政管理法而不是权利保障法。

四、域名侵权的法律处分

到目前为止，域名之上所承载的利益尚未成为一个独立的权利。1999 年美国《知识产权与通信综合改革法案》没有明确域名利益的法律地位，仅将域名规定为“可被争议”的对象，“只有当争议行为具有恶意，且给域名持有人造成损害的，域名持有人才可以依据侵权赔偿法请求赔偿”①。笔者认为，域名利益应当具有独立的法律地位，并采取与商标、商号、姓名等相抗衡的权利形式，这将是互联网法律发展的必然趋势。

有关域名权益的法律纠纷，以往学者多为关注域名注册可能对商业标志权带来的侵害，而对域名权益自身的保护重视不够。由于域名具有相当的商业价值，所以企业之间关于域名的争夺日渐激烈，在先注册的域名在何种范围内享有禁止权？域名所生之利益，无论是法益抑或权利，都会不可避免地受到各种侵害，对该类侵害行为应如何处理？此处行文着重探讨域名禁止混淆和域名权益侵害的问题。

1. 关于域名禁止混淆问题

禁止权是域名注册人对其域名所享有的最重要的权益，也是域名权益与其他商业标志权之间最具区别性的权益。相对商标权而言，某一域名的在先注册人能否享有以下禁止权：域名注册人是否有权禁止他人在相同的通用域名之下注册近似的域名，或是在其他通用域名之下注册相同的域名？域名注册人是否有权禁止他人注册或使用与域名相同或近似的商标？上述问题即域名权的边界问题，涉及相关域名之间的协调以及域名与商标之间的协调。

域名注册应采取“相同性禁止”，而不是商标法上的“相似性禁止”。这种对禁止权范围的限制，是由域名的技术特征所决定的。判断商标混淆，是以人的识别能力为基础，而衡量域名混淆，是以计算机的识别能力为基础。由此我们可以

---

① Domain Names, “ Experts Call for Right of Appeal in Domain Name Dispute Resolution”, *World Intellectual Property Report*, Vol. 14, 2000, p. 240.

认为，正是基于计算机的识别功能，因而适用“相同性禁止”原则以避免混淆。这意味着相似的域名允许并存，这不仅包括相同通用域名下的近似域名并存，也包括不同通用域名下的相同域名并存。在这里，我们不能简单地将商标法上的“相似性禁止”原则搬用到域名领域。这是因为：其一，人们通过域名搜寻网络，必须给计算机一个准确的域名，供其识别并提供网络信息。而商标搜寻仅凭大概印象就可以认出或找到想要的商品，并不需要十分精确的商标信息。其二，“域名由文字、数字及一些常用符号构成，这使得人们从一开始就对域名的准确性保持了高度的注意，所以我们不应该过于高估相似域名引起的混乱作用”[①]；而商标的构成要素则决定了人们对商标的记忆难以保持高度的准确性。其三，由于域名在全球是唯一的，一旦注册成功，就阻止了他人的进入。所以，允许相同通用域名之下注册近似域名或不同通用域名之下注册相同域名也是对域名资源稀缺的缓解。而商标则不同，由于其构成要素丰富，商标的设计有更多的选择，这就为在同类或类似商品上禁止使用相同或近似的商标提供了可能性。

域名禁止权不适用于相关域名之间，而表现在域名与商标之间。倘若有人利用域名上的商誉而将其作为商标注册使用，这种行为就是不正当的侵权行为。诚然，在商标领域产生禁止权效力的域名应当具备一定的条件：（1）该域名应相当著名。不具有一定的知名度，域名没有商誉可言，即失去了法律保护的理由。其判断标准，似可参照驰名商标的认定标准。（2）将他人域名当做商标使用的行为，足以令消费者发生混淆或误认。（3）他人将域名当做商标使用，但其对域名并无任何合法权利。

2. 关于域名权益侵害问题

涉及域名权益的侵害，可能发生在相关域名之间，也可能发生在域名与相关标识之间，此外还包括其他非授权使用的行为。需要说明的是，我国目前尚无法律规定将其类型化，并明确其相应的法律责任。此处论及的侵权问题及其处理措施，主要见之于行政执法及司法活动中。

---

① 赵成耿、袁真富：《域名问题：权利的平等与平衡》，载《西南师范大学学报》（人文社会科学版），2003（1）。

（1）模仿他人域名的行为。域名作为网上标识，具有唯一性，但是对计算机而言，只要有一个字母不同或加减一个“.”或“—”，就足以区分两个不同的域名。相似的域名当然不会引起计算机的误认，但对用户而言可能导致误认两家网站具有某种关系，从而使得注册与他人域名相似域名的行为，有可能获得不正当利益或给原注册者带来不利影响。对域名的模仿行为分为两类：一是出于不正当竞争目的而模仿，二是出于讽刺等目的而“滑稽模仿”。前者主要是指通过对知名网站的模仿，使用户产生二者之间有某种联系的错误认识，从而访问该网站。例如，模仿新浪网“www.sina.com”而注册名为“www.newsina.com”的网站，从事与新浪网相似的业务。当网上用户在搜索引擎或其他网站看到这样的链接时，有可能认为此网站与原来的新浪网有某种关联而对其进行访问。在网络中，网站的访问率象征着网站受欢迎的程度，更是网站获得广告业务和投资的重要参考指标。模仿知名网站的域名极可能获取更高的访问率以及其他相关利益，这种利益的获取显然有“搭便车”的嫌疑；如果该网站办得极差或宣扬色情、暴力等不健康内容，还会败坏知名网站名誉。目前对于此类问题，尚无可直接援用的法律规定，反不正当竞争法亦不能适用于此情形。法院遇有这种情况时，目前只能适用民法基本原则来解决。后者主要是指滑稽模仿他人的知名域名，以讽刺挖苦某些企业、挑战它们的权威地位。例如，微软公司的域名为“microsoft.com”，而有一家“零软（ZeroMicro）”公司注册域名为“micros0ft.com”的网站，并在该网站上嘲笑微软公司及比尔·盖茨。[①] 如此域名当然会提高网站的访问率，但是模仿者的目的却与前类模仿不同：前者是为了利用知名网站获得利益，如广告业务等，但后者却往往不是为了营利，而仅是达到嘲讽目的。这种滑稽模仿往往并不构成侵权。但是，“滑稽模仿”中的讽刺要有一定的限度，可以指责、批评和揶揄，但如果捏造事实、散布流言，损害了原网站所有人的名誉，则可能构成对他人名誉权或商誉的侵害。根据我国《民法通则》和《反不正当竞

---

① 在微软公司的压力下，“零软”公司域名“micros0ft.com”先是被美国NSI搁置，后来又从域名数据库中注销。See David J. Loundy, “A Primer on Trademark Law and Internet Addresses”, *Journal of Computer & Information Law*, Vol. XV, 1997, p. 469.

争法》的有关规定，行为人应当承担相应的民事责任。

（2）抢注他人域名为商标的行为。与将他人商标抢注为域名相反，知名域名也可能遭到抢注。域名与商标具有密切联系，一些具有显著性的域名可能被注册为商标。虽然域名与商标在技术特征上有所不同，但只要被申请的域名符合商标注册审查规则，就应当能够获得注册。在司法实践中，已有法院在案件审理过程中指出，介绍和销售产品的网站的域名可被视为服务商标，这就为域名注册为商标提供了可能性。[①] 既然一部分域名可以被注册为商标，那么“抢注”行为就难以避免。因此，在此类纠纷中保护域名注册者的合法权益，成为急待解决的问题。目前我国法律对此尚无明文规定，域名保护有待完善立法来实现。

（3）在企业名称中使用他人域名的行为。在我国，域名直接用作企业名称较为少见。这是因为《企业名称登记管理规定》对企业名称有限制性的要求，即企业名称应当使用汉字，不得包含汉语拼音字母（外商投资企业、有对外业务的企业除外）和数字，而注册的域名都是由字母、数字和连字符组成的。因此，一些企业无法使用英文域名作为企业名称使用。[②] 但是在我国，有许多知名域名都有其响亮的中文名字，例如，“sohu”被称为“搜狐”、“yahoo”被称为“雅虎”、“sina”被称为“新浪”。这些中文名称已经与域名本身融为一体，看到这些中文名称，用户自然会联想到相关网站。在现实生活中，许多域名与其注册者的企业名称并不相同，例如新浪网就是四通利方公司推出的，如果有人以该域名的中文译名注册为“新浪网络公司”，依据现行法律法规，域名注册者在请求工商行政管理机关撤销这类企业的名称时会遇到困难。《企业名称登记管理规定》第9条规定，“企业名称不得含有可能对公众造成欺骗或者误解的内容和文字”。该条款目前适用于抢注驰名商标为企业名称的情形，但尚无在其企业名称中使用他人域名的案例。笔者认为，抢注知名域名为企业名称的问题应通过未来立法或对现行法律作出扩大解释来解决。

（4）其他非授权使用的行为。这主要是指除上述情形之外的其他对域名不正

---

① 参见薛虹：《迷失在网络空间的商标——域名与商标保护》，载《国际贸易》，1999（2），42～43页。

② 参见薛虹：《域名能否登记为商号?》，载《电子知识产权》，1999（6），30页。

当使用的行为。例如，将他人的域名用于产品装潢、宣传品或其他领域，从而可能引起他人的误认——认为该产品与使用此域名的网站有某种联系。对于这种行为，如果其属于商业上的不正当竞争行为，则可考虑适用《反不正当竞争法》予以规制；但若不属于上述行为，例如非商业性的使用，但又损及域名及其注册者的权益，可以适用民法基本原则予以解释。但是，对域名实施全面、统一的保护，尚需立法进一步的完善。

第二十一章

形象权

知名形象具有何种权利形态，法律如何对知名形象提供保护，这是当今私权领域出现的一个新课题。形象本与人格因素或角色因素有关，但在商品经济的条件下，知识形象的某些特征具有“第二次开发利用”的价值。这种利用的目的，并不局限于该形象的知名度与创造性本身，而在于该形象与特定商品的结合而对消费者带来的良好影响，此即“形象的商品化”。知名形象在商品化过程中，产生一种特殊的私权形态，它已不是人格意义上的一般形象权，而是具有财产价值的（商品化）形象权。形象权与知识产权关联性极大，但真实形象不是著作权的保护对象，虚构形象也不完全符合专利权、商标权的保护条件，质言之，形象权是一项独立的无形财产权。

一、知名形象：形象权的保护对象

1. 形象的概念与分类

在一般意义上，形象是指表现人的思想或感情活动的具体“形状相貌”，或是指文学艺术作品中作为“社会生活描写对象”的虚构人物形象或其他生命

形象。[①] 形象虽然是表现特定对象之个性特征的一个整体，但它包括许多具体的因素，例如真实人物的姓名、肖像、声音、体态等专属性人格因素；虚构角色的名称、图像、声音、姿态等艺术性角色因素。

各种各样的人格因素或角色因素，都可能构成形象因素，从而具有商品化的价值，作为形象权的保护对象，形象可以分为以下两类：一是真实人物形象，即自然人在公众面前表现其个性特征的人格形象。它通过诸如姓名、声音、签名、影像（包括静态的肖像照片和动态的电视、电影中的个人形象）等人格因素形成具有实质性区别特征的形象，以表示或表现相应的自然人。二是虚构角色形象，即创造性作品中塑造的具有个性特征的艺术形象。它通过名称、外形、经典动作、口头禅、关键短语等艺术要素，创造并非真实存在的虚拟性角色，包括人物、动物等。虚构角色包括文学角色（literary character）、视听角色（audio-visual character）和卡通角色（cartoon character）。在有的著述中，一些学者在上述形象类型之外，还列举了表演形象以及广为人知的标记、符号、作品片段、标题等其他形象因素。笔者认为，表演形象并不是一个独立的形象。在演员表演作品的情况下，如果强调的是演员所塑造的角色，当为虚构角色形象；如果着眼于演员自身的本色（如剧照），可归类为真实人物形象。此外，演员从事的是不涉及作品角色的表演，如马戏表演、魔术表演、杂技表演、体育表演等，则应属于真实人物形象的范畴。至于标记、符号、作品片段、标题等“形象因素”，它们虽具有个性化特征，在有的情况下也确实有商品化的价值；但是，它们并非指示真实或虚构的人物、动物或其他生命物，不具备形象表现的直接功能。在立法中，上述“形象因素”通常交由商标法、著作权法以及反不正当竞争法调整。

世界知识产权组织的有关文件将形象分为“虚构角色”形象和“真实人物”形象两种。[②] 在美国，学理上也有真实人物形象与虚构角色形象之分，但它们在法律上却有不同的权利形态。真实人物形象的相关权利被称为“形象权”（right

---

① 参见《辞海》，814 页，上海，上海辞书出版社，1979。

② See WIPO，*Character Merchandising*，WC/INF/10847998/IPLD，p. 9.

of publicity)，是指“个人对其形象进行商业价值利用的权利”[①]；或表述为“每一个自然人固有的、对其人格标识的商业使用进行控制的权利”[②]。虚构角色形象的相关权利则被称为“角色权”（rights in characters），其权利指向涉及作品中的“艺术形象”，包括“在电影、电视、动画等作品中出现的人物、动物或机器人等，也包括用语言表现的作品中的虚拟形象”[③]。在日本，学者将形象商品化的对象限定为“角色”，但又对其作了扩充性解释，即角色包括漫画或动画片中的出场人物等靠视觉表现出来的臆想角色，小说故事中的出场人物等依文字、语言表现出来的虚构角色以及真实人物。[④] 我国学者郑成思列举了形象的各种形态，包括真人的形象、虚构人的形象、创作出的人和动物形象、人体形象等。[⑤] 这里所讲的各种形象其实可以概括地分类为真实人物形象与虚构角色形象。

2. 形象的法律特征

上述两类形象，本来或为人格权之相关利益，或为著作权之保护对象，或由反不正当竞争法进行调整。但是，由于形象商品化的结果，形象利益遂演变成商品化之形象权的客体。并非所有的形象都有这种法律规制的必要，作为形象权客体意义上的形象具有以下法律特征：

（1）形象的整体性。形象权意义上的形象，是表现主体个性特征的要素整体。真实人物的形象，是指可以用来指示自然人的那些身份要素。在美国，《纽约州民权法》第 51 条将受保护的“姓名、肖像或照片”，称为“法定三要素”。在侵犯形象权的诉讼中，判定某一要素是否属于形象权的保护对象，基本要件是看该要素能否指示某一自然人。法律上将这些要素称为“可指示性要

① Ping Hin Yu，“Intellectual Property：E. Publicity Rights”，*Berkeley Technology Law Journal & Berkeley Center for Law and Technology*，1998.

② J. Thomas McCarthy，“The Right of Publicity and Privacy”，Vii（Rev，1993）. 转引自程合红：《商事人格权论》，56 页，北京，中国人民大学出版社，2003。

③ 林雅娜等：《美国保护虚拟角色的法律模式及其借鉴》，载《广西政法管理干部学院学报》，2003（5）。

④ 参见［日］藤井义夫：《专有形象标志与肖像》，载《知的所有权论文集》。转引自熊伟：《形象权法律制度研究》，武汉大学 1992 年博士学位论文。

⑤ 参见郑成思：《版权法》，300～305 页，北京，中国人民大学出版社，1993。

素”（identifiable element）[①]。完整的虚构角色形象由个性特征、情节和反应构成。个性特征包括虚构角色的姓名、身份、外貌描述和个性等。情节是指人物在特定生存环境中的经历和故事。反应涉及对人的反应和对物的反应。基于这一法律保护的要求，纯美术作品或工艺品中的虚构角色，因不具备完整人物形象的上述要件而不能受到保护。[②] 需要说明的是，整体性的形象也是一个个性化的形象，无论是真实表现（真实人物）还是艺术塑造（虚构角色），它们都具有实质性的区别意义，这是形象知名度产生的基础，也是形象可商品化的条件。质言之，形象权意义上的形象，是一个具有个性化的形象整体。

（2）形象的知名度。形象必然具有一定的知名度，这是形象可商品化的前提。这一特征并非需要法律的设定，而往往就是市场本身的要求。“这主要是因为非知名人物、角色或机构的形象商业开发价值很低，难以为商家带来直接的经济利益。”[③] 对真实人物而言，其知名度表现为在相关领域的广泛认知度和对社会公众的相当影响力。这里的知名度实际上是可供商品化的声誉或名望。对于虚构角色来讲，其知名度的形成有赖于其载体经过广泛的传播，能够产生良好的公众效应。虚构角色的知名度是其载体在文学、美术、电影、电视等领域中取得的名誉与声望，一般是通过公开传播而形成公众效应的。真实人物或虚构角色的形象知名度，本身不属于商业领域的范畴，但由于其对市场消费者的影响力，才出现了形象商品化的问题。

（3）形象的商品化。这里讲的商品化是指相关主体对知名形象的商业性利用。权利人利用自身或虚拟的形象，或他人以合理的对价受让或许可使用该形象，其目的并不局限于该形象的知名度和创造性本身，而在于该形象在市场中的影响。具言之，这种影响能给形象所附载的商品带来广泛的认知度，能给形象的利用者带来一定的经营优势。在日本，形象的商品化被描述为形象“对顾客的吸引力”。荻原有里认为，除了名人以外，诸如漫画、动画片中的人物、动物以及

① 李明德：《美国形象权法研究》，载《环球法律评论》，2003 年冬季号。

② 参见吴登楼：《论虚构人物形象的知识产权保护》，载《著作权》，1999（1）。

③ 熊伟：《形象权法律制度研究》，武汉大学 1992 年博士学位论文。

其他物品，都可能成为商业形象权的对象，其条件在于它们“对顾客有吸引力”[①]。在美国，商标法赋予虚拟角色以“第二含义”（secondary meaning），即角色与商品或服务形成单一对应和固定联系，以至于角色所代表的商品或服务成为角色的另一含义。[②] 世界知识产权组织公布的一份报告将形象的商品化，表述为虚拟角色的创作者或真实人物或其他一个或多个经授权的第三方对于角色的主要个性特征的改编或二次利用，通过将该形象与不同的商品或服务相联系，使得预期的消费者因为对该形象的熟悉和认同而购买该商品或服务。[③] 在现实生活中，形象的商品化具有多种形式，例如将形象用于广告宣传、商品包装装潢，将形象改编成其他作品形式或制作出售立体形象，将形象注册为商标或企业名称等。总之，无论哪种形象因素发生了哪种形式的商品化，都会使得上述形象的原有功能（或人格标记识别，或艺术个性欣赏）发生变化，此时都转化为对商品的“宣传促销功能和说明保证功能”[④]。

3. 形象中的“知名”价值评价

“知名形象”中形象是一个概括性概念。对于真实人物而言，它是自然人人格特征的集中表现；对于虚构角色而言，它是角色艺术特征的经典表示。这些形象是由诸如名称、肖像、外形、姿态、声音等各种具体的形象确认因素所构成的。有学者认为，各种具体的形象确认因素都是形象权的客体[⑤]，权利人享有利用的和法律保护的都是这些具体的人格要素或艺术要素。笔者认为，具体的形象因素是形象得以商品化即形象权实现的载体，但不是形象权客体本身。可以说，形象权的客体是各种具体形象确认因素所形成的具有个性化特征的整体形象。换言之，形象应是通过对各种具体形象因素的视觉、听觉、触觉后在人脑中形成的综合印象。在法律视野中，仅保护知名人物本身的姓名、肖像等，或局限于保护

① ［日］荻原有里：《日本法律对商业形象权的保护》，载《知识产权》，2003（5）。

② 参见林雅娜等：《美国保护虚拟角色的法律模式及其借鉴》，载《广西政法管理干部学院学报》，2003（5）。

③ See WIPO，*Character Merchandising*，WC/INF/10847995/IPLD，p. 6.

④ 朱川：《商品化权研究》，载《复旦民商法学评论》，2001（1），北京，法律出版社，2001。

⑤ 参见孙美兰等：《“奥特曼”纠纷案引发的思考》，载《法学》，1999（7）。

创作作品的文字、画面、声音等，应为人格权法、著作权法的任务，这些不是形象权制度负载的功能。

“知名形象”中的知名是一种价值特征的评价。形象权的实际功用在于通过权利形式，使得权利人得以将知名的真实人物和虚构角色的形象因素进行商业性使用，使其在人格范畴、文艺创作领域的影响力转化到市场，进而对消费者产生吸引力。有基于此，有的学者将形象权的客体概括为知名的真实人物或虚构角色所拥有的“信誉”①。从某种意义上说，特定主体形象“知名度”当然会形成对社会大众的影响力、吸引力，这即是所谓的“信誉”。但是，以“信誉”为内涵的“知名度”，是形象权客体的价值特征。可以认为，形象权的客体应是各种具体形象因素所凝结的整体形象。这种形象在原有领域拥有广泛的知名度，转向市场后与特定商品相结合能够使消费者产生好感。形象具有知名度并得以商品化，这正是其成为形象权客体的根本原因。

二、制度比较：形象商品化的权利形态

形象权是一个新的、尚未定型的法律概念。在私权领域中，人格权（包括姓名权、肖像权、隐私权等）与知识产权（包括著作权、商标权、商号权等）之间存在着一个边缘地带与交叉部分，以至于不能简单地将形象商品化问题归类于人身权或知识产权体系中的任一范畴。形象权就是在这两大私权制度之间创设的一种新的财产权。它与传统私权制度有着千丝万缕的联系，但又有着自身的独立品性。

1. 人格权与形象权的制度比较分析

真实人物的形象利益，主要是一种人格利益，一般由人格权法来调整。形象商品化的权利形态，最初是从传统人格权项下的姓名权、肖像权、隐私权、名誉权等衍生而来的，因而具有明显的人格属性。在商品化的条件下，诸如姓名、肖

① 刘春霖：《商品化权》，载《西北大学学报》（哲社版），1999（4）。

像等人格利益被重塑成具有商业性利益的“形象”，并运用于各种商业活动之中。这就使得来源于人格权制度的形象权，在很大的程度上脱离了原来的权利范畴，进入到非物质性财产领域。美国法官在1983年的“卡森”案中说道：“形象权是为了保护名人身份中的商业性利益而产生的。这种权利的理论依据是，名人的身份在促销产品方面是有价值的，名人享有的权益应当得到保护，名人可以制止他人未经许可而商业性地利用其身份。”[①] 这段判词精辟地说明了形象权与传统人格权之间的差异，或者说表明了形象权制度创设的旨趣：第一，人格权保护的对象是一般人格利益，而形象权涉及的是知名形象。人格权为主体普遍享有，每个人享有的人格权是相同的，由此表现出主体人格的平等性、人格权法的普适性。形象权则是一项财产权，因人而异，其保护对象限于为公众所知晓、在社会中有影响的知名形象。第二，人格权意在维护个人的人身和行为的自由、安全及精神利益，而形象权意在维护知名形象的商业性价值。在传统人格权理论中，人格利益不能直接表现为商品，不能以金钱计算其价值。形象权的创设则是对这一权利模式的嬗变，它考虑的正是形象商品化的市场价值与财产利益。第三，人格权的功能表现为防止他人对自己人身和精神利益的损害，而形象权的作用表现为禁止他人对自身形象的商业性利用。因此，两者衡量损害赔偿的数额是不同的，法官在侵犯人格权案件中关注的是人身、精神损害的程度，而在侵犯形象权的案件中则要考虑形象利益的市场损失程度。总之，形象权起源于人格权，但又有别于人格权。从人格权到特别财产权的变化，从其社会动因来说，是商品经济发展的结果；从法律层面而言，则是私权制度创新的产物。所谓标记类、资信类财产权，许多都与人格权有关，是在传统人格权之上延伸出来的新制度，是人格利益演变为商业人格利益的权利形态。我们看到，在现代法律制度的框架上，基于法人在商业上的名称产生了商号权；基于商业活动中形成的名誉、荣誉产生了商誉权和信用权；由于对自然人姓名、肖像、形体的商业利用产生了形象权。这些权利都是与传统人格权有别的财产权。

① 李明德：《美国形象权法研究》，载《环球法律评论》，2003年冬季号。

2. 著作权与形象权的制度比较分析

虚构角色一般出自于著作权保护的作品之中。角色是作品的组成部分，角色形象的塑造是作品取得成功的关键。因此，角色及角色形象作为作者创造性劳动的成果，由著作权法给予保护应该是顺理成章的。不少国家很早直至现在仍沿用著作权法来保护虚构角色，只是其保护程度有所不同。在德国，法律界将作品角色保护问题分为角色名称与角色图像两类。关于角色的名称，该国很少给予保护，因为角色的名称不符合独创性要件。关于角色的图像，则不得擅自使用，即使模仿也在禁止之列。[①] 在日本，法律通过一系列判例确立了对虚构角色的著作权保护。法官认为，角色并不是作品本身，但在作品表现为人物或动物等视觉画像的情况下，该画面带有的著作性不止于图画本身的固定表现，还应及于所表现的人（动）物像。日本判例对角色的著作权保护限于以图形表现的卡通角色。[②] 在加拿大，以可视形式描绘的角色，可以作为艺术作品给予保护。文学作品中的虚构角色，如同文学作品本身享有著作权。[③] 在美国，虚拟角色通过法院判例而得到著作权保护，但文学角色与卡通角色的保护标准有较大差异。文学角色存在于语言描述之中，因此其虚构角色的“可版权性”很难认定。为此，法官分别在“Nichols”案和“Sam Spade”案中创制了所谓的“独特描述”（distinctively delineated）标准与“正被讲述的故事”（story being told）标准。[④] 前者标准较宽，凡模仿他人独特描述的角色即构成侵权；后者标准较严，只有角色构成作品全部内容的情况下才受到保护。无论标准如何，美国著作权保护已不限于作品文本，还有条件地扩及角色。卡通角色则有所不同，因具有特定化、固定化的外观形象，其本身就是一种“可版权性”的独特表述。因此法官认为，单纯的卡通角色

---

① 参见吴汉东等：《西方诸国著作权制度研究》，54页，北京，中国政法大学出版社，1998。

② 参见［日］《判例时报》第815号、第828号。转引自米槟：《关于角色的商品化权问题》，载《中外法学》，1998（1）；杜颖：《论商品化权》，载梁慧星主编：《民商法论丛》，第13卷，北京，法律出版社，2000。

③ 参见吴汉东等：《西方诸国著作权制度研究》，298～299页，北京，中国政法大学出版社，1998。

④ 参见林雅娜等：《美国保护虚拟角色的法律模式及其借鉴》，载《广西政法管理干部学院学报》，2003（5）。

相似即可能构成侵权。综上所述，西方诸国对虚构角色的著作权保护具有以下特点：第一，虚构角色构成著作权客体的独特领域，但不是一类独立作品。各国多将可视角色视为美术作品，而将文学角色作为作品的组成部分，这是角色得到著作权保护的依据。第二，可版权性是虚构角色受著作权保护的重要条件。角色只有在形成特定表述时，才能脱离“思想内容”的范围，成为著作权保护的对象。在这一点上，可视角色较之文学角色更容易得到保护。第三，虚构角色拥有的诸如名称、声音、口头禅、经典动作等形象因素，往往是商品化的对象，即引起消费者联想的角色特征。但是这些特征的使用，并不是作品版权性因素的使用。从上述分析，我们不难看出，虚构角色的著作权保护也是有缺陷的：首先，角色的著作权保护是不完全保护。诸如角色的各种形象确定因素，有的并非特定表达（如角色的姓名），有的也不具备独创性条件（如角色的口音），对此著作权法是无能为力的。其次，角色的著作权保护是不确定保护。角色能否作为著作权客体难以认定。英国法认为，与作品标题一样，文学、戏剧作品的角色不享有著作权。[①] 美国判例虽确定角色应当受到著作权保护，但何种角色应受保护在认定上颇有困难。总之，现代著作权制度奉行的是“思想表达二分法”和“独创性”的保护原则。[②] 在这种法理机制下，对虚构角色提供与其作品本身相同的法律保护是困难的。角色的著作权保护之弊端，正是我们创设形象权制度的理由所在。

3. 商标权与形象权的制度比较分析

虚构角色包含有“可版权性”的创造性表述，这是角色之著作权保护的法理基础。与上述情况不同，知名形象包括真实人物形象与虚构角色形象，则因具有识别标志的“可区别性”，还可以受到商标法的保护。商标权保护的基础在于对象的识别功能，质言之，形象特征中可受保护的因素即是其可识别的因素。诸如真实人物的姓名、肖像，虚构角色的名称、造型等，只要具备显著特征，并且不违反商标法禁用条款，即可以申请注册并取得商标权。在商标法上，形象因素受到保护，即成为商标权客体，依据的是“第二含义”理论。“第二含义”是商标

---

① 参见吴汉东等：《西方诸国著作权制度研究》，256 页，北京，中国政法大学出版社，1998。

② 参见李明德：《美国形象权法研究》，载《环球法律评论》，2003 年冬季号。

法上的概念，在美国主要是指某些描述性或通用性字词通过长时间的使用，在消费者头脑中已经不再是它们的字面含义，而是代表有关商品或服务的提供者，能够揭示商品或服务的来源。[①] 我国学者一般认为，通用名称、描述性标志和其他缺乏显著性特征的标志，如果通过使用取得“第二含义”，即产生了识别功能，可以获准注册。[②] 形象因素在本来意义上，或为真实人物的人格特征，或为虚构角色的艺术特征，不具有区分商品来源的识别功能。但是，由于形象商品化的结果，这些形象因素逐渐脱离原来的人格范畴或创作领域，而与某一特定的商品来源形成单一对应关系，以至于指示或表示这一商品的来源（即区别标志）成为该形象因素的另一含义。与上述理论相联系，在商标法领域构成对形象因素的侵权使用，其依据则是“混淆理论”。按照国际条约及各国商标立法通例，对一般商标侵权的判定采用的是“混淆理论”。法国、德国、意大利等国法律规定，未经商标权人同意并可能在相关公众中造成混淆，他人不得在商业活动中于同种或类似商品或服务上使用与该商标相同或近似的商标。由此可见，混淆的实质是消费者的误认，即消费者在选购过程中将附有某商标的商品误认为是自己未来要选购的商品。[③] 认定形象因素的侵权使用，其依据是这种使用造成公众对商品来源的混淆。具体说来，包括：消费者误认为形象利用者的商品是由形象权利人提供的，或得到权利人的许可或其他支持；形象利用者的商业经营与形象权利人有其他商业上的联系。总之，商标法的功能在于：将各种形象因素进行商标注册，有助于保护形象权利人的权利，有利于防止形象商品化过程中的消费者误认和商品来源混淆。但是，商标权对形象的保护是有局限的：第一，主体资格的限制。各国商标法对商标注册申请的主体都有一些资格限定，例如，有的国家要求商标申请人申请注册商标只能用于其所经营的商品。然而，真实人物形象的商品化经纪人或虚构角色形象的创造人，一般不会亲自从事商品生产经营活动，即不会参加

---

① 参见李明德：《美国知识产权法》，339页，北京，法律出版社，2003。

② 参见张今：《商标权法律制度》，载吴汉东主编：《知识产权法》，北京，中国政法大学出版社，2002。

③ 参见张玉敏主编：《知识产权与实务》，111页，北京，法律出版社，2003。

形象的“第二次开发利用”的过程。第二，客体范围的限制。各国商标法对商标注册都有一些限制性条款，且规定各有不同。这样，一些形象因素如声音、字数过长的短语等，虽具有商品化的价值，但不能用以注册商标。第三，使用对象的限制。各国商标法大抵规定，注册商标的使用对象限于业经核定的商品，而不及于类似商品。如要扩大使用，则必须依商品类别另行提出申请。在没有建立防御商标制度的国家里，要将形象特征作为标记使用于所有的商业领域是不可能的。产生上述局限的根本原因在于，商标只是区别商品来源的标志，而形象商品化的形式则不限于识别功能，它包括广告宣传、商品包装装潢、形象改编、制作出售立体形象、注册企业名称、注册商标等。因此，以保护商品标志为宗旨的商标法显然无力独担对形象商品化保护的需要。

4. 反不正当竞争与形象权的制度比较分析

反不正当竞争的一个功用，就在于为各项知识产权之间的空白地带提供“兜底”保护。这就使得一些“非此非彼”的法益，在无相应权利形态的情况下，也能通过反不正当竞争法得到间接保护。显然，形象的商品化也可以成为该法的调整对象。正如有的学者所指出的那样，反不正当竞争法的调整方式，并不是设定权利来保障权利的积极实现，而是设定“禁用”来排除对利益的妨害。[①] 对形象商品化采取“禁用”保护的途径主要是“假冒”之诉。在英国，“假冒”诉讼可以为转让人、制造商提供对抗非法使用他人姓名和肖像的武器。提起这一诉讼须具备三个条件：一是非法商品构成虚假使用并导致消费者误认和商品混淆；二是转让人已在该贸易、商品或标志上享有名声、信誉；三是转让人受到损害。[②] 尽管“假冒”诉讼承担的是形象商品化的“兜底”保护，但这种保护也有明显的缺陷：第一，反不正当竞争以当事人存在竞争关系为前提。竞争关系是指具有商品替代关系的经营者之间对市场进行争夺的状况。质言之，当事人应是从事同一行业的经营者。按照“同业竞争”的理论，倘若形象利益的拥有者不从事侵权人所从事的行业，就无法提起假冒诉讼。第二，反不正当竞争以侵权人存在虚假陈述

① 参见熊伟：《形象权法律制度研究》，武汉大学1992年博士学位论文。

② 参见张今：《英国：姓名、形象的商品化和商品化权》，载《中华商标》，2000 (8)。

为条件。非法使用他人形象因素的行为人，构成虚假使用即混淆了商品来源才能被认定为“不正当竞争”。但是，基于“自由竞争”的理论，只要商品生产者采用一种不会混淆公众的方式，例如通过“澄清条款”[①]，声明自己与形象的权利人没有任何关系，或在商品上同时加注自己的商标，从而使消费者免于误认，就可能不以“虚假陈述”论。总之，反不正当竞争法虽然可以提供较为灵活的保护，不拘泥于著作权法的“可版权性”与商标法的“可区别性”的严格要求，从而弥补了后者的某些缺陷。但应该看到，反不正当竞争法的目标，在于规制经营秩序，维护合法经营者与消费者的利益，这与保护形象利益拥有者的法律需求尚有距离。

综上所述，人格权法、著作权法、商标法以及反不正当竞争法，依照各自的法律机制，对形象利益给予了不同程度的保护。但是，上述法律制度提供的保护是不充分、不周延的，质言之，这些法律模式不是保护形象商品化的最好选择。

三、无形财产权：形象权的对象与属性认知

形象商品化的问题，自 20 世纪 90 年代以来，我国法学界开始给予关注。多数学者主张应创设一种新的保护形象利益的权利模式。但是，这种权利如何命名，其属性如何以及内涵与外延如何确定，学者仍有着不同的理解。

1. 形象权保护对象之学说

在各种著述中，权利的称谓与保护的对象大抵是相对应的，但对象的指向范围却有所不同。归纳起来，有以下几种观点：

（1）狭义说。将保护对象局限于真实人物形象或虚构角色形象，并给予不同的权利称谓。关于形象商品化权利，有的学者认为，“形象”的基本含义是某人在公众中的形象，该类权利即是控制该形象之商品化使用的权利。[②] 根据“right

---

① “澄清条款”理论，可参见林雅娜等：《美国保护虚拟角色的法律模式及其借鉴》，载《广西政法管理干部学院学报》，2003（5）。

② 参见李明德：《美国形象权法研究》，载《环球法律评论》，2003 年冬季号。

of publicity”的蕴意或字义，一些著述将其冠名为“形象权”、“公开化权”、“公开形象权”等。与上述观点不同，有的学者认为，形象商品化权实际上是虚构角色的商品化权，它是指“著作人使用其作品之角色印刷于销售的商品之上的专有权利”，或者“带有商业目的将虚构角色及其一部或全部的确认因素进行使用以促进商品或服务销售的权利”①。有鉴于此，相关表述将“rights in characters”译称为“角色商品化权”、“虚构角色商品化权”等。

（2）广义说。将保护对象扩展到一切可以商品化的对象，包括真实人物、虚构角色以及其他可商品化的标记、符号、作品片断等。该类权利被称为“商品化权”②，即将能够产生大众需求的角色或角色特征在商品上使用或许可他人使用的权利，主要包括真实人物形象的商品化权、虚构角色形象的商品化权以及其他商品化题材的权利。

（3）中义说。将保护对象界定为具有实质性的人格特征因素的形象和虚构性的艺术特征因素的形象，其共同特点是它们都是与生命特征相联系的形象，可以分为真实人物形象与虚拟角色形象。学者将该类权利称为“形象权”、“商业形象权”③。这种表述借用了美国法上“right of publicity”的说法，但将其外延作了适当的扩张，使其保护对象概括为一切可以商品化的、与生命特征相联系的形象。

笔者认为，广义说将“publicity”译为“商品化”，在语意上并不精准。其所称的“商品化权”泛指一切可以商品化的对象，其保护范围失之过宽。诸如标记、标题、作品片断等，并非规范意义上的形象，可以直接交由知识产权法调整；狭义说采“角色”（characters）以取代“形象”（publicity），或是将“形象”

---

① 梅慎实：《试论影视作品中“虚构角色”商品化之知识产权保护》，载《版权参考资料》，1989（6）；郭玉军等：《论角色商品化权之法律性质》，载《知识产权》，2000（6）。

② 杜颖：《论商品化权》，载梁慧星主编：《民商法论丛》，第13卷，北京，法律出版社，2000；刘春霖：《商品化权论》，载《西北大学学报》（哲社版），1994（4）。

③ 郑成思：《版权法》，300～305页，北京，中国人民大学出版社，1993；熊伟：《形象权法律制度研究》，武汉大学1992年博士学位论文；［日］萩原有里：《日本法律对商业形象权的保护》，载《知识产权》，2003（5）。

理解拘泥于虚构角色，并将相关权利译为“角色商品化权”，其保护范围失之过窄。这种做法实际上效仿美国法，将真实人物的形象权与虚构角色的形象权，归类于不同的法律制度。与广义说和狭义说相比较而言，将保护对象界定为真实人物形象与虚构角色形象，并将此类权利概称为“形象权”是合适的。所谓形象权是指主体对其知名形象进行商品化利用并享有利益的权利。这是一种新型的私权。

2. 形象权基本属性之理论

关于形象权的基本属性，学者也有不同看法，大体说来有以下几种理论：

(1) 新型人格权说。形象权的保护起源于隐私权，因此这一制度与人格权法有不解之缘。在美国，1903 年纽约颁布法律，禁止实施为广告或商业的目的，未经许可而使用他人姓名和肖像的行为，该部法律直到今天仍是纽约州保护隐私权和形象权的主要依据。受其影响，有的学者将形象权归类于人格权法的范畴。日本学者将商业形象权的对象分为著名人物的形象和虚拟人物、动物的形象，并认为它们与人格权有关系。“人格权不仅保护精神利益，也保护经济利益，商业形象权是人格权的一部分。”① 笔者认为，权利标的所指向的利益是划分财产权与人格权的基本标准。在民事客体范畴中，诸如姓名、肖像、名誉、荣誉等人格利益，在传统上属于人格权的保护范围，一般认为不具有直接的财产内容。② 虽然上述人格利益与财产具有一定的联系，如主体行使相关权利可获得一定的利益，或主体因上述权利受到侵害而获得一定的财产补偿，但这些并不是人格权的当然内容。因此，将形象权归类于与财产权相对的人格权，其结论很难令人信服。首先，诸如姓名、肖像、形体、名誉等人格因素，在商品化过程中已由传统人格利益演变成商业人格利益，即非物质化的新型财产利益。这些显然不能再由人格权法调整。其次，虚构角色的形象，含有名称、图像、声音、姿态等角色因素，是作者创造性的智力成果，本为知识财产，但在“第二次开发利用”中形成了商业化财产。这些当然不属于人格权法的范畴。

① ［日］萩原有里：《日本法律对商业形象权的保护》，载《知识产权》，2003 (5)。

② 参见王利明等编著：《人格权法》，北京，法律出版社，1997。

（2）新型知识产权说。形象因素大多与创造性活动有关，特别是虚构角色，其本身就是作者创造性智力成果即作品的重要组成部分。有基于此，许多学者将形象权纳入知识产权领域，但说法略有区别：有的学者将形象权称为与著作权、商标权、商号权等相互交叉的新型知识产权①，有的学者则认为形象权是与著作权、商标权、商号权等相区别的独立知识产权②，上述理论作出此种结论，其主要理由一是，形象可以满足知识产品的构成要件，二是，形象权已经具备知识产权的基本特征。对此，笔者有不同看法：其一，关于知识产品的特征，笔者在多种著述中曾作过说明，将其概括为创造性、非物质性与公开性。③ 形象因素具备知识产品的一些特征，但并不是全部特征。例如，真实人物的形象因素，包括姓名、肖像、形态等，可以说是非物质性客体，也为社会公众所知悉，但它并不具备智力成果的创造性。从形象权制度的设定目的来看，在于规制形象的商业化利用。因此，这一权利的保护对象，并不是有创造性的形象，而是有知名度、影响力的形象。换言之，无形的形象利益在商品化的条件下并非因其创造性特征而存在，而是由于它“对消费者的吸引力”即资信价值而存在。所以说，形象不是知识产品。其二，关于知识产权的特征，许多教科书都有阐述，其特征虽表述不一，但基本上可归纳为专有性、地域性、时间性。形象权是一种专有权，自不待言；赋予其一定期限的保护，也势在必然。但就地域性而言，却有斟酌之处。所谓知识产权的地域性，是指其严格的领土性，效力只及于本国境内。这即是说，按照一国法律授予的知识产权，只能在该国受到保护。除签有国际公约或双边互惠协定的以外，知识产权没有域外效力。对形象权而言，其地域性特征很难成立。以真实人物为例，其姓名、肖像等形象因素与生俱来，其权利形态无须特别授予。此类人格性形象因素在商品化利用过程中，并不会因地域限制而失去保护。在此还需要说明的是，权利类型的划分，是基于标的或利益指向的差异。例如在财产权内部，财产权的对象是某一“物件”，这种权利即为物权；其对象是特定人的给付，这种权利即是债权。相反，不同类

①② 相关论述可参见朱川：《商品化权研究》；刘春霖：《商品化权论》；孙美兰等：《“奥特曼”纠纷案引发的思考》；郭玉军等：《论角色商品化权之法律性质》；熊伟：《形象权法律制度研究》。

③ 参见吴汉东主编：《知识产权法》，15～17页，北京，中国政法大学出版社，2003。

型的权利，还可能有相同的特征，例如绝对性之对于所有权与知识产权。因此，上述观点将形象权归类为知识产权，其理由很难成立。

3. 形象权保护立法概说

在立法文件与法学著述的语境中，非物质性财产权被称为无形财产权。一些西方国家曾以无形财产权来概括有关知识财产的专有权利。直至20世纪60年代，知识产权成为国际上通行的法律术语，仍有学者继续采用无形财产权的说法。这一法律术语颇具包容性，有其可取之处。笔者将形象权归类于无形财产权，主要基于以下考虑：第一，非物质性财产主要是知识财产，但不限于知识财产。美国学者施瓦茨曾列举了“具有重大价值的新型财产”，“这些财产包括商业信誉、商标、商业秘密、著作权、经营利益、特许权以及公平的便利权”[①]。另一学者弗里德曼也作出自己的判断，“本世纪已经出现了‘新财产’（new property）的概念，因此应当将就业机会、养老金、政府特许作为新财产看待”[②]。与此同时，美国法律还将下列权利视为非物质化财产：使用邮政的权利，雇主自由地增减劳工的权利，雇佣者自由就业的权利，股东选举公司董事的权利，免税的权利，禁止他人出卖自己采制的新闻的权利，成为证券交易所会员的权利等。[③] 应该指出，将一切利益机会、资格等财产化、商品化，将政治权利、人身权利等同于私人财产权利，似有不妥。但是必须承认，继知识财产出现以后，新的非物质性财产不断产生，从而在私权领域出现了一种新的无形财产权体系。第二，知识产权从英文“intellectual property right”的基本意蕴翻译的话，应称为“知识（财产）所有权”。它是对一切来自知识领域各种权利的概括。狭义的知识产权，即传统意义上的知识产权，包括著作权、专利权、商标权三个主要组成部分。广义的知识产权包括著作权、商标权、商号权、商业秘密权、产地标记权、专利权、集成电路布图设计权、植物新品种权。

① ［美］肯尼斯·万德威尔德：《19世纪的新财产：现代财产权概念的发展》，载《社会经济体制比较》，1995（1）。

② 转引自马骏驹等：《无形财产的理论与立法问题》，见中国民商法网（www.civillaw.com.cn）——法学前沿。

③ 参见［美］肯尼斯·万德威尔德：《19世纪的新财产：现代财产权概念的发展》，载《社会经济体制比较》，1995（1）。

可以说，知识产权制度的范围已为各国相关立法与主要国际公约所确定，因此，将知识产权等同于非物质性财产权即无形财产权，是不合时宜的。这是因为，在现代商品经济条件下，新的抽象化、非物质化的财产不断涌现，它们与创造性活动和知识领域的关联性不大，因而有将这些权利另行归类的必要。此外，现代知识产权体系已经成熟，在知识产权制度一体化、国际化的今天，一个国家或地区创设某种知识产权，不仅会增加规范意义上的知识产权的承载力，而且很难为国际社会所承认。第三，资信类财产是指诸如商誉、信用、形象等财产化的商业人格利益。由于其价值尚未完全为人们所认识，以至于有学者称此类财产是“正在开发中的无形财产”[①]。资信类财产的构成，有两个要素：其内在因素涉及主体自身的能力、形象、声誉等；其外在因素或来自社会组织授予的资格，或来自社会公众的评价或信赖。在经营活动中自身的人格因素加上外在的影响力，即形成以商业信誉为基本内容的资信类财产。笔者认为，形象权与商誉权、信用权、特许经营权，都是一种具有非物质属性但又不能归类于知识产权范畴的无形财产权。可以预见，随着社会经济生活的变化，还会出现一些新的无形财产权。因此，对形象权作出这种性质认定，是具有财产非物质化革命的创新意义的。

关于形象权制度的立法模式，从国际范围来看，各国尚在探索之中，较为成熟且具国际影响的当为美国立法例。美国模式采取真实人物形象与虚构角色形象分别保护的做法。前者称为“right of publicity”，即狭义的形象权。目前美国有24个州在法律中明确承认形象权。它们或是单独制定法律保护形象权，或是将形象权保护纳入隐私权制度之中。[②] 后者称为“rights in characters”，即所谓角色权。美国法对此实行著作权法、商标法、反不正当竞争法的交叉保护。[③] 英国法没有形象权的专门制度，仅是通过著作权法、商标法、外观设计法以及反不正当竞争的“假冒诉讼”，对形象利益提供一些有限的保护。[④] 日本自20世纪70年

① 曾世雄：《民法总则之现在与未来》，137页，台北，三民书局，1993。

② 有关立法情况可参见李明德：《美国形象权法研究》，载《环球法律评论》，2003年冬季号。

③ 参见林雅娜等：《美国保护虚权角色的法律模式及其借鉴》，载《广西政法管理干部学院学报》，2003（5）。

④ 参见张今：《英国：姓名、形象的商品化和商品化权》，载《中华商标》，2000（8）。

代引进商业形象权的概念，该国法院也有处理形象权纠纷的若干判例，但尚未构建独立的形象权制度，其判案依据仍是传统的知识产权法。德国对角色的保护主要援用著作权法，如上述保护措施无效，也可寻求反不正当竞争法的保护。以上情况表明，西方国家关于形象商品化的法律规制尚未形成一个成熟的立法例。不过，许多国内外学者主张，应建立一种独立的形象权制度，以解决人格权、著作权 、商标权以及反不正当竞争法分别保护与交叉调整的不足。我国的相关立法似可考虑两步走：近期可借用已有的民事法律制度，对形象利益提供保护；如超出人格权法或知识产权法的现有规定，相关案例还可参照反不正当竞争法的一般条款进行处理。在条件成熟的时候，则应考虑以民事特别法的形式，制定专门的形象权制度。

四、形象权的制度构成

形象利益是一种非物质性的财产利益。形象的商品化过程，涉及形象利益的权利人与形象利用的经营者之间以及他们与社会公众之间的利益分配关系。形象权作为一种制度工具，其功能是赋予权利基本内容，设定利益分配方式，制裁不法侵害行为，对基于形象商品化所产生的各种社会关系发挥着调整和规范作用。

1. 形象权的内容

相对债权而言，无形财产权是一种专有性的民事权利；其又与所有权不同，无形财产权是一种“全新的特殊权利”①。形象权亦是如此。它作为一种垄断权或独占权，在权能上可以分为形象利用权和形象禁用权。形象利用权是积极权能，即权利人对各类形象进行商品化利用的权利。将标的使用于商品，在这一点上，形象权与商标权有相似之处。无论是形象还是商标，总是与特定的商品相联系。形象是商品的作用物，标记则是商品的附着物。所不同的是，商标专用权的范围，以核准的商标和核定的商品为限，其范围是主管机关从商标和商品两个方

---

① ［日］小岛庸和：《无形财产权》，5页，东京，创成社，1998。

面的结合来界定的。形象使用权的范围，则无须主管机关逐一审核，其使用的方式只要不违反法律明确禁止的方式即可。关于主体对形象的使用，既可以是自己将各种形象确认因素使用于商品之中，从而依靠该形象的公众吸引力而在商品经营中直接获取利益；也可以是转让或许可他人将上述形象确认因素用于相关商品之中，从而收取转让费或许可费。由于形象拥有者大都不会亲自经营商品，所以授权他人使用是形象商品化（或说是形象权实现）的主要途径。形象禁用权属于消极权能，即权利人排除他人擅自将自己的各类形象进行商业化利用的权利。如同其他无形财产一样，非物质性的形象无法为权利人实际占有和控制，换言之，权利人以外的其他人事实上可以获取其形象的外在特征，例如真实人物的照片、签名；虚构角色的图像、声音等。这即是说，未经许可而获取、利用他人的形象，不是事实不能，而是法律不能。质言之，保护形象权，需要由法律创设一种禁用权以排斥非权利人对形象的非法利用。在利用权与禁用权的效力范围方面，形象权与商标权也有不同。依据商标法的规定，注册商标的禁止权的范围，不仅涵盖专用权所指向的核定商品和核准商标，还延及“类似商品”和“近似商标”，这说明商标权的禁止权范围大于其专用权范围。形象权则不然，其禁止权与使用权的效力范围是一致的。换言之，只要不是法律明文禁止的使用方式，任何形象商品化的方式既是形象使用权的范围，亦是形象禁用权的范围。

2. 形象权的限制

形象权是一种绝对权，但并非无限制的垄断权利。形象权制度在其内部具有权利保护与限制的双重功能，它不仅维护着权利人在形象商品化过程中所享有的利益，而且规制着权利人从事形象商品化活动的自由。关于形象权限制的因素，主要有以下几点：一是公序良俗。公序良俗原则是现代民法一项重要的法律原则，是指一切民事活动不得有违于公共秩序和善良风俗，否则该行为将受到否定性的评价。[①] 一般认为，“公序”意指社会秩序，包括政治、经济、文化等公共秩序；“良俗”概为社会道德，涉及社会存在与发展所必要的一般道德、伦理和

① 参见赵万一：《民法的伦理分析》，145页，北京，法律出版社，2003。

风俗等。形象的商品化，并不意味着形象使用的“无序化”、“非正当化”、“低俗化”、“不良化”。违反公序良俗原则的行为，法官可依社会正义的一般观念，确认其为无效。二是表现自由。表现自由是各国普遍认可的宪法权利，即公民对国家和社会的各项问题有自由发表意见的权利。表现自由的方式，有语言形式和文字形式，包括报纸、杂志、绘画、服饰、照相、电影、音乐、唱片、收音机、电视机、电脑等一切表现手段。作为表现自由权所涉及的信息，即消息、图像、资料、观念、意见等，可能就是形象权中的形象确定因素，因此在一定情况下，两种权利会发生冲突。一般认为，相对于经济自由等权利，表现自由应当具有“优越地位”，即应看作是具有优先性的法价值。[①] 这就是说，形象权的独占性质不应成为思想表现和信息交流的障碍。三是权利穷竭。权利穷竭本是对著作权的限制。在著作权法中，权利穷竭原则又被称为“首次销售理论”，它意味着法律允许权利人对权利利用的控制，但这种控制并未延及权利载体。而在这里，所谓权利穷竭，是指含有知名形象的商品以合法方式销售后，无论该商品辗转何人之手，形象权人均无权再控制该商品的流转，即权利人行使一次即耗尽了有关形象权，不能再次行使。这一制度设计，既维护了形象权人对其形象商品化的获益权，又维护了该特定商品购买人的合法利益，避免了贸易中的无限制垄断，为商品的自由流通消除了障碍。

3. 形象权的期限

形象权在本质上是一种财产权，与知识产权一样应有保护期限的设定。尽管某些真实人物形象与虚构角色形象永久存在于社会公众的心目之中，但这种形象商品化的财产利益并非无限期受到保护。一般认为，形象权的保护期限及于权利人终身，自不待言；该权利在权利人死后仍将延续，亦不存争议。由于形象类型的不同，真实人物的形象权与虚构角色的形象权之延伸保护，在法理机制上有所不同。一般认为，虚构角色及其各种形象确认因素是作者的创造物，即是著作权作品的一部分。作品的著作权保护设定有保护期，因此虚构角色的形象权的保护

① 参见杜钢建：《论表现自由的保障原则》，载《中外法学》，1995（2）。

期限可参照作品著作权保护期限制定。[①] 至于真实人物形象，概与传统意义上的人格有关。有学者认为，民事主体在其诞生前和消灭后，存在着与人身权利相区别的先期法益和延续法益。[②] 对死者即可提供不同于人身权的法益延伸保护。“延伸保护说”意在说明人身法益与人身权利的相互衔接，以统一构成民事主体完整的人身利益。该理论对阐明真实人物形象权延伸保护的法理基础有可取之处。形象权主体的生前保护与死后保护之对象都涉及人格。与人身权不同，其延伸保护的形式仍然为权利而不是法益。这是由形象权的财产权性质所致。关于形象权的有效期间，可考虑为权利人有生之年加死后50年。这一做法借鉴了著作权保护期限的合理内核（对虚构角色形象保护），也考虑到国外相关立法例的合理规定（对真实人物形象保护）[③]，充分体现了对权利人死亡后延续财产利益的尊重。

4. 形象权的保护

形象权的法律保护，涉及侵权与救济问题。侵犯形象权的行为，是指未经授权，又无法律许可，擅自对他人形象进行商业化利用的行为。提起形象权侵权之诉，须具备以下几个条件：第一，权利的主体即诉讼的主体。权利主体须享有有效的形象权，有资格提起诉讼的包括形象权人、形象权受让人、形象权的独占被许可人。第二，侵权行为即是法律禁止的行为。形象权的保护对象是指真实人物或虚构角色的各种形象确定因素，如姓名、肖像、图像、声音、姿态等。凡未经授权而将上述形象确定因素进行商业化的利用，即构成侵权，但法律有限制规定的除外。第三，利益损害即财产利益损害的事实。侵犯形象权所造成的损害，应是权利人对其形象所享有的商业价值，即形象商品化财产利益。倘若将他人形象确定因素用于特定商品而损害其人格，如将他人肖像用于厕具，即构成亵渎性使用，应以侵犯一般人格权论处。关于形象权的救济，在这里应为民事救济措施。

---

① 参见朱川：《商品化权研究》，载《复旦民商法学评论》，2001（1），北京，法律出版社，2001。

② 参见杨立新：《人身权法》，280～281页，北京，中国检察出版社，1996。

③ 美国加州民法典第900条规定，形象权人死后，其形象权可以获得50年的保护。参见李明德：《美国形象权法研究》，载《环球法律评论》，2003年冬季号。

民法对形象权的保护，其功能有二：一是维护权利状态，二是填补财产损害。由于形象因素的非物质性特征，对该项权利的保护不适用请求恢复原状之诉和请求返还原物之诉，因而法律救济的主要手段是禁令和损害赔偿。所谓禁令即请求停止侵害，它是一种“物权之诉”。对于可能出现或已经发生之侵害，都可以适用禁止令。在真实人物形象的侵权案件中，如果损害数额不大或损害赔偿很难计算，下达禁令特别是永久性禁令，是一种有效保护的办法。所谓损害赔偿，则是一种“债权之诉”。当形象权受到损害时，权利人可以请求侵权人支付一定数额的金钱予以赔偿。这一救济措施的适用，涉及两个问题：一是损害赔偿归责原则。侵权损害赔偿责任的适用，应考虑被告的主观上有无过错。参照知识产权法的侵权损害赔偿的归责原则，以规定过错责任或过错推定责任为宜。[①] 二是损害赔偿计算标准。填补权利人损害，以恢复损害事故未曾发生之原状为标准。因此，在计算赔偿数额时，应考虑形象确定因素的市场价值，或是侵权人所得的非法利润。在市场价值与非法所得不易确定时，可由法官根据侵权行为的社会影响、侵权手段与情节、侵权范围与时间等，作出相应的裁量。

① 参见吴汉东：《试论知识产权的“物上请求权”与侵权赔偿请求权》，载《法商研究》，2001（5）。

第二十二章

商誉权

商誉是一种商业人格利益，它已从传统人格利益嬗变为资信类财产。关于商誉的权利形态与法律归属，是一个有待继续探讨的问题。现行反不正当竞争法将诋毁他人商誉的行为列为一种侵权行为，在这里商誉只是法益，而并非权利。在学者的各种著述中，有的将其置于名誉权、荣誉权的保护架构之下，有的认为它是一种新型的知识产权，还有的将其归类于商业人格权。笔者认为，商誉权是一种资信类权利，属于无形财产权的范畴。

一、商誉的基本范畴

1. 商誉的概念与属性

商誉（英文 Goodwill 或 Reputation of Business）即商业信誉与声誉，是商品经济发展到一定阶段的产物，是特定主体商业文化的一种特殊价值形态。

关于商誉的属性，学者们有不同的界定。法学界通说认为，商誉是商品生产经营者在其生产、流通和与此有直接联系的经济行为中逐渐形成的，反映社会对

其生产、产品、销售、服务等多方面的综合评价。[①] 由此可见，在法学著述中，商誉是一个内涵广泛、寓意中性的概念。经济学界则认为，商誉是指具有经济属性，能影响企业获得收益能力的一种特殊信誉，从而使得该企业的获利水平超过一般企业。[②] 从社会评价来说，它是企业在长期生产经营商品的过程中，以其优质的产品或服务而在消费者心目中所得到的广泛肯定。[③] 不难看出，在经济学理论中，商誉是一种具有正面价值或者积极价值的褒义性概念。

近代中国学者杨众先曾在美国发表其博士论文《商誉和其他无形财产》(Goodwill and other Intangible)，这部堪称国际上早期的无形资产专著认为，商誉从其英文 Goodwill 的原意而言，“实为良好或亲善意志之谓”[④]。就企业而言，Goodwill 乃是某一特定企业内人事上所发生的良好关系；从社会而言，它是公众对该企业的经济能力所产生的肯定性评价。国外法学著述及司法界对商誉的表述也多为褒义性的。《牛津法律大辞典》将商誉解释为：“某行业拥有的一种优良品质，源于该企业的名誉，与顾客以及使与顾客的联系得以保持的环境有关。它与它所隶属的企业不可分离，尤其取决于企业所有人或经理的人格或个人素质，也取决于它的地理位置，或取决于两者。”[⑤] 英国法院在相关判例中把商誉定义为“形成习惯的吸引人的力量”，或“企业的良好名声、信誉和往来关系带来的惠益和优势”[⑥]。十分明显，上述观点与我国法学界的通说是有所不同的。参照上述理论，笔者认为，法律上的商誉应指民事主体因其生产经营活动中具有的经济能力而在社会上所获得的积极评价。商誉的基本属性可以从以下两个方面来把握：第一，商誉源于民事主体自身的经济能力，这种经济能力包括企业的经济状况、

---

① 参见梁上上：《论商誉和商誉权》，载《法学研究》，1993 (5)；朱姝等：《论商誉权的法律保护》，载《现代法学》，1996 (1)；王娜加：《论侵害商誉权及其法律救济》，载《内蒙古师大学报》，1999 (6)。

② 参见金德浩主编：《资产评估学》，204 页，长春，吉林大学出版社，1992。

③ 参见高涤陈等：《商誉：商业文化功能的综合体现》，载《财贸经济》，1995 (1)。

④ 杨时展主编：《中华会计思想宝库》(第 1 辑)，北京，中国财政经济出版社，1992。

⑤ [英] 戴维·M·沃克主编：《牛津法律大辞典》，北京社会与科技发展研究所组织编译，381 页，北京，光明日报出版社，1989。

⑥ 1901 年英国国内税收专员诉穆勒案。转引自关令华：《精神损害的认定与赔偿》，173 页，北京，人民法院出版社，1996。

生产能力、产品质量、服务水平、履约态度、诚信作风等。概言之，经济能力是企业在生产经营活动方面的综合能力，是商誉的主观要件。第二，商誉表现为社会对民事主体的积极评价。商誉的客观表现是一种评价，这种评价是社会公众的评价，而不是特定主体的自我评价；这种评价应是褒义的肯定性评价，而不是贬义的否定性评价。社会评价是商誉的客观要件。可以说，商誉正是民事主体良好的经济能力与积极的社会评价的结合，前者是商誉产生基础和根据，后者是商誉存在的表现形式。

2. 商誉的经济品性

在当今法学界，学者一般认为商誉具有财产的内容，属于无形财产的范畴，似乎在理论上已无多歧见。[①] 如何认识商誉的无形财产价值？笔者认为，有必要从分析其经济品格入手：(1) 商誉是一种能为企业带来额外收益的财产。财产的本质在于能为特定主体带来一定的利益。商誉作为“影响企业获得一定利润水平能力的一种特殊的信誉，其价值通过企业收益和社会基准收益差额部分的本金化价格来实现”[②]。这说明，商誉本身具有相当的经济价值，即是能够带来剩余价值的价值，因此使得该企业的获利水平能够超过一般的企业。(2) 商誉是一种不依附物质实体而独立存在的财产。财产的存在并不以是否具有实体形态为条件。由于商誉本身是一种综合性的社会评价，反映的是特定主体的总体企业形象。此类评价是一种以客观事物为对象的主观评价，其内在表现形式主要指企业的经营方式、管理水平等，外在的表现形式包括企业的商业道德、商品质量、服务质量、资信状况等。这种信誉与声誉的力量与一定的企业文化相联系而存在，并作为特殊的价值形态列入企业会计报表中的无形资产类别。(3) 商誉是一种可以长期利用并且能够转让的财产。财产应具有可资利用的使用价值，并可通过转让等形式来实现其价值。商誉作为一种特殊的财产，既不会像流动资产那样在生产过程中一次使用掉，也不会像固定资产一样在生产过程中逐渐使用掉，而是一种既

① 20世纪90年代前后的一些民法著述曾将商誉与名誉混同，认为前者仅具有人格内容。有学者撰文对此提出批评。参见梁上上：《论商誉与商誉权》，载《法学研究》，1993 (5)。

② 金德浩主编：《资产评估学》，204页，长春，吉林大学出版社，1992。

可以在使用中不断增值，也可能在使用过程中被消耗掉的特殊财产。[①] 此外，商誉可以计价转让而具有交换价值，否则商誉的经济价值无由产生。[②] 但是，商誉与特定的企业相关联，因此不能单独存在，也不能与该企业的可辨认的各种资产分开转让。质言之，商誉的转让往往连同所依附的企业整体转让时才能够发生。

3. 商誉与经营标记、人格利益的界分

商誉作为民事主体的一项无形财产，与特定企业的经营性标记有着广泛的联系；同时，它又表现为对特殊民事主体经济能力的一种社会评价，与作为一般社会评价的人格利益有着明显的区别。下面逐一加以分析。

（1）商誉与商号、商标

商号是生产经营者的营业标志。声誉良好的企业，其名称或徽记对消费者和用户有着巨大的吸引力，因此，商号也是企业重要的无形财产。一般而言，企业商誉形成的物质表现形态就是企业的商号，换言之，诸如厂商名称、企业徽记都是商誉的载体，在特定主体扩展经营规模、扩大市场影响、提高经济收益方面有着重要作用。社会公众对某一企业认同的信誉，往往同该企业的营业标志联系在一起，所谓“老字号”、“名商号”，即表明商誉附着于商号、表彰着商品，因此，商号是商誉特定化的主体与有形化的载体。

商标是区别企业产品来源的标记。在市场经济活动中，商标的功能表现为：商品来源的标示作用、商品质量的监督作用、商品选购的指导作用、商品销售的广告作用。除此之外，商标的重要作用还在于它是商誉的重要载体之一，即成为商誉这种无形财产的一种硬件。[③] 同时，商标信誉亦是商誉内容的组成部分，商标价值的增加与消耗影响着商誉的评价；对商标的侵害，有可能对商誉带来不利后果。关于商誉与商号、商标的关系，杨众先博士言道，商号、商标在某一特定企业中，实为其商誉的必要媒介。由于消费者对生产经营者所生之好感，有赖于商号、商标来传递，故它们之间有不可分离之关系。对此，国外立法例多加以认

---

①③ 参见高涤陈等：《商誉：商业文化功能的综合体现》，载《财贸经济》，1995（1）。

② 杨众先在其著述《商誉和其他无形资产》中对商誉的这一经济特性作了精辟分析，受到后人的高度赞誉。参见王志平：《无形资产的概念与定义初探》，载《生产力研究》，1997（5）。

同。例如，美国于1905年曾颁布条例，规定一切注册商标，须与企业商誉同时转让。就其立法理由而言，大抵有二：一是商号、商标信誉乃是商誉之一部分，而商誉又不能脱离企业而独立存在，因此不允许上述利益分割转让；二是考虑公共利益之需要，如允许上述利益自由转让，则消费者会发生误认而遭受损害。①

（2）商誉与名誉、荣誉

名誉是“关于一个人品格或其他特点的共同的或一般的评价”②，或者说是民事主体就其自身属性和人格价值所获得的社会评价。对于法人而言，其人格价值包括但不限于其经济能力等素质。具体来说，法人的人格价值主要体现为法人的资格能力、生产能力、经营状况等经济能力，但也包含其政治态度以及与社会、自然、公众的关系等；名誉事关这种人格价值的评价，它是一种客观的、当然的社会评价，其内容可能但不完全是积极的社会评价。我国学者将这种社会评价称为“对其社会价值的一般认识”、“对其全部活动的总的评价”、“对其各方面的综合评价”等。③ 由此可见，商誉与名誉都是一种社会评价，但名誉是主体更为宽泛、内容更为丰富的范畴。质言之，商誉是关于商事主体的社会评价，是对其经济能力的综合评价，且是基于其良好经济能力的积极评价。广义上的名誉包含着商誉。

荣誉是民事主体因其良好表现从特定社会组织所获得的积极评价。荣誉不是一般的社会评价，这表现两点：它是社会组织包括政府机关、社会团体、相关单位等所给予的，而不是来源于公众与社会舆论；它是正式的积极评价，而不是随意性的自由评价，其内容不包括消极评价或无褒贬色彩的中性评价。商誉与荣誉同为积极评价，但主要区别在于：商誉的主体有所限制，不涉及公民及一般法人；商誉的来源主要在于公众评价，并非一定由社会组织依规定程序所赋予。尽管如此，商誉与荣誉存在着关联性：对于企业来说，其所获得正式的积极褒奖，

① 参见杨时展主编：《中华会计思想宝库》（第1辑），北京，中国财政经济出版社，1992。

② *Black's Law Dictionary*，pp. 1171－1172，West Publishing Co.，1979.

③ 参见陈汉章：《人身权》，19、23页，北京，法律出版社，1987；唐德华：《谈谈审理损害赔偿案件中的几个问题》，载《人民司法》，1989（2）。

当然有助于商誉影响的扩大与价值的提升。这即是说，荣誉可以作为企业所获得一种特殊评价，并构成商誉的一部分。关于商誉与名誉、荣誉的关系，法学界鲜有论及。一般认为，名誉、荣誉皆为人身利益，即不具有直接财产内容的精神利益。[①] 虽然名誉、荣誉与财产具有一定的联系，如民事主体行使相关权利可获得一定的经济利益，或民事主体因其上述权利受到侵害而可能获得相应的物质补偿，但这里的财产利益不是名誉、荣誉的内容本身。有无财产性是商誉与一般名誉、荣誉的根本区别。在立法者看来，诸如名誉、荣誉概为非卖品，受一般人身权法保护，而商誉的基本内容具有财产属性。[②] 因此，有必要将关于民事主体经济能力的社会评价从一般的社会评价中分离出来，将具有一定价值形态的无形财产利益从一般的人身利益中分离出来，并将其确认为一种新型财产权利的客体。

二、商誉权的性质、特征与内容

1. 关于商誉权属性的探讨

商誉权是民事主体对其在工商业活动中所创造的商誉享有利益而不受他人非法侵害的权利。商誉权作为一种民事权利，已为法学界所认同，但对该项权利究竟应归类于何种权利范畴尚存有争议。概括说来，关于商誉权之法律属性，有人格权说和复合权说两种学说。

（1）人格权说。该种理论的要点在于将商誉权归类于人格权，以区别于具有经济内容的财产权，主张这一理论的学者又有两种不同观点：一是“单一人格权说”，认为商誉属于法人名誉内容的一部分，法人的名誉与法人的商誉在本质上没有什么差异，商誉权即属于法人名誉权的重要组成部分。法人名誉权就其实质而言，是一种间接的财产性质的权利或者间接具有财产内容的权利。如果说商誉权与名誉权有何区别的话，仅是因加害人及侵害方式的不同而由不同的法律加以调整。“当一个企业的名誉被一般人（即非竞争对手）侵害时，其所侵害的是名

① 参见王利明等编著：《人格权法》，北京，法律出版社，1997。

② 参见杨立新：《人身权法论》，北京，中国检察出版社，1996。

誉权；当一个企业的名誉被其竞争对手以反不正当竞争法等规范的手段侵害时，其所侵害的是商誉权。”[①] 二是“特别人格权说”，认为商誉权虽然存在无形财产权性质，但财产性只是其非本质属性，只有人格权才是它的本质属性。商誉权的客体包括精神利益与财产利益，但后者不是直接的财产利益，而是含于商誉利益之中。因此，商誉权是一种有别于相关权利的特别人格权。[②]

（2）复合权说。该种理论一般承认商誉权具有财产权与人格权的双重内容，但学者们对商誉权的归类仍有不同意见。有的主张“知识产权兼人格权说”，认为商誉权兼具人身性（即人格权）和财产性（即知识产权），侵害商誉权的行为不仅侵犯了权利主体的知识产权，同时也侵犯了其人格权。这种侵权行为是一种竞合侵权，其侵犯的客体有两个：一是商品，表现为侵犯商品声誉；二是商誉主体，表现为侵犯商业信誉。当侵犯的客体主要是商业信誉，而竞合侵犯商品声誉时，则商誉权表现为一种人格权。在这种情况下，商誉侵权被视为名誉侵权。反之，商誉权表现为知识产权。[③] 有的主张“知识产权说”，认为商誉权应归类于知识产权，它具有人身性和财产性双重属性，与专利权、商标权、版权相似。其理由在于商誉是人的脑力、智力的创造物，与各种各样的信息有关，而且这些信息与各种有形物质相结合，因此符合知识产权的固有特征。[④] 与上述观点（“知识产权兼人格权说”）有所不同的是：前者将知识产权视为单一的财产权，而后者将知识产权看作是“一体两权”。总之，“复合权说”的两种观点，都认为商誉权是一种兼具人身性与财产性的复合性权利。

笔者认为，商誉是一种非物质形态的特殊财产，由此所生之权利当为财产权。

“人格权说”的理论缺陷在于忽视以致否认该种权利的财产性。“单一人格权说”否认法人名誉权与商誉权的本质差异，其理由很难成立。如前所述，商誉作

---

① 张新宝：《名誉权的法律保护》，35页，北京，中国政法大学出版社，1997。

② 参见王娜加：《论侵害商誉权及其法律救济》，载《内蒙古师大学报》，1999（1）。

③ 参见关令华：《精神损害的认定与赔偿》，172、177页，北京，人民法院出版社，1996。

④ 参见梁上上：《论商誉与商誉权》，载《法学研究》，1993（5）。

为商法人经济能力的社会评价，已演化为具有价值形态的财产利益，因而应从表现为一般人身利益的名誉中分离出来，并受到法律的特别保护。这种新型的民事权利显然有别于人身权范畴中的名誉权。

“特别人格权说”，将商誉权归类于人格权，虽然承认但却淡化了商誉权的财产内容。商誉权虽然具有人格权的某些属性，但人格利益并非该项权利的本质属性。就商誉权的客体而言，商誉利益包含有精神利益和财产利益，但财产利益是商誉利益的主要成分。商誉权是财产权，已为经济界、法律界的相关文件所肯定。在国际会计界，无形资产作为虚拟的、无实体形态的资产，其范围即包括传统的知识产权和与知识产权相关的其他无形财产权，如特许经营权、商誉权。[①]在国际多边投资协议中，商誉与版权、专利、商标都是可以用于投资的资产形式[②]，这说明，商誉权的财产性是不容置疑的。“复合权说”承认商誉权具有财产权与人格权的双重内容，其主张无疑是正确的。但相关学说的表述有难以令人满意之处。

“人格权兼知识产权说”的缺陷在于：一是关于人格权与知识产权的基本分类缺乏理论与法律根据。在民事权利体系中，财产权与非财产权（或人身权）是最基本的分类，而知识产权是一种混合型权利。[③]知识产权范畴中的著作权、商号权即是“一体两权”。从知识产权公约到相关国内立法所规定的权利内容来看，其权项具有人格（如著作权中的署名权、修改权，商号权中的名称设定权、变更权）和财产（如著作权中的复制权、播放权，商号权中的名称使用权、转让权）的双重属性，商誉权即属此类。二是关于侵犯商誉权是竞合侵权的观点，在理论与实践中难以成立。作为权利客体的商誉利益，其内涵十分宽泛，包括但不限于商业信誉和商品声誉，它们都来源于有关特定主体的积极性、综合性的社会评价，因此，不能将其简单分割而规定以不同的属性。同时应该看到，在商誉利益的构成中，商业信誉不等于是精神利益，财产利益也

① 参见蔡吉祥：《无形资产学》，深圳，海天出版社，1996。

② 参见郑新建：《试论商誉权的法律属性》，载《河北法学》，2000（1）。

③ 参见谢怀栻：《论民事权利体系》，载《法学研究》，1996（2）。

不仅是商品声誉，这样，在所谓商誉权的“竞合侵权”中就难以判断什么是侵犯人格权，什么是侵犯知识产权。即使在理论上勉强作出这种区分，将会因侵权类型的差异而适用不同法律，从而使得部分侵犯商誉权的案件只能适用人身权法的有关规定。这对于制裁侵权行为，保护“名优”企业的合法权益是极为不利的。

“知识产权说”关于商誉权的法律属性分析与范畴归类是正确的。对这一学说需要补充说明的是，从权利本体的内容来看，商誉权具有人身性和财产性双重属性。人身性表明商誉与特定主体相联系而存在，是企业特殊人格形象的表现；财产性说明商誉区别于一般的名誉与荣誉，具有相当的财产意义。而知识产权范畴的多数类型如专利权、商标权等，仅具有单一的财产权属性。因此，“一体两权”并不是各种知识产权的共同特征。从权利客体的产生来看，商誉的形成在于企业在生产经营、服务态度、技术创新、员工素质、商业文化、管理经验等方面所形成的良好能力，并由此获得社会公众的普遍认可和积极评价。这种经营管理中的资信，有些属于人的智力劳动的创造物，但多数却来自企业的生产经营活动的能力。杨众先博士曾把商誉分为专利、商业秘密中的商誉以及生产、销售中的商誉。① 可见，智力成果不是知识产权的唯一保护对象。换言之，将商誉权归类于知识产权，关键在于其无形财产权的属性，或者说其客体（即商誉）的非物质性。在这个意义上，我们才能说商誉权符合知识产权的固有特征。②

2. 商誉权独有的法律特征

商誉权虽然属于知识产权的范畴，具有客体非物质性的本质特征，但与著作权、专利权、商标权等传统知识产权相比较而言，该项权利还具有自身的显著特点：

（1）非确定的地域性。商誉权虽为知识产权之一种，但其取得无须通过申请登记、授予等法定程序，其效力并不具有严格的地域性。商誉权虽不具有一国地域性的特征，但其效力范围可从两个方面来确定：一是企业在有效登记地域范围

① 参见杨时展主编：《中华会计思想宝库》（第1辑），北京，中国财政经济出版社，1992。

② 关于知识产权客体的非物质性的本质特征，参见本书第三章的相关内容。

内享有独占利益，即商誉权在特定企业所属的行政区域或行业内受到保护；二是在商誉权发生影响并受到侵犯的地域范围内具有排他效力，即商誉主体在任何地方合法进行生产经营活动并建立起商誉，遇有该商誉受到诋毁时都可以行使禁止权。

（2）非法定的时间性。商誉权具有一般人格权的某种属性，即与特定主体相联系而存在，因此，该项权利无法律限定的保护期间，即不具有一般知识产权的时间性特征。一般来说，商誉权与特定企业共存亡，只要企业存在，其商誉权就会继续存在。但在有的情况下，企业虽出现法人终止，但其商誉并不会立即随之消灭。当然，在这段时间内，商誉将因主体缺位而不能成为权利，而只能作为一种自然状态存在。

（3）非定型的专有性。商誉权是一种没有恒定保护范围的无形财产权。由于商誉与特定企业相伴而生，在主体的生产经营活动中始终处于不断的优劣变化的循环之中，它既不像物质产品那样具有最终形态性，也不像技术产品那样因申请保护加以固定化。因此，商誉权与著作权、专利权、商标权不同，其保护范围无法基于客体的表现形式（作品）、技术特征（专利）或标记构成（商标）来加以确定。诚然，商誉权“在一般的合理长的时间内仍具有一定的相对稳定性，也可以通过专门的评估机构用科学的评估方法加以量化。需注意的是，在评估前，未量化的商誉权始终存在并受法律保护”①。

3. 商誉权的基本内容

商誉权是一种无形财产权，从生产经营者利用商誉利益、维护名声不受侵害的角度讲，商誉权包括使用权和维护与禁止权两个方面。使用权即商誉权主体对其商誉利益的利用与支配的权利。商誉权主体不能以自己的主观力量去左右社会评价，但对基于社会评价形成的商誉而产生的利益却能够进行利用和支配。例如，利用自己良好的商誉，开展经济活动，扩大经济交往，从而获得更多、更好的社会效益和财产利益。但是，对商誉权的支配并不是无限的、任意

① 郭卫华主编：《新闻侵权热点问题研究》，208～209页，北京，人民法院出版社，2000。

的，商誉权不得许可使用，即不允许不同主体利用同一商誉；也不得分割转让，即商誉须连同企业一并转移。[①] 维护与禁止权即商誉权主体维护其商誉利益、排除他人非法侵害的权利。该类权利实际上是一种保护权。前者是一种私力救济的权利，即企业有权维护其商誉的客观与公正性，要求他人对其进行客观而公正的评价，对其商业信誉与商品声誉给予应有的尊重，而任何其他人负有不得侵害商誉权的不作为义务；后者是一种请求司法救济的权利，即企业有权排除他人非法侵害商誉权的行为。当侵权行为发生后，企业可以寻求司法保护，要求司法机关责令侵权人停止侵害、消除影响、赔礼道歉，以至赔偿损失。

三、商誉权制度的产生与发展

商誉一词最早见于经济学界。它作为无形资产的内容之一，与专利、商标、技术秘密、特许专营权等一起被列入企业的会计科目中。据杨众先博士考证，20世纪初，欧美各国关于商誉的著述已为多见，但均系著名会计学者所作，其论述内容侧重于商誉在法律上的属性及会计学上的估价方法。[②] 在西方国家，商誉与无形资产最初仅被当做一个会计用语为企业所援用，但随着社会经济的发展与法律制度的进步，自19世纪起，商誉权与无形财产作为新兴的法律概念开始进入各国的立法文件与司法判例之中。

1. 英美法系国家的商誉权制度

在英美法系国家，商誉权的保护制度主要是通过判例建立起来的。在英国1901年的国内税收专员诉穆勒一案中，法院将商誉称为“形成习惯的吸引人的力量”，抑或“企业的良好名声、声誉和往来关系带来的惠益和优势”，明确承认

① 有的著述认为商誉不得抛弃和转让（参见郭卫华主编：《新闻侵权热点问题研究》，北京，人民法院出版社，2000）。其实，商誉可能因企业自身行为而导致降低或丧失，这种与商誉的保有相反的行为即是商誉的抛弃。此外，商誉并非不可转让，而是一种有条件的转让，即连同企业转让。

② 参见杨时展主编：《中华会计思想宝库》（第1辑），北京，中国财政经济出版社，1992。

商誉的无形财产属性。[①] 此外，英国判例还创设了包括“Action for passing off”在内的各种不同形态之诉讼以对抗商品假冒、损害竞争对手利益的行为，其中一些特别程序即是针对诽谤或损害他人商誉的行为而设定的。[②] 至 20 世纪末，英国法院通过仿冒诉讼来保护商誉权。1990 年最高法院在瑞克特·克尔曼有限责任公司诉保尔顿股份公司及其他侵权者一案中确立了仿冒他人商品、侵害商誉权的民事责任原则。判例认为，有关仿冒诉讼的救济不但包括侵犯商标权、名誉权，亦应包括仿冒他人商品侵犯商誉权的行为。法院还认为，提起侵犯商誉权之诉有两个条件：一是商誉权人必须在受诉法院具有管辖权的地区建立起了商誉；二是这种商誉必须与特定的企业的产品相联系，而且必须通过产品的明显特征表现出来。[③] 在美国，1886 年孟德维诉哈德门案即是涉及商誉权一个典型判例。一般而言，构成商誉之良好关系，应存在于商业界中，且有转让的可能性。美国法院认为，该案所涉的技术专家如医师、律师等享有的商誉，来之于其个人技巧与道德，并无转让之可能，且将因其个人身亡而与其俱灭。[④] 在许多不正当竞争案件中，法院将“商誉”（Goodwill of a Trade or Business）看作是一种“财产权”（a Property Right）而应受保护。基此信誉所可能发生之期待（Probable Expectancies）亦然。[⑤]

2. 大陆法系国家的商誉权制度

在大陆法系国家，主要是沿用侵权法或反不正当竞争法来保护商誉。一般而言，大陆法系国家的民法典鲜有对商誉权保护的明确规定。在一些国家的侵权法中，关于法人名誉权的规范隐含着有关商誉权的内容，即商誉权的保护适用一般人格权制度的规定。例如，1994 年《俄罗斯联邦民法典》第 8 章规定了公民与法人的商业信誉不受侵害，受害人有权通过法院要求对损害其商业信誉的信息进行辟谣，并有权要求赔偿由于这种信息的传播而受到的损失和精神损害。但是，

① 转引自梁上上：《论商誉和商誉权》，载《法学研究》，1993（5）。

②⑤ 参见曾陈明汝：《专利商标法选论》，178 页，台北，自版，1977。

③ 参见田军：《英国商誉权保护的发展动向》，载《经济与法》，1994（5）。

④ 参见杨时展主编：《中华会计思想宝库》（第 1 辑），北京，中国财政经济出版社，1992。

《俄罗斯联邦民法典》强调，商业信誉与名誉、尊严等都属于非物质利益。可见，有关商业信誉的权利仍为一种人格权。多数国家采用竞争法来保护商誉权。《德国反不正当竞争法》第 15 条在题为“商业诽谤”条目中规定，“对他人的营利业务、企业主或领导人本人、他人的商品或工业给付恶意主张或传布构成损害商事企业的违背真实的事实者，应被科以最高为 1 年之徒刑或罚款”。《日本防止不正当竞争法》第 1 条第 6 款也规定了陈述虚假事实、妨害有竞争关系的他人在营业上的信用，或者散布这种虚假事实的行为。[①] 上述国家适用竞争法保护商誉权有两个特点：第一，承认商誉包含有财产利益，但并未完全接受产权理论。日本学者小岛庸和强调该类权利是一种反不正当竞争权，仅具有禁止权效力，因而与著作权、专利权、商标权等独占权不同。[②] 第二，侵权人与受害人系竞争对手，形成竞争关系。所谓竞争关系，即因为竞争活动中的生产经营者的关系。至于生产经营者，自然人与法人均可。[③]

3. 商誉权的国际保护制度

在商誉权的国际保护领域，目前相关国际公约主要是从制止不正当竞争的角度对商誉权进行规定，并将其纳入知识产权法律体系之中。《巴黎公约》1967 年斯德哥尔摩文本第 10 条之 2 列举了三种特别应予以禁止的行为，包括“在经营商业中，具有损害竞争者的营业所、商品或工商业活动商誉性质的虚伪说法”。1967 年签订的《成立世界知识产权组织公约》明确规定知识产权包括制止不正当竞争的权利。对何为不正当竞争行为，虽然该公约未作出解释，但 1993 年世界知识产权组织制定的《关于反不正当竞争保护的示范规定（草案）》第 5 条以《巴黎公约》的相关条款为依据，规定了诋毁商誉的不正当竞争行为：凡在工商活动中损害或可能损害他人企业或其活动，尤其是对该企业提供的产品或服务的信誉的虚伪或不正当的说法，应构成不正当竞争行为。与商业混淆行为一样，这

---

① 该法所指的信用，实为我国（包括台湾地区）所指的商业信誉。关于信用的确定含义及其与商誉的区别，参见本书第二十三章的相关内容。

② 参见［日］小岛庸和：《无形财产权》，43 页，东京，创成社，1998。

③ 德、日等国还以特别法形式对商誉的侵权要件法律责任等作出了具体规定。参见王娜加：《论侵害商誉权及其法律救济》，载《内蒙古师大学报》，1999（1）。

种损害商誉的做法可以出现在比较广告、产品促销活动之中，也可以发生在工商活动中，例如，与分包或供应商有关的活动当中。但是，与混淆行为不同的是，典型的误导混淆行为是关于某人自己产品或服务的说法，为使消费者对自己的产品或服务产生虚伪的印象，而并不直接针对竞争对手。损害商誉的行为则是直接针对竞争对手的产品或服务或其他工商业活动。从国际公约的立法精神来看，归属于知识产权范畴的反不正当竞争权主要是一种禁止权，即排除他人不正当损害竞争对手的行为（包括侵害商誉）的一种权利。作为不正当竞争行为的侵权对象即商誉权，应是具有财产权性质的民事权利，因此立法者主张给予类似物权的保护。

4. 我国的商誉权保护制度

关于商誉的无形财产性质及其法律保护，在我国首先是通过国际间的双边条约加以确认的。1982 年我国与瑞典签署的《关于互相保护投资的协定》规定，“投资”应包括缔约的一方投资者在缔约的另一方境内，依照法律和规章用于投资的各种形式的资产，尤其是版权、工业产权、工艺流程、商号和商誉。1984 年我国与法国签订的《关于互相鼓励和保护投资的协定》，对“投资”范围的解释亦将商誉包括在内。以法律形式确定企业法人信誉的相关制度首推 1984 年的《民法通则》，该法在第 5 章“人身权”一节中专门规定了法人的名誉权、荣誉权。该类规定将上述权利归类于非财产权，这与发生在工商业活动中的商誉权有很大的差别。因此，仅仅以法人名誉权制度来代替商誉权的专门保护是不够的。1993 年通过的《反不正当竞争法》从维护市场公平竞争秩序，促进市场经济健康发展的立场出发，对侵害商誉权的行为作出明确的规制。该法第 14 条规定：“经营者不得捏造、散布虚伪事实，损害竞争对手的商业信誉、商品声誉。”这一规定为我国保护商誉权、制裁侵害商誉的不正当竞争行为提供了直接的法律依据。与此同时，有关法律文件还从资产或产权的角度肯定了商誉权的性质和地位。1992 年财政部与国家体制改革委员会联合颁发的《股份制试点企业会计制度》第 37 条确定：“无形资产包括专利权、商标权、专有技术、土地使用权、商誉等。”同年财政部发布的《企业会计准则》和《企业财务通则》两个规范性文

件都作出了规定："无形资产是指企业长期使用而没有实物形态的资产，包括专利权、非专利技术、商标权、著作权、土地使用权、商誉等。"这说明，商誉权与著作权、专利权、商标权等项权利一样，是企业财产的重要组成部分，可以单独地进行资产评估并以确定的资产值进行投资。这种资产的权利形态属于无形财产权的范畴。

我国的商誉权保护制度已在相关法律文件中得以确立，但这些规范散见于多部法律之中，许多规范过于粗疏而缺乏可操作性。参考国际公约的有关规定与国外立法例，从促进我国市场经济发展、维护市场良好秩序的需要出发，我国的商誉权制度的修订与完善应着重考虑以下几个问题：

(1) 关于商誉权的法律地位。在国际上，知识产权曾被称为"以权利为标的的物权"，或被称为"诉讼中的准物权"。根据物权法定主义的原则，商誉权作为一种现实中存在的具体无形财产权，必须由民法予以确认。我国《民法通则》没有确认商誉权，仅仅从法人人格权中推导出商誉权，并将这种权利归类于非财产权，对这一立法缺陷应予以修正。笔者建议在我国民法中规定商誉权为一项独立的知识产权，该项民事权利应是一种复合性权利，并不仅是人格权，同时也具有独占权性质，并不表现为单纯的禁止权。

(2) 关于商誉权保护的法律方式。我国目前对商誉权的保护大抵采取间接保护的方式，即对侵害商誉的行为，或确认为侵害法人人格权的行为，或视为不正当竞争的行为。间接保护方式不是完备的独立的权利保护制度，且特别法（《如反不正当竞争法》）没有细则性规定，因此，在司法实践中多有不便。笔者建议我国的商誉权保护应采取直接保护的方式，即直接确认商誉权及其侵权责任；同时形成商誉权保护的法律网络体系，即从民法典（基本法）—《知识产权法》、《反不正当竞争法》、《消费者权益保护法》、《产品质量法》、《广告法》等（特别法）—单行条例（专门法规）等不同层面对商誉权保护问题作出规定。

(3) 关于侵害商誉权的法律责任。保护财产权是各个法律部门的共同任务，不同的保护方法即责任形式往往规定在不同的法律制度中；但无形财产权的相关立法规定不同，其侵权行为的各项法律责任一般规定在同一法律之中。我国的反

不正当竞争法对侵害商誉权的行为，仅规定了民事责任，既缺乏行政处罚条款，又无刑事制裁条款，显见不足。笔者建议修订我国《反不正当竞争法》并制定单行条例，明确规定侵害商誉权的各种法律责任：即参照其他不正当竞争行为的处理办法，增加对侵害商誉权行为的行政处罚措施；强化对侵权行为人民事责任的追究，对民法关于民事责任的规定加以具体化；参照现行刑法的有关规定，增设对侵害商誉犯罪追究刑事责任的条款。

四、商誉权的侵害及其民事救济

1. 商誉权侵害责任的构成要件

商誉利益实质上是商誉主体的特殊经济利益。商誉侵权直接损害他人对生产经营者的信赖程度与生产经营者的社会评价后果，从而导致商誉主体原有民事权利的缺失。

根据国际公约及国内外立法例的通行规定，侵害商誉权行为应为一种特殊的侵权行为，即经营者以捏造、散布虚伪事实等不正当手段，损害竞争对手的商业信誉和商品声誉的行为。从侵权民事责任构成要件来看，认定商誉侵权须考虑以下几个问题：

(1) 关于侵权主体。行为人具有经营者身份是认定商誉侵权行为的重要条件之一。这即是说，只有从事商品经营或营利性服务的法人、其他经济组织和个人所实施的损害竞争对手商誉的行为才构成该类特殊侵权行为，非经营者实施的侮辱、诽谤、贬低的行为则以一般侵权行为论。《巴黎公约》及世界知识产权组织的《关于反不正当竞争保护的示范规定》，均将商誉侵害视为不正当竞争行为。英美法系国家为商誉权提供了仿冒诉讼与其他特殊诉讼的救济方式，其主体指向概为经营者。大陆法系国家主要适用竞争法保护商誉权，因此侵权行为人与受害人存在着商业竞争关系。在我国，最高人民法院依照《民法通则》与《反不正当竞争法》的规定，于1998年作出司法解释，从主体要件方面明确侵犯商誉权行为与一般侵权行为的区别：第一，新闻单位对生产者、经营者、销售者的产品质

量或者服务质量进行批评、评论，主要内容失实，损害其名誉的；或者对经营者的某种行为或其产品、服务等所作的评论严重不当，如定性错误、乱下结论，致经营者名誉受到损害的，构成对名誉权的侵害，应按照侵害他人名誉权处理。第二，消费者对生产者、经营者、销售者的产品质量或服务质量进行批评、评论，借机诽谤、诋毁、损害其名誉的，应当认定为侵害名誉权。由此可见，新闻单位、消费者与商誉主体没有竞争关系，不互为竞争对手，因此不能作为侵犯商誉权行为的主体。他们所实施的商业诽谤或诋毁行为以侵害一般人格权论，不能适用《反不正当竞争法》的有关规定。

（2）关于侵权违法行为。侵害商誉权的行为表现为捏造虚伪事实或对真实事件采用不正当说法，损害竞争对手商誉的行为。根据世界知识产权组织《关于反不正当竞争保护的示范规定》所作出的解释，凡是对某企业的产品、服务或商业活动提出虚假或不当的说法，都是违反公平竞争原则，损害他人商誉的行为。①

示范法将损害商誉权的行为概括为两种：一是采取虚假说法的行为，即凭空捏造或散布与有关他人商誉的真实情况不符的诽谤之词，以损害竞争对手的商业信誉和商品声誉。在这里，“言词的非真实性是虚假说法的重要判断标准”②。虚假事实的捏造可能是全部捏造，也可能是部分捏造；可能是无中生有，也可能是对真实情况的歪曲。虚假事实的散布是指以各种方式使他人知晓有关的虚假事实，包括口头、书面等形式，以及广告宣传、新闻发布，向公众传播或对相关人暗授等途径。二是采取不当说法的行为，即不公正、不准确、不全面地陈述客观事实，意在贬低、诋毁竞争对手的商誉。例如，在比较广告和产品促销活动中，对同类产品、服务的评价使用贬损性质的言词；在未有科学定论的情况下，片面宣传某些产品、服务的副作用或消极因素。在这里，言词的非公正性是不当说法

---

① 世界知识产权组织认为，关于竞争对手的活动，或其产品或服务的虚假说法典型地反映不真实的情况。此种说法可出现于比较广告中，特别是在为某人自己的产品促销当中；竞争对手的产品被称为不“安全”、要么因其不符合某些技术规格或者因其不能与其他产品兼容而不具备此种产品所属的特性、或价格高于实际价格。虚假说法还可涉及有关他人企业的情况，诸如其资产、信用度等。参见世界知识产权组织：《关于反不正当竞争保护的示范规定》注释之 5.04。

② 张今：《知识产权新视野》，161 页，北京，中国政法大学出版社，2000。

的重要特征。目前，我国《反不正当竞争法》第14条所规制的侵害商誉的行为，仅是采取了虚假说法的行为。日本《不正当竞争防止法》亦作了类似规定。[①] 十分明显，示范法对侵害商誉的行为，作了范围更为宽泛的解释，因而对商誉权的保护也就更为有力。这是我们在修改反不正当竞争法时所要考虑的问题。

(3) 关于侵权损害事实。侵害商誉权的损害事实，是因侵权行为的实施而导致关于权利主体的社会评价降低，并由此造成了商誉的实际损害。损害事实认定的前提条件在于判断特定主体在某一特定区域内是否建立了自己的商誉。对于这一问题可从两方面来考察：第一，当事人提起侵权之诉必须是其有产品在该地区受诉法院的司法管辖权地区销售（以下同），或其服务业务在该地区开展，或在该地区有与生产和流通有直接联系的经济行为，抑或有从事生产和服务的分支机构；第二，必须有一定数量的消费者意识到当事人的产品或服务的存在。如果社会公众未能意识到特定主体的产品或服务在该地区的存在，就可以证明该主体未能在这一地区建立起商誉，从而也就不可能存在侵害商誉权的事实。[②] 损害事实认定的标准在于商誉损害的危害性结果的发生。商誉损害的内容涉及对商事主体的产品质量、经营现状、销售状况、履约能力及态度等经济能力进行贬损，误导以及施加不当影响的事实，上述事实的发生即是危害结果的发生。损害事实是关于社会评价降低的损害事实，它往往会造成特定主体财产利益的损失。侵害商誉权行为，肯定会有商誉贬损的危害结果，但并非当然或绝对发生实际经济损失。换言之，是否造成商誉的实际损失，不是侵害商誉权的必要条件。[③]

(4) 关于主观过错。在侵害商誉权行为的主观要件即过错形态上，学者有两

---

① 该法第1条之6规定，陈述损害处于竞争关系的他人营业上的信誉的虚假事实，或者散布这种虚假事实的行为属于不正当竞争行为。

② 澳大利亚法院在青阿基诺股份公司诉穆克凯食品公司一案中，确立了侵害商誉权范围与程度的相关原则。参见田军：《英国商誉权保护的发展动向》，载《经济与法》，1994(5)。

③ 有学者认为，损害事实包括商誉毁损和财产损失（参见郭卫华主编：《新闻侵权热点问题研究》，北京，人民法院出版社，2000）；也有学者认为，损害事实即是商誉毁损的危害结果（参见朱姝等：《论商誉权的法律保护》，载《现代法学》，1996(1)）。

种不同的主张：有的认为，“信用之侵害，不独故意虚构事实，或知他人主张之非事实而传播”，“加害人对于信用之损害，以有故意为限，始构成侵权行为”①。有的则认为，损害信用权不能仅限于故意，不论行为人主张或散布有损他人信用的事实是出于故意，还是出于过失，均可构成信用权的侵害。② 笔者认为，侵害商誉权的行为发生在竞争对手之间。这一行为的目的在于通过诋毁、诽谤他人的商业信誉和商品声誉，以削弱对方当事人的竞争能力，从而使自己在竞争中取得优势地位。因此，故意行为才构成侵权行为。从过错心理方面来分析，行为人明知自己的行为会发生损害他人商誉的结果（认识因素），但希望或放任这种商誉毁损的危害结果的发生（意志因素）。行为人的这种主观故意性是明显而确定的。出于过失而损害了他人的商誉，应以侵犯名誉权论处。

2. 商誉权侵害的民事责任形式

关于侵害商誉权的民事责任问题，应在民法中明确加以规范，同时在反不正当竞争法中加以具体化。侵权民事责任的主要方式是赔偿损失，对于受害人来说，这是救济其损害的最佳途径。损害赔偿的范围包括：受害人因商誉损害造成经营损失，为调查商誉损害行为所支出的合理费用，为恢复商誉而支出的必要费用以及提起侵害商誉权诉讼所支出的相关费用。关于受害人的实际经营损失，如果难以计算的，可按照行为人在侵权期间因侵权所获得的利润来确定赔偿范围。侵害商誉权的民事责任，除损害赔偿以外，还包括除去侵害的责任方式，包括停止侵害、恢复商誉、消除影响、赔礼道歉。上述责任方式与损害赔偿概为民事救济之方法，可以单独适用，也可以合并适用。

---

① 史尚宽：《债法总论》，148页，台北，自版，1978。史尚宽先生所述之信用，从其内容来看，实为目前学界所指之商誉。关于信用与商誉的联系与区别，参见本书第二十三章。

② 参见王利明主编：《民法·侵权行为法》，301页，北京，中国人民大学出版社，1993；杨立新：《人身权法论》，649页，北京，中国检察出版社，1996。上述两部著作循史尚宽先生所言，将商誉指称为信用。

第二十三章

信用权

信用是一个经济学界竞相研究而法学界关注不够的范畴。在我国的一些法学著作中，不少学者将信用混同于商誉，或是将信用置于商誉概念之中。根据国外法律文献的表述以及我国经济界的通说，信用与信用权都具有独立的财产意义。探讨信用的法律属性，寻求信用利益的法权形态、构建信用权制度的基本模式，在理论创新和制度创新方面都有着重要的意义。

一、信用：偿债能力的社会评价

1. 信用含义的法律解释

就一般意义而言，信用有两种含义：一是以诚信任用人，信任使用。《左传·宣公十二年》记载："其君能下人，必能信用其民矣。"二是遵守诺言，实践成约，从而取得别人对他的信任。《论语·学而》写道："与朋友交而不信乎？"① 在古、现代汉语中，信用的第二义即诚实、不欺，与本章所述及信用权有所关联。

① 转引自《辞海》，247 页，上海，上海辞书出版社，1979。

在法律意义上使用信用一词，最早可以追溯到罗马法。拉丁文 Fides，有信任、信义、诚实的含义。在罗马法中，Fides 表示“相信他人会给自己以保护或某种保障，它既可以涉及从属关系，也可以涉及平等关系”[①]。罗马人所创设的信用一词与其民事主体制度密切相关。罗马法的人格制度，以自由权、市民权和家族权作为民事主体的完全资格。人格可能发生变更，即丧失一部分或全部权利，或丧失某种权利而取得另一种权利；也可能发生减损，即在保全权利的前提下使一个人的能力受到限制。在“名誉减损”（Existimationis Minutio）中，凡作伪证的，证人事后拒作证明的以及用文字侮辱他人的，要受到“无信用”（Intestabilis）的制裁，即被宣告为“无信用”人，丧失做证人或请他人为自己做证人的资格。[②] 在古代德国，信用则用于交易活动的誓约中。最初，人们常常以“Intreu”（诚实）的名义强制交易对方作誓。后来为了求得更加可靠，在诚实之外加“Glauben”（信用）一词为誓言，以确保契约义务的履行。[③] 从汉文本意来说，1947 年日本民法所确立的“信义则”（即信义诚实原则）中的“信义”与我国法学著作中所称的“信用”最相类似。在日本法中，“信义则”本来是对债务人履行义务的单方面准则，以后逐渐成为债权人与债务人双方均须遵循的共同准则，1947 年民法将它提升为关于权利、义务的普遍指导原则。诸如“翻供”（违反诺言）或禁反言的法理、权利失效原则、情事变更原则等都导源于“信义则”[④]。上述法律文件在述及信用时，多是从“守信”、“诚信”等一般意义上阐释的。

在英美法系国家，信用被称为 Credit 或 Trust、Reliance。《牛津法律大辞典》将其解释为：“指在得到或提供货物或服务后并不立即而是允诺在将来付给报酬的做法。”“一方是否通过信贷与另一方做交易，取决于他对债务人的特点、

---

① ［意］朱塞佩·格罗素：《罗马法史》，黄风译，234 页，北京，中国政法大学出版社，1994。

② 参见周枏：《罗马法原论》（上），115 页，北京，商务印书馆，1994；江平等：《罗马法基础》，56 页，北京，中国政法大学出版社，1987。

③ 参见徐国栋：《民法基本原则研究》，中国社会科学院 1991 年博士学位论文。

④ 邓曾甲：《日本民法概论》，9 页，北京，法律出版社，1995。

偿还能力和提供的担保的估计。”[①] 美国《布莱克法律辞典》从法学、会计学、财税学等多方面阐述了 Credit 的基本含义，其中主要有两种：一是指商家或个人贷款或取得货物的“能力”（ability）。这是依据美国福特总统的政令所作的解释。二是指债权人赋予债务人延期支付或承担债务且缓期偿还的“权利”（right）[②]。上述说法表明，信用与赊购、信贷等交易活动有关，是当事人特殊经济能力的表现；同时，信用也是一种经济上的信赖，来源于债权人对对方当事人的评价。

我国法学界对信用的诠释与英美法系国家的相关学说不同，其代表性观点有以下几种：（1）信用是在社会上与其经济能力相应的经济评价[③]；（2）信用应指一般人对于当事人自我经济评价的信赖性，亦称信誉[④]；（3）信用是指民事主体所具有的经济能力在社会上获得的相应的信赖与评价。[⑤] 上述理论有两个明显特征：第一，信用的主要因素泛指民事主体的一般经济能力，包括经济状况、生产能力、产品质量、偿付债务能力、履约态度、诚实守信的程度，等等。从其实际内容来看，这里的信用即是民事主体经济方面的综合能力，实质上是指商誉。第二，信用的基本属性归类于人格利益，因此信用应是一般人格权的客体。多数学者将信用利益看作是非财产利益；有的学者虽承认信用利益包含精神利益与财产利益，但后者并非直接的财产利益。信用仅在具体的经济活动中能够转化为财产利益，或在侵权损害中发生财产后果。

我国法学界关于信用的一般见解，与商誉存在概念混淆，拘泥于人格利益的片面解读，有不妥之处。但是，经济学界关于信用的说法与英美法系国家的法学理论是相通的。一般认为，信用乃是以偿还和付息为条件的价值运动的一种特殊形式，主要体现在货币的借贷和商品交易的赊销或预付两个方面。[⑥] 具言之，信

---

① ［英］戴维·M·沃克主编：《牛津法律大辞典》，北京社会与科技发展研究所组织编译，225 页，北京，光明日报出版社，1989。

② *Black's Law Dictionary*（Fifth Edition），West Publishing Co.，1979，p. 331.

③ 参见王利明主编：《民法·侵权行为法》，299 页，北京，中国人民大学出版社，1993。

④ 参见张俊浩主编：《民法学原理》，158 页，北京，中国政法大学出版社，1991。

⑤ 参见杨立新：《人身权法论》，638 页，北京，中国检察出版社，1996。

⑥ 参见黄运武主编：《市场经济大辞典》，458 页，武汉，武汉大学出版社，1993。

用行为发生时，授信人提供一定的价值物，经过一定的时间后，受信人予以偿还并结束信用关系。[①] 在经济学理论中，信用所涉及的民事主体的能力，不是一般性、综合性的经济能力，而专指以偿债能力为主要内容的特殊经济能力。这种能力与民事主体的政治态度和一般道德品质不同，也与民事主体的生产经营能力、服务态度、人事或人际关系等其他经济能力无关。

基于上述分析，笔者认为，法律上的信用是指民事主体所具有的偿付债务的能力而在社会上获得的相应的信赖和评价。信用的基本特征可从以下三个方面来认识：第一，信用为一般民事主体所享有。在经济学理论中，信用主体有商业信用、银行信用、国家信用、个人信用之分。[②] 而依法学理论看来，凡民事主体皆有信用，包括自然人与法人，乃至个体工商户、承包户、合伙以及国家等。第二，信用源于民事主体自身的偿债能力。在信用关系中，授信人采取信用形式贷出货币或赊销商品，受信人则遵守信用诺言按期偿还款项并支付利息。当事人的资金实力、兑付能力、结算信誉等特殊经济能力即产生信用的主观要件。第三，信用表现为对民事主体经济信赖的社会评价。信用的客观表现是一种评价，这种评价是社会公众或社会组织的评价，而不是当事人的自我评价；这种评价是对特定主体经济信赖的客观评价，它可能是但不一定是肯定性的社会评价。换言之，信用包含有褒义的信誉（良好信用），但也包括一般意义的信用，甚至是对经济能力的不信任。[③] 对上述经济信赖关系的社会评价是信用产生的客观因素。

2. 信用属性的法学探讨

关于信用的法律属性，目前的法学著述尚未予以注意。笔者认为，信用不是一种人格利益，而应归类于无形财产的范畴，其理由是：(1) 信用是特定民事主体的财产利益。财产的性质表现为一定的经济利益，对于民事主体而言，信用作为影响当事人获得一定交易利益的特殊经济能力，其价值在于通过信用交换的形

---

① 参见何盛明主编：《财经大辞典》，452页，北京，中国财经出版社，1990。

② 参见《商业信用研究》，5～6页，杭州，杭州商学院出版社，1984。

③ 美国信用评估机构将信用分为三级（即ABC）九等（AAA、AA、A，BBB、BB、B和CCC、CC、C)。其中，AAA代表信用最好，C则表示信用最低。

式获得对等的交换价值。例如，在商品市场中使暂时没钱的人可以买东西，暂时没货的人可以卖东西（商业信用）；在资金市场中，则可采取票据贴现、抵押贷款、信用贷款等（银行信用）。可见，信用使得民事主体在扩大资金规模方面享有优异之利益，亦可致其收益能力增加[①]，因此其本身即是具有经济价值的财产。(2) 信用是一种没有物质形态的无形财产利益。财产的本质在于其内容的经济利益性，而不问其表现形态如何。信用是关于经济信赖的一种社会评价，反映的是特定主体的特殊经济能力。它虽然具有财产意义，但不具有最终的物质产品形态。信用或是与商誉一起作为特殊价值形态的财产被列入企业会计表中的无形资产类别，或是通过专门的评估机构用科学的评估方法加以量化。(3) 信用主要是以汇票、信用证、资信文件为载体的财产利益。信用是一种关于经济信赖的社会评价，它存在于商品交换与商业贸易之中，因此必须通过一定的形式表现出来，为当事人各方所认识、所接受。在一般商业交易中，信用的代表是汇票，即是一种有一定支付期限的债券，或说是一种延期支付的证书。在进出口贸易中，信用的代表是信用证，即进口商的代理银行为进口商提供自身的信用，保证承付出口商开给进口商有关票据的证书。[②] 而在其他经济活动中，有关信用则表现为权威机构或评估机构开具的资信文件。

3. 信用与资信利益、人格利益的区别

在无形财产体系中，信用与商誉有着密切的联系，但也存在明显的区别。从广义上的商誉来说，信用是商誉的组成部分，没有良好资信的企业不会树立良好的商誉。[③] 杨众先博士早在20世纪初期曾论述了“商誉与企业信用之关系”，认为信用可使企业之收益能力增加，因此，这种收益能力增加所生之资产价值，亦可谓之理财上之商誉。[④] 但是，在无形财产类别中对信

---

① 参见杨众先：《商誉和其他无形资产》，引自杨时展主编：《中华会计思想宝库》（第1辑），23页，北京，中国财政经济出版社，1992。

② 参见郭来舜等编著：《信用贸易证实务》，7页，香港，万里书店，1989。

③ 参见长佳：《商标、商誉价值创立、开发之浅见》，载《扬州大学商学院学报》，1996(10)。

④ 参见杨时展主编：《中华会计思想宝库》（第1辑），23～24页，北京，中国财政经济出版社，1992。

用与商誉加以区别是有意义的。与商誉不同，信用的主体不限于商法人，它包括自然人、法人以至国家在内的一切民事主体；信用的来源不一定是积极的社会评价，而是关于主体偿付能力的客观的一般性评价；信用的表现形式与商标、商品并无直接联系，其载体主要是汇票、信用证、资信文件等。就现有的立法例而言，一些国家已对信用与商誉作了明确的区分，并采取不同的权利保护形式。在德国，信用被称为 Der Kredit，而商誉则叫做 Das Wohlwollen，这两个法律术语在相关法律文献中有着不同的含义。《德国民法典》第 824 条确认了信用权："违背真相主张或传播适于妨害他人的信用或对他人的生计或前途造成其他不利益的事实的人，即使其虽不明知、但应知不真实，仍应向他人赔偿由此而发生的损害。"① 根据该条规定，信用的权利主体与侵权主体涵盖一切民事主体。而《德国反不正当竞争法》第 15 条规定了对商誉权的保护："对他人的营利业务、企业主或领导人本人、他人的商品或工业给付恶意主张或传布构成损害商事企业的违背真实的事实者，应被科以最高为 1 年之徒刑或罚款。"② 可见，商誉的权利主体与侵权主体构成竞争关系，即同为市场竞争活动中的生产经营者。

在人格利益范畴中，信用曾与名誉有着相同的人格属性。在古代罗马法中，信用是主体人格的重要内容。一个人的名声，包括名誉、信用是其在法律上具有完全人格的一个重要方面，污名（不名誉）、无信用都会对民事主体的权利能力带来影响；同时，信用与名誉同属于精神利益的范畴，这种精神性的人格利益与包括身体、健康、生命在内的器质性的人格利益，是一个完全独立的民事主体必然同时拥有的。但在现代法的框架下，信用已逐渐从人格利益转化为财产利益。首先，现代信用往往是以财产为基础。对于民事主体而言，其信用状况与他所拥有财产、资本密切相关联，资金实力、偿债实力如何成为衡量其信用等级的尺度。其次，现代信用总是以财产信用为主旨。在现代商业实践中，起决定作用的是财产信用而不是人格信用，诸如人的担保（即保证），固然要考虑保证人的人

① 《德国民法典》，杜景林等译，北京，中国政法大学出版社，1999。

② 张德霖：《竞争与反不正当竞争》，221 页，北京，人民日报出版社，1994。

品，但关键要考虑其财产状况。[①] 正是由于上述原因，信用中的财产因素、财产价值、财产后果等使得原有人格利益内容退居到次要的地位。不难看出，信用与名誉虽同为有关民事主体的社会评价，信用的优劣与名誉的好坏亦须臾难分，但在市场经济的条件下，现代信用在保留有某些人格品性的同时，已日益显现出其重要的财产意义。

二、信用权：资信利益的法权形态

1. 信用权的本质属性

信用权是民事主体对其所具有的偿债能力在社会上获得的相应信赖与评价而享有的利用、保有和维护的权利。该项权利的客体即信用利益属于一种无形财产。一般认为，无形财产“与那种属于物理的产物的无体财产（如电气）、与那种属于权利的无形财产（如抵押权、商标权）不同”[②]，此处的信用是人的资信活动的产物。因此，信用权是一种特殊的民事权利。

信用虽是基于对于交易所形成的资信评价，但信用权却是一种与相对权相区别的绝对权。我们知道，信用交易发生在债权人与债务人之间，一般与第三人无涉；资信评价作为一种社会评价，亦可能包括当事人一方对对方的评价。但是，信用权不是给付请求权，不是非排他性的相对权，质言之，我们不能将其归类于合同债权。这是因为，第一，信用权是通过对资信利益直接支配的权利。民事主体享有这一权利，有助于其扩大资金运作规模，增加交易和收益能力。就某一资信利益来说，其支配不需要他人的给付配合，他人亦不得为同样的支配行为。第二，信用权是一种可以向任何人主张资信利益的对世权。它具有类似物权的独占性、排他性的基本特征，可以对抗除权利人以外的任何人。“信用总是资金或商

① 相对于物的担保而言，保证在一定意义上说，是以人身信用为基础的。但实际上，保证的建立与存续，当然不能游离于财产关系而单纯寄托在人身信用方面。质言之，人的担保也是财产性的。参见董开军：《债权担保》，71页，哈尔滨，黑龙江人民出版社，1995。

② 谢怀栻：《论民事权利体系》，载《法学研究》，1996（2）。

品的一种有条件的让渡。"① 在这种以偿还和付息为条件的特殊债权债务关系中，其合同的成立与履行都是以信用为基础的。倘若其他人违背事实真相，贬损当事人一方的信用，致使合同关系不能成就，则可能发生侵权损害。不过，受害人不是以自己的债权而是以其信用权来对抗第三人。

资信利益虽是权利主体直接支配的客体，但信用权却是一种与所有权、知识产权相区别的无形财产权。信用权具有独占权的特点，类似于物权中的所有权，知识产权的著作权、商标权等。在这个意义上，我们可以将上述权利看作是一种物的或知识的"所有权"。但是，信用权的客体是一种资信利益，不是客观的物质对象。因此，信用权与所有权固然都具有财产权属性，但前者是无形财产权，后者是有形财产权。此外，信用权与著作权、商标权等知识产权也有不同。前者是"资信利益所有权"，后者是"知识财产所有权"。知识产权基于其客体的差异，概括地分为两类：一类是创造性成果权，如著作权、专利权等，其客体是人的智力活动的产物；另一类是经营性标记权，如商标权、商号权，其客体是人的生产经营活动的产物。信用权的客体即资信利益属于人的资信交易活动的产物，与智力成果及经营标记一样都具有非物质性。虽然，在传统上信用权不能归类于知识产权，但是我们可根据其客体的基本属性，将其看作是一种无形财产权。

信用虽然与特定主体的人身相联系，但信用权却是一种与传统人格权相区别的混合性权利。信用具有专属性，它是特定主体的特殊经济能力的社会评价，因此其权利形态具有人格权的某些属性。信用权的非财产性表明，该项权利表明信誉是民事主体特殊人格形象的表现，既不能抛弃民事主体而独立存在，又不能离开民事主体而分割转让。但是，信用权不同于名称权、名誉权、荣誉权等传统的人格权，而是一种从一般人格权中分离出来的新型民事权利。如果基于民事权利体系的财产权与非财产权的"两分法"理论，信用权可以说是介乎上述两类权利之间的"混合型权利"②；如果在财产权的架构内将资信类权利与物权、知识产权并列，信用权可以说是新型的财产权。

---

① 王汉强等编著：《商业信用与商业汇票》，3页，北京，中国财政经济出版社，1986。

② 谢怀栻：《论民事权利体系》，载《法学研究》，1996（2）。

2. 信用权的基本特征

信用权与上述各种权利的区别，是以权利客体为标准进行分类的。[①] 如果根据“两分法”的理论，民事权利可以最概括地分为财产权与非财产权，财产权又可以分为两类：一类为有形财产权（以所有权为核心），另一类为无形财产权（以知识产权为核心）。信用权属于一种特殊的无形财产权，具有与知识产权类似的某些特征，但又不能归类于传统的知识产权体系。与著作权专利权、商标权等相比较而言，信用权具有以下一些显著特征：

（1）非恒定的独占效力。信用权不是一成不变的，其保护范围无法加以确定，它随着民事主体生产经营活动的好坏始终处于不断的优劣变化之中。它既不能像所有权那样基于其有形标的物来设定本权与他权的界限，也不能如同知识产权通过注册登记对其效力范围加以界定。与所有权、知识产权不同，信用权独占效力的非确定性特点表明：信用虽然不是一次或多次简单地产生经济效益（所有权客体如物质产品的一次性出售，知识产权客体如技术产品的多次性使用），而是经常性持续不断地产生效益，但这种效益具有可变性。民事权利的内容也就是受保护的利益，在经济因素、道德因素以及其他社会因素的作用下，特定主体的信用肯定会发生一些变化，在这种情况下，其独占权效力范围就不可能具有永久的确定性。

（2）相对的排他效力。信用权不具有知识产权的地域性特征，不能像专利权、商标权那样在授予该项权利的一国范围内享有排他效力。但是，受到法律保护的利益才能成为权利，信用权概莫能外。信用权虽无一国之地域效力，但其排他性可从以下两个方面来认识：一是信用权在特定民事主体所属的行政区域或行业内受到保护；二是信用权在特定民事主体发生生产经营活动或其他经济活动的地区或行业内具有排他效力。在这个意义上，我们可以说，信用权是一种相对的

① 关于以客体作为权利分类的理论，可参见彭万林主编：《民法学》，47 页，北京，中国政法大学出版社，1994。

绝对权。[①]

（3）无期限的存续效力。信用权具有一般人格权的某种属性，即无法定的保护期。从权利的产生来看，信用权与民事主体的人身具有不可分离性，自其从事经济活动时即可产生，因此，权利的取得概为原始取得。从权利的转让来看，信用权与附随的民事主体相联系，即信用权与特定企业不能分割转让。也就是说，在受让某一企业时，该企业信用权可能随之转移，在这个时候才会发生继受取得。从权利的消灭来看，信用权与特定民事主体共存亡，一旦自然人死亡或法人终止，其信用权也将不复存在。

3. 信用权的具体权项

信用权的内容，是由权利所支配的客体即资信利益所决定的，其具体权项有下列几种：（1）资信利益的利用权。这是权利主体对其资信利益进行使用与支配的权利。信用评价是一种对民事主体偿债能力的客观社会评价，当事人不能以自己的主观力量去干预甚至操纵社会评价，但对基于这种社会评价形成的资信利益却能够进行利用或支配。例如，利用自己良好的信用，使对方对自己的偿债能力产生信赖，有助于赊购商品、贷入资金等，从而获得更多、更好的财产利益。（2）资信利益的保有权。这是权利主体维持其资信评价完整性的权利。信用是权利主体因其主观的经济能力与客观的社会评价相结合的产物。当事人虽然不能使用超经济的力量去强迫社会改变对自己的评价，但却可以通过自己的努力以增强其偿债能力，从而取信于交易对方与社会公众。保有权行使的结果，一是使民事主体保持自己的信用不降低、不丧失；二是使民事主体的信用形象保持完整，社会公众的信赖感不断增强。（3）资信利益的维护权。这是权利主体保护其资信评价公正性的权利。排除他人非法侵害以维系社会的公正评价和应有信赖，即是一种禁止权，这可以视为信用权中最重要的内容。如果说，保有权涉及的是权利主体对自己的信用采取的主观态度，是权利主体“可以为”的行为范围；那么，维护权则直接体现为义务主体对权利人的信用应有的要求，是义务主体“不可以

① 有学者曾将商号权称为“相对的绝对权”，以区别于其他工业产权。参见张国键：《商事法论》，102页，台北，三民书局，1980。

为”的行为尺度。维护权的意义在于：民事主体有权维护其资信利益，要求他人对其偿债能力进行客观而公正的评价，对其信用给予应有的尊重并负有不得侵害信用权的不作为义务；民事主体有权排除他人非法侵害信用权的行为，即要求司法机关对侵权行为人进行民事制裁，救济自己的信用损害，维护其资信评价的客观性和公正性。

4. 信用权的行使限制

信用权是受到法律保护的资信利益。如同其他民事权利一样，信用权不是绝对的，而要受到法律的某种限制。在无形财产权体系中，对创造性成果权的限制，其目的在于防止权利人滥用其著作权或专利权，协调个人利益与社会利益的关系，促进科学技术的进步和文化的繁荣；对经营性标记权的限制，其目的在于维护市场公平竞争秩序，防止权利人滥用其商标权或商号权，避免将通用标记作为私权标的利用；而对信用权的限制，其目的在于制约权利人行使资信类权利的范围，防止其“用而无信”、“用滥信失”而损害他人的合法利益。关于信用权的限制，并非对权利享有的限制，而主要表现为对权利行使的限制。防止信用权的滥用，法律一般采取以下几种措施：第一，规范信用活动。信用活动应奉行诚实信用原则，避免信用危机发生。信用交易涉及信用授受双方，债权人一方有权利在一定时期内收回其暂时转让的价值并获得报酬，债务人一方有义务在约定的时间内偿还价值并付出代价。[①] 对此，应通过合同的形式明确双方当事人的权利、义务，杜绝“欠债有理、欠债有利”的不合理预期的出现。第二，推行信用工具。信用工具是授信人与受信人双方确定的债权债务关系的载体，其中最有代表性的信用工具和支付工具当属票据。信用活动的票据化有助于防范“口头协议”、“白条凭证”或“挂账承诺”等非正规信用形式的出现。[②] 信用活动的票据化既涉及企业的出票、兑现、保证等行为，也涉及银行的承兑、贴现等业务。对此类票据行为必须通过专门立法加以规范。第三，建立资信评估制度。民事主体的资信固然是社会公众对其特殊经济能力的信赖和评价，但这种评价应该具有客观

① 参见何盛明主编：《财经大辞典》，452 页，北京，中国财经出版社，1990。

② 参见江春：《我国的商业信用及商业票据中的产权问题》，载《山东金融》，1998（4）。

性、公正性，而不能带有主观随意和偏见。由于当前经济生活存在信用关系的危机，整个社会信用意识十分淡薄①，因而，应建立资信评估制度，包括设立资信评估机构、制定资信评估规范、明确虚假资信的法律责任等。对重大信用活动提供相关资信证明，可以使特定主体的特殊经济能力的社会评价，不仅具有客观性、公正性，而且具有相当的权威性。合法评估机构的资信评估，既是权利人维护自己正当利益的前提，也是其他人了解当事人信用状况的依据。

三、信用权的法律保护：制度选择

1. 信用权的保护方式

关于信用权的保护，目前立法例上尚无通行的做法。有的国家不承认信用为权利，仅将其作为其他法律如刑法所保护之法益，因此以违反刑法保护规定为由，来规制对信用的侵权行为。② 有的国家虽然将信用视为权利，但在法律保护上采取了两种不同的方式：

（1）间接保护方式。多数国家采取这一立法例，即将侵害信用的行为，确认为侵害商誉权，对权利主体的信用利益进行间接法律保护。这些国家在广义的商誉权名目下，涵盖了包括信用、信誉等特殊标的，并将其规定在反不正当竞争法之中。例如，匈牙利《禁止不正当竞争法》规定："禁止以制造或散布虚伪事实，或对真实事件进行歪曲，或通过其他行为破坏或者危害竞争者的名声或信誉。"③我国《反不正当竞争法》第 14 条规定："经营者不得捏造、散布虚伪事实，损害竞争对手的商业信誉、商品声誉。"上述规定的立法基点在于，将诋毁包括信用在内的商业信誉的行为，看作是侵害法人名誉权行为在市场经营领域中的特殊表现形式。其特点有二：第一，所谓商业信誉的权利，实为广义之商誉权，信用权

---

① 参见孟学峰等：《浅论经济信用关系的重新构造》，载《银行与企业》，1997（1）。

② 史尚宽先生在考察德国立法例时，对名誉之侵害曾作出类似分析。参见史尚宽：《债法总论》，146 页，台北，自版，1978。

③ 转引自孙琬钟主编：《反不正当竞争法实用全书》（中国法律年鉴 1993 年分册），45 页，北京，中国法律年鉴出版社，1993。

仅为其权项内容的组成部分。与权利本体的宽泛性相反，权利主体则表现出一定的局限性，即商业信誉的权利人仅限于商事主体。换言之，一般民事主体如公民或其他法人，不能享有此类权利。第二，权利人与义务人须有竞争关系，或者说，受害人与侵权行为人须为竞争对手。因此，诋毁他人商业信誉的行为，有着其不正当竞争的目的，即损害社会公众对竞争对手的评价与信赖程度，从而破坏竞争对手的竞争实力，以谋取不正当的利益。

(2) 直接保护方式。有的国家采取民事立法的体例，对侵害信用权的行为，直接确认其侵权的民事责任。换言之，即规定信用权为一项独立的民事权利，并明确侵犯这一权利的法律后果。《德国民法典》在题为“侵权行为”的第 27 节中规定有各类侵权行为。其中第 823 条规定：“故意或因过失不法侵害他人的生命、身体、健康、自由、所有权或其他权利的人，对他人负有赔偿由此而发生的损害的义务。”该条说明，“侵权行为”一节所涉及的各种法益（包括信用），均被视为权利形态。其第 824 条规定：“违背真相主张或传播适于妨害他人的信用或对他人的生计或前途造成其他不利益的事实的人，即使其虽不明知、但应知不真实，仍应向他人赔偿由此而发生的损害。”这一条款将信用权作为一项独立权利加以保护，显然有别于商誉权。其理由是：第一，享有信用利益的权利主体，无主体资格限制，凡民事主体皆可成为信用权主体；第二，信用权的内容乃一般资信利益，无特定标的指向，即不限于商业上的信誉；第三，侵权行为人与受害人无竞争对手关系，其行为目的在于妨害对方当事人的信用，造成其生计或前途等方面的不利益，并非破坏对方竞争实力而谋取不正当利益。由此可见，上述侵权行为的构成要件不适用于侵害商誉权的情形，因此，该条应属于有关信用权保护的规定。

上述两种保护形式适用不同的法律规定，有着不同的法律后果，反映了各国对资信利益的权利形态所采取的不同立法取向。笔者认为，对信用权以直接保护方式为宜，其理由如下：

(1) 信用是一种重要的资信利益，在现代商品经济条件下迫切需要相应的权利保护。在当今社会，只要存在着商品交换，就会有信用活动发生；而与信用活

动有关的资信利益，是主体所享有的一种重要的无形财产，随着市场经济的发展与人们权利观念的进化，有必要将这种资信利益从一般人格利益中分离出来，并最终与同此相关联的商誉利益相区别，即赋予其独立的财产形式并给予其特别的法律保护。

(2) 信用主体是一个广泛的民事主体范畴，信用活动的主体必然会成为民事权利的主体。在信用活动中，根据信用主体的不同，可以分为商业信用、银行信用、国家信用、民间信用等。在信用关系中，主体是能动的活的要素，诸如赊购、预付等信用活动都必须通过主体的行为才能实现。因此，法律既要规范他们的信用行为，又要保护他们的信用利益。如果将资信利益的权利主体，限定为商事主体或企业法人，则势必形成其他主体的资信利益无从保护的盲区。在各种信用活动中都存有资信利益主体的情况下，法律仅承认部分利益为受到保护的权益，而将其他利益置于无权利状态的真空，这种做法是有悖于民法的平等精神的。

(3) 信用关系基于债权债务关系而产生，其设定的权利不对第三人产生约束力，但信用关系当事人所享有的资信利益应得到其他人的尊重。具言之，授信人与受信人之间所发生的赊购、预付等债的关系，其债权是针对相对人的请求权，而授信人或受信人对于自己的资信所享有的权利，是一种可以向任何人提出主张的对世权。这就是说，资信权利的主体可以像所有权人、人格权人一样，有权排除除主体以外的其他人（包括自然人与法人）的非法侵害。如果将侵权行为人限定为有竞争关系的经营者，这无异于宣布其他侵权行为为合法行为，必然导致对信用利益保护不周的有害后果。

综上所述，我国目前适用竞争法对信用权采取间接保护的方式，并非完备的信用权保护制度。随着信用活动在市场经济中的地位不断提升，信用利益已成为人们所重视的一种无形财产，因此，我们有必要在民事立法中确认信用权的独立地位。采取直接保护的方式维护民事主体的信用利益。

2. 信用权侵害责任的构成要件

资信利益涉及信用权主体的特殊经济利益。对信用权的侵害往往影响他人对

受害人的信赖程度与有关其经济能力的评价后果，从而造成信用权主体的不利益。侵害信用权的行为是一种特殊的侵权行为，参照国外相关立法的规定，我们可将这一行为定义为：以捏造、散布虚伪事实等不正当手段，损害他人资信的行为。依照侵权民事责任构成要件的理论，认定侵犯信用权应考虑以下几个问题：

第一，违法行为。侵害信用权的违法行为，是有损于他人的合法资信利益的行为。从违法行为的内容来说，是对权利主体特殊经济能力（包括其资金实力、兑付能力、结算信誉等状况）发表虚假或不当的说法。其违法行为的表现形式，或者是一种贬损行为，即凭空捏造或散布与有关他人信用的真实情况不符的虚假之词；或者是一种误导行为，即不公正、不准确陈述某些客观事实，对他人的信用状况施加不当影响。基于上述违法行为的内容及表现形式的分析，不难看出，侵害信用权的行为主要是一种作为，无论是主张、捏造，还是转述、传播，都是侵权人积极行为的表达方式。但是，负有特定作为义务的当事人，在有的情况下亦可在不作为时构成侵权。例如资信评估公司对相关单位或个人依法就某一特定主体的资信情况提出询问时，该公司即负有作出答复和提供信息的义务，反之，即可能构成不作为的侵害。笔者主张，在侵害信用权行为中，应对不作为侵害作出严格的解释。

第二，损害事实。侵害信用权的损害事实，是因侵权行为的实施而导致关于权利主体的资信评价降低，或对其生计或前途造成其他不利益的实际损害。与上述要件相联系，仅有行为而无损害，不构成侵权行为。损害事实的存在，表明违法行为侵犯了法律所保护的利益，具有应受法律制裁的社会危害性。关于损害事实的认定，其标准在于有无信用损害结果的发生。这一损害事实表现为两个方面：一是关于权利主体特殊经济能力的社会评价因侵权行为而降低，如信用等级的非正常下降，信誉程度的非自然毁损等；二是对于权利主体特殊经济能力，公众减少甚至丧失原有的经济信赖，如因侵权行为破坏客户对特定企业的信任等。在这里，需要强调的是，损害事实是关于社会评价和经济信赖降低的损害事实，它往往会造成权利主体财产利益的损失，如预期贷款不能获得，商品买卖未能正常进行等。但是，侵害信用权的

行为，虽会造成信用贬损的危害结果，却并不当然发生实际的财产损失。换言之，财产损失的大小应作为追究行为人应负民事责任大小的依据，而不能视为认定侵害信用权的必要条件。此外，损害事实是关于资信利益的损失，限于财产性内容，一般不包括精神损害。倘若对公民信用的贬损，引发了受害人的精神痛苦或精神利益的损害，在这种情况下，我们不必将同一违法行为认定为既侵犯了信用权，又侵犯了一般人格权，但可以将精神损害视为侵害信用权的损害事实的一部分。

第三，因果关系。侵害信用权的因果关系，是指侵犯他人信用的违法行为与资信利益损害事实之间的必然的、内在的关联性。在侵害信用权的因果关系中，作为原因的违法行为，是一种主张或传播虚假事实或不当说法的行为。由于信用表现为对权利主体特定经济能力的评价，因而，该类行为只有将上述不实之词公开、公示于第三人时，其损害原因才能构成；同时，作为结果的损害事实，是一种导致权利主体相关社会评价与经济信赖降低的损害性后果。判断这种后果发生的标准，在于权利主体原有资信利益的缺失，只有已经发生的不利益的事实才能称其为损害结果。依照逻辑分析的方法，只要证明资信利益是违法行为所引起的，即可确认两者之间有因果关系。

第四，主观过错。侵害信用权的主观过错，是指侵权人实施在法律上应受非难的行为时所具有的主观状态，其表现形式包括故意和过失。根据国外相关立法例，所谓故意，是指侵权人明知自己的行为（捏造或传播虚假事实）会发生损害他人信用的结果（主观认识），但希望或放任这种他人信用利益缺失的损害结果的发生（主观动机）；所谓过失，是指侵权人未尽到注意的义务，对于妨害他人信用的虚假事实虽不明知，但应知其不真实，并在此主观状态下进行了主张或传播。侵害信用权的行为与侵害商誉权的行为不同，后者发生在有竞争关系的经营者之间，其行为具有损害对手商誉的明显的目的性，立法例多要求故意才构成侵权。而前者所涉及的资信关系不以经营者为限，追求或任许损害结果发生固然构成侵权，此外，对其行为结果不加顾及、对他人利益不予尊重以致造成损害后果的，也可能构成侵权。

3. 侵害信用权的民事责任

侵害信用权的行为应承担相应的民事责任，其主要方式是赔偿损失，另外还包括除去侵害的责任形式，如停止侵害、消除影响、赔礼道歉等。但是，对资信利益的损害，并非一定都要求行为人承担民事责任。在下列情况下，行为人可以提出不构成侵权或免除侵权责任的抗辩理由：

（1）正当情况反映。凡依法执行职务行为的单位或个人，因职责需要并通过正当渠道反映特定主体负面信用情况，应为阻却违法事由。例如：商业银行向其上级机关反映某法人无力还贷的报告。此外，无法定义务的一般单位或个人，因自己的正当利益需要，通过正常途径向有关部门反映特定主体的信用情况，即使上述主张有失实之处，亦不构成侵权，例如消费者的正当投诉。

（2）新闻报道属实。新闻机构关于特定主体信用情况的报道，只要内容基本真实，则不能以侵权论。新闻侵害信用权的主要表现形式为新闻诽谤，而新闻诽谤是以所报道的事实属于捏造或被歪曲为构成条件的。如果所报道的事实既非捏造，也未被歪曲，而是符合事实或基本符合事实的，则不构成新闻诽谤。[①]

（3）权威消息来源。依法成立的信用评估机构，按照规定的信用评级制度，收集有关个人或企业特性、偿债能力、责任能力和声誉的信息，为投资和交易活动的当事人提供的信用报告、公布的信用等级或级别等，如涉及特定主体信用的消极评价，都可以作为抗辩事由来否定侵害信用权的民事责任构成。在美国，根据《投资顾问法》所设立的穆迪投资服务公司、标准普尔与惠誉公司；在中国，依照中国人民银行有关通知所建立的信誉评级委员会，都属于这样的信用评估机构，其发布的信息应视为权威消息来源，不得以侵权论。

① 参见郭卫华主编：《新闻侵权热点问题研究》，212页，北京，人民法院出版社，2000。

第二十四章

特许经营权

特许经营权亦称特许权或专营权，通常有两种形式：一种是由政府授予的特许经营权，另一种是由企业授予的特许经营权。在管理学中，特许经营权是有别于知识产权，又与知识产权相关联的一项无形资产。[①] “特许经营”一词，译自英语的“Franchise”。其原意指由政府授予个人或公司的一种特权。这种特权区别于一国公民所享有的普通权利。“Franchise”后引申为授予或出售的诸如使用某个名称或销售产品或服务的权利，即制造者或供应商授权销售商按照约定的条件使用某产品和名称的权利。[②] 自 20 世纪以来，特许经营广泛使用于商业领域，泛指制造商、供应商授予批发商或零售商使用其商标、商号、专有技术和经营诀窍等从事批发、销售活动的商业模式。以至于《大趋势》一书作者约翰·奈斯将其称为人类有史以来最成功的经营理念。[③] 相对于传统知识产权而言，特许经营权是现代商业活动中产生的一种新型无形财产权。

---

① 参见蔡吉祥：《无形资产学》，25 页，深圳，海天出版社，2002。

② See *Black's Law Dictionary*, 5th. ed, West Publishing Co., 1979, p. 592.

③ 参见韩玉梅、刘英：《特许经营：世纪末的机遇和挑战》，载《经济与管理研究》，1999 (5)。

一、特许经营权的基本范畴

1. 特许经营权的概念

关于特许经营权的概念，国际组织文件与各国法律规定不尽一致。比较有代表性的定义是：

（1）世界知识产权组织《特许经营指南》认为，特许经营是这样一种安排：开发出经营某种商业体系的一方（特许人）允许另一方（受许人）按照规定的条件使用其商业体系，同时取得一定的对价。这种关系是一种持续性关系，受许人按照特许人确定的标准和商业实践再次销售，并接受特许人的监督和持续的援助及支持。

（2）国际特许经营协会将特许经营解释为特许人与受许人之间的一种合同关系。在这种关系中，特许人提供一种特殊的商业经营权，并给予人员训练、组织结构、经营管理、产品采购等方面的指导与帮助，受许人向特许人支付相应的费用。

（3）欧洲特许经营联合会将特许经营表述为，一种营销产品和（或）服务和（或）技术的体系基于在法律和财务上分离和独立的当事人——特许人与单个受许人之间紧密持续的合作，依靠特许人授予其单个受许人权利，并附加义务，以便依据特许人的概念进行经营。其权利范围涉及商号、商标、经营诀窍、商业和技术方法等知识产权。

（4）美国联邦贸易委员会规定，凡属于下列两种连续性关系之一的，即为特许经营：第一种包括下列三个特征：(a) 特许人经营的受许人出售的货物或服务项目要求达到特许经营人规定的质量标准（指受许人按照特许人的商标、服务标记、商号名称、广告或其他商业象征经营商业）或出售标明特许人标记的产品或服务项目；(b) 特许人对受许企业的经营方法行使有效的控制或给予有效的协助；(c) 在业务开始的 6 个月内，受许人要向特许人或其成员支付 500 美元或 500 美元以上的费用。第二种包括下列三个特征：(a) 受许人出售由特许人或与

特许人有关的商人供应的货物或服务；(b) 特许人为受许人找到开立账户的银行或为受许人找到自动售货机、货物陈列架的地点或位置，或向受许人介绍能够办妥上述两件事的人员；(c) 在业务开始后的 6 个月内，受许人要向其成员支付 500 美元或 500 美元以上的费用。根据联邦贸易委员会的规定，特许经营一般是指一个口头或书面的合同或协议，其中明示或默示地规定，一个人准许另一个人使用其商标、商号名称、服务标记、标识或类似特征的一项技术转让，双方当事人在批发、零售等环节上对经营的产品或服务项目存在共同利益，受许人被直接或间接地要求向特许人支付一定金额的特许经营费用。

(5) 日本通产省将“Franchise”称为“特许连锁”，并强调特许连锁是这样一种系统，即连锁系统的特许人与受许人以合同的形式规定特许人给予受许人使用其商号、商标等营业象征，以相同的企业形象从事经营活动的权利。特许人负有对受许人进行经营指导和向受许人长期提供商品（包括服务和其他资料）的责任。作为获得上述权利和服务的对价，受许人向特许人支付规定的加盟金、保证金和权利金。

(6) 我国原国内贸易部 1997 年发布的《商业特许经营管理办法（试行）》对特许经营的定义是：特许人将自己所拥有的商标（包括服务商标）、商号、产品、专利和专有技术、经营模式等以特许经营合同的形式授予被特许人使用，被特许者按合同规定，在特许人统一的业务模式下从事经营活动，并向特许人支付相应的费用。

以上各种定义多从商业特许经营出发，很少涉及政府特许经营内容，其诸多表述不尽一致，但基本内涵有相同之处，即特许经营是一种持续性的合同关系（以特许合同联结的商业模式，是为“作为财产的合同权”）[1]，是独立经营者之间的合同关系（商业活动中的特许经营主要是私法自治意义上的约定授权）[2]，

① 英国学者将“作为财产的合同权”归入与专利、版权同类的“无体财产”。参见［英］F. H. 劳森. B. 拉登：《财产法》，17～18 页，北京，中国大百科全书出版社，1998。

② 行政特许行为产生的是体现君主或政府意志的法定授权，而商业特许行为产生的是表现民事主体个人意思的意定权利。参见杨明：《特许经营权》，载吴汉东等：《无形财产权制度研究》，北京，法律出版社，2005。

是以含有知识产权内容的经营模式或以之为标的的合同关系（通过特许经营形式许可他人使用其知识产权等无形资产）。[①]

2. 特许经营权的分类

关于特许经营的类型，从经营领域来说，特许经营可以分为政治领域的特许经营、经济领域的特许经营、文化教育领域的特许经营。其中，最主要的是经济领域中的政府特许经营和商业特许经营，其权利人分别是政府和企业组织。[②]

政府特许经营是最早的特许经营模式，或者说，是政府首先创造和使用了特许经营这种方式。在中世纪的欧洲，特许经营方式专指因获得国王或君侯的特许而享有的某种特权。[③] 当时英国国王曾授权一些贵族收税，后来贵族们凭借此种授权反抗约翰国王的统治，最后双方依据大宪章的有关规定达成了和解条件，这被美国学者认为是第一个有关特许经营权的诉讼。英国早期存在的行会制度也被认为是特许经营的一种形式，其典型的例子是印刷商和出版商于 1557 年组成的出版商公司（Stationers Company）。在《安娜法令》诞生之前，该公司被英国王室授予图书审查的封建特权，出版商一次性地从作者那里买断了手稿的所有权及印刷和发行的权利，从而垄断了作品印刷和传播的商业机会。我国自封建时代以来也有特许经营制度，主要表现在盐铁等领域的专卖制度。汉武帝从元狩四年开始实行盐铁专卖政策，国家迅速积累了大量财富，形成“昔先帝征四夷，兵行三十余年，百姓犹不加赋而军用给”的局面。除了盐铁专营之外，我国还实行过烟草专卖制度。袁世凯于 1915 年 5 月批准公布了《全国烟酒公卖暂行简章》，特设全国烟酒公卖局，这是我国第一次烟草专卖。早期的政府特许经营主要集中于某些特权的开发和利用上，表现为对特定生产要素的控制。现代的政府特许经营发

① 按照美国分析法学派代表性人物霍菲尔德的说法，权利、特权、权力和和豁免可统称为“法律利益”(Legal interest)。主体享有某种特别资格、利益或能力，即构成特许类财产。特许经营权即是专利权、商标权、技术秘密等无形资产的衍生物，是一种以专营资格为客体的财产权。参见［美］肯尼斯·万维威尔德：《19 世纪的新财产：现代财产权概念的发展》，载《社会经济体制比较研究》，1995（1）。

② 参见李维华等：《特许经营概论》，9 页，北京，机械工业出版社，2003。

③ See Martin Mendelsohn & Robin Bynoe, *Franchising: Printed and Bound in Great Britain*, Biddles Ltd., Guildford and King's Lynn, 1995, p. 21.

生了本质的转变，已经摆脱了垄断的狭隘领域和不公平手段，旨在综合、高效、优质地利用政府管理的社会公共资源，包括土地、铁路、港口等实物资源，其包括政府的物资采购权、大型活动冠名权、特许产品的生产和销售权、海陆空线路经营权等无形资源，即政府行政部门通过授权的方式，选择公司企业作为授权对象，并签订长期管理合同（一般为20年～30年），许可经营者从事社会公共资源的开发和利用。在今天，政府特许经营权已经被视为一种企业经营的重要财产。美国学者弗里德曼认为，在20世纪已经出现了“新财产”（new property）的概念，诸如就业机会、养老金、政府特许都可以作为新财产对待。[①] 法国法学家奥布里和劳（Aubry et Rau）创设了广义财产理论，将财产权的范围延伸至一些非物质性权利，诸如知识产权、信托财产权、市场经营自由权等都被归类为无形财产。[②]

商业特许经营是当代主要的特许经营模式。根据特许内容分类，商业特许经营可以被分为三类：一是产品和品牌特许经营。即受许人使用特许人的品牌和营销方法来批发、销售特许人的产品。其实质上是，制造商为名牌化产品寻找销路，授权受许人进行商业开发的权利。此类特许经营在汽车销售、大众消费品、化妆品行业中较为常见。二是生产特许经营。即受许人自己投资建厂，使用特许人的专利、技术秘密、设计和生产标准来加工或制造取得特许权的产品，然后向批发商或零售商出售。其要义是，该类特许经营往往涉及知识产权的使用许可。典型案例如“可口可乐”饮料的灌装公司。三是经营模式特许经营。即受许人按照特许人的全套经营模式进行经营，又称“特许加盟连锁”或“交钥匙特许经营”。其特征是，受许人有权使用特许人的商标、商号、产品、经营诀窍等商业模式，完全以特许人的企业形象从事经营活动。诸如“麦当劳”、“肯德基”等经营模式特许，已成为商业特许经营的主流。近代意义上的特许经营首先出现并兴盛于美国。1851年，胜家（Singer）公司开始以特许经营的方式营销其缝纫机，

---

① See Friedman, “Property, Succession, and Society”, 1996 *wis. L. Rev.* 34a. 转引自李维华等：《特许经营概论》，13页，北京，机械工业出版社，2003。

② 转引自马俊驹、梅夏英：《无形财产的理论和立法问题》，载中国民商法律网——法学前沿。

当事人以特许经营协议书的方式形成双方的特许加盟关系。通过这种方式，它们很快组织了特许经营网络，占有了美国缝纫机市场绝大部分的市场份额。胜家公司被认为是特许经营的鼻祖。19 世纪末至 20 世纪初，石油提炼公司和汽车制造商开始授权给一些人和企业销售它们的产品。例如福特公司要求其特许经销商必须按总部规定的销售方式和服务标准销售福特汽车。自此，特许经营具有了“授权分销制造商产品”的商业含义。这一时期的特许经营被称为“第一代特许经营”，又称为“产品品牌特许经营”。直到今天，仍有许多制造商运用这一方式。自第二次世界大战后，特许经营成为商业拓展模式和高效创业模式，迅捷扩展至其他国家。在亚洲，日本的商业特许经营在 20 世纪 60 年代崭露头角后一发不可收拾，在 70 年代扩展到各行各业，80 年代则开始向外拓展，参与国际市场竞争。在欧洲，丹麦成功地展现了特许经营制度的优越性。特许经营体系在 1997 年为 117 个，2001 年发展到 152 个，同时，特许加盟连锁店由原来的2 588家增加到5 032家，特许经营所雇用的就业人员大约有21 000人。在全球，由 27 个国家的特许经营协会组成的世界特许经营理事会，如今代表着全世界27 000家特许经营体系。可以认为，商业特许经营在全球范围内的全面发展，是经济全球化和知识产权一体化的缩影。

二、特许经营立法概览

1. 特许经营权的立法模式

世界各国对特许经营的立法，可以分为两种模式，即专门立法模式与非专门立法模式。在专门立法国家，以单行的特许经营法和其他相关法律一起共同调整特许经营关系；而在非专门立法的国家，则依据特许经营所涉问题的性质分别由不同的法律加以规制。即使前一种类型国家对特许经营有专门立法，也不能凭借一部单行法来解决特许经营的所有问题。这是因为，首先，特许经营关系十分复杂，牵涉众多法律制度，如合同法、知识产权法、信息披露法、竞争法、公司法等。由此可见，特许经营法并不是一个独立的制度体系，通常表现为以规定某一

问题的专门法为主干（如强调信息披露的美国法、专注不正当竞争的欧盟法），同时辅之以其他法律的相关规范。其次，国际组织所指定的指南性文件或者示范法、标准合同也可成为特许经营法的渊源。最后，各国及国际上的行业自律规范并非严格意义上的法律，但也在特许经营领域具有某种私法自治的规范作用。

2. 主要国家的特许经营权立法

（1）美国。美国的特许经营立法包括联邦立法和州立法两个层面。在联邦立法方面，1979 年联邦贸易委员会（简称 FTC）制定了《特许经营与创办新企业的披露义务与禁止事项》（即 FTC 法规），要求特许人向潜在受许人进行信息披露，使后者在获得一切必要信息的基础上评估其所面对的特许体系，以作出是否加盟的决定。该法规“对潜在受许人提供最低限度的保护”[①]。1995 年美国国会通过了第 1717 号“联邦合理实施特许经营法案”，该法案的目的在于：“最大程度上促进特许权人与特许经营人之间的合理与公平；保护因欺诈性销售行为而作为受害方的受许人；建立特许经营行为的最低标准；加强对欺诈或非法行为的私人救济；为公众提供评价特许经营的更多可靠信息；使消费者能从更加公平合理的特许经营关系中获取更多的利益。”[②] 美国有超过三分之一的州通过制定实体法来调整特许人与受许人之间的关系，这些法律主要围绕三个方面的内容展开：“要求授权人向受许人提请注意并且在终止或有意更换受许人时给予其补救的期限；严格限制授权人终止或任意进行更新的权利，以使其能按照诚信原则来实施行为；调整特许经营关系的其他方面，在‘授许人与受许人的关系中存在不平等’的理论基础上，给予受许人更多的权利、以维护其合法权益。”[③] 在美国，对特许经营权作出了规范的典型立法还包括：加利福尼亚州的“特许经营权投资法”（1970 年）、伊利诺伊州的“特许经营信息告知义务法”（1987 年），以及“联邦统一特许经营和商业投机经营法”（1992 年），等等。

---

① 何易：《特许经营法律问题研究》，24 页，北京，中国方正出版社，2004。

② Byron E. Fox &Henry C. Su，“Franchise Regulation-Solutions in Search of Problems?”，20 *Okla. City U. L. Rev.* 241.

③ Rober W. Emerson，“Franchise Contract Clauses and The Franchisor’ s Duty of Caretoward its Franchisee”，72 *N. C. L. Rev.* p. 905.

（2）法国。法国于1971年成立的“特许经营联合会”（简称FFF）颁布有协会“行为规则”，但仅对会员有拘束力，非会员如有事先选择得适用之。有关特许经营的诉讼主要通过合同法的相关规定来解决。1989年法国议会制定了特许经营的专门法，即《缔约前有关信息告知义务法》，主要是对授权人附加义务，其第1条规定：“如果某人意图授权其他人独占或非独占地使用其商业名称、商标或服务标志，那么在正式磋商前，授权人应向他方诚实地提供信息，以便其作出决定。”① 法国法院对此法的适用作出了如下解释：该法适用于特许经营权之授权协议的缔结之前；特许经营权的对象可以是商标、商业名称以及服务标志等；该法适用于所有的特许人，无论它们为个人、公司或分支机构，也无论其国籍和进入法国市场的途径，只要它们建立了特许经营网络即可；特许人应在协议签订前20天向受许人提供合同草案及相关信息，否则法院有权依据合同法的一般原则判决合同提前终结，受许人可要求特许人赔偿由此造成的损失；虽然未提供信息的样本文件，但该法列举了特许人应以书面提供的信息。

（3）英国。英国在相当长的时间里是将特许经营与“金字塔式销售计划”（Pyramid Selling Schemes）以及其他一些欺诈性行为联系在一起的。1973年英国在其制定的公平交易法中专设第11部分“金字塔式销售和类似的贸易网”，明确规定：“本法适用于：任何人介绍其他人成为一个贸易网的成员商的；成员商在该贸易网中的地位发生提升、变迁或者改变的；向任何其他成员商提供商品的；向其他成员商提供训练设施或其他服务的；成员商将商品或服务提供给其他人的交易。”② 从该条内容上来看，英国的公平交易法适用范围非常广，它不仅包括不正当的多层次的销售，而且包括了正当的具有多层次的特许经营方式以及只有单一层次的销售形式和特许经营方式。1977年英国“特许经营协会”（简称BFA）正式成立，但英国政府并未对特

① Edited by Martin Mendelsohn, *Franchising in Europe*, Cassell, 1992. Chapter 7. France by Gerard Sautereau, p. 113.

② Martin Mendelsohn & Robin Bynoe, *Franchising*: *Printed and Bound in Great Britain*, Biddles Ltd., Guildford and King's Lynn, 1995, pp. 68-69.

许经营进行专门立法，而主要是通过 BFA 这样的商业自治组织来处理特许经营权的有关纠纷。在英国，没有关于特许经营的正式立法，对特许经营权的调整是由一系列的法律来完成的，它们包括商法、公平交易法、限制性商业行为法、竞争法、零售价格法等。

（4）德国。德国自 20 世纪 80 年代以来，成立有“特许经营协会”（简称 DFA），但与英国一样没有特许经营的专门立法，特许人与受许人之间的权利义务关系由缔结的合同予以规范。德国法院依照商法典有关商业代理人的条款，认为特许经营权的取得是分销的一种法律形式。法院经常援引《德国民法典》第 242 条关于“诚实信用原则”的规定，解决特许人与受许人之间的合同关系。目前，德国法院就特许经营权已创设了许多规则，首先保护受许人的利益，诸如受许人的独立商人地位、不公正合同的处理、缔约前有关信息告知不充分的法律后果等。

（5）澳大利亚。澳大利亚关于特许经营的法律规范，由一部《特许经营行为守则》与多部相关法律所构成。1998 年澳大利亚颁布了有法律约束力的《特许经营行为守则》，以取代以前的“行业自律规范”（self-regulatory code of practice）。为配合该守则的实施，还对 1974 年的《贸易实践法》进行了修订。1998 年守则最重要的内容是信息披露义务条款，特许人违反信息披露的要求，包括以沉默的方式扭曲肯定的陈述，或者陈述在作出时是真实的、但在受许人依赖该陈述行事时特许人已发现陈述不真实而未采取措施的，可能面临《贸易实践法》所规定的制裁措施，但受许人应承担相应的举证责任。此外，澳大利亚对特许经营进行规制的法律还包括：一是商标法。外国特许人尽管在澳大利亚没有经营场所，也可以申请注册商标；该商标在注册以前，特许人必须证明其已经或打算立即在澳大利亚使用；当商标被授予受许人使用时，虽然法律并不强制受许人必须登记而成为注册使用人，但这种登记是合乎实际需要的。这是因为，登记使用人被视为所有权人，这有助于所有权人防止无权人的侵害；所有权人即使不在澳大利亚，也能和注册使用人一起防范与商标权有关的侵权行为。二是信息保护法。受许人对其通过授权所获得的特许人的商业秘密负有保密义务，如果受许人违反

此义务而泄露该信息、或擅自使用未经授权的信息，则应向权利人承担侵权责任。另外，如受许人未经授权而擅自使用特许人的商标、服务标志、商业名称，即构成所谓的“信息盗用（Piracy）”或称“信息盗版”，行为人应承担相应的法律后果。三是合同法。特许经营权基于授权合同而产生，因此合同法律规范当然适用于特许经营权法律关系。四是反托拉斯法。为了防范在特许经营权的使用过程中出现不正当竞争的情形，以维护其正常运作，该法规定了诸如“非竞争条款”、“需求与供应”、“搭售或强迫销售”、“特许经营权终止后的限制”、“对特许权人的限制”等条款。

（6）日本。日本关于特许经营的规则，包括行业自律规范与法律强制规范。1972 年成立的日本“特许经营协会”（简称 JFTC），专门制定了“特许经营登记管理规则”，规定了特许人“不得违背公序良俗”，必须对特许业务有不短于 1 年的实际从业经验等资格条件，并对信息披露的内容有着明确而具体的要求。涉及特许经营的法律主要是 1973 年《中小型零售商业促进法》和 1983 年《关于特许经营体系的反垄断法》。上述法律的基本内容还包括以下方面：其一，特许人作为受许人的补充，包括特许经营权授予后的商品提供、对受许人的经营活动进行控制、特许费的支付、特许经营活动中的损害赔偿问题等。其二，特许经营权的授权合同。包括合同的订立、存续、变更或终止，授权人不得对受许人强加单方面的不利经营义务（如强加过高的销售标准），授权人不得对撤销合同强加高额的经济惩罚，特许人不得对合同终止后受许人从事任何与特许经营业务相竞争的业务作出过于苛刻的规定，等等。其三，特许经营者在反垄断法第 19 章之下的决定“公平交易活动”之单独条款的有关内容。[①]

3. 我国特许经营权立法

我国于 2007 年正式出台了《商业物许经营管理条例》，取代了已试行 10 年的《商业特许经营管理办法（试行）》。此外，《民法通则》、《公司法》、《反不正当竞争法》等可以适用或类推适用于特许经营权。借鉴国外有益立法经验，从我

① See Nobuo Miyake, “Franchise Business in Japan”, 58 *Antitrust L*; p. 975.

国现实法律需求出发，我国特许经营立法，似有将条例上升为法律的必要。以此为基础，以建构网络状法律规范体系为目标，即形成基本法（民法）—专门法（特许经营法）—特别法（公司法、投资法、反不正当竞争法、反垄断法等）的多层面、立体式的法律规范体系。

我国特许经营立法，应重点解决以下两个问题：一是特许经营权在私权体系中的地位，特许经营权作为一种现实中确定存在的无形财产权，在经济学那里是与知识产权相并列的无形资产要素。① 如前所述，与有形动产、不动产相区别，非物质性财产可以分为知识类财产（如知识、技术、信息等）、资信类财产（如商誉、信用、形象等）以及特许类财产。② 特许类财产由主管机关或社会组织所特别授予的资格、优惠特权等法律利益所组成。这种法律利益可以形成特殊的经济能力或经济利益，从而构成私人的一项财产。上述知识类财产、资信类财产和特许类财产具有共同的非物质性特征，因此笔者将它们一起归类于无形财产权范畴，以区别于传统的（有体物）所有权制度。二是特许经营专门法的立法体例及重点。制定一部关于特许经营的专门法律，以此专门法规调整所有的特许经营业和类型。该法规主要是私法规范，即从权利本身的角度入手，对特许经营权的概念、客体、属性、内容及保护等作出规定；同时应包括必要的公法规范，即从特许经营管理的需要出发，对信息披露和登记事项予以规定。

三、特许经营权的法律属性

1. 历史意义上的特许经营权

特许经营权是历史范畴中的特殊权利。布莱克斯通的《英国法评注》的解释是："特许经营权与特许权同一概念，它们是一种王室特权，或者是国王特权的一部分，主要存在于土地制度中。因为它们源自于王权，所以必须得到国王的授权或指定。特许经营权中有一些共通的原则，即它们既可被授予自然人，也可被

① 参见蔡吉祥：《无形资产学》，26页，深圳，海天出版社，2002。

② 参见吴汉东：《财产的非物质化革命与革命的非物质财产法》，载《中国社会科学》，2003（4）。

授予政治实体；既可被授予一个人，也可被授予多人；但是具有同一性质的特许经营权，如果先前已被授予了某人的话，就不能再授予其他人，否则将损害前者取得的授权。”① 戴维·M·沃克主编的《牛津法律词典》认为，特许经营权是指“由王室授予的权利：如果特许权是通过特许状、规定等说明被特许人为此特许权已向王国交付了一定的费用的证据来授予的，那么该特许权能够成立；其成立的基本原则是，除非经法律变成了王室特许，否则该特许权就不存在”。由此可见，早期普通法的著述都将“Franchise”定义为行政特许，并且不区分特许权和特许经营权。这即是说，最初的特许经营权来源于政府，且并非全部或主要适用于经济领域，而是更多地体现了政治的因素。② 在历史意义上，特许经营权曾定位于行政特许权或说是特许权。

2. 现代法上的特许经营权

特许经营权是工商领域中新的财产权利。现代法意义上的特许经营权，已从传统的政府特许经营权扩展到商业特许经营权。从国际特许经营组织到各国特许经营主管部门，在其规范性文件中，更多是从商业经营模式的角度对特许经营权进行定义。例如欧盟委员会 1988 年发布的“关于对特许经营类型协议适用欧盟条约第 85 条第 3 款的 4087/88 号规则”，其中第 1 条第 3 款 a 项对特许经营权作了明确规定：“特许经营权，是为了向最终用户转售产品或提供服务，而许可他人使用包括商标、商业名称、店徽、统一的经营模式、实用新型、著作权、技术秘密权或专利权在内的一整套工业产权或知识产权。”③ 与前述特许经营不同，这种商业授权经营是市场经济发展的产物，在私法自治的法律框架里表现出浓郁的契约色彩，并产生当事人意定的财产利益。正如马克思在论述经济与法律的关系时所言：每当工业和商业的发展创造出新的交往形式，法便不得不承认它们是“获得财产的新方式”④。尽管现代意义上的特许经营有政府特许与商业特许两种

①③ Martin Mendelsohn & Robin Bynoe, *Franchising*: *Printed and Bound in Great Britain*, Biddles Ltd., Guildford and King's Lynn, 1995, pp. 21 - 22.

② 参见李维华等编著：《特许经营概论》，9 页，北京，机械工业出版社，2003。

④ 《马克思恩格斯全集》，第 3 卷，72 页，北京，人民出版社，1960。

模式，但其权利形态却只能归于同一类型，即具有私权属性的无形财产权。由此，我们可以将特许经营权定义为：民事主体通过政府特许或者合同授权所取得的从事特殊商品或服务的经营，或是利用授权人的知识产权以及商业模式而进行经营的权利。其中政府授予民事主体的特许经营权包括特种行业经营权、垄断经营权、资源开采经营权、资源专用权；民事主体之间通过合同授予的特许经营权包括许可证经营权、商品或服务专营权、商品或服务连锁经营权等。[①]

3. 特许经营权属性的不同学说

特许经营权是以专营资格为客体的财产权利，它作为一种民事权利已广为法学界所认同，但该权利具有何种属性、归于何种范畴尚存争议。概括起来，有以下三种学说：

（1）利用垄断权说。这是法国学者提出的一种观点，他们“依标的的不同将无形财产权从总体上分为两大类，即经营垄断权（又可称为利用垄断权）和顾客权利”[②]。特许经营权作为无形财产权的一种，被归为利用垄断权之列。“利用垄断权说”强调受许人是特许人商标、服务标志、商业名称或整体经营模式的唯一利用者，其权利可以对抗任何不特定之第三人。因此，作为“利用垄断权”的特许经营权是一种专有性、排他性的财产权，其权利人类似于所有人但又不同于所有人。

（2）经营权说。这是我国学者基于市场营销学层面提出的一种观点。他们认为，特许经营权是“经营人对特许权人授予其经营管理的商标、服务标志、商业名称或经营模式等无形财产所享有的、在授权范围内进行经营性占有、使用和收益的权利”[③]。在他们看来，特许经营权是在商标、服务标志、商业名称或整体经营模式等无形财产专有权基础之上所派生的权利；与传统经营权相比，特许经营权并不具备权利人可以对其使用的整体经营模式、商标等无形财产进行处分的权能。由此可以看出，此种学说与前一学说并无二致。

① 参见蔡吉祥：《无形资产学》，15页，深圳，海天出版社，1996。
② 尹田：《法国物权法》，59页，北京，法律出版社，1998。
③ 向欣、孟扬：《特许经营：商业发展的国际化潮流》，1页，北京，中国商业出版社，1997。

（3）产权说。这是美国学者提出的一种观点。该学说认为，“特许经营权是一种产权，是产权主体对客体、包括有形物和无形物以及其他一切客体的权利；这种权利并不是某种单一的权利，而是一个权利束”[①]。从法律的观点来看，特许经营权作为一种财产，它是“一组权利，这些权利描述一个人对其所有的资源可做什么、不可做什么，他可以占有、使用以及阻止他人侵犯其财产范围等”[②]。

笔者认为，“利用垄断权说”并不能区别特许经营权与知识产权。我们知道，知识产权基于其独占性的特点，同样呈现出垄断性的特点，我们无法凭借“利用垄断权”来判明无形财产权中知识产权与特许经营权的界限；另外，作为经营资信权的特许经营权，其权利人“是否享有一种对于其他竞争者的真正的垄断权”不无疑问。马洛里和埃斯谈到，营业资信人并不享有对任何第三人的真正的垄断权，“因为永远是顾客选择商人而非相反，所以商人不享有利用顾客的排他权利”[③]。因而将特许经营权界定为一种利用垄断权是存有疑问的。“经营权说”对特许经营权进行界定的理论给人以“同语反复”之感。“经营”是取得或扩大取得财产的经济效益和社会效益的方式与过程；其法学和经济学上的意义应是“为取得或扩大取得财产的效益而围绕市场所展开的各项活动”[④]。经营权从本质上来说是在所有权的基础之上派生的他物权，即经营权人可以对所有权人授予其经营管理的财产进行支配，在权能上与所有权无异。在特许经营权中，特许权人授予经营人的是商标、服务标志、商业名称或整个经营模式等无形财产的使用权，但特许经营人绝不能处分这些无形财产。在我国民事立法中，经营权多指全民所有制企业的财产权形式，以这一概念诠释特许经营权的属性，实为不妥。综上所述，笔者以为“产权说”更具可接受性。首先，根据新制度经济学的观点，产权是一种权利，但从另一个角度讲，它是一种自由。“产权的法律概念就是一组所有者自由行使并且其行使不受他人干涉的关于资源的权力。不受他人干涉的选择

① Lewis G. Rudnick & Joseph W. Sheyka，“General Franchising Considerations”，*OaibIL. CLE* 9－1.

② ［美］罗伯特·考特、托马斯·尤伦：《法和经济学》，张军译，125页，上海，上海三联书店，1994。

③ 尹田：《法国物权法》，58页，北京，法律出版社，1998。

④ 张俊浩主编：《民法学原理》，405页，北京，中国政法大学出版社，1997。

权通常称为‘自由’。因此我们可以把财产定义成法律制度，它把一组关于资源的权力分配给人们，也就把在资源上的自由给了人们。”[①] 特许经营权正是一种在授权范围内，受许人对特许人之特定无形财产的一种利用自由。其次，产权意味着经济上的价值是可以交易的。产权之所以具有经济上的价值，“不仅指产权客体是主体的劳动或劳动创造的结果，还意味着这些客体具有潜在的经济价值”[②]。特许经营权当然能够给主体带来经济利益，所以将此权利的法律属性界定为“产权”也符合其经济本质。最后，产权是一种社会关系，“产权不是指人与物之间的关系，而是指由物的存在及关于它们的使用所引起的人们之间相互认可的行为关系”[③]。在特许经营权上，就是受许人与特许人之间具有权利义务内容的经营关系。

特许经营权是以专营资格或能力为对象的。正如有的学者所强调的那样，它是与“一定的经营模式”（business format）相联系的无形财产权。[④] 特许经营权的取得，是使作为受许人的企业获得从事特许经营事业，即“一定的经营模式”的资格或能力。从民事客体的范畴来说，它并非传统意义上的“物”和“行为”，也不是典型意义上的“智力成果”，而是一种经营性资格利益。在特许经营领域，“资格”问题十分重要。任一企业若未获得特许经营权的授予，即不具备特许经营的资格，也就不能开展特许经营事业。在这一点上，特许经营权的客体——“资格”问题与商法上所常称的“市场准入”原则在本质上是相通的，“是否能通过授权而获得经营资格或能力”即特许经营的“市场准入”问题。“市场准入”原则的核心是营业能力或资格。所谓营业能力是指“从事营业活动的能力”[⑤]，这种营业能力不是一般的民事能力，而是“为了一定的营利目的，运用有组织的

① ［美］罗伯特·考特、托马斯·尤伦：《法和经济学》，张军译，125页，上海，上海三联书店，1994。

② 高德步：《产权与增长：论法律制度的效率》，70页，北京，中国人民大学出版社，1999。

③ ［美］E.G.菲吕博滕、S.配杰威齐：《产权与经济理论：近期文献的一个综述》，载科斯等：《财产权利与制度变迁》，204页，上海，上海三联书店，1994。

④ 参见何易：《特许经营法律问题研究》，5页，北京，中国方正出版社，2004。

⑤ ［日］上柳克郎等编：《商法总则·商行为法》，34页，东京，有斐阁，1993。

财产进行活动的能力；它不是偶尔的个别的进行交易的能力，而是反复地不间断地有计划地进行营业活动的商事能力”①。需要说明的是，这里的专营资格，不是受许人自己的生产性行为或创造性行为所形成的，而是由某一政府机关或民事主体的特别授权所产生的。关于专营的特别资格、优惠或能力，虽为非物质性但具有财产意义，可以构成无形财产权的客体。诚然，关于资格、能力或优惠，可以是受到法律保护的利益，但并非都会上升为法定权利。正是由于商业交往的需要与法的发展，特许经营权成为专营资格利益的法权形式。如前所述，从特许经营权的产生来说，其最初不过是一种行政权的延伸，无论是古代中国存在的官府特许、盐铁专营，还是中世纪英国已有的王室授权土地专营，受许人获得的都是一种行政特权，即主体具有的一种特殊的身份、地位、资格，并由此获得法律的利益。到了近代社会，特许经营的对象虽然有相当一部分属于行政特许，但大多数是与行政权无关的商业特许业务。政府特许经营与商业特许经营的并存，彰显了特许经营方式的扩展，同时也表明特许经营权完成了从行政权到私人财产权的嬗变。这即是说，专营资格可以来自政府特许或商业特许，其权利取得方式如何在所不问，它丝毫不会影响该项权利的基本属性。

四、特许经营权的基本内容

1. 受许人的权利主体资格

在特许经营的商业模式中，当事人双方是特许人和受许人。特许人是指授予特许权的主体。在政府特许经营中，即将社会公共资源开发、项目建设等，通过招标、拍卖等方式出让他人使用的事业单位法人；在商业特许经营中，即将自己所拥有的知识产权、经营模式等，通过特许加盟合同的形式授予他人使用的自然人或企业法人。受许人是指取得特许经营权的主体。在政府特许经营中是取得社会公共资源开发、利用资格的企业法人；在商业特许经营中则为加盟某一特许经

① ［日］龙田节编著：《商法略说》，谢次昌译，22、23页，兰州，甘肃人民出版社，1985。

营体系的自然人或企业法人。

在特许经营权法律体系中，受许人即特许经营权的所有人，其享有的权利和承担的义务，构成了这一权利的基本内容。当代特许经营的属性，具有“营销模式、企业经营管理模式和社会经济模式”等特点[①]，商业特许经营已成为特许经营的主要形式。有鉴于此，以下所述特许经营权，如非特别指明，概为商业特许经营权。

2. 特许经营权人的权利

特许经营权人享有的权利如下：

（1）经营信息知悉权，即受许人有权要求特许人提供可能影响其决定的全部经营信息。由于特许经营权的取得涉及特许人的商业秘密及其他专有专利，其内容外人无从知晓，所以在特许经营合同签订时，受许人有权要求特许人提供关于特许经营系统的信息，这些信息包括：特许经营系统的发展状况以及未来市场发展的可能性，经营人从事特许经营业务可获得的利润以及特许经营权的使用范围，等等。根据民法的诚实信用原则，特许人提供的信息应该准确而客观。欧洲特许经营联盟（EFF）制定的《特许经营行为规则》第3条，在“吸收新成员、广告以及信息透露”的标题下规定：“吸收新成员的广告不应有意义模糊和误导性的陈述；任何为了吸收新成员而就经营人之未来发展的结果地位及收入状况提供直接或间接之参考的广告及宣传资料，都应是客观的、且容易确定；为了使未来的经营人在有拘束力的文件正式实施前的一个合理期间内，对该文件有全面之认识，经营人除了就特许经营权获得明确的书面信息资料外，还应得到一个行为规则的复印件”[②]。

（2）特许经营（特许权）请求权，即要求特许人提供从事经营所必需的知识产权、经营模式等无形财产的权利。受许人与特许人双方发生法律关系的基础和中心是特许权，特许人依靠其开发的特许权获得利益，受许人则以一定对价分享

---

① 参见李维华等：《特许经营概论》，103页，北京，机械工业出版社，2003。

② Rober W. Emerson, “Franchise Contract Clauses and The Franchisor' s Duty of Caretoward its Franchisee”, 72 *N. C. L. Rev.* p. 905.

该特许权的利益。特许经营的实质就是以知识产权为核心的特许权交易。正如国外有学者所指出的那样，“特许是技术和相关能力的交换”①。它可以是单一的权能元素，如商业秘密，也可以是若干权能元素的组合，如专利、商标、商号等；甚至是整个经营模式的组合，包括知识产权及其他要素。因此，受许人的首要权利是特许经营的请求权，即要求特许人向其提供与特许经营有关的文件资料，同时应确保特许经营权无瑕疵。由于特许经营权往往涉及专有技术及商业秘密，所以受许人在获得特许经营权的同时，应当要求特许人提供上述无形财产，并对经营人进行事先的培训，而且在开业后持续地支持和帮助经营人，从而保持特许经营体系的同一性和声誉。培训和支持的主要内容有：对销售网点的设立及销售地点的选择进行分析；就产品的销售方式、广告宣传及员工的技能进行培训。此外，请求持续获得特许人开发的新产品和新技术。

（3）独占许可经营权，即在授权范围内独占许可的权利。换言之，受许人在特许人授权的区域内享有独家经营权并应得到特许人的区域保护。特许人在授予受许人特许经营权之后，在合同约定的范围内不得进行以下活动：授予第三方实施特许经营权；自行行使特许经营权，或以此同样的方式营销产品或提供服务。特许经营权的取得，其实质就在于受许人独占经营权。从竞争法的角度看，这一权利内容具有一定程度的地域保护色彩，但这种地域保护对于使用、实施特许经营权是必要的，没有这种地域保护的限制，受许人就没有购买特许经营权的积极性，从而也就不可能对特许经营业务进行实质性的投资。②

3. 特许经营权人的义务

特许经营权人承担的义务如下：

（1）维护特许经营体系同一性的义务。受许人在特许经营体系中有义务对外保持同一企业经营形象。这一义务在特许经营活动中具体表现为“标准化”原则和“统一性”规则。标准化（standardization）是特许经营最基本的原则，也是

---

① 傅强编译：《技术战略联盟》，载《IT 经理世界》，2001（2）。

② See David J. Kaufman，“An Introduction to Franchising and Franchise Law”，603 *PLI Order*，No. A4－4367.

连锁经营最基本的特色。遵循标准化原则，旨在实现特许经营模式的复制，保持整个特许经营体系的一致性，其内容包括生产经营流程、步骤、外在形象等硬软件方面。在标准化原则的指引下，受许人在特许经营体系中应按照规定的经营要素达到“统一”。这种“必需的统一”（necessary unification）是特许经营模式本身的特性所决定的，这是特许经营模式对受许人的基本要求。[①] 它通常包括统一品牌，统一企业识别，标志，统一经营模式，统一产品或服务，统一管理等。

（2）支付特许经营费用的义务。特许经营的费用，体现了特许人在特许经营活动中所拥有的权益。支付必要的费用，是受许人在享有特许权时必须承担对价给付的一项义务。一般来说，在特许经营关系发生过程中，受许人需要向特许人上交的费用包括特许经营的初始费和持续费。前者是一次性费用，即受许人在签订特许经营合同时，要一次性地交纳“入门费”（initial fee），或称“加盟金”[②]。后者主要是特许权使用费（royalty fee），又称权益金、管理费，是定期支付的费用，受许人应按照合同约定的标准或比例向特许人定期支付。此外，特许经营持续费还包括市场推广及广告基金，这主要用于维系特许经营体系的广告效应，即保持特许企业形象整体性和一致性所支付的费用。

（3）对特许经营信息进行保密的义务。一般而言，受许人对特许人提供的特许经营体系的资料以及有关特许经营的信息都负有保密的义务。在特许经营合同存续期间，受许人必须按照约定使用商业秘密，即只限于在经营业务中使用；在合同存续期间以及终止后，受许人都不得将特许权人的商业秘密泄露；经营人不得擅自许可他人使用或向其他人非法转让该秘密的所有权；在合同期满后，如果该商业秘密仍不为公众所知晓受许人就不得使用该商业秘密；但是禁止经营人在合同期满后并在商业秘密公开的情况下使用该商业秘密，则是具有反竞争性质的限制行为，当然，如果该商业秘密是由经营人失密的，则另当别论。受许人应当向特许人通报运用商业秘密的发展成果，并向特许人及其他经营人授予非独占的许可使用权；受许人有义务向特许人报告其所知的第三方的侵权行为，并支持、

① 参见李维华等：《特许经营概论》，139～140页，北京，机械工业出版社，2003。

② ［美］欧文·丁·柯普：《特许经营宝典》，窦莹译，18～31页，北京，机械工业出版社，2003。

配合特许人采取法律诉讼行为。

五、特许经营权的侵害及其民事救济

1. 特许经营权保护的制度构成

特许经营是一种依靠合同维系的商业模式，特许经营的实质就是包含知识产权在内的特许权交易。在特许经营权法律关系中，权利主体所享有的经营信息知悉权、特许经营请求权，发生在受许人与特许人之间，是针对特许人所行使的请求权，且是以履行合同规定的义务为对价的；而权利主体所享有的独占许可经营权，虽是基于合同由特许人授权所产生，但作为一种相对独立的支配权，是针对不特定的一切人（包括特许人本人）所行使的请求权，权利主体具有一般所有权人的法律地位。因此，这种具有独占许可性质的特许经营权，在受到他人的非法侵害时，可以援引相关法律（私法）规定进行救济。

特许经营权是一种特殊的无形财产权，其法律保护制度应为一种网状结构：首先，特许经营权应纳入财产权体系，由民法典或侵权责任法给予一般财产权意义上的保护；同时，在反不正当竞争法中对侵害特许经营权的行为集中规定有关法律责任，包括民事责任、行政责任以至刑事责任。此外，侵害特许经营权行为涉及知识产权法、商法等法律规定的，可援用该类法律进行处理。

2. 侵害特许经营权的行为认定与法律制裁

法律保护的特许经营权，其实质是保护企业从事特种商品或服务经营的资格或能力。对特许经营权的侵害，直接导致特许经营权人即受许人在经营上的障碍，甚至是丧失这种经营资格或能力，从而使权利人无法收回投资、实现其利益预期。侵害特许经营权的行为应是一种特殊的侵权行为，其主要表现为以不正当竞争的手段妨碍特许经营权人的正常经营。这些行为构成了侵害特许经营权之责任制度的基础。笔者认为，就特许经营权的私法保护而言，在侵权行为的认定和民事责任的设置上，应注意以下几个问题：

（1）侵权行为主体的认定。就侵权行为的主体而言，只有经营与受许人所从

事的业务相同或相似的商品或服务项目的企业，才能成为特许经营权侵权行为的主体；若非此类主体，则其所实施之侵害特许经营权的行为应视为一般侵权行为。侵害特许经营权的行为之所以是特殊侵权行为，在于它是一种不正当竞争行为，即侵权主体必须是与受许人从事相同或相似业务的经营组织；不具备这种特征的经济组织和个人，虽发生此种侵害行为，亦不能适用反不正当竞争法关于特许经营权侵权行为的规定。在这里有必要明确两种不构成侵犯特许经营权的行为：第一，如果非与受许人相竞争的经济组织或个人妨害其使用特许人的商标、商业名称、商业服务等知识产权从事经营的，应以侵害知识产权许可使用权论；第二，如果上述主体妨害受许人经营由政府授权而从事的业务，或者妨害受许人使用特许人的整个经营模式从事经营的，则应认为构成妨害他人经营的一般侵权行为。由此可以看出，实施不正当竞争行为、侵害特许经营权的主体应是下述两类：其一，任意变更或撤销特许经营权，妨害特许经营权人从事经营的特许人。由于特许经营权的产生是基于特许人的授权，因而受许人与特许人从事相同的业务，是存在竞争关系的；而特许人与受许人是彼此完全独立的主体，各自承担自己的经营后果。所以，特许人的这种行为构成不正当竞争，属于侵害特许经营权的行为。其二，其他与受许人存在商业竞争的经济组织。这类主体所实施的侵害特许经营权的行为属于典型的不正当竞争行为。从世界知识产权组织制定的《关于反不正当竞争保护的示范规定》来看，已将商誉权侵害视为不正当竞争行为，而特许经营权与商誉权同样作为经营性资信权，理应也将其纳入此规范体系之中。

（2）侵权行为的表现形式。特许经营权侵害行为，主要是通过妨害作为竞争对手的受许人行使特许经营权，从而造成其经营资格或能力受到损害的结果。具体说来包括：一是特许人任意变更、撤销特许经营权。特许经营权是基于授权合同而产生的，特许人的前述行为不仅构成违约，当然也是对特许经营权的任意侵犯。二是行为人妨害受许人对特许人之商标、服务标志、商业名称等知识产权的许可使用权。此侵权行为具体表现为：受许人的竞争者未经授权擅自在相同的地域内、在相同的商品或服务上使用特许人的知识产权。该行为不仅侵害了特许人

的知识产权，同时也构成对特许经营权的侵犯。三是行为人妨害受许人依据政府授权或使用特许人的整体经营模式从事经营业务的权利。前者侵权行为，主要是其未经政府授权而擅自从事社会公共福利事业（如电力、自来水、邮电、电话、电报、煤气等）和一些特殊商品（如免关税商品、烟酒等）的经营或销售，该行为不仅违反有关的行政法规，也侵害了从事同类业务的受许人的特许经营权；后者侵权行为，主要是指未经授权而擅自使用特许人的经营诀窍、管理方式、资金营运、人员配置等内容在内的经营模式，从事与受许人相同的业务，该行为同样应是不正当竞争行为，侵犯了竞争对手的特许经营权。

(3) 损害结果。侵害特许经营权的损害结果，是指因不正当竞争行为的实施而妨害了特许经营权的正常行使，并因此造成了受许人经营资格或能力上的利益损失，如市场占有率的下降、销售额的减少等。上述损害结果虽是基于对特许经营权的侵害所造成的，但是侵权行为的成立并不以此损害结果的实际发生为必要条件，即只要有损害结果的发生之虞即可。

(4) 侵权人的主观过错。对于特许经营权之侵害行为的成立，其主观要件即过错形态上应如何规定？学者们持两种观点：一是认为应以故意为限，二是认为不论是故意还是过失均可构成特许经营权的侵害。笔者认为，特许经营权之侵害是一种不正当竞争行为，主要发生在竞争对手之间，说明侵权人的目的在于损害受许人的经营资格或能力，通过妨碍特许经营权的正常行使来削弱受许人的竞争优势和经济实力，从而使自己在竞争中处于有利地位。因此，故意行为才构成侵权行为，即行为人明知自己的行为会发生侵害他人特许经营权的结果，但其仍然追求或放任这种损害结果的发生。

关于侵害特许经营权的民事责任问题，应在民法或侵权责任法中明确规定，同时可在反不正当竞争法中加以具体化。一般来说，侵权民事责任的主要方式是赔偿损失，对于权利人来说，这是对损害进行救济的最佳途径。侵害特许经营权的民事责任，除损害赔偿以外，还包括除去侵害的责任方式，包括排除妨碍、停止侵害、消除影响、赔礼道歉等。上述责任方式与损害赔偿概为民事救济之措施，可以单独适用，也可以合并适用。

六、特许经营的反垄断法规制

1. 对特许人滥用权利的法律规制

特许经营权作为一种无形财产权理应受到法律保护；同时如同其他民事权利一样，也应受到法律规制。就政府特许经营权来说，早期的特许权作为一种来自王室或政府的授权性权利，其取得须有封建主的敕令或命令，该项权利的行使往往有着条件、期限的规制；现代行政特许权也是在政府授权的同时负有义务性的条款。在商业特许经营中，这种权利本是建立在当事人意思自治的基础之上，但合同自由也有诸多的限制。它主要来自两个方面，一是对大企业滥用契约自由、肆意订立各种不平等之合同条款的做法加以限制，即对附随性合同加以限制和管理；二是对大企业通过订立合同限制竞争、实行垄断加以限制。①

在特许经营权的取得过程中（一般表现为特许经营合同的缔结），垄断行为的产生呈现出特殊性：一方面，特许经营权的授予，本身就会形成一种垄断，受许人获得了在一定时间内、在一定地域范围内经营特定商品或服务的特权。而另一方面，特许人往往会利用其雄厚的经济实力，采用定式合同的形式，迫使受许人接受合同条款而没有自由磋商的余地；此外，由于特许经营网络所占市场份额较大，为了维护这种优势地位，或者为了进一步扩大这种优势，特许人往往运用合同条款对受许人进行某种程度的规制。上述两种状况均极易导致限制竞争的情况出现，从而使得特许人、受许人和广大的消费者之间发生利益失衡。

在反垄断法中，规制特许经营主要表现为对特许人滥用授权的限制，其实质是禁止权利滥用，防止其利用知识产权和经营模式的优势，损害他人利益和社会公共利益。在这个意义上说，对特许人授权的规制，也就是对知识产权滥用的规制。规制权利行使、禁止权利滥用，是现代法学普遍践行的法律理念，亦是现代各国普遍规定的立法原则。权利滥用的实质在于权利人以不公平、不适当的方式

① 参见方新军：《特许专营合同研究》，载徐国栋主编：《罗马法与现代民法》（第1卷），283～284页，北京，中国法制出版社，2000。

行使其权利。对知识产权滥用的法律规制，包括私法规制和公法规制两种。[①] 前者是一种内部限制：首先表现为知识产权法自身规范的限制。除规定有权利正当行使的一般原则外，法律还通过地域限制、时间限制、权能限制（包括合理使用、法定许可使用、强制许可使用）等具体制度，使知识产权的效力在一定条件下受到限制。其次表现为民法基本原则的限制，主要是指受民法中诚实信用原则、权利滥用原则以及公序良俗原则的限制。民法基本原则是贯穿于各种民事法律制度的基本原则，亦是民法调整的社会关系与民法观念的综合反映。知识产权作为一种民事法律制度，应以上述基本原则为指导；在其调整平等主体之间的知识财产关系时，理应体现民法基本原则的精神。就知识产权滥用行为而言，其法律规制功能的表现，一是约束功能，即知识产权的行使受到民法基本原则约束，违反上述基本原则的民事活动不受法律保护；二是补充功能，即在作为成文法的知识产权不敷使用时，对权利滥用行为可以加以一定程度的控制，起到补充法律漏洞的作用。[②] 后者是一种外部限制，即在反垄断法的框架内来解决知识产权滥用问题。无论是知识产权法自身规范还是民法基本原则对权利滥用的限制，都受到私法本身性质和手段的局限，在这种情况下必须借助于公法的介入。反垄断法作为国家干预市场竞争行为的产物，体现了公法的社会本位属性，因而在规制知识产权滥用行为方面起到了特别的功效和作用。知识产权作为私权，从其产生之初，这一法律属性一直没有改变。但是，为了协调与平衡个人私益与社会公益之间的关系，在一定情况下，国家也会对私权进行必要的干预和调整，知识产权如同其他私人财产权一样也概莫能外。反垄断法对知识产权领域的介入，有必要从两个方面加以把握：第一，将知识产权与其他财产权同等对待，适用相同的反垄断法原则。知识产权虽具有区别于其他财产权的诸多特点，但在适用法律上并不特别地免于反垄断法的审查，即各种财产权都应适用统一的标准和法律原则。在这一意义上，知识产权虽然被视为“垄断权”，但对此不能假定其为反垄断法规

---

① 参见梁慧星：《民法总论》，251页，北京，法律出版社，2007。

② 关于民法基本原则的功能作用，可参见魏振瀛主编：《民法》，22～23页，北京，北京大学出版社，2000。

制的市场支配力。申言之，基于知识产权所形成的市场分配力本身并不当然构成违法。只有行使知识产权超过法定界限，造成损害他人利益和社会公共利益的后果，才能视为反垄断法所规制的“权利滥用”。第二，反垄断法规制特许人滥用知识产权进行独占经营许可的行为主要有以下几种：（1）固定价格，即通过特许经营合同确定、维持或改变价格的行为。如特许人强制受许人接受不合理的固定价格条款，或是当事人通过控制特定市场以求得回报等。（2）分配市场，即当事人通过协议分割市场（包括地域市场或产品市场）、客户的行为。这一行为适用反垄断法的“本身违法原则”。（3）搭售。特许人强制受许人购买、接受或使用与指定产品（结卖品）无关的其他产品（搭卖品）的商业行为。搭售是特许人滥用市场支配地位的重要形式。（4）拒绝许可。即特许人利用法律授予的专有权利，拒绝其竞争对手合理的使用许可，从而排除竞争，以巩固和加强自己垄断地位的行为。总之，特许人滥用权利的行为，或是损害受许人的利益，或是侵犯第三人的利益，或是妨碍社会公共利益，因此为法律所限制。

2. 对受许人行使权利的法律限制

反垄断法对受许人行使特许经营权的行为也有所限制，这主要涉及特许经营权的地域限制问题。特许经营权的授予，实质上是使受许人获得独占专营权，而这种权利在一定程度上对竞争有所限制：一方面，特许经营权限制了特许人在同一区域内授权其他受许人或自己在该区域内营销产品或提供服务；另一方面，由于受许人承诺不在约定地域外行使特许经营权，同时也承诺不分销其他商家的同类竞争产品，从而限制了自己自由购买其他制造商或供货商之同类产品的权利。特许经营权的这种约定限制了相同品牌之产品的销售者之间的竞争，其结果相当于这些销售商合谋瓜分了市场。所以，欧盟委员会认为独占专营权原则上都具有违反《欧盟条约》第 85 条第 1 款的反竞争性质。但是，独占专营权也有其积极方面：首先，特许经营权具有促进竞争的作用。如果没有特许经营权所提供的一定的地域保护，受许人就没有积极性和主动性努力促销特许人的产品，因为其他受许人可以随意地将同样的产品在该区域内销售。其次，特许人通过授予受许人以特许经营权，既避免了与众多客户打交道，也节省了大量资金，这样有助于他

们合理地调整特许经营网络系统。特别是在国际贸易中，通过特许经营网络，可以使企业克服各国之间存在的政治上、伦理上、宗教上、文化上和生活方式上的差异造成的市场进入障碍，比较容易将自己的产品打入国际市场。最后，特许经营权有助于不同品牌的同类产品之间的竞争。由于受许人只能分销一种品牌的产品而不能同时分销其他同类的竞争产品，因而不同品牌的同类产品在一定区域内是由不同受许人进行分销的。这样，不同品牌的同类产品的竞争就不仅是不同的特许人之间的竞争，而且是不同的受许人之间的竞争。总之，正因为特许经营权的地域限制条款有着双重属性，所以各国立法者在作出规定时实际上是在进行着一种利益权衡：既承认独占专营的合理性，同时也对其进行一定程度的限制，以促进特许人、受许人和消费者之间的利益衡平。

参考文献

1. [古罗马] 查士丁尼．法学总论——法学阶梯．张企泰译．北京：商务印书馆，1993

2. 周枏，吴文翰，谢邦宇编写．罗马法．北京：群众出版社，1983

3. 邓曾甲．日本民法概论．北京：法律出版社，1995

4. 彭万林主编．民法学．北京：中国政法大学出版社，1994

5. [美] 艾伦·沃森．民法法系的演变及形成．北京：中国政法大学出版社，1992

6. [日] 北川善太郎．日本民法体系．李毅多等译．北京：科学出版社，1995

7. 梁慧星．民法总论．北京：法律出版社，1996

8. 张俊浩主编．民法学原理．北京：中国政法大学出版社，1991

9. 佟柔主编．中国民法学·民法总则．北京：中国人民公安大学出版社，1990

10. 俄罗斯联邦民法典．北京：中国大百科全书出版社，1999

11. 越南民法典．米良译．昆明：云南大学出版社，1998

12. 梁慧星．民法学说判例与立法研究．北京：中国政法大学出版社，1993

13. 杨振山主编．罗马法·中国法与民法法典化．北京：中国政法大学出版社，1995

14. 余能斌，马俊驹．现代民法学．武汉：武汉大学出版社，1995

15. 范健：德国商法．北京：中国大百科全书出版社，1993

16. 王利明．物权法论．北京：中国政法大学出版社，1998

17. 史尚宽．物权法论．北京：中国政法大学出版社，2000

18. 谢在全．民法物权论．北京：中国政法大学出版社，1999

19. ［日］小岛庸和．无形财产权．东京：株式会社创成社，1998

20. 孙宪忠．德国当代物权法．北京：法律出版社，1997

21. 王家福主编．民法债权．北京：法律出版社，1991

22. 钱明星．物权法原理．北京：北京大学出版社，1994

23. 董开军．债权担保．哈尔滨：黑龙江人民出版社，1995

24. ［日］我妻荣．债权在近代法中的优越地位．北京：中国政法大学出版社，1999

25. ［意］桑德罗·斯奇巴尼选编．物与物权．范怀俊译．北京：中国政法大学出版社，1993

26. 王利明主编．人格权法新论．长春：吉林人民出版社，1994

27. 王利明等编著．人格权法．北京：法律出版社，1997

28. 杨立新．人身权法论．北京：中国检察出版社，1996

29. 吴汉东主编．知识产权法教程．北京：中国政法大学出版社，1999

30. 郑成思主编．知识产权法教程．北京：法律出版社，1993

31. 郑成思．知识产权论．北京：法律出版社，1998

32. 刘春田主编．知识产权法教程．北京：法律出版社，1995

33. 法国知识产权法典（法律部分）．黄晖译．北京：商务印书馆，1999

34. 郑成思主编．知识产权价值评估中的法律问题．北京：法律出版社，1999

35. 郑成思．信息、新型技术与知识产权．北京：中国人民大学出版

社，1986

36. 郑成思．世界贸易组织与贸易有关的知识产权．北京：中国人民大学出版社，1996

37. 世界知识产权组织编著．知识产权纵横谈．北京：世界知识出版社，1992

38. 张今．知识产权新视野．北京：中国政法大学出版社，2000

39. 刘春茂主编．中国民法学·知识产权．北京：中国人民公安大学出版社，1997

40. 黄勤南主编．新编知识产权法教程．北京：中国政法大学出版社，1996

41. 薛虹．网络时代的知识产权法．北京：法律出版社，2000

42. 张平．网络知识产权及相关法律问题透析．广州：广州出版社，2000

43. ［美］米勒，戴维斯．知识产权法概要．北京：中国社会科学出版社，1998

44. 何孝元．工业所有权之研究．台北：三民书局，1988

45. 曾陈明汝．专利商标法选论．台北：三民书局，1988

46. 吴汉东等．西方诸国著作权制度研究．北京：中国政法大学出版社，1998

47. 郑立主编．版权工作法律知识．北京：北京燕山出版社，1986

48. ［日］半田正夫，纹谷畅男编．著作权法50讲．魏启学译．北京：法律出版社，1990

49. 陈传夫．著作权概论．武汉：武汉大学出版社，1993

50. 张静．著作权法评析．台北：水牛出版社，1983

51. 翟一我，陈昭宽编．版权讲座—国际版权纵横谈．北京：东方出版社，1991

52. 杨崇森．著作权法论丛．台北：华欣文化事业中心，1983

53. ［日］中山信弘．多媒体与著作权．张玉瑞译．北京：专利文献出版社，1997

54. 吴汉东．著作权合理使用制度研究．北京：中国政法大学出版社，1996

55. ［日］吉藤幸朔．专利法概论．宋永林，魏启学译．北京：专利文献出版社，1990

56. 文希凯，陈仲华．专利法．北京：中国科学技术出版社，1993

57. 简世雄．专利申请实务．台北：自版，1988

58. 汤宗舜．专利法教程．北京：法律出版社，1996

59. 张玉瑞．商业秘密法学．北京：中国法制出版社，1999

60. 孔祥俊．商业秘密保护法原理．北京：中国法制出版社，1999

61. 中国专利局条法部编．集成电路与植物品种知识产权保护专辑．北京：专利文献出版社，1996

62. 张序九主编．商标法教程．北京：法律出版社，1994

63. 李茂堂．商标法之理论与实务．台北：三民书局，1979

64. 方彬彬．产地标识之保护．台北：三民书局，1995

65. ［美］E. 博登海默．法理学：法律哲学与法律方法．邓正来译．北京：中国政法大学出版社，1999

66. 孙国华主编．法理学教程．北京：中国人民大学出版社，1994

67. ［美］罗伯特·考特，托马斯·尤伦．法和经济学．张军译．上海：上海人民出版社，1994

68. ［美］理查德·A·波斯纳．法律的经济分析．北京：中国大百科全书出版社，1997

69. ［美］彼得·哈依．美国法律概论．沈宗灵译．北京：北京大学出版社，1997

70. ［美］迈克尔·D·贝勒斯．法律的原则——一个规范的分析．北京：中国大百科全书出版社，1996

71. 肖平主编．中国经济法．北京：中国政法大学出版社，1994

72. 罗豪才主编．行政法学．北京：北京大学出版社，1996

73. 宋元放等．中国出版史．北京：中国书籍出版社，1991

74. [美] 康芒斯．制度经济学．下册．北京：商务印书馆，1962

75. 陈仲主编．无形资产评估导论．北京：经济科学出版社，1995

76. 刘京城编著．无形财产的价格形成及评估方法．北京：中国审计出版社，1998

77. 王书瑶．无形价值论．北京：东方出版社，1992

78. 郭强等．知识与经济一体化．北京：中国经济出版社，1999

79. 金乃成等．无形资产管理与评估．北京：中信出版社，1995

80. [德] 黑格尔．法哲学原理．范扬，张企泰译．北京：商务印书馆，2010

81. 朱雪忠主编．知识产权管理．北京：高等教育出版社，2010

82. 张玉敏主编．知识产权法学．北京：中国人民大学出版社，2010

83. 贺寿天编著．商标战略与品牌提升．南京：江苏人民出版社，2010

84. 陈美章．知识产权的魅力．北京：知识产权出版社，2010

85. 何炼红．网络著作权研究．中国法学，2006 (3)

86. 王坤．著作人格权制度的反思与重构．法律科学，2010 (6)

87. 杨利华．从"特权"到"财产权"：专利权之起源探微．湘潭大学学报（哲学社会科学版），2009 (1)

88. 郑媛媛．试论专利权的价值判断．理论界，2010 (7)

89. 叶盛荣，周训芳．国际植物新品种保护趋势及我国的对策．湘潭大学学报（哲学社会科学版），2010 (3)

90. 邓宏光．从公法到私法：我国商标法的应然转向．知识产权，2010 (5)

91. 尹新天．中国专利法详解．北京：知识产权出版社，2011

92. 肖志远．知识产权权利属性研究．北京：北京大学出版社，2009

93. 王莲峰．商业标记立法体系化研究．北京：北京大学出版社，2009

94. [美] 罗斯科·庞德．法理学．第三卷．北京：法律出版社，2007

95. 吴汉东主编．知识产权基本问题研究（分论）．北京：中国人民大学出版社，2009

96. 蒋坡主编．知识产权管理．北京：知识产权出版社，2007

97. 齐爱民，李仪．商业秘密保护法体系化判例研究．武汉：武汉大学出版社，2008

98. 李剑．植物新品种知识产权保护研究．北京：中国人民大学2008年博士学位论文

99. 李明德．商标使用与商标保护研究．序言．北京：法律出版社，2008

100. ［德］M. 雷炳德．著作权法．张恩民译．北京：法律出版社，2005

101. 陶鑫良，袁真富．知识产权总论．北京：知识产权出版社，2005

102. 冯晓青．知识产权利益衡平理论．北京：中国政法大学出版社，2006

103. 张玉敏主编．知识产权与市场竞争．北京：法律出版社，2005

104. 董炳和．地理标志知识产权制度研究．北京：中国政法大学出版社，2005

105. 王笑冰等．我国参加 WTO 地理标志谈判的立场和对策．知识产权，2010（1）

106. 金泳锋，付丽莎．竞业禁止与商业秘密保护法律问题研究．知识产权，2011（2）

107. 吴汉东．《著作权法》第三次修改的背景、体例和重点．法商研究，2012（4）

108. 李明德．美国竞业禁止协议与商业秘密保护及其启示．知识产权，2011（3）

109. 聂洪涛．论植物新品种国际保护的发展趋势．江西社会科学，2011（10）

110. 牟萍．我国农业植物新品种保护现状及应对之策．法学，2008（4）

111. 冯寿波．欧盟地理标志产品使用规则研究．河北法学，2008（8）

112. 管育鹰．日本地理标志保护制度研究．知识产权，2011（6）

113. 张玉瑞．论中文域名的知识产权属性与立法、执法框架．知识产权，2011（3）

114. 魏丽丽．域名权与商标权的冲突及预防制度构建．河南社会科学，2009（2）

115. 孔祥俊．商标的标识性与商标权保护的关系．人民司法·应用，2009（15）

116. 余玉林．时代性：无形资产理论研究的主题．会计之友，2008（5）

117. 朱国军，杨晨．基于战略资源论的企业知识产权资产管理内涵探析．企业管理，2006（11）

118. 刘玉平．基于知识产权视角的无形资产评估问题研究．中国资产评估，2008（2）

119. 严桂珍．权利穷尽原则在美国专利产品平等进口领域中适用及其重大调整．比较法研究，2008（4）

120. 许春明．阻止专利大棒——浅谈专利权滥用的法律规制．中国发明与专利，2007（8）

121. 韩立余．反垄断法规范知识产权滥用的特点和局限——以欧美微软案为视角．暨南学报（哲学社会科学版），2007（2）

122. 吴汉东．知识产权的多元属性及研究范式．中国社会科学，2011（5）

123. 王莲峰．我国商标权限制制度的构建．法学，2006（11）

124. 冯晓青．商标权的限制研究．学海，2006（4）

125. 吕国强等．地理标志的知识产权司法保护．人民司法，2006（9）

126. 崔建远．论他物权的母权．河南省政法管理干部学院学报，2006（1）

127. 王莲峰．制定我国地理标志保护法的构想．法学，2005（5）

128. 郭洪波．商标权与其他标识性知识产权冲突问题研究．法学，2005（9）

129. 吴汉东．论财产权体系——兼论民法典中的“财产权总则”．中国法学，2005（2）

130. L. Ray Pattterson，Stanley W. Lindberg. The Nature of Copyright：A Law of User's Right. The University of Georgia Press，1991

131. S. M. Stewart. International Copyright and Neighbouring Rights. Butte-

rworth and Copublishers Ltd.，1983

132. J. E. Penner. The Bundle of Rights Picture of Property. UCLA L. Rev.；Vol. 43，1996

133. Edward W. Ploma，L. Clark Hamilton. Copyright ：Intellectual Pro－perty in the Information Age. Routledge and Kegan Paul Itd，1980

134. Sigmund Timberg. A Modernized Fair Use Code For Visual Auditory, And Audiovisual Copyrights. Ablex Publishing Company，1980

135. Anthony D. Amato，Doris Estelle Long. International Intellectual Property Law . Kluwer LAW International，1997

136. Edward W. Plornan ，L. Clark Hamilton. Copyright：Intellectual Property in the Information Age，1980

137. C. K. Prahalad，Garry Hamel. The Core Competence of the Corporation，Harvard Business Review，No. 90311，March-April，1992

138. Paul Eduard Geller. International Copyright：An Introduction，1990

139. Stephen M. Stewart. International Copyright and Neighboring Rights. Butternorth & Copublishers Ltd. 3，1983

140. Lucinda Jones. An Artist's Entry into Cyberspace：Intellectual Property on the Internet，E. I. P. R.，2000

141. Peter Drahos. A Philosophy of Intellectual Property. Dartmouth Publishing Company，1996

142. Henry G. Mitchell. the Intellectual Commons：Toward an Ecology of Intellectual Property. Maryland Lexington Books，2005

143. Melvin F. Jager. Tradc Secrets Law. Clark Boardman Company ，Itd.，1985

144. Reed，Robert Association. Inc. v Strauman（Court of Appeals of New York)，1976

145. Tim Roberts. Patenting Plants Around the World，E. I. P. R,

Vol. 10，1996

146. Domain Names. Expert Call for Right of Appeal in Domain Name Dispute Resolution，World Intellectual Property Report，Vol. 14，2000

147. David J. Loundy . A Primer on Trademark Law and Internet Addresses，Journal of Computer & Information Law，Vol. XV，1997

148. Ping Hin Yu. Intellectual Property：E. Publicity Rights，Berkeley Technology Law Journal & Berkeley Center for Law and Technology，1998

149. J. Thomas McCarthy. The Right of Publicity and Privacy，Vii（Rev，1993）

150. Byron E. Fox &Henry C. Su. Franchise Regulation-Solutions in Search of Problems?，20 Okla. City U. L. Rev. 241

151. Rober W. Emerson . Franchise Contract Clauses and The Franchisor' s Duty of Caretoward its Franchisee，72 N. C. L. Rev

152. Martin Mendelsohn & Robin Bynoe. Franchising：Printed and Bound in Great Britain. Biddles Ltd.，Guildford and King's Lynn，1995

153. Ugo Mattei. Basic Principles of Property Law：a Comparative Legal and Economic Introduction. Greenwood Press，2000

154. Anne E. Magurran Malden. Measuring Biological Diversity. Blackwell Pub.，2004

155. Rohelle Dreyfuss. Expanding the Boundaries of Intellectual Property Innovation Policy for the Knowledge Society. Oxford University Press，2002

图书在版编目（CIP）数据

无形财产权基本问题研究/吴汉东著. —3版. —北京：中国人民大学出版社，2013.8
（中国当代法学家文库. 吴汉东法学研究系列）
ISBN 978-7-300-17794-6

Ⅰ.①无… Ⅱ.①吴… Ⅲ.①无形固定资产-财产权-研究 Ⅳ.①D913.04

中国版本图书馆CIP数据核字（2013）第208801号

“十二五”国家重点图书出版规划
中国当代法学家文库
吴汉东法学研究系列
全国优秀博士论文作者基金项目结项成果
司法部优秀科研成果一等奖

无形财产权基本问题研究（第三版）

吴汉东 著

Wuxing Caichanquan Jiben Wenti Yanjiu

出版发行	中国人民大学出版社		
社　　址	北京中关村大街31号	邮政编码	100080
电　　话	010－62511242（总编室）		010－62511398（质管部）
	010－82501766（邮购部）		010－62514148（门市部）
	010－62515195（发行公司）		010－62515275（盗版举报）
网　　址	http://www.crup.com.cn		
	http://www.ttrnet.com(人大教研网)		
经　　销	新华书店		
印　　刷	涿州市星河印刷有限公司	版　　次	2001年9月第1版
规　　格	170 mm×228 mm　16开本		2013年9月第3版
印　　张	34 插页3	印　　次	2013年9月第1次印刷
字　　数	500 000	定　　价	98.00元